作者简介

廖楚晖，男，1972年生，湖南人，经济学博士、教授、博士生导师。第二届“黄达－蒙代尔经济学奖”获得者。现为中国农业财经理事会、中国财政学会、中国保险学会理事，《中国教育财政评论》主编。著有《经济学方法论》《教育财政学》《公共组织财务管理》等专著，在《中国社会科学》《管理世界》《经济研究》《经济学动态》《光明日报（理论版）》等重要期刊独立发表论文30余篇。主持国家级、亚洲开发银行和省部级项目多项。主要从事经济学、公共管理及相关领域的教研工作。

财政部规划教材

全国高等院校财经类专业规划教材

现代公共经济学

廖楚晖 著

中国财经出版传媒集团

中国财政经济出版社

图书在版编目（CIP）数据

现代公共经济学／廖楚晖著．--北京：中国财政经济出版社，2022.1

ISBN 978-7-5223-0850-0

Ⅰ.①现… Ⅱ.①廖… Ⅲ.①公共经济学 Ⅳ.①F062.6

中国版本图书馆CIP数据核字（2021）第211061号

责任编辑：刘五书　　责任校对：胡永立

封面设计：孙俪铭　　责任印制：张　健

现代公共经济学

XIANDAI GONGGONG JINGJIXUE

中国财政经济出版社 出版

URL：http：//www.cfeph.cn

E-mail：cfeph@cfeph.cn

社址：北京市海淀区阜成路甲28号　邮政编码：100142

营销中心电话：010-88191522

天猫网店：中国财政经济出版社旗舰店

网址：https：//zgczjjcbs.tmall.com

北京时捷印刷有限公司印刷　各地新华书店经销

成品尺寸：185mm×260mm　35.25印张　880 000字

2022年2月第1版　2022年2月第1次印刷

定价：128.00元

ISBN 978-7-5223-0850-0

（图书出现印装问题，本社负责调换，电话：010-88190548）

本社质量投诉电话：010-88190744

打击盗版举报热线：010-88191661　QQ：2242791300

前　言

本书通过公共经济学基础、公共收入与公共支出、现代公共财政管理和公共经济研究方法论四大部分内容，沿着主流经济学理论和方法的发展脉络，凭借着某种“先吃螃蟹”的愚勇，综合了现代经济学学科体系的发展、现代公共经济理论决策机制的形成以及公共经济学的研究分析方法，目的是使读者能够由浅入深，对传统经济学理论和方法有一个较为全面的了解，为现代公共经济学在学习、工作和生活中的应用找到密切的相关性。

经济学的发展

当代西方经济学理论体系是在18世纪中叶以前的重商主义和重农主义经济学的基础上发展起来的，被称为“古典经济学”（Classical Economics）[①]。以亚当·斯密（A. Smith，1723—1790）《国富论》（1776）的出版为标志，劳动价值论进一步形成，并经大卫·李嘉图（D. Ricardo，1772—1823）等经济学家加以完善，当代西方经济学理论和方法体系被逐渐建构起来，又被通称为“西方经济学”或“经济学”。

在1776年《国富论》出版以后一直到19世纪90年代这一百年左右的时间里，亚当·斯密及其他古典经济学派的思想代表一直接受自由经济体制这一基本前提来构建影响经济增长政治反应的思想体系。古典经济学家对于人性问题作了基本假定：即人具有私欲，在利害面前具有共同的偏好和选择的一致性，称之为“经济人假设”。他们主张自由竞争机制，承认政府干预不会比市场自然运行产生更好的结果，并主要从供给视角关注经济增长及长期结构，研究作为资源配置的市场价格机制等问题[②]。古典经济学时期，经济学研究对象是经济增长问题，但其研究范围不限于宏观经济增长的经济政策，也关注市场相对价格

① 卡尔·马克思是“创造”古典（Classical）一词的人，而马克思主义学说总体上基于剩余价值理论，从非理性的事实还原视角，对理性的经济学理论体系进行了批判，指出了古典经济学理论逻辑体系以及资本主义经济制度的严重缺陷。

② 亚当·斯密．谢祖钧，译．国富论［M］．北京：中华书局，2018.

等微观问题。古典经济学时期的研究方法，多采用历史的、演绎的、社会的以及政治的依据来“填充”其经济学理论模型。

自艾尔弗雷德·马歇尔的《经济学原理》（Alfred Marshall，1842—1924；1890）和莱昂·马尔拉斯的《实用政治经济学研究》（Léon Walras，1834—1910；1898）出版至今的这一段时期，主流经济学各流派进一步发展了古典经济学的方法，进一步完善了学科体系，此后，经济学主流又被称为“新古典经济学”（Neo－classical Economics）。新古典经济学依然继承了古典经济学传统，以“理性经济人”假设为前提，主要考察经济增长、市场机制以及价格机制等问题。新古典经济学主要流派从需求的角度考察市场与价格机制的运行问题，产生了局部均衡的微观经济理论。以马歇尔等为代表，新古典经济学发展了一种“新”的分析框架，至今形成了现代经济学两条主要的学科分支：规范经济学，即经济社会的目标应该是什么；实证经济学，即经济社会发展目标是怎样的。新古典经济学研究对象依然集中在经济增长问题，后期进一步拓展到经济发展。较之于古典经济学，新古典经济学的研究范围有所拓展，认为应从需求的初始阶段研究开始，延伸到经济活动与供给，再返回到需求问题，这意味着研究的东西十分复杂。而其解决之道，是用抽象的数理方法与历史分析相结合，在“其他条件保持不变（Ceteris Paribus）”的前提下来解决局部均衡的消费、需求、收入及分配等问题。该分析框架使起初的新古典经济学存在重大缺陷，即未能考察收入与就业水平的决定因素。

在最近百年发展中，随着宏观经济理论、边际效用理论、制度经济学派、增长理论、计量经济分析、实验经济学的发展，经济学进入新古典综合时期，经济学发展也仅仅在研究方法和工具上有所改进，逻辑实证主义分析框架依然没有变，理论上的突破甚微，直至今天。

无论是古典经济学注重宏观框架，抑或是新古典经济学重点关注微观分析及方法，其目标无不指向维护自由市场的政策问题。尤其是20世纪30年代以来，政府干预自由市场经济的宏观理论得到发展，公共产品和私人产品的资源配置被更多地引入经济理论和政策之中。

关于现代公共经济学

在经济学萌芽和诞生之前，关于经济的学问被冠之“簿记学”这一名词，类似于当今会计学，带有经济财务记账性质。而在中国古代，财政被称为“食货”，并以《食货志》形式记载下来，带有官方统计的性质。

自18世纪以来，尤斯迪（J. V. Justi，1717—1771）出版的《财政学体系》

(1966)，被捧为当时论述德国政府财政问题的第一本系统论著。后来，巴斯塔布尔（C. F. Bastable，1855—1945）出版了《公共财政学》（1892）。19 世纪初，道尔顿（H. Dalton，1887—1962）的《公共财政学原理》（1922），也对财政学学科进行了界定，并被同期中国民国时期西学的经济学要籍和文献翻译介绍，传入中国。

伴随着宏观经济学政府干预的理论思潮，R. A. 马斯格雷夫（R. A. Musgrave，1910—2007）、约翰·威克塞尔（John Wicksell，1851—1926）等也对财政学的政策原理和实践进行了教科书式的解读，“政府经济学”“公共财政管理”“公共经济学”的提法开始出现。“公共经济学”也正式进入了“词条”的视野，成为一门研究政府为市场经济提供公共服务的经济学（约翰·伊特韦尔，John Estwell,1945/1991①）。而在中国目前的学科分类中，财政学归属于“应用经济学”门类，科教系统仍然习惯于用“财政学”这一学科概念。目前财政学依然是中国较为完善的应用经济学学科体系。

当前，虽然经济学理论体系依然无法解决人性和周期的问题，但也取得了过去两百多年来社会公认的学术成就，并与其他学科相交织而发展。随着现代科学和人类社会信息量的加大，数理学科等以前所未有的速度推进和发展，加速了经济学研究的抽象化过程；而社会科学等其他学科也在推进数字化转型和信息集成化的行政进程，试图构建一种动态的场域，并设法在经济学、管理学甚至自然科学之间进行互动互补的修正过程，这使经济学有更加关注公共产品资源配置及动态等问题的研究趋势。但瞬息万变的社会复杂性问题也随之增加，这种趋势势必要求传统的公共经济学不仅需站在时代和国家治理的高度以崭新的面貌予以呈现，而且需要跟进时代科学，在交叉学科的应用推广上体现出“现代性”，以区别于传统的财政学和公共经济学教科书。

视角、意义与研学基础

与其他科学学科一样，学习现代公共经济学知识，需要从哲学的系统性视角加以思考，这是理解和掌握一门知识以及进行一项科学研究的基础。概念基础与逻辑思辨是哲学的“灵魂”，两者都离不开基于视角的逻辑架构。然而，在既定的逻辑框架中，概念容易被创造，但逻辑思辨却体现人们对世界大观的认识高度。

本书重在介绍西方经济学家的公共经济学思想、基础理论和方法，并阐述

① ［英］约翰·伊特韦尔. 陈岱孙，译. 新帕尔格雷夫经济学大辞典（第三卷）［M］. 北京：经济科学出版社，1992.

了它们主要伴随着经济学发展和经济一体化“全球实践”过程中西方经济理论的发展。在经济学的基本价值导向、理论和实践基础并没有方向性转变的情形下，对于非市场经济国家以及少数社会主义国家而言，这种“实践”并不是主动的。在当下，虽然垄断、强权政治、贸易壁垒依然存在，理性问题和周期性问题在不断加剧，但以“财富”“资本”数量化为根本取向的经济学所倡导的自由经济理论和实践在全球依然具有主导和掌控的“超常力量”，正如马克思（Karl Marx，1818—1883）早在19世纪论述的世界贸易、世界市场、世界历史等问题，“资产阶级，由于开拓了世界市场，使一切国家的生产和消费都成为世界性的了”（《共产党宣言》，1848）。

应当看到，自现代科学诞生以来，在物化的社会中，经济学传统所“美化”的理性社会也不断被赋予了政策干预，试图把实存的社会苦难加工成肯定的安抚，给人们提供着善意的愿望，但实质上离真理渐行渐远，将人类反复引入一个实质上不自由、令人厌恶的世界，而后又反复重构，努力使这个世界变成一个使人感到留恋的“伊甸园”。而真正以马克思主义为理论基础的社会主义国家的价值取向和世界观并不否定马克思学说政治经济学批判的立场。在中国，研学和掌握西方经济学的意义在于：在当今经济全球化背景下，能站在国家价值观的立场，谋划发展，科学运用马克思主义学说价值标准看待自由市场机制，提高驾驭市场经济的本领，以应对时代潮流。

党的十八大以来，中国国家治理体系和治理能力现代化水平不断提高，中央针对经济社会各领域的发展提出了全面加强改革的“系统集成、协同高效”，这对于发展公共经济学理论，服务于政府管理提出了新的要求。当代经济学家的理论创新和新方法应用、公共经济学发展的时代性、现代性需要在大数据和信息科技时代得以呈现，使“现代公共经济学”需要朝着拓展传统财政学的研究范围、超越传统经济学所涉及的经济学领域方向发展。这意味着还需要掌握与现代公共经济学相关的哲学、历史、政治及其他现代应用技术等跨学科基础知识，才能学好并运用好现代公共经济学知识，准确把握新时代新发展理念的丰富内涵，突出新发展理念在经济社会发展中的引领作用。

内容及结构安排

在社会科学领域，经济学被誉为显学，甚至被称为经济科学。如此以来，公共经济学也很容易被沾上显学这一“光环”。现代科学虽然通过对正在显现为现象的知识的陈述而出现，将其丰富性表现出来，但看似空的只是现象或是被淡忘的知识并不会被完全摒弃[①]。因此，为展现现代公共经济学的研学知识要领，本书将形成四个部分：公共经济学基础、公共收入与公共支出、现代公共财政管理、研究方法与应用。

从整体性视角来诠释现代公共经济学，公共经济学基础部分离不开背景和基础知识的介绍。第一部分安排了公共经济学概论、公共经济学的常用概念与解析、公共经济学的宏微观基础、公共经济学思想史与发展历程，后续章节介绍了关于主流经济学体系的思想脉络和方法论评价，包括经济学范式的思辨与重构等内容。

随着主流经济学体系的完善和宏观经济学方法论的诞生，尤其是在20世纪80年代末以来的内生增长理论将公共支出这一变量内生化，主流财政学的主要研究对象由专注研究税收转为重点关注公共支出领域。在本书的第二部分公共收入与公共支出，作者安排了传统财政学核心内容，主要包括公共收入（包括税收）和支出的基础及理论概要，对各类公共支出、税收基本原理、政府间财政关系等内容以及公共收支原理、体系和制度进行概要性介绍。

在当今的财政学学科领域，还出现许多分支学科和门类，如政府预算管理、州和地方财政学、税收学等，相较而言，被一部分专家和学者看作微观和中观的经济的问题，因此本书第三部分知识与政策变化交集甚多。本部分基于当代财政管理改革目标取向，围绕政府财务管理制度进行的高质量集成改革、实现管理制度运行的协同高效的政策目标和改革方向，同时比较了国际公共部门财务管理标准并进行基础性解读，这将有利于强化专业技能，加深读者的理解和应用，增进读者坚持价值导向、运用基础理论和方法论对党和国家方针政策进行把握的能力，以适应财政管理环境尤其是公共应急体系和机制变化、调整和管理方式转变，提高财政资金管理、使用和评估效能，自觉维护财经纪律。

实证主义毕竟是西方科学传统，经济学体系与牛顿物理学以来的自然科学范式一脉相承。经济学比哲学家们主张的理论也更加重视“实际形象”，即以方法工具的创新或更迭来展视其“历史命运”。在哲学思辨、方法论以及方法工具没有进一步突破的背景下，主流经济学也正在嘲讽行为科学存在实践和原理上的弊病，并转而迎合数字信息的科技趋势，力求取得突破。基于此，较为全面地介绍现代公共经济研究方法论是必要的。本书第四部分基于第一部分基础性知识介绍，对古典经济学初始发展至今的经济学理论进行解析，包括数理经济、

① 海德格尔．海德格尔选集［M］．上海：上海三联书店，1996.

统计与计量经济、行为感知方法以及信息系统集成等几个方法领域。这一部分以年表方式，介绍了经济学方法论变迁的脉络，选择了主流经济学中的公共政策变量（如政府支出、税收、社会保障等）研究方法论案例，对经济学研究方法进行了较为全面的阐述。

本书特色与研学准备

当代自然科学总以剥离人和社会干扰和形式，尽量以其浩瀚的力量将一个中性和异在的宇宙大观展现给人类；而作为社会科学，经济学更具理性，从而成为构建理性社会力量的源泉，改变了现代，消除了世界各经济体之间的空间距离，使这个星球上财富极度膨胀、人口迅速增长。应该说较之于其他社会科学学科，其理论体系是相对完善的、有其时代生命力的。但通观经济史，除了新古典以来方法的“创新”和随分析技术发展的工具改进，经济学理论和体系几无标新立异之处，其理论基石如理性假设、一般均衡、放任自流的经济政策等还屡屡遭到对立面的抨击，理论研究者和经济学“大咖”也不能将宏观和微观问题进行有效统一，目前世人所见的研究成果均以经济学宏观和微观分别展现。

因此，本书的构思遵循历史演进脉络，展现公共经济学的思想星芒，沿着问题提出、体系构建、传统理论和现有方法相结合的思路，辅之以研究案例，构建了一个更为全面综合的现代公共经济学读本。望读者能站在不同的立场和以不同的视角加以批评指正，不停留在本书这种异样构思和综合能力上，否则，理论上的无根和茫然若失会将人引入现实的焦虑以及缺乏具体感受的空寂感。希冀读者能剖析时代精神特征，权且视之为一个艺术造型，而真正的艺术家会凭借其最犀利的眼光把这出戏看得最为真切。

本书主要涉及经济学、财政与税务管理学、政府会计基本原理、公共管理等领域的基础知识，也借鉴了哲学、数理统计、信息技术及研究方法。如果作为核心课程的教材，在研究生以前阶段进行学习时，还应初步了解经济理论、经济学方法论、制度经济学、数理统计等知识。同时，需要结合时事政策，浏览并知晓财政部会计司、国库司官方网站最新的管理制度和操作指南的变化情况。这些对于学习《现代公共经济学》的基础理论和进行进一步的理论和实证是必不可少的。如果作为教材根据笔者的教研经验，本书教学进度可安排18周36课时，每一阶段课程的研学进度也可根据难易程度随着教学要求的具体情况而定。在本书的相关部分和章节，有对中外经济思想史、研究发展标志性成果和政策发展史概要的比较分析，有利于研学者进一步理解现代公共经济学基本概念、基础理论、具体研学方法及政策分析等，并引发对相关问题的进一步思考。

研究发展动态及致谢

本书是党的十八届三中全会以来，为适应教育部经济学、公共管理研究生基础课程建设的需要，应广大读者需求所撰写完成的。其组织构架的形成主要归功于前期诸多对经济学产生过卓越影响的国内外经济学家思想和研究方法的启迪。张玥、谢智彬、杨唐晓雨、王康、陈超、付秋霞、赵巍等在本书的撰写过程中给予了许多工作支持；财政经济学家吴俊培教授对本书的形成提出了许多宝贵的批评和指正意见；中国财政经济出版社刘五书、董小烨等在本书出版校审和设计中做了大量细致的出版工作，在此一并表示感谢。

作 者

2021 年 9 月 25 日

目　　录

第一篇　公共经济学基础

第二篇　公共收入与公共支出

第三篇　现代公共财政管理

第四篇　研究方法与应用

第一篇
公共经济学基础

经济学是源自“西方”的一门社会科学。自诞生以来，经济学理论和体系沿袭着西方认知体系传统，逐渐被应用到社会发展的各个领域。与现代物理等科学的道路相类似，经济学的表达方式一般先经过观察和体验，找出问题；问题提出后，按照相似性原理去寻求最优解决方案，接着就可以根据实践效果来加以修正。

科学研究中的“概念”，可以说是构建学科的最基本工具，它能引申出一个概念的性质、范畴和其他规定性。没有科学的概念是不可能有科学的理论体系。但同一名词在不同学科中可能属于不同的概念，在同一学科中不同的名词可能表示同一个概念，由不同的概念也能构建不同的理论体系。

因此本篇事先对于现代经济科学研究相关概念进行了清晰的界定，对常见的公共经济学理论、定律进行解读，这是学习和掌握一门学科的基础。本篇没有用过多的文字对经济学发展的背景、历程进行介绍，而是力求融会贯通，辅之以年表，对古典经济学初始发展至今的经济学理论进行解析，通过不同时期公共经济学的发展，解释过往主流经济学思想观点如何影响现代公共经济学的研究对象，以探讨现代公共经济学理论体系的形成轨迹，这对于启发现代公共经济学学习的内在机制、将知识应用到理论创新和政策将具有重要意义。

第一章
概　　论

第一节
公共经济学的问题与研究对象

经济学是围绕稀缺性问题，针对社会各主体、要素和结构之间与人们生产、生活、消费、流通等密切相关的概念、事物、现象和运行规律进行研究的一门学科。自18世纪中后期以来，现代经济学的发展已经有两百多年的历史，学科不断完善并逐渐走向成熟，经济学词汇、方法和工具应用也十分广泛，无时无刻不伴随着人们的日常生活和工作。

一、生活中的公共经济学与问题提出

（一）生活中的公共经济学

在我们日常的生活中，公共经济的“身影”无处不在。虽然不是每个人都能对公共经济现象有系统的了解或较为成熟的见解，但他至少可以从三个渠道感受到与公共经济相关的一些信息：

第一个渠道来自人们对日常生活中的体会。如一个家庭的日常生活中离不开柴米油盐、衣食肉禽等各类生活用品，这类生活用品大多数需要通过不同渠道、以不同方式购买获得，通常在一定时期内，同一种商品价格并不是固定不变的，其价格波动或变化可能会对家庭的生活消费成本和质量造成一定的影响；个人怎样使劳动成果获得更高的回报，通常需要考虑一国国民的收入分配政策，如工资、奖金收入

需缴纳个人所得税以及养老、医疗等各种社会保险金等；孩子的义务教育通常不需要家庭直接支付学费，但这是否意味着一个家庭不会为此付出更大的教育成本等。

第二个渠道来自各类经济信息的传递。在当今，各类新闻媒体经常向人们传递一些经济、生活及政府决策等信息，如利率和汇率的调整情况、GDP 的增长情况、物价水平、生产生活用品的供应、政府公共预算的收支计划及其对农业和企业等的补贴政策、政府和企业面对全球性金融危机应对政策和措施等，这些信息通常为我们传递了一定时期一国宏观经济的发展状况以及政府作为在宏观经济运行中发挥的巨大功能和作用。

第三个渠道来源于人们自身对经济现象和趋势的经常性判断。这些例子不少，如欧、美、日本与中国的生活成本与公共服务提供水平的差异如何；房产税实施对中国一线、二线城市房价走势影响几何，又会产生什么样的生活成本差距；国家养老、医疗及卫生等公共政策改革对自己未来生活的消费预期有什么样的影响等。

（二）问题的提出

上述罗列的日常所感触到的公共经济现象、信息和知识就像家常便饭似地与生活息息相关、密不可分。也许我们对身边的这些现象进行过认真的观察，但不一定能有深刻的认识；或许虽然曾想去认识它，但也未见得进行深入的思考；又或者有了深刻的理解，却没有好的方法对问题加以解决。因而在瞬息万变的经济社会里，对于公共经济现象、信息或知识的观察、交流、认识、理解以及对问题的解决就涉及了经济学常识、理论、方法和解决问题的工具，也涉及如何运用自己已有的经济学知识在工作生活中应用的问题。

对于一门学科或知识，台湾学者傅佩荣教授曾常说："不学一定不会，学了不一定会，学会终身受益。"从这个意义上讲，能否运用相关知识观察、思考、学习生活中的经济现象并对其进行解读、分析和研究，将这类知识运用于生活、工作和事业，使我们了解生产成本、享受社会福利、解读公共政策的制度设计、安排及其功能与作用，使我们的行为能更加符合社会规范，从而树立正确的价值观取向，为社会经济发展提供服务，创造价值，使个人、家庭和整个社会的生活也更加富足和安宁，似乎已经成为当今经济学及其学科发展的一种的使命，这给站在政治经济学高度来探究公共经济领域的方法及方法论提出了许多要求。

然而，任何一个学科领域的方法论都是研究不到尽头的，且不同学科在不同的哲学和价值观条件下有着不同的方法论，经济学及其研究方法论也不例外。而较之于哲学和自然科学，现代经济学自产生到发展还不到三百年时间。从经典的经济学方法论的演进和文献研究来看，专门将经济学方法论作为一个知识体系来进行研究的时间也才几十年。那么，作为经济体的一个分子，能站在政治经济学的高度看待社会发展中的经济规律，体验经济学所蕴含的人生智慧，至少可以帮助我们快乐地面对生活。

从主要源流来看，公共经济学源自传统财政学，带有政治学视角。事实上，所有经济理论和实践都服务于政策，公共经济学强化了从政府视角来研究经济轨迹，其实质也是经济学的主体。那么，对于所了解和掌握的经济信息量，经济学人应该怎样对经济现象、事物及其规律等加以正确地判断？通过什么方法来学习、研究和实践？研究方法是否能应用于其他知识或应用领域？这些都是摆在当今公共经济学方法论面前的重要课题。

二、公共经济学研究对象

现代经济学是围绕稀缺性问题而形成的一门学科体系。因此，这一学科体系建立和发展的目的始终是解决稀缺性问题，其基本途径有两个：一是经济主体如何生产出或者获得更多的资源；二是在现有的资源条件下，如何使资源形成一种最优配置。

而经济理论认为，资源配置的方式可分为市场配置和政府配置两种方式。自20世纪30年代宏观经济学诞生以来，政府资源配置机制在理论和应用上得到了强化，而在此之前，市场自由配置的理论和实践在经济学中一直占据着主导地位。

一般而言，经济学在其发展的各个时期所面临的主要问题及其对象并不是一成不变的，其原因是：第一，经济学研究的背景在不断变化，资源的供给和需求关系有所改善。如农业科技以及基因科学的发展，使农产品产量大幅提升，这在一定程度上解决了人类食品资源的稀缺问题，能在总量上满足全世界人口膨胀对于粮食的需求，这时经济学研究对象也会随着改变。第二，从长期来看，资源的稀缺性始终是摆在人类面前的首要问题，有限的资源如何被公平、合理、有效地配置，而人是这一配置过程中的主要利益分配主体，这使经济学不得不对人的行为加以关注，因为经济学对人的行为进行研究不仅能影响到决策，而且经济学方法也能适用于解释全部人类行为（贝克尔，1930—2014；1995）。第三，当市场配置机制和政府配置机制都不能达到最优资源配置效果时，其他社会科学领域的人们便将经济学资源配置的问题转向更为广泛的哲学、伦理以及其他社会科学问题，或将经济学纳入跨学科的研究，从而拓展了经济学研究对象和范畴。

三、公共经济学关注的三个层面

从空间结构和组织角度来看，“宏观”（Macroscopic）是与“微观”（Microscopic）相对应的一个概念。相对应于“微观”，“宏观”是指不涉及分子、原子、电子等内部结构或机制，而是泛指大的方面、大的领域或大的系统。

在经济学研究领域，微观经济主体如个人、家庭、厂商与产业等，其资源配置、收入分配与商品流通等问题一般被看作微观经济分析，相关理论也属于微观经济学理论。由于经济体包含了许多微观经济个体，因此对微观经济进行扩大至整体化研究的另一条途径是宏观经济学研究。宏观经济分析的研究内容主要聚焦于经济稳定与增长、价格总水平、就业水平、社会总投资等问题。

现代经济学所展示的理论体系和课程建设总是将宏观经济学与微观经济学相分离，尽管经济学家们总是努力，试图将应用于微观经济的方法应用于宏观经济，或将宏观经济的方法应用于微观经济，使微观经济和宏观经济问题纳入同一框架进行综合研究，但这些努力并不那么成功。然而，经济学家们并没有放弃努力，相反，经济学领域将微观问题与宏观问题相结合的研究却多了起来，这些问题包括如何处理宏观总量与微观经济结构调整、如何在宏观背景下从供给和需求角度进行资源配置、制度条件下的运行与管理等。

20 世纪 70 年代中叶，德国爱登堡大学教授汉斯·鲁道夫·彼得斯（Hans Rudolf Peters）提出了“中观经济（Meso - economy）”这一概念①，是区别于传统宏观经济和微观经济的新范畴。他认为，结构理论和结构政策的主要出发点是经济部门、地区和集团，按其规模是介于个体经济和总体经济之间的中间聚合体。中观经济学的研究对象主要为三个：部门经济、地区经济、集团经济。20 世纪 80 年代中后期，国内也出版了《中观经济学》一书（王慎之，1988②），将中观经济定义为：凡是介于整个社会和一个一个经济单位之间的经济活动，也就是非“宏”非“微”，亦“宏”亦“微”的中介状态的经济结构。具体地说，也就是某一区域和某一部门的经济活动。通常，经济学研究在中观层面所关注的内容主要包括对经济结构、经济环境、公益事业、区域经济发展、社会制度、政府管理等的研究。近些年，“中观”一词在经济学领域逐渐被接受。

关注经济现象中不同层面的经济问题，试图找出相互间一定的规律和原理，这使现有的经济学研究方法关注的范畴进一步拓展，也为经济学研究方法和工具的改进提供了平台。但目前经济学研究对于不同研究内容所采用的方法和工具不同，因此，探讨经济学研究关注的范围和内容并进行不同层面的分析，有利于系统把握不同层面的经济学关注的重点问题，改进方法论，优化方法和工具应用，从而为使经济学研究方法能将经济学的宏观、中观和微观部分结合起来作为一个有机整体进行研究创造条件。

---

① ［德］汉斯·鲁道夫·彼得斯．“中观领域”被忽视了［N］．世界经济导报，1982，8（25）：7.
② 王慎之．中观经济学［M］．上海：上海人民出版社，1988.

第二节
公共经济学的起源与发展背景

从社会文明之初，人类就已经开始了各种各样的经济活动。但直到15世纪的这一历史时期中，人们并没有对经济活动进行系统分析。随着商业资本主义的发展，为经济学及其各分支学科作为社会科学的诞生搭建了平台，此后，经济学逐渐被当作一门系统的学科进行分析和研究。

一、经济学的起源

对于一种事物的产生，人们总是会问及其起源问题。如人们常常要思考“人从哪里来?”“到哪里去?”以及“人类社会发展的起源是哪里？又会向何处发展?”等。中国的传统哲学思想似乎给出了“从来处来”（《宗镜录》第八十三卷①）这样一个“高无见顶相，明不借他光”② 这一带有哲学和系统科学论思维方式的见解。

然而，对于科学来讲，事物起源问题始终具有其初始条件的模糊性质。见解也好，哲学思考也罢，科学和人类社会一样并没有因事物具体的起点和初始问题而停止发展。但在这一过程中，历史的作用是功不可没的，它从文明开始就已经由于多种需要而产生（熊彼特，J. A. Schumpeter，1883—1950；1991③），将各种人类活动纳入自己的视野，为科学的思想及其方法论提供了借鉴。

经济思想史通常认为，人类文明起初的文化研究基本上没有对经济活动进行系

① ［宋］释延寿．宗镜录（延寿集第八十三卷）［M］．西安：西北大学出版社，2015．原文：“是以文殊师利化善财童子，现三千世界满中台观。善财观之，忽然不现，世界皆空。问世界来去之处，文殊答言：‘从来处来，却归去处去’，即是清净法界中来，却归清净法界中去。故知诸法所生，唯心所现。生灭去来，皆如来藏”。

② “高无见顶相，明不借他光”出自被誉为“七祖道场”的衡山福严禅寺山背高明台上的妙联。

③ ［美］约瑟夫·熊彼特．经济分析史（第3卷）［M］．朱泱，孙洪敞，李宏，陈锡龄，译．北京：商务印书馆，1991．

统的分析（Landreth & Colander，2013①），这一时期的经济思想和研究并不系统，因而没有出现重要的经济学分析体系，也谈不上经济学方法论。直到 15 世纪商业资本主义在欧洲大陆发展，以荷兰、葡萄牙及英国等为代表的新兴海洋国家开始越来越多地从事海洋和大陆的贸易活动，为经济学及其各分支学科作为社会科学的诞生搭建了平台。

二、经济学发展的背景

无论是自然科学、社会科学还是认识论，其存在和发展都有其背景，经济学也不例外。概括起来，经济思想和方法的起源和发展背景可大致归于三个主要方面：

（一）对经济现象的广泛关注

从古到今，经济系统是一个多体、复杂系统，往往由多个部分相互作用的整体组成，具有大量多元的甚至奇异的观测现象，容易引起自然科学、社会科学以及认知领域的广泛兴趣和关注。在政策领域，一国或一经济体往往容易出现严重的社会不公平，但神学、数学、物理学和伦理学都不能具有单一的创造性元素，因而不能给人类带来“福音”，于是，一些政治家和思想家把自己的注意力转移到政治经济学上面来，把理解社会现状的希望寄托在经济学的研究上，试图从经济上来分析社会不公平的原因，经济学及其研究被看作增进社会福利、消除人类贫困的科学。

（二）对已有的思想观点的传承

经济学思想和方法在很早之前就已经产生了，如古希腊的色诺芬（Xenophon，约公元前 430—354 年）提出使用价值是衡量财富的标准，社会分工可以使社会财富增加等经济思想观点，亚里士多德（Aristotle，公元前 384—前 322）强调经济中的公平交易等思想，这些先贤的思想观点成为后来的经济学研究的基础。同时，许多经济思想和方法在遥远古代的经济实践中就已经开始运用，如几千年前的中国古代春秋时期，管仲的经济思想理念被付诸当时齐国的社会经济治理②，使齐国迅速发展壮大等，诸多例证不胜枚举。

① Harry Landreth, David C. Colander. History of Economic Thought [M]. Houghton Mifflin Harcourt, 2013.

② 管仲，公元前 723—前 645 年，中国古代著名的哲学家、政治家、军事家和思想家，其各类思想集中体现于《管子》一书之中。

18世纪中后期，亚当·斯密（A. Smith，1723—1790）出版《国民财富的性质》（下文简称《国富论》，1776①）一书，标志着古典经济学正式诞生。当中的许多思想观点，如依靠“看不见的手”来自动调节市场经济、减少政府干预等，对当代许多国家的经济改革和经济政策研究产生了深远的影响，也使当代经济学逐渐走向一门系统和成熟的科学成为可能。但实际上，劳动价值论等核心经济思想观点，在《国富论》出版之前的几百年就开始萌芽并在实践中不断体现。可见，经济学研究无一不是站在对前人的思想观点传承的基础之上的。

（三）其他学科的分析方法和工具的改进

在哲学社会科学的发展过程中，哲学、物理学、数学、统计学等方法和工具的不断发展，为其在经济领域的广泛应用提供了方法条件。从方法论的发展角度来看，西方科学方法论从毕达哥拉斯时代开始，就有从“假设”出发，运用逻辑思维进行推理的传统。后来，牛顿物理学所建立科学方法的严密性从斯密时代开始已经被广泛尝试和应用。虽然前古典时期的经济思想及方法论大多数似乎“被限定在道德的框架内来考察公共事务”（熊彼特，1991②），但经济学能成为一门严谨而缜密的科学似乎一直是经济学人方法论的努力方向。而从分析工具的改进方面来观察，新古典经济学以后，政府经济行为（Government Economic Behavior）及其决策、集体行为（Collective Behavior）等一些规律和“定律”被看作与自然科学一样，有相似的“规律”，可以通过更多的数理方法（如数学分析、统计分析等）来处理；还可以通过以实验为基础的物理学等来处理经济实验数据，增强构建理论的能力，研究各类经济现象内部变化规律，建立符合实际的理论模型。

课后习题与思考

[1] 举例说明在你的生活中通过利用公共经济学的知识解决的问题与感想。

[2] 试简述公共经济学所关注的三个层面及其主要内容。

[3] 简要阐述公共经济学的起源和发展脉络。

推荐阅读文献

[1] [美] 约瑟夫·熊彼特．经济分析史[M].朱泱，孙洪敞，李宏，

① [英] 亚当·斯密．国富论[M].杨敬年，译．西安：陕西人民出版社，2006.

② [美] 约瑟夫·A. 熊彼特．经济分析史[M].杨敬年，译．朱泱，校．北京：商务印书馆，1991.

陈锡龄，译．北京：商务印书馆，1991.

［2］吴俊培．公共经济学［M］．武汉：武汉大学出版社，2009.

［3］廖楚晖．经济学方法论——公共经济学的应用（第二版）［M］．北京：中国财政经济出版社，2016.

第二章
常用概念与解析

“概念”是人类在认识事物的过程中，把所感知事物所具有的共同本质特点加以抽象和概括，从感性认识提升到理性认识的一种表达。在人类认知领域，各学科试图将一些相类似的认识用同一概念统一起来，但并不成功。不同的学科领域，或是同一学科领域针对不同的研究范畴，看似一样的概念却有着完全不同的含义和解释，因此有必要在经济学方法研究中，将这一研究领域的若干概念加以解析和界定。

第一节
公共经济的几个重要术语

一、“成本”“收益”与“机会成本”

（一）成本

成本（Cost）指人们要进行生产经营活动或达到一定的目而必须耗费一定的资源，其所费资源的货币表现及其对象化称之为成本。成本是商品经济的价值范畴，是商品价值的组成部分，并且随着商品经济的不断发展，成本概念的内涵和外延都处于不断地变化发展之中，如美国会计学会（AAA）所属的“成本与标准委员会”对成本的定义是：为了达到特定目的而发生或未发生的价值牺牲，它可用货币单位加以衡量；而中国成本协会（CCA）发布《成本管理体系术语》中定义了成本这一概念，即为过程增值和结果有效已付出或应付出的资源代价。

总的来说，成本有以下几方面的含义：一是属于商品经济的价值范畴，即成本是构成商品价值的重要组成部分；二是具有补偿的性质，是为了保证企业再生产而应从销售收入中得到补偿的价值；三是本质上是一种价值牺牲，甚至从更广的含义看，成本是为达到一种目的而放弃另一种目的所牺牲的经济价值。成本这个概念在经济领域极为重要，属于经济学中抽象理论的范畴，但是在会计学中它是属于现实行为的规范。

西方经济学是研究对稀缺的经济资源如何进行合理配置，并通过资源合理配置实现低成本、高利润的学问。成本对于经济学者和会计学者都非常重要，都是以对利润的关心为动机。不同的是，经济学着重关注点是成本如何计量，确保利益最大化；而会计学者更关心的是计量成本，来确定获取利润的具体数额。

（二）收益

从历史上看，收益（Revenue）概念最早出现在经济学中。亚当·斯密在《国富论》中，将收益定义为“那部分不侵蚀资本的可予消费的数额”，把收益看作财富的增加①。后来，大多数经济学家都继承并发展了这一观点。1890年，英国新古典学派的代表人物艾尔弗雷德·马歇尔（Alfred Marshall，1842—1924）在其《经济学原理》中，把亚当·斯密的“财富的增加”这一收益观引入企业，提出区分实体资本和增值收益的经济学收益思想。20世纪初，美国著名经济学家欧文·费雪发展了经济收益理论，提出收益的三种不同形态，第一种是用来满足人类需求的精神收益；第二种是物质财富增加的实际收益；第三种是增加资产货币价值的货币收益。费雪还对资本和收益进行了区分，他认为：资本是某一时刻财富的存量，收益是某一时期劳务的流量；资本是未来劳务的化身，而收益则是这些劳务在特定时期内的享受，是补偿资本之后的一种增量②。综上可知，收益是指就该财产收取天然的或法定的孳息③。收益权也可以依法律的规定或所有人的同意，而归非所有人取得，是生产上或商业上的收入，营业收入和得到的益处。

（三）机会成本

西方主流经济理论认为，从经济资源的稀缺性这一前提出发，当一个社会或一个企业用一定的经济资源生产一定数量的一种或几种产品时，这些经济资源就不能同时被使用在其他的生产用途方面。这就是说，这个社会或这个企业所获得的一定数量的产品收入，是以放弃用同样的经济资源来生产其他产品时所能获得的收入作为代价的。由此，便产生了机会成本（Opportunity Cost）这一概念。在罗宾·巴德（Robin Bade）等著的《微观经济学原理》中，将机会成本定义为“企业生产一种产品的机会成本是它放弃生产其他产品的价值中最高的价值”④。高鸿业（2014）则认为，机会成本泛指一切在作出选择后其中一个最大的损失，机会成本会随付出的代价改变而作出改变，例如，被舍弃掉的选项的喜爱程度或价值作出改变时，而得到的价值是不会令机会成本改变的⑤。因此可以这样理解，所谓机会成本，是指当把一定的经济资源用于生产某种产品时放弃的另一些产品生产上最大的收益。

---

① Adam Smith. An Inquiry into the Nature and Causes of the Wealth of Nations [M]. Carmel: Liberty Fund, 2009.

② Eldon S. Hendriksen, Michael F. Van Breda. Accounting Theory [M]. Richard D. Irwin, Inc., 1991.

③ 孳息是民法法律概念，指由原物所产生的额外收益。

④ Robin Bade, Michael Parkin. Foundations of Microeconomics [M]. New York: Pearson Education, 2012.

⑤ 高鸿业．西方经济学[M]．北京：中国人民大学出版社，2014.

二、“资本”“物质资本”与“人力资本”

（一）资本

传统经济学理论认为，资本（Capital）是指生产出来的生产要素，它是耐用品。而经过经济理论和实践发展至今，资本总是表现为一定的物，如货币、机器、厂房、原料、商品等，它的本质不是物，而是体现在物上的生产关系（Jeanne 等，2013）①。虽然马克思主义政治经济学的观点为，资本并不完全是一个物质存量的概念，并体现了资本家对工人的剥削关系②，然而今天我们来单独研究宏观经济存量核算时，“资本”泛指一切投入再生产过程的有形资本、无形资本、金融资本和人力资本。从投资活动的角度看，资本与流量核算相联系，而作为投资活动的沉淀或者累计结果，资本又与存量核算相联系。

在当今经济研究和国民经济核算中，资本可以划分为物质资本、人力资本、社会资本等。

（二）物质资本

物质资本是实现经济增长和发展的物质基础和条件。上古时代，人类的祖先用手抓鱼，直接攀枝摘果，所需物质资本极少；农耕社会，手工业生产工具简单，土地以外的物质资本亦少；人类进入工业社会后，很多资源首先用来生产出生产手段，然后再用新的生产手段生产出生活消费品，从而使生产效率和生活消费品产出持续地大幅度增长。人类社会发展到今天，仍然在沿着这条迂回生产的线路前进，且用于生产新的生产手段方面的资源呈现出持续上升的趋势（Pablo 等，2013）③，新的、高效率的生产手段不断产生，未来的社会，生产生活消费品的活动将变得越

① Jeanne A. Schuler，Patrick Murray，吴静，钱梦旦．重塑价值和资本的概念[J]．南京社会科学，2013（12）：42－48.

② ［德］卡尔·马克思．资本论［M］．［英］萨缪尔·穆尔，［英］爱德华·艾威林，译．北京：世界图书出版公司，2020.

③ M. del P. Pablo－Romero，M. de la P. Gómez－Calero. A translog production function for the spanish provinces：Impact of the human and physical capital in economic growth［J］. Economic Modelling，2013（32）：77－87.

来越简单而又轻松（张平等，2010）[①]。因此，林毅夫（2019）认为，物质资本又称非人力资本，是指在一定时期内积累起来用于生产其他消费资料或生产资料的耐用品，是体现在厂房、设备、原材料、燃料和半成品等有形的物质形态[②]。

（三）人力资本

20世纪60年代，美国经济学家西奥多·舒尔茨（T. W. Schultz，1902—1998；1960/1990[③]）提出了“以人为本”理论和基于“人的时间价值增加”的经济增长理论，他在1960年12月美国经济协会上发表的《人力资本投资》的主题演说，明确提出“人力资本”（Human Capital）这一概念，主张把教育当作一种对人的投资，把教育所带来的成果当作人力资本。加里·S. 贝克尔（G. S. Becker，1930—2014，1964[④]；1971[⑤]）则对人力资本投资与经济增长关系进行了研究，并认为“人力资本不仅意味着才干、知识和技能，而且还意味着时间、健康和寿命”，突出了人力资本的时间价值。此外，还有许多学者给出了自己的定义，如瑟罗（L. C. Thurow，1970[⑥]）将人力资本定义为：“个人的生产技术、才能和知识”。麦塔（Mehta，M. M.，1976[⑦]）则认为，人力资本是“居住在一个国家内人民的知识、技术及能力之总和，包括首创精神、应变能力、持续工作能力等可以提高产出和促进经济增长的人的质量因素”等。20世纪80年代末，美国经济学家罗伯特·卢卡斯（Lucas，R. E.，1937—）发表的《论经济发展机制》一文（Lucas，1988[⑧]），将人力资本、技术进步等变量进行数量分析，融入了主流经济的增长模型并予以内生化，将人力资本的经济理论研究推向了新的高度，被誉为“内生增长理论”的主流经济研究由此展开。从此，政府支出、税收及其他公共政策变量内生化的进程开始发展，成为当今主流经济学研究的一个重要宏观分析基础。

需要指出的是，在经济学研究领域，“人力资本”是一个明确的、可用于计量的资本概念，是一个严格的经济学概念，容易与当今管理学、社会学所提及的

① 中国经济增长与宏观稳定课题组，张平，刘霞辉，张晓晶，等．资本化扩张与赶超型经济的技术进步[J]．经济研究，2010，45（05）：4—20＋122.

② 林毅夫．新结构经济学[M]．北京：北京大学出版社，2019.

③ [美] 西奥多·舒尔茨．论人力资本投资[M]．吴珠华等，译．北京：北京经济学院出版社，1990.

④ Becker，G S. Human Capital，1964 [J]. National Bureau for Economic Research，New York，1975.

⑤ Becker，G S. The Economics of Discrimination [M]. Chicago：University of Chicago Press，1971.

⑥ Thurow，L C. Investment in Human Capital，Wadsworth Publishing Company，INC.，Belmont，California，1970.

⑦ Mehta. M. M. Human Resource Developing Planning：With Special Reference to Asia and the Far East [J]. The Macmillan Company of India Limited，Delhi and Bombay，1976（8）：192.

⑧ Lucas Robert E. On the Mechanics of Economic Development [J]. 1988.

“人力资源”概念相混淆。

三、经济增长与经济发展

经济增长（Economic Growth）是指一定时期内社会财富的增长、生产的增长或产出的增长①。用统计学术语说，经济增长是指工农业生产总值的增长，或社会总产值的增长、国内生产总值（GDP）的增长、国民生产总值（GNP）的增长和国民收入的增长。

经济发展（Economic Development）则指随着经济增长而发生的社会经济多方面的变化。这些变化包括：第一，投入结构的变化及生产中投入要素比例的变化，是否从手工劳动转向机械化操作，是否从粗放劳动转向熟练劳动，是否从土著生产方法转向采用先进技术，或者反方向变化。第二，产出的变化，主要表现为产业结构的变化及产业比重和比例是否合理。第三，人民生活水平状况的变化。第四，卫生及健康状况的变化，表现为预期寿命的长短、死亡率的高低、医疗设备和服务状况等。第五，文化教育状况的变化，表现为适龄儿童的入学率、各级学生的升学率及人口素质状况等。第六，自然环境和生态变化，包括环境污染程度、生态失衡的状况是否符合整个社会的发展（廖楚晖，2016）②。

经济增长和经济发展既相互联系又有所区别。没有经济增长，不可能有经济发展。如果出现有经济发展而无经济增长的现象，那一定是个别的、短暂的、反常的现象，决不是一般的、长期的、正常的现象。值得注意的是，尽管经济增长是经济发展的必要的、先决的条件，但经济增长并不一定带来经济发展（谭崇台，2008）③。

四、均衡增长与稳态增长

（一）均衡增长

20 世纪后半叶以来，西方经济学家对经济增长问题进行了许多理论和实证研

① 谭崇台．发展经济学概论[M].武汉：武汉大学出版社，2008.
② 廖楚晖．教育财政学[M].北京：北京大学出版社，2016.
③ 谭崇台．发展经济学概论[M].武汉：武汉大学出版社，2008.

究，其中均衡增长（balanced growth）理论受到学者们的广泛关注，它既包括索洛开创的新古典增长理论，也包括由肯尼斯·约瑟夫·阿罗（Kenneth J. Arrow，1921—2017）、保罗·罗默（Paul M. Romer，1955—）、卢卡斯（Lucas R. E.）等人完成的内生增长理论。在相当长的一段时间内，建立在一般均衡理论基础之上的新古典主流经济学一直忽视对经济增长的考察（Nathan Rosenberg，1972）①。均衡增长理论提出的是追求资源配置效率最优化的数量型经济政策衡增长理论简化了对技术进步过程的分析，认为研发投资—技术进步—经济增长之间的因果关系是线性、明确和不变的，可以很容易通过研发过程这个旋钮来调整②。均衡增长理论认为，由于技术和知识具有外部性和公共品性，在自由放任状态下会出现市场失灵，因此，政府应采取补贴企业研发投资、实现严格的专利制度等手段鼓励私人创新投资。演化经济增长理论从技术创新史出发，认为技术进步推动经济增长的过程是复杂、非线性和充满不确定性的，并且随着时间的推移而不断变化，因此，精确预测某种科技政策的效果是很难的（Nelson，Winter，1982）③。均衡增长是宏观经济变量均等的增长，是国内生产总值的增长率与生产要素投入的增长率，是生产能力和资源得到充分利用的最优增长，但值得注意的是均衡增长并不是认为宏观经济变量恒定地处于均衡状态，也会出现供给和需求等经济变量发生偏离的时候，但这时，经济机制的运行会使其重新回到均衡点上（毕世杰，1992）④。因此，均衡是增长的本质形态，均衡增长追求的是稳定、匀速、恒常的增长。

（二）稳态增长

稳态增长（Steady State Growth）是当代主流经济研究中常用的一个概念。在新古典增长模型中被认为是除了调整成本以外，各内生变量以不变的指数增长的均衡路径（Schlicht E.，2006）⑤。Herbert 等（2019）则将稳态增长定义为经济的各内生变量以不变的指数增长⑥。

稳态增长与均衡增长是两个紧密相关的概念，有时几乎等同地使用。但是，考虑资本积累的边际效率可变时，两者有非常重要的差异，实现条件也有重要的区

① Nathan Rosenberg. Technology and American Economic Growth [M]. New York: Sharpe Armonk, 1972.

② 菲斯佩奇．创新与经济增长 [C]. 法格博格等．牛津创新手册[M]. 北京：知识产权出版社，2009：494.

③ Nelson. R. . R. , Winter S. An Evolutionary Theory of Economic Change [M]. Cambridge: Harvard University Press, 1982.

④ 毕世杰．论经济增长的非均衡性质[J]. 社会科学战线，1992（4）：25－31.

⑤ Schlicht E. . A Variant of Uzawa's Theorem [J]. Economics Bulletin, 2006, 5.

⑥ Herbert, Giersch. Services in World Economic Growth [M]. Routledge, 2019.

别。一个经济最终总是走向稳定状态，因为“无论经济初始的资本水平如何，总是以稳定状态的资本水平为结束”①。经典的增长理论认为（罗文英，2013）②，稳态经济零增长率是一个经济增长阶段的终点和归属；从动态的角度看，生产资本的技术特点也保证稳态经济零增长率是一个经济增长阶段的终点和归属。因为每增加一个单位资本带来的产出增量是递减的，所以起先的资本投入会创造较大的产出，产生较大的经济增长率；随着资本增加，产出递减，经济增长率下降，直至增长率为零，一个经济增长阶段结束，经典经济增长模型中的稳态经济零增长率与物体的惯性运动具有相同的特征，在没有外力的作用下保持原有的静止或运动状态不变。

第二节 公共经济学相关词义解析

一、政府与市场

（一）政府与市场

政府（Government）与市场（Market）是经济活动中资源配置的两种基本手段，是公共经济中的两个基本要素。从公共经济学角度看，政府是一种同市场交互作用的力量，是一种与市场组织相类似的经济组织，其基本特征是公共性和强制性。因而，我们不妨在这样的特征意义上理解经济属性的政府，将政府看作一个以公民自愿联合，且本质上以强制性为基础的社会经济组织。

所谓市场，是指商品和劳务买卖双方自由交换的场所和机制，它体现了商品生产者之间相互交换劳动的经济关系。这种经济运行方式主要借助市场交易的形式，以达到优化社会资源配置、提高生产力等经济目的。

① ［美］保罗·萨缪尔森，［美］威廉·诺德豪斯．宏观经济学（第19版）［M］．北京：人民邮电出版社，2012.

② 罗文英．对索罗经济增长模型稳态零增长率的再思考［J］．当代财经，2013（7）：16－22.

（二）市场失灵与政府干预

1. 市场失灵。20 世纪 30 年代之前，在自由放任主义经济理论的主导下，市场被西方国家作为资源配置的核心机制，具有公共性质的社会事务管理由政府承担。1929 年的经济大危机宣告了自由放任经济体制的破产，市场机制在提高资源配置效率和发展经济方面显示出巨大优越性的同时，也造成了市场垄断、分配不公和失业等问题，在公共事务的处理上更显得无能为力。由此，美国经济学家弗朗西斯（Francis M. Bator，1925—，1958）提出了市场失灵（Market Failure）这一概念，认为市场失灵是指在某些领域或某些现象中，市场机制的调节作用不能得到有效发挥①。市场失灵一般表现为信息不对称、外部性、公共产品供给短缺等（肯尼斯·约瑟夫·阿罗，Kenneth J. Arrow，1921—2017；2012②）。

2. 政府干预。政府干预（Government Intervention）又称国家干预，其逻辑起点是市场失灵。凯恩斯以有效需求理论为核心和依托，在 20 世纪 30 年代针对资本主义世界出现经济危机的背景下，针对“经济放任”所导致的一系列问题第一次完整地提出了政府干预思想，其主张削弱私有经济的活动范围，由国家或政府干预和参与社会经济活动，在一定程度上承担多种生产、交换和分配任务，弥补市场失灵等市场机制缺陷（Keynes John Maynard，2010）③。从具体形式上看，政府干预包括政府经济干预和行政干预两种形式。前者是通过财政、金融、物价等经济手段进行经济调控；而后者直接是用行政手段进行干预，如通过商品价格管制、价值宣传手段对经济进行干预等。

二、公共品与公共品提供

公共品（Public Goods）也称为公共物品或公共产品，是在人们享用的产品和服务中，如果某一类产品和服务同时具有非竞争性（Rivalness）和非排他性（Non - excludability），则这类产品和服务就被称为公共品。其中，非竞争性是指当一个人消费某些产品和服务时，并不对其他人同时消费这种产品和服务构成任何影

---

① Bator F. M.. The anatomy of market failure [J]. Quarterly Journal of Economics, 1958, 72 (3): 351 - 379.

② Kenneth J. Arrow. Social Choice and Individual Values [M]. State of Connecticut: Yale University Press, 2012.

③ Keynes John Maynard. The General Theory of Employment Interest and Money [M]. Whitefish: Kessinger Publishing, 2010.

响；或者说当无限多的人消费某一特定的产品或服务时，他们其中的每一个人并不比当他们仅有一人消费该产品或服务时递减其效用。而非排他性指的是我们无法阻止人们对于某一项产品或服务的消费，或者说要阻止人们对于某一项产品或服务的消费所要耗费的成本是无限的大。

而私人品（Private Goods）恰好相反，是那些可以分割、可以供不同人消费，并且对他人没有外部收益或外部成本的物品。

公共品与私人品的区别主要有三个方面：一是效用的不可分割性（Non - divisibilty），即公共物品或服务是向整个社会共同提供的，具有共同受益或联合消费的特点。二是消费的非竞争性（Non - rivalness），即某一个人或厂商对公共物品或服务的享用，不排斥、妨碍其他人或厂商对其的同时享用，也不会因此而减少其他人或厂商享用该种公共物品或服务的数量或质量。三是受益的非排他性，即在技术上没有办法将拒绝为之付款的个人或厂商排除在公共物品或服务的受益范围之外。

需要指出的是，严格意义上的公共品是不存在的，公共品和私人品在政府公共提供决策过程中是可以相互转换的，而正是没有严格意义的公共品，因此，可在分析和决策中进一步分出混合产品（Mixed Products）、“准公共品”（Quasi - public Goods）及“俱乐部产品”（Club Goods）等延伸概念。

三、公共政策与公共经济

关于公共政策（Public Policy）这一概念界定的文献较多，如罗伯特·艾斯顿（R. Eyestone，1985①）、戴维·伊斯顿（D. Easton，1917—2014；1999②）、托马斯·戴伊（T. R. Dye，1935—；2014③）以及陈振明（2003④）等，而安德森（J. E. Anderson）给出了一个较为简洁和全面的定义。安德森（Anderson，2003⑤）界定的公共政策是指公共权力机关经由政治过程所选择和制定的为解决公共问题、达成公共目标以实现公共利益的方案，其作用是规范和指导有关机构、团体或个人的行动，其表达形式包括法律法规、行政规定或命令、国家领导人口头或书面的指示、政府规划等。在主流经济中，早先的公共政策一词被看作是一种政

① Robert Eyestone. Public Policy Formation [M]. JAI Press Inc，1985.

② [美] 戴维·伊斯顿．政治生活的系统分析[M]. 王浦劬，译．北京：华夏出版社，1999.

③ [美] 托马斯·R. 戴伊．理解公共政策[M]. 谢明，译．北京：中国人民大学出版社，2014.

④ 陈振明．政策科学——公共政策分析导论[M]. 北京：中国人民大学出版社，2003.

⑤ James E. Anderson. Public Policy - making：An Introduction（Fifth Edition）[M]. Boston：Hough - ton-Mifflin Company，2003.

府实施或需要改进的“政策”；而自新增长理论提出以来，一些公共支出变量如生产性支出（公共投资等）和非生产性支出（福利支出、教育支出等）也被称为公共政策逐渐被纳入主流增长模型，并予以内生化进行经济学的宏观和微观的经济分析。

公共经济（Public Economy）一词则可看作与公共政策相关的一切经济活动和经济制度安排。公共经济起源于西方经济学的经济理论，后来主流经济理论逐渐将政府、公共支出和税收等纳入分析框架后，公共经济就以政府经济、财政收支、公共财政、公共部门经济等形式出现了。

四、公共收入与公共支出

（一）公共收入

公共收入（Public Revenue/Government Revenue）也称“财政性收入”“财政收入”“政府收入”，是政府为履行其职能而筹集的一切资金的总和。公共收入主要是由税收收入、非税收入、债务收入和转移性收入构成。

1. 税收收入。税收收入（Taxation Revenue）是政府以政治权利为依托取得的公共收入。税收收入是国家公共收入的主要来源。现代国家中，多数国家的公共收入的90%以上要靠税收来保证，以至于可以近似地用税收收入来分析观察整个公共收入的状况。税收收入可以分为增值税、消费税、营业税、企业所得税、个人所得税、资源税、固定资产投资方向调节税、城市维护建设税、房产税、印花税、城镇土地使用税、土地增值税、车船税、船舶吨税、车辆购置税、关税、耕地占用税、契税、烟叶税等。

2. 非税收入。一般而言，非税收入（Non - taxation Revenue）是与税收收入相对应并且与其征收的类别和范围相关的一个概念。一些研究如黄恒学（2009①）从经济学视角，余斌（2016②）从推进马克思主义政治经济学的创新发展的视角对公共收入内容进行了清晰界定，还有研究如傅娟（2019③）等则在国际比较基础上进行界定等，各说纷纭。根据中国财政部《政府非税收入管理办法》（财税〔2016〕33号），非税收入包括：行政事业性收费、政府性基金、国有资源有偿使用收入、

① 黄恒学．公共经济学：第二版[M]．北京：北京大学出版社，2009.
② 余斌．厘清公共收入的概念与形式[J]．经济纵横，2016（4）：9 - 14.
③ 傅娟．非税收入的概念辨析及中美比较的可行性研究[J]．财贸经济，2019（3）：39 - 52.

国有资产有偿使用收入、国有资本经营收益、彩票公益金、罚没收入、以政府名义接受的捐赠收入、主管部门集中收入以及政府财政资金产生的利息收入等 12 项，社保基金始终被排斥在“非税收入”的统计中。而结合目前全面实施预算管理的会计核算基础《会计制度（2017）》，本书将非税收入的构成界定为已经纳入或未来需要纳入预算管理的政府性基金、罚没收入、捐赠收入、国有资产经营收入、政府性收费及特许权收入、公共资产收入、基金收入、政府性收费（规费、使用费）、公债收入、政府性捐赠收入等。

3. 债务收入。债务收入（Debt - income）是指国家或政府为了弥补财政赤字或调节经济运行以自身名义通过信用方式取得的公共收入，其最基本的特点是有偿使用（Daniel Murphy et al.，2019）①。债务收入只是资金使用权从其他主体转移到政府手中，需要政府还本付息，其不能成为真正的经常性收入。在中国政府收入统计中，一般不将债务收入作为政府收入。主要包括国内债务收入（国债发行收入、地方债发行收入）、国外债务收入（向外国政府借款收入、向国际组织借款收入、其他国外借款收入、地方向国外借款收入）等。其中，2015 年的新收入分类中还有新的调整，即增设中央政府债务收入，以反映中央政府从国内取得债务收入；新设中央政府国外债务收入，反映中央政府从国外取得债务收入；增设地方政府债务收入，反映地方政府取得债务收入情况，其中包含一般债券收入、地方政府向国外政府借款收入、地方政府向国际组织借款收入。

4. 转移性收入。转移性收入（Transfer Income）又称资金调拨收入，是指根据财政管理体制规定在与中央、地方各级财政间进行资金转移以及在本级财政各项资金间进行资金转移或调拨所形成的收入，包括返还性收入、一般性转移支付收入、专项转移支付收入、政府性基金转移收入、上年结余收入、调入资金、债券转贷收入等②。

（二）公共支出

公共支出（Public Expenditure/Fiscal Cost）也称“政府性支出”“财政支出”“国家财政性支出”等，一般指在国家和政府控制下的一切由国家财政所负担的各类维持公共组织运行的经费支出或项目支出。在中国，公共支出主要包括购买性支出与转移性支出。

1. 购买性支出。购买性支出（Purchase Expenditure）是指由政府及其职能部门

① Yuliya Demyanyk，Elena Loutskina，Daniel Murphy. Fiscal Stimulus and Consumer Debt［M］. The Review of Economics and Statistics 2019，101（4）：728 - 741.

② 宋凤轩，孙健夫，谷彦芳．财政与税收（第 4 版）［M］. 北京：人民邮电出版社，2017.

直接用于购买商品和劳务的支出，它是政府自身直接实现的支出，一般用于维持国家机器运转和其他行政事业开支，在形式上是以政府为购买主体直接与商品和劳务相交换，又称为消耗性支出。

2. 转移性支出。转移性支出（Transfer Expenditure）是财政对居民个人和非公共企业提供的无偿资金支付，并不是政府直接购买和消费，而是一种收入的再分配方式。转移性支出有特定的用途和目的，但政府在将财政资金转移给居民和其他受益者时，不会得到任何补偿，只是价值的单方面转移，体现的是政府的非市场性再分配活动，是政府实现公平分配的主要手段。

五、税收与税收制度

（一）税收

税收也称为税收收入（Taxation Revenue），是国家或政府依据国家权力取得公共收入的最主要形式，是国家和社会公共活动的经济基础，也是政府干预和调控经济的重要经济杠杆，具有强制性、无偿性和固定性。税收早在奴隶社会，就已经伴随着国家的出现而产生，“是行政权力整个机构的生活源泉”①。随着社会生产力的发展、社会制度和国家形态的变迁，税收分配的形式、内容和性质也在不断地发展变化。

（二）税收制度

税收制度（Tax System），简称税制。一种解释认为，税收制度是国家各种税收法令和征收管理办法的总称。一个国家为了取得公共收入或调节社会经济活动，必须以法律的形式确定征税对象、纳税主体、税率及纳税的时间及主管单位等，这些规定就构成了一个国家的税收制度。还有一种解释认为，税收制度是国家根据一定的政策原则组成的税收体系，其关键是主体税种的选择和各种税的搭配问题。第一种解释侧重于税收工作的规范与章程；后一种解释则是以税收活动的经济利益为中心。

---

① 中共中央马克思恩格斯列宁斯大林著作编译局编译．马克思恩格斯全集（第十九卷）［M］．北京：人民出版社，2018.

六、政府预算与政府预算绩效评价

（一）政府预算与政府预算管理

政府预算（Government Budget）也称公共预算，在经济学领域是与企业预算及家庭预算等相对应的一个概念，指经法定程序审核批准并接受权力机构监督的、具有预算时点和时长约束的财政收支计划。它规定政府或政府部门财政收入的来源和数量、财政支出的各项用途和数量，反映着政府公共政策、政府活动的范围和方向，因而广义上讲，预算也是一种管理形式，也称为预算管理（Government Budget Management）。

（二）政府预算绩效评价

1. 政府预算绩效。世界经合组织（OECD）将绩效（Performance）定义为，为达到某项目标而产生的活动中的经济性、效率和效力（OECD①）。政府预算绩效（Government Budget Performance），本书中也简称为预算绩效）一词较早见于1949年美国行政管理和预算局（OMB），主要指预测拟定耗费的财政资金数额是否达到了预期效果。而李红霞、刘天琦（2019②）认为，在中国，政府预算绩效可追溯到尧舜和西周时期，绩效理念在中国自古有之，从尧舜时期的“三载考绩”“五载一巡守”，到西周的“上计制度”，都是对当时财政收支活动及政府的政绩进行管理监督的重要方式。当今，“政府预算绩效”实质是政府通过预算管理所达到的公共投入产出效果。

2. 政府预算绩效评价。政府预算绩效评价（Performance Evaluation of Government Budget）也称公共预算绩效评价（Performance Evaluation of Public Budget），虽然许多研究在概念界定、体系建立以及评价方法等方面进行了探索（Park，2008③；Trevor Shaw，2015④ 等），但很显然，政府预算绩效评价首先是一种政府

① OECD. Home Page [EB/OL]. https://www.oecd.org/.

② 李红霞，刘天琦．预算绩效与政府治理：契合性与协同性视角[J]. 中央财经大学学报，2019（6）：11－19.

③ Park N. Performance－Oriented Budgeting in Korea：Evidence and Lessons [J]. Korea Institute of Public Finance，2008，71（3）：3－13.

④ Trevor Shaw. Performance Budgeting Practices and Procedures [J]. OECD Journal on Budgeting，2015（3）：31－32.

预算管理活动，这种活动是以绩效管理为核心对财政资金的分配、使用及效益实施管理（白景明，2018①）。目前发达国家政府预算绩效评价早已不停留在政府工作效率领域，而且更多地涵盖了社会效应评价的内容。

3. 绩效评价的“3E 原则”和“4E 原则”。20 世纪 60 年代美国会计总署建立了绩效评价的“3E”指标（The Principles of “3E”），主要包括：经济性（Economy）、效率性（Efficiency）和效果性（Effectiveness）②；20 世纪 80 年代初，英国的效率小组在财务管理新方案中也提出了设立经济性（Economy）、效率性（Efficiency）和效果性（Effectiveness）的“3E”标准体系的建议。不久，英国审计委员会就将“3E”标准纳入绩效审计的框架中，并运用于地方政府以及国家健康服务的管理实践中。1997 年，美国会计总署将公平（Equity）指标加入了“3E”指标，发展为“4E”绩效评价法。“4E”绩效评价的范围、内涵更加多样，不仅可以对经济效益高的项目考察其是否有利于社会公正，同时也使指标体系可以对公共服务类的社会公益项目进行更为全面的评价③。

第三节 经济方法论需区分的几个重要概念

一、哲学、世界观、方法论与经济学方法论

关于哲学、世界观与方法论三个词，都可以看作哲学术语。但是方法论一词的含义，除了具有哲学的影子之外，因不同学科领域的研究对象有差异，存在着一些研究范畴上的差别。在此将哲学意义上的哲学、世界观与方法论与经济学方法论的概念一并进行简要阐述。

（一）哲学、世界观与方法论的概念与关系

关于哲学（Philosophy），目前还存在各种各样的概念和对这一术语的不同理

① 白景明．全面实施预算绩效管理须实现四大突破［N］．中国经济时报，2018－2－13.

② 李金珊，王倩倩．财政支出绩效评价体系刍议：3E 维度的引入与改进［J］．财政研究，2018（3）：14－23.

③ 徐建中，夏杰，吕希琛．邹基于“4E”原则的我国政府预算绩效评价框架构建［J］．社会科学辑刊，2013（3）：132－137.

解。例如，黑格尔（G. F. Hegel，1770—1831）认为："哲学一般是思维的认识活动"（黑格尔，1817/1996①），认为"哲学的事实已经是一种现存的知识，哲学的认识方式只是一种反思——意指跟随在事实后面的反复思考"。罗素（B. Russell，1872—1970）将哲学区别于科学和神学（罗素，1945/2001②），认为"哲学是介于神学与科学之间的东西"。冯友兰（1895—1990）也区别了哲学与宗教，并借《老子（第四十八章）》："为学日益，为道日损"的说法（冯友兰，2011③），认为哲学属于"为道"的范畴，是一种能提高精神境界的、超道德的……，是对于人生的有系统的反思思想。马克思（K. H. Marx，1818—1873）对于哲学一词的理解，直接说道："任何真正的哲学都是自己时代精神的精华"，它集中了"人民最精致、最珍贵和看不见的精髓"④。通过上述对于哲学一词的理解，我们可以粗略地了解到，哲学不是物质，也区别于神学和宗教，哲学是能提高人的思想境界的一种思想基础和思维方式，例如，现代科学都认为，爱因斯坦（A. Einstein，1879—1955）也是通过重新研究牛顿科学的哲学基础，才创立了相对论；而马克思和恩格斯（F. V. Engels，1820—1895）甚至直接将哲学看作"一种思维方法和思维活动"⑤。

关于世界观（World Views），通常被认为是人们关于世界的根本观点和根本看法，它决定了一个人的人生追求和价值取向。这里所指的世界，是一种人与人之间关系的现实世界；这里所指的看法，不仅仅是对"世界"有什么看法，而更应该包含有如何看待"世界"的根本问题。

而方法论（Methodology）则指的是关于方法的学说。维基百科将方法论定义为："是一种以解决问题为目标的体系或系统，通常涉及对问题阶段、任务、工具、方法技巧的论述"⑥。

根据一般哲学常识，哲学是一种思维模式，哲学就是世界观，是世界观的理论体系。在对现代西方科学产生深刻影响的法国哲学家亨利·柏格森（Henri Bergson，1859—1941）看来，"哲学是真正的世界观"⑦，而世界观是哲学的基本内容，世界观决定方法论，哲学是世界观和方法论的统一。

---

① ［德］格奥尔格·威廉·弗里德里希·黑格尔著．小逻辑[M].贺麟，译．北京：商务印书馆，1996.

② ［英］伯特兰·罗素．西方哲学简史[M].赵敦华，译．北京：北京大学出版社，2001.

③ 冯友兰．中国哲学史[M].北京：商务印书馆，2011.

④ 马克思恩格斯全集[M].（第一卷）.中央编译局，译．北京：人民出版社，1998.

⑤ 马克思恩格斯全集[M].（第四卷）.中央编译局，译．北京：人民出版社，1998.

⑥ Wikipedia contributors,'Methodology', Wikipedia [G/OL]. [2016 - 01 - 20] https://en.wikipedia.org/w/index.php?title = Methodology&oldid = 700521483 >.

⑦ 柏格森．创造进化论[M].南京：译林出版社，2014.

（二）对经济学方法论的概念解释

有了对方法论这一概念的基本界定，经济学方法论（Methodology of Economics）就不难理解了。如唐·埃思里奇（D. Ethridg）认为，经济学方法论是对经济学研究的一般方法的研究（埃思里奇，2007①），是关于处理问题和从事活动的方式，它构成我们完成一项任务的一般途径或路线，而不是告诉我们如何完成具体细节，是对给定领域中进行探索的一般方法研究；张俊山（2003②）认为，经济学方法论是对经济理论的形成、结构、发展方式和建立经济理论的基本观点与逻辑安排进行系统研究的学科等。基于上述理解，经济学方法论是一个体系，是在一种世界观视角下，针对经济学现象、问题以及规律等，运用经济学方法和工具，对经济学进行研究和分析的一整套体系（廖楚晖，2016③）。

二、经济学假设和经济学假说

（一）经济学假设

1. 经济学假设的概念。假设是运用思维、想象，对所研究的事物的本质或规律的初步设想或推测，是对所研究的课题提出的可能的答案或尝试性理解。假设并不是单纯主观思辨的产物，也不是以臆造为基础的虚妄、任意、离奇的猜想，而是依据事实和科学知识的基础，对未知领域做有规律地推测。假设是一种预见，产生于日常观察和已有的研究成果中，或产生于研究者的联想或直观推测。

就自然科学而言，假设是理论系统中的一个必要构件。理论是在有限的经验观察的基础上，从公理或公理体系出发，逻辑地导出关于认识对象的命题的集合，这些命题通常以假说、定理及推论等形式出现在理论系统中。显然，公理或公理体系其实就是自然科学理论的假设，这些假设是理论的基础、前提条件以及逻辑出发点。

经济学的理论假设同样是对事实的有根据地推测，也是经济理论的逻辑出发点，其涵义与自然科学中的假设类似。但与自然科学的理论假设不同的是，在经济

① ［美］唐·埃思里奇．应用经济学研究方法论[M].朱钢，译．北京：经济科学出版社，2007.

② 张俊山编著．经济学方法论[M].天津：南开大学出版社，2003.

③ 廖楚晖．经济学方法论：公共经济学的应用［M］．北京：中国财政经济出版社，2016.

学中，虽然有“现实不相关”（如米尔顿·弗里德曼；Milton Friedman，1912—2006）的观点，认为经济学假设的现实性无关紧要，并得到了一些学者的支持，但对此也不乏争论，如库普曼斯（T. C. Koopmans，1910—1985；Koopmans，1957①）就认为，“只有假设的逻辑内容才是重要的。”因此相比自然科学中强调假设的理想化与抽象化，许多经济学家认为，经济学中的假设应当具备现实性。

2. 经济学假设的作用。前文已经说到了经济学假设存在的问题以及一些争议性的东西，但是从经济学形成和发展来看，经济学假设是现代主流经济学理论和体系形成的起点和基础，影响了当今经济学的方法论发展。

（1）它是经济理论的逻辑出发点和分析前提。在经济理论形成之前，首先要构建理论的逻辑环境，这意味着要对现实问题进行简化和抽象。这种思维过程的表现形式，就是假设的提出。在若干假设的基础上，经济学家们才能通过检验假设或演绎推理等方法提出新的理论。根据对理论的影响程度不同，经济学家布劳格把经济学的假设分成了核心假设（Core Assumptions）和外围假设（Peripheral Assumptions）②，并认为部分假设构成了理论，而另一部分假设则无法构成理论。无论西方经济学还是马克思主义经济学，其研究的出发点和核心都是人的经济行为③。西方经济学的产生就是以“经济人”假设作为起点进行研究的，这是西方经济学方法论的核心理论。如果这个核心理论被推翻，整个西方经济学的理论体系都要重建。当然，在经济理论的发展过程中还有许多假设，如稀缺性和一般均衡假设等。如果离开这些假设，经济学家们做出的经济分析可能都毫无意义。

（2）它是实现经济学数理分析的辅助手段。假设不仅是经济理论形成的逻辑前提，也可以是一种经济现象的分析工具。科学的一般研究路径都是从某些假设或公理出发，通过一定分析得到新的理论或定理。其中，数理分析就是这类分析方法之一。但经济学毕竟不是真正的科学，经济学中的数理分析需要一定的辅助手段，来说明数理分析在这种情况下是可行的，因此需要进行假设以保证数理分析的合理性。在实证主义的经济学研究中，其研究步骤是先预设检验的假设，然后在此基础上运用数学的方法建立描述经济现象之间联系的模型，最后寻找现实的数据、资料来支持模型。以拉姆齐模型④为例，这个模型就建立于“数量固定的长生不老的家庭”的假设之上。

（3）它是精确表达经济学原理的必要技术性设置。在经济学家表达一些观点的过程中，为使抽象的观点有合理的发生条件，或者为使理论的逻辑看起来简洁明

① Koopmans T C. Three Essays on The State of Economic Science [J]. Reprints of Economic Classics, 1957.

② ［英］马克·布劳格．经济学方法论的新趋势［M］．张大保，李刚，韩振明，译．北京：经济科学出版社，2000.

③ 张俊山．经济学方法论［M］．天津：南开大学出版社，2003.

④ Ramsey F P. A Mathematical Theory of Saving [J]. The Economic Journal, 1928: 543 - 559.

了，又或者为使表述避免因其他扰乱因素而过于冗杂，这时需要作出一些假设。作出这些假设的目的在于简化其他不必要或有干扰性的条件，使理论的逻辑更清晰，这是表达经济学原理的必要性技术设置。一般而言，这种假设的提出并不影响理论的有效性。如斯密在《国富论》中①，为解释其利率下降货币需求量增加的观点，使用了“若利率降低，其他情形不变，则灵活偏好（Iquidity Preference）之起于交易动机者②，将随利率之下降而吸纳较多货币”的表述。其中“其他情形不变”就属于此类假设。现实生活中的情形不可能一成不变，斯密使用这样的表述是为了仅专注于表达利率下降这一个因素对货币需求量的影响。

（二）经济学假说

1. 经济学假说的概念。“科学假说”在《中国大百科全书》中的定义是指：“根据已有的科学知识和新的科学事实对所研究的问题作出的一种猜测性陈述。它是将认识从已知推向未知，进而变未知为已知的必不可少的思维方法，是科学发展的一种重要形式。”马克思曾经说过，“只要自然科学在思维着，它的发展形式就是假说”③。马克思关于假说的阐述进一步表明，假说是一个所要研究的科学问题在被论证过程中的形式。

经济学假说是指按照预先设定，对某种现象进行的解释，即根据已知的科学事实和科学原理，对所研究的经济生活现象及其规律性提出的推测和说明，将现实数据经过详细的分类、归纳与分析，得到一个暂时性但是可以被接受的解释。科学假说对科学问题的研究常常起着一种纲领性的作用。在探求现象之间的因果关系、事物的内部结构及其起源和演化的规律时，一旦有了假说，科学工作者就能根据其要求有计划地设计和进行一系列的观察、实验，而假说得到观察、实验的支持，就会发展成为建立有关科学理论的基础。在经济学范畴里，理论假说就是建立在一系列假设之上的、可以被暂时接受的、有待于数据或实验证实的“理论”。

2. 经济学假说的形成。一个理论假说的形成通常要经历三个阶段。第一阶段，研究者为了回答某个特定的问题，通过成熟的理论原理或收集的事实资料、数据，运用合理的比较、分析、综合、概括等思维方法，作出一种经验性的假定。如“货币中性”的假说命题就来源于古典货币理论（林金忠）④。在第二阶段，为了

① ［英］约翰·梅纳德·凯恩斯．就业、利息和货币通论[M]．高鸿业，译．北京：商务印书馆，1999.

② 目前通用的说法为流动性偏好。

③ 《马克思恩格斯选集》［M］．中共中央马克思恩格斯列宁斯大林著作编译局，译．北京：人民出版社，1972.

④ 林金忠．“理性经济人”与主流经济理论中的假设问题[J]．学术月刊，2008（11）：87－93.

探究上述事实之间的关系以及这些现象产生的原因，研究者需要以抽象化的理论框架或理想化的模型来概括解释上述经验性的假定，以使其可以被人所接受，此时假说已初步形成。除上述思维方法外，这个过程更突出运用了类比、抽象、理想化等思维方法。第三阶段，研究者需要以科学理论进行论证和寻求经验证据的支持，从而使它充实和扩展成为一个结构稳定的系统，并且要通过它解释更多的事实，预测事物的发展方向。此时假说才真正形成。在这个过程中，演绎推理的思维方式的作用更为突出。在经济学领域中，理论假说的形成同样要经过这三个阶段。

3. 经济学假说应具有的特点。通常而言，一个理论假说需要具备四个特点：第一，假说的提出应当以事实为依据。从假说的形成来看，它来源于对客观事物的认识，而不出自主观的信念，目的在于解决某个问题。因此假说的提出必须要以事实为依据，否则将会失去它存在的必要性。第二，假说应当具有科学性。虽然假说的形成中存在逻辑推理与抽象的过程，但这无一不是在科学的思维基础之上进行的，假说是在“科学”范畴下形成的概念，因此具有科学性是毋庸置疑的。杨建飞（2005）认为①，经济学范式革命成功的关键即在于提出一组比过去范式更有竞争力的基本假说，而这组假说就是通过综合运用各种科学方法提出的。从这不难看出假说的科学性在经济学中的重要性。第三，假说必须是可检验的。正如前文所述，假说应当具有科学性，而其科学性即需要通过检验来体现。经济学假说往往是难以检验的，如杨渝玲（2004）② 以凯恩斯经济学的发展为例说明经济学面临的最大障碍是“预言检验的困难”。虽然有些假说在一定时间、空间内固然难以检验，但这并不代表假说就可以通过毫无根据的想象形成。第四，假说应当尽可能简单。由于假说要阐述的是各个事物或现象之间的内部联系，具有一定的普适性，因此假说必须高度概括，其表达也必须尽可能地简单。

（三）经济学假说和经济学假设的关系

关于经济学假说和经济学假设的关系，弗里德曼（2011③）曾对经济学理论中的假说和假设进行过区分，他认为假说与假设之间的区别是难以准确定义的，但在假说中包含着一些进行假设的东西，这些假设使假说可以被接受。

经济学研究中，当一个理论假说被论证后，“假说”一词就成为“理论”了，并可以作为另一项经济学研究的基本假设，例如，卢卡斯提出的自然率假说（Natural Rate Hypothesis），即就业、产出、物价等经济变量的自然水平存在着一种非政

① 杨建飞．经济学范式革命的一种方法论模式和假说[J].经济评论，2005（1）：70－74.

② 杨渝玲．经济学假说检验的逻辑——科学认识论维度[J].自然辩证法研究，2004（6）：40－43.

③［美］米尔顿·弗里德曼．弗里德曼文萃[M].胡雪峰，武玉宁，译．北京：北京经济学院出版社，2001.

府政策支配的实际决定因素（如生产、技术等）。自然率假说从理论上论述了政策作用的有限性，为理性预期学说确立了重要的理论前提。自然率假说是货币主义的重要理论基础，也是新古典的重要基本假设。

但是在运用数理方法推导或演绎经济理论或关系时，一些理论和关系并不需要有假说，换句话说，经济学假说并不是必然的。然而，受到经济学研究范式、方法以及数理工具的制约，经济学数理分析的假设却是不能少的。

三、经济学的研究方法与分析工具

（一）方法与工具

在古希腊，方法（Method、Way 或者 Means）一词主要指研究和认识各种事物的途径和理论。而古代中国方法一词早现于《墨子·天志》："中吾矩者，谓之方；不中吾矩者，谓之不方。是以方与不方，皆可得而知。此其何故？则方法明也"，把方法归为度量方形之法。当代，美国《哲学百科全书》则将方法定义为某种途径。具体而言，指按照某种途径，对某种为了达到一定的目的而必须按规定顺序进行的步骤的详细说明。孙小礼（1993①）认为，作为认识手段的方法，就是在思维中复制研究对象的那种方式。与方法论一样，方法一词也具有哲学的含义，如恩格斯在谈到马克思世界观的时候曾指出，"马克思的整个世界观不是教义，而是方法。"②

工具（Tool or Means）一词则比较常见，较为容易理解。"工具"一词原指工作时所需用的器具，后引申为达到、完成或促进某一事物的手段或技术。工具可以分为两种类型：一是物质形态的工具，如测量仪、记录板、摄影机、弹簧秤、实验仪器、计算机、图书等，它是在研究中实实在在的、可见的、可触摸和使用的。二是思想形态的工具，也即科学方法。它是指一切有助于科学认识、达成行为目的分析方法，也是科学工作者从客体中获取科学认识成果的各种手段，如科学研究中借助的理论分析工具、数学分析工具、文献分析工具、统计分析工具等。

（二）经济学方法和经济学分析工具

在经济学中，经济学方法（Economic Method）是指人们在经济活动的范围内，

① 孙小礼．自然辩证法通论（第二卷：方法论）[M]．北京：高等教育出版社，1993.

② 马克思恩格斯全集（第三十九卷）[M]．中央编译局，译．北京：人民出版社，1998.

为了获得经济方面的科学理论，对经济过程和经济现象进行探索所采用的途径和方式（高振刚等，2000①）。埃思里奇（2007②）认为方法是指：用于完成一个既定目标的具体技术、工具或程序。方法必须是与任务、理论、人们的认知思维方式、实践等相联系的（韩永进，2000③），是为了达到某种目的所采取的路径、方式、手段和工具。

而经济学分析工具（Economic Analytical Tools）则是指，针对经济学研究对象，在既定的经济学方法指导下，运用理论分析、数学、文献、统计学、计量经济学、调查及实验等手段或技术对经济学问题进行经济学研究。

四、经济学范式和研究框架

（一）经济学范式

早在19世纪60年代，库恩（T. S. Kuhn，1922—1996）在其《科学革命的结构》（*The Structure of Scientific Revolutions*）中就对范式（paradigm）一词进行了定义（库恩，1962/2003④），此后，范式一词便在学术界被广泛使用。库恩认为，范式是指常规科学所赖以运作的理论基础和实践规范，是从事某一科学的研究者群体所共同遵从的世界观和行为方式。从方法角度来看，范式是一种被公认的模型、模式或范例。而在科学活动中，某些被公认的范式一般包括定律、理论、应用及仪器设备在内以及为某种科学研究传统出现所提供的模型。

国内对经济学范式一词的理解很多，其中，王晓林（2006⑤）给出了一个最简洁的关于经济学范式一词的理解，即范式是描述经济学领域内，被世人所公认的成就的一个通用概念。我们认为，对经济学范式的理解，可以按照库恩的说法，即经济学范式是经济学领域的公认成就，"实质上是某学科领域内大多数学者认同的基本理念及其分析框架和研究方法，它们建构了学科专业教育的'概念箱子'"。

① 高振刚，李映青．经济学方法论[M]．北京：红旗出版社，2000.

② ［美］唐·埃思里奇．应用经济学研究方法论[M]．朱刚，译．北京：经济科学出版社，2007.

③ 韩永进．西方经济学方法论：科学哲学方法论与经济学方法论变革研究[M]．北京：中国经济出版社，2000.

④ ［美］托马斯·库恩．科学革命的结构[M]．金吾伦，胡新和，译．北京：北京大学出版社，2003.

⑤ 王晓林．经济学范式：逻辑困惑、现实悖论及其可能出路[J]．经济评论，2006（2）.

（二）经济学研究框架

所谓经济学研究框架（framework），是在库恩的科学革命论以来留下来的方法论“遗产”，它包括若干关键概念：其一是范式本身，是科学家理念中的思维模式和总体概念框架，是将理论、范例、公认的试验手段、科学方法乃至价值观和哲学观包括在内的整个体系；其二是科学共同体，是指受过同类的教育或专业训练、彼此了解并能做到思想充分交流的从事同类研究的科学家，在专业判断上拥有共同的范式，是一种固有的模式；其三是科学革命及相关概念，一般为新旧范式间的转换。

不同研究对于经济学研究框架有着不同的理解。在对拉卡托斯（I. Lakatos，1922—1974）和波普尔（K. R. Popper①）的经济学研究框架的对比和评价中，马克·布劳格（1992②）认为，在拉卡托斯的研究中，方法论的评价单位是单个理论的科学研究框架或相互联系的网络，评价准则是互相竞争的框架中的“超经验内容”；而拉卡托斯的标准比波普尔的宽泛之处在于允许框架在遇到较小不一致性时随时完善或修正，以涵盖经验的不规则情形，其比波普的严厉之处则在于，它要求研究框架能提供比其竞争对手更好的预测，或者能预测其竞争对手不能解释的事实。

关于经济学研究框架，田国强（2005③）认为，经济学的基本分析框架包括五个部分：一是界定经济环境；二是设定行为假设；三是给出制度安排；四是选择均衡结果；五是进行评估比较。而在埃思里奇撰写的《应用经济学研究方法论》中（埃思里奇，2007④）认为，经济学研究框架应当包括对研究问题概念化、提出有待检验的常识性断言即假设、进行假设检验三部分内容；还通过诸如“定量假设必须做出具体的陈述”“把问题尽可能压缩到最简单最有条理的状态”等非常准则化的语言，对经济学的研究框架做出标准化的描述。

近年来，随着经济学研究的不断发展，布雷恩（W. Brian，2013⑤）提出了一个经济学研究的新框架，即复杂经济学的逻辑框架，在这个框架中，经济系统并不

---

① 卡尔·波普尔是当代西方最著名的科学哲学家和社会哲学家之一。他继承德国爱因斯坦的批判精神和康德的唯理主义思想，形成“批判理性主义哲学”，建立同逻辑实证主义相对的科学知识观，提出反归纳主义和证伪主义的知识理论。

② ［英］马克·布劳格．经济学方法论［M］．黎明星，陈一民，季勇，译．北京：商务印书馆，1992.

③ 田国强．现代经济学的基本分析框架与研究方法［J］．经济研究，2005（2）：113－125.

④ ［美］唐·埃思里奇．应用经济学研究方法论［M］．朱刚，译．北京：经济科学出版社，2007.

⑤ Brian W. Complexity Economics：A Different Framework for Economic Thought［R］．Sante Fe Institute：2013.

是一个平衡的系统，而是一个在不断运动、不断重建的复杂系统。

（三）局部均衡分析和一般均衡分析

1. 局部均衡分析与一般均衡分析。在经济理论中，局部均衡分析（Partial Equilibrium Analysis）是在假定其他市场条件不变的情况下，孤立地考察单个市场或部分市场的供求与价格之间的关系或均衡状态。平狄克（Pindyck，2010）将其定义为在不受其他市场因素影响的条件下，某一市场的均衡价格和数量的决定过程①。一般均衡分析（General Equilibrium Analysis）则是在承认市场上各种商品价格和供求关系存在相互联系和相互影响条件下，考察市场上各种商品的供求与价格的关系或均衡状态。同样的，平狄克认为，一般均衡分析就是考虑到相关市场之间的反馈效应（某一市场价格和数量调整，引起相关市场的价格或数量的调整），所有相关市场同步决定价格和数量的一种分析方法。

2. 局部均衡分析与一般均衡分析的联系。从局部均衡与一般均衡分析的历史发展与含义来看，这两者研究的都是商品的价格和供求关系。局部均衡研究的是个体，一般均衡研究的是整体，局部均衡是构成一般均衡的基础。典型的例子是美国水稻在中美洲自贸协定中的讨论（Durand - Morat 和 Wailes，2005②）。

3. 均衡分析的应用与不足。在经济学发展的历史中，均衡分析起到了很大的作用，一般均衡理论的建立才使现代经济学家发展出了诸如索洛模型（Solow Model；罗伯特·索洛；Robert Solow，1956③）、拉姆齐模型（Ramsey Model；弗兰克·P. 拉姆齐，F. P. Ramsey，1903—1930；1928④）等种种复杂的理论和模型。但是，没有哪一种方法是永远完美无缺的，对于局部均衡分析，文建东、潘亚柳（2013）⑤ 认为，宏观经济的局部均衡分析总是假定所研究领域的变量是内生的而其他领域的变量是外生的，这导致了各领域的研究结果之间没有内在一致性。此外，局部均衡分析常注重经济指标在某个时间点上的表现，而忽略了不同时间点的相互影响，也导致了动态分析与静态分析的分割。而对于一般均衡分析，这种分析

① Robert Solow. Pindych，Daniel L. Rubinfeld. Microeconomics [M]. 7th ed. Beijing：Tsinghua Press，2010.

② Durand - Morat A，Wailes E. General and Partial Equilibrium Analysis of the Impact of the Central America Free Trade Agreement on the US rice Sector [C]. Rhode Island：American Agricultural Economics Association，2005.

③ 索洛（Solow，1956）模型中不包含个人的效用函数，因而无法对稳态增长路径进行真正的福利和效用分析。

④ Frank Plumpton Ramsey. A Mathematical Theory of Saving [J]. Economic Journal，1928，38（152）：543 - 559.

⑤ 文建东，潘亚柳．动态随机一般均衡方法的形成与发展[J]．经济学动态，2013（8）：104 - 111.

方法建立在诸多假设的条件之下，相应地就会缺乏现实基础。亚诺什·科尔内（Janos. Kornai，1928—；1988①）就曾将一般均衡理论的基本假设归纳为12个方面，进行了逐个质疑，并得出了作为描述和解释信息结构的真实科学理论，一般均衡理论是不能被接受的结论。

（四）静态分析与动态分析

1. 静态分析与动态分析的概念。静态分析（Statics Analysis）是在给定外生变量的情况下，计算研究内生变量及其相关问题与影响的分析方法。辛格（Jasjit Singh，2005）认为②，如果函数关系是建立在两个经济变量的值之间且在同一时间维度内，则该方法为静态分析。静态分析通常以表格、函数图和导数等为分析工具。在实际运用中，静态分析通常出现在政府经济决策中，如税收制度设计等（Homma，1977③）。

比较静态分析（Comparative Statics Analysis）是静态分析中的一个典型的例子。比较静态分析在既定的外部变量变化的条件下，比较两个经济变量在变化前后的结果（Eatwell，et al.，1987④）。这种方法主要研究在不同数值的外生变量下，内生变量的数值变化问题。从均衡的研究角度来看，比较静态分析考察当原有的条件发生变化时，原均衡状态发生了什么变化，并分析比较新旧均衡的状态。经济学的比较静态分析起源于19世纪中叶。威廉姆·维赫维尔（William Whewell，1794—1866；1850⑤）在其“一些政治经济学说的数学说明”一文中，在技术层面上说明了比较静态分析的科学性。在19世纪中期，他又发表了一些文章来描述支撑其理论。1871年，比较静态分析的问题引起杰文斯的重视，并由此开创了经济学的比较静态分析法。

与静态分析相反，动态分析（Dynamic Analysis）则是试图研究一定时间内经

① ［匈］亚诺什·科尔内．反均衡［M］．刘吉瑞，邱树芳，译．北京：中国社会科学出版社，1988.

② J Jasjit Singh. Methodology of Economics：Economic Statics and Dynamics［EB/OL］．［2005－05－16］．http：//www. economicsdiscussion. net/essays/economics/methodology－of－economics－economic－statics－and－dynamics/1097.

③ Homma M. A Comparative Static Analysis of Tax Incidence［J］．Journal of Public Economics，1977，8（1）：53－65.

④ John Eatwell et al.，Ed. Comparative Dynamics “The New Palgrave：A Dictionary of Economics”［M］．London：MacMillan Press，1987.

⑤ William Whewell. Mathematical Exposition of Some Doctrines of Political Economy：Second Memoir［J］．Transactions of the Cambridge Philosophical Society，1850（9）：128－149.

济变量是如何变化的（艾伦·J. 奥尔巴赫，2005①）。通常以积分和最优规划为分析工具。动态分析在经济学中是对经济变动的实际过程所进行的分析，其中包括在一定物理时间段或时间分布内分析经济变量的变化情况以及研究这些经济变量在变动过程中相互影响和彼此制约的关系等。

2. 静态分析与动态分析的联系与区别。从数学模型的角度看，静态分析与比较静态分析两者都是根据外生变量求内生变量，且都不考虑时间因素。它们的区别在于，静态分析是根据既定的外生变量求内生变量；比较静态分析是根据变化了的外生变量求内生变量。静态分析与比较静态分析都将均衡状态的变化值作为其研究对象，但静态分析是考察既定条件下各变量达到均衡时的特征；比较静态分析是比较新旧均衡点的分析方法。

静态分析与动态分析的研究对象不同，研究模式不同，导致两者结果不具有可比性，无法相互证明或证伪。此外静态分析与动态分析的前提不同，适用的条件也不同。静态分析是考察既定条件下各变量达到均衡时的特征；动态分析以时间为维度，考察变量的变化性质与趋势。

3. 静态分析与动态分析的局限。静态分析与动态分析由于其研究对象的不同，因而有着各自固有的局限。微观经济学中，在研究均衡价格时，一般用静态分析方法，讨论经济现象所达到的均衡状态以及其达到均衡状态所需要的条件；同时假设时间、地点等因素是恒定的，并假定影响均衡价格的其他因素（如消费者偏好、相关商品的价格等）静止不变，单纯分析该商品的供求得到均衡状态的产量和价格。静态分析忽略了时间和具体变动过程的影响，导致其“形而上学”地考察和研究某一领域的经济现象。加利福尼亚大学伯克利分校经济系教授奥尔巴赫（Alan J. Auerbach，2005②）认为，静态分析是一个简化分析，关注分析对象中参数某一瞬时的变化，而忽视了其因时间变化而造成的影响。

动态分析的一个重要特点是考虑时间因素的影响，并把经济现象的变化当作一个连续的过程来看待。例如，微观经济学中，假定科学技术和消费者行为偏好等因素随时间发生变化，以此为依据，考察经济活动的发展变化的全过程。应用动态分析方法的经济学称为动态经济学。动态分析因考虑各种经济变量随时间延伸而变化对整个经济体系的影响，因而难度较大。

在微观经济学中，静态分析和比较静态分析方法仍然是主流的分析方法。而在宏观经济学中，如经济周期和经济增长研究中，动态分析方法则是首选的分析研究方法。

---

① Auerbach A J. Dynamic Scoring: An Introduction to the Issues [J]. American Economic Review, 2005, 95 (2): 421 - 425.

② Auerbach A J. Dynamic Scoring: An Introduction to the Issues [J]. American Economic Review, 2005, 95 (2): 421 - 425.

课后习题与思考

[1] 辨析“政府与市场”“公共与私人”之间的差异。

[2] 举例说明在你自己曾研究过的经济问题中，采取了怎样的研究思路并选取了何种研究方法和工具?

[3] 试论述公共经济学发展的哲学基础及其世界观和方法论主要内容。

推荐阅读文献

[1] [英] 伯特兰·罗素. 西方哲学简史[M]. 赵敦华，译. 北京：北京大学出版社，2001.

[2] [美] 唐·埃思里奇. 应用经济学研究方法论[M]. 朱刚，译. 北京：经济科学出版社，2001.

[3] 陈振明. 政策科学——公共政策分析导论[M]. 北京：中国人民大学出版社，2003.

[4] 何永红. 经济学方法论与学术论文写作[M]. 北京：中国经济出版社，2011.

第三章
现代公共经济学的宏微观基础

第一节
现代公共经济学的微观理论

一、公共经济学若干微观理论

（一）公共品有效提供问题

通过前文分析，公共品需要由公共部门来提供，而任一种产品的市场均衡产量、价格由其供给曲线和需求曲线的交点决定，需求曲线应与该产品消费方的边际效用曲线相一致，供给曲线应与该产品生产方的边际成本曲线相一致，这样，边际社会收益（Marginal Social Revenue，MSR）等于边际社会成本（Marginal Social Cost，MSC），帕累托最优（Pareto Optimality）得以实现①。在讨论公共品有效供给的实现条件之前，可引入私人产品的帕累托最优供给量的决定问题：

① 现代经济学关于资源配置的效率目标，通常采用所谓帕累托最优的原理。19 世纪末 20 世纪初的意大利经济学家帕累托（Vilfredo Pareto）在他的《政治经济学讲义》一书中首先提出了生产资源的最佳配置问题。按照帕累托的定义：经济学意义上的效率是指资源配置已达到了这种境地，即无论做任何改变都不可能使一部分人受益而没有其他人受损。也就是说，当资源配置达到最优状态时，一部分人改善处境必须以另一部分人处境恶化为代价。这种状态被后人命名为“帕累托最优”（Paretooptimum）或“帕累托有效”（Pareto Efficiency）。

1. 私人产品的有效供给。假定社会上只有A、B两个人。图3－1中D_A与D_B线分别代表个人A与个人B对某私人产品的需求。A、B需求曲线的差异主要是由于两人收入水平的不同造成的。对这一产品在不同价格下的市场需求量，可通过加总在各个价格水平下A、B两人各自的需求量得到，这样市场需求曲线DD就是A、B两人需求曲线的水平相加，即$DD = D_A + D_B$。DD线之所以会在G点出现拐折，是因为当价格上升为P_1时，A的需求将为零，这时只有B有需求。在P_1价格以上，$DD = D_B$

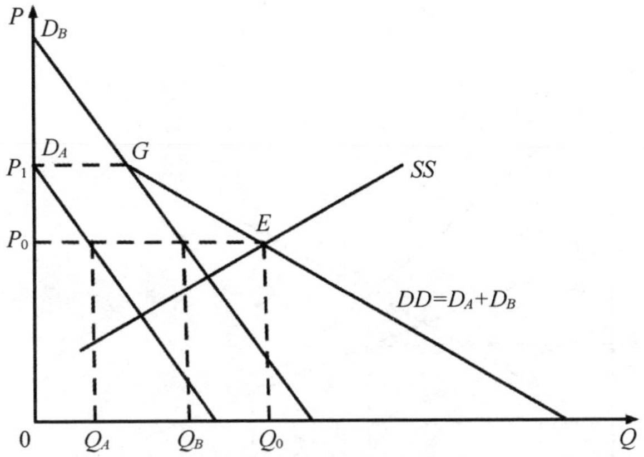

图3－1　私人品的最优供给

如果生产者边际成本决定的该产品的供给曲线为SS，则市场均衡点为DD线与SS线的交点E，均衡价格为P_0，均衡产量为Q_0，它是所有消费者消费量的总和，其中Q_A为A的消费量，Q_B为B的消费量，$Q_A + Q_B = Q_0$。在P_0这一价格下，两个消费者的最终消费量由于收入水平的不同而有所差别，但他们的边际效用相同，都等于市场价格。在私人产品的条件下，由于没有外溢性现象，消费者个人从某一产品消费中获得的边际效用也就是这一产品的社会边际效用，这样，在E点社会边际成本等于边际社会收益，实现了帕累托最优。私人产品帕累托最优的实现条件可更具体地写成：

$$MSR = MR_i = MSC(i = 1,2,\cdots,n)$$

2. 公共品的有效供给。公共品的有效供给与私人产品的情况有很大区别。如图3－2所示，D_A与D_B线分别是个人A与个人B对某公共品的需求曲线，这与他们消费公共品所得到的满足（边际效用）是相一致的。萨缪尔森（Paul A. Samuelson，1915—2009）称其为“虚假的需求曲线”，因为在实际生活中，人们一般不会明确表示出他们消费一定量的公共品的边际效用是多少，愿意出的价格是多少。但是，借助这种需求曲线对分析问题是有帮助的。

在私人产品的情况下，消费者面对的是相同的价格，他们可以通过调整消费量来使自己的边际效用等于既定的市场价格。而公共品则不同，它一旦提供出来，任何人都可以消费它，不管是否出于本人的愿望，每个消费者的消费量都是相同的。但不同的个人从公共品中获得的满意程度即边际效用却不会相同，这意味着每个人愿意支付的价格是不同的，一般说来收入较高的人会对公共品有较高的评价，从而愿意对一定的公共品支付较高的价格。全社会对一定数量的公共品愿意支付的价格（税收）应由不同个人愿意支付的价格加总得到。这样公共品的市场需求曲线 DD 就应是每个人的需求曲线的垂直相加，即 $DD = D_A + D_B$。DD 线之所以会在 G 点出现拐折，是因为当供给量在 Q 以上时，A 不愿意付出任何价钱，只有 B 愿意出价，在 Q_1 供给量以上，$DD = D_B$。

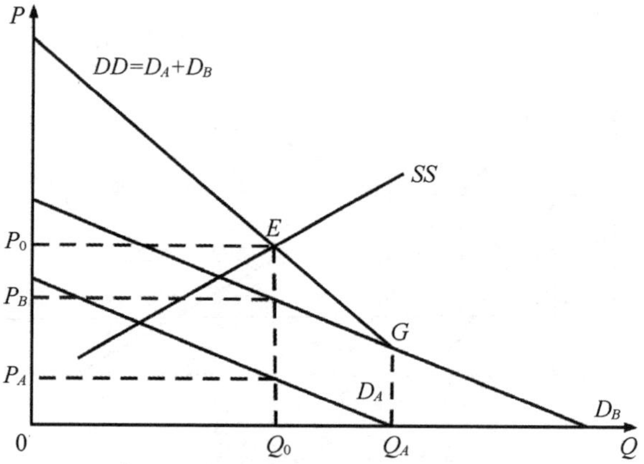

图 3－2　公共品的最优供给

如果与公共品的边际成本相一致的供给曲线为 SS，则 DD 与 AA 线的交点决定公共品的均衡产量 Q_0 这是任何消费者都必须接受的消费量。公共品的均衡价格 P_0 是所有社会成员愿意为 Q_0 单位的公共品所支付的价格的总和，其中 P_A 为 A 的出价，P_B 为 B 的出价，$P_A + P_B = P_0$。因为消费者的出价与其消费公共品所获得的边际效用是相一致的，所以所有消费者出价的总和就是其边际效用的总和，即边际社会收益。这样，在 E 点社会边际成本等于边际社会收益，实现了帕累托最优。因此，公共品帕累托最优的实现条件可具体地写成：

$$MSR = \sum_{i=1}^{n} MR_i = MSC$$

（二）外部性理论

1. 外部性（Externalities）。外部性，亦称为外部成本、外部效应（Extermality Effect）或溢出效应（Sillover Effect）。这一概念最早源于马歇尔在 1890 年分析个别厂商和行业经济运行提出的“外部经济”和“内部经济”（Marshall，1920）①。其学生英国经济学家庇古（Arthur C. Pigou，1877—1959；1920）对外部性进行了系统研究，他认为，外部性是在经济活动（主要是生产和消费领域）中产生的，主要是指一个经济主体对公域或邻域的其他经济主体产生的一种伴生影响②。后来，萨缪尔森和诺德豪斯（William D. Nordhaus，1941—，2014）、阿兰·兰德尔（Randall A. 1934—，1989）等都对外部性进行了进一步的探究，如萨缪尔森和诺德豪斯则将外部性定义为那些生产或消费对其他团体强征了不可补偿的成本或给予了无需补偿的收益的情形③。兰德尔认为，外部性是指当一个行动的某些效益或成本不在决策者的考虑范围内的时候所产生的一些低效率现象，也就是某些效益被给予，或某些成本被强加给没有参加这一决策的人④。

按照不用的标准和角度，可以将外部性分为很多类型：正外部性（或称外部经济、正外部经济效应）和负外部性（或称外部不经济、负外部经济效应）；生产外部性和消费外部性；代内外部性和代际外部性；竞争条件下的外部性和垄断条件下的外部性；稳定的外部性和不稳定的外部性；单向的外部性和交互的外部性；制度外部性和科技外部性。本书主要介绍两种常见的分类，即正外部性与负外部性、生产外部性与消费外部性。

2. 正外部性（Positive Externality）与负外部性（Negative Externalities）。按经济主体实际活动影响所产生的经济后果，可以将外部性划分为正外部性和负外部性。正外部性是指某一市场主体的活动给别的主体带来了可以无偿得到的收益。例如，私人别院里种植绿植使得周围空气得到净化，但居住在周围的人却不需要付费，这样，别院的主人就给周围居民带来了正外部性。

负外部性是指某一市场主体的活动给别的主体造成损失或使其成本增加却无须赔偿。例如，肺结核患者随意吐痰就具有负外部性，因为这样传播了肺结核病毒并增加了他人患病的风险。

3. 生产外部性与消费外部性。按照外部性产生的不同领域，可以将外部性划分为生产外部性和消费外部性。生产外部性一般是指一个厂商的经济行为直接影响到另一个经济主体的生产或消费，而这种影响是没有通过市场交易或价格体系来调节完成的。例如，养蜂场与果园毗邻，由于养蜂场的存在，提高了果园里水果的授粉率，因而增加了水果产量；反过来，水果产量的增加又提高了养蜂场的产蜜量。无论是养蜂场还是果园，都没有从对方那里得到任何形式的报酬。

消费的外部性是指一个消费者的行为直接影响另一个经济主体的生产或消费，

① Marshall A. Principles of Economics [M]. London：Macmillan，1920.
② ［英］庇古．福利经济学[M].陆民仁，译．（台湾）台湾银行经济研究室，1971. 111.
③ ［美］保罗·萨缪尔森，威廉·诺德豪斯．经济学[M].萧琛，译．北京：商务印书馆，2014.
④ ［美］阿兰·兰德尔．资源经济学[M].施以正，译．北京：商务印书馆，1989.

而这种影响同样是没有通过市场交易或价格体系来调节的。例如，在新冠肺炎（COVID－19）疫情治理过程中，民众去医院接种新冠肺炎疫苗，他保护自己的同时也减少了周围人感染的风险，而周围的人并没有为此而付费。

（三）蒂伯特模型与用脚投票原则

蒂伯特模型（Tiebout Model）是查尔斯·蒂伯特（Charles M. Tiebout，1924—1968）1956年在《政治经济学杂志》发表的一个关于地方支出的纯理论中提出的，用来解决地方公共品的最佳供应问题。按照蒂伯特模型（Tiebout，1956①），人们通过“用脚投票”的方式选择自己所偏好的社区。在该社区中，居民通过缴纳一定的税收来消费相应的公共品和服务，纳税越多的居民消费的公共品和服务提供的水平和质量就较高，反之相反。按照该模型，居民对于社区的选择取决于居民对该社区能够有效提供的公共服务和产品的质量与数量以及为此而承担的税收大小。如果居民感到自身承担的税负与实际消费的公共服务和产品不相符，则可以离开该社区，选择另一个符合自己偏好的社区居住。该模型建立在一定的假设条件下：居民具有完全流动性，且流动无成本；居民对收入—支出模式的差异掌握完全信息，能够对这些差异做出反应；有多个社区可供选择；所有居民都依靠股息来生活，不受就业机会的限制；各个社区之间，所提供的公共服务不存在外部性；每个社区服务模式都是城市管理者按照社区原有居民的偏好设定；各个社区都试图达到最优规模。“蒂伯特模型”（理论）此后在财政分权的体制改革、公共服务均等化、用脚投票、农村社会保障等经济领域得到了广泛的应用。

二、现代公共经济学微观领域的相关定理

（一）科斯定理

庇古是有关外部性和市场失灵领域的经济学家先驱，他认为，政府应该对负的和正的外部性分别采取税收和补贴的政策（Pigou C. Arthur and Aslanbeigui Nahid，2017②）。罗纳德·H. 科斯（Ronald H. Coase，1910—2013）于20世纪60年代初

① Charles M Tiebout. A Pure Theory of Local Expenditures [J]. Journal of Political Economy, 1956, 64 (5): 416－424.

② Pigou C. Arthur, Aslanbeigui Nahid. The Economics of Welfare [M]. London: Routledge, 2017.

对传统的庇古法则作了修正。科斯认为，外部经济从根本上说是产权界定不够明确或界定不当引起的，所以只需界定并保护产权，而随后产生的市场交易就能达到帕累托最优。而产权（Property Right），通常指某种资源或产品的所有权、使用权以及自由转让权等。比如人们拥有自身劳动的产权，这是受法律界定并保护的。因此，要使用别人的劳动，就必须支付相应的报酬，征得别人的同意（R. H. Coase，1959①）。然而，许多自然资源，如河流的产权属于谁就是一个模糊的概念，以致企业可以将它当成一个方便的垃圾箱。如果这是一条某富翁庄园里的河流，情况就不同了，企业必须经庄园的主人同意才可以向产权所属的河流排污，而为了征得同意，企业将向庄园主支付足够的补偿（等于污染给庄园主带来的效用损失），此时，这一项成本就进入了企业决策者的头脑中，不再是外部成本了，从而资源配置则能达到最优。

科斯还提出了一个著名的论点，即只要产权已明确界定并受到法律的有效保护，那么交易的任何一方拥有产权都能带来同样的资源最优配置的结果，这可通过双方之间的谈判自然地实现，产权赋予不同的人只会带来收入分配结果的不同，这就是著名的科斯定理（Coase Theorem）。

科斯定理认为在某些条件下，经济的外部性或者说非效率可以通过当事人的谈判而得到纠正，从而达到社会效益最大化。当今，科斯定理被广泛应用到产权界定、外部性问题、资源配置等经济学领域。

（二）税收中性原则

税收中性原则（Principle of Neutrality in Taxation）是西方税收学界倡导的税收原则之一，其立论基础在于确信市场机制在资源配置方面具有充分效率。税收中性思想源于斯密的《国富论》，其中提出“自由放任和自由竞争”思想②。马歇尔（1890）在《经济学原理》中利用供需曲线和消费者剩余的概念，详细研究了税收可能带来的效率损失，提出了税收“额外负担最小化”的论断③。税收中性论还涉及均衡价格、供求弹性、社会资源配置、局部均衡分析、外部因素影响等概念④。

---

① R. H. Coase. The Federal Communications Commission [M]. Journal of Law and Economics，1959（2）：1－40.

② 许建国，蒋晓蕙编著．西方税收思想[M].北京：中国财政经济出版社，1996.

③ [英] 阿尔弗雷德·马歇尔．经济学原理，朱志泰，陈良壁，译．[M].北京：商务印书馆，2019.

④ 国家税务总局税收科学研究所编著．西方税收理论[M].北京：中国财政经济出版社，1997.

后来，M. F. W. Joseph（1939[①]）、弗里德曼[②]等运用无差异曲线（Indifference Curves）和一般均衡模型，进一步发挥了马歇尔的观点，运用无差异曲线，将相关消费品的不同组合明列出来，对税收影响商品需求变化的情况更清楚地进行了数量分析，将税收中性思想的研究向前推进了一步。

传统的税收中性原则可以概括为：税收会带来除税额之外的额外负担，要求税收保持中性，就是要求一种税除使人民因纳税而承受税额负担之外，最好不要再遭受其他额外负担或经济损失，也即超额负担最小化。随着经济社会的发展，税收中性原则的内涵也在演变之中。倡导税收中性原则的目的在于避免税收对市场机制的干扰和扭曲，而让市场在不受干扰或扭曲的条件下调节整个经济的运行。目前在学术界关于税收中性原则的理解主要包括两种：一是国家征税使社会所付出的代价以税款为限，尽可能不给纳税人或社会带来其他额外损失或负担；二是国家征收应避免对市场经济正常运行的干扰，特别是不能使税收超越市场机制而成为资源配置的决定性因素[③]。税收作为国家强制占有社会财富的手段，必须会对纳税人的经济活动产生影响，特别是会产生收入效应和替代效应。倡导税收中性原则的实际意义在于尽量减少税收对经济干预作用的“度”，尽量减少因征税而使纳税人或社会承受超额的负担。

第二节 现代公共经济学的宏观理论

一、现代公共经济学相关宏观理论基础

（一）索洛模型与新增长理论

1. 索洛模型。1956 年，美国经济学家、诺贝尔经济学奖获得者罗伯特·索洛

① Joseph M F W. The excess burden of indirect taxation [J]. The Review of Economic Studies, 1939, 6 (3): 226-231.

② [美] 米尔顿·弗里德曼. 弗里德曼文萃 [M]. 胡雪峰，武玉宁，译. 北京：北京经济学院出版社，2001.

③ 陈共. 财政学（第九版）[M]. 北京：中国人民大学出版社，2017.

在他的论文《对经济增长理论的贡献》中提出了一种经济增长的索洛模型，又称作新古典增长模型（Neoclassical Model of Economic Growth），是在新古典经济学框架内的经济增长模型。该模型包含四个变量：产出、资本、劳动和知识，并假设资本和有效劳动是规模报酬不变的，其边际生产率递减。由此可以用集约化形式来描述，结果是 $y=f(k)$，即单位有效劳均产量是单位有效劳均资本的函数。由此得出的基本方程是：

每单位有效劳均资本的变化率 = 单位有效劳均实际投资 - 单位有效劳均持平投资

它的通俗解释是：经济产量是资本投入的函数。有多少资本投入，就会有相应的产出。它的潜台词是：经济增长与资本投入有关。投入的资本越多，经济将增长越快。

索洛（Solow，1956）认为，通过市场机制的调节作用来自动调整生产中资本与劳动的投入组合比例，可使经济实现充分就业的稳定增长，经济的长期增长率是由人口增长率和技术进步率决定的自然增长率①。斯旺（T. W. Swan）、米德（J. E. Meade）和萨缪尔森（P. A. Samuelson）等人也相继提出了他们的增长模型，其观点与索洛模型基本一致。由于这类模型都强调“凯恩斯革命”以前的新古典经济学充分就业的必然趋势，因此人们把它们通称为新古典增长模型，并以索洛模型为代表，由此产生的经济增长理论叫作新古典增长理论。

如今，索洛模型已成为几乎所有经济增长理论的起点。人们在研究经济增长问题时，习惯上总是喜欢使用索洛模型或者与索洛模型进行比较。即使建立的增长模型已完全偏离或超出索洛模型的框架，但还是要把它与索洛模型作比较，目的是对模型做出更好的解释和理解。可见，索洛模型是当代经济增长理论的基础。

2. 新增长理论。新增长理论又称内生增长理论（The Theory of Endogenous Grow），是产生于 20 世纪 80 年代中期的一个西方宏观经济理论分支，其核心思想是认为经济能够不依赖外力推动实现持续增长，内生的技术进步是保证经济持续增长的决定因素。这种以内生经济增长为主要特征的新经济增长理论的诞生，标志着现代经济增长理论进入了一个新的发展阶段。

内生增长模型与索洛模型最根本的区别在于，内生增长模型“解释”经济增长率，索洛模型“假定”经济增长率。内生增长模型理论认为，一个国家的生产力增长率和经济增长率是由其内在的经济机制决定的，而不应该被随意假定，即不应该假定为是外生的（杨宏儒和施祖麟，1992）②。

经济的增长即产出的增加，因此，经济增长可分为由资本、劳动、技术进步来推动。外生增长理论将经济增长的根源归咎于储蓄率、人口增长率和技术进步率。

① Solow, R. M. A contribution to the theory of economic growth [J]. Quarterly Journal of Economics, 1956, 70 (1): 65 - 94.

② 杨宏儒，施祖麟．内生经济增长理论的新意和困难[J]. 经济学动态，1992 (3): 59 - 63.

内生增长理论就是关于储蓄率、人口增长率和技术进步率的内生化，或者也称作资本积累内生、劳动供给内生和技术进步内生。

（二）马尔萨斯模型（Malthus Model）

1798年所有的国家正处在以农业为主的低收入时期，英国统计学家马尔萨斯（Thomas Robert Malthus，1766—1834）提出了著名的发展理论。这一早期的经济学理论陈述道："人口增长的幂数永远大于地球上人类所需粮食的增长幂数"。马尔萨斯提出，人和动物以几何级数增长（即 $2^n=2$、4、8、16、32等），而粮食产量只能以算术级数增长（即 $2\times n=2$、4、6、8、10等）（参见图3-3）。因此，如果人口增长一直快于粮食产量的增长，那么一个社会的人口数量将取决于粮食的增长（Thomas R. Malthus，2010）①。

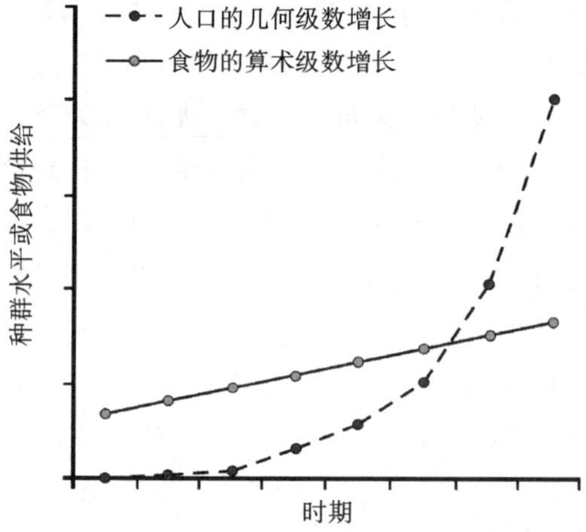

图3-3 马尔萨斯模型

对尚未受到现代化影响的低收入社会的人口增长的研究，支持人口增长取决于粮食产量增长的马尔萨斯模型。在许多国家，出生率一般每年在30%—45%之间，与死亡率相近，马尔萨斯理论的平衡机制正是死亡率。当人口对粮食供应产生压力时，死亡率就会上升；当粮食供应比较丰裕时，死亡率就会下降，使人口增长。还须注意，当人口数量处在能维持最起码生活而稍稍有余这一水平上时，物质生活水平很可能低而稳定，刚好能维持社会的生存。马尔萨斯模型有助于我们解释为什么人类历史上大多数时期社会人口相对稳定，并且有时还有缓慢的增长。当然，当发生战争和流行病的时候也有例外，比如黑死病会使人口急剧下降。

虽然马尔萨斯的分析对于他所观察的许多国家而言是正确的，但是在他有生之

① Thomas R. Malthus. An Essay on the Principle of Population [M]. Montana: Kessinger Publishing, 2010.

年，人类历史中一些根本性的发展已经在进行之中。其结果是经济条件发生了很大变化，因而粮食生产能力将不再是人口规模的主要决定因素。这些根本性的发展，就是现代科学的进步以及随之而来的欧洲工业生产的迅猛发展。在19世纪和20世纪，这些历史性的变化在许多国家帮助促进了工业和农业生产的发展，使人均拥有的粮食持续增加。

（三）俱乐部理论（Club Goods Theory）

俱乐部理论是指研究非纯公共品的供给、需求与均衡数量的理论。从经济思想史角度看，俱乐部经济理论最早可追溯到20世纪20年代初期庇古与富兰克·奈特（Frank Hyneman Knight，1885—1972）有关对拥挤的道路征收通行费的争论（Knight，1924）[①]。不过，现代俱乐部经济理论的真正奠基人是J. M. 布坎南。这种理论把社区（或者说共同体）比作俱乐部，研究在面临外在因素的条件下任何一个俱乐部——为了分享某种利益而联合起来的人们的一个自愿协会——如何确定其最优成员数量的一种理论（James M. Buchanan，1965[②]）。这个理论潜在地假定，所有个人为了他们希望集体消费的某种特定商品，都将能加入一个自己选择的俱乐部（Hillman A. L. and Swan P. L，1979[③]）。一个俱乐部就是一个有着相互利益的自愿群体，这些相互利益可能来自共同的生产成本、成员特征，或者有特殊利益的商品等。

俱乐部理论有两个基本的前提：一是聚集成群的行为要求对群体规模进行限制，从而使成员规模是一个内生变量[④]；二是俱乐部理论一般从整个社会的角度分析俱乐部均衡，既考虑俱乐部成员也考虑非成员，把两者联系在一起分析。在一个社会中，俱乐部成员的效用受到三个因素的影响：私人物品消费量、俱乐部物品消费量、俱乐部的拥挤程度。任何一个社会成员都力求个人效用的最大化，为此，他首先得决定是否加入俱乐部。一旦加入俱乐部后，他还得决定对俱乐部的利用率，如何利用俱乐部又取决于俱乐部物品的数量、成员人数和会费。这些都是俱乐部一般理论要解决的问题。当每个社会成员实现最大的个人效用时，我们就说俱乐部内外同时实现了均衡。

---

① Knight，F. H.. Some fallacies in the interpretation of social cost [J]. Quarterly Journal of Economics，1924，38 (4)：582 - 606.

② James M. Buchanan. An Economic Theory of Clubs [J]. Economica，1965，32 (125)：1 - 14.

③ Hillman，A. L.，Swan P. L.. Club participation under uncertainty [J]. Economics Letters，1979，4 (4)：307 - 312.

④ 内生变量（Endogenous Variables），又叫非政策性变量、因变量，是指在经济机制内部由纯粹的经济因素所决定的变量，不为政策所左右。

直到今天，俱乐部理论仍在被不同学者进行发展、定义并大量运用到政府间财政关系、盟军、国际组织、休闲设施、基础设施、国家公园和野生动物保等多方面（Howitt P.，Mayer－Foulkes D.，2005①；冯骁等，2014②）。

二、现代公共经济学宏观领域的重要定理

（一）李嘉图定律（Ricardo's Law）

李嘉图定律，又称为租金定律，1809 年，李嘉图根据亚当·斯密在《国富论》中关于垄断价格的理论，提出了租金定律。其内容大致是这样的：土地租金是土地使用者支付的价格，它是由垄断性（稀缺性）决定的，而不是由地主在上面做的投资和改良的成本决定的；它的价格受限于租用者（农民）能够承担的价格。上述理论被后人称为“李嘉图定律”，作为市场经济中的价格体系之一，即对能够比较出的优势进行定价。相比传统社会，现代信息社会，信息越透明、越对称、流动越好，这一定律导致的势差就越明显。

（二）阿罗不可能定律（Arrow's Impossibility Theorem）

全体一致同意原则因其存在成本过高以及可能存在的少数人对多数人的暴政问题，而很少被采用。实际应用中，更为常见的是采用多数投票规则。然而，早在 1785 年，法国思想家孔多赛（Coudorcet）就发现：多数投票规则下，多个备选方案可能得不到唯一的均衡结果，而是出现投票循环，即出现投票悖论（The Voting Paradox）（Riker W. H.，1958）③。那么，是否存在一种社会选择机制能够消除投票悖论呢？1951 年，阿罗在其《社会选择和个人价值》中指出不存在这样的一个机制，即通过它可以从个人对社会状态的排序中得到一个符合某些合理条件的社会

---

① Howitt P.，Mayer－Foulkes D.. R & D，implementation，and stagnation：A schumpeterian theory of convergence clubs [J]. Journal of Money，Credit & Banking（Ohio State University Press），2005，37（1）：147－177.

② 冯骁，牛叔文，李景满．我国市域基本公共服务均等化的空间演变与影响因素[J]．兰州大学学报：社会科学版，2014，42（2）：86－93.

③ Riker W. H. The paradox of voting and congressional rules for voting on amendments [J]. American Political Science Review，1958，52（2）：349－366.

排序（Arrow，1970①）。简言之，要么无法作出集体决策，要么存在某些不合理之处，这就是著名的阿罗不可能定理（Sen A.，1999）②。

（三）瓦格纳法则（Wagner's law）

在世界上的许多国家，政府预算支出不论是绝对量还是相对量，都呈不断增长的趋势。为了解释这一现象，德国经济学家阿道夫·瓦格纳（Adolph Wagner，1835—1917，1958③）通过对19世纪的许多国家，包括英国、美国、法国、德国、日本等的公共支出增长情况进行考察，提出了公共支出增长法则（Musgrave，Richard A. & Peggy B. Musgrave，1989④）。他认为，随着现代工业社会的发展，“对社会进步的政治压力”的增大以及在工业化经营方面因“社会考虑”会要求增加政府公共支出。这一公共支出增长法则后来被人们称为“瓦格纳法则”。瓦格纳同时指出公共活动范围扩大的三点理由：一是随着法律关系和沟通的日益复杂以及城市化和人口的集中，国家的管理和保护职能将不断扩张，需要更多公共支出；二是由于人们对公共提供物品（如教育）的收入需求弹性大于1，随着人均收入的增加，人们对上述服务的需求增加得更快，政府要为此增加支出；最后，由于私人无法满足工业化社会的科技所需要的庞大资本量，政府必须提供必要的资本为大型资本支出项目融资（郑春荣，2008⑤）。

但是由于研究的国家不同，使用的数据和方法不同等原因，瓦格纳法则在实证验证得出了不同结论。如Abizadeh（1985⑥）等发现，只有富裕国家的数据检验结果支持瓦格纳法则，贫穷国家的检验结果则不支持该法则；Ram（1986⑦）、Afxentiou等（1991⑧）、Ansari等（1997⑨）通过对不同国家的进行了考察，结果发现瓦

---

① Kenneth J. Arrow. Social Choice and Individual Values [M]. Onnecticut: Yale University Press, 1970.

② Sen A.. The possibility of social choice [J]. American Economic Review, 1999, 89 (3): 349 – 378.

③ Wagner A. Three Extracts on Public Finance [M]. Classics in the Theory of Public Finance. Palgrave Macmillan UK, 1958.

④ Musgrave, Richard A. & Peggy B. Musgrave. Public Finance in Theory and Practice [M]. McGrawHill, 1989: 114.

⑤ 郑春荣．瓦格纳法则的检验及在中国的适用性研究[J].理论探讨，2008（5）：91 – 94.

⑥ Abizadeh, S. and J. Gray. Wagner's Law: A pooled times series cross – section comparison [J]. National Tax Journal, 1985 (8): 209 – 218.

⑦ Ram, R. Causality between income and government expenditure: A broad international perspective [J]. Public Finance, 1986 (41): 393 – 413.

⑧ Afxentiou, P. C. and A. Serletis. A time – series analysis of the relationship between government expenditure and GDP in Canada [J]. Public Finance Quarterly, 1991 (19): 316 – 333.

⑨ Ansari, M. I., D. V. Gordon, and C. Akuamoah. Keynes versus Wagner: public expenditure and national income for three African countries [J]. Applied Economics, 1997 (29): 543 – 550.

格纳法则的解释非常有限，一些国家的数据并不支持瓦格纳法则。但也有研究（吴凯，2006①；王小利、张永正②等）表明，虽然公共支出和国民收入之间不存在长期协整关系③，但瓦格纳法则在中国依然成立。

课后习题与思考

[1] 结合现实生活进行简要论述宏观领域中的一个公共经济学理论。

[2] 举例说明生活中的“外部性”现象。

[3] 结合现实进行简要说明公共经济学在微观领域中的一个理论。

推荐阅读文献

[1] [英] 阿尔弗雷德·马歇尔．经济学原理，朱志泰，陈良壁，译．[M]．北京：商务印书馆，2019.

[2] [美] 唐·埃思里奇．应用经济学研究方法论[M]．朱刚，译．北京：经济科学出版社，2007.

[3] [英] 庇古．福利经济学[M]．陆民仁，译．（台湾）台湾银行经济研究室，1971，111.

[4] [美] 保罗·萨缪尔森，威廉·诺德豪斯．经济学[M]．萧琛，译．北京：商务印书馆，2014.

[5] [美] 阿兰·兰德尔．资源经济学[M]．施以正，译．北京：商务印书馆，1989.

① 吴凯．浅论瓦格纳法则在中国的适用性[J]．财经论丛（浙江财经学院学报），2006（3）：36－42.

② 王小利，张永正．Gibbs 抽样条件下瓦格纳法则的中国有效性研究[J]．统计研究，2009，26（1）：78－82.

③ 由于许多经济问题的时间序列数据是非平稳的，需要采取协整理论和方法，使得序列平稳化后建立模型来加以处理，使得变换后平稳序列所建立的时间序列模型能用于解释变量之间是否存在长期的相关关系。

第四章
现代公共经济学思想史与发展历程

虽然经济学思想以及用何种方法分析经济现象的起始点是不可追溯的，但经济学家的研究却始终离不开对历史的分析，他们对古代先贤经济发展背景的关注、对已有的思想观点的传承，在此基础上不断创新，才使经济学逐渐发展起来并在当今社会科学中占有重要一席。因此，在研究经济学方法论之前，需要对经济学思想的起源及其背景进行分析，了解经济学研究发展的历史脉络，以便能在研究中摒弃狭隘的价值观与思想偏见，从中培育新的观点，探求为社会进步作出贡献的价值观和经济学思想及方法。本章首先对古典经济学以前的经济思想进行简要回顾，然后简要介绍古典经济学以来经济学发展不同阶段的经济学研究主要代表人物及其贡献，最后进行简要的总结。

第一节
前古典时期的主要经济学思想

自社会文明之初，为满足人类物质文化生活的需要，人类就开始了各种各样的经济活动，经济思想也随之开始萌芽，经济学的产生和发展也有其特殊的背景。经济学思想是经济学方法论得以产生和发展的基础。因此，对古代经济学思想起源的追溯，有利于明晰经济学方法论发展的历史脉络。

一、古代中国的经济思想

（一）先秦时期中国古代的主要经济思想

在先秦时期的中国，以管子、老子、孔子、墨子、韩非子等为代表的中国先秦思想家也致力于通过传播其对社会治理的思想理念，试图建立包括经济秩序在内的社会规则，推行执政理念。其中，源于对世界的观察和理解，他们的思想中也不乏带有“经济学”色彩的思想和主张。

表 4－1　　古典经济学以前中国先秦时期的经济思想及成就

姓名	年代	经典或代表性著述
管仲	前 723—前 645 年	《管子》
老子、庄子、列子	约前 600—前 300 年	《道德经》《齐物论》《列子》
孔子	前 551—前 479 年	《论语》
墨子	战国（生卒年不详）①	《墨子》
韩非子	约前 280—前 233 年	《韩非子》

管仲（前 723—前 645 年）是中国古代著名的哲学家、政治家、军事家和思想

① 墨子，名墨翟。战国时期宋国人。《淮南子·要略》载：“墨子学儒者之业，受孔子之术。”因此以孔子去世年为断代，历史进入战国。《元和姓纂》记载：“墨氏，孤竹君之后，本墨台氏，后改为墨氏，战国时宋人。墨翟著书号《墨子》。”东晋葛洪《神仙传》也记载：“墨子者名翟，宋人也。”所以，墨子是宋国人的记载较为可靠。

家，春秋早期“法家”代表①。其各类思想集中体现于《管子》一书，其中提出“仓廪实则知礼节，衣食足则知荣辱”（《管子·牧民》）的“国富”主张。在管仲主理春秋时期齐国国事期间，鼓励通商，发展货币。在针对当时的社会经济现象时，《管子》提出“相地而衰”的土地税收政策②，禁止贵族掠夺私产的国家治理政策主张。

以老子（约前571—前471年之间）、庄子和列子等为代表的道家思想代表，著有《道德经》《齐物论》等，奉行自然哲学。其“道法自然”“无为而治”的思想不仅体现了中国古代思想家对当时社会经济发展复杂情形的洞悉，而且成为几千年中华传统文化的思想精髓。在当今，老子的“无为而治”在经济行为上表现为经济体的“自我调节”的市场机制；而“我无事而民自富”（《道德经》第五十七章）的理念是当今各国面临“政府失灵”时，国家是否应该减少干预这一经济政策争议的焦点。

庄子（前369—前286）和列子（约前450—前375）是老子之后道家学说的另外两位重要代表，分别有《庄子》③《列子》④等传世，均传承了老子的“无为而治”的政治思想。庄子以“至德之世”的乌托邦为其政治理想，其“德人者，……四海之内共利之之谓说，共给之之为安……”（《庄子·天地篇》）等的一些论述，则体现了其“共利”“共给”的国家经济治理理念。《列子》超越历史的时空，在治理国家方面提出了“经济人”的概念而非今天经济学的一个假设，指出“人人不损一毫，人人不利天下，天下治矣！”（《列子·杨朱》），直接主张人应具有“私欲”，但《列子·黄帝篇》等名篇中提到黄帝“昼寝而梦，游于华胥氏之国。”并解释“胥氏之国”，他的“其国无师长，自然而已”的思想也充分体现了道家“无为而治”的治国理念。

① 法家思想源头可上溯于夏商时期的理官，春秋、战国亦称之为刑名、刑名之学，经过管仲、士匄、子产、李悝、吴起、商鞅、慎到、申不害、乐毅、剧辛等予以大力发展，遂成为一个学派。战国末韩非对他们的学说加以总结、综合，集法家之大成。其范围涉及法律、经济、行政、组织、管理的社会科学，涉及社会改革、法学、经济学、金融、货币、国际贸易、行政管理、组织理论及运筹学等。

② “相地而衰”的土地税收政策是根据土地的好坏不同，来征收多少不等的赋税。

③ 庄子，姓庄，名周，先秦（战国）时期伟大的思想家、哲学家和文学家，宋国蒙（河南民权）人，道家学说的主要创始人之一，也是老子思想的继承和发展者。代表作品为《庄子》。据司马迁在《史记》记载，《庄子》共三十三篇，分“内篇”“外篇”和“杂篇”三个部分（“内篇”七篇，“外篇”十五篇，“杂篇”十一篇）。一般认为“内篇”的七篇文字肯定是庄子所写的，“外篇”十五篇一般认为是庄子的弟子们所写，或者说是庄子与他的弟子一起合作写成的，它反映的是庄子真实的思想；“杂篇”十一篇的情形就要复杂些，应当是庄子学派或者后来的学者所写，有一些篇幅就认为肯定不是庄子学派所有的思想，如《盗跖》《说剑》等。内篇最集中表现庄子哲学的是《齐物论》《逍遥游》《大宗师》等。

④ 《列子》是我国古代思想文化史上著名的曲籍，属诸家学派著作，是一部智慧之书，它能开启人们心智，给人以启示，给人以智慧。《列子》是列子、列子弟子、列子后学著作的汇编。全书八篇，一百四十章，由哲理散文、寓言故事、神话故事、历史故事组成，基本上以寓言形式来表达精微的哲理。

在中国文化中，孔子（前551—前479年）的儒家思想是根深蒂固的。孔子以尧、舜、周公、文王为其思想系统的顶点，同时在借鉴前人思想的基础上，形成了“因民之所利而利”（《论语·尧曰》）的较为系统的经济思想。教育、军队是当代经济的重要问题之一，孔子认为一国应当首先解决人民的生活富有这一问题，然后给予教育，强化军队，因而，“子适卫，冉有仆”。子曰：“庶矣哉!”冉有曰：“既庶矣，又何加焉?”曰：“富之。”曰：“既富矣，又何加焉?”曰：“教之。”关于具体财政收支理念，孔子一方面主张统治者节省财政开支，不能铺张而影响人们的正常生产生活，即使国家富有，也应做到“道千乘之国，敬事而信，节用而爱人，使民以时。”（《论语·学而》）。而在“财政收入”方面，孔子认为应以周朝制度的“彻法”为税率，取十分之一，反对“聚敛”，并提出“敛从其薄”（《左传·哀公十一年》）的具体主张：鲁哀公问政于孔子为何不能“聚敛”，孔子答曰“薄赋敛则民富，无事则远罪，远罪则民寿。”“公曰：‘若是则寡人贫矣。’孔子曰：‘《诗》云：梯恺君子，民之父母。未见其子富而父母贫者也。’”这充分体现了孔子的治国理念和经济思想，对后世的治国理念和经济管理产生了深远的影响。

墨子（生卒年代有争议）是战国时期著名的思想家、教育家、科学家、军事家。墨子的学说却主张兼爱，强调“国家”经济政策上要利民，应“观其中国家百姓人民之利。”（《墨子·尚同》）。墨子也反对统治者对百姓的暴敛，批评当时“国家”统治阶级“大国累百器，小国累十器”（《墨子·辞过》），进而指出，统治阶层应该节俭，不然“上不厌其乐，下不堪其苦”（《墨子·辞过》），必将“国离（罹）寇乱则伤，民见凶饥则亡”（《墨子·七患》），因此，得出“俭节则昌，淫佚则亡”的结论（《墨子·辞过》）。

韩非（约前280—前233年）是法家学说集大成者。则建立在人的假设基础之上，强调中央集权“事在四方，要在中央；圣人执要，四方来效”（《韩非子·物权》。法家认为，人本来就是完全邪恶的，认为：“为人臣者，君其言授之事，专以其事责其功。”（《韩非子·二柄》），作为政府官员，在皇帝的安排下干好自己的事情就好，皇帝会依据办事好坏给予其相应的奖惩，这些观点大有当代制度经济“激励机制”的特点。他还认为，只有实行严刑重罚，人民才会顺从，社会才能安定，封建统治才能巩固。韩非的这些主张，反映了新兴封建地主阶级的利益和要求，为结束诸侯割据、建立统一的中央集权的封建国家，提供了理论依据。

（二）秦汉以来中国古代的主要经济思想

秦汉以来，西汉武帝时期已明令规定独尊儒术，儒家思想在思想界取得了独霸地位。从方法论角度来看，这一时期中国哲学思维有着儒家哲学的方法论的传统，尽管在局部也出现过倡导工商、市场等一些非儒家的思想观点，如桑弘羊在《盐铁论·本议》中强调的“开本末之途，通有无之用”，司马迁（前145—约前90）的《史记·货殖列传》和东汉王充（公元27—约97）的《问孔》和《刺孟》等提倡过大兴工商业，但都不是经济思想的主流。

较之于先秦时期，秦汉以来古代中国的经济思想是先秦以来方法论的传承。这一时期，中国哲学思想和方法论没有大的突破，而仅仅在经济思想观点和政治主张方面围绕统治阶层的政治改革进行一些改进。如唐宋时期，朱熹（1130—1200）作为理学的代表人物之一，继承并发展了孔子的“义利”思想，认为“仁义根于人心之固有，天理之公也。利心生于物我之相形，人欲之私也。”① 对于货币，《旧唐书·食货志下》② 记载，刘秩祖认为，“夫物重则钱轻，钱轻由乎钱多，多则作法收之使少；少则重”，将货币价值的大小与货币数量的多寡直接联系起来。对于财政，杨炎（727—781）于唐德宗时期提出了“两税法”，改变了“租庸调”、据丁征税的做法，以财产数量为征税标准，使人民的税收负担更为公平合理。王安石（1021—1086）则在《答曾公立书》③ 中提出，“政事所以理财，理财乃所谓义也”，肯定财政在政治中的首要作用。《临川先生文集》④ 记载，他曾提出“理财以农事为急，农以去其疾苦、抑兼并、便趣农为急”，强调生产与财政的统一。

到了明清时期，其主流经济思想与过去比之又有许多不同。理学家丘浚（1421—1495）在《大学衍义补》⑤ 中剖释了“必物与币两相当值而无轻重悬绝之偏，然后可以久行而无弊”等论断，明确地提出了劳动决定价值的观点。王阳明作为心学之集大成者，在《金坛县志序》中认为⑥，“……故次之以食货；物产而事兴，故次之以官政；政行而齐之以礼，则教立，故次之以学校……”。从此可以看出在对经济的地位的认识上，王明阳将其视为政治和文化的基础。

顺便提一下，在近代古典经济学诞生以来，随着当时中西方经济文化的交流，以严复（1854—1921）为代表的思想家，注重对古典经济学的介绍和引进，如严复翻译引进了斯密的《国富论》（严译名《原富》），以此为理论基础，严复宣扬经济自由主义，对清朝政权压制私人资本发展的政策进行了猛烈的抨击。如在其翻译的《原富》所附的“译事例言”中⑦，他就曾写道“其中所指斥当轴之迷谬，多吾国言财政者之所同然。”

① （宋）朱熹．朱子语类[M].北京：中华书局，1986.

② （后晋）刘昫．旧唐书[M].北京：中华书局，1975.

③ （宋）王安石．《答曾公立书》[M]．王安石．临川先生文集：第73卷．北京：中华书局，1959.

④ （宋）王安石．临川先生文集[M].北京：中华书局，1959.

⑤ （明）丘浚．大学衍义补[M].北京：京华出版社，1999.

⑥ （明）王阳明．《金坛县志序》[M].王阳明．王阳明全集：第22卷外集4.上海：上海古籍出版社，2011.

⑦ （英）亚当·斯密．原富[M].（清）严复，译．北京：商务印书馆，1981.

二、古典经济学以前国外的经济思想概要

几乎与老子、孔子等中国先秦时期思想家处于同一个时代，古代希腊、罗马等地区的一些重要思想和理论也在这一时期面世。如财富税是一种年代最早、历史最长的经济学理论，这种理论影响到自古希腊罗马时期到新古典经济学以前的多数经济学家。其中，色诺芬的著作《经济论》，通篇都是研究家庭财富及其增长问题。到了17世纪，重商主义者对研究财富的热情，超过了他们的先辈。他们以财富为中心研究了财富的形式（金银）、产生（流通领域）和增长途径（开采金银和对外贸易）等问题，政府是否干预经济也在这一时期得到较多的体现。

表4-2　　古典经济学以前西方经济思想代表人物及成就

姓名	年代	经典或代表性著述及出版年代
1660年以前：		
毕达哥拉斯（古希腊）	约前580—前500年	
色诺芬（古希腊）	约前430—前354年	《经济论》（亦译为《论税收》）
柏拉图（古希腊）	前427—前347年	《理想国》
亚里士多德（古希腊）	约前384—前322年	《政治学》
优素福（古伊斯兰国）	731—798年	《赋税论》
阿奎那（意大利）	1225—1274年	《神学大全》
1660—1770年：		
托马斯·孟（英国）	1571—1641年	《英国得自对外贸易的财富》（1664年）
威廉·配第（英国）	1623—1687年	《赋税论》（1662年）
洛克（英国）	1632—1704年	《政府论》（1690年）
魁奈（法国）	1694—1774年	《经济表》（1758年）

（一）古代时期的经济思想与代表人物

从公元前6世纪毕达哥拉斯（Pythagoras，约前580—前500年）开始①，希腊哲学开始产生了数学的传统。当时毕达哥拉斯坚持数学论证必须从“假设”出发，开创演绎逻辑思想，对其经济思想和方法的发展影响很大。如毕达哥拉斯主张一个社会应男女平等、财产公有，这是我们在古代经济思想和方法中所见到的

① 毕达哥拉斯是古代希腊思想家、哲学家、数学家、科学家。

较早的陈述，对后世的经济思想产生了深远的影响。

色诺芬是古希腊历史学家、作家、雅典人，也是苏格拉底的弟子，其经济思想集中体现在《经济论》和《雅典的收入》两书之中。在《经济论》中，他认为土地是最重要最可靠的财富资源，农业是最重要的经济部门；市场供求变化影响商品价格的波动，而价格变动会影响社会劳动的分配（杨俊明、张晓霞，1997①）。在《雅典的收入》一书中，色诺芬提出了财源、公共收入、公共资源等原始的公共财政范畴（叶青，1999②），其经济政策思想体系包括三个方面：一是讨论了如何扩大农业收入、矿产收入、租税收入及包税等收入等问题③，认为雅典应发挥传统财源优势，积极地开发新的和国外的财源，增加捐税和租金的收入；二是讨论了如何保证和安排战费支出、建设支出、治安支出和祭祀支出等问题，反映了早期资源配置的思想特征；三是在历史上第一次提出并讨论了复式预算的范畴，明确了经常收支和额外收支的各自对应关系。

柏拉图（Plato，前 427—前 347 年）是雅典人，苏格拉底的学生，古希腊时期重要的思想家，也是西方文化中最伟大的思想家和哲学家之一，他的经济思想主要发表在《理想国》一书中。其中，最为突出的便是他关于劳动分工的经济思想。他认为国家是社会分工的产物，劳动分工能够极大地提高劳动生产率，通过社会劳动分工产生了商品交换的需要。因此，当分工发展到一定程度时，货币、交换、市场等商品经济的社会功能就能够得以体现，形成商品经济的社会关系体系。

亚里士多德（Aristotle，前 384—前 322 年，柏拉图的学生）是著名的古希腊哲学家、科学家，其经济思想主要见于《政治学》和《伦理学》两书，对经济思想的主要贡献是涉及商品交换与交换中货币的使用。亚里士多德主张最好的资源应供少数人享用，从而强调产权的私有。但从自然角度出发，认为“经济”是自然态下的货物的使用价值，是符合人性需要的，是自然的，而“货殖”被认为是非自然态下货物的交换价值，其目的不在于获取使用价值，因而又是违反自然的。在国家层面上，亚里士多德为国家的垄断经营辩护，提倡政治家要精通经营之道，“因为国家常常比一个家庭更需要金钱，更需要这种获取金钱的妙方，所

① 杨俊明，张晓霞．色诺芬的经济思想[J]．湖南师范大学社会科学学报，1997（3）：120－123.

② 叶青．色诺芬的公共财政思想及启示[J]．财政研究，1999（12）：32－34.

③ 包税制始于古罗马帝国时期，在剥削阶级统治的制度下，国家或官府不直接按规定税率向纳税人征税，而是采取招标承包方式，将某一种捐税把要征收的税款数额，包给富豪私商，由承包人运用官府授给的征税权，自行确定征收办法，向纳税人收税。我国始见于五代，盛行于宋、元朝代，当时称“扑买”或“买扑”，以后历代封建王朝和国民党统治时期均有采用，它给承包征税人以敲诈勒索、大发横财的特权，而广大劳动人民则苦不堪言。新中国成立后，彻底废除了包税制度。

以有些政治家致全力于理财”①。亚里士多德关于垄断经营的理念与西方经济学中国家宏观调控理论存在着某种联系，可视为国家宏观调控思想的肇始（郭爱民，2006）②。此外，面对社会分化的加剧，亚里士多德确立了公平的命题，提出了分配性公平、算术公平和交换公平，认为行政当局在进行利益分配上，要考虑普遍公平的规则和国家的福利。

中世纪期间，大约30个阿拉伯—伊斯兰经济学家创作了关于经济活动的著作，其中阿布·默哈默德·优素福（A. A. Yusuf，731—798）的著作《赋税论》的经济观点最为突出。他主要论述统治者的经济责任，而把重点放在农业关系和税制问题上，其主要经济思想集中在如下方面：一是认为，在国家征收的农业税中，应有一部分是实物（农产品）；二是确立了同税制有关的若干原则，特别是税制法规，这个法规成为以后几世纪中古典经济学家们关注和讨论的问题；三是探讨了许多有关税务的具体问题，例如纳税人的支付能力、给纳税人的优厚条件、税务管理等；四是认为道路、桥梁、水渠等设施建设为社会经济发展所必需的基础建设；五是认为在伊斯兰教的原则下，市场应当充分发挥其作用。他肯定国家在干预经济、调节市场等方面的必要性，因为这可以防止私人垄断、囤积居奇及其他不道德行为。但同时，他也明确表示不同意由当局来确定市场价格的做法。

托马斯·阿奎那（Thomas Aquinas，1225—1274）是最重要的经院哲学经济学家，中世纪经济思想的重要代表人物之一。他融合了阿尔·安萨里（Al - Ghazali，1058—1111；安萨里，2011③）的宗教教义思想与亚里士多德的著作，努力调和教堂的宗教教义与当时慢慢增加的经济活动。他提出处理经济关系的基本原则应当是分配的公正与交换的公正，认为自然经济是一国幸福的基础，金银财富作为人为财富，不应成为国家和个人追求的目标，个人拥有的财富只要与其身份相称，就算实现了分配的公正。

（二）中世纪以来的经济思想代表人物

托马斯·孟（Thomas Mun，1571—1641），英国晚期重商主义的代表人物，其重商主义理论及税收思想集中表现在《英国得自对外贸易的财富》一书之中（托马斯·孟，1965）④。其重商主义理论的核心是国际贸易差额论，认为金银货币是财富的唯一形态，而对外贸易是财富的唯一源泉。外贸要“少买多卖”，使货币流

① ［希腊］亚里士多德．政治学［M］．颜一，秦典华，译．北京：中国人民大学出版社，2003.
② 郭爱民．略论亚里士多德的经济思想［J］．学术交流，2006（6）：133 - 136.
③ ［阿拉伯］安萨里．圣学复苏精义［M］．北京：商务印书馆，2001.
④ ［英］托马斯·孟．英国得自对外贸易的财富［M］．袁南宇，译．北京：商务印书馆，1965.

入多于支出。为此，托马斯·孟认为，为了实现国家外贸出超、增加本国货币积累的目的，国家要干预经济生活，以保证上述目标的实现。他建议国家采取有效政策和措施，其中主要是保护关税政策，以奖励输出，限制输入。同时托马斯·孟从国防费用赋税负担，进一步阐述他的赋税论，认为国民靠纳税使自身安全得以保证，所以这种纳税是既公正又有利的。但是，如果税收被国王挥霍于私人享受，属于滥用赋税，则是国家之损失。

威廉·配第（William Petty，1623—1687），英国资产阶级古典政治经济学的创始人，也是古典学派财政学的奠基者。他的《赋税论》对财政收支、税收理论和课税方法等做了不少具体的研究。配第在公共经济学说领域方面的主要贡献是：为了反对封建税收体制，他提出了对财政收支应进行总体分析的创见（席克正，1986）①。在财政支出方面，配第建议削减军费支出、行政管理费支出、宗教费用支出和教育费用支出，同时提出增加社会救济支出和公共事业费用支出。增减财政支出的实质是缩减非生产性的财政支出，增加生产性的以及缓和社会矛盾的财政支出，为资本主义制度的巩固和发展提供有利的条件。关于租税的学说，配第要求税法“公平”，不歧视资本主义工商业；要求税法“简便”，使纳税人在缴税时期和纳税方法上都得到便利；要求节省征税费用，以减轻纳税者的负担等。在课税对象问题上，配第根据他的劳动创造价值的学说，认为劳动和土地是一切财富的根源，不管课征到哪种收入上的税收，最终将落到土地和劳动上。

法国重农主义先驱弗朗索瓦·魁奈（Francois Quesnay，1694—1774）② 认为，只有农业才是满足人们需要的财富的来源，其《经济表》（1758 年）的出版被奉为重农主义者的最高成就。《经济表》原始地描述了经济不同部门之间货币的收入流以及净产品在经济体中的创造与每年的循环。《经济表》代表了经济学发展中方法论的进步，即试图依靠抽象分析原有现实（Landreth & Colander，2013③）。魁奈从稳定保障农业的角度出发，主张贸易自由，同时又强调“政府之手”干预作用，并将两者相结合。魁奈还把这种干预模式具体化为一系列国家行为，如护卫国家内外安全、保证财产所有权、法定利率、投资农业等。魁奈给后世提供了一个“自由竞争+政府干预”的模型框架，在一定程度上可以称之为国家宏观调控思想的先驱。

约翰·洛克（J. Locke，1632—1704）的思想对于世界的政治和经济影响很大，并具有开创性。他在经济上倡导劳动价值论，在很大程度上影响到斯密及以后当代

---

① 席克正．从威廉．配第到大卫．李嘉图的古典学派财政学说［J］，财经研究，1986（9）：36-41.

② 弗朗索瓦·魁奈，法国经济学家，重农主义的领袖、政治经济学体系的先驱，被称为“欧洲的孔夫子”，是资产阶级古典政治经济学奠基人之一，法国重农学派的创始人和重要代表。

③ Harry Landreth，David C. Colander. History of Economic Thought［M］. Houghton Mifflin Harcourt，2013.

主流经济学思想、框架和研究方法。他的《政府论》（洛克，1690/2011①）提出了一个假说，认为在社会出现“国家”之前，存在一个“自然状态”。基于这一假说，洛克提出脱离“自然状态”的方法就是要创立“政府契约”，即政治统一体形式的“政府”，政府的费用必须由公民负担，但要符合多数公民同意的法则。洛克在政治上反对世袭，却容忍土地、财产等经济权利的“长期世袭”。为了解决这一思想困境，西方市场经济国家在“民主”和“无形之手”的制度设计中，特别注重对于财产税及个人所得税等扭曲性税收的制度设计效应，而并非依据当代经济学最适商品课税的理论和原则。

洛克所在的时期，正逢近代史的初期，欧洲对外贸易达到前所未有的规模，而科技革命也进入了近代辉煌的时代。科学革命最杰出的代表艾萨克·牛顿（I. Newton，1643—1727）在物理学领域，推翻了亚里士多德“统治”了近两千年关于“运动”的观点，他不仅开创性地创造了物理学分析方法，使人们普遍地乐于将这一方法拓展应用到人类科学的每一个领域，而且创立了微积分，并进一步发展了几何、微分方程、变分法等数学工具，为此后的各类学科发展提供了研究方法论和工具。

第二节 经济学及其研究发展历程

本节将古典经济时期以来的经济学发展分为两个阶段：第一阶段为古典经济学时期（1770—1890），主要选取斯密、李嘉图以及穆勒作为古典经济产生和发展时期的主要代表，在这一阶段也将同时对马尔萨斯（T. R. Malthus，1766—1834）和马克思所关注的重点进行分析。第二阶段为新古典经济学以来的时期（1890 年至今），主要选取马歇尔（A. Marshall，1842—1924）、凯恩斯（J. M. Keynes，1883—1946）、弗农·史密斯（V. L. Smith，1927—）和丹尼尔·卡尼曼（D. Kahnema，1934—）等经济学家的经济学及方法进行介绍。

从经济学的史学断代角度来看，斯密《国富论》（1776 年）的出版标志着古典经济学的诞生；而阿尔弗雷德·马歇尔《经济学原理》（1890 年）的出版，则标志着新古典经济学的开端。直至今天，新古典的分析框架和方法仍然是当今主流经济学理论和政策的分析基础。不过，20 世纪中后期以来，实验经济学和行为经

① John Locke. Concerning Civil Government [M]. 上海：世界图书出版公司，2011.

济学的兴起，使传统经济学研究前提和方法受到了新的挑战。

一、古典时期经济学研究的主要代表及贡献

（一）西方经济学的古典时期主要代表斯密、李嘉图及穆勒

1. 亚当·斯密与《国富论》。亚当·斯密的《国富论》的研究对象是国民财富（Wealth of Nations）以及如何实现财富增长的问题。《国富论》分析了国家财富的性质和原因，强调资本是国家财富的主要决定因素，劳动是国家财富的源泉，认为一国的财富取决于劳动生产力和有效使用或生产性使用劳动者的比例。围绕国民财富增长的问题，斯密将研究的范围扩展到自由贸易、价值理论、分配理论以及社会福利等领域。《国富论》暗示经济活动的最终目的是消费，认为一切应该是自然的，包括自然工资、自然利润以及自然地租等（见表4-3）。

表4-3　古典经济学时期的经济学家与成就

姓名	年份	经典或代表性著述及出版年代
斯密（英国）	1723—1790年	《国富论》（1776年）
李嘉图（英国）	1772—1823年	《政治经济学及赋税原理》（1817年）
马尔萨斯（英国）	1766—1834年	《人口论》（1798年）
穆勒（英国）	1806—1873年	《政治经济学原理》（1848年）
马克思（德国）	1818—1873年	《资本论》（1865年）

当时，斯密所处的时代，正值英国工业革命开始时期，在经济人假设以及经济体自然运转的假设条件下，《国富论》对市场经济稀缺资源配置方式提出了看法，认为政府应接受自由放任的经济政策，表达市场力量的有效性，还关联了当时的经济政策，并且无数次运用历史的教训抨击政府低效、腐败、轻浮、浪费甚至受制于某些利益集团，表达了其强烈反对政府参与市场经济活动的政策观点。在此基础上，斯密还提出著名的税收原则："平等""确定""便利"和"最少费用"四原则，这些思想对后来工业化国家减少政府干预市场的经济政策影响巨大。斯密将决定国民财富的源泉、培育经济增长的政策以及通过市场力量有效调节经济增长的方式，首次整合成一个较为系统的理论，被誉为"经济学之父"。

斯密的经济学说受到洛克哲学及早期重商主义经济学等的影响，因而注重抽象研究，如《国富论》中的一段话："我们每天所需要的食物和饮料，不是出自屠户、酿酒家和面包师的恩惠，而是出于他们自利的打算。我们不说唤起他们利他心

的话，而说对他们有好处”。由此，“经济人假设”成为经济学和某些心理学分析的基本假设，使斯密以后的抽象方法变得必不可少（Kim Moon，1998①）。此外，斯密还注重理论和历史演绎方法的有效结合，建立“国家财富应该按照人均标准来衡量”的标准。

2. 马尔萨斯的《人口论》与李嘉图的《政治经济学及赋税原理》。在古典经济学时期，经济学家已经开始注重劳动工资和社会福利问题。马尔萨斯运用抽象和演绎的方法提出了其“马尔萨斯假设”②。这一假设虽然具有行而上学的特点，但能运用统计数据分析来支持《人口论》（1798）论题，即食物供给的增长无法快于人口的增长。这种没有考虑到技术和农业劳动生产率的论题，受到西斯蒙第（Sismondi，1773—1842；1819③）、马克思④以及近年卢卡斯（R. E. Lucas，1937—；1988⑤）增长经济学家等的猛烈批评。但《人口论》还隐含了人类世界的艰难、贫困以及不幸主要责任不是政府，也不是社会制度与政治制度的结果这一命题，并在古典经济学理论和政策中得到了应用，对达尔文、李嘉图等学说产生了很大影响。

在1799年的一次乡村度假里，李嘉图阅读了斯密的《国富论》，第一次接触到经济学并由此产生了兴趣。此后，李嘉图以边沁（J. Bentham，1748—1832）的功利主义为出发点（参见边沁，1789/2000⑥），继承了斯密理论中的科学因素，将马尔萨斯的人口理论组合到古典政治经济学之中，研究范围也拓展到价值理论、国际贸易、公共财政、收益递减以及地租等领域。李嘉图对收入分配的关注，较之前的经济研究而言，将更多的精力放在思索价值理论或相对价格等微观经济问题上，而不仅仅只关注经济政策的宏观部分。

李嘉图所处的时代正逢当时英国谷物和地租价格攀升以及英国经济结构变革所致的工业比重相对增长与农业比重相对下降的时期，这使李嘉图将更多的注意力集中到对收入分配的关注。因此，与此相关的问题集中于一个关键，即实行自由贸易

① Kim Moon K. Chunchi Wu. Effects of Inflation on Capital Structure [J]. The Financial Review, 1998, (23): 183 - 200.

② 马尔萨斯作出的预言：男女两性之间的情欲是必然的且几乎保持现状；食物为人类生存所必需的这两个抽象前提出发，断言在这两者中间，人口增殖力比土地生产人类生活资料力更为巨大。人口以几何级数增加，生活资料以算术级数增加，因而造成人口过剩，不可避免地出现饥饿、贫困和失业等现象。参见：[英] 托马斯·罗伯特·马尔萨斯. 人口论[M]. 郭大力，译. 北京：北京大学出版社，2008.

③ S. Sismondi. The New Political Economics Principle [M]. The Commercial Press, 1964 (original: Paris, 1819.).

④ 剩余价值理论 [A]. 马克思恩格斯全集 [M]（第二十六卷）. 中央编局，译. 北京：人民出版社，1998.

⑤ Lucas, R. E., On the Mechanics of Economic Development [J]. Journal of Monetary Economics, 1988 (22): 3 - 42.

⑥ [英] 边沁. 道德与立法原理导论[M]. 时殷弘，译. 北京：商务印书馆，2000.

还是规范的国际贸易的政策问题。在他的《政治经济学及赋税原理》中，李嘉图认为税收来自劳动产品的价值，即资本和收入；认为社会的一切收入都应该征税，为了公平赋税，应建立以工资税、利润税和农产品税组成的税收制度；认为最好的财政计划就是节流，最好的赋税就是税额最少的赋税等。此外，《政治经济学及赋税原理》还分析了赋税对生产、价格、资源配置以及税收对财政收入等方面的影响。

李嘉图不仅注重理论抽象和历史演绎方法，还在分析工资、利润、地租三者关系时，认为人口增加与收入提高不存在简单的函数关系，而存在着随时间而变化的递增和递减两个函数（Booth，et al.，2001①）。李嘉图运用高度抽象的演绎方法，从斯密理论与历史描述的松散结合向抽象演绎的理论模型转变，指出了通向现代经济分析的道路，产生了将理论转化为数学形式的定理，并最终向高度抽象的经济模型方法领域迈进了一步。

3. 穆勒的经济学及方法论贡献。穆勒是19世纪英国心理学家、哲学家和经济学家。穆勒所著的《论自由》（1859）对西方自由主义思潮影响甚广，更被誉为自由主义的集大成之作。他在1848年出版的《政治经济学原理——及其在社会哲学上的若干应用》（1848）是第一本影响西方经济学教学长达半个世纪的教科书。

穆勒的经济学研究主要是建立在补充和发展了李嘉图相对成本理论之上，首先，穆勒发展出一种最终否定了李嘉图的劳动价值论的包括劳动成本与资本成本的长期生产成本价值理论。其次，穆勒扩展了李嘉图的国际贸易理论，认为一国的生产物总是按照该国的全部输出品适足抵偿该国的全部输入品所必需的价值，与其他国家的生产物相交换。复次，穆勒否定商品供给的一般过剩，肯定萨伊（Jean - Baptiste Say，1767—1832）的萨伊定律②（Say's Law of Market）供给能创造自己需求的说法（Mill，1836/1997③）。再次，穆勒还认为工资是由劳动的供给和需求决定的，从长期来看，工资的多少主要取决于工人人数。最后，穆勒的研究范围还大量涉及政策领域，如认为政府实行的最低工资或补贴行为，并不能真正改善工资环境。此外，《政治经济学原理》还论述了自由经济条件下国家适度干预的理论，对

---

① Booth，Laurence，Varouj Aivazian，Asli Demirguc Kunt，Vojislav Maksimovic. Capital Structures in Developing Countries [J]. Journal of Finance，2001（56）：87 - 130.

② 萨依定律，也称作萨依市场定律，最初由法国政治经济学家让·巴蒂斯特·萨伊提出。一种自19世纪初流行至今的经济思想。指经济一般不会发生任何生产过剩的危机，更不可能出现就业不足。真正提出相关概念的是穆勒。虽然当今经济学教科书已将其内容删去，然而还有不少微观或宏观经济理论还是依据萨依定律而作出结论的。参见：［法］让·巴蒂斯特·萨依．政治经济学概论[M]．陈福生，陈振骅，译．北京：商务印书馆，1997.

③ J. S. Mill. On the Definition of Political Economy and on the Method of Investigation Proper to it [A]. in：J. S. Mill. Essays on Some Unsettled Questions of Political Economy [M]. Londun，New York：Routledge/Thommes Press，1997.

市场缺陷和政府缺陷的一些现象进行了阐述。

在方法论方面，在西尼尔（Senior，1836/2002①）的基础上，穆勒第一个明确地提出了理性经济人假定（M. Blaug，1962②），将经济学看作是使用演绎方法的假设科学：即经济学家首先作出假设，然后从哲学家假设中演绎出结论。穆勒还认为，政治经济学实质上是一门抽象科学的结论，而这门科学所采用的方法是演绎法，经济学研究方法应是演绎和归纳的结合。

（二）马克思主义的经济学研究

虽然马克思主义经济学及其方法论并不在西方主流经济学之列，但它的产生却与古典经济学处在同一时期，并且对经济学方法论体系产生了重大的影响。1780年发生在英国的“工业革命”意味着生产力得以持久迅速的发展。这一时期，英国打造了一个广袤的“日不落帝国”：经济上的改变也扭转了政治上的阶级概念，于是在英国的内政方面，由中产阶级以及工人阶级联合发动长达数十年之久的“宪章运动”（Chartist Movement），在哲学激进派的思想推波助澜下，作为连接政府与人民的最重要纽带被突破，中产阶级开始发挥本身的力量，改变着当时政治的形式和结构，并且冲击着当时的知识分子以及贵族阶级。斯密、李嘉图以及穆勒等古典经济学时期的最杰出的三个代表使19世纪也毫无疑问地被称为古典经济学“英国的世纪”。另外，由于工业资本主义高度发达，工厂工作条件与环境的恶劣、童工、待遇等，工人阶级的问题开始浮现，于是自19世纪初开始就有一大批乌托邦社会主义者出现。他们有感于同胞所受的苦难，努力去建构心中的理想政治社会体制，在实践上则建立了形形色色的合作社来实验。当然，在这些思想里，提倡科学社会主义的马克思，成为下一个世纪自由主义最大的对手。

马克思的经济学说运用劳动价值论对资本主义运动规律进行了论述，包括资本主义的利润率必然下降、失业后备军、资本的积累和集中、经济危机的不可避免性等。马克思及其合作者恩格斯以工业革命以来所形成的社会贫富不均为背景，在唯物论、辩证法以及当时经济理论的基础上，马克思的理论几经转化，其经济学思想学说也找到了资本家剥削劳动力的根源——剩余价值，并最终于1848年出版了《共产党宣言》，阐述了系统的科学社会主义思想体系，认为人类社会必将朝着共产主义制度标准发展。而《资本论》（1867）以唯物史观指导，深刻分析资本主义生产方式，揭示了经济社会发展的规律。

---

① N. W. Senior. An Outline of the Science of Political Economy [M]. University Press of the Pacific，2002 (original：1836).

② Mark Blaug，Economic Theory in Retrospect [M]. Cambridge University Press （first published in 1962），1997：5th edition.

马克思在19世纪40年代、50年代的著作，较为深刻地批评了欧洲有关国家的财政，如阐述了预算的实质，指出葛莱斯顿的预算是由贵族执掌政权编出来的资产阶级预算①；马克思和恩格斯阐述了过度赤字财政的危害，分别揭示了当时法兰西和德国的经常性赤字与频繁的财政危机②；马克思还阐述了资产阶级国家税收存在的问题，如英国贵族利用谷物法进行投机而形成的面包税，也是一种变相地向当时贵族缴纳的工资税，加重了劳动人民的负担③；等等。

马克思主义经济学无论从研究范围、研究对象、世界观、方法论还是影响力上来看，都对19世纪的社会变革产生了深远的影响，而马克思主义经济学也成为一个独立体系，在当今经济学说史中占有重要一席。

从经济学方法论层面来看，马克思主义经济学首先确定了哲学作为世界观学问的性质（程家明，2006④），被认为是"当代不可超越的哲学视野"（让—保罗·萨特，1905—1980，1998⑤）。在辩证唯物主义哲学基础上，马克思主义经济学继承和发扬了传统的劳动价值论，强调技术进步与收益递增对于经济增长的作用，而不是小小的边际变化。直至马克思以后约一百年，致力于内生经济增长的经济学家们，仍然在延续马克思主义经济学的这项研究。此外，马克思主义经济学方法论的最大特色是具有整体观，目的是运用"革命"的手段来推动社会变革。马克思主义经济学分析是整体决定了部分，同时考虑整体与局部的相互作用，这与现代经济学尤其是微观经济学试图从微观的厂商、市场价格等来考察经济的整体是截然不同的。因此，马克思主义经济学也在现代经济学方法论体系中，虽然在近几百年来仿佛与西方经济学形成了一种互补关系，但马克思主义经济学是站在人类社会发展的高度，从整体上看待社会经济问题，其科学性是任何一种经济学方法所无法替代的。

---

① 英镑、先令、便士，或阶级的预算和这个预算对谁有利［A］. 马克思恩格斯全集［M］（第九卷）. 北京：中央编译局，译. 人民出版社，1998.

② 分别参见：1848年至1850年的法兰西阶级斗争［A］. 马克思恩格斯全集［M］（第七卷）. 北京：中央编译局，译. 北京：人民出版社，1998；7月7日的妥协辩论［A］. 马克思恩格斯全集［M］（第五卷）. 中央编译局，译. 北京：人民出版社，1998.

③ 孟德斯鸠第五十六［A］. 马克思恩格斯全集［M］（第六卷）. 中央编译局，译. 北京：人民出版社，1998.

④ 程家明. 整体观视野下的马克思哲学观［J］. 哲学研究，2006（6）：37－40.

⑤ ［法］让—保罗·萨特. 辩证理性批判［M］. 林骧华，徐和瑾，陈伟丰，译. 合肥：安徽文艺出版社，1998.

二、新古典以来的经济学研究及发展

（一）新古典前期的“边际革命”及贡献

19世纪早期，李嘉图通过抽象得到的模型中进行抽象演绎，重点研究价值理论和地租理论，为当时英国经济实际运行作出了贡献。然而后期李嘉图的学说受到马尔萨斯人口学说被当时经验数据反驳的影响，随后穆勒的古典经济分析转向了采用生产成本价值理论。此后，李嘉图体系三个基本工具和假设，即劳动价值理论、马尔萨斯人口论以及工资基金学说被逐渐放弃。由此，古典经济学的研究范围、方法和工具面临着重大转变。

而19世纪70年代前，传统古典经济观点、范围和方法正在悄然发生变化。以杰文斯（W. S. Jevons，1835—1882）、门格尔（C. Menger，1840—1921）和瓦尔拉斯（Léon Walras，1858—1873）为代表的经济学家提出了边际概念，门格尔更将这一边际概念与一般理论相结合，掀起了针对古典经济研究范围和方法的边际革命。

杰文斯、门格尔和瓦尔拉斯对经济学方法论的贡献包括：

第一，注重边际效用和需求的作用，并涵盖了厂商和家庭等微观主体，一改古典经济从供求角度研究经济的传统；

第二，杰文斯、瓦尔拉斯在经济理论化过程中，对数学模型的应用，使其后的主流经济学家喜欢用数学模型来解释理论；

第三，瓦尔拉斯还提供了对市场经济不同部门相关性的解释，开创性地提出了一般均衡模型，为之后的理论和统计模型的检验供了分析基础。

（二）马歇尔与新古典经济学的诞生

马歇尔对上述边际方法论进行了较好的综合，于1890年正式出版了《经济学原理》，标志着新古典经济学的诞生。

从研究范围和对象上来看，《经济学原理》认为自由竞争可以是建设性的，也可以是破坏性的，并主要围绕国民财富，将供求均衡论、边际生产力论、生产费用论融合在一起。马歇尔认为，对社会某些收益递减行业征税，并用于补贴收益递增的行业，可能会从中受益。他的分析并不是为税收和补贴提供一套规则，而是更多地用于表明非规制的市场不一定能导致最佳的资源配置。此外，马歇尔也提出了一些公共政策来应对经济萧条与失业，如政府可以通过保证厂商没有风险来帮助经济信心的恢复等。

马歇尔的《经济学原理》形成了那时局部均衡分析后供求分析的基本框架，在分析方法上，设计出其理论的基本数学结构，并发展了用图表说明供求分析的基本方法，构成一个相当完整的折中主义经济学体系。马歇尔把经济发展看作一个渐进的、连续的、和谐的过程，其思想渊源有两个：一是生物学中的进化理论；二是数学中的微分、增量概念。其中，数学方法的应用集中在局部均衡，与瓦尔拉斯应用代数方法集中研究一般均衡形成了一定的对比（当然，后来一般均衡取代了局部均衡理论成为后来经济研究的基本框架）。熊彼特（J. A. Schumpeter，1883—1950；1991①）写道："马歇尔的影响是促使现代数量经济学出现的最有力的影响之一"。在《经济学原理》第一版序言指出："本书如果有它自己的特点的话，那也许可以说是在于注重对连续原理的这种或那种的运用。"这与古典经济学分析传统有了很大的差别，呈现出"新"的一面。马歇尔《经济学原理》的出版是经济方法论的一个非常重要的转折和开端（见表4－4）。

表4－4　新古典经济学以来的经济学家及成就

姓名	年份	经典或代表性著作及出版年代
威廉姆·斯坦利·杰文斯（英国）	1835—1882年	《政治经济学理论》（1871年）
卡尔·门格尔（奥地利）	1840—1921年	《国民经济学原理》（1871年）
里昂·瓦尔拉斯（法国）	1834—1910年	《纯粹政治经济学要义》（1874年）
阿尔弗雷德·马歇尔（英国）	1842—1924年	《经济学原理》（1890年）
约瑟夫·熊彼特（奥地利）	1883—1950年	《经济发展理论》（1911年）
阿瑟·赛西尔·庇古（英国）	1877—1959年	《福利经济学》（1920年）
约翰·洛克斯·康芒斯（美国）	1862—1945年	《制度经济学》（1934年）
约翰·梅纳德·凯恩斯（英国）	1883—1946年	《就业、利息和货币通论》（1936年）
罗纳德·哈里·科斯（英国）	1910—2013年	《企业的本质》（1937年）
罗伯特·默顿·索洛（美国）	1924—	《对经济增长理论的一个贡献》（1956年）
米尔顿·弗里德曼（美国）	1912—2006年	《资本主义与自由》（1962年）
小罗伯特·卢卡斯（美国）	1937—	《论经济发展的机制》（1988年）

① ［美］约瑟夫·熊彼特．经济分析史［M］．（第1卷）．朱泱，孙洪敞，李宏，陈锡龄，译．北京：商务印书馆，1991.

（三）凯恩斯理论与宏观经济学

1929年经济危机爆发后，传统的经济理论与经济现实不符，需要在理论和政策上加以突破，凯恩斯宏观经济理论开始形成。凯恩斯的《就业、利息和货币通论》（1936）的出版标志着宏观经济学研究方法诞生，同时也标志着经济学研究对象从资源配置的微观问题向经济波动的宏观问题的重大变革。凯恩斯理论对经济学的主要贡献在于，它不仅建立了一种以存在失业为特点的经济均衡理论，还建立了用总供给与总需求均衡来分析国民收入的决定的宏观经济学体系，并将政策论点形成一种理论模型，该模型将政府干预政策纳入其中，这样总需求控制着收入水平，政府则可通过财政与货币政策控制总需求，为后来的政府干预经济这一手段提供了理论基础。

从研究方法上来看，凯恩斯是穆勒的嫡传弟子，甚至与穆勒一脉相承。凯恩斯在1875年出版了一本经济学方法论史上的重要著作《政治经济学特点和逻辑方法》（1875），认为经济学方法论应该包括三个步骤（西尼尔，1986①）：一是须确定什么是经济运行中的最主要力量以及与其运行相一致的规律；二是进行纯粹的演绎，即从给定条件下这些力量运行产生的后果中推断出相应的结果；三是通过将已经推断出的结果与直接观察出现的结果相比较，从而有机会测试前两个步骤的准确性和世纪的适当性，并提出必要的限定条件。在西方经济学方法论发展中，凯尔恩斯与西尼尔、穆勒齐名，他们所主张的逻辑演绎方法论，通常被称为西尼尔—穆勒—凯尔恩斯传统。

（四）制度经济学及其发展

宏观经济学诞生之后的几十年间，主流经济方法一般将制度变量视为既定的，当他们针对微观企业和宏观经济研究时，方法论的贫乏已显得清楚：他们没能预测到周期性的经济危机、20世纪80年代末的“苏东巨变”“柏林墙倒塌”以及在大量政府管制下的福利国家的经济衰退，而以制度经济学为代表的各种流派尤其是新制度经济学试图重新将制度变量纳入了主流经济学分析的轨道。

总体而言，制度经济学大体分为四类：一是早期以凡勃伦（T. B. Veblen，1857—1929）和康芒斯（J. R. Commons，1862—1945）为代表，认为经济研究中的制度是一个不变的要素，强调历史制度的演变在增长中的作用；二是建立在对美国社会进行反思和批评基础之上的，以加尔布雷斯（J. K. Galbraith，1908—2006）为

---

① ［英］纳索·威廉·西尼尔．政治经济学大纲[M]．蔡受百，译．北京：商务印书馆，2014.

代表的制度经济理论，认为富裕和贫穷对立，否定新古典理论的消费者主权；三是在契约理论基础上，以威廉姆森（O. Williamson，1932—）、诺斯（D. C. North，1920—2015）和科斯（R. H. Coase，1910—2013）等为代表，在新古典分析框架下支持制度的构成和运行，包括政治制度、经济制度以及制度效率问题，被称为“新制度经济学”。新制度经济学发展很快，原因是运用主流经济学方法研究制度问题，其企业理论也得到了主流经济学的认可；四是重视自然秩序，以史漫飞（M. E. Streit）和柯武刚（W. Kasper）等为新兴代表，强调竞争思想、竞争的政策是整个制度运行的核心。

从研究方法上来看，制度经济学主要采取制度分析方法，主要包括结构分析法、历史分析法和社会文化分析法来研究经济问题，揭示制度对社会经济发展的影响以及去发现这些制度在经济体系中的地位和作用。

（五）增长理论及经济模型内生化的发展

20 世纪 50 年代不同的研究都以自己的方式回答了经济增长的决定因素，即生产要素投入的增长和全要素生产率的提高，但这些研究无法直接体现经济增长的所有要素生产率的提高。索洛在这一方面进行了有益的尝试。索洛（Solow，1956①、1957②）把经济增长率分解为技术进步率和要素投入增长率之和，从方法论看是当时的一个重大突破。虽然索洛的研究经常被指责为解释不符合理论的统计结果以及所有的模型中都包括一些不可度量的变量，但仍为此后的内生增长模型提供了方法借鉴。

此后，以卢卡斯为代表的研究（Lucas，1988③），在两部门增长模型的基础上，将人力资本投入要素对技术进步的影响引入经济增长的分析中。从此，将许多外生经济变量内生化问题等的研究工作拉开了序幕。罗伯特·巴罗（R. J. Barro，1944—；1990④）、迪瓦拉简、斯瓦洛普和邹恒甫（Devarajan，Swaroop & Zou，1996⑤）等进一步发展了内生增长理论，使得技术、人力资本、政府支出和税收等

① Solow R M. A Contribution to the Theory of Economic Growth [J]. The Quarterly Journal of Economics，1956：65 –94.

② Solow R M. Technical Change and the Aggregate Production Function [J]. The Review of Economics and Statistics，1957：312 –320.

③ Lucas，R. E.，On the Mechanics of Economic Development [J]. Journal of Monetary Economics，1988 (22)：3 –42.

④ R. Barro. Government Spending in A Simple Model of Endogenous Growth [J]. Journal of Political Economy，1990，98 (5)：68 –88.

⑤ Devarajan S，Swaroop V，Zou H F. The Composition of Public Expenditure and Economic Growth [J]. Cema Working Papers，1996，37 (2)：313 –344.

变量在经济增长的作用获得了前所未有的关注。但是，经济增长理论和内生经济增长理论发展的过程，仅仅是一个将经济增长模型外生变量予以内生化的一个过程（左大培等，2007①），因此，西方主流经济学研究的基本范式并没有得到大的改变。

（六）实验经济学和行为经济学的兴起

2002 年的诺贝尔经济学奖授予美国与以色列心理学家丹尼尔·卡尼曼和美国经济学家弗农·史密斯，以奖励他们在实验经济学和行为经济学方面的开创性工作。卡尼曼成功地把心理学分析法与经济学研究结合在一起，为创立一个新的经济学研究领域奠定了基础。史密斯则开创了一系列实验法，为通过实验室实验进行可靠的经济学研究确定了标准。2015 年诺贝尔经济学奖揭晓，美国经济学家迪顿（A. S. Deaton，1945—）因对家庭行为、贫困和福利的分析而获诺贝尔经济学奖。迪顿获奖的一个重要理由是用严谨的实验方法解决了现实问题。他与卡尼曼通过调查问卷的形式，对人们生活福祉问题进行了分析，比较系统地阐述了收入和情感福祉之间的关系（Deaton & Kahneman，2010②）。从研究方法角度上看，行为经济学和实验经济学研究方法实际上实现了心理学方法和物理学方法对经济现象的模拟（见表 4 -5）。

表 4 -5　　获诺贝尔经济学奖的行为经济学与实验经济学相关作品

姓名	相关作品及出版年代	获奖年代
赫伯特·西蒙（美国）	《经济学与行为科学中的决策模型》（1959 年）	1978 年
盖瑞·贝克（美国）	《人类行为的经济分析》（1876 年）	1992 年
乔治·阿克洛夫（美国）	《行为宏观经济学与宏观经济行为》（2002 年）	2001 年
丹尼尔·卡尼曼（美国）	《期望理论：风险情况下的决策分析》（1979 年）	2002 年
弗农·史密斯（美国）	《竞争市场行为的实验研究》（1962 年）	2002 年
托马斯·克罗姆比·谢林（美国）	《选择与结果》（2002 年）	2005 年
埃尔文·罗斯（美国）	《经济学的实验室实验：六个观点》（1987 年）	2012 年
安格斯·迪顿（英国）	《生命周期中的健康、收入与不平等》（1998 年）③	2015 年

实验经济学与行为经济学早在 20 世纪 70 年代就试图修正传统经济学假说检验，认

① 左大培，杨春学．经济增长理论模型的内生化历程[M]．北京：中国经济出版社，2007.

② A. S. Deaton Deaton，D. D. Kahneman. High Income Improves Evaluation of Life but not Emotional Well - being [J]. Proceedings of the National Academy of Sciences. 2010，107（38）：164，89 -93.

③ Deaton，A.，C. Paxson. Health，Income，and Inequality Over the Life - cycle [A]，in：D. A. Wise (e. d.) Frontiers in the Economics of Aging [M]. University of Chicago Press，1998：431 -462.

为不需要经济学假说，通过实验等方法就能得出相应的结论。行为经济学与实验经济学都强调制度的作用，承认小数法则。实验经济学与行为经济学吸引了当代大量的经济学科研力量，且有不断扩大的趋势，掀起了21世纪经济学方法论的一场革命。

1. 实验经济学及其研究方法。实验经济学是在可控的实验环境下针对某一经济现象，例如选取公共品提供进行试验（Ledyard，1997①），通过控制某些条件，观察决策者行为和分析实验结果来检验、比较和完善经济理论并提供政策决策的依据。与其他经济学研究方法的另一个不同就是以人作为被实验者（Human Subjects），对“经济人”概念提出了挑战，其研究证实了西蒙的思想，无意行为可能产生比按逻辑和计算方式行动更加合理的结果。

实验方法为经济学家提供了前所未有的复制性（Replicability）和可控程度，使经济学更加科学和完善。实验室试验首先可以通过改变模型的制度参数，对新的经济微观系统进行观察，从而提出新的假说；其次，实验方法提供了一种经济理论和证据之间共生关系的可能性；最后，实验方法提供了研究不同经济政策提议的经济可行的办法。

2. 行为经济学及其研究方法。在传统的经济学理论中，理性的“经济人”会估计将来的不同结果的各种可能性，然后最大化其期望效用，于是，经济学家把个人决策过程抽象为理性地追求主观预期的个人效用最大化。但很多经验和观察表明，人既不是完全理性的，也不是完全自利的，人类的行为有时会偏离经典经济学所假定的最优化模式。对人类完全理性和追求最优化行为模式的怀疑随着一系列心理学成果的涌现而增加，于是，一个新的分支——行为经济学的诞生。行为经济学家和实验经济学家提出了许多著名的“悖论”向主流经济学发起挑战。

卡尼曼和特维斯基（A. Tversky）针对“预期理论”（Prospect Theory）进行了研究并作出了基础性的贡献，这一“预期理论”将认知心理学的成果引入经济分析，使得人们认识到心理认知偏差的存在和重要性。卡尼曼等发现，人在不确定条件下的决策，似乎取决于结果与设想的差距而不是结果本身。换言之，人在决策中通常会在心里有个参照系，然后看结果与这个参照标准有多大的差距。为了解释这些现象，卡尼曼和特维斯基发展了“预期理论”，认为它与期望效用理论是互补的。效用理论可用于刻画理性行为，“预期理论”则用于描述实际行为。

“预期理论”从行为心理学的角度分析人的决策问题，充分考虑了心理因素对决策的影响。其核心问题是：人类面对不确定的未知领域时并非总是理性，因此决策总是倾向于以偏概全，很容易受到同伴的影响而失去自己的独立主张。这实际上已经放弃传统的效用期望理论，意味着动摇了新古典经济学理论大厦的基础。

① J. Ledyard. Public Goods：A Survey of Experimental Research [R]. David K. Levine，1997.

三、简要的小结

当代经济学，实际上是一种被称为“主流经济学”或“正统经济学”的东西。与之对应的，则是“非主流经济学”或“非正统经济学”，两者的主要区别在于对经济学研究的关注重点不同。通常来说，“主流经济学”的研究主要关注资源配置、收入分配、经济稳定与增长等问题，而“非主流经济学”的研究则主要关注影响社会与经济发展的各种变量，如制度、技术、人力资本等。

一般认为，“主流经济学”起源于18世纪中后期，以斯密的《国富论》的出版为标志，古典经济学由此诞生并发展成为主流经济学。经由穆勒、马歇尔等经济学家的努力，对经济学研究从假设、方法论以及研究出发点等方面进行了一些改进，形成了“新古典经济学”并逐渐成为此后经济学研究的分析范式传统，占据了主流经济学的重要席位。一些没有遵循这种主流经济学范式的经济学研究，如制度经济学、行为经济学、实验经济学等，似乎被排除在“主流”的范畴之外，通常被称为“非主流经济学”或“非正统经济学”。

对经济学思想及研究发展的历史脉络进行粗略的回顾和梳理，为我们对经济学的研究对象及其方法论进行系统研究提供了基础。可以看出，不论是“主流经济学”还是“非主流经济学”，其产生和发展都为经济学理论和研究方法的发展作出了有益贡献。尽管分析的角度有所不同，但他们的研究总是针对一定的国家制度条件下的微观经济现象和结果，其研究目的始终没有脱离过为社会治理服务的理想。随着经济学家们的不断努力和创新，当今经济学思想和研究的不断发展，给经济学研究方法论的走向提供了一个全新的视野。

课后习题与思考

[1] 试论西方前古典经济学时期经济学家的主要经济思想及其内容。

[2] 简要分析西方经济学和马克思主义经济学的区别于联系。

[3] 试论述新古典时期以来经济学的整体发展脉络及在发展过程中产生的一系列经典经济学理论。

推荐阅读文献

[1] [英] 亚当·斯密. 国富论[M]. 杨敬年，译. 西安：陕西人民出版社，2001.

[2]［英］伯特兰·罗素．西方哲学简史[M].赵敦华，译．北京：北京大学出版社，2001.

[3] 毛程连．西方财政思想史[M].上海：复旦大学出版社，2010.

[4]［英］边沁．道德与立法原理导论[M].时弘毅，译．北京：商务印书馆，2000.

第五章
现代公共经济学研究方法与范式思辨重建

经济学研究者在探索经济问题过程中，通常需要借助特定的分析工具和方法来实现研究目标。经济学方法论则是对这些分析工具和方法进行的研究，它以经济学研究的思想、方法（及方法系统）、工具作为研究对象，探讨人们在经济活动中的行为和认知方法，同时对经济学方法思想进行系统的梳理，并对其进行反思。

当前，学术界对经济学研究方法的分类还没有形成统一的认识，许多人认为经济学研究方法是在哲学的影响下形成的，也有一些人认为，经济学方法是在对经济学原理和理论进行论证分析的过程中逐渐形成和发展起来的。但无论如何，经济学的分析方法和工具，都为经济学理论的发展及其在实践中的应用作出了巨大的贡献。

因此，从特定的角度对经济学分析方法和工具进行分类，并对经济学方法论的发展历程进行回顾和分析，梳理经济学方法论发展的脉络，有利于对经济学研究方法有更深入的了解，为以后的经济学方法的改进提供思路。

本章首先对经济学研究的基本方法和工具进行分类解读；然后对经济学方法论的发展进行简要回顾，并进行评价；最后就经济学范式及思辨重建进行探讨。

第一节
现代经济学研究的基本方法和工具

目前，对于经济学研究方法的分类有不同的看法。如希拉·道（Sheila Dow，2005①）介绍了经济学研究常用的方法，包括归纳主义的方法、演绎主义的方法、经验的方法、理性主义的方法、数学与统计方法、制度分析方法、技术分析方法、博弈论方法、现实主义方法等。目前，经济学研究方法门类太多，且其分类还没有一致统一的看法，本节将经济学方法按照两个层次归类：第一个层次，是因哲学对经济学方法的影响而形成的经济学方法论，是最抽象、最基本的经济学方法论；第二个层次是因对经济学原理、理论进行论证分析而形成的基本分析方法。

一、现代经济学研究的基本方法

（一）在哲学思维影响下的经济学研究方法

一般认为，哲学起源于古代希腊。亚里士多德的方法论强调对概念把握，他将不同的概念综合为可进一步分析的理论工具，创建了逻辑演绎的方法。与柏拉图的理想主义思维方法不同，亚里士多德注重现实分析，同时他也是提倡运用归纳方法的思想先贤，作出了“对后代的一个不可估量的贡献”（熊彼特，1954②）。后来原子论和目的论等哲学方法诞生，对色诺芬的《经济论》以及后来的新古典经济学的基本理论如理性经济人假设等都产生了重要影响。

1. 经验和抽象的分析法。经验主义哲学认为，对科学的认识来源自对现实生活的观察以及在实验中得到的事实和数据，科学注重归纳，科学的任务在于解释事实。经验主义哲学推崇经验分析，主张运用归纳法。这种哲学思维影响了经济学研究，如古典经济时期的配第就运用归纳法，以事实、感觉和经验为根据，用大量使用数据来描述经济。斯密吸收和效仿自然哲学的实证方法，将实证科学的抽象法变为经济理性的抽象法，提倡融合归纳法和演绎法的双重法，马尔萨斯等继承和发展

① ［美］谢拉·C. 道. 经济学方法论［M］. 杨培雷，译. 上海：上海财经大学出版社，2005.
② ［美］约瑟夫·A. 熊彼特. 经济分析史［M］. 杨敬年，译. 朱泱，校. 北京：商务印书馆，1991.

了他的思想和方法。

2. 唯理主义的逻辑演绎方法。唯理主义哲学认为，经验本身并不可靠，真理的存在必定依赖于某些不证自明的抽象的概念、预设、原理，由此出发进行推理演绎所得出的结论才应该是正确可信的。唯理主义推崇理性抽象分析，主张逻辑演绎法，这种方法长期占据西方经济学的主导地位，如李嘉图摒弃斯密的归纳法，大力提倡理性逻辑演绎法，主张从纯粹抽象原则出发来演绎具体的客观存在。在李嘉图的基础上，西尼尔第一次对经济学方法中的理性逻辑演绎法做出了详细论述。穆勒在《逻辑体系》这一著作中指出，理性逻辑演绎法是政治经济学主要采用的方法，常用来构建富有哲理和逻辑严密的经济模型。他认为，演绎法的精髓是推理，归纳法是演绎法的辅助方法。因此，在1836年的《论政治经济学的定义》一文中，他明确提出"理性经济人"概念，从而设定了一个方法论层面流行至今的重要假设和研究。

3. 逻辑实证主义分析方法。逻辑实证主义是形式逻辑的框架和实验科学的基础，这是现代科学最显著的两个特征，同时也是经济学方法论的重要哲学基础。逻辑实证主义对经济学方法论的影响表现为强调经济学中的经验分析和估计，这种分析在很大程度上归结于其在尽可能的情况下强调数量和计量表示的思想观点。具体表现在以下两个方面：

第一，科学理论的构成对经济学形式化的影响，集中表现在公理化方面，体现为数理经济学的发展。这种公理化要求指导着经济理论的形式化过程。萨缪尔森的《经济分析基础》（Samuelson，1947①）一书遵循了这一要求，他将新古典经济学的所有理论和方法都转化为一致的数学形式，标志着经济学说史上以微积分为基础的边际主义时代的终结。到20世纪60年代初到80年代末的这段时期，主流经济学朝着一般均衡理论的形式化方向发展。如阿罗、德布鲁（G. Debreu，1927—2004；德布鲁，1988②）等人将集合论和拓扑学方法引进经济学分析，建立了阿罗—德布鲁模型（Arrow—Debreu Model），使新古典微观经济学实现了完全公理化。

第二，逻辑实证主义的实证原则对经济学提出可检验性的要求，主要体现为计量经济学的发展。由于经济学大多数情况下只能采用历史资料和统计数据对理论涉及的有关变量进行回归分析，很少能够通过控制实验的方法来进行检验，这使计量经济学成为经济理论分析的关键。在某种意义上，计量经济学使经济学成为一种可检验的理论，从而大大增加了其科学性。

4. 证伪主义分析方法。哈奇森在其《经济理论的意义和基本原理》一书中

① Samuelson P A. Foundation of Economic Analysis [M]. Harvard University Press, 1947.

② ［美］吉拉德·德布鲁. 数学思辨模式的经济理论[J]. 史树中，译. 数学进展，1988（3）：251-259.

(Hatchison, 1938[①]), 公开主张将波普尔的可证伪性的方法标准引入经济学研究之中, 这是证伪主义哲学明确进入经济学研究的开端。此后, 许多经济学家开始考虑方法论问题。他们认为, 经济学研究应当侧重于推理和证伪过程, 经济学的科学性取决于研究基础即理论假设是可证实的或可证伪的, 或者是不可证实的或不可证伪的。此外, 他们还关注经济理论选择和理论结构、经济理论的假定和预测的关系等问题。同时, 经济学界开始对经济学方法论进行研究, 主要侧重于对一般研究途径的探讨, 并达成了一种共识, 即任何研究方法都是以问题为导向的, 在此基础上才能形成研究目标和研究设计。

整个 20 世纪的经济学发展史都深深地打上了证伪主义方法论的印迹。在这一时期的许多经济学家都受到了证伪主义方法论的极大影响, 并付诸努力运用其指导经济学理论的构建和检验。正如布劳格 (1990[②]) 所说: "证伪主义在现代经济学的战斗中已经获胜。" 但对于证伪主义方法论在经济学中的运用却存在分歧, 如萨缪尔森在其《经济分析基础》(1947) 论文中指出, 一个具有可操作性的经济学理论必然是可证伪的。可见, 他将可证伪性放在推理的前提下。但在弗里德曼于 1953 年发表的《实证经济学方法论》一文中 (Friedman, 1953[③]), 则认为经济学理论的科学性表现为其预测接受事实检验和证伪的能力, 将证伪的意义放在推理的结论上。

虽然证伪主义方法在经济学界得到了广泛运用, 但如果过分强调其重要性则可能使经济学的生存空间大大缩水。因此, 波普尔证伪主义在经济学研究中还没有占据现代经济学方法论的主流地位。

5. 科学研究纲领。科学哲学意义上的科学研究纲领方法论 (拉卡托斯, 2005[④]) 备受现代经济学家青睐。此方法论的总体概念结构架构的特点是: 一是研究纲领是由某种根本信念所支撑的整个理论系列组成, 它是开放的、可调节的; 二是纲领具有精致的结构, 分为 "硬核" 与 "保护带" 两层。硬核是纲领中不可触动的深层核心假说与根本信念, 硬核周围有一层由众多辅助假设所组成的保护带。当面对反常情况和检验压力时, 保护带可以通过调整辅助假设来消解反常, 维护硬核并促进纲领通过内部的理论交替而取得进步, 科学研究纲领具有的这种调整辅助与保护作用使其迅速受到经济学家们的欢迎。正如韦德 · 汉兹所说 (D. Wade

① Terence W. Hutchison. The Significance and Basic Postulates of Economic Theory [M]. Augustus M Kelley Pubs, New issue of 1938 ed. edition, 1965.

② [英] 马克 · 布劳格. 经济学方法论[M]. 黎明星, 陈一民, 季勇, 译. 北京: 北京大学出版社, 1990.

③ Friedman M. The Methodology of Positive Economics [J]. Essays in Positive Economics, 1953, 3 (3).

④ [英] 伊姆雷 · 拉卡托斯. 科学研究纲领方法论[M]. 兰征, 译. 上海: 上海译文出版社, 2005.

Hands，2009[①])，纲领方法论之所以有吸引力，是因为它能为经济学家的实践活动作出合理辩护。

当然，研究纲领本身有进步与退化之分，前者不断产生新预言，后者丧失启发力，而启发规则也有正面与反面之分。因此，科学纲领方法论对经济学的研究要充分考虑其时代性，如将纲领方法论运用到经济学研究中，“理性经济人的最优化”，就是新古典纲领的一个硬核，其反面启发法就是“不要建构非理性地行事的理论”。又如凯恩斯纲领在20世纪40年代是有预言力的进步纲领（它预言了新财政政策的成功），到60年代却变为退化纲领。相比较而言，在分析经济学革命时，拉卡托斯的纲领方法论比库恩的范式分析更为精细，因而需要将两者结合起来使用才能推进经济学的研究与发展。

（二）经济学原理常用分析法

1. 归纳分析方法和演绎分析方法。归纳法（Induction）与演绎法（Ieduction）是科学研究中运用得较为广泛的逻辑思维方法。所谓归纳法，就是根据一类事物的部分对象具有某种性质，推出这类事物的所有对象都具有这种性质的思维方法。所谓演绎法，就是从一般性的前提出发，通过推导即“演绎”，得出具体陈述或个别结论的思维方法。演绎法是从一般到特殊的过程，而归纳法则是从特殊到一般的过程。

归纳法作为一种逻辑思维方法，在很早以前就已经为人们所应用。亚里士多德在《形而上学》[②] 中正式提出了归纳法的概念。他认为，归纳就是认识个别事物之间的共性，从相似的单个事物的共性中认识事物。笛卡尔（René Descartes，1596—1650）[③] 则在《方法论》中阐述了演绎的方法，他认为演绎就是要对事物持怀疑态度，排除一切可疑的观念和知识，主张用直觉来认识事物。这些理论不免因时代所限而存在一些认识上的瑕疵，但这些理论的提出也使得归纳法与演绎法的思维方法开始被人们所重视。

早期的经济学家比较倾向于使用归纳的思维方法，如配第在《政治算术》(1690)[④] 中把培根（Francis Bacon，1561—1626)[⑤] 的归纳法引入经济学，甚至在归纳法的基础上发展了计算方法，成为后来统计计量方法的雏形。马尔萨斯在

① ［美］D. 韦德·汉兹．开放的经济学方法论[M].段文辉，译．武汉：武汉大学出版社，2009.

② ［希腊］亚里士多德．形而上学[M].张维，译．北京：北京出版社，2008.

③ ［法］勒内·笛卡尔．谈谈方法[M].王太庆，译．北京：商务印书馆，2000.

④ ［英］威廉·配第．政治算术[M].陈冬野，译．北京：商务印书馆，1978.

⑤ 培根（Francis Bacon）英国哲学家、思想家、作家、科学家。

《人口论》① 中不自觉地使用了归纳法，得出人口增长总是受到生活资料限制的结论。魁奈（Francois Quesnay，1694—1774）的《经济表》② 是演绎法在经济学中应用的代表性著作之一，他通过演绎的方法研究了资本产生的过程，进行了研究资本主义宏观经济的尝试。

相比归纳法，演绎法在经济学中的应用更为深入，如西尼尔主张对经济学进行纯理论的研究（斯皮格尔，H. W. Spiegel；1999③），力图从一些公认的前提出发，确立一些基本原则，并提出了经济学中不证自明四个基本假设。穆勒则将西尼尔的四个假设中的第一个假设公理化④，提出了“经济人假设”，这是抽象演绎分析在经济学领域中应用的重要成就。此外，罗宾斯（Lionel Robbins，1898—1984）在《论经济科学的性质和意义》（罗宾斯，2000）⑤ 一书中进一步发展了演绎主义分析路径，提出了著名的“目标—手段”型经济学定义。

从经济学研究的发展历史来看，演绎分析法占据着主流地位。但是在现代经济学中，这两种方法一直是相辅相成和互相补充的。归纳法借助于演绎分析，可以更广泛深入地收集资料，演绎法若想将经济原理彼此联系起来，也需要运用归纳法搜集资料以检验这种联系的科学性。

2. 实证分析方法和规范分析方法。在经济学中，规范分析（Normative Analysis）是指根据一定的价值判断，提出分析处理经济问题的一些标准，并以经济理论作为制定经济政策依据的前提，以便研究如何才能符合这些标准的一种方法。实证分析（Positive Analysis）则是指超越一切价值判断，从客观角度出发，根据某个可以证实的前提来分析人的经济活动的一种方法。

关于实证分析和规范分析方法区别的讨论很多，如凯恩斯（1890⑥）曾在《政治经济学的范围与方法》中针对实证方法和规范方法专门进行过区分，他认为实证方法要回答“是什么”的问题，而规范方法要回答“应该是什么”的问题。樊刚（2004⑦）认为，规范分析法主要依据一定的价值判断和社会目标来探讨达到这种价值判断和社会目标的步骤；而实证研究是从经济现象的分析、归纳中，概括出一系列基本理论和前提假设并作为逻辑分析的起点，然后在这些基于现实得出的假设基础上进行逻辑演绎，推导出一系列结论，逐步放松一些假设，使理论结论更加

---

① ［英］托马斯·罗伯特·马尔萨斯．人口论［M］．郭大力，译．北京：北京大学出版社，2008.

② ［法］弗朗西斯·魁奈．经济表及著作选［M］．晏智杰，译．北京：华夏出版社，2013.

③ ［美］亨利·威廉·斯皮格尔．经济思想的成长［M］．晏智杰，译．北京：中国社会科学出版社，1999.

④ ［英］约翰·穆勒．论政治经济学的若干未定问题［M］．张涵，译．北京：商务印书馆，2012.

⑤ ［英］莱昂内尔·罗宾斯．论经济科学的性质和意义［M］．朱泱，译．北京：商务印书馆，2000.

⑥ ［英］约翰·内维尔·凯恩斯．政治经济学的范围与方法［M］．党国英，刘惠，译．北京：华夏出版社，2001.

⑦ 邹东涛．经济中国之新制度经济学与中国［M］．北京：中国经济出版社，2004.

接近具体事实。

马克·A. 卢兹（Mark A. Lutz，1941—；1999①）认为“规范”至少包括如下含义：第一，与经济政策相关的部分；第二，在微观经济学中，可以暗示习惯的规定；第三，在一般的情况下可以指经济理论中某一部分所具有的意识形态特征；第四，相当明确地划定有关社会伦理道德的范畴等。从概念上来看，规范分析法更强调研究中伦理的实现，不像实证分析法可以为经济学提供一个研究的程序。规范分析法在经济学研究中的应用非常广泛，如在古典经济学中，其奠基者斯密的经济伦理思想就是早期的规范研究。斯密在《道德情操论》中运用规范的分析方法②，他从人的同情心角度出发，讨论了人们在追求利益时的伦理等问题。休谟（David Hume，1711—1776③）作为规范经济学的代表，从经验主义哲学思想的角度，分析了个人主义的合理性和人类经历的多样性，认为人类的经济活动是其本性“自私”和“贪欲”的结果，形成了西方经济学基本假设中“理性人”假设的哲学基础。此外，许多学者都通过规范方法进行经济学研究，如艾伦·布坎南（Allen Buchanan，1991④）将经济学定位于“预测科学和道德哲学之间”。马兰戈斯（J. Marangos，2004⑤）在其《转轨的不同经济模式》一书中运用了规范分析的方法比较世界各地转轨经济实践的模式等，都是运用规范分析方法而形成的重要理论成果。

在早期实证分析方法应用中，系统化的经济学实证分析方法尚未出现时，许多经济学就已经带有实证主义的倾向，如配第（1690⑥）在《政治算术》中认为，经济学研究必须是精确的，他运用算术的方法对经济数字进行了分析，这实质上就是实证分析方法的萌芽。而西尼尔（2010⑦）运用实证的方法和原则对人民财富的产生与分配进行的分析，开辟了实证经济学的先河。此后，哈奇森在《经济理论的意义和前提》中首次尝试性地把逻辑实证主义引入经济学研究中。后来，弗里德曼（Friedman，1953⑧）提出预测问题应当是经济学实证方法唯一要关注的问题等，这些都是实证分析方法在经济学中应用的体现。

但在经济学发展史上，经济学家更多地采用正统方法论中的“实证—规范二

① Mark A Lutz. Economics for the Common Good：Two Centuries of Economic Thought in the Humanist Tradition [M]. Routledge，1999.

② ［英］亚当·斯密．道德情操论[M]．蒋自强，译．北京：商务印书馆，1997.

③ ［英］大卫·休谟．人性论[M]．关文运，译．北京：商务印书馆，2002.

④ ［英］艾伦·布坎南．伦理学、效率和市场[M]．廖申白，译．北京：中国社会科学出版社，1991.

⑤ Marangos J. Alternative Economic Models of Transition [M]. Burlington：Gower Publishing，Ltd.，2004.

⑥ ［英］威廉·配第．政治算术[M]．陈冬野，译．北京：商务印书馆，1978。

⑦ ［英］拿索·威廉·西尼尔．政治经济学大纲[M]．彭逸林，商金艳，王威辉，编译．北京：人民日报出版社，2010.

⑧ Friedman M. The Methodology of Positive Economics [J]. Essays in Positive Economics，1953，3（3）.

分法”进行研究，“实证—规范二分法”指的是一种根据哪类问题采取哪种分析方法的原则，自其提出之时起，就在经济学研究中引起了诸多争论。当然，在现代西方经济学中，这种趋势已经逐渐被弱化。现代西方经济学认为实证分析和规范分析是相对的而非绝对的，严格将实证分析方法和规范分析方法分离不可能实现，因此，现代经济学的研究不再拘泥于“规范—实证二分法”的原则（王晓林，2003①），而是以价值判断为前提追求事物的真实形态。

3. 结构分析方法和制度分析方法

（1）结构分析法。结构分析法是指对经济系统中各组成部分及其对比关系变动规律的分析。结构分析法是在统计分组的基础上，计算各组成部分所占比重，进而分析某一总体现象的内部结构特征、总体的性质，以及总体内部结构依时间推移而表现出的变化规律性的统计方法。结构分析法的基本表现形式，就是计算结构指标。

结构分析法兴起于第二次世界大战后，这一时期结构主义与新古典主义的交融占据了经济学研究的主导地位，出现了许多应用结构分析法的经济研究成果。如库兹涅茨（S. S. Kuznets，1901—1985）在《现代经济增长、速度结构与扩展》一书中②，通过结构分析给出了有关农业、工业、服务业之间产业结构变动趋势关系式，并分析了产业结构发生变动的原因。在钱纳里（H. B. Chenery，1918—1994）与赛尔昆（M. Syrquin）合著的《发展的型式：1950—1970》一书中（钱纳里和赛尔昆，1998③），使用了统计方法对包括资源配置、收入分配等在内的27个变量进行分析，描述了在各国经济增长的趋势性产业结构的转变。此外，结构分析法的应用在经济学中还有一个重要成果就是CGE模型，如挪威经济学家约翰森（L. Johansen，1960④）将内生价格与替代效应包含在其经济分析模型中，建立了第一个CGE模型，用以分析挪威的资源配置。

同时，在结构分析法的基础上，经济学中衍生出了结构主义学派。时至今日，虽然严格意义上的结构主义经济学研究已经衰落，但结构分析法仍然是广泛应用于现代经济学研究的重要的分析方法。

（2）制度分析法。制度分析法是指一种以公共选择与制度分析为逻辑起点，着眼于治道变革，并探索具体的公共管理、公共服务以及公共政策问题的分析方法。制度经济学家通常把制度作为变量，将集体主义和整体主义引入经济理论的研

① 王晓林．经济学：实证的抑或规范的？[J]．经济学家，2003（4）：91－98.

② ［美］西蒙·史密斯·库兹涅茨．现代经济增长：速度、结构与扩展[M]．戴睿等，译．北京：北京经济学院出版社，1991.

③ ［美］霍利斯·钱纳里，莫塞·赛尔昆．发展的型式[M]．李新华等，译．北京：经济科学出版社，1988.

④ L. Johansen. A Multi－Sectoral Study of Economic Growth [R], Amsterdam: North－Holland, 1960.

究中，建立起更为接近现实经济活动的方法论。

制度分析法的起源甚早，如在早期经济学研究中，休谟就从制度产生与演化角度分析了资本主义市场经济得以立足的制度基础（亨利 · W. 斯皮格尔，Henry W. Spiegel，1911—1995；1971/1999①），并提出了私有财产应当被承认的观点。诺斯（2008②）将制度变迁的主体归结为理性个人，他认为个人理性选择推动制度边际调整，其中积极的、政治的企业家财富最大化目标起决定性作用，所以“长期经济变迁是无数政治和经济企业家的短期决定的累积结果。”此外，诺斯（2005③）还提出制度分析有三种方法。一是罗纳德 · 哈里 · 科斯（Ronald H. Coase，1910—2013，1937④）、诺斯（1990⑤）等的交易成本方法；二是詹姆斯 · 布坎南（James Buchanan，1919—2013，1988⑥）、罗伯特 · 托利森（R. D. Tollison，1942—2016，1982⑦）和戈登 · 塔洛克（Gordon Tullock，1926—2014）等人提出的寻租方法；三是曼瑟尔 · 奥尔森（M. L. Olson，1932—1998；1965/1971⑧）的分利集团方法。他通过提出这三种方法来分析非经济因素如何影响经济发展，并试图以此来解释滞胀问题。

需要指出的是，制度分析方法经常与结构分析法、历史分析法等方法结合来研究经济问题。从技术角度而言，结构分析可以为制度分析提供量化的分析工具，而制度分析则可以成为进行结构分析的目标之一。

4. 修辞方法与社会方法。与中国先秦时期老子的“无为而无不为”的思想类似，保罗 · 费耶阿本德（P. Feyerabend，1924—1994）的《反对方法：无政府主义知识论纲要》论证了科学研究从来不是按照理性方法进行的（Feyerabend，1975⑨），不应要求科学家遵循某一特定的方法论行事，而应倡导知识论无政府主义，即“怎么都行”的方法论原则，以充分发挥科学家的独创性。但在该理论的论证过程中，费耶阿本德阐明了修辞方法与社会方法知识的重要性。

---

① ［美］亨利 · 威廉. 斯皮格尔. 经济思想的成长[M]. 晏智杰，译. 北京：中国社会科学出版社，1999.

② ［美］道格拉斯 · 诺斯. 制度、制度变迁与经济绩效[M]. 杭行，译. 上海：上海三联书店，2008.

③ ［美］道格拉斯 · 诺斯. 制度研究的三种方法［A］. 参见：［美］大卫 · 柯兰德编：新古典政治经济学——寻租和 DUP 行动分析[M]. 马春文等，译. 吉林：长春出版社，2005.

④ Coase R H. The Nature of the Firm [J]. Economica, 1937, 4 (16): 386 - 405.

⑤ North, D. C. A Transaction Cost Theory of Politics [J]. Journal of Theoretical Politics, 1990, 2 (4): 355 - 367.

⑥ Tullock G. Rents and Rent - Seeking [M]. The Political Economy of Rent - Seeking, 1988.

⑦ Tollison R D. Rent Seeking: A Surbery [J]. Kyklos, 1982, 35 (4): 575 - 602.

⑧ Olson, Mancur. The Logic of Collective Action: Public Goods and the Theory of Groups (2 nd ed.) [M]. Harvard University Press, 1971.

⑨ Feyerabend P K. Against Method: Outline of an Anarchistic Theory of Knowledge [M]. Verso, 1978.

修辞方法强调语言修饰及语言从侧面角度的说服力，主张经济理论的提倡者能借助他们成功的语言修辞，成功地使他人相信其理论的价值和可靠程度。在资本市场、人才市场以及新闻传媒领域，修辞方法有可能创造出比理论准确解释更具有影响力的效果。而社会方法则考察社会与制度约束以及这些约束对一种理论认同的影响，而较少关注他们自身所提出的经济理论是否正确。修辞方法和社会方法最大共同点是怀疑人们发现真理的能力，甚至怀疑真理是否存在。

二、现代经济学研究的基本分析工具

为探索经济问题，研究者通常需要借助一些分析工具来实现研究目标。从目前经济学研究和应用中来看，较为常用的方法有数理分析工具、统计分析工具和调查实验分析工具。

（一）经济数理分析

数理分析指在经济分析过程中，运用数学符号和数字算式的推导来研究和表示经济运行的过程和现象。由于数理方法具有假设明确、定理充分、逻辑表达简练等优点，因此其论证形式除了抽象、简练之外，与文字逻辑表达并没有什么不同。随着数理分析法在经济学中的大量运用，出现了主要运用数学语言、概念及方法表述经济学理论的“数理经济学”。

数理分析方法在公共经济学领域的应用具体表现在，理论可以用数学公式、符号和图形来表述，经济目标可以按照政府效用目标、效用函数并通过优化和决策分析来进行，市场各类经济行为可以通过数学方式联立政府公共政策等方面。

（二）经济统计分析和数量经济分析

在经济学中，统计分析是指针对分析对象有关的知识，运用数理分析、概率论与统计检验等方法，从定量与定性相结合的角度，对经济研究活动进行统计学分析的一种方法。其中，运用数学、统计学、心理学以及经济试验方法，针对社会调查数据或者行为实验分析数据整理而得的数据进所进行的统计分析，可称为调查（或经济实验）统计分析（经济学的统计分析方法的具体概念界定及其特点将在第八章第一节进行详尽的介绍）。

数量经济学是基于经济理论、数理方法和计算技术，研究经济中具有数量关系及其变化的经济学方法。在经济学领域，数量分析方法主要有计量经济分析方法，该方法一般通过数学经济模型来验证经济学假说或对经济规律进行预测的一种方法，也是目前经济学实证分析的主要工具之一（计量经济分析方法的具体概念界定及其特点将在第八章第一节进行详尽的介绍）。

（三）经济调查分析与实验分析

在经济学中，调查分析主要被应用于微观经济领域。调查分析是指研究者通过实地面谈、访谈等方式搜集详细资料数据，并进行数据分析和统计分析。按调查范围不同，可以将调查分为个案调查、典型调查、抽样调查、重点调查、普遍调查五种。从调查分析的含义可以看出，调查分析实际上是一个资料收集分析的过程，因此调查分析工具可以从资料收集与资料分析两个角度进行考察。调查分析的信息资料大多以数据的形式呈现，因此需要对其进行数理分析与统计分析。对此，前文已有所介绍，在此不再赘述，仅对资料收集工具进行说明。目前使用较为普遍的资料收集工具主要包括问卷和访谈两种，其中，访谈工具更利于研究者精细地了解特定研究对象的信息，但因为操作比较耗时且难以量化而在经济学中的应用范围有限。而问卷工具则更有利于研究者收集量化的信息，因此在现代经济学中使用较为普遍。

三、对现代经济学研究方法的简要评价

（一）研究范围和对象的不断拓展

前新古典经济学时期，在当时社会礼崩乐坏、兵荒马乱以及社会物质条件匮乏的社会背景下，科学研究方法及其分析工具非常有限。出于对社会发展的责任感和历史使命感，有如老子、孔子、柏拉图、亚里士多德等许多中西方古代先贤，他们从伦理、社会治理等角度审视经济问题，围绕对自然和社会的认识问题，运用语言分析、逻辑分析、古代数学等方法阐述他们的“经济思想”和政治理想。

科学革命以来，伴随着工业革命的兴起，社会生产力水平迅速提高，为英国等工业国家财富的积累提供了技术条件。那时候，古典经济学的自由主义观点盛行，强调市场配置的主要作用，将研究重点集中在价值理论、分配理论以及社会福利等方面，似乎有“忽略”国家或政府要素作用的嫌疑。但事实上，古典经济学家们始终洞察到，要从研究各个经济主体的相互关系着手进行分析，才能更好地研究国家财富增长的经济政策，进而推动国民经济的发展。

新古典经济学以来直至今日，公平和稳定问题日益受到重视，尤其是自凯恩斯革命以来，经济学的研究对象以"货币""政府干预""公共品""行为决策"等主题出现并不断延伸，而不仅仅围绕"财富增长"这一主题。

通过上述对经济思想、研究对象及方法论的简要回顾不难发现，尽管在不同的经济体和历史背景条件下，经济学的研究范围和对象的侧重点有所不同，但现代经济学所关注的焦点，即稀缺性资源的配置问题却始终贯穿于社会治理和变革的全过程，经济学研究范围和研究对象也在这个过程中不断拓展开来。

（二）方法系统本身存在问题

19世纪，孔德（A. Comte，1798—1857）开创了实证主义哲学①。实证主义主张现象即实在，是一切认识的根源和起点，指出"我们关于世界陈述中的哪些内容是属于知识的范围，并为我们提供可用以区分能与不能合理地提出问题的准则"（L. 科拉科夫斯基，1968）②。实证主义在自然科学中获得了成功，但要以此物理学方法统一科学研究，并对人的行为以及各种复杂的社会问题作出实证的解释必然会遭到质疑。

受孔德的影响，穆勒使主流经济学的研究方法逐渐走向实证主义道路，构建了当今主流经济学的研究范式。从形式上看，经济学方法论在其结论的精确性和表达的严密性方面的确有所提高，但其分析的前提即理性经济假设存在的许多基本问题并没有真正得到解决，因而其不可能对经济问题的研究提供科学的世界观与方法论的指导。世界观不清晰，其方法论就不会正确。爱因斯坦曾深有体会地指出："科学要是没有认识论……只要这真是可以设想的……就是原始的混乱的东西"③。可见，经济学研究方法论应当从对经济系统的根本认识出发，而世界观则是这一系统的"顶点"。

实际上，早在物理学方法诞生以前，古代思想家就试图通过逻辑、演绎、推理等方法去寻找认知科学普遍抽象的"顶点"。比如在中世纪基督教世界的认知中，亚里士多德认知系统的顶点就是"上帝"，尽管"上帝"具有神秘的性质。在这种世界观下，亚里士多德认为"力"是物体运动的根本原因，在自由落体运动中，重物要比轻物"落"的速度更快，这种"科学认知"直到16世纪才被伽利略（G. Galilei，1564—1642）和牛顿推翻。到物理学方法诞生后，西方科学更加习惯

① 奥古斯特·孔德（A. Comte），法国著名的哲学家，社会学、实证主义的创始人，在其著作中正式提出"社会学"这一名称并建立起社会学的框架和构想，但作为实证主义的创始人，他创立的实证主义学说是西方哲学由近代转入现代的重要标志之一。

② Kolakowski L. The Alienation of Reason [J]. Mikrobiologiia，1968，35（5）：871－877.

③ ［美］阿尔伯特·爱因斯坦．爱因斯坦晚年文集[M]．方在庆，译．北京：北京大学出版社，2008.

于追求论证的基本“前提”。从当今人类对自然社会认知的有限性角度来看，这一基本“前提”必然是带有局部色彩的。因此，之后的科学研究虽然没有找到认知的绝对“顶点”，但在实质上却已经以“局部顶点”的形式开始进行了。就连牛顿后来也相信，对自然界进一步探讨能够使人类更好地认识“上帝”。不仅如此，在对金融演化学等学科产生重大影响的进化论著作（《物种起源》，1859）中，“人是由猿演进化而来的”这一前提得到体现，但从猿进化到人这一过程却得不到证明，达尔文也不得不承认这是一个假设而已。

自古典经济学诞生以来，经济学家提出“经济人”“均衡”等基本假设作为经济理论分析的基础，却得不到有力证明。因此，这些假设提出后，经济学表面上似乎变得“清晰”起来，但在其发展过程中，经济学方法论却产生了许多系统问题。一方面，经济学方法论在演绎过程中存在的“悖论”等问题，虽然主流经济学家们总是试图从改良和批评的角度对方法论加以“修复”，但从其效果上来看，在细节方面仿佛是很清晰的，在整体上却混乱不堪。另一方面，主流经济学大有偏离哲学伦理而成为实证科学的态势。以实证科学为指导的经济学往往立足于描述事实，极力推崇私人效用的极大化，容易使国家政治形态变得扭曲以及激发人们追求个人物质欲望的满足感并沉浸其中，这就偏离了伦理学轨道。经济学因失去了对“应该怎么样”的兴趣而一味顺从事实与人的本能欲望，使经济学方法论的缺陷暴露无遗，人们将矛头直接指向了经济学理性假设的分析前提，一次次地对主流经济学的分析基础发起“挑战”，经济方法系统本身面临着必须进行新的哲学思考的问题。

（三）基于方法所产生的分析结果受到质疑

在前古典经济学时期的很长一段时间里，采用数学分析工具对经济资源的稀缺性问题进行分析的古代先贤并不少见，但他们的研究思想和理念更多的是依据文化传统和政治权威的特性，其分析目的主要是针对社会治理和社会变革。因此，他们的思想和观点多带有哲学、伦理学或社会学思维模式。古典经济学时期，主流经济学家们注重对原有方法进行批判和改进，但这种改进是建立在理性假设基础之上的，并崇尚复杂数理工具的使用，试图形成一种固定的科学分析模式来解释社会生活中的经济现象。

新古典经济学以来，将物理学方法用于包括公平、效率、稳定及国家等在内的经济问题的分析已经成为传统。就连18世纪法国哲学家和数学家孔多塞（Condorcet，1743—1794）都认为：“如果能将牛顿的成功方法应用到道德学、政治学和经济学上来，这些学科便可以走上一条几乎和各种自然科学是同样之确凿的大道”①。

① ［法］尼古拉·孔多赛．人类精神进步史表纲要[M]．何兆武，何冰，译．北京：三联书店，1998.

但从方法论方面来看，有什么样的世界观就有什么样的方法论。哲学问题即哲学观联系起来才有意义，也才能得到说明（蒙培元，2003）①。物理学属于自然科学，其方法论产生的哲学基础与属于社会科学的经济学大有不同，在方法论上存在许多不适用之处。加上主流经济学本身的分析基础，是建立在不能得到证明的理性假设的基础之上的，在这种假设下采用的不恰当方法所产生的研究结果必然受到质疑。于是，当主流经济学家们怀抱“社会治理”的理想，运用物理学方法和逻辑，将解决资源稀缺性经济问题建立在理性假设的基础上，试图用演绎、逻辑实证以及各种数理分析方法来分析经济现象时，其结果却面临着“无法预测，也不愿回顾”的尴尬处境：一方面，经济分析尤其是数量经济分析达不到自然科学标准的精确程度，使得经济分析及其预测结果与实际值偏差较大；另一方面，当经济学家回顾他们以往得出的观察结论时，往往又发现其与“今天”的经济现象大相径庭。

此外，虽然西方国家曾采用宏观经济理论和手段来解决经济危机，但自 20 世纪 30 年代以来，频繁的经济危机、外部性问题、政府债务问题以及近年来欧洲的难民潮等问题，使得政府和经济学家们对政府应当如何干预经济问题陷入困境。经济学分析似乎既无法解释过去，也不能预测未来，其研究结论无法令决策者信服，经济学研究方法及其分析结果受到了包括经济学家在内的各方严重质疑。正如欧瑞尔（D. Orrell，2011）所说，在这一过程中，哲学家和科学家作为“一般社会”的组成部分而存在，科学家与匠人联合极大地促进了西方科学的发展，这意味着当前的研究将随着科学方法论和手段的进步，在未来的某一时间节点有可能被推翻②。

（四）对分析方法和工具的适用性问题的重新审视

如果说经济学算是一门科学，那么经济学实质上是一门试图建立在现代物理学方法论基础上或者说是一门试图靠近现代自然科学方法标准上的学科，因此它同样具有自然科学研究方法论的许多局限性。但是，经济学家在遇到问题时往往同其他科学家一样不会选择逃避，而是在改进方法的同时，努力寻找经济科学中最“清晰”的那一小部分，以寻求构建经济学科学大厦的基石。

从经济学发展的源流来看，主流经济学的思想和成果或得到实践，或遭到批评。新古典经济学表述的一系列观点、假设和方法，如理性假设、边际主义、自由放任的主张以及一般均衡理论等，也受到致力于贫困、社会福利、公共政策以及政治研究的经济学家的批判，但借助于经济学的分析方法和各类分析工具，经济学家

① 蒙培元．中国哲学的方法论问题[J]．哲学动态．2003（10）：3－8.

② [加] 戴维·欧瑞尔．经济和你想的不一样：经济学十大误解[M]．章爱民，译．北京：机械工业出版社，2011.

对各种经济现象认识的尝试却从来没有放弃过，更没有因分析工具的有限性而忽视对经济政策关注。因此，经济研究方法和工具也在这些领域得到了改进。如萨缪尔森的《经济分析基础》（1947）将经济模型应用到政策领域；阿罗的《社会选择与个人价值》（1951/2010①）将理性经济人假设用于“政治市场”的分析；索洛（Solow，1990②）对劳动市场上的社会制度问题的探讨；巴罗（1990③；1995④等）等将政策内生化于经济模型。英国哲学家罗素（2001⑤）曾说：“科学家的本色不在于他信什么，而在于他是以什么样的态度和理由相信的”。西方有许多哲学家和经济学在经济领域十分赞同罗素的观点并相信，在已有思想成果和科学的分析基础上，如果借助合适的研究方法和分析工具，可对经济进行研究的过程及其结论是能够达到一定可靠程度的，经济现象同样是可以被人类认识的（Soames S.，1998⑥；2002⑦）。

从事实上来看，经济学对各种政策目标的关注，其研究范围、对象随着科学研究工具的发展不断拓宽。运用统计分析以及数学理论等工具确实能够实现对经济现象进行描述的功能，如果想要分析地区人口分布、某类资源的地区差别等，可以直接运用聚类分析或分形数学理论等数理工具达到研究目的（于凌云，2006⑧），从而直接、简单而明了地为政策提供导向。此外，以微观经济分析为主要对象的行为经济学和实验经济学的兴起，使实验调查工具以及其他心理学分析工具的得以广泛应用，为经济学研究方法论注入了新的血液，实验和调查方法被应用到公共品和税收领域的研究，例如，乔亚特（T. Chorvat，2006⑨）对纳税行为以及尼基弗朗基斯（N. Nikiforakis，2008⑩）对公共品等的研究成果，使行为研究和实验研究方法以行为公共经济学、行为财政学等形式呈现出来，这使经济学研究方法的应用范围和对

① ［美］肯尼思·约瑟夫·阿罗．社会选择与个人价值［M］．丁建锋，译．上海：上海人民出版社，2010.

② R. A. Solow. The labor Market as A Social Institution. London：Blackwell［J］. Revista Economía，1990，13（26）：177－181.

③ R. Barro. Government Spending in A Simple Model of Endogenous Growth［J］. Journal of Political Economy，1990，98（5）：68－88.

④ R. Barro，Xavier Sala－I－Martin. Public Finance in Models of Economic Growth［J］. Review of Economic Studies，1992（59）：645－661.

⑤ ［英］伯特兰·罗素．西方哲学简史［M］．赵敦华，译．北京：北京大学出版社，2001.

⑥ Soames S. The modal argument：Wide scope and rigidified descriptions［J］. Nous，1998，32（1）：1－22.

⑦ Soames S. Beyond Rigidity：The Unfinished Semantic Agenda of Naming and Necessity［M］. Oxford University Press，2002.

⑧ 于凌云．分形理论在经济研究中的应用及优势［N］．光明日报（理论版），2006，11（16）：8.

⑨ T. C horvat. Trust and Taxation［A］. In：McCaffery，E. J.，& Slemrod，J.（Eds.）. Behavioral Public Finance. Russell Sage Foundation［M］. New York：Russell Sage Foundation Press，2006.

⑩ N. Nikiforakis. Punishment and Counter－Punish－ment in Public Good Games［J］. Journal of Public Economics（forthcoming），2008，92（4）：91－112.

象愈发广泛和丰富。

虽然用于经济分析领域的实验和数理方法非常多，但需要注意方法的适用性问题，否则经济分析也会陷入“科学主义”的泥潭①。此外，当代经济政策更加注重社会问题，并且更加具有广泛性，它不仅重视增长问题，还更加注重人类的发展问题。在面临全球的复杂性以及社会治理目标多元化的形势下，主流经济学尚不能解决其方法论体系存在的问题，经济学理性假设以及效用最大化是否能够成为解决贫困和其他社会问题的有益方法正受到来自多方面的质疑。因此，如何结合价值观和方法论来使用合适的分析工具，使其在既定的制度条件下与政策实现完美的结合，无疑是一门深刻的艺术，经济学更应拓宽视野并进行新的哲学思考，为塑造新的思想赋予力量，同时对其研究方法和工具的创新与应用提出新的要求，这是有待于经济学人去探索、创新和实践的问题。

第二节
现代经济学范式的思辨重建

一般认为，主流经济学范式始于古典政治经济学，完善于新古典经济学。随着数理科学和统计分析方法的进步，20 世纪以来，新的经济学范式不断“演绎”。当今世界，经济一体化的浪潮席卷全球，在这样一个复杂莫测而又有机相连的系统中，经济学应如何构建经济科学范式，适应潮流、把握规律，是完善经济学研究框架和改进方法工具过程中面临的一个重要课题。

一、经济学范式的转变历程

（一）古典经济学：最初的范式

古典经济学诞生于由手工生产向机器生产的过渡时期。在这一时期，工业生产发展十分繁荣。随着工业革命的到来，斯密运用观察、演绎的方法，从历史和逻辑相统一的角度对如何实现国家财富增长的问题提出了“经济人”“看不见的手”和

① 科学主义（Scientism）也译为唯科学主义。哈耶克于 1941—1944 年在《经济学》杂志上发表《科学主义与社会研究》的长篇论文中用“科学主义”贬义地指“对科学的方法和语言的奴性十足的模仿”。

“社会分工”等假设，并以这三个对市场和经济的一种看法的假设角度出发，构成了古典经济学逻辑演绎的基础。在此基础上，斯密研究分析了如何实现国富的经济思想，形成了古典经济学的一种观念范式。

斯密的古典经济学范式确定之后，萨伊的《政治经济学概论》将斯密的理论进一步逻辑化和系统化（萨伊，1803/2014①），使经济学成为一个严密的容易被观察的整体。萨伊在斯密和李嘉图经济思想的基础上形成了一个生产费用和供求决定论相综合的理论体系，使斯密开创的古典经济学范式得到了传承和发展。

（二）新古典经济学：范式的传承

较之古典政治经济学范式，新古典经济学的研究范围有所缩小，并转变了其研究的角度。新古典经济学将研究的内容集中在经济领域，脱去了古典政治经济学中“政治”这一概念。在新古典经济学时期，边际分析等数理方法开始在经济学研究领域得到应用，被称为“边际革命”。以往的古典经济学“经济人”假设涵盖了所有的经济行为主体，包括生产者、消费者以及厂商等，并且在这一时期，这些主体被赋予了理性色彩，其经济学范式的基础是“理性经济人”假设和市场均衡假设。但使用边际分析方法，可以得到“经济人”实现利益最大化的条件以及消费者在收入、价格约束下的最大效用的实现条件，“理性经济人”也可以通过成本收益分析方法，对要实现的目标和可使用的各种手段进行最优选择，因而引发了边际革命，被称为第一次经济学范式革命，新古典经济学的边际分析法实际上是一种针对古典经济分析方法的方法论变革。

（三）宏观经济学范式革命及前后期的综合：范式的革命

在宏观经济学诞生前，经济学范式进行了一次“综合”。其标志是早期实证主义代表之一的穆勒提出的“归纳五法”。穆勒提出“理性经济人”假设，倡导假设演绎方法论，在主流经济学中一直处于主导地位。穆勒继承李嘉图的收入分配理论和抽象演绎法、萨伊的财富生产理论和供给决定的视角、西尼尔的节欲报酬理论和“经济人”假设等经济思想和方法，融合古典经济学与新兴经济学思想和方法。尽管穆勒坚守古典经济学范式的阵地，但终因其接受新兴经济学的思想和方法而致使旧范式退出历史舞台。

20 世纪 30 年代，随着凯恩斯的宏观经济学理论的诞生，标志着现代经济学范式的完成。凯恩斯的经济学体系开创了总量分析法，在边际消费倾向递减、流动性偏好以及资本的边际效益递减的理论基础上，认为市场信息获取是有限的，并将市

① ［法］让·巴蒂斯特·萨伊．政治经济学概论［M］．赵康英等，译．北京：华夏出版社，2014.

场“反常”现象有效地纳入其研究体系之中，开创了国家干预经济的理论。

凯恩斯的理论体系突破了原有的经济学范式的局限，对政府干预经济的宏观经济理论进行了阐述，使古典经济学中的充分就业均衡的自然趋势理论等得到了改进。后来，希克斯（J. R. Hicks，1904—1989；1937①）在此基础上提出 IS—LM 模型，汉森（L. P. Hansen，1952—；1982②）提出加速原理等，使宏观经济学范式进一步完善。“凯恩斯革命”之后，经济学形成了一种综合的趋势。如自 20 世纪 50 年代以来，以萨缪尔森等为代表的“新古典综合”以及哈罗德（R. F. Harrod，1900—1978）—多玛模型（Domar，1946③；1947④）等的建立都拓展了宏观经济学的研究。

（四）引入制度经济学观点：范式的修正

19 世纪末至 20 世纪 30 年代，以凡勃仑为代表的制度经济学家从制度的角度来论述制度变革与经济之间的关系。制度经济学侧重于从价值判断标准、伦理学的角度进行宏观分析，如加尔布雷斯提出了包括制度权力及其他非经济因素在内的整体方法，这一方法更加注重对历史演绎的描述以及采用规范的分析方法，力求分析制度的结构、形成与演进是否有利于经济社会的稳定和公共政策的实现。

由于缺乏实证分析的框架，制度经济学并没有受到主流经济学家的广泛重视。但 20 世纪 80 年代至今，以科斯、诺斯和布坎南为代表的新制度主义经济学开始利用正统的理论来分析制度的构成和运行。制度经济学形成了一种不同于传统经济学的新范式的发展趋势，它扩大了逻辑演绎前提的内涵，并在理论构架和方法论上形成了突破。制度经济学范式包括如下几个假定：一是否定了作为传统的制度主义者进行研究时的理性行为假定，并用有限理性来代替完全理性；二是信息是稀缺而昂贵的商品，使用这一商品需要付出信息费用，这是交易费用的一部分；三是用一定的制度条件，如交易费用、制度框架等来衡量市场运行和理性人的行为。

制度经济学在传统经济学范式的基础上试图构建起经济学的大厦，主要表现在三个方面：一是从经验上对制度加以验证并不断努力调整使之变为现实，制度经济学模型试图通过假设的制度结构与观察相比较来解释人类行为，并将其纳入制度和

---

① Hicks J R. Mr. Keynes and the "Classics": A Suggested Interpretation [J]. Econometrica, 1937, 5 (2): 147 - 159.

② Hansen L. P. Large Sample Properties of Generalized Method of Moments Estimators [J]. Econometrica: Journal of the Econometric Society, 1982: 1029 - 1054.

③ Evsey David Domar. Capital Expansion, Rate of Growth, and Employment [J]. Econometrica, 1946, 14 (2): 137 - 147.

④ Evsey David Domar. Expansion and Employment Expansion and Employment [J]. American Economic Review, 1947 (1): 34 - 55.

文化的背景中；二是试图将制度作为变量，并通过十分详尽的模型将制度变量融入主流经济增长模型；三是制度主义者采用行为主义的心理学观点，将人类行为的根基建立在制度结构及标准、工作规则和习惯之上，而不是建立在个人偏好之上。

（五）现代经济方法论的创新："走出"范式

库恩（2004①）认为，只有用"专业母体"所表述的科学理论的定理、假设、概括等，"科学共同体"的成员才有可能交流和思想，才有可能共同研究同一对象。然而，近几十年以来，博弈论和行为实验分析方法开始应用于经济学：

一方面，纳什（J. Nash，1928—2015）、泽尔腾（R. Selten，1930—）等倡导的博弈论（Nash，2000②；Selten，1988③）隐含了两个基本假定：一是假定市场参与者数量足够多，因而市场是充分竞争性的；二是假定博弈参与人之间不存在信息不对称问题。

另一方面，史密斯和卡尼曼倡导的行为经济学和实验经济学等，对主流经济学的范式进行了进一步的修正，甚至可以说是新一轮的"挑战"：一是和博弈论一样，行为经济学和实验经济学都承认小数法则；二是在行为调查和实验过程中，实现了物理学、心理学和经济学相融合，可以否定"经济人假设"这一前提，因而是实验经济学家提供了在经济学研究中，前所未有的可复制性和可控程度。

博弈论、行为和实验分析方法在经济学中的应用改变了传统经济学范式的一些前提假设，在研究方法（或方法工具）上对传统经济学方法论进行了新的挑战，动摇了传统经济学范式的基础。

二、现代经济学范式面临的问题与思辨重建

（一）经济学范式面临的问题

1. 研究假设的不足。经济学的基本理论是建立在逻辑演绎基础之上的。这就要求经济学在研究过程中必须首先提出一系列前提假设，再从这些假设出发，进行

① ［美］托马斯·库恩．必要的张力［M］．北京：北京大学出版社，2004.

② ［美］约翰·纳什．纳什博弈论论文集［M］．张良桥，王晓刚，译．北京：首都经济贸易大学出版社，2000.

③ Harsany J C，Selten R. A General Theory of Equilibrium Selection in Games［M］. Hayward Street：MIT Press，1988.

推理或检验其他假设，如经济学研究中通常使用“经济人假设”“信息完全假设”等进行经济理论或模型的推导，并得出研究结论。既然是“假设”，就意味着这些理论并不是完全可以通过重复性验证可得到的，因此，建立在一系列假设基础上的经济学研究范式难免会在研究中忽略一些现实中的影响因素。

以“经济人”假设为例，主流经济学的范式从自利性的视角出发进行研究，这无疑忽略了人的社会性特点。因为一个人的决策不仅是他对自身利益的衡量，也是其道德观念、信仰价值等的体现，如果单纯认为其决策只受个人利益的驱使将会产生研究结论的偏差。事实上，人的社会性正是导致其作出不同决策的原因之一，将人的行为原因简单粗暴地归结为“经济人”，无疑忽略了这一决策多元化的重要影响因素，这会使经济研究范式面临空洞化的危险。经济学家们应当意识到，一个有效率的市场并不是仅依靠个人的自利性就可以建立的，因为人的社会性等要素同样是其重要组成部分。经济学是与人类经济社会紧密相关的学科，它出现的意义是为了促进人类经济发展，使人类有更好的生活，因此经济学的研究范式也必须以此为价值取向，而不是在“经济人”假设的条件之上，进行“非人性”的研究。

2. 经济研究目标的局限。经济学作为一门社会科学，其研究目标是多元化的。一般而言，经济研究的目标主要包含效率最大化和协调社会利益关系两个方面。这两个目标相辅相成，无论追求哪一个目标，对另一个目标都会有所影响。

在市场中，追求效率固然是一个重要的目标，但单纯追求效率的研究方向却桎梏了经济学研究范式的发展。正如上文所说，人的价值观念是不同的，其行为和决策结果都是多元化的。因此，经济学作为一门研究人的行为的学科，如果考虑这种多元化目标的存在，那么就不可能像自然科学那样存在“最优解”，也不可能在客观上存在“最优决策”。同时，在现实经济中，均衡并不是市场的常态。相反，正如“蝴蝶效应”所表现出的那样，在一个复杂的经济系统中，一个细微的改变就能影响整个经济系统的运行。实际上，市场经济作为一种自组织系统，也是一种远离平衡态的耗散结构（王晓林，2006①）。因此，过度追求均衡与效率的实现，将对人们真正认识经济社会现象产生不利影响。在实践过程中的这种过于注重最优决策或最有效率的研究目标的倾向，从研究范式上来看，将使得对社会利益的协调不能完全有效。

3. 方法和工具的缺陷。经济学有着两百多年的发展历史，其研究研究领域不断拓宽，在这一过程中，人们曾采取过各种方法进行经济学研究，但每种研究方法都有其优点和不足，因而没有哪一种方法能够完美地解决所有问题。

经济学范式的概念衍化自科学哲学，数学方法的引入可以避免因价值观差异或主观臆断而陷入的误区。现代经济学强调数学的运用，这是为了通过数理分析提供

① 王晓林．经济学范式：逻辑困惑、现实悖论及其可能出路[J]．经济评论，2006（2）：45－51.

结论的可操作性和可验证性，从而使经济学的研究过程接近自然科学，以提升经济研究的科学性。然而经济学与自然科学有着本质上的差异，过度重视高深数学知识的运用与精巧模型的建立，使研究者们忽略了经济学研究的本质。现实中的经济活动要受到文化、政治、习俗甚至个人情绪、心理状态等的影响，而这些往往是数学方法难以衡量的。经济学中的数学模型的高度抽象过程看似使经济学的研究更具完整性，但事实上，这一过程付出了牺牲部分研究范围的代价。不仅如此，将数学模型建立在有众多假设、限制与条件的基础上，只能反映特定情况下经济现象的规律，从而过度脱离现实，如此产生的研究范式并不能为现实经济运行提供真正有用的指导。

此外，经济学在发展过程中不断引入的一些新的研究方法，使经济学的科学性有所提高，如出现时间较晚但应用较多的实地调查法及实验方法等。其中，实地调查主要通过问卷进行，实验法则需要整理变量关系并设计实验。但这些方法同样也具有一些缺陷。第一，无论是实地调查还是实验，都是选择某些对象进行研究，这就使得研究结果难以具有普遍意义。第二，研究过程中问卷与实验的设计、研究人员与研究对象的交流等都会对结果产生较大影响，而这些因素的影响都相当复杂且具有主观性，难以精确测量。这些缺陷使得这些研究方法的适用性非常有限，其在经济学范式中的作用还有待进一步观察。

（二）经济学范式思辨重建有关问题的思考

1. 范式思辨不应看作对经济学科学性质的否定。“思辨”本来是一个哲学术语，是指一种运用逻辑推导方式对理论、概念等进行思考的一种方式，因此，哲学认识论意义上的思辨不需要经验依据，也不必接受事实检验。将哲学上的思辨引入科学研究，可以是导致科学发现的起点或突破口，也可以是科学问题或者科学规范等，能够起到开拓思想的作用，如开普勒（J. Kepler，1571—1630）依据思辨构想的理论进行试探性研究，发现了行星运动定律等。“思辨”的精神应当是无处不在的，正如著名物理学家 G. 霍尔顿所说:“对思辨进行限制就是对未来的背叛”（G. Holton，1922；霍尔顿，1983①）。爱因斯坦也认为，“只有最大胆的思辨才可能把经验材料之间的空隙弥补起来”（爱因斯坦，2009②）。因而要想使经济学范式更加完善，对其进行思辨就显得非常必要。

经济学范式思辨，是将经济学视为一种科学方法论而进行的一种思考。对经济学方法论的思辨，可以在经济学假说中起着开拓思想、构建理论模型以及规范检验

① ［美］G. 霍尔顿．物理科学的概念与理论导论［M］．张大卫等，译．北京：人民教育出版社，1983.

② ［美］阿尔伯特·爱因斯坦．爱因斯坦文集［M］．许良英，李宝恒，赵中立，译．北京：商务印书馆，2009.

或实验设计的重要作用。当今世界的经济形势风云变化，全球经济格局也十分复杂，各种经济学和非经济学流派和方法论层出不穷，需要在经济学范式思辨的基础上进行范式变革。但主流经济“范式革命”一般是建立在对于旧范式的传承基础上的，新范式的出现仅仅是对经济学假设条件或方法的改进而已，绝不是对原有经济学范式的完全否定。尽管在变革过程中，经济学家们的观点总是对原有范式的进行诸多批判，但当今世界对各种经济学原理的运用实践表明，人们在实质上并没有否定经济学的科学性。因此，经济学范式的分析框架能否以科学的价值取向为导向，充分认识各学科的重大成果与经济社会分析的辩证关系，从自然科学的革命性进展中汲取丰富的灵感，建立起真正科学的经济分析系统，对于优化经济学研究框架、指导经济研究方法具有重要意义。

2. 正确看待因“起点”引发的经济学范式思辨。科学研究的起点是指逻辑起点，体现了科学家对科学现象性质的基本认识，它源于科学家的观念范式，也包含着科学家对宇宙观或世界观的看法。而作为逻辑的起点，经济学家在经济理论的演绎和推导过程中，总是潜意识地将经济学范式作为一种参照系并贯穿始终。当某一范式经过长期稳定的发展后，其逻辑解释空间必然会越来越小。此后，随着人们对原有的范式丧失信心，或转而寻求新的范式，都会导致研究范式的危机出现。

对于经济学范式的思辨，在传统理性经济人假设等前提条件的“起点”方面的争议较多，许多人认为，人不见得都具有“逐利”倾向，正如海尔布罗纳（R. L. Heilbroner，1919—2005）对“经济人”理性假设所理解的那样，认为“有时求利概念绝不是像我们所想象的那样普遍，而且对这一概念的社会认可越普遍，经济研究的进展将越缓慢，因为其受到的限制将更严格”（海尔布罗纳，1994①）。

随着现代经济学的方法论的发展，即在经济学的实证过程中，也并不能对经济学研究的假设条件进行证伪，经济学范式的“革命”也仅仅体现在经济学方法或工具的改进而已。

但科学本身具有发展性和批判性（D. Callahan，1930—；1996②），应当允许并接受评判的，它“具有自我批判和自我修正的功能，并处于科学方法的核心”。波普尔更加直接地指出，科学方法是“批判的、辩论的，几乎是怀疑的。”因此，科学奠基人、英国科学家贝尔纳（Bernal，J. D.，1901—1971）指出，科学方法不是一个呆物，而是一个不断生长的过程（贝尔纳，1982③）。如果说经济学不是一门

① ［美］罗伯特·L. 海尔布罗纳．世俗哲人——几位著名经济思想家的生平、时代和思想［M］．蔡受百，译．北京：商务印书馆，1994.

② Callahan D. Calling Scientific Ideology to Account［J］. Society，1996，33（4）：14－19.

③ ［英］约翰·德斯蒙德·贝纳尔．历史上的科学［M］．伍况甫，彭家礼，译．北京：科学出版社，2015.

严格意义上的科学，那么它就可以接受批判，包括对研究“起点”的批判；而如果说经济学具有科学性，那么对其进行批判则应当符合科学方法的特点，因而，这些思辨并不影响人们对经济学的科学化和规范化所做出的努力，也不会妨碍经济学人对于科学传统的尊重。

3. 从历史的角度考察科学方法和技术在经济学中的应用。逻辑实证主义方法在经济学中的应用，使数理方法、几何学、统计学等可用于解释经济现象，并达到了一种像物理学那样的“可验证”程度。但实际上，科学方法在经济学中的应用往往达不到自然科学那样的精确程度，如一些经济理论并不能通过科学实验的方法进行验证，使得经济学科学性问题成为经济学研究方法论争论的焦点之一。

但必须认识到，自然科学与经济学分析的出发点、对象以及条件的区别十分明显。自然科学则往往在一定恒常条件下进行分析，出发点是客观存在的人类意识，包括原理、定律、人类认识以及人类社会和思维领域的客观存在，而经济学探究的是社会人的理性行为，情形十分复杂。况且科学研究也有诸多未解决的问题，科学工具也不是十分完美的，科学的世界也是“根本不完整的世界”（E. A. 伯特，E. A. Burtt，1892—1989；1924/1994①）。在一些科学家眼中，科学的精确程度甚至预测能力，“在一个现象综合体中起作用的因素过多时，绝大多数情况下科学方法是不起作用的”（爱因斯坦，2008②）。

应该看到，科学方法也具有历史性，在各个不同时期都存在新旧方法或范式的更迭。如16世纪以来，开普勒、伽利略和牛顿等倡导实验方法，并通过精密测量和数学方法来验证一种科学实验，使得当时最基本的科学认知发生了根本的改变（沃克迈斯特，W. H. Werkmeister，1996③）；又如100年前，在当时科技无法实现探测条件下，爱因斯坦预言的“引力波”，于2017年2月被许多国家的探测技术所捕捉，这使人们越来越相信，“广义相对论”越来越接近解释“宇宙的本质”了。旧的方法被新的方法所取代的例子同样存在于经济学之中，最直接的案例就是经济学新旧范式的更迭和分析工具的改良和发展。从历史角度来看，如果经济学方法能与科学方法有机地结合在一起，不放弃科学对理解世界的执着努力，是能够为激发综合看待和理解世界的大智慧作出贡献的。

4. 经济学范式的局部与整体问题。自20世纪中期以来，科学研究中逐渐出现系统思维方式。系统思维方式具有整体性、结构性、综合性和复杂性，是把认识对

① ［美］埃德温·阿瑟·伯特．近代物理科学的形而上学基础［M］．徐向东，译．成都：四川教育出版社，1994.

② ［美］阿尔伯特·爱因斯坦．爱因斯坦晚年文集［M］．方在庆，译．北京：北京大学出版社，2008.

③ ［美］W. H. 沃克迈斯特．科学的哲学［M］．李德容，王梅，刘旭平，译．北京：商务印书馆，1996.

象看作一个整体系统，从系统与要素、要素与要素、系统与环境之间的相互联系、相互作用中综合地考察认识对象的一种思维方法。

系统观思维方式对经济学影响很大，其兴起形成了对主流经济学范式进行批判和冲击的潮流，引发了一场深刻的方法论变革——新制度经济学“范式革命”。系统观思维方式在新制度经济学范式中表现得特别明显：一是新制度经济学强调制度的约束性质。张五常（Cheung，1998①）认为，新制度经济学对构成制度的约束条件的分析应当建立在现代经济理论的基础上，而交易成本则是分析现实社会中约束条件中的首要条件。二是新制度经济学在制度经济发展的基础上，依然没有放弃对制度变迁的分析，从而对新制度经济学范式产生了很大的影响，尤其体现在对制度层次、制度约束条件的分析。系统观思维方式还影响到被誉为现代演化经济学范式里程碑的演化经济学，纳尔逊（R. R. Nelson）和温特（S. G. Winter）的《经济变迁的演化理论》从企业、市场、经济增长、宏观政策等不同层次上（纳尔、逊温特，1997②），对经济系统的动态变迁过程进行了分析，从而对新制度经济学范式产生了很大的影响。

新制度经济学家认为（Davis & North，1971③），制度可分为两个层面，即制度环境和制度安排。在此基础上，一些关于经济分析的研究广泛采用系统思维的方法，对制度的层次性、全息性以及不同层次的制度之间的关系（如昝廷全，2002④等）等进行了讨论，并对制度要素的类型及其之间的关系进行了研究，指出各层次的经济制度是一个密不可分的大系统，任何一个层次制度的改革和创新，都与其他所有层次的制度密切相关。任何一项公共政策的制定和运行实施，一方面必须与这些制度相适宜；另一方面又会影响这些制度。“事实上，任何经济主体的行为都是在一定的制度框架内发生的，制度框架是整合各种可能行为的最基本的参照系”（程恩富，2002⑤）。

需要指出的是，虽然马克思主义经济学也是提倡和重视制度分析的，但新制度研究范式并不是完美无缺的。如布坎南等（Buchanan，Tullock，1962⑥）以微观经

① Cheung S N S. The Transaction Costs Paradigm：1998 Presidential Address，Western Economic Association.［J］. Economic Inquiry，1998，36（4）：514－521.

②［美］理查德·R. 纳尔逊，悉尼·G. 温特．经济变迁的演化理论［M］. 胡世凯，译．北京：商务印书馆，1997.

③ Davis L，North D C，Smorodin C. Institutional Change and American Economic Growth［M］. UMI Books on Demand，1971.

④ 昝廷全．经济制度的形式化定义及其基本特征：系统经济学观点［J］. 河南社会科学，2002（1）：6－9.

⑤ 程恩富．经济学方法论［M］. 上海：上海财经大学出版社，2002.

⑥ Buchanan. J. M，Tullock G. The Calculus of Consent［M］. Ann Arbor：University of Michigan Press，1962.

济学的基本假设、原理和方法作为分析工具，来研究“政治市场”的主体行为以及“市场的运行”，实现了“公共选择”（Public Choice）这一政治过程，虽然在方法论领域取得了成功，但这一研究的起点仍然是建立在主流经济学理性假设之上的，因而具有哲学和方法论上的个人主义（阮守武，2009① 等）。

课后习题与思考

[1] 研究方法工具是连接问题和研究目标的桥梁，在经济学研究中起纽带作用。结合本章内容，试分析经济学研究中有哪些基本方法和工具，并说明其特点、局限及适用范围。

[2] 经济学方法多元且丰富，没有哪一种方法是完美无缺的，且经济学方法系统本身也存在一些问题。试结合本章内容及当代经济学研究现状，阐述未来可能有哪些方法和工具可被应用于经济学研究。

[3] 中国是以马克思主义价值观为取向的社会主义国家，其中马克思主义经济学对中国的经济建设产生了举足轻重的影响。20 世纪 80 年代后，西方主流经济学的一些观点和方法也逐渐引入我国的经济研究各领域中。从基本前提假设、研究的对象与范围、基本理论与观点、基本信念与价值判断等角度作为出发点，试比较马克思主义经济学和西方主流经济学两者范式的异同。

[4] 社会现象不同于自然现象，其产生往往带有明确目的。结合本书相关内容，试论述经济学与自然科学研究范式的异同。

推荐阅读文献

[1] A. R. Solow. The labor Market as A Social Institution. London: Blackwell [J]. Revista Economía, 2014, 13 (26): 177 - 181.

[2] Cheung. S. N. S. The Transaction Costs Paradigm: 1998 Presidential Address, Western Economic Association. [J]. Economic Inquiry, 1998, 36 (4): 514 - 521.

[3] [加] 戴维·欧瑞尔. 经济和你想的不一样：经济学十大误解 [M]. 章爱民，译. 北京：机械工业出版社，2011.

[4] 道格拉斯·诺斯. 制度、制度变迁与经济绩效[M]. 杭行，译. 上海：上海三联书店，2008.

① 阮守武. 公共选择理论的方法与研究框架[J]. 经济问题探索，2009 (11): 1 - 7.

[5]［美］肯尼思·约瑟夫·阿罗. 社会选择与个人价值[M]. 丁建峰，译. 上海：上海人民出版社，1987.

[6] 田国强. 现代经济学的基本分析框架与研究方法[J]. 经济研究，2005（2）：113－125.

第二篇
公共收入与公共支出

20世纪80年代以来，经济学尤其关注公共经济的作用，并将公共支出（公共政策）内生化，被称为内生增长理论，标志着公共经济中的政府支出和收入问题完全被纳入主流经济理论模型中。公共收入、公共支出对于经济增长和公共服务的理论研究和实践被强化。

公共支出对于公共服务的效能问题始终贯穿市场经济国家发展的全过程（Schwartz，1997等①）。而作为投资和消费，公共支出对于经济增长的意义是不言而喻的。但在全球经济增长的事件中，却各有差异（Landau，1985②等）。此后，经济学家便将重点转向公共支出结构对于增长的意义（Devarajan et al.，1996等③），包括总量结构、支出结构和区域结构（廖楚晖，2016④）。

公共收入是国民经济总量的一部分，能具体到社会产品和服务的价格，因此，其对于经济增长和公共服务的意义一直贯穿理论和政策。税收作为公共预算的主体，一直是现代经济学关注的焦点，内生增长理论的发展开辟了一条探索税收对经济增长影响的途径（Myles，2000⑤），其中自然包括了基于宏观和微观视角就税收各要素、税收原

---

① Schwartz，A. E.. Public characteristics and expenditures on public services：An empirical analysis [J]. Public Finance Review，1997，25（2）：163－181.

② Landau，D. L. Government expenditure and economic growth in the developed countries：1952－1976 [J]. Public Choice，1985，47（3）：459－477.

③ Devarajan S.，Swaroop V.，Zou H.－F. The composition of public expenditure and economic growth [J]. Journal of Monetary Economics，1996，37（2）：313－344.

④ 廖楚晖．教育财政学[M]．北京：北京大学出版社，2016.

⑤ Myles，G. D. Taxation and Economic Growth [J]. Fiscal Studies，2000，21（1）：141－168.

则、税制优化等问题对于经济和公共服务意义的研究和考量（Gong L，Zou H F.，2003[①]；温来成，魏松，2013[②]等）。

理论和实践表明，公共收入和公共支出实际是一个公共资源配置优化问题，这一问题体现了预算体制的重要性，也体现着国家性质和价值取向。由此，针对近年财政分权的经济问题探讨不少见（Zhang，Zou，1998[③]等），不仅事关经济增长，更加关联着地区的公共品和公共服务的提供问题（如Ugaz，1997[④]等）。

本部分的内容将从知识概要的角度，对现代公共经济学中的公共收入、公共支出进行介绍，而具体分析脉络及研究方法将在第四篇进行阐述。

---

① Gong L，Zou H F. A Fiscal Federalism Approach to Optimal Taxation and Intergovernmental Transfers in a Dynamic Model [J]. CEMA Working Papers，2003.

② 温来成，魏松．新型城镇化建设中城市社区公共服务税收政策[J]．税务研究，2013（9）：24－27.

③ Zhang Tao，Zou Heng－fu. Fiscal decentralization，public spending，and economic growth in China [J]. Journal of Public Economics，1998，67（2）：221－240.

④ Ugaz C. Decentralization and the Provision and Financing of Social Services：Concepts and Issues [J]. WIDER Working Paper Series，1997.

第六章
公共收入概述

公共收入又称财政收入，是政府为履行其职能、实施公共政策和提供公共品与服务需要而筹集的一切资金的总和。公共收入的规模与结构直接关系到政府职能的实现程度。本章从公共收入的总体状况及国际比较出发，介绍了公共收入规模的量度，探讨了公共收入规模的影响因素，并对公共收入结构及其分类方式进行了阐述。

第一节
公共收入概要

一、公共收入总体状况及国际比较

公共收入一般是指政府为履行其职能、实施公共政策和提供公共品与服务需要而筹集的一切资金的总和。但在不同国家公共收入的基本构成存在些许差别，如美国的公共收入一般包括税收收入（Taxes）和其他收入（Other Revenue）①，新加坡公共收入一般为经营性收入（Operating Revenue）和投资性收入（Net Investment Returns Contribution）②。中国的公共收入或财政收入主要理解为“四本预算收入”，包括一般公共预算收入、政府性基金预算收入、国有资本金预算收入和社会保障基金预算收入，而游离于预算之外的公共预算收入的公共资金比重非常小。一般来说，发展中的中国历年公共收入总体规模是与每一个阶段经济社会发展和社会治理的效果相匹配的。但与发达国家和发展中国家相比（见表6－1），中国公共收入的总体规模达到接近发展中国家的水平，但与发达国家相比，还相距较远。

表6－1　　公共收入占GDP比重的国际比较（%）

	国别	均值	最高值（年份）	标准差
发达国家（2007—2018年）	澳大利亚	48.85	50.12（2015）	0.67
	比利时	50.84	52.99（2013）	1.33
	加拿大	39.96	41.16（2007）	0.80
发展中国家（2007—2017年）	拉脱维亚	35.96	37.49（2017）	1.28
	波兰	39.12	41.04（2007）	0.93
	斯洛伐克共和国	37.89	43.08（2015）	2.80
中国（2007—2019年）	中国	35.09	37.13（2013）	1.82

资料来源：根据OECD. Data. General government revenue. FY2018 [EB/OL]. https：//data. oecd. org/gga/general－government－revenue. htm，2019－12－20. 和国家统计局网站：http：//data. stats. gov. cn/easyquery. htm. 整理而得。

① Treasury. Financial Report of United States Government [EB/OL]. https：//www. fiscal. treasury. gov/files/reports－statements/financial－report/2020/fr－03－25－2021－（final）. pdf.

② Ministry of Finance. Revenue and Expenditure [EB/OL]. https：//www. mof. gov. sg/singaporebudget/revenue－and－expenditure.

随着工业化的推进和国民收入的增长，政府公共支出会以更大的幅度增长，且政府支出的增长和政府职能的扩张具有必然性和合理性。这是瓦格纳法则（Wagner，1958①）基于19世纪以前工业化进程中欧美一些国家政府公共支出演绎的统计结论，并得到此后历史经验的证实。应该看到，中国是一个人口大国，养老、教育、医疗、公共安全等基本公共服务的压力仍将在很长一定时期存在，企业减税降负担、取消一些不合理政府审批等公共政策的实施正在围绕经济高质量发展的结构性改革方向推进。在这一长期过程中，适当提高公共收入占GDP的比重仍然还有空间，可根据税收收入和非税收入之间的比例关系进行取舍，以保障公共收入的稳定性。

二、公共收入的原则

组织公共收入不仅关系到社会经济的发展和人民生活水平的提高，也关系到正确处理国家、单位和个人三者之间和中央与地方两级利益的关系，还关系到不同对象的合理负担问题。为了处理好这些关系，在组织公共收入时，必须掌握好以下几项原则。

（一）发展经济，广开财源原则

国民经济中物质生产部门所创造的国民收入是公共收入的主要来源。只有扩大经济发展规模，加快经济发展速度，提高经济效益，才能有充裕的财源。

（二）兼顾三者利益和兼顾中央与地方两级利益原则

所谓“兼顾三者利益”是指国家财政在处理国民收入分配，并相应取得自身收入的过程中，不仅要取得公共收入，还应将必要的财力留给单位和个人，以调动和发挥其积极性。“兼顾中央与地方两级利益”是指国家财政在处理国民收入分配，并相应取得自身收入的过程中，应该同时兼顾中央级财政和地方级财政的利益关系。

按目前中国的财政管理体制，国家财政是由中央预算和地方总预算构成的两级财政。两级财政有各自的具体职能，也形成各自的利益关系，因此在组织财政收入

① Wagner A. Three Extracts on Public Finance [M]. Classics in the Theory of Public Finance. Palgrave Macmillan UK，1958.

时应兼顾两级利益关系。

（三）合理负担原则

合理负担原则主要体现在税收中，就是指在组织财政收入时，按纳税人收入的多少，采取不同的征收比例，实行负担能力强的多负担，负担能力弱的少负担。这一原则通常通过制定不同的征税范围、不同的税率、减免税等方式来实现。实行合理负担原则是实现企业公平竞争的需要，也是保证国家财力的需要。

三、公共收入的作用

首先，公共收入是公共支出的前提。财政分配是收入与支出的统一过程，公共支出是公共收入的目的，公共收入则是公共支出的前提和保证。在一般情况下，公共收入的数量决定着公共支出的规模，收入多才能支出多。因此，只有在发展生产的基础上，积极聚集资金，才能为更多的公共支出创造前提。

其次，公共收入是实现国家职能的财力保证。国家为了实现其职能，必须掌握一定数量的社会产品。公共收入正是国家积累资金的重要手段，对实现国家职能有重要意义。

最后，公共收入是正确处理各方面物质利益关系的重要方式。公共收入的取得不仅仅是一个聚集资金的问题，在具体操作过程中，取得多少、采取何种方式，关系到党的方针政策的贯彻落实，涉及各方面的物质利益关系的处理。只有在组织公共收入的过程中正确处理各种物质利益关系，才能达到充分调动各方面的积极性，优化资源配置、协调分配关系的目的。

（一）收入再分配

在市场经济体制中，对于国民收入初分配所造成的收入差距，政府要通过再分配进行调整。例如建立累进征收的个人所得税和财产税，加大对高收入者的所得税征收以及对奢侈品的消费税征收等。对收入差距改善程度的不同，通常体现了政府在收入分配政策上对效率和公平的取向不同。一般认为，在经济发展初期，效率优先的原则会得到更多的体现；在经济发达时期，公平的原则会得到更多的体现。

（二）改善资源配置

公共收入间接地发挥着改善资源配置的作用。政府对不同产业或不同产品采用不同的税收、奖限政策，改变私人投资方向和结构，最终实现其改善资源配置的作用。

（三）稳定经济

稳定经济作用主要通过根据不同经济周期的总供求状况调整公共收入规模来实现。例如在经济高涨时期增加公共收入，在经济衰退期减少公共收入。稳定经济作用即所谓的内在稳定器功能①。

第二节 公共收入规模

一、公共收入规模的概念

公共收入规模是指一定时期内（通常为一年）国家所能筹集到的公共收入来源的总量。它是考察财政分配规模的一项重要内容（见表6－2）。

表6－2　　公共收入占国内生产总值的比重②

年份	公共收入/亿元	GDP/亿元	公共收入占GDP的比重%
1978	1132.26	3678.7	30.8
1982	1212.33	5373.4	22.6
1987	2199.35	12174.6	18.1
1988	2357.24	15180.4	15.5
1989	2664.9	17179.7	15.5
1990	2937.1	18872.9	15.6
1991	3149.48	22050.3	14.3
1992	3483.37	27194.5	12.8
1993	4348.95	35673.2	12.2
1994	5218.1	48637.5	10.7

① 黄玉娟，王红敏主编．财政与金融[M].北京：北京大学出版社，2019.

② 根据《中国统计年鉴（2021）》有关数据整理而得（本表所列国家公共收入不包括国内外债务收入）。

续表

年份	公共收入/亿元	GDP/亿元	公共收入占 GDP 的比重%
1995	6242.2	61339.9	10.2
1996	7407.99	71813.6	10.4
1997	8651.14	79715.0	10.9
1998	9875.95	85195.5	11.6
1999	11444.08	90564.4	12.6
2000	13395.23	100280.1	13.4
2001	16386.04	110863.1	14.8
2002	18903.64	121717.4	15.5
2003	21715.25	137422.0	15.8
2004	26396.47	161840.2	16.3
2005	31649.29	187318.9	16.9
2006	38760.20	219438.5	17.7
2007	51321.78	270092.3	19.0
2008	61330.35	319244.6	19.2
2009	68518.30	348517.7	19.7
2010	83101.51	412119.3	20.2
2011	103874.43	487940.2	21.3
2012	117253.52	538580.0	21.8
2013	129209.64	592963.2	21.8
2014	140370.03	641280.6	21.9
2015	152569.23	685992.9	22.2
2016	159604.97	740060.8	21.6
2017	172592.77	820754.3	21.0
2018	183359.84	900309.5	20.4
2019	190390.08	986515.1	19.3
2020	182913.88	1015986.2	18.0

二、公共收入规模的衡量

（一）绝对规模的衡量

绝对规模是指在一定时期内（比如一个预算年度）公共收入的总量，主要包括中央和地方财政总收入、中央本级公共收入和地方本级公共收入、中央对地方的税收返还、地方上解中央收入、税收收入等。它反映了一国或一个地方政府在调控经济运行和影响社会发展方面经济实力的大小，可用于公共收入计划指标的确定、完成情况的考核以及公共收入规模变化的纵向比较，适用于静态和个量分析。图 6－1 反映了中国 1982 年以来的公共收入收入绝对规模（具体数据参见表 6－2“公共收入/亿元”），可以看出中国自改革开放后公共收入规模整体呈上升趋势。

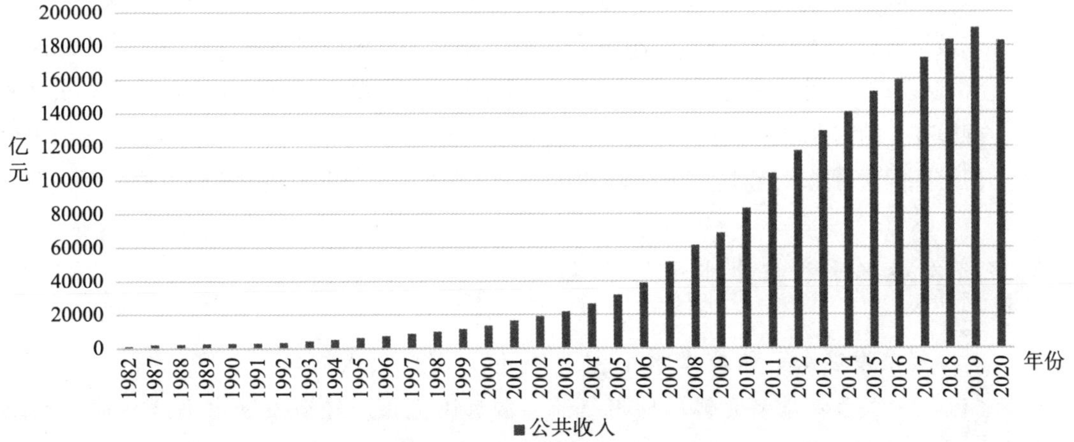

图 6－1　中国公共收入的绝对规模图（1982—2020 年）

（二）相对规模的衡量

相对规模是指一定时期的公共收入占 GDP 的比重，它反映了政府集中财力的能力以及公共财力与非公共财力之间的对比关系、一个经济体的市场化程度等，可用于衡量公共收入水平、分析公共收入的动态变化以及对公共收入规模进行纵向和横向的比较分析，适用于动态和整体分析。图 6－2 呈现了 1978 年后中国公共收入的相对规模（具体数据参见表 6－2“公共收入占 GDP 的比重%”），相较于部分欧美发达国家，中国政府在集中财力方面仍有较大差距。

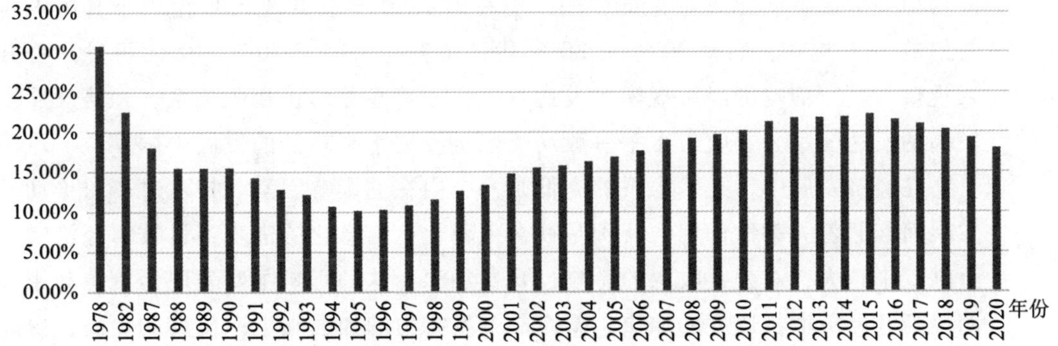

图 6－2　中国公共收入相对规模图（1978—2020 年）

三、公共收入规模的影响因素

谋求公共收入的增长，通常是一国政府财政活动的重要目标之一，尤其是在公共需求范围日益扩大的现代社会，保证公共收入增长为各国政府所重视。但公共收入能有多大规模，能以何种速度增长，不是或者不完全是政府单方面可以决定的，影响公共收入规模变化的因素往往是多方面的。一般而言，各种影响因素的作用效果大多是综合性的，但有些因素可能对绝对规模的影响更大一些，有些因素可能对相对规模影响更大一些。

（一）经济发展水平和技术水平的影响

经济发展水平和技术水平主要决定了公共收入规模。两者之间是“源”和“流”的关系：前者是源，后者是流，源远则流长。经济发展水平从总体上反映着一个国家社会产品的丰富程度和经济效益的高低，它对公共收入规模的影响是决定性的，特别是对公共收入绝对规模的影响更是如此。从表6－2中的数据可以看出，1978年中国公共收入占GDP的比重为30.8%，远远高于改革开放之后的其他年份，但公共收入总额却只有1132.26亿元。其根本原因就在于当时经济发展水平低，底子薄，GDP总量只有3678.7亿元。而到了1995年，公共收入占GDP的比重已经下降到历史低位，仅为10.2%，但由于当年GDP总量越升到61339.9亿元，使公共收入绝对规模也达到了6242.2亿元。国际资料表明，发达国家的公共收入基本上都高于发展中国家；而在发展中国家，中等收入国家又大都高于低收入国家，绝对规模是如此，相对规模亦是如此。如1986年中央政府经常性收入占GDP的比重，低收入国家平均为15.4%，中等收入国家平均为24.0%，而同年英国为37.9%，法国为40.9%，意大利为36.7%，荷兰高达51.6%。再从几个发达国家的历史发展的纵向比较看，英、法、美三国1880年公共收入只相当于其国内生产总值的10%左右，而到20世纪80年代已上升至20%—40%。由此可见，公共收入规模与其所依赖的经济规模和发达程度存在着显著的正相关关系，经济发展水平较高的发达国家公共收入水平一般高于经济发展水平较低的发展中国家。

在经济发展中，技术水平的高低是一个内在的影响因素。技术进步对推动经济发展而言起着关键性作用，特别是社会工业化、信息化的进步，科技对经济增长的贡献越来越大，对公共收入的影响也日益加深。这种影响主要表现为资源利用效率的提高、经济增长速度的加快、新产品开发能力的加强和生产质量的提高，由此必然会导致GDP规模的不断扩大或财政分配的物质基础日趋雄厚。所以技术进步的幅度越大，对公共收入的贡献也就越大。

（二）收入分配政策和制度的影响

如果说经济增长决定了财政赖以存在的物质基础，并对公共收入的绝对规模形成了根本性约束，那么政府参与社会产品分配的政策倾向则会对公共收入的相对规模产生很大的影响。自改革开放以来，中国公共收入的绝对规模呈现出持续性增长的态势，而相对规模却呈现出了V字形（或称“马鞍形”）的变化轨迹。这说明，在一定时期内，在经济总量增长的前提下，公共收入的绝对规模与相对规模并非会总保持同样的变化格局，这主要是中国在这一时期调整收入分配政策而导致了这样的结果。从某种意义上来讲，中国的经济体制改革实质上也是一场经济利益关系调整的深刻变革。一般来说，实施计划经济体制的国家，政府主导着资源配置和收入分配，并会采用相应的收入分配政策，使政府在一定的国民收入中掌握和支配较大的份额，从而有较大的公共收入规模。而实行市场经济体制的国家，政府活动定位于满足公共需要，市场在资源配置及收入分配中起基础性作用，收入分配政策的选择和实现以弥补市场缺陷为主，公共收入规模就相对较小。即使在经济发展水平相当的国家，由于政治、社会、经济制度等各方面的差别也会造成公共收入规模的差异。因为不同的制度对政府职能和作用的要求不同，必然影响财政在整个国民收入中的份额。

以中国为例，自1978年实行改革开放之后，中国的经济改革率先在分配领域进行突破，分配政策的重心开始向居民与企业倾斜。不仅大幅度提高城镇居民的工资水平，推行奖金制度，提高农产品的收购价格，而且对企业的分配制度，也推行了企业基金制度、利润留成制度、利改税、企业承包责任制等改革措施，其核心就是通过减税让利，增强企业自身的经营能力，并为实现政企分离创造条件。新的分配政策实施的结果，导致了国民收入开始向企业和个人偏移。同时，由于对改革过程的有序性控制不够，财政分权不够规范，再加上制度内和制度外收费的过分膨胀，使脱离财政直接管理的预算外资金越来越多。这就是为什么1978年到1995年前后，公共收入的相对规模平均每年下降一个多百分点的缘故。而到1995年以后，公共收入的比重之所以又出现逆转，同样是政府分配政策改变的结果。1994年，国家实施包括财政体制、税收体制在内的新一轮的分配政策的调整，其目的就是要改变公共收入占GDP的比重过低、中央公共收入占公共收入比重过低的局面。经过实践，这种改革的思路和效应会在当期和以后的年份里逐步地显现出来。

此外，在国家基本制度约束下的产权制度、企业制度以及劳动工资制度等都会对财政分配政策和收入制度产生影响，进而影响到公共收入绝对规模和相对规模。

（三）价格的影响

在市场经济条件下，财政分配都是以价值形态进行的。无论是以流转额为征收对象的流转税（又称货物和劳务税，简称货劳税），还是以所得额为征收对象的所得税，公共收入都是以货币金额结算的。因此，作为价值货币表现的价格如果发生变化，将会直接反映到公共收入的变化上来。在经济发展水平、财政分配制度以及其他因素保持不变的条件下，价格水平的上涨会使货币收入增加，价格下降则使得公共收入减少，这实际是由价格水平的上涨或下跌引起的公共收入虚增或虚减。此外，当商品的比价关系向有利于高税商品变动时，会使公共收入有更快的增长；反之，则会降低公共收入的份额。

（四）税收制度与征管水平的影响

在经济增长水平、政府分配政策和价格水平等既定的前提下，税收制度的设计与税收的征管水平也会对公共收入规模产生较大影响，因为税收制度与征管水平会直接影响税收的潜在规模的大小。如果税收制度不合理、税收征管水平低，就会对税源造成一定程度的破坏，并且还会形成税收流失；反之，税收制度合理、税收征管水平高，就会保护、培植税源，而且还能最大限度地减少收入的流失，做到税收的应收、尽收。但由于纳税人主观上故意采取偷逃欺骗等违法手段，逃避纳税义务，损害国家公共收入，加上税收制度的某些缺陷及税收征管的某些障碍等客观事实，为税收的流失创造了条件，导致该收的税不能应收、尽收。税收收入的流失在世界各国都是一个普遍现象，差别只是在于程度的不同。有资料显示，德国每年的税收流失额为 500 亿马克，意大利的税收流失率估计高达 30%—40%，印度、巴西等国的税收流失率也高达 50%。即使是法制比较健全、征管水平较高、公民纳税意识较强的美国，据官方估计，联邦政府的税收流失率也达到 14%，每年的税收流失额近 2600 亿美元。在中国，自改革开放以来，随着税收在分配体系中功能的增强，人们就已经注意到税收收入流失对政府公共收入影响的严重性。据有关资料表明，中国每年税收流失额至少在 4000 亿元左右。无论是民营企业、个体户、中外合资企业、外商独资企业或个人，还是集体企业、国营企业都存在税收流失的现象。

此外，在国家基本制度约束下的产权制度、企业制度以及劳动工资制度等都会对财政分配政策和收入制度产生影响，进而影响到公共收入绝对规模和相对规模。

四、公共收入规模发展趋势

公共收入规模的变化是有规律可循的。在正常的环境下，公共收入的绝对规模会随着财源的扩大而保持上升的势头。以中国为例，自 1978 年改革开放以来，公共收入的绝对规模持续增长，从 1978 年的 1132.26 亿元，到 2004 年的 26396 亿元，再到 2018 年的 183359.84 亿元，40 年间增长了 162 倍。虽然在此期间物价上涨因素明显，但扣除物价因素其增幅依然较大。综观世界上其他国家的情况，尽管各国的经济发展水平和财政职能大小有所差别，但公共收入绝对规模的增长趋势却是一致的。比如作为发达国家之一的法国，按欧元的不变价格折算，其 1980 年的公共收入为 830 亿欧元，1990 年为 1807 亿欧元，2000 年为 2300 亿欧元，20 年间增长了约 2.8 倍。在英国，从 2000 年、2001 年和 2002 年三个预算年度来看，其公共收入规模分别为 3830 亿英镑、3908 亿英镑和 4070 亿英镑，依然呈现出不断增长的态势。与绝对规模的变化趋势不同，在正常的环境下，公共收入的相对规模则呈现出大体平稳的状态。以英国为例，1990 年其公共收入占 GDP 的比重为 41.4%，2000 年为 40.1%，2001 年为 39.1%，2002 年为 38.7%，10 余年间上下波动幅度只有 2.7 个百分点。而在改革开放前的相当长时间内，该比重基本保持在 30% 左右。但改革开放以来，由于复杂经济和社会环境的变化，中国公共收入的相对规模则呈现出比较大的 V 字形波动态势。从表 6－2 中可以看出，1978 年至 1995 年前后，公共收入占 GDP 的比重下降了 20 个百分点，最低时将近 10% 左右，每年平均降幅超过一个百分点。但自 1995 年始，这种下降趋势开始逆转，到 2018 年时达到了 20.4%，每年平均增幅也达到了一个多百分点。之所以会出现这样的变化，是与中国在这一时期所进行的经济体制和财政体制改革等多种原因密不可分的①。

第三节 公共收入结构

一、公共收入结构的概念

公共收入结构是指公共收入来源的构成要素以及各要素之间的相互关系。公共收入结构反映了通过国家预算集中财政资金的不同来源、规模和所采取的不同形式以及各类公共收入占财政总收入的比重和增加公共收入的途径；同时，也反映了一定时期内政府公共收入的来源和公共收入政策调节所使用的手段和力度。一定时期

① 李淑娟主编．财政与税收[M]．北京：电子工业出版社，2012.

的公共收入结构既是经济结构的集中反映，又对经济结构的形成、发展产生深刻影响。研究公共收入结构，目的在于揭示公共收入结构与经济结构之间的内在联系及其规律性，使它们保持恰当的比例关系；便于有的放矢地加强公共收入的宏观调节，兼顾利益的分配；为科学编制和执行政府公共收入预算，有效地筹集财政资金和发挥公共收入政策调控经济的职能作用服务。同时，也为正确处理政府、经济组织、个人之间的财政分配关系，促进经济发展，开辟和培养财源，建立科学合理的公共收入结构，保证公共收入取之合理、取之有道提供理论依据。

二、公共收入结构分类

（一）公共收入的价值构成

公共收入是从社会总产品的价值中取得的。社会总产品的价值由 C、V 和 M 三个部分构成（见图 6－3）。

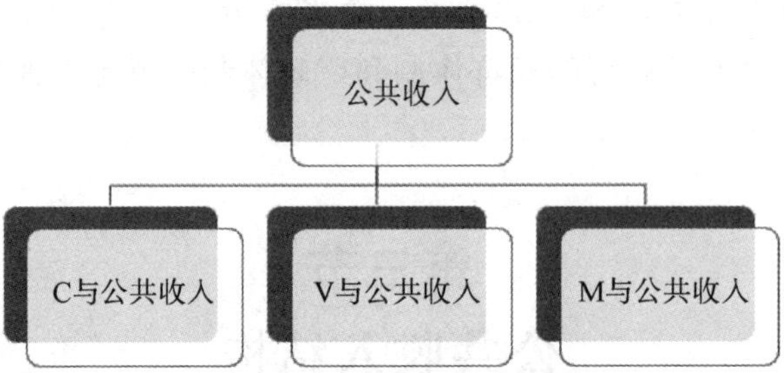

图 6－3　公共收入的价值构成

1. C 与公共收入。C 是补偿生产资料消耗的价值部分，包括固定资产的折旧和流动资产耗费的价值。从生产运行的角度看，补偿价值必须能够随着生产过程的进行，不断地提取，而又不断地重新投入，以保证生产过程的连续性周转。因此，原则上说，C 不能被用于新的分配。但由于固定资产的实物消耗与更新之间存在着时间差，折旧基金提取与补偿也不是相继发生的，折旧基金在投入之前会有一个“闲置”的过程。在此期间内，如果将其用于新的投资，对固定资产的更新不会造成消极影响。正是基于这样的原因，在过去传统的计划经济体制下，国有企业的折旧基金曾全部或部分地上缴财政，成为公共收入的一个来源。在市场经济条件下，国有企业要建立现代企业制度，企业必须转化经营机制，成为一个独立的经营实体，实行自负盈亏、自我积累、自我发展。在这种前提下，折旧基金的管理权限应该属于国有企业，而不再属于政府。因此，C 部分不再成为公共收入的来源。

2. V与公共收入。V是产品价值中以劳动报酬形式支付给劳动者个人的部分。V是否成为公共收入的来源，与个人在社会分配中所获得的收入水平有关。在传统的计划经济体制下，国家对工资和其他个人福利严格控制，总体上说是一种低工资高就业的管理方法，个人工资收入仅仅够维持最基本的日常生活需要。此时，国家不可能对V再参与分配，公共收入基本上与V没有关系。经济体制实现转轨后，个人收入分配制度发生了巨大变化。工资薪金的分配贯彻按劳分配原则，个人收入除工薪收入外，还有劳动报酬、津贴、补贴、实物福利等多种收入形式。每个人的工资收入水平开始拉开差距，除满足最基本的生活需要外，个人收入也能支撑非基本生活消费和奢侈品消费。除了个人消费外，还有一部分收入转为储蓄和投资。利息、股息、红利等收入也成为个人收入的内容。由于个人收入水平的提高，V的部分已经成为公共收入的来源。V成为公共收入的来源体现在如下方面：（1）直接向个人征收的税收收入，如个人所得税、车船使用税等；（2）间接对个人收入征收的税收收入，如增值税、消费税等；（3）个人向政府交纳的各种行政事业费；（4）个人向政府购买公债和地方政府债。市场经济发展水平较高的国家中，直接税占有主体地位个人日益成为国家征税的主要对象，V成为公共收入的主要来源。中国也将在新的税制改革中提升直接税的比重，个人将成为重要的纳税主体。

3. M与公共收入。M是产品价值中扣除补偿价值和劳动力价值之后的剩余产品价值。一般而言，公共收入主要是对剩余产品价值的分配。因为只有存在剩余产品，劳动者创造的产品才有可能拿出其中一部分提供给非直接创造产品的劳动者所享用。因此，可以说M奠定了公共财政的根基。在现实生活中，公共收入与M有直接联系的是企业所得税以及国家依据财产所有权从国有产权中分得的利润、股息、红利等。除此之外，流转税也与M有一定联系，其税收中也包含M的部分。例如，增值税以课税对象在流转中的增加值为课税依据按比例征收，其中的增加值中有一部分就是M。消费税和营业税等以商品或者应税服务的流转额为征税依据，实行从价计征，商品或者应税服务的销售价格组成就是C+V+M。因此，流转税也通过价格等方式间接对M进行分配①。

（二）公共收入的形式构成

按照公共收入的形式进行分类是当前最主要的分类方式，也是国家预算收入管理的主要依据。中国在2007年进行公共收支分类改革后，政府收支分类多次进行调整和改革。为了建设现代国家治理体系和财政现代化，中国在2014年对《中华人民共和国预算法》（以下简称《预算法》）进行了修订。根据新《预算法》的要

① 杜振华编著．财政学[M]．北京：人民邮电出版社，2015.

求，中国在2019年发布了《2020年政府收支分类科目》，将收入科目设类、款、项、目四级，并对相应的收入科目进行了调整。公共收入总体分为如图6－4所示四类。

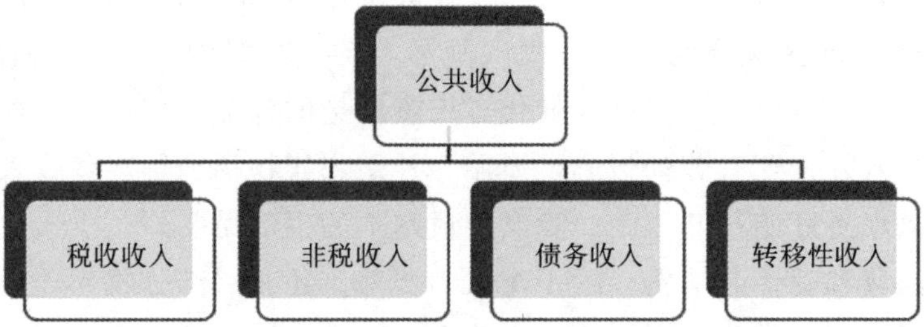

图6－4　公共收入的形式构成

（三）公共收入的层次构成

按公共收入征收的政府级别的不同，中国公共收入可以分为中央公共收入和地方公共收入。

1. 中央公共收入。中央公共收入是指按照财政预算法律和财政管理体制规定的由中央政府集中和支配使用的财政资金。中央公共收入的主要来源是国家税收中属于中央税收、中央政府所属企业的国有资产权益、中央和地方共享税中的分成收入、地方政府向中央政府上缴收入以及国债收入等。

2. 地方公共收入。地方政府为执行其基本职能，必须依照法律法规的规定，在预算年度内，以一定的形式和程序，筹集归地方政府使用和支配的财政资金，即地方公共收入。地方公共收入的主要来源是地方税、中央和地方共享税中的分成收入、地方专项收入、地方行政事业性收费、地方罚没收入、地方国有资本经营收入、地方国有资源（资产）有偿使用收入、地方债务收入等。公共收入的层次构成反映一个国家不同层次政府公共收入的数量比例和相互关系。

课后习题与思考

[1] 结合本章内容，简要论述公共收入的原则和作用。

[2] 结合中国当前实际与本章相关内容，试分析影响中国公共收入规模的因素和未来中国公共收入的发展趋势。

[3] 简述公共收入的概念及其相关分类。

推荐阅读文献

[1] 解学智．公共收入[M]．北京：中国财政经济出版社，2000.

[2] 韦森．国家治理体制现代化：税收法定、预算法修改与预算法定[M]．北京：商务印书馆，2017.

[3] 赵艾凤．中国区域财政收入差异研究[M]．上海：上海社会科学院出版社，2019.

[4] 杨志安，郭矜编．中国财政调节收入分配研究[M]．沈阳：辽宁大学出版社，2016.

第七章
税收原理、税收制度与国际税收

税收是古而有之的“国家收入”，是维系“国家机器”运转的经济手段。西方经济学体系建立以来，税收在国民经济中的作用被“强调”，并在理论和实践中建立了一些普遍性的“规则”。从全球公共经济的现状来看，目前，税收成为政府预算收入的最主要来源、支付公共产品的成本，在公共预算收入中比重也最高。

第一节
税收原理

一、税收原则

（一）西方古典经济理论发展中的税收原则

税收既然是为了满足政府支出需要依法从全社会资源中取得的收入，具有强制性，那么，就需要在税法框架下构建税收制度、完善税收政策、优化税收征管的一个适用规范和标准，这就是税收的原则。

从西方经济理论变迁过程来看，税收原则问题受到理论和政策观点的重视。早在17世纪，威廉·配第在其《赋税论》（1662）和《政治算术》（1690）提出税收应当贯彻“公平”“简便”“节省”三条标准。在他看来，“公平”，就是税收要对任何人、任何东西“无所偏袒”，应根据纳税人的不同能力征收数量不同的税，税负也不能过重；所谓“简便”，就是征税手续不能过于繁琐，方法要简明，应尽量给纳税人以便利；所谓“节省”，就是征税费用不能过多，应尽量注意节约。德国最著名的官房学派的代表性人物J. V. 尤斯迪（J. H. G. von Justi，1717—1771）在他出版的《财政学体系》（1766）中首次提出了税收原则：(1) 促进自发纳税的课税方法；(2) 不得侵犯臣民的合理自由和增加对人民生活及工商业的危害；(3) 平等课税；(4) 具有明确的法律依据，征收迅速，其间没有不征之处；(5) 挑选征收费用最低的货物课税；(6) 纳税手续简便，税金分期缴纳，时间安排得当。尤斯蒂的前两个课税原则，强调了纳税人的生活必需品与基本财产是不可侵犯的，站在赋税利益说的立场上，说明了赋税依据于负担的分配原理。尤斯蒂的后四个原则，可以归纳为平等原则、确实原则、费用最小原则以及便利原则。

亚当·斯密第一次将税收原则提到理论的高度，并明确而系统地加以阐述。在《国富论》中，斯密提出了著名的税收四项原则，即平等原则、确实原则、便利原则和最少征收费原则。① 亚当·斯密的税收四原则体现了资本主义上升时期经济自由发展、作为"守夜人"的国家不干预或尽可能少干预经济的客观要求。阿道夫·瓦格纳（Adolf Wagner，1835—1917）是19世纪末德国新历史学派和社会政策学派的代表人物，他所处的时代是自由资本主义向垄断资本主义转化和形成的阶段。当时资本日益集中，社会财富分配日益悬殊，社会矛盾十分激烈。他认为，关于赋税，第一是有纯财政目的，第二是有社会政策的目的。所谓社会政策的目的，就是以调节自由交易下所产生的分配不公平为目的，赋税不但要干涉国民的所得及财产的分配，而且要积极干涉税制的税收原则。他提出涉及公共收入、国民经济、社会正义、税务行政方面的四项原则：（1）公共收入原则，包括充足原则和弹性原则两方面。也就是说，税收收入应能充分满足国家财政的需要，而且要有弹性，可随财政需要的变动而增减。（2）国民经济原则，即以所得为税源，尽量避免对财产和资本的课税；税种的选择应考虑到税负转嫁问题，尽量选择难于转嫁或转嫁方向明确的税种。（3）社会正义原则，包括普遍原则和平等原则两方面。普遍原则要求税收负担遍及社会的每个成员，每一公民都有纳税义务；平等原则是指税收负担应力求公平合理，主张采用累进所得税制，并对最低生活费用免税。（4）税务行政原则，包括确实、便利、节省三个方面。此类原则要求纳税的时间、方式及数量等应预先规定清楚；纳税手续尽量简便，以方便纳税人，征收费用应力求节省。瓦格纳税收原则理论的出现表明进入垄断资本主义时期的税收原则已不完全等同于自由资本主义时期了②。

（二）现代经济体系中的税收原则

在现代经济体系中，随着财政职能作用的体现，经济理论和政策更加重视稳定对于经济增长和社会发展的作用，税收调节经济的手段也日益增强。在传统税收最基础的几项原则的基础上，税收中性问题也成为税制结构性变化的一个制度优化目标之一。总体而言，现代经济体系的税收原则可概括为如下几个：

1. 公平原则。现代公共经济理论认为，公平原则历来是设计税制必须考虑的最重要原则。其中又蕴含着根据受益人的原则分配和根据纳税人能力的原则分配两个方面。前者主要考量纳税人纳税能力和受益人从政府提供的服务中所享受到利益的多少来确定；后者则根据纳税能力来确定税收总额在社会成员之间分配的比例。在此原则下，税收与纳税人的能力有关，而不再与公共支出发生联系。根据纳税能

---

① 亚当·斯密．国民财富的性质和原因的研究[M]．中译本．北京：商务印书馆，1972.

② ［美］J. M. 布坎南，瓦格纳．赤字中的民主[M]．刘廷安，罗光，译．北京：北京经济学院出版社，1988. 1.

力，税收公平包含横向公平和纵向公平两方面的涵义。横向公平指的是纳税能力相同的，缴纳同样的税收。

2. 税收中性原则。税收的中性原则是指税收尽可能在不扭曲市场经济资源配置效率条件下完成税制的安排。这意味着对不同的要素收入、产品服务以及不同性质的生产者课征应采取不偏不倚的税收政策，使不同产品、服务、生产要素的相对价格能反映其相对成本，保持市场自发调节所能达到的资源配置最佳效率状态。

3. 便利原则。便利原则是指税收要有利于纳税人纳税。税收缴纳的是货币，因此税收应该在纳税人有货币收入的时候征收。这就是说，税收应该发生在市场交易行为之后。

4. 确实原则。税收是依法征收的，因此税法条文应该明确，即不发生征纳双方对法律条文理解上的歧义。这样能减少税收中的行政争议。

5. 节俭原则。税收是政府干预经济的方式，是有制度成本的。一方面表现为税收征收部门的直接成本；另一方面表现为纳税人在簿记、核算等方面的间接成本。税收应该尽量节约制度成本。

6. 稳定原则。税收应该有利于经济稳定。这就是说在进行税收制度安排时，应该使税收具有调节经济稳定的功能。

二、税收要素

任何一个完备的具体税种的税制，总是由一些基本要素构成，这些基本要素一般包括纳税人、课税对象、税率、纳税期限等。此外，由于课税技术上的需要，还要规定一些较为次要的要素，如税目、纳税环节等。

（一）纳税人

纳税人又被称为纳税主体，是指税法规定的负有纳税义务的单位和个人。纳税人是纳税义务的法律承担者，只有在税法中明确规定了纳税人，才能确定向谁征税或由谁来纳税。因此，纳税人是税法的基本要素之一。

（二）课税对象

课税对象也称税收客体，是指税法规定的征税标的物，是征税的根据。课税对象用于确定对纳税人的哪些所有物或行为征税的问题，它是区别税种的主要标志。在现代社会，税收的课税对象主要包括商品、所得和财产三大类。在税收理论研究与实践活动中，应该注意课税对象相关概念的区别和联系。

1. 税目。由于课税对象是比较笼统的，为了满足税制的需要，还必须将课税对象具体化，将课税标的物划分成具体项目。本书将这种在税制中对课税对象规定的具体项目称为税目。税目规定了一个税种的征税范围，反映了征税的广度。税目的划分根据国家调节经济和税收管理的不同需要，可繁可简。

2. 税源。课税对象与税源有一定联系。税源是指税收的经济来源或最终出处。从根本上说，税源是一个国家已创造出来并分布于各纳税人手中的国民收入。由于课税对象既可以是收入，也可以是能带来收入的其他客体，或是仅供消费的财产，因此课税对象与税源未必相同。有些税种的课税对象与税源相同，如所得税的课税对象与税源都是纳税人的所得；有些税种的课税对象与税源不同，如财产税的课税对象是纳税人的财产，但税源往往是纳税人的财产收入或其他收入。我们在选择和确定课税对象时，必须考虑税源的存在性及对税源的影响。

3. 税基。税基是源于西方的一个概念，一般而言，是指课税对象的数量。由于人们通常总是在一定的税制条件下讨论相应的税基，因此税基可进一步作下列表述：税基是按课税标准计量的课税对象的数量。按课税标准的不同，税基可分为实物税基和货币税基。同时，由于国家为了实现一定的政治和经济目标，往往并不是对课税对象的全部数量都予以课税，而是规定某些税前减免项目或扣除项目，这样一来，就存在所谓的经济税基与法定税基的差别。经济税基是按课税标准计算的课税对象的全部数量；法定税基是经济税基减去税法规定的税前减免或扣除项目后的剩余数量，是据以直接计算应纳税额的基数。可见，如果没有法定税前减免或扣除项目，经济税基与法定税基在数量上是相同的。

4. 计税依据。计税依据是指计算应纳税额的依据。它是课税对象在数量上的具体化。计税依据在形态上看有两种：一种是价值形态，就是以征税对象的价值为计税依据，如商品的销售收入额、劳务收入额等；另一种是实物形态，是以征税对象的数量、容积、重量、面积等为计税依据。前者称为“从价计征”，后者称为“从量计征”。计税依据的形态不同会影响到税收负担。

5. 课税标准。课税标准指的是税法规定的对课税对象的计量标准。课税对象的存在形态各异，有的以货币形态存在，如所得；有的以实物形态存在，如商品、房地产等，而实物形态的课税对象也是可以用货币加以计量的。

（三）税率

税率是相对于税基的比率。税基与税率的乘积就是税额。反过来说，税额与税基之比即为税率。税率是税收制度的核心和中心环节，税率的高低既是决定国家税收收入多少的重要因素，也是决定纳税人税收负担轻重的重要因素，因此，它反映了征税的深度，体现国家的税收政策。从税法角度，税率可划分为比例税率、累进税率和定额税率三种类型。

1. 比例税率。比例税率是按税基规定但不随税基数额大小而改变的征税比率。比例税率具有计算简便、利于征管、促进效率的优点。比例税率分为统一比例税率和差别比例税率两种形式，其中差别比率税率有三种类型：（1）行业差别比例税率，即按不同行业差别规定不同的税率；（2）产品差别比例税率，即按产品的不同规定不同的税率；（3）地区差别比例税率，即对不同地区实行不同的税率。

2. 累进税率。累进税率是随税基增加而逐级提高的税率。其具体形式表现为根据税基的大小，规定若干个等级，每个等级对应一个税率，其税率水平随着税基等级增加而递增。累进税率因计算方法的不同，又分为全额累进税率和超额累进税率两种。全额累进税率在计算方法上是将全部税基按照与之相对应的最高级次的税率计算税额，全部税基只适用一个税率。超额累进税率在计算方法上是将税基的各部分按照相应级次的税率分别计算税额，然后合并相加为应纳税额，全部税基可能适用几个不同级次的税率。

在实践中，各国税制都将公平原则放在重要位置，因此超额累进税率目前得到普遍推行。为了解决该税率使用上的复杂性问题，我们可采取简化计算的“速算扣除法”，即先计算出速算扣除数，然后运用下列公式计算出应纳税额。

应纳税额 = 法定税基 × 适用税率 - 速算扣除数

所谓速算扣除数，是指同一税基按全额累进税率计算的税额与按超额累进税率计算的税额之间的差额。

例 1：中国 2018 年 10 月 1 日起执行新版本个人所得税税率表，新个人所得税的免征额是 5000 元，张某 1 月收入为 20000 元，适用的税率详见表 7 - 1。试分别按全额累进税率、超额累进税率计算张某应纳的税额。

表 7 - 1　　累进税税率表

级数	月应纳税所得额	税率	速算扣除数
1	0—3000 元	3%	0
2	3000—12000 元	10%	210
3	12000—15000 元	20%	1410
4	25000—35000 元	25%	2660

解：先计算张某的月应纳税所得额 = 20000 - 5000 = 15000（元）

全额累进税率下应纳税额的计算：15000 × 20% = 3000（元）

超额累进税率下应纳税额的计算：

3000 × 3% + 9000 × 10% + 3000 × 20% = 90 + 900 + 600 = 1590（元）

或者 15000 × 20% - 1410 = 3000 - 1410 = 1590（元）

3. 定额税率。定额税率是指对每一单位的征税对象直接规定固定税额的一种税率，它是税率的一种特殊形式。具体运用时，我们又可将其划分为地区差别定额税率、幅度定额税率和分类分级定额税率等形式。定额税率具有计算简便，税额不受价格和收入变动影响的特点。定额税率适用于从量计征的税种。

比例税率、定额税率和累进税率都是税法中的基本税率形式，可概括称之为“税法税率”。有时人们为了经济分析的需要，还常引入另外的税率形式，主要包括名义税率、实际税率、边际税率和平均税率，可概括称之为“虚拟税率”。

名义税率与实际税率是分析纳税人负担时常用的概念。名义税率是指税法规定的税率。实际税率是指实际负担率，即纳税人在一定时期内实际缴纳税额占其征税对象实际数额的比例。由于某些税种中计税依据与征税对象不一致，税率存在差异以及减免税等因素，实际税率常常会低于名义税率。边际税率是指一定数量的税基再增加一个单位所适用的税率，在实行比例税率的条件下，边际税率始终不变；在实行累进税率条件下，税基的不同级距上有不同的边际税率。平均税率是指全部税额与全部征税对象数额之比。在比例税率条件下，边际税率等于平均税率。在累进税率条件下，边际税率往往要大于平均税率。边际税率的提高还会带动平均税率的上升。边际税率上升的幅度越大，平均税率提高就越多。

例 2：张某 1 月的收入为 20000 元，应税所得为 15000 元，适用的税率详见表 7－2。

表 7－2　　定额税税率表

级数	月应纳税所得额	税率	速算扣除数
1	0—3000 元	3%	0
2	3000—12000 元	10%	210
3	12000—15000 元	20%	1410
4	25000—35000 元	25%	2660

按超额累进税率计算张某应纳的税额为 1590（15000 × 20% － 1410）元，试计算王某的名义税率、实际税率、边际税率和平均税率。

解：张某的名义税率：由于张某 1 月的应税所得为 15000 元，对应的名义税率即税法规定的税率为 20%；张某的实际税率：实际税收负担率 = 实际缴纳的税收 ÷ 应税所得 × 100% = 1590 ÷ 15000 × 100% = 10.6%；张某的边际税率：在实行累进税率条件下，税基的不同级距上有不同的边际税率。张某应税所得 15000 元，边际税率为 20%。张某的平均税率指全部税额与全部税基之比，即 1590 ÷ 15000 × 100% = 10.6%。

（四）纳税环节

纳税环节是指在商品流通和非商品的劳务或其他交易过程中，税收予以课征的点或者说是关节。在上述各税制要素分别解决了对谁课税，对什么东西课税以及征多少税之后，纳税环节要解决在哪里征税的问题。纳税环节的多少和选择可以分为不同的课税制度：同一种税只在一个环节课征税收的，称为“一次课征制”，同一种税在两个或两个以上环节课征税收，或同种性质不同税种对同一种收入课以税收的，称为“多次课征制”。纳税环节的多少以及具体环节的选择，不仅关系到国家公共收入水平，而且会影响纳税人的经济行为和纳税积极性以及商品流通和经济运行的轨迹。

（五）纳税期限

纳税期限是纳税人向国家缴纳税款的法定期限。各种税都明确规定了税款的缴纳期限。现代税收制度在确定纳税期限时一般会考虑以下的因素：根据各行业生产经营的不同特点和不同征税对象决定纳税期限，如企业所得税，以年所得额为征税对象，实行按全年所得额计算征收，分期预缴，年终汇算清缴，多退少补；根据纳税人缴纳税款数额的多少来决定，即缴纳税款多的纳税人，纳税期限核定时间短，反之，纳税期限核定时间长；根据纳税行为发生的情况，以从事生产经营活动的次数为纳税期限，实行按次征收。

（六）税收优惠

税收优惠是指国家根据一定时期政治、经济和社会发展的总目标，运用税收政策在税收法律、行政法规中给予特定的纳税人和征税对象减轻或免除税收负担的各种优待的总称。按照税收优惠方式的不同，我们可以将其分为税基式优惠、税率式优惠和税额式优惠三种。

1. 税基式优惠。税基式优惠主要是通过直接缩小计税依据的方式实行的税收优惠，具体包括起征点和免征额、项目扣除以及亏损弥补等。其中，起征点是征税对象达到征税数额开始征税的界限。征税对象的数额未达到起征点的不征税；达到或超过起征点的，就其全部数额征税，而不是仅就超过部分征税。免征额是在征税对象总额中免于征税的数额，即按照一定标准从征税对象总额中预先扣除的数额，免征额部分不征税，只就超过免征额的部分征税。免征额一般是正常的费用扣除。在税法中规定起征点和免征额是对纳税人的一种优惠，但两者优惠的侧重点不同。前者优惠的是个别纳税人，后者则惠及所有纳税人。

例3：A企业月经营收入为50000元，若当地规定的起征点为30000元，试计算A企业应税收入额；若当地规定的免征额为30000元，试计算A企业的应税收入额。

解：起征点是征税对象达到征税数额开始征税的界限，达到或超过起征点的，就其全部数额征税。若当地规定的起征点为30000元，A企业的应税收入额为50000元。免征额是在征税对象总额中免于征税的数额，即按照一定标准从征税对象总额中预先扣除的数额，免征额部分不征税，只就超过免征额的部分征税。若当地规定的免征额为30000元，A企业的应税收入额为20000元。

2. 税率式优惠。税率式优惠是通过直接降低税率的方式实行的减税或免税，具体又包括重新确定税率、选用其他税率、零税率。例如在中国企业所得税中，对于符合小型微利条件的企业适用20%的税率，而对于国家重点扶持的高新技术企业，则给予15%的企业所得税税率，因此20%和15%的企业所得税税率相对于25%的基本税率就是税率式减免。

3. 税额式优惠。税额式优惠是指通过减少应纳税额的方式实行的税收优惠，如减税、免税、出口退税、投资抵免、税收抵免、税收饶让等。中国增值税和消费税税法中都有出口退税的规定；企业所得税法中，对企业从事蔬菜、谷物、薯类、油料、豆类、棉花、麻类、糖料、水果、坚果的种植等项目的所得，免征企业所得税，这些都是税额式优惠。

（七）税收附加与加成

减税、免税是减轻税负的措施。与之相对应，税收附加与加成是加重纳税人负担的措施。税收附加也称为地方附加，是地方政府按照国家规定的比例随同正税一起征收的列入地方预算外收入的一种款项。正税是指国家正式开征并纳入预算内收入的各种税收。税收附加由地方财政单独管理并按规定的范围使用，不得自行变更。例如，教育费附加只能用于发展地方教育事业。税收附加的计算方法是以正税税款为依据，按规定的附加率计算附加额。税收加成是指根据税制规定的税率征税以后，再以应纳税额为依据加征一定成数和税额，加征一成相当于纳税额的10%，加征成数一般规定在一成到十成之间。与加成相适应的还有税收加倍，即在应纳税额的基础上加征一定倍数的税款。因此，加成和加倍没有实质性区别。税收加成或加倍实际上是税率的延伸，但因这种措施只针对个别情况，所以没有采取提高税率的方法，而是以已征税款为基础再加征一定的税款。

三、税收分类

（一）按征收目的和标准分类

由于研究和学习目的不同，对税收分类可采取不同目的和不同标准进行（部分参见表7-3）。通过对税收进行科学的分类，能够揭示各类税收的性质、特点、功能以及各类税收之间的区别与联系，对了解税源的分布与税收负担的归宿以及中央与地方政府之间税收管理和支配权限的划分都具有重要的意义。

表7-3　　按征收目的和标准的税种分类表（部分）

按目的和标准的分类	精选税种明细
课税对象属性	流转税、所得税、财产税、资源税、行为税
征收管理权和收入支配权不同	中央税、地方税、中央地方共享税
计税标准	从价税、从量税、复合税
税收和价格的组成关系	价内税、价外税
税制的总体设计类型	单一税、复合税
税收负担的最终归宿	直接税、间接税
……	……

（二）按税收缴纳形式分类

按税收缴纳形式分类，可分为实物税和货币税。实物税是以实物形式缴纳的税种。货币税是以货币形式缴纳的税种。税收最早是以实物形式缴纳的，随着商品货币经济的发展，以货币缴纳形式的税赋也出现了。在一个相当漫长的历史过程中，税收的缴纳形式是实物和货币两者兼有。目前世界各国都已普遍实行了货币税。

（三）按照税收用途分类

按照税收用途分类，可分为一般税和目的税。一般税，又称普通税，是用于国家一般经费、没有专门用途的税，这种税的收入由国家统一支配使用。目的税，又称特别税，是具有专门用途的税。例如美国的社会保险税，是专门用于社会福利、救济的；日本的地方道路税，是专门用于地方政府修建公路的；中国的城市维护建设税也属于目的税。

（四）按照税款的确定方法分类

按照税款的确定方法分类，可分为定率税和配赋税。定率税是国家事先在税法中按照征税对象规定固定税率计征的税种。配赋税是国家采取分摊税款办法征收的税种，即国家对某种税只规定应征税款总额，然后按照纳税人或征税对象进行分摊，所以又称为摊派税。配赋法是一种以支定收的征税方法，履行政府职能需要多少支出就征收多少税。在近代各国税制中，它已基本上由定率税所替代。定率税可使税收负担相对固定，有利于促进生产，方便纳税人。

四、税收负担

（一）税收负担

税收负担（Tax Burden）是指纳税人因向国家缴纳税款而承受的收入损失和经济利益的牺牲。从绝对额考察，它是指纳税人缴纳的税款额，即税收负担额；从相对额考察，它是指纳税人缴纳的税额占计税依据价值的比重，即税收负担率。税收负担具体体现国家的税收政策是税收的核心和灵魂，直接关系到国家、企业和个人之间的利益分配关系，也是税收发挥经济杠杆作用的着力点。

（二）税收负担率

税收负担率是指反映税负状况的数量标准，通常和经济状况相联系。通常包括宏观税收负担率和各税种税收负担率。

宏观税收负担率一般计算为：

$$\text{宏观税收负担率}=\frac{\text{税收总额}}{\text{国民生产总值}}\times 100\%$$

上式中，税收总额是指预算年度内各项税收收入的总和；国民生产总值即 GNP。

某税种税收负担率的一般计算：

$$\text{某税种税收负担率}=\frac{\text{各税种对应的税收总额}}{\text{各税种对应的应计税额}}\times 100\%$$

（三）税收负担影响因素

一个国家在制定税收政策，确定总体税收负担时，必须综合考虑国家的总体经济发展水平，并根据不同的经济调控需要，来制定税收负担政策。

税收负担水平是通过税制确定的。无论是单个个人所得税种还是整个税制体系，都既关系到宏观税收负担，又关系到微观税收负担，因而不可偏废。由于宏观税负水平是微观税负水平的重要决定因素，所以，在此主要研究宏观税负水平的确定问题。宏观税收负担水平的确定问题实质上是一个财政职能的实现问题，既关系到资源配置效率，也关系到社会公平和经济稳定与发展。宏观税收负担率如果过低，从而政府可供支配的收入过少，就不能满足社会公共需要；如果宏观税收负担率过高，不仅民间部门可供支配的收入过少，不能有效满足私人需要，而且往往通过影响民间部门资本和劳动的投入，使以后的产出减少，进而最终减少税收收入。

因而一般来看，影响税收负担水平的主要因素有：社会经济发展水平、政府职能范围大小、国家的宏观经济政策以及税收征收管理能力。

五、税收转嫁与归宿

（一）税负转嫁与归宿的含义

1. 税负转嫁（Tax Shift）的含义。所谓税负转嫁是指商品交换过程中，纳税人通过提高销售价格或压低购进价格的方法，将税负转嫁给购买者或供应者的一种经济现象。

纳税人是直接负有纳税义务的单位和个人。负税人是最终负担税款的人。就纳税人和负税人的关系可把税收负担分为两类：直接负担和间接负担。如果纳税人所缴纳的税款不能转嫁给他人，而由纳税人自己承担，则称为直接负担。如果纳税人所缴纳的税款能够通过一定途径转嫁给他人，虽然纳税人缴纳税款，但不是实际的负税人，则称为间接负担。

依据转嫁的程度，税负转嫁可以分为全部转嫁和部分转嫁。全部转嫁是指纳税人通过一定方式将税收负担全部转嫁给税收负担者。而部分转嫁则是指纳税人通过一定方式只把部分税收负担转嫁给税收负担者。通常区分直接税与间接税的标准就是看税收能否被转嫁。不能被转嫁的就是直接税，而能被转嫁的就是间接税，当然这种区分并不是绝对的。在一般情况下，商品劳务税之所以被称为间接税，是因为这类税收在形式上具有转嫁税负的可能性；而所得税之所以被称为直接税，是因为它在形式上一般不具有转嫁税负的可能性。

2. 税负归宿（Taxation Incidence）的含义。税负归宿是指税收负担在不同群体间的分配。它是税收负担的最后落脚点，即是税负运动的最后归宿环节，表明全部税负最后是由谁来承担的。税负归宿是税收负担的核心问题，即谁最终为税收"买单"。任何一种税收最终都要由一定的人负担，不同税种在不同经济条件下，其转嫁的方式、转嫁的过程和转嫁的结果是不同的。根据税收的实际负担情况，税负归宿可以分为经济归宿和法定归宿。

（1）法定归宿。税收立法机构在税收法律规范中规定了税负归着点。我们一般把纳税人承担纳税义务视为税负法定归宿。税负法定归宿是从税收法律制度的角度分析税负的依据。

（2）经济归宿。税收负担随着经济运动而不断转嫁以后的税负归着点。我们一般把负税人承担的税负视为税负经济归宿。税负经济归宿是从税收经济运行的角度分析税负的依据。

从法律上的归宿过渡到经济上的归宿，可能只要一次转嫁就能完成，也可能要经过多次转嫁才能完成。特殊情况是，法律上的归宿即是经济上的归宿，在这种情况下，税负转嫁则没有发生。因此，税的法定归宿始终只有一个，即卖者，而经济归宿则可能是一个、两个甚至更多。

（二）税负转嫁方式

税负转嫁的方式主要有前转、后转、混转、辗转转嫁、税收资本化和消转等。

前转又称顺转，是指纳税人在经济交易过程中，按照课税商品的流转方向，通过提高价格的办法，将所纳税款向前转移给商品或要素的购买者。即由卖方向买方转嫁。前转是税收转嫁最典型和最普遍的形式。当购买者属于经营者时，会发生辗转向前转嫁的现象，可称为滚动式前转。例如在生产环节对消费品课征的税款，生产厂商可以通过提高商品出厂价格，把税负转嫁给批发商，批发商再把税负转嫁给零售商，最后零售商再把税负转嫁给消费者。

后转又称逆转，是指纳税人用压低价格的办法把税款向后转嫁给商品或劳务的供应者。税收转嫁之所以表现为后转，一般是因为市场供求条件不允许纳税人以提高商品售价的办法向前转移税收负担。例如在零售环节对某商品课税，但该商品的市场价格因供求关系难以提高。此时，零售商无法通过提高商品售价的方法把税负转移给消费者。它只有设法压低进货价格把税负逆转给批发商，批发商再把税负逆转给生产厂商，生产厂商又通过压低原料价格、劳动力价格（工资）或延长工时等办法，把税负转嫁给原料供应者或雇员。后转和前转是税负转嫁的基本形式，其他形式皆依此衍生。

混转又称散转，也就是将税款一部分向前转嫁给商品购买者，另一部分向后转嫁给商品供应者，其实质就是前转和后转的混合形式。属于纳税人分别向卖方和买方的转嫁。

辗转转嫁，即通过价格机制发生多次的转嫁行为。

税收资本化又称为资本还原，是指生产要素购买者将所购买的生产要素（主要指土地、房屋、机器设备等）未来应纳税款，通过从购入价格中预先扣除（即压低生产要素的购买价格）的方式，向后转移给生产要素出售者的一种形式。这是税负转嫁的一种特殊形式，主要发生在土地等某些能产生长久收益的资本品交易中。当应税物品（诸如土地、房屋等具有长期收益的资本品）交易时，买主将物品可预见的未来应纳税款按一定的贴现率折算为现值，从所购物品价格中作一次性扣除。此后，税款名义上虽由买主按期纳税，实际上税款是由卖主负担。因此，税收资本化其实是后转的一种特殊形式。

消转又称转化，是指纳税人用降低课税品成本的办法使税负从新增利润中得到抵补。这既不是提高销价的前转，也不是压低购价的后转，而是通过改善经营管理、提高劳动生产率等措施降低成本、增加利润而抵消税负，所以称为消转。

第二节 税收制度

一、中国税制概要

（一）中国税收制度的发展沿革

从 1949 年新中国成立开始，为了更好地适应社会经济的发展，中国对税收体制做出了多次调整。根据杨墨如（2019①）并进行整理，中国的税制改革分为如表7－4所示的几个阶段。

表7－4　中国税制改革五个阶段的主要内容（1949年至今）

阶段划分	税制改革主要内容
第一次税制改革 （1949—1957年）	1950年，政务院颁布了《全国税政实施要则》，决定实行多税种、多次征的复合税制，在全国设置了14个税种；1953年，财政部制定了《关于税制若干改革的方案》，政务院财经委员会颁发了《关于税制若干修正及实行日期的通告》，决定依照"保证税收、简化手续"的原则，将税制进行若干修正
第二次税制改革 （1958—1977年）	1958年5月，颁布了《工商统一税条例（草案）》；同年9月，全国人民代表大会常委会通过《工商统一税条例（草案）》，由国务院于1958年9月13日公布试行；1963年，财政部提出改进农村工商税收征税办法的意见，对农村工商税收作了改进，此外，全面开征了集市交易税；1969年，开始试行综合税；1970年，试行行业税；1971年，财政部修订了《工商税条例》；1972年3月，国务院批准财政部《关于扩大改革工商税制试点的报告》和《中华人民共和国工商税条例（草案）》，对工商税制作了重大改革；1973年对工商税制又进行了简并
第三次税制改革 （1978—1993年）	1980年，颁布了《中华人民共和国中外合资经营企业所得税法》和《中华人民共和国个人所得税法》；1981年，颁布《中华人民共和国外国企业所得税法》；1983年，实行第一步"利改税"，即将国营企业上缴利润部分地改为缴纳企业所得税；1984年，实行第二步"利改税"，以不同税种征收的税收收入逐渐地完全取代企业上缴的利润，税收收入替代利润上缴成为国家财政收入的最主要方式
第四次税制改革 （1994—2012年）	1994年，中国全面改革税收制度，构建新型的税收制度体系，新的税制体系共有5大类18个税种，同时实行了分税制财政体制，建立中央税收和地方税收体系，分设国家、地方两套税务机构分别管理；2005年、2007年、2011年对个人所得税工资薪金税目的基本费用减除标准进行了3次调整；2008年，统一内外资企业所得税制度；2009年1月1日起在全国范围内推行增值税转型改革
第五次税制改革 （2012年至今）	2012年开始，中国开始营改增试点和农村税费改革；2017年、2018年都对增值税进行了调整；2018年，再度对《中华人民共和国个人所得税法》进行调整；2019年第十三届全国人民代表大会常委会第十二次会议表决通过《中华人民共和国资源税法》

（二）现行中国税制

目前中国的税收制度是以1994年国家全面、结构性税制改革为基础，经过二十多年的发展变化不断完善形成的。从保证公共收入和调节经济角度来看，其特

① 杨默如．中国税制改革70年：回顾与展望[J]．税务研究，2019（10）：29－35.

点是：以流转税（又称货物和劳务税，简称货劳税）为主体，多种税种并存的税制结构。

现行的税制有18个税种，包含了流转税、所得税、财产税、资源税、行为税。具体是增值税、消费税、车辆购置税、关税、企业所得税、个人所得税、土地增值税、房产税、城镇土地使用税、耕地占用税、契税、资源税、车船税、船舶吨税、印花税、城市维护建设税、烟叶税和环境保护税。截至2019年8月，企业所得税、个人所得税和资源税等9个税种实现了法定①。从保证公共收入和调节经济角度来看，其特点是：以流转税和所得税为主体，多种辅助税种并存的税制结构。

此外，党的十九届三中全会审议通过的《中共中央关于深化党和国家机构改革的决定》《深化党和国家机构改革方案》和第十三届全国人民代表大会第一次会议批准的《国务院机构改革方案》明确“将省级和省级以下国税地税机构合并，具体承担所辖区域内的各项税收、非税收入征管等职责；将基本养老保险费、基本医疗保险费、失业保险费等各项社会保险费交由税务部门统一征收；国税地税机构合并后，实行以国家税务总局为主与省（区、市）人民政府双重领导管理体制”。目前国家税务总局机构职能、组织机构建设稳步推进，国税地税征管体制改革正在稳步推进中。

二、流转税制度

（一）流转税的概念及特征

流转税，又称商品课税或货物和劳务税（货劳税），是指以商品价值、数量为征税对象的税收。这里所说的商品，是指在市场中进行交换的产品和劳务。在中国，先行流转税的税种主要有增值税、消费税和关税等。与其他税种相比，流转税具有课征普遍、以商品和非商品流转额为计税依据、一般采用比例税率、税收负担容易转嫁计税简便等特征，有效地征集公共收入，同时还起到调节产品及劳务供求关系的作用。流转税征收普遍，税源宽广，可以及时、充分、稳定地获得公共收入。正因为此，流转税在历史上曾经是各国主要的收入形式；在收入水平较低的发展中国家，其重要性尤为显著。此外，流转税直接触及社会再生产活动的各个环

① 中国税务网．论我国新时代税收制度的基本特征[EB/OL]. http：//www. ctax. org. cn/xsjl/202003/t20200304_ 1098683. shtml.

节，通过对不同商品制定有区别的税收制度，自然可以达到调节商品供求的目的。即使是对全部商品征税，也可以采取一定的限制或鼓励政策，如对于某些有害于人体健康和社会利益的消费品，通常规定较高税率，以限制其生产和消费；对于奢侈品也可以课以重税，达到调节商品供求结构和引导消费的目的。

（二）增值税

增值税是指以商品在流转过程中产生的增值额作为计税依据而征收的流转税。按照中国增值税法的规定，增值税是指对在境内销售产品或者提供加工、修理修配等应税劳务以及进口产品的企业单位和个人，就其产品销售或提供劳务的增值额和货物进口金为计税依据而课征的一种流转税。增值税包括三种类型：生产型增值税、收入型增值税和消费型增值税。通过不同类型的增值税的选择，可以对经济活动起到调节作用。

相对于其他大多数流转税而言，增值税是一个比较年轻的税种。1954 年法国首先采用增值税，由于该税种本身所具有的各种优势，此后增值税被多数发达国家和一些发展中国家所采用。中国从 1979 年起进行增值税的试点工作，1984 年 10 月颁布了《中华人民共和国增值税条例（草案）》，征税范围限于机械机器及其零配件、汽车、机动船舶、轴承、农机具及其配件等 12 个税目。1986 年，增值税的征税范围扩大到日用机械、日用电器、电子产品、搪瓷制品、保温品等产品。1994 年实行的新税制中，增值税的征税范围又大大拓展。2012 年中国开启营业税改增值税（后文简称“营改增”）的试点工作，2016 年“营改增”全面推广，增值税成为中国名副其实的主体税种。由此，增值税形成了消费型增值税和生产型增值税。其中，消费型增值税是指允许纳税人在计算增值税额时，从商品和劳务销售额中扣除当期购进的固定资产总额的一种增值税。生产型增值税是增值税的一种，对纳税人固定资产买价中的税额，在固定资产购入时不允许一次全部扣除，而是根据固定资产的使用年限，逐期扣除每期提取折旧额中所包含的税金。

1. 增值税的特征。增值税的特征主要包括以下 4 个方面：

（1）征税对象为增值额。增值税只是对每一个环节因经营活动产生的增值额部分进行征税，因此增值税可以完全消除重复征税问题。

（2）增值税具有征收的广泛性。它坚持普遍征收的原则，只要生产经营活动中存在着增值额，在任何一个环节都要征收增值税。

（3）增值税具有征收的连续性和自我管理性。任何一件商品从生产到消费中间将经历很多环节。在所有的生产、加工、流通环节中，都须缴纳增值税。

（4）增值税是价外税。除增值税外的其他流转税都是价内税，只有增值税是价外税，即纳税人实现销售收入后，在计税时，作为增值税征税对象的商品价格不包含增值税税额本身。如果纳税人在销售商品时采用价税合一的做法，则应先将含税的销售额换算成不含税的销售额，然后再计算税额。

2. 增值税的计算方式。增值税的计征方法从理论上讲，有三种计征方法：

（1）“加法”。将纳税单位纳税期内新创造的价值（如工资、利润、利息和其他增值项目）逐项相加作为增值额，然后按适用税率求出增值税额。在实践中，由于“加法”计算复杂，误差较大，很少有哪个国家采用。

（2）“减法”。又称扣额法，指从企业单位纳税期内的销售收入额中减去法定扣除额（如原材料、燃料、动力、零配件等）后的余额，作为增值额，然后按适用税率求出增值税额。

（3）“扣税法”。不直接计算增值额，而是从按销售收入额计算的税额中，扣除法定外购商品的已纳税金，以其余额作为增值税应纳税额。

本节以一般纳税人为例介绍增值税具体计算方法。一般纳税人应纳增值税的计算采用扣税法，其计算公式如下：

$$应交增值税税额 = 当期销项税额 - 当期进项税额$$

如果当期销项税额小于进项税额，则其差额可以结转下期抵扣。

$$当期销项税额 = 销售应税货物或提供劳务的收入 \times 适用增值税税率$$

销项税额是企业向购货方收取的增值税额；进项税额则是企业购买货物或接受应税劳务时向销售方支付的增值税额。由此可见，增值税实际上是价外税，实行价税分离。式中的“销售应税货物或提供应税劳务的收入”应为不含增值税的收入。如果一般纳税人将销售货物或提供应税劳务采用销售额和销项税额合并定价的方法，在计算应纳税额时应将含税的销售额换算为不含税的销售额，其计算公式如下：

$$不含税销售额 = 含税销售额 \div (1 + 增值税税率)$$

（三）消费税

消费税是对特定的消费品和消费行为征收的一种税。对消费品课税有着悠久的历史，在中国可追溯到西汉时期对酒的课税，在国外可追溯到古罗马时代。消费税是世界各国普遍采用的一个税种。

中国消费税的纳税人是指在中华人民共和国境内生产、委托加工和进口税法规定的消费品的单位和个人；消费税的征税对象是指税法所规定的应税消费品的销售额或销售数量；消费税采用有差别的比例税率和定额税率，中国消费税属于价内税。

1. 消费税的特征。中国现行的消费税是1994年新设置的税种，设置消费税的宗旨是调节消费结构，正确引导消费方向，抑制超前消费需求，增加国家公共收入。因此，消费税作为国家对经济活动进行宏观调控的一个手段，集中体现国家的产业政策和消费政策。现行的消费税是对增值税的补充。增值税作为对生产经营活动实行普遍征收的税种，需要消费税作为特殊调节目的选择部分消费品实行交叉征收的双层调节。中国现行的消费税不是针对所有的消费品征税，只是对若干种消费品征收。其主要特点如下：

（1）课税对象具有选择性。消费税只选择一部分消费品和消费行为征收，选择征收消费税的消费品一般为特殊消费品、奢侈品、非生活必需品。选择负担税负的消费者一般为具有较高消费水平和收入来源的单位和个人。

（2）征收环节具有单一性。消费税只是在消费品生产、流通或消费的某一环节一次征收，而不是实行多环节、多次征收。在中国，除金银首饰及小汽车选择在零售或销售环节之外，其他应税消费品均规定在产制环节征收。

（3）平均税率较高，税负具有差异性。消费税是为调节消费结构和收入水平，引导消费方向，保证公共收入，实施“寓禁于征”政策所设立的一个税种。因此，消费税根据不同消费品的种类、结构、档次、功能或消费品中某一成分的含量及市场供需状况、价格水平等情况，制定高低不同的税率、税额，平均税率较高，税负具有较大差异性。

（4）征收方法具有灵活性。消费税依据每一课税对象的不同特点和情况确定不同的征收方法。对一些供需平衡、市场价格差异不大但计量单位比较规范的应税消费品制定单位税额，依消费品的数量实行从量计征；对一些供求矛盾突出，价格差异较大，计量单位不规范的应税消费品或消费行为制定税率，依消费品的价格实行从价定率计征。

（5）税负具有转嫁性。消费税是对最终消费品课征的税，不论在哪一环节征收，也不论是价内征收还是价外征收，消费品中所含的消费税款最终都要转嫁到消费者身上，由消费者负担。

2. 消费税的计征方式。消费税征收采取从价定率和从量定额两种办法。这主要是根据课税对象的具体情况来考虑的。对一些供求基本平衡、价格差异不大、计量单位规范的消费品，实行从量定额征收办法，如黄酒、啤酒、汽油、柴油等。而对一些供求矛盾突出，价格差异较大，计量单位不规范的消费品则采用从价定率征收的办法，如甲乙类卷烟、雪茄烟、烟丝、粮食白酒、贵重首饰、化妆品、护肤护发品等。详情可参见中国各期税制下不同类消费税税目所对应的税率。

不同类型消费品消费税的计算方式如下：

（1）生产销售应税消费品应缴纳消费税的计算。实行从价定率计征消费税的：

$$应纳税额 = 销售额 \times 比例税率$$

实行从量定额计征消费税的：

$$应纳税额 = 销售额 \times 比例税率$$

实行从价定率和从量定额符合方法计征消费税的：

应纳税额 = 销售额 × 比例税率 + 销售数量 × 定额税率

（2）委托加工应纳消费税的计算。实行从价定率办法计征消费税的，其计算公式为：

组成计税价格 =（材料成本 + 加工费）÷（1 - 比例税率）

应纳税额 = 组成计税价格 × 比例税率

实行复合计税办法计征消费税的，其计算公式为：

组成计税价格 =（材料成本 + 加工费 + 委托加工数量 × 定额税率）÷（1 - 比例税率）

应纳税额 = 组成计税价格 × 比例税率 + 委托加工数量 × 定额税率

（3）进口环节应纳消费税的计算。从价定率计征消费税的，其计算公式为：

组成计税价格 =（关税完税价格 + 关税）÷（1 - 消费税比例税率）

应纳税额 = 组成计税价格 × 消费税比例税率

实行复合计税办法计征消费税的，其计算公式为：

组成计税价格 =（关税完税价格 + 关税 + 进口数量 × 额定税率）÷（1 - 消费税比例税率）

应纳税额 = 组成计税价格 × 消费税比例税率 + 进口数量 × 额定税率

（四）关税

关税是对进出关境的货物和物品征收的税。关境是海关征收关税的界域，是指一个国家的关税法、关税税则等各项关税法令、规章实施的区域。

关税的纳税人是指进口货物的收货人、出口货物的发货人、进出口货物的代理人以及出入境行李和邮递物品的所有人和收件人；关税的征税对象是指进出关境的货物和物品的流转额。

关税实行有差别的比例税率，可划分为进口税率和出口税率、普通税率和优惠税率两类。一般而言，出口关税税率比进口关税税率要低，除非受国家控制出口的商品。进口关税税率的高低与否，主要视对国内资源稀缺性和建设需要的程度决定。就相同商品而言，优惠税率要低于普通税率。中国对有互惠贸易协定的国家采用优惠税率，对无互惠贸易协定的国家采用普通税率。

关税应纳税额的基本计算公式为：

进出口商品应纳税额 = 进出口商品的完税价格 × 进出口货物量 × 适用税率

完税价格分进口和出口两类价格，进口和出口完税价格分别以到岸价格和离岸价格为基准。

三、所得税制度

所得税是以纳税人的所得额为征税对象的税类。所得额也称收益额，一般是指自然人、法人和其他经济组织从事生产经营活动获得的总收入，减去相应的成本、费用之后的余额。但是，在特殊情况下，不作扣除的总所得也可以作为征税对象，如农业税。中国所得税的主要税种有个人所得税、企业所得税和农业税（从2006年起全面取消农业税）。

（一）所得税的特征

所得税具有以下五个方面的特征：

第一，征税对象的净收益特征。纳税人的收益额分为总收益和净收益。总收益是指纳税人的全部收入，净收益则是指纳税人扣除相关成本费用后的净得收入。一般而言，所得税的对象是纳税人的净收益额。以净收益作为课税对象，不仅能够在宏观上比较准确地反映国民收入的增减变化情况，而且便于根据纳税人的实际负担能力来确定税负水平，易于体现税负公平原则。同时，所得税往往规定起征点、免征额及扣除项目，可以在征税时照顾低收入者，不会影响纳税人的基本生产与生活。

第二，税负的不易转嫁性。所得税是以纳税人的总收入减去准予扣除项目后的应税所得额为课征对象，征税环节单一且清晰。应税所得额不构成商品价格的追加。因此所得税的税负不易转嫁，征纳双方的关系比较明确，税负的落点比较清晰。当然，在某些特定情况下（如价格与价值发生背离时），所得税的税负也可能以某种形式转嫁。

第三，调节利益及收入分配格局。由于所得税的对象是纳税人的收益，体现出国民收入再分配的效应，所以通过所得税制的设计，采用税率、税目及税收优惠等手段，对不同纳税人的初次分配收益进行调节。所得税的调节具有直接性和不可转嫁性，对纳税人而言，产生的收益再配置的影响将会形成他们最终的利益格局。

所得税还可以通过累进税率制度，缩小社会贫富和企业之间实际收入水平的差距；通过其减税免税的规则，对特殊困难的纳税人给以种种照顾，起到公平税负、缓解社会矛盾、保持社会安宁的作用。

第四，税源的广泛性及稳定性。所得税以实现的纳税人收益为征税对象，而一定时期各微观经济主体实现所得的总和表现为一个国家的国民生产总值，只要经济正常发展，国民生产总值就会不断增长，就会为所得税提供广泛的税源。

由于所得税来源于经济资源的利用和剩余产品的增加，随着资源利用效率的提高，剩余产品也会不断增长，因而从长远看，所得税的税源基础是稳定可靠的。

第五，税收收益的国际化特征。在经济全球化的背景下，国际经济交往与合作不断扩大，跨国投资和经营的情况极为普遍，各国人员的往来日益频繁，出现了大批的所谓跨国纳税人，因此对这些跨国纳税人的跨国所得课税问题就不单纯是一国政府内部的税收权益，而是一个税收权益国际化的问题。根据这一特征，我们首先要明确对跨国所得征税是任何一个主权国家应有的权益；其次，要与他国以及相关国际组织充分协调，处理好税收权益的国际配置问题。

所得税的纳税人有法人和自然人，因此主要税种就是企业所得税和个人所得税。

（二）企业所得税

企业所得税是对境内的企业和其他取得收入的组织的生产经营所得和其他所得征收的一种税。企业所得税的纳税人是在中华人民共和国境内，企业和其他取得收入的组织。其计税方式如下：

根据企业的类型和税收优惠政策等因素，计算企业所得税的适用税率有不同区分，但从整体来说，所得税的计算方式如下：

$$应纳税额 = 应纳税所得额 \times 适用税率 - 减免税额 - 抵免税额$$

企业每一纳税年度的收入总额，减除不征税收入、免税收入、各项扣除以及允许弥补的以前年度亏损后的余额，为应纳税所得额。

企业收入包括：销售货物收入；提供劳务收入；转让财产收入；股息、红利等权益性投资收益；利息收入；租金收入；特许权使用费收入；接受捐赠收入；其他收入。

不征税收入是指：财政拨款；依法收取并纳入财政管理的行政事业性收费、政府性基金；国务院规定的其他不征税收入。

企业实际发生的与取得收入有关的、合理的支出，包括成本、费用、税金、损失和其他支出，准予在计算应纳税所得额时扣除。企业发生的公益性捐赠支出，在年度利润总额12%以内的部分，准予在计算应纳税所得额时扣除。在计算应纳税所得额时，企业按照规定计算的固定资产折旧，准予扣除；在计算应纳税所得额时，企业按照规定计算的无形资产摊销费用，准予扣除；企业纳税年度发生的亏损，准予向以后年度结转，用以后年度的所得弥补，但结转年限最长不得超过五年。

公式中的减免税额和抵免税额，是指依照企业所得税法和国务院的税收优惠规定减征、免征和抵免的应纳税额。

抵免限额是指企业来源于中国境外的所得，依照企业所得税法的规定计算的应纳税额。计算公式如下：

抵免限额 = 中国境内、境外所得依照企业所得税法的规定计算的应纳税总额 × 来源于某国（地区）的应纳税所得额 ÷ 中国境内、境外应纳税所得总额

（三）个人所得税

个人所得税是以个人所得为征税对象的税种。其征税对象是指个人的收益。从征收范围看，个人所得税的征税对象一般涉及面较广，包括工资、薪金、津贴、退职金、个体经营所得、承包经营所得、利息、股息、红利、财产转让所得、特许权使用费所得、财产租赁所得、劳务报酬所得、稿酬所得和偶然所得等。中国采用的是分类所得税制，个人不同的所得按不同方式计征。

在计算应纳税额时，首先要确定应纳税所得额，因为个人的总所得并不一定是完全的征税对象，需要对不同纳税人的各种所得分别计算应税所得额。

四、财产税制度

（一）财产税概述

财产税以财产所有人、占有人或使用人等纳税人所拥有或支配的应税财产为课税对象，就其数量或价值依法征收的税类。财产税是一个古老的税种，也是一个世界性的税种，是现代国家三大税收体系之一，具有其他税种不可替代的作用。征收财产税，主要是为了运用税收杠杆加强对财产的管理，调节纳税人的收入，均衡社会财富，筹集地方公共收入，为建立完善的地方税制度，实行按税种划分中央与地方的公共收入管理体制创造条件。

财产税按课税对象和范围不同，可分为一般财产税和个别财产税。一般财产税又称“综合财产税”，是以纳税人拥有的各类财产为课税对象实行综合课征的税收个别财产税，又称“单项财产税”，是以纳税人拥有的土地、房屋、资本或其他财产分别为课税对象课征的税收。中国目前开征的财产税中的各种税，基本上属于个别财产税。

财产税按应税财产的不同运动形态，可分为静态财产税和动态财产税。静态财产税是以定时点上纳税人所拥有或支配的财产占用额为课税对象的税收；动态财产税是以财产所有权或使用权等权益发生转移时的转移价值为课税对象的税收，如遗

产税、继承税和赠与税。

（二）财产税的特征

税源广泛，课征具有选择性。由于财产的种类繁多，且有些财产易于转移和隐藏，因此很难做到对所有财产都征税，通常只能选择那些易于掌握和控制又便于管理的财产征税，如房屋、车船等。

税负难以转嫁，课征较公平。财产税属直接税，税负难以转嫁，因此，课税会直接加重纳税人的负担。同时，占有财产的多少可以反映纳税能力，对财产课税符合量能纳税原则，有利于公平税负。

财产税具有较强的地域性特征，是地方政府的重要收入来源。

财产税征管较为复杂。由于财产的价值会随着时间的推移发生变化，因此征税时需要对财产价值进行评估，工作繁重且估值难以准确，从而导致财产税征收管理复杂，成本较高。

五、资源税制度

资源税是以自然资源为课税对象的税类。资源的含义十分广泛，一般是指存在于自然界的未经人类加工就可以利用的天然物质财富。它包括矿产资源、土地资源、水资源、动物资源、植物资源、海洋资源、太阳能资源、空气资源等。资源税的课税范围本应包括一切开发和利用资源，但受条件制约，中国现行资源课税的对象既不是全部自然资源，也非全部具有商品属性的自然资源，而只是选择了部分具有商品属性的自然资源作为课税对象，如矿产资源、土地资源等。世界上其他开征资源税的国家也都是有所选择的。

资源税按调节收入内容的不同可分为一般资源税和级差资源税两种类型。所谓一般资源税是以自然资源的开发和利用为前提，而不论资源的优劣和收益的多少，其课税对象是绝对地租收入，带有资源补偿性质的征税，目的在于加强对自然资源的保护和管理；级差资源税是依据开发和使用自然资源的等级及收益的多少而课征的税，其课税对象是级差地租收入，目的是能够对因资源条件差异而产生的级差收入进行调节，为企业间公平竞争创造条件。目前，世界各国在税收实践中大都将两种类型的资源税结合在一起征收。

（一）中国资源税的特征

征税范围较窄。中国的资源税征税范围较窄，仅选择了部分级差收入差异较大、资源较为普遍、易于征收管理的矿产品和盐列为征税范围。随着经济的快速发展，中国对自然资源的合理利用和有效保护将越来越重要，因此，资源税的征税范围应逐步扩大。

实行从量或从价征收。2019 年 8 月 26 日第十三届全国人民代表大会常务委员会第十二次会议通过《中华人民共和国资源税法》，规定实行从价计征或者从量计征。

实行源泉课征。不论采掘或生产单位是否属于独立核算，资源税均规定在采掘或生产地源泉控制征收，既照顾了采掘地的利益，又避免了税款的流失。这与其他税种由独立核算的单位统一缴纳不同。

（二）中国现行资源税的计算

中国资源税按照各年份所对应的《资源税税目税率表》实行从价计征或者从量计征。《税目税率表》中规定择实行从价计征或者从量计征的，具体计征方式由省、自治区、直辖市人民政府提出，报同级人民代表大会常务委员会决定，并报全国人民代表大会常务委员会和国务院备案。实行从价计征的，应纳税额按照应税资源产品（以下称应税产品）的销售额乘以具体适用税率计算。实行从量计征的，应纳税额按照应税产品的销售数量乘以具体适用税率计算。应税产品为矿产品的，包括原矿和选矿产品。

第三节
国际税收

一、国际税收基本原理

随着全球经济一体化的范围扩大，纳税人的所得来源没有固定的地域。当某一纳税人的收入所得来源于多个地区（国家）时，居民和地域两种税收管辖权就可能出现，必然导致多个国家对同一笔跨国的所得行使征税权的交叉。因而一个国家的税制必然会影响其他国家的财政利益，形成国家之间的税收分配关系，即国际税收。

从国际税收实际形成的历史考察，19 世纪末至 20 世纪初，随着国际贸易的发展，税收的国际化问题逐渐被许多国家重视。第二次世界大战后，殖民地和半殖民地国家在政治上纷纷独立，有了独立的征税权；资本的国际流向发生变化，发达国家之间相互投资，超过了对发展中国家的投资；跨国公司的发展，收入来源国际化越来越突出；各国所得税制日益完善，税收国际化问题不仅被各国所重视，而且许多国家还单方面采取措施处理有关国际税收问题①。为了公正合理地解决国际税收问题，世界各国在实践中逐渐形成了一系列处理双边或多边税收关系的国际准则和惯例，至此国际税收才逐渐成为一个独立的经济范畴和学科。

国际税收是不同于国内税收的国与国之间在经济交往中因行使各自国家的税收管辖权而发生的税收分配关系，有广义与狭义之分。广义的国际税收是指对所得、财产、流转（主要是关税）课税等引起的国家间的税收分配关系。狭义的国际税收是指两个或两个以上国家对纳税人的跨国所得或财产等同时课税而形成的国家之间的税收分配关系。需要指出的是，各个国家的涉外税收制度是国际税收存在和发展的基础，但涉外税收并不能等同于国际税收，就像涉外法律不等于国际法一样②。

二、税收管辖权

国际税收管辖权是一国主权在财政上的体现，它的扩张与收缩不仅与跨国纳税人的利益密切相关，还直接关系到相关国家主权与财权的有效保障与实施，必须在明晰其权力实质与冲突表现的基础上，加以有效的协调。

（一）关于税收管辖权

从国际法看任何一个独立的国家都拥有其基本主权，包括独立权、平等权、自保权和管辖权。管辖权是由国家权力派生出来的，是国家权力的体现管辖权的划分通常有属地主义原则、属人主义原则和保护地主义原则。按属地、属人原则，在国际社会中所有主权独立的国家对其领域内的一切人、物行为、事件均有行使法律的权力。这是国家主权的一个基本属性。按保护地原则，任何人只要损害了本国利益，不论是本国人还是外国人，不论损害者的国籍与所在地域，都要受到该国法律的追究。管辖权主要包括领土管辖权、国籍管辖权和税收管辖权。

① 杨元伟．历史视角的国际税收再认识（上）[J]．国际税收，2020（5）：32－37.

② 陈共．财政学（第九版）[M]．北京：中国人民大学出版社，2017.

所谓税收管辖权，是指国家在税收领域中的主权，是一国政府行使主权征税所拥有的管理权力，具有独立性和排他性，意味着一个国家在征税方面行使权力的完全自主性，在处理本国税务时不受外来干涉和控制，即一国政府有权自行决定对哪些人征税、征收哪些税收以及征多少税。

（二）税收管辖权的基本原则

1. 属人原则。属人原则又称国籍原则，它是指纳税人与征税国之间存在着人身隶属关系，根据这种隶属关系主权国家有权对具有本国公民和居民身份的人实行税收管辖。

2. 属地原则。属地原则又称为领土原则，它是指一国对其领土范围内的一切人和物或者经济活动行使税收管辖权。

三、国际重复征税及其减除方法

国际重复征税，是指两个或两个以上国家对跨国从事经济活动的同一纳税人所发生的同一征税对象同时征收相同或类似的税收。具有征税主体的双重性、纳税义务的双重性、税种的类似性等特征。

（一）国际重复征税产生的原因

国际重复征税产生的主要原因，是有关国家对同一跨国纳税人的同一课税对象或税源在共同行使征税权时，因税收管理权的交叉重叠导致收入来源地管辖权与居民管辖权的重叠、收入来源地管辖权的重叠，从而造成了国际重复征税。

（二）国际重复征税的减除

国际重复征税对国际经济的发展具有不利的影响。首先，国际重复征税加重了跨国投资者的税收负担，不利于资金的国际流动；其次，国际重复征税影响商品、劳务、人才、技术的国际流动，对资源的国际优化配置产生阻碍作用；最后，国际重复征税不利于落后地区的经济开发和技术引进。因此，世界各国都积极地寻求减除国际重复征税的途径和方法。

1. 国际重复征税减除的原则。

（1）能够作为国际重复征税加以减除的必须是税，而不是费。

（2）能够作为国际重复征税加以减除的必须是所得税及类似所得税的财产税。

（3）能够作为国际重复征税加以减除的所得税的计税基础必须是所得，即有合法来源的净收入所得加连续性所得。

2. 国际重复征税减除的方式。国际重复征税减除的方式有三类，即单边免除方式、双边免除方式和多边免除方式。单边免除方式，即一国政府单方面采取措施以免除本国纳税人员负担双重税收的一种方式，而不管对方国家是否同意。双边免除方式，即两个国家之间通过签订双边税收协定来协调双方的税收关系，免除国际双重征税。多边免除方式，即两个以上的国家通过签订避免国际重复征税的多边税收协定以协调各国之间的税收分配关系，避免国际重复征税产生的不利影响。

课后习题与思考

［1］简要阐述税收的内涵、特性、类别及原则。

［2］结合生活现实，试简要分析某一商品的税收转嫁过程及税收的负担与归宿。

［3］从本章内容出发，结合中国实际，简要分析中国的税制。

［4］集合本章内容，试比较中国和国际税收制度的异同。

推荐阅读文献

［1］韦森．国家治理体制现代化：税收法定、预算法修改与预算法定[M]. 北京：商务印书馆，2017.

［2］刘军，郭庆旺．世界性税制改革理论与实践研究[M]. 北京：中国人民大学出版社，2001.

［3］中国税务学会编．中外税收发展史研究文集[M]. 北京：中国税务出版社，2018.

第八章

公共支出概要

第一节 公共支出概述

公共支出，亦称“政府支出”，是指以政府为代表的公共部门为履行其服务社会经济发展的职能而支出的一切费用的总和。公共支出原本是西方财政学的概念。西方的财政经济学家一般认为，国家的经济活动属于所谓“公共部门经济学”，国家是满足社会共同需要的“公共品”的提供者，因此，国家为提供公共品而花费的所有费用即为公共支出。

一、公共支出的分类与国际比较

在公共支出的分类上，为了维持公共部门机构正常运行的支出属于经常性支出，而为实现特定社会经济发展目标的支出特归为其他类别，不同类别公共支出在总支出中所占的比例则表示公共支出的结构。在实际的支出管理中，不同国家公共支出分类和结构存在差别（如表 8 - 1 所示）。英国公共支出主要包括经常性支出（Public Sector Current Expenditure，PSCE）和投资支出（Public Sector Gross Investment，PSGI）；澳大利亚的公共支出包括经营管理支出和其他支出，其他支出主要包括养老金利息支出、转移支出等；在新加坡，公共支出一般包括管理支出（Operating Expenditure）和发展支出（Development Expenditure）；按预算组成来划分，中国的公共支出包括了一般公共预算支出和其他支出，其他支出具体又分为政府性基金支出、国有资产经营预算支出和社会保障基金预算支出等，每一种支出在公共支出总额的比例不尽相同，后文将详细介绍中国的一般公共预算支出与其他预算支出。

表 8－1　　不同国家公共支出分类表

国别（年份）	公共支出类别及其占总支出比重	
英国 （2020）	经常性支出 （87.94%）	投资支出 （12.06%）
澳大利亚 （2020）	经营管理支出 （30.57%）	其他支出 （69.43%）
新加坡 （2020）	管理支出 （78.46%）	发展支出 （21.54%）
中国 （2020）	一般公共预算支出 （55.19%）	其他支出 （44.81%）

数据来源：根据 HM Treasury. Policy paper Budget 2020［EB/OL］. https：//www. gov. uk/government/publications/budget－2020－documents/budget－2020.、Australian Government The Treasury. Australian Government Budget 2020－2021［EB/OL］. https：//archive. budget. gov. au/2020－21/bp1/download/bp1_ w. pdf. Ministry of Finance Singapor. The Revenue And Expenditure Estimates For The Financial Year 2020/2021［EB/OL］. https：//www. mof. gov. sg/docs/librariesprovider3/budget2020/statements/revenue－and－expenditure－estimates－for－fy2020－2021. pdf 和中国财政部网站相关数据整理。

二、中国一般公共预算支出与其他预算支出

（一）公共预算支出构成

中国公共预算支出包括：一般公共预算支出、政府性基金预算支出、社会保障基金预算支出、国有资本经营预算支出四个部分，从 2012—2020 年公共预算支出各年平均比重来看（见图 8－1），一般公共预算支出占公共预算支出的主要部分，这主要是因为一般公共预算支出承担了中国教科文卫和社会保障等民生工程及社会治理的任务，在社会经济发展中占有重要地位；政府性基金支出和社会保障基金预算支出在预算支出中的比重基本居中；国有资本经营预算支出是在社会主义市场经济中，政府以市场主体参与经济活动所产生的预算资金流出，由于中国政府本身的特质，国有资本经营预算支出所占比例最小。

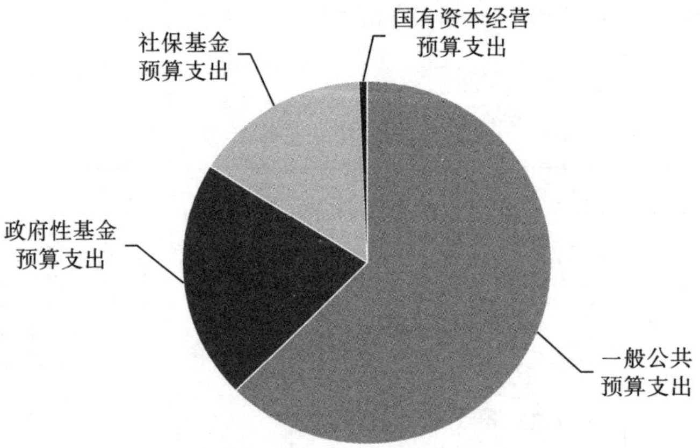

图 8-1 2012—2020 年公共预算支出构成比重均值情况

数据来源：根据中华人民共和国财政部．全国公共收支情况[EB/OL]．www. mof. gov. cn/zhengwuxinxi/rediandianzhuanti/quanguocaizhengshouzhiqingkuang/整理而得。

（二）一般公共预算支出及构成

从 2019 年一般公共预算支出的构成可以看出（见图 8-2），教育支出、社会保障支出、城乡社区支出、农林水支出、医疗卫生支出、交通运输等关系社会民生发展的支出占一般公共预算支出的突出地位，这充分印证了党的十九大所提出的满足人民群众日益增长的美好生活需要的奋斗目标。

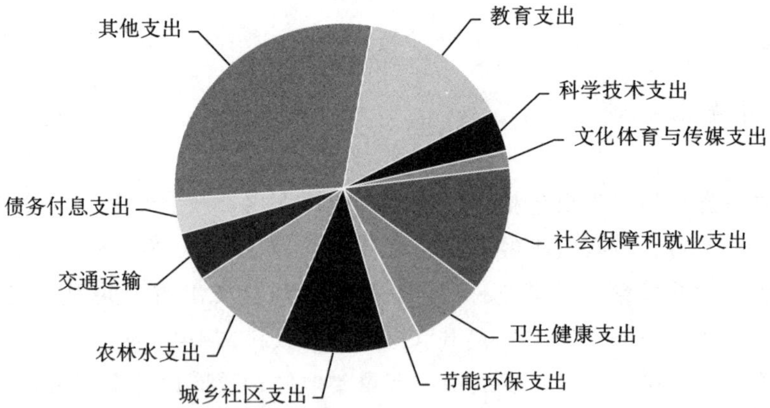

图 8-2 2012—2020 年一般公共预算支出构成比重均值（单位：%）

数据来源：根据中华人民共和国财政部．全国公共收支情况[EB/OL]．www. mof. gov. cn/zhengwuxinxi/rediandianzhuanti/quanguocaizhengshouzhiqingkuang/。

（三）中央和地方一般公共预算支出

公共支出的层级是指按照行政级别将公共支出进行划分。中国公共支出按层级划分为中央支出和地方支出。以一般公共预算支出为例，图 8－3 展示了党的十八大以来，中国中央和地方公共支出的发展趋势。

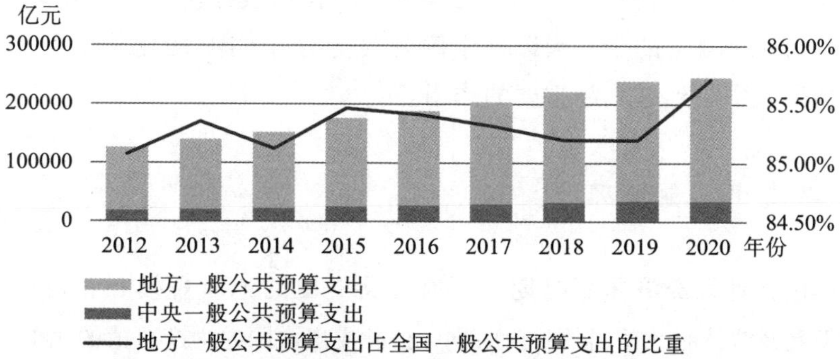

图 8－3　中央一般公共预算支出与地方一般公共预算支出（2012—2020 年）

数据来源：根据中国财政部官网整理：www. mof. gov. cn/index. htm。

第二节　公共支出的规模

现代政治经济学认为，国家职能既有政治性的职能，也有用来满足社会共同需要的社会一般性职能。而公共支出正是国家职能的一种体现，一方面具有阶级性，另一方面具有社会性。公共支出通常也被称为财政支出或政府支出，是政府为提供公共品和服务，满足社会公共需要而进行的资金支付，是将筹集到的公共收入有计划地分配和使用到履行政府职能的各个方面的支出，是国家进行宏观调控的重要手段。公共支出是以政府为主体所进行的一种资金分配活动，体现了政府对资源的使用，它反映了政府为了实现其职能和满足社会的公共需要所需要的费用数额。

一、公共支出的总量

公共支出规模，又称公共支出总量，是指政府为社会提供公共品和服务满足社会需求而要支付的财政资金总额，而公共支出结构是指财政总支出的具体分类及其占总支出的比例，公共支出总额反映了政府在社会经济发展中所承担的责任大小。以中国为例，自党的十八大以来中国公共支出占 GDP 的比重不断上升，公共支出在经济发展中起到越来越重要的作用。

（一）中国公共支出总量情况

中国在计划经济体制时期，政府公共支出的绝对规模和相对规模都呈上升趋势。但是经济体制改革后的一段时期，公共支出占国内生产总值的比重出现了下降的趋势；1996 年后，这一现状发生改变，公共支出的相对规模开始增加（见表 8－2）。

表 8－2　1991—2011 年中国公共支出的绝对规模与相对规模①

年份	公共支出（亿元）	公共支出占国内生产总值的比重（%）	公共支出占国民总收入的比重（%）
1991	3386.62	15.39	15.36
1992	3742.2	13.76	13.75
1993	4642.3	13.01	13.04
1994	5792.62	11.91	11.93
1995	6823.72	11.12	11.31
1996	7937.55	11.05	11.21
1997	9233.56	11.58	11.72
1998	10798.18	12.67	12.88
1999	13187.67	14.56	14.76
2000	15886.5	15.84	16.04
2001	18902.58	17.05	17.30
2002	22053.15	18.12	18.30
2003	24649.95	17.94	18.05
2004	28486.89	17.60	17.65
2005	33930.28	18.11	18.24

① 根据国家统计局 国家数据．[EB/OL]．https：//data.stats.gov.cn/easyquery.htm？cn = C01 年度数据整理而来。

续表

年份	公共支出（亿元）	公共支出占国内生产总值的比重（%）	公共支出占国民总收入的比重（%）
2006	40422.73	18.42	18.46
2007	49781.35	18.43	18.39
2008	62592.66	19.61	19.49
2009	76299.93	21.89	21.93
2010	89874.16	21.81	21.90
2011	109247.8	22.39	22.60

党的十八大之后，中国的公共支出规模绝对值呈逐年上升趋势，但其相对规模因每个年份的社会经济发展政策而有所波动（见图 8－4）。

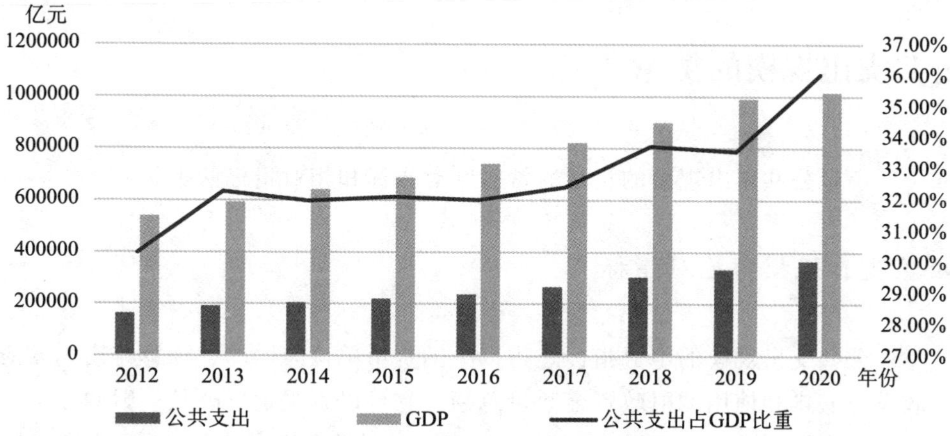

图 8－4　中国公共支出占国内生产总值比重（2012—2020 年）

数据来源：根据中国财政部官网：www.mof.gov.cn/index.htm 整理而得。

（二）公共支出总量的国际比较

公共支出的规模和结构对国家治理和社会经济发展的作用除直接影响效应外，还通过引导社会资本、公共品的外部性等路径产生时间和空间的溢出效应①。从总体上看，近年来中国公共支出总额稳步增长，且公共支出总额占 GDP 的比重也在逐年攀升，但公共支出总额占 GDP 比重相较于发达国家来说还是偏低的（见表 8－3），说明中国公共支出在国家治理和社会经济发展中的总体性作用还有很大的提升空间。

① 孙丽．公共财政支出与实际经济增长：规模、结构与外部溢出［J］．宏观经济研究，2019（4）：18－29.

表 8－3　　公共支出占 GDP 比重的国际比较表（%）

	国别	均值	最高值（年份）	标准差
发达国家（2007—2017 年）	澳大利亚	51.14	51.14（2009）	1.49
	丹麦	54.26	57.95（2012）	2.73
	芬兰	54.05	57.71（2014）	3.38
	捷克	41.95	44.48（2012）	1.79
发展中国家（2007—2017 年）	匈牙利	48.78	50.37（2009）	1.27
	波兰	43.09	45.81（2010）	1.48
中国（2008—2019 年）	中国	41.13	41.13（2019）	0.04

数据来源：根据 OECD. Data. General Government Spending. FY2018［EB/OL］. https：//data. oecd. org/gga/general－government－revenue. htm. 和国家统计局网站：http：//data. stats. gov. cn/easyquery. htm. 整理而得。

二、公共支出规模的衡量

衡量公共支出规模的指标通常有绝对指标和相对指标两类。

（一）公共支出规模的绝对指标

公共支出规模的绝对指标是指以一国货币单位表示的、预算年度内政府通过财政渠道安排和使用的财政资金数量总额。它可以直观地反映某一财政年度内政府支配的社会资源总量，但难以反映政府支配的社会资源在社会资源总量中所占的比重，因而不能充分反映政府在整个社会经济发展中的地位。同时，由于绝对指标是以本国货币为单位，加之不同国家的经济发展水平存在明显差异，故不便于进行国家间横向比较；另外，这一指标是以现价反映的名义公共支出规模，与以前年度特别是物价水平变化较大年度的支出绝对额缺少可比性，故不便于支出规模的纵向分析。

（二）公共支出规模的相对指标

除了绝对指标，还引入了支出的相对指标作为衡量和考察公共支出规模的指标。公共支出规模的相对指标是指预算年度内政府实际安排和使用的公共支出金额占相关经济总量指标（国内生产总值、国民生产总值、国民总收入等）的比率，既可以用作不同国家支出规模的横向比较，也可用作一国不同经济发展时期支出规模的纵向分析。它反映了一定时期内全社会创造的财富中由政府直接支配和使用的数额，反映了社会资源在市场和政府配置之间的比例，体现了社会财力的集散程度、也反映了公共支出与宏观经济运行以及国民收入分配的相互关联、相互制约的关系。通过该指标，可以全面衡量政府经济活动在整个国民经济活动中的地位及重要性。

一般地讲，在经济发展水平、产业结构等大致相同的条件下，公共支出相对指标越大，说明财政参与国民（内）生产总值分配的比例越高，社会财力越集中，公共支出的规模越大，政府对经济运行的介入或干预程度也就越高反之亦然。研究公共支出规模，不仅要研究其绝对量，更要研究其相对量。如果脱离国民经济和社会发展的相关指标去研究和确定公共支出规模，就割裂了经济运行与公共支出的内在联系，也就不能真实、客观、准确地确定公共支出规模。

在实践中，各国主要采用公共支出占国民（内）生产总值的比重以及公共支出边际系数和公共支出弹性系数等指标来衡量公共支出规模及其变化情况。

公共支出的边际系数，即国民（内）生产总值的增加额中用于公共支出部分所占份额的大小。用公式表示为：

$$\text{支出边际系数}=\frac{\text{年度财政支出增加额}}{\text{年度国民（内）生产总值增加额}}\times 100\%$$

公共支出的弹性系数，是指由国民（内）生产总值的增长所引起的公共支出增长幅度的大小，也可以理解为是公共支出增长对国民（内）生产总值的敏感度。用公式可表示为：

$$\text{财政支出弹性系数}=\frac{\text{年度财政支出增长率}}{\text{年度国民（内）生产总值增长率}}\times 100\%$$

三、公共支出规模的影响因素

马克思的公共支出观内含于他的生产理论之中，他认为公共支出必须适应社会再生产运动的全过程，公共支出必须在整个社会范围内统筹安排，讲究合理的支出结构及支出比例。公共支出规模作为政府通过财政渠道安排和使用的财政资金的数量，不可能无限制地增加或缩减。公共支出规模的大小主要受到以下一些因素的影响。

（一）影响公共支出规模的宏观因素

1. 经济性因素。经济性因素主要指一个国家的经济发展水平、经济体制以及中长期发展战略和当前经济政策等。世界各国的实践证明，经济性因素始终是影响公共支出规模的主要因素，甚至是决定性因素。经济发展水平决定公共支出规模的明显例证是，经济发达国家公共支出高于发展中国家。从长期总体情况来看，中国仍是一个发展中国家，经济体制仍处于转型过程中；从经济性因素来看，经济改革之初公共收入占GDP的比重明显下滑，这是财政为经济改革必须付出的成本和代价。随着经济体制改革的进展和经济稳定的增长，公共收入增长加快了，但为了构建和谐社会，实现建设新农村、大力发展教育卫生事业、扩大就业和完善社会保障制度、推进产业结构优化升级、保护生态环境等任务，就要求在一段时间内仍然适度提高或维持公共支出占GDP的比重，因而公共收入增长的可能性和公共支出规模增长的必要性将是今后一段时间内财政运行的主要矛盾。

2. 政治性因素。政治性因素对公共支出规模的影响主要体现在三个方面：一是政局是否稳定；二是政体结构和行政效率；三是政府干预政策。关于政局稳定问题，皮科克与威斯曼（A. T. Peacock，J. Wiseman，1961①）的分析认为，当一国发生战争或重大自然灾害等突发性事件时，公共支出的规模必然会超常规地扩大，而且事后一般难以降到原来的水平。关于政体结构和行政效率，首先是与一国的政治体制和市场经济模式有关。一般而言，倾向于集中的单一制国家，公共支出占GDP的比重高一些，倾向于分权的联邦制国家则相对低一些，北欧各国由于政府包办高福利而导致公共支出规模较高。至于行政效率，则涉及政府机构的设置问题。若一国的行政机构臃肿，人浮于事，效率低下，经费开支必然增多，这是确定无疑的。中国当前的关键还是在于正确处理政府与市场的关系，进一步转变政府职能。比如抓好以下四个环节：一是坚决实行政企分开。把政府不该管的事务交给企业、市场、社会组织和中介机构，充分发挥市场在资源配置中的决定性作用，把政府经济管理职能转换到主要为市场主体服务和创造良好发展环境上来，主要运用法律手段和经济手段管理经济。二是全面正确履行政府职能，进一步简政放权，深化行政审批制度改革，加快投资体制改革，凡是市场机制能有效调节的经济活动，一律取消审批，确立企业的投资主体地位，使行政审批走向制度化、规范化和法制化。三是在政府履行合理的经济调节和市场监督职能的同时，更加重视社会管理和公共服务职能。当前特别要建立和健全各种应急机制，提高应对突发事件的能力，大力推进教育、卫生、科技、文化等公共事业的发展，扩大就业，提供社会保障，建设公共设施，提高公共服务水平。四是树立以人为本的管理思想，坚持全面协调和可持续的发展观。统筹兼顾经济和社会、城市和农村、东部地区和中西部地区、人与自然的协调发展，全面提高人民的物质文化水平和健康水平。

3. 社会性因素。如人口、就业、医疗卫生、社会救济、社会保障以及城镇化等因素，都会在很大程度上影响公共支出规模。中国作为一个发展中国家，人口基数大、增长快，与此对应的义务教育、卫生保健、社会保障、失业和贫困救济、生

① Peacock A.，J. Wiseman. The Growth of Public Expenditures in the United Kingdom [M]. Princeton NJ: Princeton University Press，1961.

态环境保护以及城镇化等支出的增长压力较大。比如，中国在尚未实现工业化之前人口的老龄化已经来临，农村富余劳动力的增加迫切要求加快城镇化速度，经济建设与生态环境保护的矛盾日益突出等，诸如此类的社会问题将不断对公共支出提出新的需求，构成影响公共支出规模的重要因素。

（二）影响公共支出规模的微观因素

为了寻求合理的公共支出规模，不仅需要分析影响公共支出的宏观因素，而且需要分析和控制影响公共支出的微观因素。福利经济学对公共支出增长的分析主要是从微观角度进行的，它采用效用最大化的分析方法，将市场有效供给原理运用到政府公共品的供应中，通过影响公共支出增长的变量，如公共品的需求、公共品的成本和价格、公共品的质量、生产组织形式等，来分析和研究公共支出规模。如成本—效益分析法、最低成本法等分析方法，不仅是事后考核支出效用的方法，而且是事前测定经济性支出和非经济性支出、项目支出、规模的方法，即从具体支出金额项目来分析和控制公共支出总规模（关于公共支出的分类将在之后的内容中进行系统的学习）。本书之后的有关章节中将讲到的中国近年来财政管理中所采取的诸多加强预算管理的制度和措施，如政府采购制度、国库集中支付制度等，其目标都是从微观管理入手，以提高公共支出效益、控制公共支出规模。

（三）政治决策程序

尽管有研究表明（Klein，1976 等①），影响公共支出变动的是社会经济因素，而不是政治因素，但多数研究表明，财政是国家（或政府）的一种经济行为，也是经济学与政治决策的汇合点，因而政治决策必然是确定公共支出规模的重要因素（Battaglini & Coate，2008②；Wallace E. Oates，1985③ 等）。在经济稳定条件下，公共支出规模应随着经济发展而逐步上升，保持相对稳定的状态。但发达国家相对稳定的公共支出规模却是高低不一。如在 2011—2020 年十年间，美国、英国、法

① Klein R. The politics of public expenditure: American theory and British practice [J]. British Journal of Political Science, 1976, 6 (4): 401 - 432.

② Battaglini M, Coate S. The political economy of fiscal policy [J]. Journal of the European Economic Association, 2008, 6 (2 - 3): 367 - 380.

③ Wallace E. Oates. Searching for Leviathan: An Empirical Study [J]. American Economic Review, 1985, 75 (4): 748 - 757.

国公共支出占 GDP 的年平均比重分别为 39%、42%、57%①。长期趋势的实证表明（Jackson，1962②、Devarajan et al.，1996③ 等），这些经济发达国家展现出相对稳定的经济水平，主要是由几百年市场经济运行中市场与政府的磨合形成的，而各国水平的差异依各国具体国情差异而决定。可以说，没有一种精确的模型能够测算出某一个国家的公共支出规模的最佳水平，除了由市场运行自发形成这个主要因素外，无疑还含有政治决策的因素。因为政治决策与公共支出规模之间的紧密相连，问题的出现触发了的公共选择理论诞生。公共选择理论成为将经济分析工具和方法应用于政治决策过程、深入研究政府决策程序和选举制度、以寻求财政决策的最佳途径的一种政治决策理论。

中国的特殊性在于，社会主义市场经济体制是在政府推动下由计划经济体制转换过来的，市场经济体制是在政府推动下建立和形成的，因而政治决策对公共支出规模的发展变化以及最终形成最佳的相对稳定水平具有重大影响。在不断推进社会主义市场经济改革的进程中，中国政府正在加快政府职能的转变，全面正确履行政府职能，完善社会主义市场经济下的民主决策机制，健全重大问题集体决策机制和专家咨询制度，实行预算社会公示和社会听证制度，大力推进依法治国、依法执政，严格按法律规定的权限和程序行使权力和履行职责，形成对国家预算及其他行政权力的制约和监督。

第三节 公共支出的结构

一、公共支出结构概要

公共支出结构是指各类公共支出金额在公共支出总额中所占的比重以及各类公

① 资料来源：根据“Trading Economics 政府支出占国内生产总值（美国、英国、法国）”［EB/OL］. https：//zh. tradingeconomics. com/. 整理而得。

② Jackson R. The Growth of Public Expenditure in the United Kingdomby Alan T. Peacock; Jack Wiseman［J］. The American Economic Review, 1962, 52（3）：602－603.

③ Devarajan S, Swaroop V, Zou H F. The composition of public expenditure and economic growth［J］. CEMA Working Papers, 1996, 37（2）：313－344.

共支出之间的比例关系。这种比例关系是政府职能和政府政策的具体体现，即公共支出的各个部分是相互影响的，一项支出的增加就意味着另一项支出的减少。

公共支出结构建立在一定的公共支出分类之上，只有在一定的公共支出分类基础上，才能对因此而形成的各项支出数额及其所形成的关系做出分析研究（公共支出的具体分类将在后文进行介绍）。公共支出结构的实质是各类公共支出的分类组合与配置比例。研究目的不同，分类组合的标准就不同，公共支出的结构也就不同。

从财政分配自身角度分析，公共支出结构反映了公共支出的基本内容及各类支出的相对重要性。体现了一定时期内国家的财政经济政策取向和政府财政活动的范围、支出责任和重点。对公共支出结构进行全面、系统的分析，目的在于探索公共支出的内在联系及其规律性，分清主次和轻重缓急，合理安排财政资金，形成公共支出的最优结构，保证政府各部门、国民经济和社会发展各方面的资金需求，保证国家履行各项职能的资金需要，提高财政资金使用效率。

从宏观经济运行角度分析，公共支出涉及社会生活的方方面面，并对经济运行起着重要的作用，因此，公共支出结构必然体现社会经济生活中各种比例关系的客观要求。更重要的是，在社会主义市场经济条件下，生产要素的配置和调整主要通过市场进行，而财政分配要从宏观上调控市场，则主要通过调整公共支出结构来发挥其宏观调控的作用，即通过调整公共支出结构，协调、引导、控制经济结构、产业结构、消费结构、社会结构，实现国家宏观调控目标。这样，对公共支出结构的分析和调整，则是国家宏观调控的重要手段，是实现宏观调控目标的重要途径。

二、公共支出结构分类

对公共支出进行分类，能够使我们全面而准确地把握公共支出的规模、结构和特点，有助于管理和分析公共支出活动。由于管理的要求和理论研究的角度不同公共支出可以作多种分类。

（一）按是否参与商品或劳务相交换分类

在各种名目下安排的公共支出，虽然无一例外地表现为资金从政府手中流出但不同的公共支出对国民经济的影响却是不同的，以公共支出是否与商品或劳务相交换为标准，可将公共支出分为购买性支出和转移性支出（后续章节将会进行更加具体介绍）。

购买性支出直接表现为政府购买商品或劳务的活动，包括购买进行日常政务活动所需的或用于国家投资所需的商品或劳务的支出。这类支出一般由公共消费支出和政府投资两部分构成，前者如政府一般公共服务支出以及教育、科学、卫生、文化等支出，后者主要是政府各部门的投资拨款。购买性支出的大小取决于购买商品或劳务的数量与其价格的高低。政府购买性支出所购买的商品或劳务是多种多样的，项目支出的目的也有所不同，但都是国家财政通过付出资金相应购得商品或劳务，并用这些商品或劳务来实现政府职能。政府直接以商品或劳务的购买者身份出现在市场上。在从事购买性活动过程中，必须和其他经济组织一样，遵循等价交换的原则。为了提高购买性支出的效率，通常可以采用政府采购制度来加以保证。

购买性支出的大小，反映国家动用社会经济资源的多少。一般来说，发展中国家由于经济发展水平落后，国家较多参与生产活动，购买性支出占公共支出的比重较大。相反，经济发达国家，财政职能侧重社会分配和经济稳定，较少参与生产活动，购买性支出占财政总支出的比重较小。

转移性支出是政府在公民之间再分配购买力的支出，政府的这种支出表现为资金无偿地、单方面地转移，主要有社会保障支出、财政补贴支出、捐赠支出和债务利息支出。这些支出虽然性质和目的千差万别，却有一个共同点：政府支付了资金，却没有获得任何商品或劳务。在这里，政府没有充当市场经济交换主体的角色，而是充当社会管理者的角色，所体现的是政府非市场性再分配活动，能使接受者自由地作出他们将消费什么东西或他们将如何组织生产的决策。

购买性支出比重大的支出结构表明财政的资源配置职能较强，转移性支出比重大的支出结构表明财政的收入分配职能较强。本书主要按照按公共支出是否与商品或劳务相交换分类对购买性支出和转移性支出做详细介绍。

（二）按支出用途分类

在中国，按支出用途分类，公共支出可分为基本建设支出、流动资金、挖潜改造资金和科技三项费用、地质勘探费、工交商部门事业费、支援农业生产支出和各项农业事业费、文教科学卫生事业费、抚恤和社会救济费、国防费、行政管理费、价格补贴支出等。

（三）按支出功能分类

按支出功能分类就是按政府的各项职能活动所需支出分类（本书主要是指一般公共预算支出），根据 2020 年政府收支分类科目，中国公共支出功能分类将公共支出分为 33 类，在“类”的基础上再分“款”和“项”。“类级科目”综合反映政府职能活动，“款级科目”反映为完成某项政府职能所进行的某一方面的工作，

“项级科目”反映为完成某一方面的工作所发生的具体支出事项。

中国目前33类支出功能科目为：一般公共服务支出、外交支出、国防支出、公共安全支出、教育支出、科学技术支出、文化旅游体育与传媒支出、社会保障和就业支出、卫生健康支出、节能环保支出、城乡社区事务支出、农林水事务支出、交通运输支出、资源勘探工业信息等支出、商业服务业等支出、金融支出、援助其他地区支出、自然资源海洋气象等支出、住房保障支出、粮油物资储备支出、灾害防治及应急管理支出、预备费、其他支出、转移性支出、国债还本支出、债务付息支出及债务发行费用支出。

（四）按预算组成分类

按预算组成划分，中国公共预算支出包括：一般公共预算支出、政府性基金预算支出、社会保障基金预算支出、国有资本经营预算支出四个部分，从2012—2020年公共预算支出各年平均比重来看（见图8－5），一般公共预算支出占公共预算支出的主要部分，这主要是因为一般公共预算支出承担了中国教科文卫和社会保障等民生工程及社会治理的任务，在社会经济发展中占有重要地位；政府性基金支出和社会保障基金预算支出在预算支出中的比重基本居中；国有资本经营预算支出是在社会主义市场经济中，政府以市场主体参与经济活动所产生的预算资金流出，由于中国政府本身的特质，国有资本经营预算支出所占比例最小。

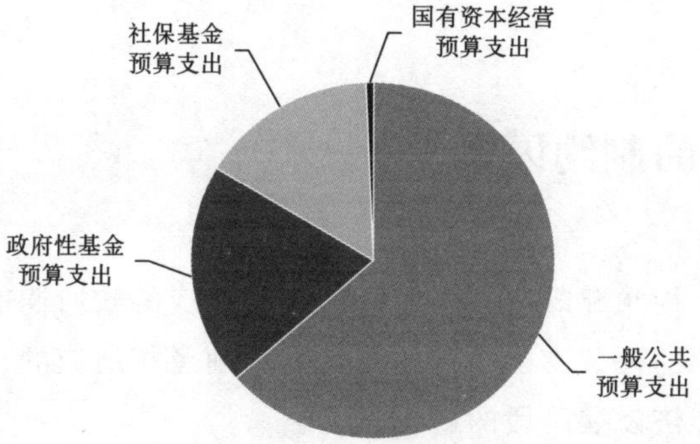

图8－5　公共预算支出构成比重均值情况（2012—2020年）

数据来源：根据中华人民共和国财政部．全国公共收支情况[EB/OL]. www. mof. gov. cn/zhengwuxinxi/redianzhuanti/quanguocaizhengshouzhiqingkuang/整理而得。

（五）按政府层次分类

按政府层次来划分公共支出，有助于我们把握财政资源在政府层次之间的分配状况，处理好政府层次之间的责权利关系。

按政府层次分类可将公共支出分为中央公共支出和地方公共支出。中央公共支出主要是全国性的公共品、准公共品及需中央政府发挥作用的领域的费用支出。包括国防支出、武装警察部队支出、中央级行政管理费和各项事业费支出、重点建设支出以及中央政府调整国民经济结构、协调地方发展、实施宏观调控的支出。地方公共支出主要是地方性的公共品、准公共品及其他需地方政府安排的支出。包括地方行政管理和各项事业费支出、地方统筹的基本建设支出、技术改造支出、支援农业生产支出、城市维护和建设经费支出、价格补贴支出等。

以一般公共预算支出为例，图 8－6 展示了党的十八大以来，到 2020 年中国中央和地方公共支出的发展趋势。

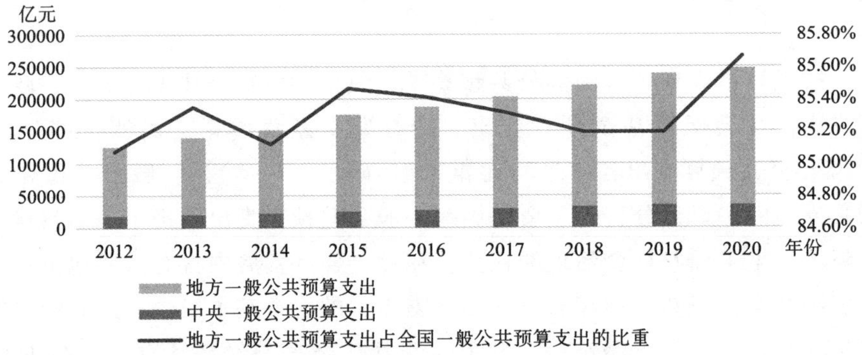

图 8－6　中央一般公共预算支出与地方一般公共预算支出（2012—2020 年）

数据来源：根据中国财政部官网整理：www. mof. gov. cn/index. htm。

三、公共支出结构的制约因素

公共支出结构状况既与一国经济体制和相应的政府职能有关，又受经济发展阶段的制约。中国的公共支出结构的演变是与前者相适应的，而合理的公共支出结构最终还是要受经济发展阶段的影响。

（一）政府职能

某种程度上说，公共支出是政府活动的资金来源，也是政府活动的直接成本。因此，政府职能的大小及其侧重点，决定了公共支出的规模和结构。从实践情况看，新中国成立 70 年来，经济管理体制和政府职能从 20 世纪 70 代末开始发生了根本性变革。在此之前，国家注重经济职能的实现，政府几乎调动全部资源，直接从事各种生产活动，公共支出大量用于经济建设。在此之后，随着改革开放、社会主义市场经济体制的逐步建立，政府正在逐步减少资源配置的份额，财政用于经济建设方面的支出比例已大大降低，用于社会管理、收入分配方面的支出不断增加。

（二）经济发展阶段

不同国家的公共支出结构不尽相同，即使是同一个国家，由于所处的经济发展阶段不同，公共支出结构也会不同。马斯格雷夫和罗斯托运用经济发展不同阶段来解释公共支出规模的扩大，这种理论不仅可解释公共支出规模的扩大，而且也说明了公共支出结构的变化趋势。大致情况如下：在经济发展的早期阶段，财政投资支出应占较大的比重。交通、通讯、水利设施等经济基础具有极大外部性的领域，政府必须加大投资力度，创造良好的生产经营和投资环境。相应地，公共消费支出比重会较小。在经济发展的中期阶段，财政投资只是私人投资的补充，因为一方面各项经济基础设施建设已基本完成，另一方面私人部门的资本积累较为雄厚。因此，财政投资支出增长率会暂时放慢，公共消费支出比重会不断提高。在经济发展的成熟期，财政投资的增长率有可能回升，因为这一时期，人均收入水平提高，人们对生活质量提出更高的要求，需要更新基础设施。同时用于社会保障和收入再分配方面的转移支付规模将会超过其他公共支出，即公共消费支出比重会有较大幅度的提高。因此从理论上讲，一国公共支出结构的状况与该国的经济发展阶段密切相关。

四、中国公共支出结构概况

中国公共支出结构的变化具有自身的特殊性。由于中国社会主义市场经济是由计划经济体制转换过来的，改革开放初期的公共支出结构仍明显显示出计划经济时期公共支出结构的特征，主要表现是以基本建设支出为主的经济建设支出占有较大的比重，如1978年基本建设支出占公共支出的比重为40.3%，经济建设支出占公共支出的比重为59.9%。因此，中国公共支出结构变化的总趋势首先是与经济体制改革和政府职能转变相联系的，是随着经济体制改革和政府职能转换而变化的，同时也是随着社会经济发展阶段的转变而变化的。在西方市场经济国家，支出结构的发展变化是随着经济发展阶段的转变由市场自发形成的，在中国则是在政府认识到支出结构随着经济发展阶段的转变而变化的规律的前提下，通过政策的推动而转变的。改革开放之初，为了激发经济活力，公共收入一度下降，首要应对措施是压缩基本建设支出。随着公共收入的恢复和增长，基本建设支出规模也有所恢复和增长，但基本建设支出和经济建设支出占公共支出的比重仍然呈下降的趋势。1992年10月党的十四大确立经济体制改革的目标是建立社会主义市场经济体制，并明确“我们要建立的社会主义市场经济体制，就是要使市场在社会主义国家宏观调控下对资源配置起基础性作用”，这也就明确了公共支出结构调整变化的方向和发展趋势。国有企业要转换经营机制，建立“产权清晰、权责明确、政企分开、管理科学”的现代企业制度，政府管理经济的职能要转变为以经济手段和法律手段以及必要的行政手段为主的间接的宏观调控，相应地，财政投资则要退出一般的竞争性领域，集中提供那些具有非排他性和非竞争性的公共品，满足社会的公共需要。

2002 年召开的党的十六大明确提出，中国已初步建立起社会主义市场经济体制的基本框架，党的十六届三中全会提出“坚持以人为本，树立全面、协调、可持续的发展观，促进经济、社会和人的全面发展”的科学发展观。这表明中国已经进入注重加强各项社会事业的发展阶段，要求优先发展教育，提高医疗卫生服务水平，实行积极的就业政策，完善社会保险体系。同时，中国也已进入二元结构转化的关键阶段，要坚持以工补农的方针，加强社会主义新农村建设，推动城乡协调发展：坚持可持续发展的路线，保护生态环境，合理利用资源，推动发展方式的转变。总之，随着经济体制改革的不断深化和社会主义市场经济体制基本框架的初步建立，中国已经为公共支出结构的调整变化确立了基本目标和基本格局。按当时公共支出的功能性质分类计算，经济建设费与社会文教费对比，“五五”时期至“十五”时期，前者由 59.9% 下降到 29.1%，后者由 14.4% 上升到 26.6%；按当时财政主要支出项目的分类计算，基本建设支出与文教、科学、卫生事业费对比，前者由 35.1% 下降到 12.9%，后者由 11.0% 上升到 18.0%。“十一五”时期、“十二五”时期和“十三五”时期公共收入的增长为优化公共支出结构提供了较大的空间，公共支出结构发生了明显的变化，朝构建和谐社会的方向转变已经迈出重大的一步。图 8－7 是按新的公共支出的功能性质分类计算的 2020 年公共支出结构。

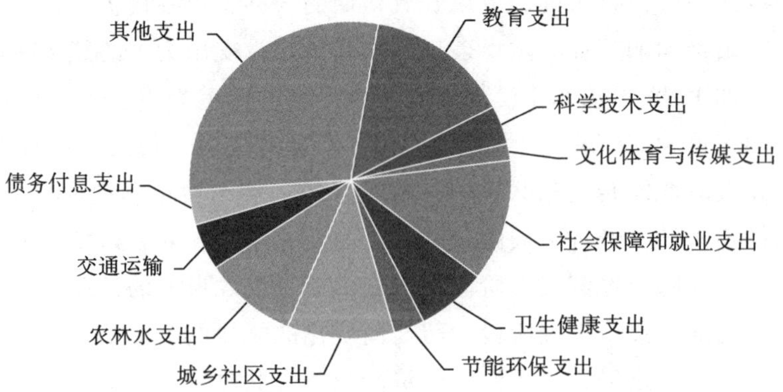

图 8－7　按公共分类的中国公共支出结构（2020 年）

数据来源：根据中国政府网 2020 年公共收支情况整理而得。

第四节
公共支出的效益

一、公共支出效益概要

公共支出效益是指政府为实现一定的目标而通过公共支出手段获取最大的社会经济效益，即以最少、最节省的各项公共支出取得最佳的社会经济效益。其内涵主要包括：一是公共支出的自身效益，即公共支出本身所产生的直接和间接的效益，包括公共支出的规模、结构和项目效益；二是公共支出的部门绩效，是指公共支出管理部门（如财政、教育和科技等）的工作绩效；三是公共支出的单位绩效，是指财政资金使用单位的工作绩效。

提高公共支出效益的途径主要包括：科学地编制公共支出预算，通过预算规范来保证政府部门和非政府部门之间实现社会资源的优化配置；对每项公共支出效益都要进行考察与评价，尤其是要运用经济分析方法来确定支出方案的取舍，以达到用最少支出实现最大效益的目的。此外，还可根据国民经济供求平衡情况，适时调整财政平衡政策，这也是公共支出效益原则的重要体现。

公共支出的效益与微观经济主体支出的效益相比，有许多特殊之处，主要区别表现在以下三个方面：

计算效益范围差异。效益是通过对“所费”与“所得”的对比分析计算出来的。对微观经济主体来说，如国有企业主要是计算发生在企业自身核算范围以内的直接的和有形的“所费”与“所得”；而政府除了要计算直接的和有形的“所费”与“所得”，还要考虑长期的、间接的、无形的和潜在的“所费”与“所得”。

衡量效益标准差异。微观经济主体的支出在于追求自身经济效益的最大化，只要能获得利润（所得大于所费）就是可选择的目标；而公共支出更重要的是追求社会经济效益的最大化，即使某项支出从其自身看可能出现亏损，但对整个社会来说能取得较大的效益，这项支出也是必要的。

效益表现形式差异。微观经济主体支出效益只采取单一的货币价值形式就可以满足决策的需要，而公共支出效益表现形式是多样的，除了可以用货币价值形式表现外，还可采取如社会管理、安全保卫、教科文卫支出以及通过政治的、社会的、文化的等多种形式表现出来，以满足公共支出决策的需要。

二、公共支出效益的分析方法

按照公共支出内容的性质和特征，可以采用不同分析方法对不同项目性质的公共支出进行分析。其主要包括成本效益分析法、最低费用分析法和公共服务定价法。

（一）成本效益分析法

成本效益法作为一种经济决策方法运用于政府部门的计划决策之中，以寻求在投资决策上如何以最小的成本获取最大的收益。财政支出成本效益分析是指对支出项目成本与项目效益进行定量分析对比的一种方法。这种分析方法是由西方经济学家创立并被西方国家在安排公共支出时所使用的一种方法。这种方法在一定程度上有其科学性，不仅对能用数量来表示的成本和效益分析有可操作性，而且使公共支出中一些不能用数量来表示的成本和效益在理论上也得到了解释。成本效益分析法主要适用于资本性投资项目分析，如大中型基础设施、大中型能源原材料项目、大中型基础工业项目等。

（二）最低费用分析法

公共支出效益分析的最低费用法是指对每个备选的公共支出方案进行经济分析时，只计算备选方案的有形成本费用而不用计算其社会效益，并以费用最低为择优的标准，即选择那些使用最少的费用又能达到公共支出目的的方案。最低费用法主要适用于军事、政治、文化、教育和卫生等支出项目。

（三）公共服务定价法

现代公共经济学中的公共服务是指国家机构为行使职能而开展的各种工作，包括军事、行政、城市给排水、建设和维修道路、住宅供应、建设和维修公园及邮电工作等。公共服务定价法是指把商品买卖的原则运用到一部分公共服务的提供和使用中去，通过制定和调整公共服务的价格，使公共服务得到最有效最节约的使用，达到提高财政支出效益的目的。公共服务的定价形式，包括免费、低价、平价和高价四种。

三、公共支出绩效评价管理

市场经济要求推进公共支出公共化，提高公共支出效益，其有效的办法之一就是实施公共支出绩效评价，它与国库集中支付、政府采购制度并称为公共财政理念的三大基石。为加强公共支出管理，强化支出责任，建立科学、合理的公共支出绩效评价管理体系，提高财政资金使用效益，2011 年 4 月财政部制定了《财政绩效评价管理暂行办法》，使公共支出绩效评价有了可靠的法制依据。

（一）公共支出绩效评价的内涵

绩效一般是指组织或个人为了达到某种目标而采取的各种行为的结果。绩效评价是指运用一定的评价方法、量化指标及评价标准，对部门、单位所确定的绩效目标的实现程度及其执行结果所进行的综合性评价。公共支出绩效评价简称绩效评价，是指财政部门和预算部门（单位）根据设定的绩效目标，运用科学、合理的绩效评价指标、评价标准和评价方法，对公共支出的经济性、效率性和效益性进行客观、公正的评价。

公共支出绩效评价的主体主要是各级财政部门和各预算部门（单位）。预算部门（单位）（以下简称“预算部门”）是指与财政部门有预算缴拨款关系的国家机关、政党组织、事业单位、社会团体和其他独立核算的法人组织。

1. 公共支出绩效评价的对象与内容。绩效评价的对象包括纳入政府预算管理的资金和纳入部门预算管理的资金。绩效评价按照预算级次，可分为本级部门预算管理的资金和上级政府对下级政府的转移支付资金，前者包括基本支出绩效评价、项目支出绩效评价和部门整体支出绩效评价；后者包括一般性转移支付和专项转移支付。

预算部门年度绩效评价对象由预算部门结合本单位工作实际提出并报同级财政部门审核确定，也可由财政部门根据经济社会发展需求和年度工作重点等相关原则确定。

绩效评价内容主要包括：绩效目标的设定情况；资金投入和使用情况；为实现绩效目标制定的制度、采取的措施等；绩效目标的实现程度及效果以及绩效评价的其他内容。

绩效评价一般以预算年度为周期，对跨年度的重大（重点）项目可根据项目或支出完成情况实施阶段性评价。

2. 公共支出绩效评价的目标与要求。绩效目标是绩效评价的对象计划在一定期限内达到的产出和效果，由预算部门在申报预算时进行填报，根据不同情况由财政部门和各部门分别或共同设定。绩效目标应包括以下主要内容：一是预期产出，包括提供的公共品和服务的数量；二是预期效果，包括经济效益、社会效益、环境效益和可持续影响等；三是服务对象或项目受益人满意程度；四是达到预期产出所需要的成本资源；五是衡量预期产出、预期效果和服务对象满意程度的绩效指标；六是其他。

绩效目标的要求主要包括：一是指向明确，即绩效目标符合国民经济和社会发展规划、部门职能及事业发展规划，并与相应的公共支出范围、方向和效果紧密相关；二是具体细化，即绩效目标应从数量、质量、成本和时效等方面进行细化，尽量进行定量表述，不能以量化形式表述的，可采用定性的分级分档形式表述；三是合理可行，即制订绩效目标时要经过调查研究和科学论证，目标要符合客观实际情况。

（二）公共支出绩效评价的原则与依据

1. 公共支出绩效评价的原则。科学规范原则，即绩效评价应严格执行规定的程序，按照科学可行的要求，采用定量分析与定性分析相结合的方法。

公正公开原则，即绩效评价应符合真实、客观、公正的要求，依法公开并接受监督。

分级分类原则，即绩效评价由各级财政部门、各预算部门根据评价对象的特点分类组织与实施。

绩效相关原则，即绩效评价应针对具体支出及其产出绩效进行，评价结果应清晰反映支出和产出绩效之间的紧密对应关系。

2. 公共支出绩效评价的依据。绩效评价的主要依据包括：国家相关法律、法规和规章制度；各级政府制定的国民经济和社会发展规划与方针政策；预算管理制度、资金及财务管理办法、财务会计资料；预算部门职能职责、中长期发展规划及年度工作计划；相关行业政策、行业标准及专业技术规范；申请预算时提出的绩效目标及其他相关材料，财政部门预算批复，财政部门和预算部门年度预算执行情况，年度决算报告；人民代表大会审查结果报告、审计报告及决定，财政监督检查报告；其他相关资料。

（三）公共支出绩效评价的指标与方法

1. 公共支出绩效评价的指标与标准。公共支出绩效评价指标分为共性指标和个性指标。共性指标是适用所有评价对象的指标，主要包括预算编制和执行情况、财务管理状况、资产配置、使用、处置及其收益管理情况，以及社会效益和经济效益等，由财政部门统一制定；个性指标是针对预算部门或项目特点设定的，适用于不同预算部门或项目的业绩评价指标，由财政部门会同预算部门制定。

绩效评价标准是指衡量公共支出绩效目标完成程度的尺度。其标准包括：一是计划标准，即以预先制定的目标、计划、预算、定额等数据作为评价的标准；二是行业标准，即按照国家公布的行业指标数据制定的评价标准；三是历史标准，即参照同类指标的历史数据制定的评价标准；四是其他经财政部门确认的标准。

2. 公共支出绩效评价的方法。绩效评价方法主要采用成本效益法、比较分析法、因素分析法、最低成本法和公众评判法等。

成本效益法是指将一定时期内的支出与效益进行对比分析，以评价绩效目标实现程度。

比较分析法是指通过对绩效目标与实施效果、历史与当期、不同部门和地区同类支出的比较，综合分析绩效目标实现程度。

因素分析法是指通过综合分析影响绩效目标实现、实施效果的内外因素、评价绩效目标实现程度。

最低成本法是指对效益确定却不易计量的多个同类对象实施成本比较，评价绩效目标实现程度。

公众评判法是指通过专家评估、公众问卷及抽样调查等对公共支出效果进行评判，评价绩效目标实现程度。

其他评价方法。除上述方法以外，经财政部门确认的方法。

公共支出绩效评价方法的选用应当坚持简便有效的原则。根据评价对象的具体情况，可采用一种或多种方法进行绩效评价。

课后习题与思考

[1] 党的十八大以来，中国出台了一系列建立健全公共支出运行机制的措施，试论述如何进一步完善政府购买服务的支出管理。

[2] 简述公共支出规模的概念、影响因素以及如何衡量公共支出的规模。

[3] 简述如何衡量公共支出的效益。

[4] 试分析公共支出绩效评价管理对公共支出所起的作用。

推荐阅读文献

[1] 杨肃昌．中国公共支出绩效审计制度研究[M]．北京：经济科学出版社，2014.

[2] 廖楚晖. 教育财政学[M]. 北京：北京大学出版社，2016.

[3] 汤凤林. 公共支出决策机制优化研究[M]. 成都：西南财经大学出版社，2015.

[4] 胡伟. 我国财政支出绩效管理法律规制：体系、模式与功能[J]. 经济与管理评论，2017，33（2）：79-85.

[5] 李燕，王晓. 国家治理视角下我国地方财政透明对财政支出效率的影响研究[J]. 中央财经大学学报，2016（11）：3-10.

第九章
购买性支出

第一节 购买性支出概述

一、购买性支出的特征

购买性支出是指公共部门自身直接实现的支出，一般用于维持国家机器运转和其他行政事业开支，在形式上是以政府为购买主体直接与商品和劳务相交换。购买性支出所形成的货币流，直接对市场提出购买要求，形成相应的购买商品或劳务的活动。政府用财政资金在商品、劳务市场上购买商品或劳务时，必须遵循等价交换的原则。其特点主要表现为：

有偿性。政府是公共事务管理部门，自身不能创造物质产品，政府付出货币从市场上获取实现自身职能所需的物品或服务。

等价性。等价性是由购买性支出的有偿性决定的。

资产性。政府通过购买性支出直接获得等价的商品或劳务，形成满足政府活动需要的物质基础。

消耗性。在政府购买性支出活动中，付出资金购得的商品或劳务，将在政府职能的履行过程中被逐渐消耗掉。

二、购买性支出的社会影响

购买性支出基本上反映了社会资源和要素中由政府直接配置与消耗的份额，因而是履行效率、公平和稳定三大职能的直接体现。从影响作用来看，购买性支出是政府直接以商品和劳务的购买者身份出现在市场上，因而对社会的生产和就业有直接的影响，但对国民收入分配的影响是间接的。购买性支出对政府与微观经济组织所产生的是硬性的约束作用。

第二节 行政管理与国防支出

一、行政管理支出

行政管理支出是财政用于国家各级权力机关、行政管理机构和外事机构行使其职能所需要的经费支出，它们向社会提供的是纯粹的公共品，因而行政管理支出属于社会公共消费支出。行政管理支出的发展状况与政府职能和活动范围密切相关。行政管理支出为各级权力机关、行政机构和外事机构行使其职能提供财力保障，是国家的一项基本支出。开支不足会影响政府机构行使其职能，进而影响社会稳定和社会秩序。

行政管理支出可以分为行政支出、公安支出、国家安全支出、司法检察支出和外交支出 5 大类。这些支出内容可再一次细化为各种支出项目。例如，行政支出包括人民代表大会经费、党派补助费、政协经费、人民团体补助费、各级政府机关经费等。公检法支出包括公安机关经费、公安业务费、警察学校和其他公安经费、安全机关经费、安全业务经费、司法检察机关经费、司法检察业务费、司法学校及其他司法检察费等。外交支出包括驻外机构经费、出国费、外宾招待费和国际组织会议费等。

行政管理支出按经费的用途划分，分为人员经费和公用经费两部分。人员经费包括各级权力机关、行政机构和外事机构的工作人员的工资、津贴和福利费等；公用经费包括公务费、修缮费和业务费等。

与其他公共支出相比，行政管理支出具有以下特征：（1）管理性支出。行政管理费包括公务性开支及相关人员的经费，这类支出是为满足国家管理机构履行其社会管理职能的需要而产生的，属于管理性支出。（2）公共性支出。一方面，行政支出主要来源于税收，是国民收入的一部分；另一方面，行政支出的使用是面向全体社会成员，以为全体社会成员创造更好的社会环境和生活、投资环境为目的。（3）支出具有稳定性。由于行政管理支出是用于各级行政机构行使其职能所需的费用支出，而国家行政机关的设置经过法律程序确定后不得随意改变，从而使行政支出也具有稳定。（4）消耗性支出。行政管理支出作为一种非生产性活动支出，不直接产生经济效益，属于一种社会财富的净消耗。在保障政府职能有效行使的前提下，应严格限制行政支出的规模，避免行政支出在社会财富总量中的比重过大，影响经济社会的发展（见图9－1）。

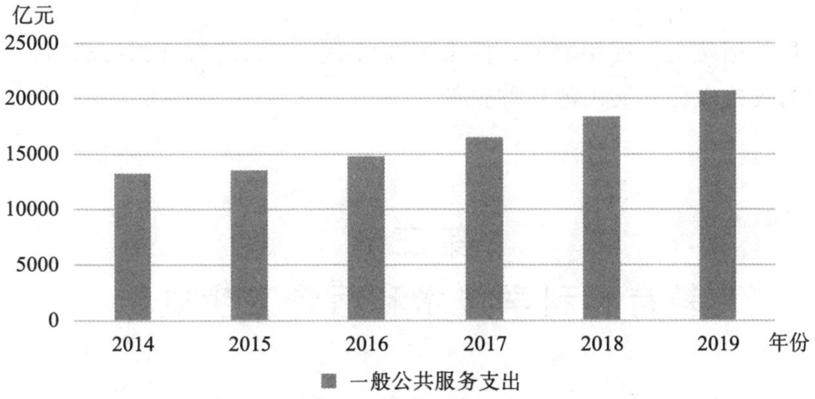

图9－1　国家一般公共服务支出规模变化

行政管理支出涵盖于国家一般公共服务支出之中，随着中国社会经济的快速发展，城市化进程加快和中国与外国的频繁交往，各种社会秩序和经济问题会日趋增多，而为了保证社会的稳定发展和经济活动有条不紊的进行，行政管理费用也不可避免地快速增长。

二、国防支出

国防费支出是财政为满足全体社会成员的安全需要，用于海、陆、空三军建设和其他国防建设的经费支出。

相较于其他公共支出，国防支出具有以下特点：（1）国防支出具有纯公共商品属性和纯消费性。（2）国防支出具有需求的外生性与供给的内生性，而对于国防服务的供给来说，主要受其国力、财力的制约。（3）国防服务属于资源密集型行业，国防装备的投入随着科学技术的发展而显得日益重要（见图 9－2）。

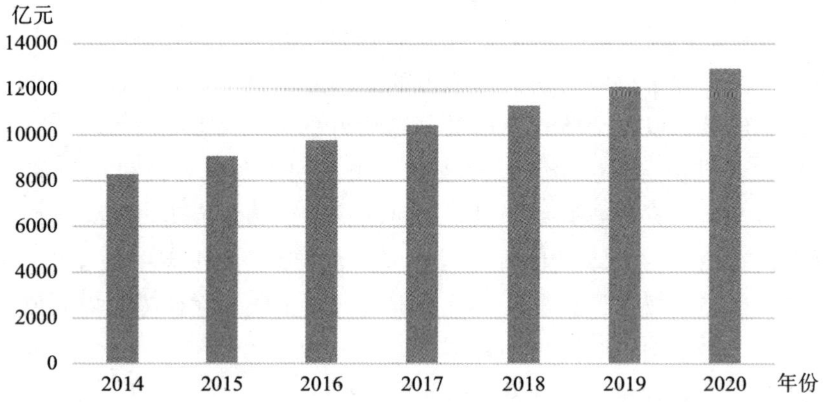

图 9－2　国防支出规模变化

虽然国防支出逐年增加，但中国政府一直奉行防御性国防战略，这种国防政策使国防支出占公共支出的比例较低。

第三节　教育、科学技术和医疗卫生支出

一、教育支出

教育支出是指财政用于发展各类教育事业的经费支出，占中国和发达国家公共支出的比重较大且与国家发展息息相关（Hanushek，2003①；OECD，2014②；Jackson et al.，2015③）。在中国，教育支出一般包括普通教育支出、职业教育支出、成人教育支出、广播电视教育支出、出国留学教育支出、特殊教育支出以及教

① Eric A. Hanushek. The Failure of Input－Based Schooling Policies [J]. Economic Journal，2003，113.

② OECD，2014 Education at a Glance 2014：OECD Indicators [M]. Organisation for Economic Cooperation and Development，Paris，2014.

③ Jackson C. Kirabo，Johnson Rucker C，Persico Claudia. The Effects of School Spending on Educational and Economic Outcomes：Evidence from School Finance Reforms [J]. Quarterly Journal of Economics，2015（1）：1.

师进修支出等。

根据教育混合产品的性质，教育产品可以分为以下3种类型①：(1) 具有纯公共品性质的教育。具有纯公共品性质的教育包括义务教育，以广播、电视等形式进行的公共教育，国家公务员教育等。这些教育是为提高全民素质、稳定社会秩序所必需的，具有强制性，因而由政府提供和保障。(2) 具有混合产品性质的教育。具有混合产品性质的教育主要有高等教育、职业教育、各类继续教育等。个人从高级教育中得到的利益是内在化和私人化的，而且一些人接受高等教育，就会减少另一些接受高等教育的机会，具有一定程度的排他性，因而由政府或私人提供，或由政府和私人混合提供。(3) 具有私人产品性质的教育。具有私人产品性质的教育主要是根据个人偏好需要提供的教育，如各种形式的补习班、职业培训机构等。这类教育具有严格的排他性，受教育者需按单位产品付费并从接受的特定教育中受益(见图9-3)。

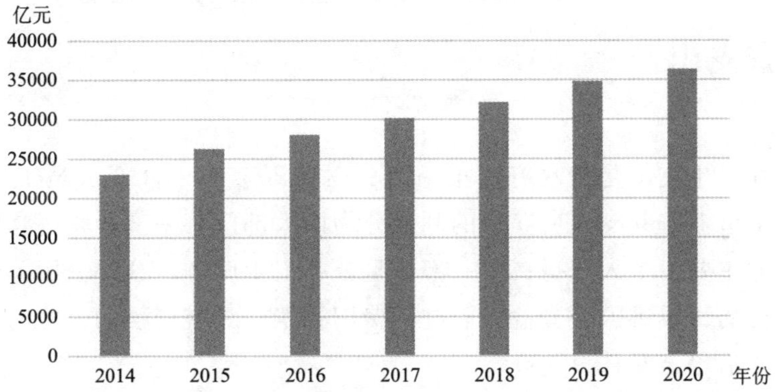

图9-3 教育支出规模变化

二、科学技术支出

科学技术支出是指用于科学研究与试验发展以及与此相关的科技活动所耗费的经费支出，也叫科技经费或科技支出。按照现行财政预算科目的支出功能来分，中国财政科学技术支出分为科技管理事务经费支出、基础研究经费支出、应用研究经费支出、技术研发经费支出、科技条件与服务经费支出、社会科学经费支出、科学

① 混合产品：又称准公共物品，是指处于公共物品和私人物品之间的产品或服务，兼有私人物品和公共物品的性质。这类物品可以由个别消费者占有，因此具有竞争性；仅具有外部性，即这类物品的消费会产生外部效应，而其他消费无法拒绝或排除这种效应，因此具有公共性。参见廖楚晖．教育财政学［M］．北京大学出版社，2016.

普及经费支出、科技交流与合作经费支出和其他科技支出 9 类。目前中国财政科学技术支出 90% 以上是用于项目或课题方面的支出，也叫项目经费、课题经费或专项经费或专项资金（见图 9－4）。

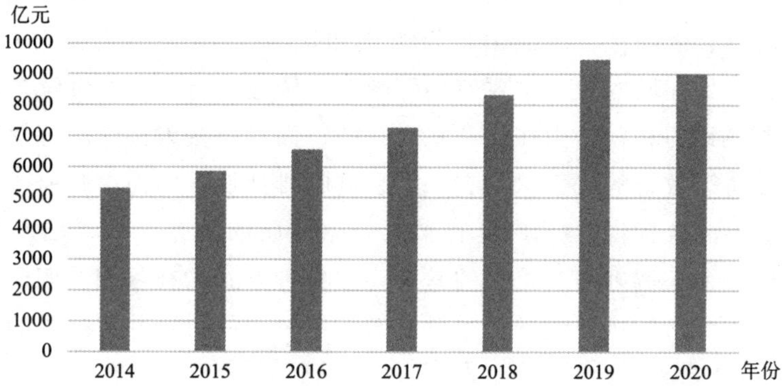

图 9－4　2014—2020 年中国科学技术财政支出规模变化

三、卫生健康支出

医疗卫生支出是指政府安排一部分财政资金用于社会成员卫生事业方面的经费。卫生事业按其支出所获得的利益分为两大部门：一部分是医疗服务，这部分支出的利益主要由个人获得；另一部分是公共卫生服务，这部分服务体现的利益主要是社会化的，很难区分受益人而进行费用补偿，具有较强的公共属性，如防疫、传染病的防治等（见图 9－5）。

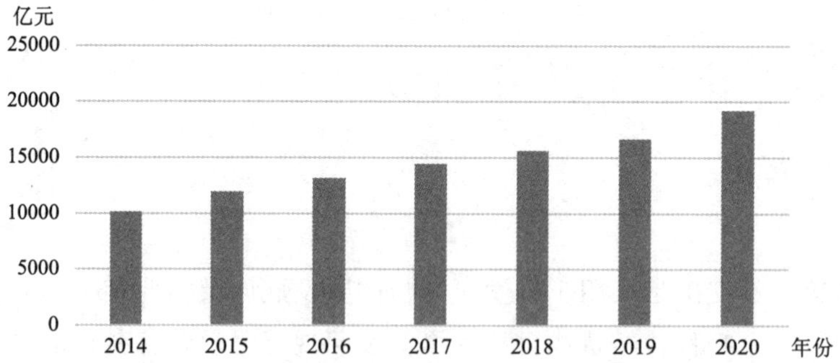

图 9－5　2014—2020 年中国卫生健康财政支出规模变化

近年来，中国卫生投入不断提高，群众看病就医的负担逐渐减轻。2020 年，全国医疗卫生公共支出高达 19201.22 亿元。城乡居民基本医保财政补助和人均基本公共卫生服务经费补助标准不断提高。基本医疗保障体系不断完善。本着低水平、广覆盖、可持续的原则，覆盖人口达到了 13 亿多人，参保率稳定在 95%。我们用比较短的时间，建立了世界上最大基本医疗保障网。个人卫生支出占卫生总费用的比重下降到28.6%，达到了21世纪最低的水平。

第四节 基础设施投资支出

一、基础设施投资的性质

基础设施的内涵有广义与狭义之分。狭义的基础设施指经济社会活动的公共设施，主要包括交通运输、通信、水利、供电、机场、港口、桥梁和城市供水等。广义的基础设施还包括提供无形产品或服务的科学、文化、教育、卫生等部门。一国的基础设施越发达，该国的国民经济运行就越顺畅、越有效，人民的生活也就越便利，生活质量相对来说也就越高。

基础设施投资主要有以下四种分类：一是纯公益性项目。产出服务无偿提供，不仅无法收回投资，连日常经营费用和维修费都要从外部补充，如生态、环保、防洪排涝、城市道路等项目。二是低收费项目。产出服务虽有收益，但未必能够补偿日常经营费用和维修费用，投资基本无法回收，更无法盈利，如灌溉、工程调水供水等项目。三是一般收费项目。营业收入补偿经营费用有余，但只能部分地实现投资回收，因此，难以靠自身积累来完成更新性质的投资，如城市供水、供气等。四是能够全部回收投资，而且能够产生资本积累的项目，如特定的铁路线、特定的收费公路及隧桥、独立电厂、电站等。

二、基础设施投资的提供方式

基础设施投资最关键的问题是投资和经营方式，它不仅直接关系投资效率，还决定着投资的资金来源。随着市场经济的发展，基础设施的建设由过去主要依靠政府投资而逐渐转变为多元化投资，不同的投资经营方式实际上意味着不同的成本补偿方式。从各国的实践来看，投资方式主要包括以下三种：（1）直接投资，无偿提供。政府直接进行基础设施投资，免费向公众提供，政府承担全部的成本。这是最基本也是最传统的一种政府投资方式，适于那些公众普遍受益且受益额大体相等的基础设施项目。此时，政府实际上是依靠税收融资。（2）直接投资，非商业性经营。政府直接投资，由政府所属的特定公共部门进行非商业性经营。非商业性经营不以营利为目的，经营主体向使用者收取等于或小于经营成本的费用。这种方式适于那些公众普遍受益但受益额不同，具有排他性却又不宜由私人部门经营的基础设施项目。例如，道路、桥梁、上下水道等公共设施，大多采用这种方式提供。此时，项目成本补偿实际有两种方式：税收和使用费。（3）间接投资，商业经营。政府只提供投资贷款，由私人部门按商业方式投资和经营。政府拥有最终决策权，企业法人拥有经营自主权。责任明确，既可以使政府从具体的经营活动中解脱出来，又可以提高成本效益的透明度，提高服务质量。政府可以根据这些关系国计民生和国家安全的产业和设施的重要程度决定是独资、控股还是参股经营。它适于那些受益对象不够普遍、具有排他性且适宜私人部门经营的一般性基础设施和基础工业项目。此时，项目成本补偿实际来源于提供项目服务的价格。

三、中国公私合作伙伴关系 PPP 的发展进程

公共品在一国经济社会发展和民众生活中起着非常重要的作用。在传统模式中，因为存在市场失灵，通常由政府部门提供公共品。但从世界各国的发展现实来看，公共品政府单一供给模式出现了诸多问题和弊端，普遍出现了政府失灵。于是各国开始积极探索供给主体多元化的发展模式，公共品供给的市场化改革已经成为各国关注的焦点和热点，其中，带有半行政化和半市场化特色、兼顾公平与效率的“政府与社会资本合作模式”（Public - Private Parternship，PPP）逐步成为越来越多国家的重要发展方向。

PPP 是指政府公共部门与民营部门合作过程中，让非公共部门所掌握的资源参与提供公共品和服务，从而实现政府公共部门的职能并同时也为民营部门带来利益。其管理模式包含与此相符的诸多具体形式。通过这种合作和管理过程，可以在不排除并适当满足私人部门的投资营利目标的同时，为社会更有效率地提供公共品和服务，使有限的资源发挥更大的作用。

以收费机制为标准，PPP 可以分为“使用者付费”和“政府付费”的公私合作项目以及两者皆有的项目，在中国也称可行性缺口补助类项目。收费道路是最典型的“使用者付费”公私合作项目。该类项目中，私营方向使用者提供公共品或准公共品服务，并通过向使用者收取服务费来创造收益。相关费用可以由政府出资予以补贴，补贴也可以基于业绩，如取决于所提供的服务是否达到特定的标准；补贴也可以基于产出，如根据使用者的数量付费。“政府付费”的公私合作项目中，政府是私营方唯一的收入来源。政府付费可取决于资产或服务是否达到事先约定的质量标准，即按“可用性”付费。政府可基于产出、根据私营方向使用者提供服

务的数量，向私营方付费。如“隐性收费”公路项目，使用者可免费使用道路设施，政府则根据用户数量向私营方付费。

PPP在中国的发展几经波折。20世纪末期广西来宾电厂和深圳沙角B电厂是中国公司合作伙伴关系的早期实践。2002年的中共十六大进一步强调了市场机制，随后作为基础设施建设行业主管部门的原建设部陆续出台了几个促进和规范PPP应用的文件，为PPP提供了法律依据。在国家的强有力推动下，各地兴起了PPP的一个高潮。

2008年的金融危机影响了世界金融格局，也极大地影响了中国PPP的发展进程。为了应对危机，中国政府推出了4万亿元的投资计划，巨额的政府财政资金和信贷资金投入基础设施领域，PPP项目受到极大的冲击。

2013年以来随着中央政府加强对地方政府债务的管理，PPP的发展步入了一个新的发展阶段。截至2019年末，累计使用者付费类项目629个、投资额1.4万亿元，分别占管理库的6.7%和9.6%；累计可行性缺口补助类项目5418个、投资额9.7万亿元，分别占管理库的57.4%和67.1%；累计政府付费类项目3393个、投资额3.3万亿元，分别占管理库的35.9%和23.2%（见图9－6）①。

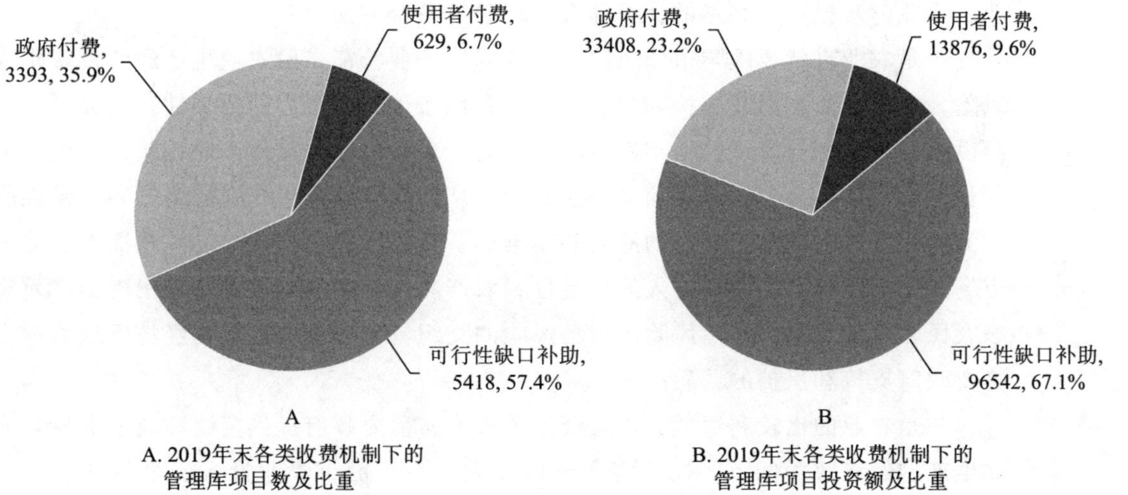

图9－6

① 财政部政府和社会资本合作中心．全国PPP综合信息平台管理库项目2019年报[EB/OL]．https：//www.cpppc.org/jb/1781.jhtml 2020－04－17/2020－09－27.

第五节
农业发展支出

一、农业发展支出的特殊性与必要性

农业是一个特殊的生产部门。一方面，从农产品供应来看，它受气候条件及其他诸种条件的影响，不仅波动很大而且具有明显的周期性。另一方面，对农产品的需求却是相对稳定的。这种不稳定的供求关系是农业很难依靠自身的力量通过市场加以克服的，这进一步又会强烈地干扰国民经济的正常运行。所以，为了稳定农业，农业财政投资是必然的，具体表现在以下三个方面：

一是农业自然风险与市场风险交织的弱质产业特征，给农业生产经营带来很大风险，客观上需要财政支持。农业生产对自然条件具有很大的依赖性，造成了农产品供给的季节性与需求的常年性之间的矛盾。农业生产与其他产业比较，其生产周期长、外部条件差、对市场信息反应滞后，从而使得农业生产者的生产和经营面临较大的市场风险。出于信息的滞后和不准确，容易形成一哄而上、一哄而下，造成市场均衡的脆弱性和市场进入的盲目性，农产品供给短缺和过剩交替出现，严重影响农民收入的稳定。自然风险与市场风险的交织，使得农业在市场经济下成为一个需要政府支持和保护的弱质产业。

二是农业的比较利益低，投融资渠道狭窄，需要政府提供资金和政策支持。农业生产的经济效益低下，社会资金难以流入。一方面，农业投入资金的盈利率太低，农业资金的机会成本必然上升，资金用于其他行业创造的价值必然大于投入于农业创造的价值，因此使农业资金的社会效益和经济效益难以统一。另一方面，在市场经济下，投资行为的商业化不可逆转，经济效益越发被投资者所看重，社会效益将逐渐被投资者所忽视，因此农业吸纳社会资金的能力将逐步减弱。目前中国对农业投融资主要依靠国家财政、国有商业银行、农村信用社等。虽然中央财政和国家银行配置支农专项资金逐年增加，但是，民间信用互助合作组织，如互助储蓄会等对农业投融资数额非常有限。由于同样的原因，外资进入农业的比例也较低。

三是加入 WTO 给中国农业带来的挑战需要强化政府对农业的支持。加入 WTO

后，中国农业发展面临的挑战将超过人口增长、耕地减少、农业投入不足等问题。中国农业在生产规模、基础设施、外部环境、价格、质量、市场体制等方面的劣势制约着中国农产品在国际市场上的竞争力，国外农产品的进入也将冲击国内市场。因此，在农业的发展过程中，需要政府的大力支持，以便尽快适应国际市场的竞争。

二、农业发展支出的主要内容

（一）财政支农政策的历史演变

从新中国成立起，财政支农政策随着整个社会经济发展，经历了一个不断演变的过程，大体上可以划分为五个阶段。

第一阶段（1949—1958 年）。这一时期是社会主义改造时期，农业是国民经济的主导产业，当时国家财力还比较薄弱，为了稳固新生的政权，国家逐步对农产品实行统购统销以保证化的推进。在组织制度上为保证统购统销的实施，从合作社到人民公社。财政对农业的支持主要是安排少量的资金支持恢复农业生产，从农业上取得的公共收入要远远大于财政对农业的投入。同一时期，由于公共收支渠道较少，财政支农的资金来源渠道和投向都比较单一。

第二阶段（1958—1978 年）。社会主义改造完成，人民公社“一大二公”制度的确立，国家开始实行高度集中的计划经济体制，相应地财政实行高度集中的统收统支的管理体制。与此同时，全国人民代表大会常委会出台了《农业税征收条例》，并开始实行农产品统购制度。尽管这一时期，国家财政安排了一部分资金支持人民公社改善农业生产条件，发展农业生产，但统购派购制度的实行使工农业成品的贸易环境向着工业严重倾斜，财政对农业的投入份额非常小。

第三阶段（1978—1994 年）。1978 年，中国的改革首先从农业农村拉开了序幕。实行家庭承包经营极大地调动了农民的积极性，解放了被长久桎梏的生产力。同时，为了改变工农业交换不平等的状况，增加农民收入，国家大幅度地提高了农产品收购价格。国家财政用于农业的投入也大幅度增加。到 20 世纪 80 年代后期，由于投入不足，中国农业呈现后劲不强、发展徘徊的局面。为了进一步加大对农业的投入，增强后劲，国家财政开征了耕地占用税，并以此为主要来源建立了农业发展基金，实施大规模的农业综合开发。这一时期是现行财政支农政策的形成时期。资金渠道多，政策覆盖范围广，涉及农业农村发展的许多领域。

第四阶段（1994—2003 年）。这一阶段是中国确立社会主义市场经济体制改革目标并付诸实施的重要历史阶段。从财政改革来说，一是1994年，以分税制为核心的财政管理体制改革；二是从1998年起，实施积极的财政政策；三是从2000年起，公共支出改革、税费改革和公共财政框架的构建。这些改革推动了与社会主义市场经济相适应的现代财税制度逐步形成。这一时期，财政支农投入逐步增加，在继续支持农业基础设施建设、农业进步、农业抗灾救灾、农村扶贫开发的同时，加大了对生态建设的支持，加大了对农村改革特别是农村税费改革的支持。

第五阶段（2003年至今）。2003年是具有里程碑意义的一年。党中央在提出“统筹城乡发展”解决“三农”问题的基础上，进一步提出全面、协调、可持续的科学发展观，并要求全党把解决“三农”问题作为一切工作的重中之重。财政支农方面，除了已有的政策继续执行并加大力度外，还提出了各种方针政策来支持“三农”发展。一是提出并开始实施公共财政覆盖农村政策，新增卫生、文化支出主要用于农村，同时在基本建设投资包括国债资金方面加大了对农村公共基础设施建设的投入；二是改变财政支农方式，对农民实行直接补贴；三是改革农业税制，取消农业特产税，进行农业税减免试点直至逐步取消农业税。经过多年的演变、调整，一个适应社会主义市场经济体制和农业农村发展形势的，以支持粮食生产、促进农民增收、加强生态建设、推进农村改革、加快农村教育卫生文化发展等政策为主要的财政支持“三农”政策框架体系已经显现。

（二）财政支持“三农”政策的主要内容

1. 财政支持“三农”政策的主要种类。财政支持“三农”政策包括两大类：一类是支出政策，主要方式是投资、补助、补贴等；另一类是税收政策，主要方式是轻税、减免、退税等。

（1）支出方面。中央财政现有直接支持“三农”资金15大类，包括基本建设投资（国债资金）、农业科学事业费、科技三项费用、支援农村生产支出、农业综合开发支出、农林水气等部门事业费、支援不发达地区支出、水利建设基金、农业税灾歉减免补助、农村税费改革转移支付、农产品政策性补贴支出、农村中小教育支出、农村卫生支出、农村救济支出、农业生产资料价格补贴。这一口径是目前中央财政支持“三农”支出最大的口径，基本涵盖了中央财政支持“三农”的各个方面。

（2）税收方面。国家财政对农业农村一直实行轻税和税收优惠政策。自1958年全国人民代表大会颁布《农业税征收管理条例》以来，农业税一直实行增产不增税。在农村税费改革试点以前的1999年，农业税的实际税率只有2.5%；农村税费改革试点以后，农民的整体负担大幅度下降，2004年中央又出台了取消农业特产税和农业税减免试点。与此同时，国家财政对特定地区和特定群体实行社会减免政策，对受灾地区和农民实行灾歉减免政策。在农产品加工增殖税和出口退税上，国家财政对农产品加工增殖税实行进项抵扣政策，对农产品及加工品出口实行优先退税政策。

2. 财政支持“三农”政策具体项目。

第一，支持农业农村基础设施建设。主要是大江大河的治理、中小型基本农田水利设施建设、农业科研基础设施建设、大宗农产品商品基地建设、乡村道路建设、农村电网改造、人畜饮水设施改善等，用于这方面的财政支农资金包括农业基本建设投资（含国债投资）、农业综合开发、小型农田水利建设支出、农村小型公益设施建设资金、扶贫资金等。

第二，支持农业科技进步。主要是农业科研、科技成果中试转化、农业科技推广和农民科技培训等。用于这方面的财政支农资金包括农业科研支出、科技三项费用、农业科技推广支出、农业科技成果转化资金、农民科技培训资金、财政扶贫资金等。

第三，支持粮食生产和农业结构调整。主要是支持粮食等大宗农作物生产发展、农业结构调整、农业产业化经营和农村劳动力转移就业等。用于这方面的财政支农资金包括良种补贴、农业产业化资金、农民就业技能培训资金、支持农民专业合作组织资金、农产品政策补贴资金等。

第四，支持生态建设。主要是支持生态恶化的重点地区改善生态环境，为国民经济和社会可持续发展奠定基础。用于这方面的财政支农资金包括退耕还林资金、天然林保护资金、森林生态效益补偿资金、草原生态治理资金、水土保持资金等。

第五，支持抗灾救灾。主要是支持抗御洪涝灾害、动植物病虫害和其他一些自然灾害，帮助受灾地区和群众恢复生活生产。用于这方面的财政支农资金包括特大防汛抗旱资金、动植物病虫害防治资金、森林草原防火资金、农村救济费、农业税灾歉减免补助资金、蓄滞洪运用补偿资金等。

第六，支持扶贫开发。主要是支持贫困地区改善生产生活条件，促进贫困地区社会经济发展。用于这方面的资金包括财政扶贫资金、国债资金（以工代赈）等。

第七，支持农村社会事业发展。主要是支持发展农村教育、卫生、文化等事业，促进农村社会经济协调发展。财政用于这方面的资金包括教育支出、医疗卫生支出、文化支出等。

第八，支持农村改革。主要是支持农村深化改革，促进理顺农村经济关系，加快农村市场经济体制建设。财政用于这方面的资金包括农村税费改革转移支付、农产品政策补贴等。

课后习题与思考

[1] 试论述购买性支出的定义、特征及其带来的社会影响。

［2］简要概括购买性支出的主要类别及其各自内容。

［3］结合本章主题，试说明中国公司合作伙伴 PPP 的主要发展历程。

推荐阅读文献

［1］郭庆旺，陈志刚，温新新，等．中国政府转移性支出的收入再分配效应[J]. 世界经济，2016，39（8）：50 - 68.

［2］金成晓，张东敏．公共支出结构、最优税收与经济增长[J]. 吉林大学社会科学学报，2016，56（5）：17 - 24.

［3］张晓娣．中国公共支出与公共产品研究——宏观优化的视角[M]. 上海：上海社会科学院出版社，2016.

第十章
转移性支出

转移性支出是与购买性支出相对应的一种支出，这类支出是无法直接获得等价补偿的公共支出，即经财政之手，将经济某个部门、集团或个人的部分收入转移到另一部门、集团或个人手中。因此，从本质上说，转移性支出是在社会成员之间资源的再分配，公共部门只是起中介人的作用。转移性支出主要包括社会保障支出、财政补贴支出、税式支出等，其中社会保障支出一般是发达市场经济国家最大的独立公共支出项目，在各国政府支出中占据着举足轻重的地位。

第一节 转移性支出概述

一、转移性支出的性质

转移性支出是财政对居民个人和非公共企业提供的无偿资金支付，并不是政府直接购买和消费，而是一种收入的再分配方式。转移性支出有特定的用途和目的，但政府在将财政资金转移给居民和其他受益者时，不会得到任何补偿，只是价值的单方面转移，体现的是政府的非市场性再分配活动，是政府实现公平分配的主要手段。不同于购买性支出，转移性支出具有以下三个性质：

一是政府的非购买性，即政府的这类支出，不表现为对商品和劳务的直接购买，而是表现为为了实现社会公平与效率而采取的资金转移措施。二是转移性支出的无偿性，即转移性支出是无偿的、单方面的转移，没有得到等价补偿，受益者也不必予以归还。三是转移性支出对经济和社会影响的间接性，即转移性支出作为再分配的一个重要手段。对社会总供求、社会总储蓄以及经济总量和结构产生不同程度的影响，但是这种影响往往是间接性的，而且存在着一定的时滞。比如，企业及居民对某些财政补贴中有多少转化为现实需求、有多少转化为后续的消费和投资需求，从而将对当时和以后的社会需求总量及结构产生多大的影响，由于时滞性的存在，其影响程度就很难直接被反映和计算出来。

根据转移性支付的主体不同，可以将转移性支付分为两种类型。

第一，政府对微观经济主体的转移性支出。这类转移性支出的主要构成部分是各类补贴、补助金和津贴（统称为补贴）、公债利息支出、社会保障支出、资本转移等。在中国目前的转移性支出中，比重较大的是各类财政补贴、社会保障支出和国债利息支出。随着社会保障制度改革的进行以及新型的社会保障制度的逐步建立和完善，当前这类比重已逐年增加，今后还将呈现继续增加的趋势。

第二，上下级政府之间的转移性支付。这类转移性支付由两种类型构成：中央政府对地方政府的转移性支付和地方政府中的上级政府对下级政府的转移性支付。政府间的转移支付对平衡地方公共收支、维持地方财政的顺利运转有着重要作用，政府间的转移支付也属于预算管理体制的研究对象（有关政府间转移性支出的具体内容将在第十一章政府间财政关系进行详细阐述)。

二、转移性支出的社会影响

(一) 对分配的影响

转移性支出有利于国民收入分配的合理化。转移性支出是通过支出过程使政府拥有的部分资金转移到受益者手中,它不仅是资金使用权的让渡,而且涉及所有权的转移,对微观经济组织的分配将产生直接影响。若转移性支出的受益人为企业,则由于转移性支出源于政府向纳税人筹集的各种税收,对特定的企业进行补贴,则使这部分税收将从纳税人转移到获得补贴的企业手中,从而导致国民收入在纳税人和享受补贴的企业之间转移。若转移性支出的受益人为个人,由于受益人获得的这笔资金源于各个纳税人在国民收入初次分配中所分得的各种收入,这笔收入的受益人一般限于那些收入低于维持通常生活标准应有水平的居民,因此通过转移性支出这一渠道,国民收入的分配格局会发生变化。变化的结果将使高收入阶层的一部分收入转移到低收入阶层的居民手中。明显地我们能看到,这种转移更有利于国民收入分配的公平化和合理化。

(二) 对生产和流通的影响

转移性支出对生产和流通的影响是间接的,且不受控的。无论是企业还是个人,通过政府的转移性支出获得了资金以后,是否用于购买商品和劳务以及购买哪些商品和服务,这已脱离开了政府的控制。因此,转移性支出对生产和流通的影响是间接的。若资金受益者收到转移性支出的资金后,用于增加了私人消费需求,则增加的商品或劳务的购买量对这类商品或劳务的生产有相当大的影响;若资金受益者将转移性支出用于储蓄,通过一定渠道转化成生产资金,则增加企业的投资需求。

(三) 对经济主体活动的影响

转移性支出对政府及微观经济组织所产生的约束作用是软性的。首先,对于政府而言,转移性支出资金的使用效益如何,并不直接取决于拨付转移性支出的政府,而取决于获得转移性支出的单位如何使用这笔资金,社会无法直接考核政府该项支出的使用效果，因此转移性支出对政府的约束作用是软性的。其次，对于获得转移性支出的微观经济组织而言，其获得转移性支出数额的大小，并不唯一地取决于自身经营管理水平的高低，也不直接取决于其成本开支水平的高低，即并不取决于自己的能力和生产努力程度，而取决于同政府讨价还价的能力。显然，转移性支出对微观经济主体的预算约束是软性的。

第二节 保障性支出

党的十八大报告明确指出，“共同富裕是中国特色社会主义的根本原则。要坚持社会主义基本经济制度和分配制度，调整国民收入分配格局，加大再分配力度，着力解决收入分配差距较大问题。使发展成果更多更公平地惠及全体人民，朝着共同富裕方向稳步前进”“社会保障是保障人民生活、调节收入分配的一项基本制度”。而财政的保障性支出在其中发挥着重要作用。

一、社会保障支出的特征

在中国社会保障是国家为了保持经济发展和社会稳定，通过立法，以国民收入再分配的形式，对因年老、伤残、疾病而丧失劳动能力或丧失就业机会，或因自然灾害和意外事故等原因面临生活困难的社会成员，提供物质帮助和社会服务的制度和事业的总称。《中华人民共和国宪法》规定：“中华人民共和国公民在年老、疾病或者丧失劳动能力的情况下，有从国家和社会获得物质帮助的权利。”

以中国的社会保障支出为例作为当今政府数额最大的转移性支付之一，社会保障能自动调节社会消费结构，减缓贫富分化，协调财政投、融资，保证市场经济高效运行，资源分配相对公平。它不仅是保障公民基本生活权利、缓解市场经济矛盾、减少或消除不安定因素的重要措施，也是维持社会环境稳定、增强社会凝聚力、提高政府威信的有力工具。社会保障支出具有以下特征：

（一）社会性

首先，社会保障的对象是全体社会成员，所有社会成员不分所有制性质、部门和行业，也无论有无职业、身处城市还是农村，都有权依法获得政府提供的物质帮助和社会服务；其次，社会保障的覆盖范围是整个社会的政治、经济生活；最后，社会保障基金的来源广泛，呈现多元化格局。

（二）公平性

一方面，每个社会成员地位平等，享受社会保障的机会均等；另一方面，社会保障支出的目标是通过国民收入再分配缩小贫富差距，促进社会收入趋于公平。

（三）福利性

国家通过建立和完善社会保障制度，保证城乡居民基本生活需求，并在生产力发展的基础上逐步增进城乡居民福利，不断提高社会福利水平。

（四）强制性

首先，为防止社会成员由于边际效用高低不同而退出保障制度所导致的社会整体利益下降，国家需用立法的形式明文规定每个社会成员的权利和义务；其次，社会保障基金是以法律、法令或法规为保障，通过财政预算和社会统筹的方式强制性收取的。

按政府、企业和个人在社会保障制度中的不同责任及不同的财务制度及预算管理形式可将社会保障制度分为四种模式：福利型、保障型、国家型和储蓄型，不同的国家对应不同的社会保障模式，每种模式都有各自的特点和优缺点（见表10－1）。

表10－1　　社会保障模式类别表

类别	代表国家	特点	优点	缺点
福利型	英国、瑞典、法国、丹麦	保障内容广泛、全民福利、政府负责，以税收筹集资金，统一缴费，统一给付，统一管理	国民生活质量普遍提高，有利于居民收入均等化	随着公共福利不断增长，国家负担越来越重，必然增加税收，导致税负过重，市场效率低下
保险型	美国、德国、日本、奥地利	企业、个人和政府共同负担社会保障资金；强调受保人权利和义务的对等性	更好地处理了市场效率和社会公平之间的关系	随着社会保障支出范围的扩大和水平的提高，所需资金越来越大，面临资金筹集问题

续表

类别	代表国家	特点	优点	缺点
国家型	波兰、保加利亚、匈牙利、朝鲜	保障费用由国家包办；职工在丧失劳动能力的任何情况下都能享受保障待遇；保障给付与劳动者的工作年限和工资挂钩	与计划经济体制相适应，有利于保障社会成员的基本生活、防止贫富两极化	过分强调公平，国家财政负担过重；保障对象权利与义务明显脱节，缺乏自我保障意识
储蓄型	新加坡、智利、马来西亚、印度尼西亚	企业和个人的缴费全部计入职工个人账户，个人退休后的社会保障水平取决于其账户的积累额	国家财政负担轻，主要是个人或家庭自主互济，有利于激励劳动者积极劳动	缺乏社会公平性和互济性，缺乏社会成员之间的相互调剂，不具有再分配性质，也未发挥收入调节作用

二、社会保障支出的基本内容

当前，中国已经基本形成了以基本养老保险、基本医疗保险、失业保险和最低生活保障为核心的覆盖城乡居民的社会保障体系框架，中国的社会保障制度开始进入统筹城乡发展与制度创新及完善的新阶段。具体来看，中国现行社会保障制度包括了社会保险、社会救济、社会福利和优抚安置制度。

（一）社会保险

社会保险是指国家通过立法，由劳动者、劳动者单位或社区（集体）、国家三方共筹资金，在劳动者及其直系亲属遇到年老、失业、患病、工伤、生育、死亡等风险时，给予物质帮助，以保障其基本生活的一种公共支出。它是公民的基本权利，内容主要包括养老保险、失业保险、医疗保险、工伤保险和生育保险等项目。

社会保险的特征主要有：社会保险的费用缴纳、待遇项目和保险金的给予标准等都由法律、法规统一确定，凡属法律规定范围的成员都必须无条件地参加社会保险并履行纳费义务。无论年龄、收入水平、就业年限和健康状况如何，社会保险对所有成员具有普遍的保障责任。社会保险所提供的保障水平只能以一定时期劳动者的基本生活需要为基准，始终与一定时期经济发展水平高低有关。

目前中国的社会保险支出主要包括以下 5 种类型：

1. 养老保险。社会保障的最普遍的保护形式是对因退休而导致的收入下降提供替代，而养老保险就是这种最普遍的形式①。养老保险是指由国家制定的劳动者在年老失去劳动能力或退出就业领域时，依靠政府和社会提供帮助，以维持基本生活水平的一项制度。1997年7月国务院下发了《关于建立统一的企业基本养老保险制度的决定》，确立了中国现行的“统账结合”，即社会统筹与个人账户相结合的养老保险制度。

2. 失业保险。失业保险是指由国家制定的劳动者在失业时向其支付失业救济和医疗补助费，以维持基本生活需要的一项制度。1999年国务院正式颁布实施《失业保险条例》，使失业保险制度更加规范和完善。

3. 医疗保险。医疗保险是指国家通过立法，对劳动者给予假期和收入补偿，提供医疗服务帮助其进行治疗和维持基本生活的一项制度。2002年10月，《中共中央、国务院关于进一步加强农村卫生工作的决定》颁布，以大病统筹为主的新型农村合作医疗制度从2003年起在全国部分县（市）试点，到2010年实现基本覆盖全国农村居民。2007年，国务院出台了《关于开展城镇居民基本医疗保险试点的指导意见》，在城镇职工基本医疗保险制度的基础上进一步扩大范围，覆盖全体城镇非从业居民，到2010年在全国全面推开。

4. 工伤保险。工伤保险是指国家制定的劳动者因工作而负伤、致残、死亡时，给劳动者本人及其供养的直系亲属提供物质帮助的一项制度。2004年中国正式颁布实施《工伤保险条例》，实行“无过失补偿”的原则，工伤保险的覆盖范围迅速扩大。

5. 生育保险。生育保险制度是指国家制定的专门保护妇女劳动者，对女性职工在生育期间中断劳动或工作时给予帮助的一项制度。1994年12月，劳动部颁布《企业职工生育保险试行办法》，要求城镇企业及其职工都要参加生育保险。

（二）社会救济支出

社会救济又称为社会救助，是中国现阶段社会保障制度中具有基础地位的一个子系统。社会救济支出指社会成员因受自然灾害及其他经济、社会原因的影响，在无法维持最低基本生活水平时，由国家和社会按照法定程序和标准给予某种形式的援助的一种社会保障支出，它对保障公民生存权和维护社会稳定有着积极的作用。

中国社会救助工作主要包括四个方面：一是经常性的社会救助工作，主要包括城乡最低生活保障、农村五保供养、农村特困户生活救助及城乡医疗救助等专项救助。二是紧急救助制度，主要指发生自然灾害时对灾民的紧急救助和应急救助行

---

① 资料来源：Social Security Adminisration. Social Security Programs Throughout the World [EB/OL]. https://www.ssa.gov/policy/docs/progdesc/ssptw/.

动。三是临时性的救助，主要指对低收入人群的救助工作和对城市生活无着的流浪乞讨人员，包括流浪儿童的救助。四是通过支持慈善事业的发展，培育和发展公益性的民间组织以及倡导开展群众之间经常性的互助互济活动。

社会救济的特征主要有：救济对象有选择性，不是资金随时享受。它以维持最基本物质生活水平为原则，是低层次的救济。除一些长期性的救济对象以外，大部分社会救济是短期的。社会救济受到经济发展水平的制约，不同时期及不同地区，对救济标准的规定有所不同。

（三）社会福利支出

社会福利有广义和狭义之分。广义的社会福利是指政府为全体社会成员创建有利于提高生活质量的物质和文化环境，提供各种社会性津贴、公共基础设施的社会服务，以不断增进国家整体福利水平，主要包括各种文化教育、公共卫生、公共娱乐、市政建设、家庭补充津贴、教育津贴、住宅津贴等社会保障支出。狭义的社会福利是指用于向老人、儿童、残疾人等社会中特别需要关怀的人群，提供必要的社会援助，以提高他们的生活水准和自理能力的社会保障支出。

社会福利支出的特征主要有：社会福利资金来源是单向性的，它不要求个人预先缴纳，而是由国家和社会来负担，是一种价值的单方向转移。社会福利的高低没有硬性指标规定，也不具有法律强制性，一般来说，它与社会经济发展水平成正比，并在地区之间有一定差别。社会福利有较大的机会均等、利益均沾的特征，但不意味着绝对平均，而是根据需要与可能来分享社会福利。由于许多历史原因，中国的社会福利很多是由企业和事业单位来承办，这给企业带来了沉重负担。

（四）优抚安置支出

优抚安置支出是指国家和社会按照规定，带有褒扬和抚慰性质地对法定的优抚安置对象提供确保其一定生活水平的物质照顾和精神抚慰的社会保障支出。优抚安置支出的特征主要有：优抚安置既有保险性质，也有福利和救助性质，它通过多种渠道，采取多种形式，调动各方面的力量，利用各种手段，来确保优抚安置对象的生活达到一定水平。优抚安置工作在很多方面是对其对象的一种褒扬，是对全民的一种教育，因而具有很大的政治意义。优抚安置有比较明确的法规作依据，有关的规章制度也比较健全。优抚安置提供的保障水平较高，待遇比较优厚，至少不低于当地群众的平均生活水平。

三、社会保障支出的资金来源与筹资模式

目前世界上实行社会保障制度的国家，其资金主要由国家、企业和个人三方负担。首先，政府财政拨款是社会保障资金的主要来源，主要手段是以工薪为基础征收的社会保障税和源于各项税收的财政转移支付。其次，企业按国家规定缴纳社会保障费，是社会保障支出的又一重要来源。个人作为企业的雇用劳动力，为企业创造了相应的效益，企业单位有义务为其缴纳社会保障费。最后，个人通过缴纳社会保障费负担部分社会保障。这有助于减少个人收入之间的差距，发挥社会保障的收入调节作用。此外，社会保障资金的投资收入、国有资产的增值和社会募捐等也是社会保障资金的几个来源。

从世界各国社会保障制度的实施情况看，社会保障基金的筹集模式可划分为以下三类：

（一）现收现付制

该模式以近期横向收付平衡原则为指导，它要求先作出一年（至多几年）内某项社会保障措施所需费用的测算，然后按一定比例分摊到参加该保障措施的所有单位和个人。其特点初期费率及花费较低，保险费率随支出需要扩大而提高，需经常进行调整。中国目前实行此方法。

现收现付制的优点是操作简单易行，每年可根据费用需求的增长情况及时调整缴费比例，以保持费用收入的平衡，而且还可以有效预防通货膨胀所导致的社会保障基金贬值，减少损失。但是，这一制度每年需重新估算应收保障资金的数额，经常会由于结付金规模的变化而引起保障费率的变动，给征收带来困难。而从长期来看，经济波动和人口老龄化的出现使得保障支出和筹资规模不稳定，青年一代对老年人承担的责任较大，影响经济效率。

（二）完全基金制

该模式以远期纵向收付平衡原则为指导，它要求在对未来较长时间宏观预测的基础上，预计保障对象在保障期内所享受保障待遇的总量，据此按照一定的比例将其分摊到整个投保期间，当受益人按约定需要享受保障时，保险金主要来自之前存入政府管理基金的缴款的利息收入。其特点是在初期收费率高，筹资见效快，之后在较长的时间内收费率保持相对稳定，初期形成的储备基金需要通过具有较高回报

率的投资予以保值。新加坡、马来西亚等国家所实行的公积金制度属于此类。

完全基金制的最大意义是不受老龄化的影响。但它的缺点也是不容忽视的。首先，该制度积累的货币基金受货币贬值的影响，储备金只有在保持较低通货膨胀率的情况下才能取得保值增值的效果；其次，完全基金制不具有社会保险的社会互济功能，养老费用未积累够的一部分人最终还是要由社会来负担；最后，完全基金制要求初期筹资对象既要负担当前老年人所需社会保障费用，又要再负担他们自己进入老年人行列时所需的社会保障费用，这是企业和个人难以承受的。

（三）部分基金制

部分基金制既具有现收现付制的部分特征，又具有完全基金制的部分特征，即在满足现付一定支出需要的前提下，留出一定储备以适应未来的支出需求。该模式吸收了前两者各自长处，实行“以支定筹、略有积累”的原则，就每一阶段来看实行的是完全基金制，但由于不同段的费率会因支付的变化而调整，所以在整个时期来看又具有现收现付的性质。其特点是初期收费率较低，以后逐步提高，并保持相对稳定。

该种制度在初期的收费率高于现收现付制，低于完全基金制，相对较稳定。作用力较温和，既易于为筹资对象所接受，又能在一定程度上满足社会保障支出的需要。但部分基金制收费率的确定又有一定的难度，筹集到的资金在满足现实需要之后，究竟留出多少来适应未来需要很难确定。

第三节 补贴性支出

一、补贴性支出的概念与特征

补贴性支出是一种影响相对价格结构，从而可以改变资源配置结构、供给结构和需求结构的政府无偿支出。补贴性支出和社会保障支出均属于转移性支出。两者的相同之处在于：都是国家拿出一部分税收，无偿转移给受益者，使受益者收入增加。但是，同样一笔钱，用于补贴性支出还是用于社会保障，效果并不一样。假设贫困者拿到政府的津贴，自然要消费，这就引起需求扩大，物价上涨。但人们对于金钱的观念不同，有的可能将津贴用于当下消费，有的却会将津贴用于储蓄成其他投资。正因为如此，用于社会保障的转移支出对市场价格的影响是间接的和不确定的。而补贴性支出则不然，补贴性支出总与相对价格的变动联系在一起：或者是补贴引起价格变动，或者是价格变动导致补贴性支出。因为存在这种联系，很多人就把补贴性支出称为价格补贴。因为与相对价格结构有直接关联，补贴性支出便具有改变资源配置结构、供给结构与需求结构的影响，而社会保障支出则很少有这种影响。由此，补贴性支出具有以下特征：

（1）政策性。补贴的依据是政府在一定时期的政治、经济和社会等政策目标，并随着国家政治、经济形势的发展变化而进行修正、调整和更新，因而具有很强的政策性。

（2）可控性。补贴性支出具体补给谁、补贴多少、在哪个环节补贴、何时取消补贴等内容是由财政部门根据政策需要决定的，是政府可直接控制的经济杠杆，具有一定的可控性。

（3）灵活性。补贴性支出杠杆作用的对象、范围、效果和要达到的目标，由财政部门根据政策的要求适时地确定和调整，因此补贴性支出在直接调节经济和协调各方面经济关系时，比价格、税收等经济杠杆的作用更为灵活、直接和迅速。

（4）时效性。补贴性支出是为实现国家政策目标服务的，当某项政策发生变化时，补贴性支出也将作相应调整；当某项政策实施完结、失去效力时，某项特定的补贴性支出也将随之中止。

（5）专项性。补贴性支出只对政府政策规定和指定的项目或事项进行补贴，其他项目均不给予补贴。

二、补贴性支出的分类

财政补贴的项目和种类繁多，根据不同的标准如经济性质、再生产环节、透明程度、存续时间和隶属关系等，可进行不同的分类（见表 10 - 2）。

表 10 - 2　　补贴性支出的分类标准及类型

划分标准	财政补贴类型
经济性质	价格补贴、国有企业亏损补贴、财政贴息、进出口补贴、公用事业补贴
再生产环节	生产补贴、流通补贴、消费补贴
透明程度	明补、暗补
存续时间	经常性补贴、临时性补贴
隶属关系	中央财政补贴和地方财政补贴

其中，补贴性支出按经济性质可以分为价格补贴、国有企业亏损补贴、财政贴息、进出口补贴、公用事业补贴；按再生产环节可以分为生产补贴、流通补贴、消费补贴；按透明程度可以分为明补、暗补；按存续时间可以分为经常性补贴、临时性补贴；按隶属关系可以分为中央财政补贴和地方财政补贴。

三、补贴性支出的经济效应

财政补贴作为国家财政的一个重要经济手段，对经济运行有正效应，也有负效应，原因在于无论是企业亏损补贴，还是物价补贴，都与一定的相对价格体系相关。其正效应在于：当一定的价格体系对生产和流通产生不利影响时，财政补贴能起到弥补市场价格机制作用的缺陷。其负效应在于：当一定的价格体系对生产和流通起到积极的调节作用时，财政补贴则起到抵制市场机制的作用。此外，财政补贴会产生增加收入的收入效应，也会产生引导受补贴者生产、经销或消费受补贴商品的替代效应。

（一）补贴性支出的正效应

在价格体系不合理或被扭曲的状况并且一时不可改变的条件下，或者在价格体系发生变动的情况下，财政补贴的正效应主要体现在以下几方面：

1. 保护生产者利益，促进商品生产。根据一定时期内国家某些政策的特殊要求，某些商品不能按照其价值进行等价交换。为此，国家给予生产和经营这些商品的企业财政补贴，使这些企业不至于因非主观因素造成的亏损而无法生存下去，这样既保护了企业和生产者的利益，也能促使企业扩大生产能力，提供更多的产品以满足市场需求。例如，为了扶持农业生产，按优惠价供应农业生产资料形成的财政补贴。对农业机械、农村用电、农用塑料薄膜、农药等农业生产资料实行优惠价格供应，生产这些产品的工业企业会因此发生政策性亏损，国家对这些生产企业就得提供财政补贴。

2. 稳定生产，安定生活。在价格改革的进程中，为了加快改革，同时又要使人民群众的生活不至于因价格的结构性调整而受到影响，国家要根据相应商品的提价程度给居民提供财政补贴，这就可以减少改革的阻力，稳定市场，安定人民生活。

3. 合理开发资源。为了充分开发自然资源更好地满足生产需要，对于在开采过程中因自然条件差、开发成本高而发生的亏损给予财政补贴，能使条件不同的自然资源得到有计划的合理利用，从而促进整个国民经济的更快发展。

4. 支持对外贸易。就进口补贴来说，为了平衡国内市场供求，国家要从国外市场进口一些国内现有生产能力不能满足市场需求的产品，如化肥、农药等。但这些产品进口价高于国内定价，国家财政便承担了价差造成的外贸亏损补贴。

（二）补贴性支出的负效应

一般说来，财政补贴的正效应产生在市场机制作用发生扭曲时，而在市场机制正常作用时，进行的财政补贴则可能产生负效应，原因是它抵制了市场价格机制对经济的调节作用。在转向市场经济体制的过程中，当价格体系趋向合理时，财政补贴的负效应将越来越明显。

1. 扭曲了各类商品之间客观上存在的一定的比价关系。由于财政补贴是在价格之外对某些商品价格进行补偿，从而掩盖了补贴商品的真实成本、价值以及相关商品的比价关系，使本来不合理的价格结构更加不合理。补贴金额越多．价格背离价值的程度越大。实践证明，财政补贴的范围过大、数额过多，商品的比价关系和经济关系就越乱。其突出表现是财政补贴扭曲了价格的杠杆作用，因为价格的杠杆作用只有在基本符合价值的条件下才能充分发挥。可见，财政补贴使价格在商品价值、评价企业经济效益、调节社会再生产、促进竞争和传递价格信息等方面应发挥的作用受到很大限制。

2. 不利于准确考核企业的经济效益。国家对于商品的进价大于售价、进销同价或进销差价不足以支付合理的流转费用而发生的政策性亏损一律给予财政补贴，这部分补贴是不计入企业产品成本的。同样，国家给职工的物价补贴，也是包括在工资总额之中，无法像工资那样计入成本，这样就人为地压低了企业成本，掩盖了企业成本的真实性。财政补贴越多，对企业经济核算的负面影响就越大。范围过大、金额过多的财政补贴将导致商品成本的虚假，严重歪曲各类商品的实际成本。

3. 不利于改善企业经营管理。企业发生的亏损，一部分是由于价格政策造成的政策性亏损，一部分是由于本身经营管理不善造成的经营性亏损。在实际工作中，这两部分亏损往往由于国家一律给予补贴混在一起，很难区分。这种企业亏损补贴模糊了企业盈亏的透明度。政策性亏损掩盖了经营性亏损，使经营管理不善合法化，同时也抑制了企业加强经营管理的积极性，造成了经营中的浪费，不利于企业提高经济效益。对亏损企业无限制地补贴，实际上是政府对企业承担了无限的责任，并造成了企业的预算约束软化。

4. 不利于商品生产和流通。由于一些补贴商品的销售价格一般都比较低，这就抑制了生产，滋长消费，同时造成供求紧张的效应。生产和经营的补贴商品越多，亏损就越严重，企业往往限制生产和限量供应，结果形成卖方市场，使消费者选择性很小，不利于充分满足消费需求，削弱了生产、流通与消费之间的联系。

5. 进口补贴和出口补贴对中国外贸的负效应。进口补贴鼓励了外贸企业增大对补贴商品的进口量，这样势必会对国内的产业结构调整带来负面效应。出口补贴的作用程度也是有限制的，而且在国际贸易中一国的出口补贴往往会受到别国的反补贴报复，特别是加入世界贸易组织后，出口补贴将受到更大的限制。

从世界范围来看，财政补贴引起的贸易摩擦也在不断发生且日趋尖锐。最典型是欧洲经济共同体与美国的贸易争端就起因于双方对农产品进行出口补贴以争夺市场，从而导致1986年开始的《关税及贸易总协定》乌拉圭回合谈判并没有按原计划于1990年底结束，最后拖了4年，直至1994年底才勉强达成协议。美日之间关于日本大米市场的开放问题所引起的争端，也起因于日本采用补贴的方式以保护本国的大米市场，使美国的农场主难以将自己生产的大米进入日本市场。

第四节
税式支出

一、税式支出的概念与特征

（一）税式支出的概念

税式支出，也称税收支出。1968年美国财政部部长助理、哈佛大学教授斯坦莱·S. 萨里（Stanley S. Surrey；1910—；1973）首先提出了税式支出概念，并给出了定义：在税制结构正常部分之外，不以取得收入为目的而是放弃一些收入的各种减免税优惠的特殊条款就是税式支出①。其后，税式支出概念和理论迅速在世界范围内得以接受并广泛加以研究。尽管在具体表现形式上，税式支出与税收优惠并无实质区别，但从税收优惠概念到税式支出概念，并不是简单的词汇变换，而是理论认识上的一次深化。

在多年的税收实践中人们逐渐认识到，对于实现特定的政策目标而言，减少或放弃纳税人应缴税款与先将这部分税款上缴国家，然后再通过预算支出方式拨付给

① Stanley S. Surrey. Pathways to Tax Reform the Concept of Tax Expenditures［M］. Cambridge：Harvard University Press，1973.

纳税人相比，其结果并无根本区别①。因此，税收制度上的某些税收优惠项目的安排，具有与预算支出相同的性质。这样，对税收优惠问题就不仅可以从税收收入的角度（更具体地说是收入损失或放弃的角度）来研究，而且可以从支出的角度，把税收与支出结合起来进行研究。

税式支出的定义，主要涉及了以下几方面的含义：第一，税式支出是国家财政利益的让渡，表现为对税收收入的主动放弃、减免或递延。由此可见，税式支出是政府直接支出之外花费资金的另外一种渠道。第二，税式支出是国家为实现一定的政策目标对特定纳税人或特定类型的活动，主动地放弃税收收入。因此，税式支出体现了政府的偏好。第三，税式支出是对基准税制的背离，构成税制结构的一部分。因此，税式支出应受到政府严格的管理和控制。

根据这一含义可知，税式支出是政府为达到一定的社会经济政策目标，通过税收制度及其执行中规定的与基准税制相背离的条款，以给予特定的纳税人或特定类型的活动各种优惠待遇，使纳税人减少税收负担的一种特殊的公共支出。

（二）税式支出的特征

税式支出作为国家的一种公共支出形式，具有以下特点：

1. 时效性。税式支出是在纳税行为履行时的直接扣除，扣除的份额并没有退出企业的资金循环，而是直接参加了企业的资金周转，因而减少了纳税人支付税款和政府再拨付资金这一程序，避免了直接公共支出存在的因时间差异而形成的政策滞后现象。政策目标可以更快地实现，政策效用可以更快地体现在政策对象上，起到及时、稳定的发展经济的效果。

2. 特定性。税式支出的特定性具有两重含义：一是指税式支出必须针对特定的政策目标；二是税式支出的享受对象必须是符合特定目标的特定纳税人或特定类型的活动。特定的税式支出是政府实现其公共政策目标的一种方式，是税收杠杆的重要组成部分。

3. 虚拟性。虚拟性是指不像财政拨款支出那样，表现为在账面上实实在在的资金活动，税式支出在账面上不存在资金上收下拨的过程。之所以称之为支出，一方面是基于经济效果的分析，税收优惠对国家和纳税人而言，其效果同将税收先收上来再退还以及先纳税再接受财政补贴一样；另一方面，也是处于对政府税收优惠考核衡量计算的需要。

4. 倾斜性。由于税式支出减少了政府的税收收入，而政府为了要维持原先的税收收入就必须提高税率，这会给一部分纳税人造成超额税收负担。另外，假如两

① 李俊明．合理约束税式支出的探索［J］．税务研究，2015（1）．

个纳税人具有相同的纳税能力，但由于他们享有不同的税式支出，那么他们的税负就会不同，这也违反了税收的公平原则。因此，税式支出的作用不是不偏不倚的，不具有中立性，而具有倾斜性的特点。

二、税式支出的分类及具体形式

（一）税式支出的分类

税式支出可按不同的标准进行分类，如根据我国各个时期的税收优惠及目前状况，税式支出可按税种、时间、管理权限、经济内容、所发挥的作用及其法律程序等不同标准进行分类（见表10－3）。

表10－3　　税式支出的划分标准及种类表

划分标准	税式支出种类
征税对象的性质	流转税类支出、所得税类支出、财产税类支出、资源税类支出等
时间长短	长期税式支出、定期税式支出
管理权限	国家规定的税式支出、地方决定的税式支出
经济内容	按照国家政策对某些需要支持和照顾的产品的税式支出、为了支援农业的发展而规定的税式支出、配合政治理论宣传和思想政治教育规定的税式支出、有关社会福利的税式支出、涉外税式支出等
发挥作用	照顾性税式支出、刺激性税式支出
法律程序	法定税式支出、临时性税式支出
……	……

其中，税式支出按征税对象的性质，可分为流转税类支出、所得税类支出、财产税类支出、资源税类支出等；按时间长短的性质，可分为长期税式支出、定期税式支出；按管理权限可分为国家规定的税式支出、地方决定的税式支出；按经济内容可分为按照国家政策对某些需要支持和照顾的产品的税式支出、为了支援农业的发展而规定的税式支出、配合政治理论宣传和思想政治教育规定的税式支出、有关社会福利的税式支出、涉外税式支出等；按发挥作用可分为照顾性税式支出、刺激性税式支出；按法律程序可分为法定税式支出、临时性税式支出。

（二）税式支出的具体形式

1. 税收豁免。它是指在一定期间内，对纳税人的某些所得项目或所得来源不予课税，或对某些活动不列入课税范围等，以豁免其税收负担。至于豁免期和豁免税收项目，应视当时的经济环境和政策而定。

2. 纳税扣除。它是指准许企业把一些合乎规定的特殊支出，以一定的比率或全从应税所得中扣除，以减轻其税负。换言之，纳税扣除是指在计算应课税所得时，从毛所得额中扣除一定数额或以一定比率扣除，以减少纳税人的应课税所得额。

3. 税收抵免。它是指允许纳税人从其某种合乎奖励规定的支出中，以一定比率从其应纳税额中扣除，以减轻其税负。对于这种从应纳税额中扣除的数额，税务当局能允许也可能不允许超过应纳税额。若在后一种情况下，它被称为“有剩余的抵免”；若是在前一种场合，即将没有抵尽的抵免额返还给纳税人，就称之为“没有剩余的抵免”。税收抵免与税收扣除的不同之处在于，前者是在计算出应纳税额后，从中减去一定数额，后者则是从应税收入中减去一定金额。

4. 优惠税率。它是对合乎规定的企业课以较一般为低的税率。其适用的范围，可视实际需要而予以伸缩。这种方法，既可以是有期限的限制，也可以是长期优待。一般来说，长期优惠税率的鼓励程度大于有期限的优惠税率，尤其是那些需要巨额投资且获利较迟的企业，常可从长期优惠税率中得到较大的利益。

5. 延期纳税。这种方式也称“税负延迟缴纳”，是允许纳税人对那些合乎规定的税收，延迟缴纳或分期缴纳其应负担的税额。这种方式一般可适用于各种税，且通常都应用于税额较大的税收上。在施以这种办法的场合，因可延期纳税，纳税人等于得到一笔无息贷款，能在一定程度上帮助纳税人解除财务上的困难。

6. 盈亏相抵。这种方式是指准许企业以某一年度的亏损，抵销以后年度的盈余，以减少其以后年度的应纳税款；或是冲抵以前年度的盈余，申请退还以前年度已缴纳的部分税款。一般而言，抵销或冲抵前后年度的盈余，都有一定的时间限制。

7. 加速折旧。它是指在固定资产使用年限的初期提列较多的折旧。采用这种折旧方法，可以在固定资产的使用年限内早一些得到折旧费和减免税的税款。从总数上看，加速折旧并不能减轻企业的税负，政府在税收上似乎也没损失什么。但是，由于后期企业所提的折旧额大大小于前期，故税负较重。

课后习题与思考

[1] 简要概括转移性支出的内涵与社会影响。

[2] 简述社会保障支出资金来源与筹资模式。

[3] 简述财政补贴的经济效应。

[4] 列举税式支出的具体形式。

推荐阅读文献

[1] 李俊明．合理约束税式支出的探索[J]．税务研究，2015（1）：85－88.

[2] 张燕．中国财政社会保障支出及其分权研究[M]．北京：社会科学文献出版社，2020.

[3] 郭庆旺，陈志刚，温新新，等．中国政府转移性支出的收入再分配效应[J]．世界经济，2016，39（8）：50－68.

第十一章
政府间财政关系

政府间的财政关系是20世纪五六十年代以来，围绕分权财政理论（the theory of fiscal decentralization）进行的公共经济理论研究和实践的热点之一。其中，最具代表性的如马斯格雷夫“财政三职能”、沃兹（Wallace E. Oates，1937—）的财政联邦制理论、奥尔森（Mancur Olson，1932—1998）的财政均等化原则等为研究政府间财政关系提供了分析框架；蒂伯特的用脚投票模型、布坎南提出的俱乐部模型等为政府间财政关系提供了研究的理论工具。据此，Zhang和Zou（1998①）、张晏和龚六堂（2004②）研究了发达国家20世纪中后期以来地方政府支出权力与经济增长、分权财政体制下政府及部门间竞争的效率问题等。一般而言，由于中央政府具有规模经济优势，能够避免溢出效应的潜在成本；地方政府具有信息优势，能更好地代表居民的偏好，防止滥用权力等，这些也为进一步探索分税制和政府间转移支付制度的理论和方法提供了支撑。

---

① Zhang T, Zou HF. Fiscal decentralization, public spending, and economic growth in China [J]. Journal of Public Economics, 1998, 67 (2): 221 - 240.

② 张晏，龚六堂．地区差距、要素流动与财政分权 [J]. 经济研究，2004 (7): 59 - 69.

第一节 政府间财政关系概述

一、财政职能与政府间的职责划分

（一）财政的资源配置职能在政府间的分工

政府配置资源是为了满足社会对公共品的需要，资源配置职能在政府间的分工应根据公共品的受益范围来划分，即凡将资源配置于全国范围内由全体人民共收益的公共品，如国防、外交，应由中央政府负责提供。只在局部地区范围内由本辖区居民享用的地方性公共品，其所消耗的资源，应由本辖区地方政府负责配置。受益范围跨区域的公共品，由不同地区政府按受益范围大小共同提供。跨层级受益的公共品，根据效率原则，由不同层级政府或共同提供，或地方提供，上级补贴；或上级提供，下级政府给予配合支持。一般而言，无论是单一制政府还是联邦制政府，直接配置财政资源的主角总是地方政府，或者说中央政府在财政资源配置中处于辅助地位。马克思和恩格斯在《共产党宣言》中说，资产阶级在它的不到一百年的阶级统治中所创造的生产力，比过去一切世代创造的全部生产力还要多、还要大。历史和现实表明，与其他经济体制相比，市场经济是资源配置最有效率的体制，也是发展生产力和现代化的最优途径，而财政就是政府间的资源配置。

（二）财政的收入分配职能在政府间的分工

公共收入分配职能行使的目的是实现分配公平，而要缩小收入分配差距，中央比地方更具能力与优势。因为由地方政府承担收入再分配职责，则难免因地区间的税收差别和福利制度差别，而导致生产要素的不合理流动。地方政府在本辖区实行缩小居民间收入差距的公平政策，则对本地区高收入者的高税收会导致富人的迁出，对穷人的补助将吸引外来低收入者的涌入，长此以往，不仅难以缩小贫富差距，而且可能带来整体经济下滑，进而使本地区公共收支难以为继。就地区间的收入差距调节而言，贫穷地区没有权利要求富裕地区转移支付，发达地区也没有义务自愿向落后地区无偿转让收入，所以市场经济条件下，地区间不存在自动缩小贫富差别的动力机制。而中央政府掌握有收入再分配的有效手段，在全国范围内通过开征累进的个人所得税、实行社会救济等可直接调节个人之间的收入分配，中央可以实行纵向转移支付以及落实横向转移支付制度，以缩小地区之间的收入分配差距。在公平分配职能的发挥中，地方政府的职责主要是配合中央落实政策，具体组织政策实施。

（三）财政的稳定经济职能在政府间的分工

稳定经济职能的实施是通过制定财政、货币政策调节供求关系，平抑经济波动，减少经济运行的效率损失，谋求经济的稳定发展（财政政策、货币政策的有关内容将在第十三章进行介绍）。宏观经济的稳定是指国民经济整体的稳定，在一个统一的经济体内，只有中央政府才有能力实施宏观调控。地方政府固然可以制定并实施自己的财政政策，但由于地区间要素的自由流动，地方财政政策的实施效果必将大打折扣。就货币政策而言，地方政府缺乏可供操作的货币政策工具，既不能控制货币供给，又难以掌握利率杠杆，单纯以独立的货币政策调控本地区经济是难以想象的。在稳定经济平抑波动方面，地方政府的劣势恰恰是中央政府的优势，中央政府可以制定全国性的财政、货币政策，或相机抉择，或自动调节，比之地方政府，有更多可利用的手段和更大的操作空间。但如果只注意到中央政策的有效、地方调控的低效，忽视了地方政府在宏观调控中的传导和配合作用，则中央政府的宏观调控意图将很难体现，宏观调控效果也必将受到严重削弱。

（四）财政的监督管理职能在政府间的分工

财政的监督管理职能，目的是维护财经纪律，创造良好的经济运行环境，提高财政资金使用效率。制定全国性的财税规章，对宏观经济运行进行监督，创建全国统一开放、有序竞争的市场环境，为国家宏观决策提供依据，是中央政府的主要职责。地方政府由于更接近基层，在执行财税规章制度、维护市场秩序、监督微观经济运行上有主要职责，也更有效率。

二、政府间财政关系的内涵

中央和地方政府间的经济关系一直是中西方公共经济学或财政学与政治学研究

领域的重要课题。而作为国家顶层设计的政府间财政体系，是政府部门治理和发展经济的重要着力点和重要抓手，在经济发展质量提升过程中具有独特作用（D Stoilova and Patonov N，2012）①。由此可见，深入探究政府间财政关系，完善财政分权制度以助力经济发展质量的提升，特别是如何通过恰当的财政分权妥善处理中央与地方的财政关系，对中西方国家都是现阶段思考的重要议题。

在一个拥有多级政府的制度下，政府间财政关系表现为纵向与横向两个方面，纵向就是中央与地方的关系，横向则是各地方政府之间的关系。妥善处理政府间财政关系，就是如何通过适度的财政分权，使得不同层级的政府在处理经济社会事务中，能够责权利相结合，具备履行其职责所必备的财政能力，能够更好地提供基本的公共品与公共服务。

可见，政府间财政关系的实质是一个国家政府间事权、财权和财力的集中与分散的问题，对这一问题的处理，关系到中央和地方各级政府在经济社会事务中的责权利，影响到中央与地方各级政府的正常运行以及国家的经济发展和社会上的长治久安，因而是一个重大的经济问题和政治问题。

三、中国政府间财政关系的演变

如何处理好政府间的财政关系是一个亘古不变的话题。随着生产力的发展，政府和市场的关系不断得到调整，政府职能和财政职能的范围也处于动态调整中。正因如此，每项具体财政职能划归哪级政府履行，每项公共收入划归哪级政府拥有，每项公共支出责任划归哪级政府承担，就需要阶段性地加以规范和界定。也就是说，政府间财政关系并非一成不变。新中国成立 70 年来，在市场化改革的背景下，中国政府间财政关系呈现出动态调整的状态，中央与地方政府间集权与分权的发展过程体现为财权财力集中于中央、财权财力放权向地方、财权上收事权下放，再逐步调整的方向迂回式前进。

（一）财权与事权集中于中央政府

在 1949 年到 1978 年间，中国实行的是与计划经济体制相适应的统收统支的财政体制，这一时期的财政体制有着财权高度集中于中央的特征。统收统支财政管理体制的基本性质体现为“统一领导，分级管理”，在中央政府统一的制度和政策下

① D Stoilova，Patonov N. Fiscal Decentralization：Is It a Good Choice for the Small New Member States of the EU？［J］. Annals of the Alexandru Ioan Cuza University – Economics，2012，59（1）：125 – 137.

实行按照地方预算级次的分级管理，地方实际的公共收入与支出支配权较小，并未构成实际的独立预算主体。统收统支的财政管理体制未能严格分开中央与地方财政，体现为中央政府与地方政府“吃大锅饭”，中央政府集中了财权和财力，同时负责财政资源的配置，但在资源配置过程中，由于信息不对称和监督不到位等往往造成配置效率低下，地方的主观能动性和积极性得不到发挥，只负责执行中央的决策，并未建立起真正的分级财政制度。因此，在改革开放后，配合经济体制的改革，财政体制开始向分级包干财政体制方向迈进。

（二）地方财权与事权进一步扩大

1979—1993 年财政管理体制是以分级包干财政体制，这一时期对应的经济体制则是以计划经济为主，市场经济为辅。分级包干财政体制也叫“分灶吃饭”体制，特点是“划分收支，分灶吃饭”，指的是在划分收支范围的基础上，中央和地方政府自负收支，自求平衡。财政分级包干体制在 20 世纪 80 年代经历了三次调整，但总体主旨都体现为中央政府为调动地方政府增收积极性，将一定的财政自主权赋予地方，使地方政府能够保证财政平衡。

分级包干制在调动了地方发展积极性的同时，减弱了中央的宏观调控能力，中央公共收入增长缓慢甚至产生财政赤字，不得不向中央银行借款。地方政府为争取更多的公共收入，通过将预算内收入化为预算外收入的办法减少向中央的上缴收入，不同地区间适用的财政包干制不尽相同，缺乏中央的监督和约束，造成了地区间的信息不对称和机会不均等，不利于形成全国性市场。

（三）财权上收至中央，事权过多地下放至地方

从 1994 年开始至今，中国实行了分权财政体制，简称“分税制”，即在合理划分中央与地方事权基础上，建立中央税收和地方税收体系，中央与地方按照财权事权对应的原则划分各级政府公共收入和支出，中央通过转移支付的方式来平衡、协调地方各级政府间的公共收支（下文将详细介绍“分税制”）。分税制在财权和事权的划分中体现为财权上收至中央，事权下放至地方，改变了包干制下的两个比重过低的问题，保障了中央一级的公共收入，在增强中央的宏观调控能力的同时调动地方经济发展的积极性，带来了中国公共收入的高速增长。分级分税财政体制沿袭了“财政包干制”的分权思想①，但“财政包干制”容易刺激地方政府盲目发

① “财政包干制”是指根据党的十二届三中全会《关于经济体制改革的决定》精神，国务院从 1985 年起，对各省、自治区、直辖市实行“划分税种、核定收支、分级包干”的财政管理体制。

展经济和追求政绩。而相比之下，分税制更有利于中央合理调控与布局，引导地方政府的投资和经济发展行为，避免地方的重复建设和盲目投资，促进了地方产业结构的优化。但分税制也存在着中央与地方财权与事权划分不合理这一主要问题。由于分税制将财权上收至中央，对于每一个地方而言，都有相同的公共事务，如果中央或上一级财政分配不均等，或忽略地方之间经济发展水平和财政承载能力的差异，就会形成事权绝对或相对地过多放至地方。

（四）政府间财权与事权划分更加合理

以 2013 年党的十八届三中全会为分水岭，市场经济在整体经济活动中的地位由基础性作用变为决定性作用，对应国家治理体系与治理能力现代化发展要求中国正式进入现代化财政制度建设阶段。在现代化财政制度建设的总框架下，中国目前已经取得了一定的阶段性成果：在十二届全国人民代表大会常委会第十次会议上通过了修订后的《中华人民共和国预算法》，并在 2015 年 1 月 1 日正式实施，健全了透明预算制度，建立了跨年度的预算平衡机制，基本建立了现代预算制度；规范了地方债务管理，对地方债务风险严格管控；从多个方面推进转移支付制度的改革，加快了地区间公共服务提供均等化的步伐；税制改革取得了阶段性成果，实施了营业税改增值税、个人所得税改革、房地产税试点等多项重要税收制度改革；政府财权与事权的科学划分和财力与支出责任的合理分配工作正稳步推进，国务院发布了《关于推进中央与地方财政事权和支出责任划分改革的指导意见》，并已印发了科技和教育等领域的政府间事权和支出责任划分改革的方案，按照重要性的原则推进重点领域政府间事权和支出责任划分工作；为更好地适应减税降费政策，国务院在 2019 年 10 月 9 日印发了《实施更大规模减税降费后调整中央与地方收入划分改革推进方案》，明确了中央与地方政府的增值税分担比例，同时完善了增值税的留抵退税分担机制，并后移消费税征税环节以拓展地方收入来源，在中央与地方之间构建更为合理的财力分担机制的基础上进一步推进了地方税体系的改革。

第二节
分税制财政管理体制

一、关于分税制

（一）分税制的概念

分税制，又称“分权财政体制”，是在合理划分中央与地方政府事权范围的基础上，主要按税种来划分各级政府的预算收入，各级预算相对独立，负有明确的平衡责任，各级次间和地区间的差别通过转移支付制度进行调节的一种财政体制。其特点是：一级政府一级预算，各级预算相对独立、自求平衡；在明确划分各级政府职责的基础上划分各级预算支出范围；收入划分实行分税制，划分主要按税种来确定，也可对同一税种按不同税率分配或实行共享制；对预算收入水平的差异通过政府间转移支付制度加以调节。

（二）分税制的特征

分税制在不同国家有不同的具体形式，其基本特征如下：

1. 规范性。分税制的规范性主要体现在两个方面：一是各级政府收支范围的划分和调节制度的安排是规范的。支出范围的划分严格以事权范围的规定为依据，收入范围的划分在遵循财权与事权相匹配的原则基础上，主要以税种或税权的标准来确定，预算调节制度的安排要充分体现公平与效率相结合的原则，并有规范的计算依据。同时，分税制中的各种基本制度在全国具有统一性，如中央税或地方税的税种或税权在全国各地的划分是一致的。二是分税制的运作过程是规范的，各级政府各司其职，收入分征、分管。

2. 层次性。分税制财政体制具有明显的层次性。各级财政在划定的收支范围内安排本级财政活动，负有明确的平衡责任。一级财政既不能任意向外转移自身的财政负担，也不能随意包揽应由其他级次财政承担的事务。分税制的这种层次性有利于明确各级财政的职责，调动各方面的积极性，提高财政管理的效能。

3. 法制性。分税制要求对各级政府事权、财权的划分及其相互关系要以一定的法律法规的形式加以规定，这是市场经济的法制化在财政活动领域的体现。法制性可以增强预算管理的透明度，加强制约和监督，同时也能保障财政体制的稳定性，使国家财政管理体系的运行不受一般政治经济事件的影响。实际上，正因分税制所具有的规范性和标准化特征，所以能从法律法规的高度对其基本原则和内容加以明确规定。所以，在财政体制中，也只有分税制才能实现法制性的要求。

（三）中国分税制实行的意义

在社会主义市场经济快速发展的情况下，中国推行分税制具有很强的现实意义：第一，分税制可以规范和稳定中央与地方之间的财政分配关系，减少相互之间的利益冲突和摩擦，使中央和地方有效配置各自的财力。第二，分税制有利于增强中央政府的宏观控制能力，因为通过分税制对公共财力的划分能确保中央财政的主导地位，使国家的收入分配调节和宏观政策的实施有必要的财力保证。第三，分税制有利于打破地区分割，规范地方政府行为，避免地方政府为争夺公共收入而实行地方保护，促使生产要素的合理流动。

二、1994 年分税制财政管理体制改革的背景与指导思想

1994 年的分税制改革充分考虑了中国的国情和当时的可能，并借鉴了国际通行的分级分税预算管理体制的有用经验，成为一种符合当时实际的一种财政管理体制。

（一）中国分税制改革的背景

改革开放后，中国财政体制由集权制转成了分权制，最有代表性的是 20 世纪 80 年代初开始的“分灶吃饭”。该体制后来有各种各样的演变，80 年代末到 90 年代初相对稳定的 6 种大包干或者其他的包干形式也是“分灶吃饭”下的一种包干制、分成制。1992 年，党的十四大提出社会主义市场经济体制的目标后，中央在立足国情的基础上，借鉴成熟市场经济国家的经验，把原来的行政性分权改为经济性分权，跳出了过去按照行政隶属关系组织公共收入的一种分权模式，走上分税制的道路。这种分税分级的财政体制跟市场经济的总体要求是相配套的，因此整个政府财力运作的规范性和地方理财的稳定性也都大大提升了。

（二）分税制改革的指导思想

分税制改革的指导思想主要包括：合理处理中央与地方的利益关系，促进国家公共收入合理增长，逐步提高中央公共收入的比重，增强中央财政的宏观调控能力，同时又要考虑地方利益，调动地方发展经济、增收节支的积极性；合理调节地区之间的财力分配，既要有利于经济发达地区继续保持较快的发展势头，又要通过中央财政对地方的税收返还和转移支付制度，扶持经济不发达地区的发展和老工业基地的改造；坚持“统一政策与分级管理相结合”的原则，划分税种不仅要考虑中央与地方的收入分配，还必须考虑税收对经济发展和社会分配的调节作用，中央税、共享税以及一些地方税的立法权都要集中在中央，以保证中央政令统一，维护全国统一市场和企业平等竞争；分税制改革既要借鉴国外经验，又要从本国实际出发，在明确改革目标的基础上，改革办法力求规范化，坚持整体设计与逐步推进相结合的原则，通过渐进式、温和式的改革，先把分税制的基本框架建立起来，在实施中逐步完善，抓住重点，分步实施。首先要针对收入流失比较严重的状况，通过分税和分别征管堵住漏洞，保证公共收入的合理增长，先把主要税种划分好，其他收入划分逐步规范化；作为过渡，原体制的补助、上解和有些结算事项继续运转；通过“存量不动，增量调整”的办法，逐步提高中央公共收入的比重，逐步调整地方利益格局。

三、中国分税制改革发展历程

（一）1994 年分税制的基本内容

1. 划分支出。按照事权划分，1994 年分税制确定了中央与地方的支出范围。其中，中央公共支出包括中央本级各部门经济、社会事业发展支出、中央对地方的税收返还支出、中央对地方的各种补助支出等方面。具体包括国防费、武警经费、外交和援外支出、中央级行政管理费、中央统管的基本建设投资、中央直属企业的技术改造和新产品试制费、地质勘探费、由中央财政安排的支农支出，由中央负担的国内外债务的还本付息支出以及中央本级负担的公检法支出和文化、教育、卫生、科学等各项事业费支出。

地方公共支出包括地方本级各部门经济、社会事业发展支出，地方上级财政对下级财政的税收返还支出，对下级财政的各项补助支出，地方财政上解中央财政的支出等方面。具体包括地方行政管理费、公检法支出、部分武警经费、民兵事业费、地方统筹的基本建设投资、地方企业的技术改造和新产品试制经费、支农支出、城市维护和建设经费以及地方文化、教育、卫生等各项事业费，价格补贴支出和其他支出。

2. 划分收入。1994 年分税制将全部税收收入分为中央固定收入、地方固定收入和中央地方共享收入。其中，中央固定收入包括关税、海关代征消费税和增值税、中央企业所得税、非银行金融企业所得税以及铁道、银行总行、保险总公司等部门集中缴纳的收入（包括营业税、所得税和城市维护建设税）等。

地方固定收入包括营业税（不含银行总行、铁道、保险总公司的营业税）、地方企业所得税、个人所得税、城镇土地使用税、固定资产投资方向调节税、城市维护建设税（不含银行总行、铁道、保险总公司集中缴纳的部分）、房产税、车船使用税、印花税、屠宰税、农牧业税、耕地占用税、契税、遗产税和赠与税、土地增值税等。

中央财政与地方共享收入包括增值税、资源税、证券交易印花税。其中，增值税中央分享 75%，地方分享 25%；资源税按不同的资源品种划分，陆地资源税作为地方收入，海洋石油资源税作为中央收入；证券交易税由中央和地方各分享 50%。

为了与税收收入的划分相配套，1994 年中国对税务系统进行了拆分，设置中央与地方两套税务机构，实行分别征税。其中，国家税务局和海关系统负责征收中央固定收入以及中央与地方共享收入；共享收入中地方分享的部分，由国家税务局直接划入地方金库；地方固定收入则由地方税务局负责征收。

3. 制定税收返还办法。为了实现新旧体制的平稳转换，保证分税制能够顺利推行，1994 年中国制定了税收返还办法，其核心是保持地方既得利益格局。中央财政对地方税收返还数额以 1993 年为基期核定，按 1993 年地方实际收入以及税制改革后中央与地方收入划分情况，核定 1993 年中央从地方净上划的收入数额（即消费税 + 增值税的 75% - 中央下划收入）。1993 年中央净上划收入，全额返还地方，保证现有地方既得财力，并以此作为以后中央对地方税收返还基数。1994 年以后，税收返还额在 1993 年基数上逐年递增，递增率按本地区增值税和消费税增长率的 1:0.3 系数确定，即上述两税全国平均每增长 1%，中央对地方的税收返还增长 0.3%。如果 1994 年以后中央净上划收入达不到 1993 年基数，则相应扣减税收返还基数。

4. 解决原体制遗留问题。实行分税制以后，原体制中央对地方的补助按规定继续补助，保留了原体制中央财政对地方的定额补助、专项补助和地方上解等内容。原体制地方上解仍按不同体制类型执行：实行递增上解的地区，按原规定继续递增上解；实行定额上解的地区，按原确定的上解额，继续定额上解；实行总额分成地区和原分税制试点地区，暂按递增上解办法，即按 1993 年实际上解数和核定递增率，每年递增上解。

（二）分税制的完善与优化

1994 年分税制财政体制改革是基于当时的历史条件构建起的一个制度框架，为争取地方政府对改革的最大支持，采取了照顾地方既得利益的体制安排，在很大程度上仍带有旧体制的印记。虽然经过多年的调整与完善，但由于受到各种客观因素的制约，既有财政体制距离规范的分级财政体制仍有一定差距，主要表现在以下几个方面：政府间事权与支出责任划分不清晰、不合理和不规范；政府间收入划分不尽合理；政府间转移支付有待完善；省以下财政体制有待规范。

针对上述问题，2013 年 11 月党的十八届三中全会提出："必须完善立法、明确事权、改革税制、稳定税负、透明预算，提高效率，建立现代财政制度、发挥中央和地方两个积极性。"2014 年 6 月中共中央政治局会议审议通过的《深化财税体制改革总体方案》明确："调整中央和地方政府间财政关系，在保持中央和地方收入格局大体稳定的前提下，进一步理顺中央和地方收入划分，合理划分政府间事权和支出责任，促进权力和责任、办事和花钱相统一，建立事权和支出责任相适应的制度。"2016 年 3 月通过的《中华人民共和国国民经济和社会发展第十三个五年规划纲要》强调："围绕解决中央地方事权和支出责任划分、完善地方税体系、增强地方发展能力、减轻企业负担等关键性问题，深化财税体制改革，建立健全现代财税制度。"2017 年 10 月，习近平同志所作的党的十九大报告从全局和战略的高度强调加快建立现代财政制度，并明确了深化财税体制改革的目标要求和主要任务。党的十九大报告关于财税体制改革的论述集中在"贯彻新发展理念，建设现代化经济体系"部分，提出要"加快建立现代财政制度，建立权责清晰、财力协调、区域均衡的中央和地方财政关系。建立全面规范透明、标准科学、约束有力的预算制度，全面实施绩效管理。深化税收制度改革，健全地方税体系。"总之，深化分税制财政体制改革是建立现代财政制度的重要内容，是推进国家治理体系和治理能力现代化的客观需要。具体而言，还需要从以下方面深化分税制财政体制改革：

首先，积极稳妥推进中央与地方财政事权与支出责任划分改革。中央与地方财政事权和支出责任划分改革是建立科学规范政府间关系的核心内容，是完善国家治理结构的一项基础性、系统性工程，对全面深化经济体制改革具有重要的推动作用。各地区、各部门应遵照中央政策部署，切实履行职责，密切协调配合，积极稳妥推进中央与地方财政事权和支出责任划分改革。财政事权和支出责任划分与教育、社会保障、医疗卫生等各项改革紧密相连、不可分割。还要将财政事权和支出责任划分改革与加快推进相关领域改革相结合，既通过相关领域改革为推进财政事权和支出责任划分创造条件，又将财政事权和支出责任划分改革体现和充实到各领域改革中，形成良性互动、协同推进的局面。随着中央与地方财政事权和支出责任划分改革的推进，地方的财政事权将逐渐明确。对属于地方的财政事权，地方政府必须履行到位，确保基本公共服务的有效提供。中央要在法律法规的框架下加强监督考核和绩效评价，强化地方政府股行财政事权的责任。

其次，保持现有中央和地方财力格局总体稳定，结合税制改革，考虑税种特性，进一步理顺中央和地方收入划分。根据税种属性特点和遵循公平、便利和效率等原则，合理划分税种，将收入周期性波动较大、具有较强再分配作用、税基分布不均衡、税基流动性较大、易转嫁的税种划为中央税，或中央分成比例多一些；将其余具有明显受益性、区域性特征、对宏观经济运行不产生直接重大影响的税种划分为地方税，或地方分成比例多一些，以充分调动两个积极性。

再次，完善转移支付制度。合理划分中央和地方事权与支出责任，逐步推进转移支付制度改革，形成以均衡地区间基本财力、由地方政府统筹安排使用的一般性转移支付为主体，一般性转移支付和专项转移支付相结合的转移支付制度。属于中央事权的，由中央全额承担支出责任，原则上应通过中央本级支出安排，由中央直接实施；随着中央委托事权和支出责任的上收，应提高中央直接履行事权安排支出的比重，相应减少委托地方实施的专项转移支付。属于中央地方共同事权的、由中央和地方共同分担支出责任，中央分担部分通过专项转移支付委托地方实施。属于地方事权的，由地方承担支出责任，中央主要通过一般性转移支付给予支持，少量的引导类、救济类、应急类事务通过专项转移支付予以支持，以实现特定政策目标。

最后，进一步完善省以下财政体制。为实现省域内财力均衡，增强基层保障能力、促进基本公共服务均等化，应从以下方面调整和完善省以下财政体制：一是加快省以下财政事权和支出责任划分。将部分适宜由更高一级政府承担的保持区域内经济社会稳定、促进经济协调发展等基本公共服务职能上移，将适宜由基层政府发挥信息、管理优势的基本公共服务职能下移，并根据省以下财政事权划分、财政体制及基层政府财力状况，合理确定省以下各级政府的支出责任，避免将过多支出责任交给基层政府承担。二是加快地方税收体系建设，为地方政府提供持续、稳定的财力支持。结合实际，可以确定省级以零售环节销售税为主体税种，市县级以财产税和资源税为主体税种，适当简并现行房地产相关税种，开征统一的房地产税，适时开征遗产税和赠与税，以完善财产税体系，使地方政府及其财政有固定的能够基本满足其提供地方性纯公共品与服务需要的财力。三是完善省以下转移支付制度，实现省以下各级政府间基本财力的均衡。强化省级政府责任，省级政府应加大区域内财力调节力度，逐步缩小省以下地方政府财力差距。四是进一步健全县级基本财力保障机制，根据政策变化调整保障水平，不断完善奖补办法，加大对各地区的指导和帮助力度。五是继续推进省直管县财政管理方式改革，不断充实、完善改革的内容和方式，强化乡镇财政管理，充分发挥乡镇财政的作用。

第三节 政府间财政转移支付制度

财政管理体制的运行中，往往存在着事权与财权、财力分配的非对称问题，因此需要辅之以方式有别、程度不同的政府间转移支付制度。转移支付（transfer）的原意指“转移”“转账”。最早提出转移支付概念的是著名经济学家庇古，他在1928年出版的《财政学研究》中，将国家经费分为真实的或消费的经费与转移经费。真实的经费主要用于邮政、煤气、教育、陆海军等财物及劳务。转移经费主要用于支付本国人民内债利息、抚恤金、养老金、奖金等方面。转移经费不直接消耗任何财物，只是通过国内购买力的转移调节所得分配关系。

一、转移支付制度的内涵

（一）转移支付制度的概念

庇古提出的转移支付概念界定了转移支付制度的基本内涵，但随着转移支付制度的不断发展和完善，转移支付从范围到作用日渐扩大，各国对转移支付的理解也有一定的差别。从广义上说，转移支付涉及三方面内容：一是上下级政府之间的转移支付；二是政府对企业的转移支付（亏损补贴、生产补贴等）；三是政府对个人的转移支付（失业救济等）。从狭义上说，转移支付是指不同层次政府间财政资金的相互转移，而政府对企业和个人的转移支付往往被称为转移性支出。本节所讲的转移支付是指狭义层面的概念。

总体来看，转移支付制度是以各级政府之间存在的财政能力差异为基础，以实现各地公共服务水平的均等化为宗旨而实行的一种财政资金转移或财政平衡制度。转移支付制度是在各级政府公共收支划分框架确定的基础上实施的，是实现政府间事权与财力相匹配的重要手段。

（二）转移支付的类型

目前中国的分税制中保留了原体制中的中央对地方的定额补助、专项补助和地方上解及有关结算事项的规定，增加了中央对地方的税收返还，相应形成了多种形式的政府间转移支付制度。

1. 纵向转移支付。（纵向）转移支付由一般性转移支付（含原财力性转移支付）和专项转移支付构成。

一般性转移支付是指为弥补财政实力薄弱地区的财力缺口、均衡地区间财力差距、实现地区间基本公共服务能力的均等化，由上级政府安排给下级政府的补助支出，资金接受者可根据实际情况自主统筹安排资金用途。目前，一般性转移支付包括体制补助、均衡性转移支付、民族地区转移支付补助、调整工资转移支付补助、农村税费改革补助、县级基本财力保障机制奖补资金、结算补助、体制上解、一般公共服务转移支付、公共安全转移支付、社会保障和就业转移支付等。专项转移支付是指为实现特定的宏观政策及事业发展战略目标，以及对委托下级政府代理的一些事务或上下级政府共同承担事务进行补偿而设立的补助资金，资金接受者需按规定用途使用。专项转移支付重点用于教育、医疗卫生、社会保障、农林水事务等公共服务领域。专项转移支付又分成需要地方配套和不需要配套的两种。需要配套的转移支付是上下级政府共同承担的事务，地方必须承担配套资金和其他投入，其中，有的按照地区差别确定配套比例，有的是全国确定统一的配套比例。不需要配套的转移支付主要是指对少数几个边疆民族地区实施的优惠扶持政策，是国家综合考虑这些地区经济社会发展以及国家安全发展大局而做出的。

一般性转移支付和专项转移支付各有特点：前者便于地方统筹安排，但不便于对绩效结果进行考核；后者不利于地方统筹安排，专款专用，但可以体现中央的政策导向，便于监督考核。两者关键在于科学设置、合理搭配，发挥好各自的作用。

近年来，中国转移支付制度调整和完善了财政转移支付结构，加大了一般性转移支付力度，清理、整合了专项转移支付项目，将需要较长时期安排补助经费且数额相对固定的项目，划转列入一般性转移支付，提高了一般性转移支付的规模和比例。针对中国目前政府间转移支付制度的法制建设滞后，转移支付补助资金的使用及管理尚缺乏有效约束和效益评估的现状，中央已经启动有关财政转移支付资金的立法程序，力求通过法律形式规范和完善财政转移支付资金及项目资金安排，使财政转移支付资金和项目资金分配更加公平、合理、规范、高效。

2. 横向转移支付。在国外，经济合作与发展组织（OECD）国家（如德国）在中央对地方的纵向财政转移支付之外建立了横向财政转移支付体系；这个体系是通过公共收入在各州之间以及州内各市镇之间的横向转移，提高贫困州或市镇的公共收入，缩小贫困地区与富裕地区之间的公共收入差距。横向转移支付的具体做法是：由德国联邦政府和州政府财政部门分别测算出全国居民平均税收额和本州居民平均税收额，如果某州的居民平均税收额大于全国居民平均税收额2%以上，这个州就属于富裕州，它就要向贫困州转移资金；如果某州的居民平均税收额只相当于全国居民平均税收率95%以下，那么该州就被列为贫困州，它可以得到来自富裕州的转移支付；如果某州的居民平均税收额相当于全国居民平均税收额的95%—102%，这个州既不转移支付也得不到转移支付。通过实行纵向和横向财政转移支付制度，德国有效地实现了上下级政府之间以及各个地区之间的均衡发展目标。

在中国，目前尚未建立起规范的横向转移支付制度，相关理论研究和实践探索尚处于初级阶段。虽然如此，但具有横向转移支付性质的“对口支援”早已存在，是在中央政府的鼓励和安排之下，各省、地区之间出现的一种非正式的横向转移支付。从1979年中央作出《加速边疆地区和少数民族地区建设》的决定以来，省际间的对口支援活动在全国范围内蓬勃开展。到了20世纪90年代后，支援方与被支援方的范围继续扩大，特别是1994年中央对西藏实施“分片负责、对口支援、定期轮换”，具有横向转移支付性质的“对口援助”制度逐步建立起来了。到2015年，各援藏单位实施了对口援藏项目7615个，累计投资资金260亿元。2008年四川汶川特大地震后，其他各省市提供了汶川地震灾区援建项目，援助四川的重建资金达400亿元，加快了灾区的恢复重建。自2010年开始，国家决定实施“对口援疆”；到2015年，实施合作项目1200多个，到位资金250亿元。此外，目前部分省市已具雏形的生态转移支付、通过设立“横向转移支付调节金”在同一市域范围内对经济相对薄弱的区县进行转移支付等形式，都是未来横向转移支付制度发展的方向。

应当看到，这种具有横向转移支付性质的对口支援，在解决边疆民族地区的发展问题、应对特大自然灾害等方面发挥了重要的作用，体现中国政治经济制度的优势。目前，中国各种形式的对口支援涉及工业、农业、商贸、科技、人才、文教、卫生、扶贫、劳务等各个领域，包括了地区间援助主体与受援助地区部门内部、行业内部的人力、财力、物力等的广泛支援。事实证明，地方政府间的转移支付，对平衡地区经济发展、缩小贫富差距、解决突发危机等发挥了重要作用。同时，这种横向转移支付是在没有综合平衡支援省市与受援省市之间的财力基础上进行，通常是由政府根据当地、当时的情况作出的决定，公共支出的公平性有待于提高。此外，中国各级政府之间的这种对口支援，虽然没有以法律形式固定下来，也没有明确各对口关系的援助条件与金额，而是一种未通过立法予以确认的非规范的横向帮扶措施，但它的存在就已经说明了中国事实上存在具有中国特色的横向转移支付制度。

（三）转移支付的目标

中国1994年的分税制改革参照国际经验构建了与社会主义市场经济相适应的分级财政体制的基本框架。在实行分税制的条件下，中央与地方实行分级财政管理，政府间事权与支出责任划分趋于分散，但分税的结果又将财权集中于中央，从现象上看，出现了财权相对集中与事权相对分散的矛盾。实际上，分级财政体制的实施还要配合以中央对地方的转移支付制度。现代市场经济条件下财政转移支付制度既是一种经济手段，也是一种政治手段。

从现实情况看，随着经济发展和中央财力的增强，中国中央政府对地方政府的财政转移支付数额迅速增加，中央的转移支付已成为地方各级政府重要而且较为稳定的收入来源。在现实的经济社会发展背景下，财政转移支付制度的建立与完善的目标不仅是保证各级地方政府职能正常运转和巩固基层政权的需要，而且也是缩小地区间经济社会发展差距、实现区域间基本公共服务均等化的需要。其具体目标如下：

1. 弥补纵向财政缺口。纵向财政失衡是针对多级财政体制中上下级政府之间公共收支差异的状况而言的。在各级政府之间既定的支出范围和收入范围得以确定之后，当某一级政府财政面临着赤字，而其他级次政府却出现盈余时，就意味着纵向财政失衡问题的存在。从历史和经验来看，任何一个国家，客观上都需要维护中央政府的权威，限制地方政府势力的过度扩张，以保证政令畅通、政局安定、经济协调稳定发展。中央政府集中相对较多的财力份额，以使地方政府的财力在一定程度上有赖于中央政府的支持，则是一种有效的手段。因此，在财政体制安排上，许多国家按照事权和财权划分的标准，将事关维护国家权益、税基广、增长快、潜力大和有利于实施宏观调控的税种划为中央收入，并将税源分散、与地方经济和社会发展密切相关，且易于征管的税种划为地方收入。在这样的收支划分格局下，中央政府掌握了较多的财力，而地方财政处于收不抵支的境况，从而出现了纵向的财政失衡。无论从公平还是从效率的角度看，纵向的财政失衡都需要切实解决，而主要的解决办法便是运用财政转移支付政策和手段协调上下级政府之间的资金往来关系。

2. 弥补横向财政缺口。从经济社会发展的视角来看，一个国家内各个地区之间各种要素条件的差异性是绝对的，而条件的同性则是相对的，当国土面积较大时，更是如此。这就意味着，地区间经济发展均衡只是一个相对概念，绝对均衡是不现实的。各个地区之间的这种差异，必然导致公共收支方面的差异。从公共收入来看，由于各个地区之间经济基础、产业结构、收入水平等方面的不同，使得财源的分配情况也有很大的差异；从公共支出来看，各地区之间存在不同的发展程度、自然条件、人口规模和结构、行政管理规模等方面的区别，因而在支出需求上也是各不相同。一个国家内不同地区之间经济发展程度差异在财政上的具体体现，便是发达地区公共收入充裕，落后地区则税源狭小，财政状况拮据。当较为富裕的地区出现财政盈余，而不太富裕的地区却面临着财政拮据状况时，就意味着横向财政失衡问题的存在。在横向财政失衡存在时，富裕地区能够为其居民提供较高水准的公共品和服务，而贫困地区却难以提供最基本的公共品和服务。

3. 矫正地方公共品供给中的外溢性问题。如果赋予各级地方政府自主决策的权力，在地方公共品具有利益外溢的情况下，由于提供此类服务或设施的边际辖区利益低于边际社会利益，会导致地方政府既没有足够的动力，也可能没有足够的财力提供此类公共服务或设施，从而会引发经济上的低效率，即辖区最优供应水平低于社会最优水平。因此，从社会整体利益考虑，上级政府应通过具有特定目的的转移支付鼓励地方政府提供此类具有“为他人作嫁衣”性质的服务或设施。在这里，特定目的的转移支付起到了弥补边际辖区利益与边际社会利益的差距的作用，能够保障地方政府在更充分的水平上供给相关地方公共品。

4. 增强国家凝聚力，实现社会政治目标。转移支付在解决经济问题的同时还可以实现一定的政治目标，即一个均等化效果好的转移支付制度，在缩小地区差距的同时，也能增强地区间的团结，增强国家的凝聚力。中国是个多民族国家，巩固和加强国家凝聚力对于经济发展和社会稳定至关紧要。在政治层面，转移支付在中国有着特殊的重要性。边疆地区往往由于地理位置、政治等因素成为经济欠发达地区。加大对边疆地区的财政转移支付力度，体现了中央对边疆地区群众的关心，有利于保障边疆地区的安全稳定，维护国家统一和团结，增强凝聚力。特别是加大对威胁国家统一的地方政府的财政转移支付力度，政治意义更为重大。多年来，西藏的稳定和发展在很大程度上得益于中央政府持续多年的大量转移支付，这些转移长期占西藏全部公共开支的90%以上。通过大规模的转移支付补助，西藏的基础设施有了很大改善，生态环境建设有效加强，教育、科学、文化、卫生等民生工程快速推进，有力维护了边疆地区的和平与稳定。

二、转移支付制度的发展历程

中国是一个中央集权国家，地方政府的活动均会受到中央的限制。一般意义上看，往往是中央政府集中的财力较多，承担的事务却较少；而地方政府得到的收入较少，而承担的事务却多。于是，需要调整中央和地方政府间的利益关系，通过改革财政转移支付制度能够有效促进经济均衡及全国基本公共服务均等化。

1994 年分税制改革后，中国逐步建立了以财力性转移支付和专项转移支付为主的转移支付制度。现今，财政部把财政转移支付区分为一般性转移支付和专项转移支付两大类。其中，财力性转移支付是中央财政为弥补欠发达地区的财力缺口、缩小地区间财力差距、实现基本公共服务均等化，安排给地方财政的补助资金以及中央出台减收增支政策对财力薄弱地区的补助。专项转移支付是中央财政为实现特定的宏观政策及事业发展战略目标以及对委托地方政府代理的一些事务或中央地方共同承担事务进行补偿而设立的补助资金，需按规定用途使用。1995 年后，财力性转移支付和专项转移支付的规模逐步扩大，所占比重不断上升转移支付制度的完善（见表 11－1）。

表 11－1　1995—2004 年各项转移支付形式所占比重表　单位：亿元

年份 \ 项目	中央对地方财政转移支付		一般性财政转移支付		专项转移支付		税收返还	
	总额	占地方公共支出比例（%）	数额	占总额比重（%）	数额	占总额比重（%）	数额	占总额比重（%）
1995	2375.9	49.2	133.2	5.6	375.3	15.8	1867.4	78.6
1996	2672.3	46.2	234.9	8.8	488.8	18.3	1948.6	72.9
1997	2800.9	41.8	273.4	9.8	515.9	18.4	2011.6	71.8
1998	3285.3	42.8	313.1	9.5	889.4	27.1	2082.8	63.4
1999	3992.3	44.2	511.4	12.8.	1360.3	34.1	2120.6	53.1
2000	4747.6	45.8	893.4	18.8	1647.7	34.7	2206.5	46.5
2001	6117.2	46.6	1604.8	26.3	2203.5	36.0	2308.9	37.7
2002	7360.4	48.2	1621.7	22.1	2401.7	32.6	3337.0	45.3
2003	8261.4	48.0	1912.0	23.1	2577.0	31.2	3772.4	45.7
2004	10222.4	49.6	2604.3	25.5	3423.6	33.5	4194.5	41

2009 年，中央进一步规范财政转移支付制度、将中央对地方的转移支付简化为：一般性转移支付、专项转移支付和税收返还。具体变化包括：将财力性转移支付改为一般性转移支付；将补助数额相对稳定、原列入专项转移支付的教育、社会保障和就业、公共安全、一般公共服务等支出纳入一般性转移支付；原体制补助列入一般性转移支付；原体制上解列入税收返还。“税收返还和体制补助与上解”简化为“税收返还”。

2009 年后，中央对地方的税收返还与转移支付结构继续优化。以保持既得利益为目的的税收返还的比重持续下降，从 2009 年的 17.11% 下降到 2015 年的 9.11%。中央政府加大了一般性转移支付力度，清理整合专项转移支付项目，将需要较长时期安排补助经费，且数额相对固定的项目，划转列入一般性转移支付，提高一般性转移支付的规模和比例，具有明显财政均等化效果的一般性转移支付增长较快。一般性转移支付的比重从 2009 年的 39.62% 上升至 2018 年的 55.6%（见表

11－2)[1]。

表11－2　　2005—2018年各项转移支付形式所占比重表　　单位：亿元

项目 / 年份	中央对地方财政转移支付		一般性转移支付		专项转移支付		税收返还	
	总额	占地方公共支出比例（%）	数额	占总额比重（%）	数额	占总额比重（%）	数额	占总额比重（%）
2005	11473.7	45.6	3812.7	33.2	3517.3	30.7	4143.7	36.1
2006	13073.78	42.3	4732.0	36.2	4411.6	33.7	3930.2	30.1
2007	18112.5	47.2	7092.9	39.2	6898.3	38.1	4121.3	22.7
2008	22005.7	44.7	8696.5	39.5	9967.0	45.3	3342.2	15.2
2009	28563.8	46.8	11317.2	39.6	12359.9	43.3	4886.7	17.1
2010	32349.6	43.8	14624.8	45.2	12724.5	39.3	5000.3	15.5
2011	39921.2	43.1	18311.3	45.9	16570.0	41.5	5039.9	12.6
2012	45361.6	42.4	21429.5	47.2	18804.1	41.5	5128.0	11.3
2013	4819.9	40.3	24362.7	50.7	18610.5	38.8	5046.7	10.5
2014	51591.1	40.0	27568.4	53.4	18941.1	36.7	5081.6	9.9
2015	55097.5	42.7	28455.0	51.6	21623.6	39.2	5018.9	9.2
2016	59400.6	37.0	31864.9	53.6	20708.9	34.9	6826.8	11.5
2017	65051.8	37.6	35145.6	54.0	21883.3	33.6	8022.8	12.4
2018	69680.7	37	38722.1	55.6	22927.09	32.9	8031.5	11.5

三、政府间财政转移支付的国际比较

（一）美国的财政转移支付体系

美国的财政转移支付由一般性转移支付和特殊性转移支付两大类组成。一般性转移支付利用人口数量、经济情况、税收能力等人为干扰少的因素按照法定方法进行计算，属于联邦对州和地方政府的一种财政补助，这部分资金可由被转移支付的州或地方政府自由支配。随着美国经济的发展，一般性转移支付在财政转移支付中的地位有所下降，美国政府目前主要采用州政府和地方政府纵向平衡模式以及同级政府间横向均衡的模式。特殊性转移支付由专项补助和分类补助两大类组成。其中专项补助占美国财政转移支付的主体地位（约80%），通常由州或地方政府提出申

[1] 黄萍．我国财政转移支付制度存在的问题和对策分析[J]．市场研究，2019（1）：35－37.

请，联邦政府根据相应地区的财力需求，经过科学、合理的计算方法进行测算后对申请项目进行审批，且需要被转移州或地方政府提供相应项目的执行情况。专项补助主要用于基本公共服务领域，包括医疗保障、交通、教育等，通常无需地方政府提供配套资金。分类补助是按项目大类向州或地方政府进行拨款，通常联邦政府在进行转移支付时要求资金被转移方提供相应的配套资金，且严格规定了资金的使用大方向。

（二）日本的财政转移支付体系

日本的财权主要集中在中央，中央占全国财政总收入的70%左右，而中央的公共支出只占全国财政总支出的30%左右。这种中央和地方政府财权与事权的不匹配，导致中央需要通过大量的财政转移支付去弥补地方政府的财力缺口。但日本中央与地方政府间的财权和事权划分清晰，并且有健全的法律体系保障财政转移支付制度的有效执行。日本的转移支付主要分为以下几种类型：国家下拨税、国库支出金、国家让与税、特殊交通补助和固定资金转移税。其中，国家下拨税和国库支出金约占全部转移支付的90%。具体来看，国家下拨税在拨付时，按科学标准衡量各地的财力缺口以及各地的基本公共服务水平，主要支持经济欠发达地区，对经济发达地区下拨比例很低。国库金支出主要用于中央委办的项目，中央按比例下划自己应负担的部分。整体来看，日本的转移支付目的性、原则性较强，有较科学的测算办法以及健全的法律保障体系。

（三）澳大利亚的财政转移支付体系

澳大利亚的财政转移支付由三大类组成：一般性收入补助、专项补助以及资本性拨款。在澳大利亚，转移支付的总额由联邦和州共同决定，有两套完全不一样的方法和体系测算每个州的财力需求。一般性补助用于补助地方的经常性支出，此类资金由被转移州自由支配，并且主要用于均衡地区间公共服务。此类补助有较科学的测算、评估体系，并对各州的财力能力和财力需求进行精细化测算，从而确定各州的补助数额。专项补助严格规定了资金的使用范围，州政府不得随意挪作他用。资本性拨款在转移支付中所占比例极低，通常只占转移支付总额的1%左右。值得一提的是，澳大利亚每年的转移支付方案由拨款委员会提出，这不仅能够有效地隔离联邦与下级政府之间的矛盾，而且能使转移支付方案更趋公平、公正。

（四）小结

通过对美国、日本和澳大利亚等发达国家财政转移支付体系的介绍，不难发现各国财政转移支付制度都各具特色。如美国的转移支付计算科学合理；日本的税收返还制度规模庞大、体系健全；澳大利亚的转移支付方案由单独的第三方机构提出。尽管各国财政转移支付制度各具特色，但也存在一定相似性，如财政转移支付用于优化公共服务，具有严格的法制性与规范性，多种财政转移支付形式相互配合。这些对于进一步完善中国和其他发展中国家的财政转移支付制度具有一定的启示和借鉴意义。

课后习题与思考

［1］阐述政府间财政关系的内涵。

［2］论述中国目前的分税制财政体制的主要内容。

［3］简述当前中国财政转移支付的主要形式。

［4］简述中国财政转移支付制度的政策目标。

［5］简述中国现行财政转移支付的形式。

推荐阅读文献

［1］马海涛，姜爱华主编．政府间财政转移支付制度［M］．北京：经济科学出版社，2010.

［2］中国财政学会财政史研究专业委员会．从国家治理视角看历史上的政府间财政关系［M］．北京：中国财政经济出版社，2018.

［3］D Stoilova，Patonov N. Fiscal Decentralization：Is It a Good Choice for the Small New Member States of the EU？［J］. Annals of the Alexandru Ioan Cuza University－Economics，2012，59（1）：125－137.

第三篇
现代公共财政管理

传统财政理论认为财政是弥补市场缺陷而存在的，公共经济和市场经济似乎是两个并列的范畴。这种看法存在争议，因为只注意到公共部门和组织的非营利性特点，不重视甚至忽视了国家是凌驾于社会组织之上的组织，恪守的是公平正义，因此才有资格处理公共事务。也正是从这个意义上说，社会非营利性组织是政府部门公共职能的延伸。

公共事务的具体形式很多，但准则只有一个，那就是由国家提供公共服务，维持社会公平正义。这种准则性、权威性、公共性必然以法律的形式表达出来。政府的具体形式与社会非营利性组织有极大的相似性。其存在方式和所有社会组织一样需要财力支持。这就形成国家的独特财务运行方式和管理特点。

自工业革命至今，人类社会获得了飞速发展。以蒸汽机革命为标志的第一次工业革命，以电气化为标志的第二次工业革命和以网络化为标志的信息革命都是以不可再生的能耗为代价的。自然界成了社会发展的索取对象，由此产生的不良后果也不断显现。能源问题、气候变暖问题、环境问题以及2020年1月暴发的新冠肺炎疫情（COVID－19）等，都是社会发展和自然不和谐的表现形式。所有这些问题都给社会发展提出了新的挑战，呼唤全新的第四次工业革命，更准确地说应该是全新的社会革命，涉及政治、经济、文化、国际关系等领域。这个新的挑战需要创新：创新人和自然和谐共存的可持续发展模式。从全球来看，构建人类命运共同体才能维持人和自然的和谐发展。

时代在进步，社会在发展，公共财政管理的准则及方式也必须顺应时代潮流做出相应的变化。这正是党的十八大以来，以习近平为核心的党中央高瞻远瞩，着眼于经济现代化向国家治理现代化的改革的重要创举。党的十九届四中全会审议通过的《中共中央关于坚持和完善中国特色社会主义制度、推进国家治理体系和治理能力现代化若干重大问题的决定》进一步深刻阐明了国家治理现代化的中国道路，对现代财政治理现代化提出了新的要求，对于指导深化财政体制改革、建立现代财政制度具有重大而深远的理论和现实意义。

本部分从国家治理的高度出发，探讨了预算管理理论与制度变迁、公共收入与支出的综合管理、公共债务、企业投资与风险管理、公共部门会计管理与财务监督等内容。

第十二章
预算管理理论基础与制度变迁

党的十八届四中全会明确了“财政是国家治理的基础和重要支柱”，党的十九届四中全会又审议通过了《中共中央关于坚持和完善中国特色社会主义制度、推进国家治理体系和治理能力现代化若干重大问题的决定》（以下简称“《决定》”），阐明了国家治理现代化的中国道路，这些对于全面实施预算绩效管理、建立现代财政制度具有重大而深远的理论和现实意义。因此，本章首先对预算管理理论进行简要概括，然后以财政体制改革为主线，对中国预算管理体制机制的运行及现状进行概要性介绍。

第一节 预算管理相关理论

政府预算配置领域的经典问题是科伊·V. O（Key V. O，1908—1963，1940①）提出的"应该在什么基础上决定将资金X分配给A活动，而不是B活动"，即政府预算决策由谁做出、怎样决策、决策的机制如何。针对这一问题，不同的研究者从不同的视角进行了探索，并由此形成了多元化的预算理论。目前，影响较大的主要有渐进主义预算理论、公共选择预算理论、政策过程理论以及预算支出增长理论等。

一、渐进主义预算理论

渐进主义预算理论形成于20世纪60年代中期，通常认为，艾伦·瓦尔达沃夫斯基（Aaron Wildavsky，1930—1993；1964②）的经典著作《预算过程的政治》（The Politics of the Budgetary Process）以及理查德·C. 芬诺（Richard C. Fenno，1964③）的《预算的力量》（The Power of the Purse）是渐进主义预算理论的代表作。渐进主义预算理论主要观点有以下几个方面：一是公共预算及其改革不可避免地包含了诸多政治因素如宪法、利益集团的压力、政治党派的立场等将对预算决策产生影响，因此预算具有政治性；二是渐进主义预算理论将预算过程看作是在原基数上递增的政治模型，政府预算是渐进性的；三是由于人的智力、能力是有限的，而决策是一个非常复杂的过程，预算参与者通常会采用一些策略使得预算相对简化；四是政治对预算目标的实现具有重要影响，预算只有通过改变政治过程，从而改变预算份额在不同预算项目之间的分配，才能真正对预算结果产生相应的影响④。

---

① Key V. O., Jr. The Lack of a Budgetary Theory [J]. American Political Science Review, 1940, 34 (6): 1137 - 1144.

② Aaron Wildavsky. The Politics of the Budgetary Process [M]. Boston: Little, Brown & Co., 1964.

③ Richard C. Fenno. The Power of the Purse [M]. Boston: Little, Brown & Co., 1965.

④ Aaron Wildavsky. The Politics of the Budgetary Process [M]. Boston: Little, Brown & Co., 1964, 529 - 531.

一些研究如亚伦·威尔达夫斯基（Wildavsky，1975①）证实了渐进主义预算理论的有效性，发现渐进主义预算模型具备非常有效的预测能力。但兰斯·T. 勒卢普（Lance T. LeLoup，1978②）指出，虽然有研究证实了联合国、世界卫生组织、国际劳工组织等这些国际组织的预算过程都遵循着渐进决策的规则，但渐进主义预算模型没有对预算数据进行正确的解释，渐进主义主要建立在一系列分析性选择的基础上，而这些分析性选择会影响渐进主义本身的有效性和适用性。还有研究（袁星侯，2003③）认为，忽视各级政府不同级次预算的差别以及环境因素对预算过程的影响，导致渐进主义理论的解释力有限。

约翰·J. 贝利和罗伯特·J. 奥康纳（John J. Bailey & Robert J. O'Connor，1975④）认为，渐进主义不仅是一种用来界定决策制定特征的方法，而且也是一种用来描述和解释预算产出特点的方法。渐进主义预算理论开启了公共预算研究的一个新时代，并为公共预算的理论建构带来了突破性进展。渐进主义预算理论使复杂难懂的预算过程第一次得以从政治学研究视角来描述和解释。几十年来，渐进主义预算理论一直活跃在公共预算研究舞台上，并随着公共预算实践的变迁而展开和深化（於莉，2012⑤）。虽然渐进主义预算理论存在诸多缺陷，但其推进公共预算研究发展的作用和意义依然深远。

二、公共选择中的预算理论

（一）中位投票人模型

中间投票人模型是一个关于公共产出需求的模型，同时也是政府预算决策机制模型。该模型最早是由美国经济学家安东尼·唐斯（Anthony Downs，1930—，

① Wildavsky，Aaron B. Budgeting：A Comparative Theory of Budgetary Process [M]. Boston：Little Brown and Company，1975.

② Leloup L T. The Myth of Incrementalism：Analytical Choices in Budgetary Theory [J]. Polity，1978，10 (4)：488.

③ 袁星侯．政府预算渐进主义及其改革评述[J]. 经济学家，2003（6）：93－100.

④ Bailey John J.，O'connor. Operationalizing Incrementalism：Measuring the Muddles [J]. Public Administration Review，1975，35（1）：60.

⑤ 於莉．渐进预算理论50年：成就、论争与发展[J]. 武汉大学学报（哲学社会科学版），2012，65 (6)：92－99.

1957①）提出的。中位投票人定理指出，在简单多数的规则之下，中位投票人的偏好决定了公共品的均衡产出水平。可见，在中位投票人理论中，预算决策就被转化为中位投票人的效用最大化问题。这种转化大大简化了预算支出的分析。自 20 世纪 60 年代后期，该模型被广泛应用于预测和解释公共品的需求、公共支出和政府预算决策过程。

该模型得到一些研究的支持，如罗伯特·英曼（Robert Inman，1978②）认为，在很多情况下，中位投票人模型假定中等收入水平的人就是中位投票人。但有研究质疑该模型的有效性，如安东尼·巴恩斯·阿特金森（Anthony Barnes Atkinson，1944—）和约瑟夫·E. 斯蒂格利兹（Joseph E. Stiglitz，1943—）发现，中位投票人就是拥有中位收入的个人的这种假定，其前提是投票人拥有一致的偏好，且收入与期望的公共支出之间存在一种单调的函数关系（Atkinson & Stiglitz，1980③）。但假如这两个前提有一个不成立，那么就不能用这种方法来界定中位投票人。此外，中位投票人模型只能预测和解释运用投票程序进行决策时的预算结果，它的解释范围远远没有渐进主义模型广泛。另外，该模型是建立在一维决策、单峰偏好、无议程设置、所有投票人均参与投票等假设前提之下的，但在现实中，这些假设条件很难满足。同时中位投票人只考虑了中位投票人的收入、税收价格和偏好特征，忽略了制度结构、政治决策程序等因素，而这些变量对于政府预算的研究恰恰非常重要。以上这些原因共同导致该模型分析结果不全面。

（二）官僚预算最大化模型

官僚预算最大化模型是一个关于公共品供给的模型，由威廉姆·A. 尼斯坎南（William A. Niskanen，1933—2011）在其著作《官僚与代议制政府》中提出的，该模型指出官僚们关注官位的特权、公共声誉、权力和管制，这些与官僚的预算规模大小成正比，所以官僚们的目标是追求预算规模的最大化（Niskanen，1971④）。后来，布莱斯·安德烈和迪翁·斯蒂芬（Blais，Andre & Dion，Stephane，1991⑤）

① Anthony Downs. An Economic Theory of Political Action in a Democracy [J]. Journal of Political Economy, 1957, 65 (2): 135 – 150.

② Robert Inman. Testing political economy's 'as if' proposition: is the median income voter really decisive? [J]. Public Choice, 1978, 33 (4): 45 – 65.

③ Atkinson, Anthony & Stiglitz, Joseph. Lectures on Public Economics [M]. New York: McGraw – Hill Book Company, 1980, 322.

④ Niskanen, William A.. Bureaucracy and Representative Government [M]. Chicago: Aldine Atherton, 1971.

⑤ Blais Andre, Dion Stephane. Eds. The Budget – maximizing Bureaucrat: Appraisals and evidence [M]. Pittsburgh: University of Pittsburgh Press, 1991.

根据尼斯坎南的观点总结了官僚预算最大化模型的两个基本假设：一是官僚们总是试图争取预算最大化。尼斯坎南认为，薪水、奖金、荣誉、权力、资助、产出、改革和管理官僚机构的容易度等变量都可以影响官僚效用，上述大部分变量都是预算的一个正的单调函数。因此预算越大，官僚效用越大。二是官僚通常能实现预算最大化。尼斯坎南认为，官僚机构与资助人之间的关系是一种双边垄断的关系。在这种关系中，官僚机构通过提供产出来换取预算。但由于政治家缺少动机去运用潜在的权力以及缺乏有关政府的产出过程的必要知识和信息等原因，在政治家与官僚机构之间存在着信息不对称的问题。基于上述假设，尼斯坎南建立了官僚预算最大化模型。但是他自己并没有提供相应的、足够的经验证据来支持这个模型的基本假设与结论。米格·简和洛克杰拉德·贝兰格米格和柏兰格（Migue & Belanger, 1974①）对该模型进行了修正，认为官僚追求的是自由裁量的预算（即收入超过最低成本的部分）最大化。尼斯坎南后来也认为（Niskanen，1991②），官僚的效用是自由裁量的预算和产出的函数。

官僚预算最大化模型是第一个在公共选择框架下对官僚预算行为进行系统性研究的重要理论。但大量对尼斯坎南模型主要假设与结论进行的经验研究都没有为该模型提供支持（Blais & Dion，1991③）。关于这一点，唐莱威·P（Dunlevy. P, 1991④）认为，尼斯坎南模型没有分析官僚机构预算构成的复杂性，也没有分析官僚机构的复杂性，因而是不准确的；此外，詹姆斯·维尔斯的研究发现（Wilson, James，1989⑤），官僚预算最大化的理论的前提假设是其他条件不变，然而事实上官僚及官僚机构的自主权问题通常是变化的。

三、政策过程理论

由于渐进主义预算理论和公共选择预算理论都存在一些局限性，一些研究开始从政策过程的角度来解释预算过程与结果。这一理论的代表人物鲁宾 I. S. 认为

① Migue, Jean - Luc & Belanger, Gerard. Towards a general theory of managerial discretion [J]. Public Choice, 1974, Vol. 17: 27 - 43.

② Niskanen, William A. A reflection on bureaucracy and representative government [A]. Blais, Andre &Stephane Dion. (Eds.). The budget - maximizing bureaucrat: Appraisals and evidence [C]. Pittsburgh: University of Pittsburgh Press, 1991.

③ Blais, Andre & Dion, Stephane. Eds. The Budget - maximizing Bureaucrat: Appraisals and evidence [M]. Pittsburgh: University of Pittsburgh Press, 1991.

④ Dunlevy, P. Democracy, Bureaucracy and Public Choice [M]. New York: Prentice Hall, 1991.

⑤ Wilson, James Q. Bureaucracy [M]. New York: Basic Book, 1989.

(Rubin, I. S., 1997 ①), 公共预算是一个特别的、有众多参与者的政治决策过程, 预算参与者的目标具有多样性, 政府预算对经济和政治环境是开放的, 必须能对外部环境的变化做出适当反应。因此, 他提出了实时预算模型, 该模型将宏观预算与微观预算结合在一起, 预算被分成收入、过程、支出、平衡和执行这5个相互独立而又前后相继的决策束。在每个决策束中, 单个预算行动者的策略、预算过程和预算环境这些因素对预算结果的影响都需要考虑。每一个预算决策束都需要根据其他决策束中的决策和信息以及政治和经济环境的变化, 作出连续不断的调整。

鲁宾的政策过程预算模型建立了一套理论框架。该模型的特点是聚焦政策, 因而实质上是一个预算领域中的政策过程模型, 对于未来预算理论的发展来说具有很重要的意义。但该模型主要限制在对实证观察的分析上, 尽管她相信这种描述性理论可能会提出可取的或有效的改革。此外, 该模型主要关注公共预算的政治方面, 而不是技术或管理方面的问题 (凯文·纳奥米, Caiden, Naomi, 2003②)。

四、预算支出增长理论

(一) 梯度渐进增长理论

英国经济学家皮科克·A和怀斯曼·J (Peacock and Wiseman, 1961③) 提出了"梯度渐进增长理论", 其研究角度是政府支出的增长模式, 认为公共支出的增长是在不断稳定增长的过程中不时出现一种跳跃式的发展过程。在正常年份公共支出显现一种渐进的上升趋势, 但当社会经历"激变"时, 公共支出会急剧上涨, 当这种"激变"时期过后, 公共支出会下降, 但不会低于原来的趋势水平。梯度渐进增长理论实质阐明了公共支出增长的内在因素和外在因素 (Peacock and Wiseman, 1979④)。内在因素是指公民可以忍受的税收水平的提高是由于国民生产总值增长带来的收入增长, 导致税收上升和预算支出的增长, 外在因素是指社会危机的

---

① Rubin, Irene. Politics of Public Budgeting (Third Edition) [M]. Chatham: Chatham House, Inc., 1997.

② Caiden, Naomi. Politics of Public Budgeting [J]. Public Administration Review, 1990, 50 (4): 460-461.

③ Peacock A., J. Wiseman. The Growth of Public Expenditures in the United Kingdom [M]. Princeton NJ: Princeton University Press, 1961.

④ Peacock, A. T. and J. Wiseman. Approaches to the Analysis of Government Expenditure Growth [J]. Public Finance Quarterly, 1979, 7 (1): 3-23.

发生对公共支出造成的压力（阎坤，2002①）。

这种增长趋势主要通过三方面发生作用：一是替代效应。由于危机，公共支出激增，同时危机会改变人们对政府正常支出水平的态度，可能会提高公民的税收容忍度。政府支出暂时增加，危机结束后的政府支出和收入将维持在新的水平上（郭婧，2017）②。二是检查效应。危机过后，迫使政府和公民重新重视过去被忽略的问题，政府需要解决这些问题，因而导致预算支出的增加，而公民能容忍较高的政府支出水平和税收水平。三是集中效应。在社会动荡的非常时期中，中央政府往往会集中较多的财力以应付猛增的支出需求，中央政府职能的显著扩大增加了公共收支的规模。

（二）经济发展阶段论

理查德·A. 马斯格雷夫（Richard A. Musgrave，1910—2007）和沃特·惠特曼·罗斯托（Walt Whitman Rostow，1916—2003）从经济发展阶段来研究公共支出增长的原因，提出了"经济发展阶段论"，并对不同经济发展阶段的不同公共支出结构作了说明（Musgrave，1966③）。他们认为，在一国不同的经济发展阶段，公共支出的增长是必然的，但增长的结构和速度不同。一是在经济发展的早期阶段，人们的生活水平不高，主要是满足基本需要，对政府的公共性消费支出需求不大；二是在经济发展中期阶段，人们满足基本生活需要的需求增加了，相应地，政府用于教育、卫生和安全等方面的消费性支出就要增加；三是在经济发展的成熟阶段，人均收入水平有了很大的提高，用于教育、保健和福利等方面的政府支出增长将大大超过其他方面的支出增长，同时用于解决社会公平的转移性支出将会大幅增加（顾露华，2018④）。这一理论有利于帮助我们从经济发展阶段的视角，认识政府预算支出的增长变化趋势。

---

① 阎坤．财政支出的理论框架及前沿问题[J].财政研究，2002（7）：11－19.

② 郭婧，岳希明．公共收支因果关系研究文献综述[J].金融研究，2017（2）：179－196.

③ Musgrave，R.．Principles of Budget Determination，in H. Cameron and W. Henderson（eds）Public Finance：Selected readings [M]. New York：Random House，1966.

④ 顾露华．中国行政支出的供需驱动因素研究[J].经济社会体制比较，2018（2）：184－191.

第二节 中国预算管理制度的产生与发展

中国是一个历史悠久的国家，较早就出现了国家预算制度和国家预算思想。从历史角度来看，清末时期的中国，真正意义上的政府现代预算制度开始萌芽，并在民国时期进行初步发展。新中国成立后，政府预算管理技术规范初步形成，而1994年的分税制改革，初步确立了与市场经济相适应的税制体系和财政管理体制。1998年提出“构建公共财政的基本框架”的目标，预算改革逐渐转向支出结构调整和管理领域。此后，政府预算制度从预算管理体系到预算收入一翼、预算支出一翼的各个领域都进行了深化改革，随着现代信息技术的发展以及中国国家治理现代化目标的提出，预算管理制度逐步向现代预算制度迈进。本节主要就中国预算制度的发展和演变过程进行梳理。

一、新中国成立前的预算制度

关于中国预算制度的产生时间，学术界尚未形成一致看法。有研究认为可追溯到夏代（刘汉屏，1986①），有研究认为预算制度产生于周代（许毅、陈宝森，1984②），还有一些研究认为从战国开始就有了预算制度的雏形（孙翊刚，2003③）。但主流的观点较为认同中国现代预算制度思想和预算制度不是从中国内部自发产生的，而是伴随着近代西方思想潮流的涌入而进入中国，是从西方舶来的。

随着西方预算制度改革实践的影响扩大，清末时期，在福建道监察御史赵炳麟及其他朝野人士的共同呼吁下，1906年清政府决定清理财政并正式办预算。1910年清政府在清查各省公共收支的基础上，仿效西方财政制定预算的新型财政体制，决定试办全国财政预算。1911年，度支部上奏宣统四年（1912年）全国预算草案。虽然这场改革因清政府的覆灭而中断，但它开启了中国现代预算制度的先河。

民国初年，北洋政府于1914年公布了《会计条例》，对预算制度作了进一步

① 刘汉屏．也谈中国预（决）算制度起源问题[J].江西财经学院学报，1986（2）：87－91.

② 许毅，陈宝森．财政学[M].北京：中国财政经济出版社，1984.

③ 孙翊刚．中国财政史[M].北京：中国社会科学出版社，2003.

规定，包括预算制度采用跨年制进行、各年度预算经费严格按照年度结算、严格执行预算总额度、按照经常预算和临时预算并分项编制总预算、设立预备金等。1931年，国民政府公布《预算章程》及《办理预算收支分类标准》等条例。1932年正式颁布《预算法》，确立了一整套预算制度、主计制度和审计制度，标志着中国预算制度经过20多年的发展已经初步成型。决算方面，1932年至1941年，国民政府先后公布了《暂行决算章程》《国库收支结算办法》《决算法》《决算法实施细则》等法律制度，使得预算制度初步具有计划性、法制性和民主性等特征。总的来看，在新中国成立以前，中国预算制度在借鉴西方近代文明的基础上取得了重要进展。

二、中国预算制度的形成与发展

（一）中国预算制度的形成阶段（1949—1951年）

新中国成立初期，中国国民经济遭到了严重打击，财政出现严重赤字。为挽救这种困难局面，中国政府于1950年对公共收支体制进行了变革，实行高度集中的统收统支办法，于1951—1952年实行初步分级的财政管理体制。1951年政务院颁发《关于一九五一年公共收支系统划分的决定》，实行公共收支高度集中的财政体制，将财政划分为中央、大行政区、省（市）三级财政。随着财政体制的构建，经过一系列预算制度相关政策文件的发布，较为系统的政府预算制度也逐步形成。

（二）预算改革的稳定发展阶段（1952—1993年）

中国预算制度形成后的40年间，尽管经济体制、财政体制经过多次变革，但预算制度从总体上而言保持较稳定的状态。这主要是由于在此期间，中国的预算收支规模比较有限，国家经济管理实行计划经济体制，强调计划，而不是市场在资源配置中的作用，预算主要定位于服务于国家总体的经济管理布局，预算成为政府收支管理的一个工具。主要在以下几个方面进行了改革①：

一是行政单位预算管理。采取“统收统支”的形式，各级行政单位所需经费全部由政府预算拨款；于1955年实行职务等级工资制度，1960年起试行工资基金管理制度；对“三公”经费等支出制定报销标准等。

① 财政部干部教育中心．现代政府预算制度[M]．北京：经济科学出版社，2017.

二是事业单位预算管理。根据事业单位的具体情况，采用全额预算、差额预算、专项经费补助及事业单位企业化管理等不同形式进行预算管理。1978 年后，又试行单位预算包干法、支持事业单位合理组织收入以及促进科教事业发展等系列改革措施，以调动事业单位增收节支的积极性。

三是健全国库管理制度。1985 年发布《中华人民共和国国家金库条例》，对国库体制、国库职责权限、库款收纳、退付、支付及国库会计核算等作出明确规定，1990 年开始开办分国库试点。

四是基本建设支出预算管理。计划经济体制下，基本建设支出在预算支出中占有相当大的比重。在 1980 年以前，基本建设投资全部实行政府无偿拨款，助长了部门和单位向国家争投资、争项目的风气，投资效益低等问题严峻。改革开放后，推行和完善预算内基本建设投资“拨改贷”的制度，几经改革后对有偿还能力和无偿还能力的建设项目采取区别对待的办法施行。1988 年，实行基本建设投资基金制，基本建设投资由建设银行按照计划管理，专款专用，年终结转、在财政预算中列收列支。

五是预算外资金的管理。计划经济时期的预算外资金规模较小，这一时期还没有一套完整的预算外资金管理制度。改革开放后，中国先后制定了一系列预算外资金相关的管理办法、条例，初步实现了对预算外资金的系统化、规范化管理。

1992 年，党的十四大报告确立了“建立社会主义市场经济体制”的改革目标，标志着中国的改革开放进入了一个新的时期。为了适应社会主义市场经济的发展要求，中国开始对传统的预算制度进行改革。国务院于 1991 年发布《国家预算管理条例》，从 1992 年 1 月 1 日起施行，将各项公共收支按照经济性质分解为经常性预算和建设性预算两大部分，规定从 1992 年开始采用复式预算的方法，改变了过去实行单式预算的做法，对于加强预算管理，强化预算管理职能发挥了重要法律规范作用。

三、经济现代化过程中的预算制度改革①

1999 年以前，中国预算管理和预算科目是按功能设置的，按照政府职能和经费性质对开支加以分类进行预算编制。随着政府职能的转换和公共财政框架的建立，这种功能预算方式无法对部门的所有收支进行全面反映：一是对资金进行切块管理，各部门没有一本统一的预算；二是预算编制方法简单，实行“基数加增长”的预算编制方法，固化了原有的不合理的预算分配格局，严重影

① 财政部干部教育中心．现代政府预算制度[M]．北京：经济科学出版社，2017：89－93.

响政府施政目标的实现；三是预算约束力不强，导致预算严肃性差，随意性强，追加频繁，不利于对预算单位经费整体使用情况的监督和控制。

20 世纪 90 年代以来，中国进入了经济高速增长向经济现代化发展的阶段。为了适应这一时期的形势，各地区各部门也进行了相应的财税体制改革，对当时经济社会发展发挥了重要支持作用。但预算改革是综合性的，需要其他财政管理措施也相应改革。而在当时财政管理体制中，由于传统分散性国库收付制度出现诸多弊端、政府分散采购模式不规范、政府收支分类科目设置不科学以及投入预算对预算绩效的关注度不足等，亟需对预算管理体制进行新的调整。这一阶段的改革措施有：

（一）预算管理体制的改革

1. 财政税收体制的改革

预算作为国家管理社会经济事务，实施宏观经济调控的重要管理手段之一，它涉及社会政治经济的各个领域。从纵向关系上看，涉及中央与地方及地方各级政府之间事权和财权的正确划分；从横向关系上来讲，涉及各预算单位之间及社会成员之间物质利益的正确处理（刘立国，2019①）。20 世纪 80 年代以前，中国处于计划经济时期，采取高度集中的统收统支的财政资金管理办法。改革开放以后，中国由计划经济向社会主义市场经济过渡，财税体制经过几次变革，大体上沿着“包干制”的思路进行调整，由强调中央、地方政府的分成转向强调公共收入增量的变化，在形式上逐步向分税制靠拢，到 1994 年后，中国开始实行分税制。

1994 年分税制改革是中国财税体制改革历程的“分水岭”，初步构建了较为规范的税收制度、公共收入与支出划分、转移支付体系框架，理顺了中央与地方之间的财政分配关系。然而分税制改革并不彻底，支出端的改革滞后于收入端改革，政府事权划分不清晰，政府预算外资金乱象百出，政府间公共收支矛盾日益凸显（杨志勇，2019②）。2013 年，党的十八届三中全会通过的《中共中央关于全面深化改革若干重大问题的决定》，指出现代政府预算制度是现代财政制度的基础，提出要继续深化财税体制改革，拉开了建立现代财政制度序幕。随后，中央政府出台了多个规范性文件（见表 12－1），从税制改革、政府债务管理、中央和地方的事权与支出责任划分、转移支付改革方面进行了深化改革。

① 刘立国．中外财政预算制度比较研究[M]．北京：北京理工大学出版社，2019.

② 杨志勇．中央和地方事权划分思路的转变：历史与比较的视角［J］．财政研究，2016（9）：2－10.

表 12-1　　中国深化财政体制改革的主要措施（2013 年至今）（部分）

改革领域	时间	主要事件及影响
转移支付制度改革	2014 年	《国务院关于改革和完善中央对地方转移支付制度的意见》（国发〔2014〕71 号），完善一般性转移支付、规范专项转移支付分配和使用、逐步取消竞争性领域专项转移支付、强化转移支付预算管理等
税制改革	2014 年	中共中央政治局会议通过《深化财税体制改革总体方案》明确了经济发展新常态下的财税体制改革工作部署，启动了全方位、多层次、纵向化改革
	2016 年	财政部、国家税务总局发布《关于全面推开营业税改征增值税试点的通知》（财税〔2016〕36 号）；“营改增”的全面实施；《国务院关于印发全面推开营改增试点后调整中央与地方增值税收入划分过渡方案的通知》（国发〔2016〕26 号），提出过渡期增值税收入划分实行五五分成，基本保持现有的财力分配格局
	2018 年	中共中央印发《深化党和国家机构改革方案》，要求将省级和省级以下国税、地税机构合并，实施以国家税务总局为主和省级政府双重领导管理体制
政府债务管理	2014 年	国务院印发《国务院关于加强地方政府性债务管理的意见》（国发〔2014〕43 号），要求要对地方政府债务实行规模控制和预算管理，控制和化解地方政府性债务风险等
	2016 年	国务院印发《地方政府性债务风险应急处置预案》（国办函〔2016〕88 号），要求建立健全地方政府性债务风险应急处置工作机制，切实防范和化解财政金融风险
	2017 年	财政部等 6 部委印发《关于进一步规范地方政府举债融资行为的通知》（财预〔2017〕50 号），提出要建立规范的地方政府举债融资机制、债务限额管理等，防范化解重大风险
中央和地方的事权与支出责任划分	2013 年	党的十八届三中全会通过的《中共中央关于全面深化改革若干重大问题的决定》，对中央和地方的事权与支出责任作了原则性划分
	2016 年	国务院发布《国务院关于推进中央与地方财政事权和支出责任划分改革的指导意见》（国发〔2016〕49 号），首次较为系统地提出政府间事权与支出责任划分，进一步明确了财政事权改革方向，细化政府间的财政事权与支出责任
	2018 年	国务院发布《基本公共服务领域中央与地方共同财政事权和支出责任划分改革方案》（国办发〔2018〕6 号）和《医疗卫生领域中央与地方财政事权和支出责任划分改革方案》（国办发〔2018〕67 号），将事权和支出责任的划分进一步科学化和精细化的落实

2. 预算体系的改革。自新中国成立以来到 1992 年以前，中国实行的是单式预算，将预算年度内全部政府预算收支汇总编制在一个预算平衡表内。随着中国由计划经济体制向社会主义市场经济体制转轨，1992 年国务院发布《国家预算管理条例》，规定中国国家预算按照复式预算编制，并分为经常性预算和建设性预算两个部分。随着社会主义市场经济体制逐渐完善，政府与市场关系逐渐明晰，政府职能更加明确，政府预算体系改革的总方向定位于“全面规范、公开透明”。

2003 年党的十六届三中全会颁布的《中共中央关于完善社会主义市场经济体制若干问题的决定》，提出“实行全口径预算”，积极构建公共财政体制框架并致力于将所有公共收支纳入预算管理，规范政府收支，重构政府预算体系。此后，中国的预算体系经过不断调整和完善，到2010年，已经形成了当前预算体系的基本框架。中国政府预算体系的改革历程如表12-2所示。

表12-2 中国政府预算体系的改革历程（部分）

阶段	时间	预算体系组成
单式预算	1992年以前	国家预算
复式预算初现	1992年	经常性预算+建设性预算
复式预算改进	1993—1994年	政府公共预算+国有资本经营预算，并可根据需要建立社会保障预算和其他预算
	1995年	政府公共预算+国有资产经营预算+社会保障预算+其他预算
复式预算逐步健全	1998年	政府公共预算+国有资本金预算+社会保障预算
	2007年	开始编制国有资本经营预算
	2009年	全面编制中央和地方政府性基金预算
	2010年	试行编制社会保险基金预算
	2010年及以后	一般公共预算+政府性基金预算+国有资本经营预算+社会保险基金预算

2014年11月，《财政部关于完善政府预算体系有关问题的通知》等文件相继发布，进一步细化了预算体系的范围、内容等。中国的政府预算形式经历了从单式预算到复式预算的转变，预算体系逐渐完善，至今中国已经形成包含一般公共预算、政府性基金预算、国有资本经营预算和社会保险基金预算的政府预算体系，预算体系的完整程度大幅提升，但与现代化预算体系还有一定的差距。

3. 政府收支经济分类及科目改革。政府收支经济分类是政府预算管理全过程中统一使用的基础性核算工具，以其独特的地位支配预算事务，作为政府部门和单位进行具体预算决策的载体，是汇编预算和决算的前提及实施预算和强化预算管理的基础。财政部从1999年底开始启动政府收支分类改革的研究工作，在认真研究了国际上政府收支分类经验的基础上，结合公共财政部门预算巩固集中收付等财政改革，于2004年底形成了《政府收支分类改革方案》，定于2007年1月1日在全国范围内开始实施。将政府收支分类体系划分为“收入分类”“支出功能分类”“支出经济分类”三部分。

随着国家治理现代化要求的提出，为实施全面规范、公开透明的预算制度，2016年10月，财政部印发了《支出经济分类科目改革试行方案》，从2018年1月1日起实施，原支出经济分类科目变为“政府预算支出经济分类+部门预算支出经济分类”。至2018年，政府收支分类科目由一般公共预算收支科目、政府性基金收支科目、国有资本经营预算收支科目、社会保险基金预算收支科目、预算支出经济分类科目、部门预算支出经济分类科目构成。已经形成一套比较完善的政府收支分类科目体系，基本实现了“体系完整、反映全面、分类明晰、口径可比、便于操作”的改革目标，充分体现了国际通行做法与国内实际的有机结合以及市场经济条件下建立健全中国公共财政制度的总体要求，为中国预算管理制度的完善提供了良好的基础。

（二）预算管理一体两翼的改革

1. 预算收入一翼改革。

（1）预算外资金纳入预算管理。预算外资金一直是困扰中国政府预算体系全面性和完整性的重大因素。预算外资金形成于新中国成立初期。1996 年，国务院颁布的《国务院关于加强预算外资金管理的规定》规定，禁止将预算资金转移到预算外，将部分预算外资金纳入财政预算管理。2001 年，国务院办公厅转发财政部《关于深化收支两条线改革，进一步加强财政管理的意见》，将各部门预算外收入纳入财政专户管理。进一步地，2004 年《财政部关于加强政府非税收入管理的通知》提出，要实行“收支两条线”管理，以非税收入取代预算外资金。到 2010 年，财政部发布的《关于将按预算外资金管理的收入纳入预算管理的通知》规定，将预算外资金收入纳入预算管理，全面取消预算外资金。

随着预算外收入资金逐步纳入预算内管理，预算外资金这一概念逐渐被政府非税收入的概念所取代。但政府非税收入不仅包含预算外资金，还包括纳入预算管理的一些非税收入。2011 年，所有预算外资金事实上被取消，政府非税收入管理体系建立起来，有利于解决财政非税收入体制外循环的弊端问题，有效促进了财政管理制度的进步。为进一步完善政府非税收入的管理，财政部 2016 年印发《政府非税收入管理办法》，明确指出政府非税收入是政府公共收入的重要组成部分，应当将其纳入财政预算管理，并对政府非税收入的内涵、管理原则、管理办法等进行了详细规定。

（2）超收收入使用改革。超收收入是指收入预算的实际执行结果超过经人民代表大会批准的预算收入，是预算执行结果超过预算数的差额。由于预算只是一种预计安排，预算的执行结果不一定等于预算数，通常存在超收或者短收现象。1999 年第九届全国人民代表大会常务委员会第 13 次会议通过的《全国人大常委会关于加强中央预算审查监督的决定》规定，中央预算超收收入可以用于弥补中央财政赤字和其他必要支出。

由于在编制预算时就强调要留有一定余地，因此在实践中，常常出现故意低报预算收入的现象，导致超收的情况非常普遍。至 1985 年，预算外收入占预算收入的比重高达 76.32%①。自 1994 年分税制改革以来，中国公共收入能力稳步提高，财政超预算收入由个别年度的偶然现象逐渐向常态化发展。数据显示，从 1994 年

① 中华人民共和国财政部．预算外资金的历史沿革［EB/OL］．［2018－01－16］．http://yss.mof.gov.cn/zhengwuxinxi/lilunyanjiu/200809/t20080925_78407.html.

至2007年这14年中，每年的公共收入决算数均超过预算数，有11个年份的预算、决算偏差率超过了5%，全国累计实现财政超预算收入2.32万亿元，占累计公共收入决算99%的比重。可见财政超预算收入的规模偏大，比重偏高（王秀芝，2018）①。

对于如何合理安排超收收入的使用，更加科学合理地编制预算，中国政府进行了逐步探索。自2007年开始，设立中央预算稳定调节基金，从2008年起，年度执行中如有超收，除按照有关规定允许用于支出的项目以外，都列入中央预算稳定调节基金，转到以后年度，经过预算安排使用。改革后，预算超收收入常年偏大的局面逐渐扭转，尤其是2014年新修订的《中华人民共和国预算法》规定，各级一般公共预算年度执行中如有超收收入的，只能用于冲减赤字或补充预算稳定调节基金。新《中华人民共和国预算法》实施后，2015年的预算收入出现了短收情况，此后的几年间，预算收入偏差得以控制（见表12－3）。

表12－3　2008—2019年全国财政超预算收入情况

年度	公共收入预算数（亿元）	公共收入决算数/（亿元）	超预算收入数（亿元）	收入偏差率
2008	58486	61330.35	2844.35	4.86%
2009	66230	68518.3	2288.3	3.46%
2010	73930	83101.51	9171.51	12.41%
2011	89720	103874.43	14154.43	15.78%
2012	113600	117253.52	3653.52	3.22%
2013	126630	129209.64	2579.64	2.04%
2014	139530	140349.7	819.7	0.59%
2015	154300	152216.65	－2083.35	－1.35%
2016	157200	159552.08	2352.08	1.50%
2017	168630	172566.57	3936.57	2.33%
2018	183177	183351.84	174.84	0.10%
2019	192500	190382	－2118	－1.1%

注：①数据来源：根据《中国财政年鉴》（2008—2018）的中央和地方预算报告整理而得。

②收入偏差率＝超预算收入数÷财政预算收入数×100%

2018年3月，财政部发布的《预算稳定调节基金管理暂行办法》规定，一般公共预算的超收收入除用于冲减赤字外，应当用于设置或补充预算稳定调节基金，为超收收入在预算管理中的规范管理指明了方向。然而，要从根本上解决财政超收问题，必须进一步改革和完善预算管理，提高预算编制的准确性，强化预算执行过程中的约束性。

① 王秀芝．中国预算管理制度改革[M]．北京：经济科学出版社，2018：127.

2. 预算支出一翼的改革。

（1）部门预算改革。部门预算改革是预算编制模式的改革，其核心内容是以预算部门为预算编制单元和依托，一个部门编制一本预算，在编制内容上涵盖了部门或单位所有收入和支出，强调政府收支的全口径管理。2000 年，中国开始在中央部门实施部门预算改革，并出台了系列政策措施（见表 12－4），全面推进按基本支出和项目支出编制部门预算，规范部门预算管理工作。

表 12－4　　部门预算支出改革历程（部分）

改革方向	年份	主要内容
基本支出改革	2001	开始对基本支出试点定员定额管理方式，选择了农业部的 10 个部门试点，制定了中央部门的人均支出标准
	2002	财政部颁布《中央本级基本支出预算管理办法（试行）》，在中央部门全面推开基本支出定员定额试点
	2004	从编制 2004 年部门预算起，财政部选择了 5 个中央部门进行实物费用定额试点，实行虚转的运行方式，以后年度试点范围逐步扩大
	2005	进一步完善基金支出定额管理工作，扩大实物费用定额试点工作，研究制定部门预算绩效考评管理办法等
	2007	财政部重新修订印发了《中央本级基本支出预算管理办法》，进一步完善基本支出财政拨款结转和结余资金管理规定、基本支出预算编制管理规程
	2009	财政部启动了中央部门基础信息数据库建设工作，实现了规范津贴补贴经费测算的自动化，提高了基本支出预算的科学性精细化
	2012	从编制 2012 年部门预算开始，将实物费用定额试点扩大到所有中央部门本级，进一步提高基本支出预算分配的科学性
项目支出改革	2001	财政部颁布《中央部门项目支出预算管理试行办法》，对项目设置、项目库、项目申请、审核等基本内容作出了规定
	2002	财政部印发《中央本级项目预算管理办法（试行）》，同时还制定了《中央本级项目库管理规定（试行）》，规范项目库的管理工作
	2004	财政部将《中央本级项目支出预算管理办法（试行）》和《中央本级项目库管理规定（试行）》合并为《中央本级项目支出预算管理办法（试行）》，并对一些跨年度的重大支出项目进行绩效评价试点
	2007	对项目支出预算管理办法进行第 3 次修订，印发了《中央本级项目支出预算管理办法》，健全了项目支出预算管理体系，部门预算已经在中央机关全面推行
	2015	围绕项目支出密集出台系列制度规范以指导改革的落实，包括《关于加强和改进中央部门项目支出预算管理的通知》《财政部关于加强中央部门预算评审工作的通知》《关于印发中央部门预算绩效目标管理办法的通知》《关于加快推进中央本级项目支出定额标准体系建设的通知》等，以实现预算安排库（项目库）中支出、项目立项先入库、项目入库先评审、项目评审有依据的规范目标
	2016	财政部制定了《关于进一步落实中央部门预算项目库的意见》，推进项目管理各项改革措施落地
	2017	财政部颁布《关于进一步完善中央部门项目支出预算管理的通知》，就进一步完善项目支出预算管理提出了要求

（2）国库集中收付制度改革。所谓国库集中收付制度是指对预算资金实行集中收缴和支付的制度，其核心是通过国库单一账户对现金进行集中管理。中国的国库集中收付制度改革始于1998年，正式启动于2001年3月。截至2012年底，中央166个部门及所属1.5万多个基层预算单位，全国32个省、自治区、直辖市和计划单列市的51万多个地方预算单位实行了国库集中收付制度。国库集中收付制度加强了财政资金收付的全过程监控，提高了财政资金收支和使用的安全性、规范性、完整性、准确性和及时性，增加了预算执行信息的透明度，有利于提升财政资金的运行效率和使用效益。同时，增强了国库资金的控制和统一调度，为实施财政政策和管理提供了资金保障。

（3）政府采购制度改革。政府采购是指依照公开透明、公平竞争、公正和诚实信用原则，对国家机关、事业单位和团体组织，使用财政性资金采购依法制定的细则。1996年，中国在上海市开始进行政府采购制度改革的试点工作，1999年开始在中央国家机关推行。2003年，《中华人民共和国政府采购法》正式生效，成为新发展时期政府采购的新起点，标志着政府采购已经全面实行。2014年全国人民代表大会常委会颁布《中华人民共和国政府采购法》（2014最新修订），以进一步规范政府采购行为，强化公共支出管理。此次改革围绕“推动政府采购管理从程序导向型向结果导向型的重大变革思路”，不断向纵深推进。

近年来，中国政府采购规模不断扩张。到2018年底，中国政府采购规模35861.4亿元，同比增长11.7%，占全国公共支出和GDP的比重分别为10.5%和4.0%①。2002—2018年全国政府采购规模占全国公共支出、GDP的比重情况见图12－1。

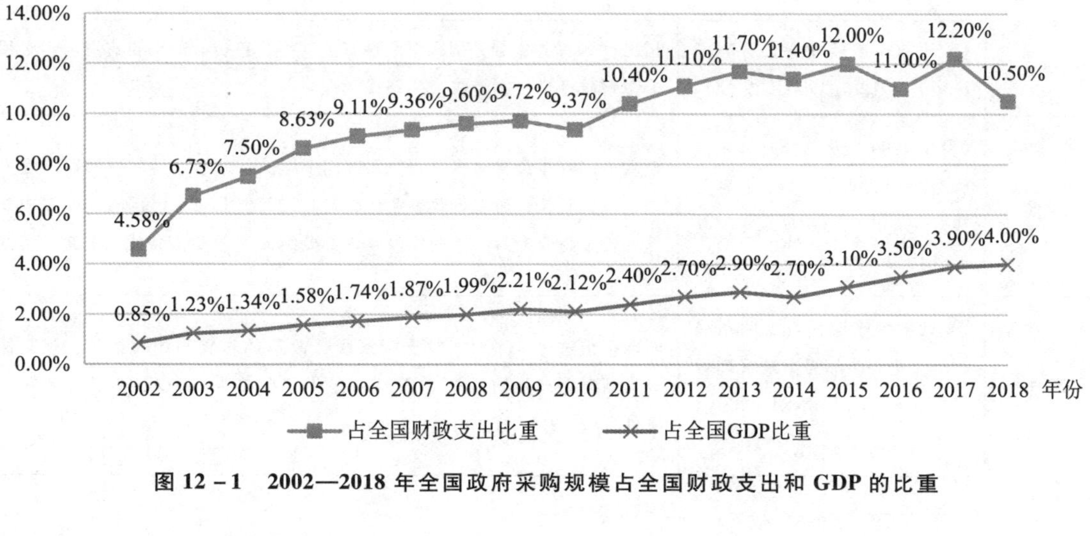

图12－1　2002—2018年全国政府采购规模占全国财政支出和GDP的比重

① 中国政府采购网，http：//www.ccgp.gov.cn/news/201909/t20190904_ 12826207.html。

政府采购制度是提高财政资金的有效手段，同时在促进党风廉政建设方面也发挥了巨大的作用。特别是党的十八届五中全会之后，在“创新、协调、绿色、开放、共享”的新发展理念指导下，政府采购应更加注重采购物品的科技含量，推进绿色采购、联合采购、全球采购、电子采购的比例提高（沈小静等，2019①）。未来可以从以下几个方面进一步推进政府采购管理工作：一是构建政府采购相关法律制度体系，注重完善采购需求、结果等管理链条；二是在完善政府采购政策体系的同时，更加注重政策的实施效果；三是完善政府采购执行机制，推动采购活动更加规范、高效、透明，注重采购结果绩效评价；四是创新政府采购监督模式，创新监督手段，如引进第三方力量进行监管等。

（4）“收支两条线”改革。“收支两条线”是指中央对地方年度预算，采取收支脱钩，分别计算收入留解比例和支出指标的办法。从“收”的角度看，主要是收缴分离，收入全部上缴国库或财政专户，规范预算外收入收缴和减少部门、单位资金占用；从“支”的角度看，主要是收支脱钩，单位上缴的收费和罚没收入不再与本单位的支出挂钩，支出采用零基预算的方法，由财政部门按单位履行职能的需要核定。国家财政资金“收支两条线”管理制度的改革历程（部分）见表12－5。

表 12－5　　国家财政资金“收支两条线”改革历程（部分）

年份	政策文件	与行政单位相关的主要内容
1993	《关于转发财政部〈关于治理乱收费的规定〉的通知》（中办发〔1993〕18 号）	规定对行政性收费和罚没收入要实行“收支两条线”管理
1996	《关于加强预算外资金管理的决定》（国发〔1996〕29 号）	指出“预算外资金是国家财政性资金，不是单位、部门自有资金，必须上缴财政专户，实行收支两条线管理”
1999	《关于 1999 年落实行政事业性收费和罚没收入“收支两条线”规定工作的意见》（中办发〔1999〕21 号）	财政部门安排预算时将执收执罚部门上缴的行政事业性收费和罚没收入与其支出脱钩，所有行政事业性收费收入都要及时、足额缴入国库或预算外资金财政专户，连同罚没收入都要纳入“收支两条线”管理
2001	《财政部关于深化收支两条线改革，进一步加强财政管理意见的通知》（国办发〔2001〕93 号）	明确提出进一步深化“收支两条线”改革的步骤与相关措施，该文件成为新时期加强财政资金管理、深化“收支两条线”改革的纲领性文件

① 沈小静，刘若阳，姜旭．新中国 70 年采购管理发展历程、阶段特征及未来展望［J］．管理世界，2019，35（10）：39－49.

续表

年份	政策文件	与行政单位相关的主要内容
2004	《关于加强政府非税收入管理的通知》（财综〔2004〕53号）	提出要积极推进政府非税收入收缴管理制定改革，政府非税收入分步纳入财政预算，实行“收支两条线”管理

（5）预算支出绩效管理改革。进入20世纪90年代以来，随着公共财政理论和效益财政理论的建立，中国政府开始重视预算绩效管理工作。2001年以来，中央和地方认真贯彻落实党中央国务院有关文件精神，在借鉴国际经验的基础上，从中国国情出发，积极推进了预算绩效管理，主要以预算支出绩效评价为核心进行改革。

2005年，财政部制定了《中央部门预算支出绩效考评管理办法（试行）》，统一规定了部门预算绩效考评的各项基本制度，表明中国预算支出绩效评价取得了重大突破。2006年，财政部选择了3个部门的4个项目，开展了统一的绩效考评试点工作。2011年，财政部相继下发了《财政支出绩效评价管理暂行办法》《关于推进预算绩效管理的指导意见》《绩效评价工作考核暂行办法》等一系政策法规文件，旨在逐步建立全过程预算绩效管理机制，标志着完整意义上的预算绩效管理理念得到确认。2012年，财政部印发《预算绩效管理工作规划（2012—2015年）的通知》，明确了预算绩效管理的目标是树立“讲绩效、重绩效、用绩效”“用钱必问效，无效必问责”的绩效管理理念；2014年新修订的《中华人民共和国预算法》，首次以法律形式明确了公共财政预算收支中的绩效管理要求，极大地推进了中国预算绩效管理工作。

此外，在预算绩效目标管理方面，为全面推进预算绩效管理工作，进一步提高财政资金使用效益，财政部2015年5月发布了《关于印发〈中央部门预算绩效目标管理办法〉的通知》（财预〔2015〕88号），对中国中央部门预算绩效目标的设定、审核、批复、调整与应用等作出了明确规定。

第三节
国家治理现代化背景下的预算管理规范

党的十九届四中全会审议通过了《中共中央关于坚持和完善中国特色社会主义制度、推进国家治理体系和治理能力现代化若干重大问题的决定》（以下简称

《决定》)，既回答了“坚持和巩固什么、完善和发展什么”这个重大政治问题，又阐明了国家治理现代化的中国道路，具有重大而深远的理论和现实意义。财政作为国家治理现代化的重要支柱，首要任务就是要以预算管理为核心，做好顶层设计，分步骤、分阶段地完善标准科学、规范透明、约束有力的现代化预算制度，这对于解决资源配置和公共服务提供所面临的结构性矛盾，克服国家治理现代化在制度上的梗阻，实现中国公共组织财务管理系统性重塑和整体性重构将具有重要意义。

一、公开透明的现代化预算制度的推进

预算是实现政府自我约束和立法机构外部控制的重要制度与机制，前提是预算需要公开和透明，否则，就会使得公众难以真正参与预算决策，难以有效进行民主监督，难以真实评价预算绩效。

2008 年 5 月 1 日，《中华人民共和国政府信息公开条例》正式实施，要求县级以上各级政府及其部门在各自职责范围内确定主动公开的政府信息的具体内容，并重点公开财政预算、决算报告，将政府预算公开问题提到了法规层面。自 2009 年起，财政部每年都会按照要求，以比较规范的格式在其网站上公布政府信息公开工作年度报告，尤其重点反映预算信息公开的情况。2009 年，财政部首次公布了财政预算报告和中央公共收入预算表、中央公共支出预算表、中央本级支出预算表、中央对地方税收返还和转移支付预算表 4 张表格，财政预算公开迈出重要一步。2013 年，财政部发布《财政部关于推进省以下预决算公开工作的通知》，将预决算公开推广到省级以下的预算单位，以进一步全面推进预算信息公开透明。2014 年修订的《中华人民共和国预算法》增加规定，除涉及国家秘密的事项以外，经过本级人民代表大会或其常委会批准的预算调整，决算预算执行情况的报告及报表等，应当在批准后 20 日内由政府财政部门向社会公开，为各级财政部门预算公开提供了法律约束，也为纳税人主动申请公开提供了法律的依据。2016 年《关于进一步推进预算公开工作的意见》对预算公开作了进一步部署，要求扩大预算公开范围，公开预决算信息，细化公开内容，加快公开进度，规范公开方式。

截至 2017 年，中国公开部门预算的中央部门已由 2010 年的 75 个增加至 105 个，并搭建了“中央预决算公开平台”，大大提高了信息获取的便利性。同时，科技部、教育部、环保部等 10 个部门首次公开了 10 个重点项目的预算，并同步公开了项目支出绩效目标。同时，地方层面的预算信息公开也得到进一步推进。据统计，在地方 26.1 万家预算单位中，未公开部门预算和部门决算的单位由 2015 年的

3.7万个和5.6万个降至2016年的737个和778个，平均降幅为98.3%，地方预决算信息公开的完整性、规范性和及时性等指标的达标率均超过90%①。预算公开透明是打造阳光财政的前提，通过一系列的改革，中国预算公开透明度稳步提升（见图12－2），为提高资金使用效率和政府公信力奠定了基础。

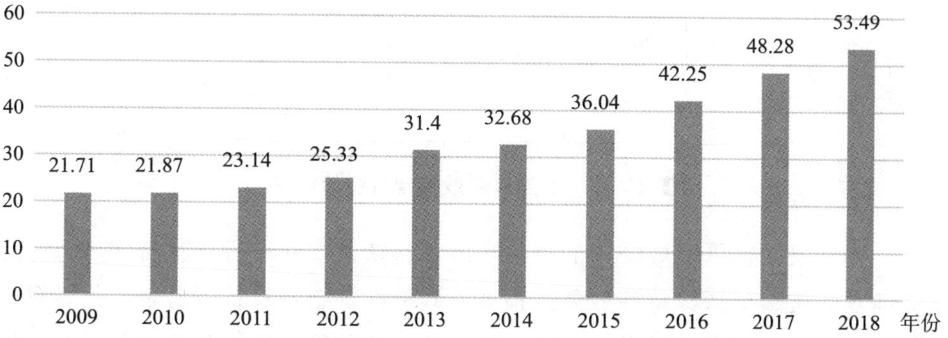

图12－2　2009—2018年中国省级财政透明度平均得分

数据来源：根据上海财经大学公共政策研究中心发布的相关年份中国财政透明度报告整理而得。

为推动建立和完善现代预算制度，未来中国进一步扩大预算公开范围，细化预算公开内容，完善预算公开机制，将公开透明贯穿于预算改革和管理的全过程，进一步规范政府行为，防范化解财政风险，实现有效监督，提高预算透明度和财政管理水平，推进国家治理体系和治理能力现代化。

二、绩效预算体制机制初步构建

2018年，党的十九大报告提出“建立全面规范透明、标准科学、约束有力的预算制度，全面实施绩效管理”。推进预算绩效管理，就是要将绩效理念融入预算管理全过程，使之与预算编制、预算执行、预算监督一起成为预算管理的有机组成部分，逐步建立“预算编制有目标、预算执行有监控、预算完成有评价、评价结果有反馈、反馈结果有应用”的预算绩效管理机制（见图12－3）②，以实现对预算绩效的全过程控制。

① 新华网. 10部门首次公开10个重点项目预算，同步公开绩效目标［EB/OL］. http://www.xinhuanet.com/fortune/2017-04/08/c_1120771750.htm. 2017-04-08/2019-12-30.

② 财政部干部教育中心. 现代政府预算制度［M］. 北京：经济科学出版社，2017.

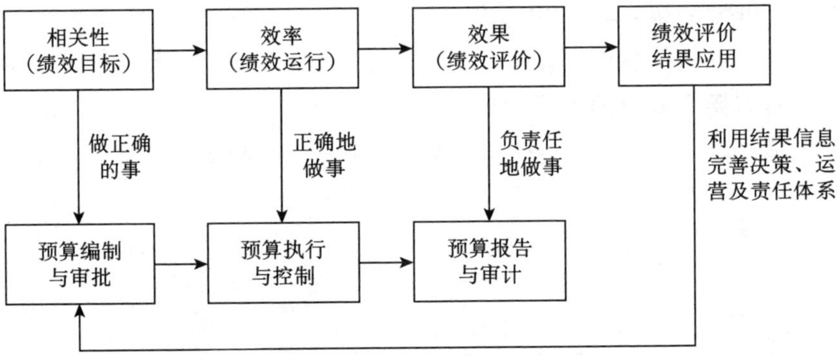

图 12－3　全流程绩效控制机制的构建

预计未来预算绩效管理的进一步改革将从以下几个方面进行实施：一是扩大预算绩效的实施范围，将一般公共预算，政府性基金预算，国有资本经营预算，社会保障金预算所有资金或者支出纳入绩效管理的范围，实现政府预算体系全覆盖；二是实施全过程的预算绩效管理，包括预算编制、执行、决算以及重大项目支出、政策目标实施效果等，都要引入绩效管理理念，注重成本效益分析和绩效评价；三是继续关注预算支出绩效的同时，加强对预算收入的绩效管理，实现评价对象的全方位；四是构建第三方绩效评价体系和评估结果运行机制，增强绩效评价的专业性、客观性和公正性。

三、跨年度预算平衡机制与中期财政规划已经形成

预算管理在经济运行过程中寻求动态平衡是现代预算制度的重要特征，而动态平衡预算的构建是以年度平衡预算为基础的。年度预算平衡是指根据财政稳健原则，在财政年度内平衡的预算管理方式。然而，年度预算平衡机制在实际的运作过程中暴露出种种弊端，比如难以解决周期性财政赤字问题，使政府难以超越经济周期来维持财政稳定，特别是容易造成财政的顺周期调节等（王雍君，2011①）。为了克服这些弊端，实现财政预算与经济周期性波动相适应，需要构建跨年度预算平衡机制。

中国现行《中华人民共和国预算法》第十二条规定，各级政府应当建立跨年度预算平衡机制。其原理是顺应经济周期和社会发展周期编制预算，追求公共收支周期性平衡，而非短期静态平衡，讲求中期视野下预算收支的良好匹配。在实践方面，当前主要通过设立预算稳定调节基金和建立中期财政规划来实现跨年度预算平

① 王雍君．中国公共预算改革：从年度到中期基础[M]．北京：经济科学出版社，2011.

衡。具体内容如下：

（一）预算稳定调节基金实现了预算跨年度平衡

预算稳定调节基金是一种政府预算储备，其资金来源于经济繁荣年度财政盈余的积累，通常被视为一种具有反周期功能的财政工具。它秉承“以丰补歉，以盈填亏”的理财理念，利用其“蓄水池”的功能，可以发挥稳定经济，对经济运行进行反周期调节的作用。

2007 年，财政部印发了《关于应发未发国债和预算稳定调节基金会计核算的通知》（财库〔2007〕117 号）对预算稳定基金调节进行了明确定义。为了充分发挥预算稳定调节基金在预算制度建设中的作用，中国相继出台了一系列制度规则和办法（见表 12－6），为推动建立健全跨年度预算平衡机制，进而建立全面规范透明、标准科学、约束有力的预算制度作出了重要贡献。

表 12－6　　完善预算稳定调节基金运行的制度规则表（2014—2018 年）

年份	制度及内容
2014	《国务院关于深化预算管理制度改革的决定》（国发〔2014〕45 号）明确指出，地方一般公共预算执行中如出现超收，用于化解政府债务或补充预算稳定调节基金
2015	《财政总预算会计制度》（财库〔2015〕192 号）对预算稳定调节基金核算及定义进一步作了规定
2018	《预算稳定调节基金管理暂行办法》（财预〔2018〕35 号）对预算稳定调节基金的设置、补充和动用作出了进一步规范

资料来源：根据国务院及财政部相关文件整理。

2014 年 9 月 26 日，国务院发布了《关于深化预算管理制度改革的决定》（国发〔2014〕45 号），提出了要改进预算管理和控制，建立跨年度预算平衡机制的要求，各级财政根据经济形势发展变化和财政政策逆周期调节，需要建立跨年度预算平衡机制。如中央一般公共预算执行中，如果出现超收收入，用于冲减赤字补充预算稳定调节基金；如果出现短收，通过调入预算稳定调节基金削减支出或增编赤字，并在经全国人民代表大会或其常委会批准的国债余额限额内发债平衡。同时，对地方一般公共预算的超收或者短收情况，也通过预算稳定调节基金进行调节。

从实践来看，2007 年，中国开始建立中央财政预算稳定调节基金，主要目的在于稳定中央预算，规范超收收入管理。通过建立基金将部分超收暂时“储备”起来，而不是在当年用于平衡预算后花光用尽，在一定程度上可以避免年底突击花钱等行为，也可以强化对超收资金的统筹管理，调控经济运行。2008 年，中国共 15 个省、自治区、直辖市和计划单列市设立了地方预算稳定调节基金。截至 2012 年，除青岛市、云南省和西藏自治区外，中国大部分省、自治区、直辖市和计划单列市均设立了地方预算稳定调节基金，并明确了其设置、补充和动用方案。截至2015年，中国32个省、自治区、直辖市和计划单列市均设立了地方预算稳定调节基金。至此，中国预算稳定调节基金体系基本完善①。

（二）中期财政规划实现跨年度预算平衡取得了一定成效

中期财政规划是跨年度预算平衡机制的重要内容和组成部分。自20世纪90年代以来，世界各国纷纷开展了中期预算改革，开始实施中期预算管理，并取得一定的成效。目前，中国实施的是中期财政规划管理，是中期预算管理的前期阶段，也是过渡期阶段。在许多发达国家如德国、美国、新西兰、英国、法国等国家，中期预算管理已经普遍制度化，取得了良好的作用和效果，得到国际社会的广泛认可。

为进一步推进中国中期财政规划工作，国务院于2015年颁发了《国务院关于实行中期财政规划管理的意见》，财政部于2015年印发了《关于加强和改进中央部门项目支出预算管理的通知》，分别对中国实行中期财政规划以及改进中央部门中期财政规划管理工作作出了明确的规定。2015年，中央各部门和各地方政府开始编制2016—2018年度滚动财政规划，中期财政规划呈现“由点到面”的发展路径。

中期财政规划试点工作取得了一定的成效，在由年度性向中期性的转变过程中迈出一大步。这一转变过程呈现“由易到难、由点到面”的特点。围绕规划目标进一步增强了编制的准确性，规范性和科学性，加强了对项目资金的有效管理，减少了项目资金安排的随意性，提高了资金使用效益，同时也体现出了一定的前瞻性和计划性。但由于这项改革尚处于探索阶段，目前没有成熟经验可借鉴，同时也受到各种主客观因素的影响，还存在一些不足和需要完善的地方。比如，改革的意愿不够强烈，高层领导缺乏重视；预算与规划脱节，影响中期财政规划的实际效果；部门支出项目库建设进展缓慢，导致中期财政规划质量参差不齐；缺乏准确的宏观经济预测能力，无法保证中期财政规划的科学性；编制人员业务能力不足，导致中期财政规划工作效率低下等②。考虑到目前中国财政管理水平、信息化手段等因素的制约，未来中期财政规划的实施，在遵循稳定谨慎和科学透明的原则下，可采取简单的滚动预算编制方式，首先在一些重大项目支出中引入中期预算，再循序渐进扩大引入范围，逐步建立起中国的中长期财政规划制度。

① 根据《中国财政年鉴》2008—2016年各省市一般公共预算收支决算总表整理。

② 财政部干部教育中心．现代政府预算制度[M].北京：经济科学出版社，2017：307.

四、预算管理信息化改革已经起步

财政治理现代化最显著的技术表征是对现代信息技术的应用，表现为高水平的财政信息化。在中国财政改革和预算管理实践中，信息化建设占有十分重要的地位，是实现财政改革和预算管理的重要手段和方法。1979 年，财政部从日本引进先进的计算机系统，并于 1980 年组建了信息化管理机构——财政部计算中心，中国开始了财政信息化建设之路。自 1985 年起，财政部开始有计划地组织全国范围内的财政信息系统建设，逐步扩大了信息化的应用范围，到 1985 年经国务院批准开始建立包括财政、税收和国有资产在内的三个独立信息系统。1992 年发布的《财政部机关信息化建设总体方案》表明，财政信息化建设得到规范有序发展。但由于缺乏整体规划，信息“孤岛”状态相当普遍。

按照党中央、国务院关于深化财政体制改革，建立社会主义市场经济体制下公共财政体系框架的总体要求，从 1999 年下半年起，财政部开始着手规划建立“政府财政管理信息系统”（Government Financial Management Information System，GF-MIS)，利用先进的信息技术构建以预算编制，国库集中收付和宏观经济预测为核心应用的政府财政管理综合信息系统。2002 年，国务院决定将财政部规划建立的政府财政管理信息系统定名为“金财工程”，并将“金财工程”列为国家电子政务 12 个重点工程之一。“金财工程”以财政系统纵横向三级网络为支撑，以细化部门预算为基础、单一账户为基本模式，以预算指标用款计划和采购订单为预算执行的主要控制机制，以出纳环节高度集中，并实现国库资金的有效调度为特征，以实现公共收支全过程监管，提高财政资金使用效益为目标。

随着财政业务的协同性越来越高，整合信息孤岛、在不同系统间搭建数据交换之桥，成为提升财政管理水平、支撑财政改革的迫切需要。2013 年 10 月财政部颁布《财政业务基础数据规范 2.0》，对术语标准、数据源标准、编码标准、原数据标准和数据交换标准等作出了规定。各地在建立大数据库时，规定的数据源分类编码和原数据标准建立一套标准化的基础数据库，为新建业务系统提供标准化依据，最终形成财政业务的整体标准化（财政部干部教育中心，2017①)。

未来对预算管理信息化的进一步改革，会将重点放在实现财政信息系统的互联互通方面，建立起便于开展预算管理的大数据平台，通过平台使各个财政信息系统之间互联互通，消除“信息孤岛”和“数据割裂”现象，通过对大数据、信息的加工、处理和分析，为绩效考评提供更为科学、精准的数据基础。同时，通过大数

① 财政部干部教育中心．现代政府预算制度[M].北京：经济科学出版社，2017.

据平台加强预算监督管理，加强对资金使用情况和使用效能的监督，不断提高财政数据的准确性和可利用性，推动国家预算管理体系进一步完善。

课后习题与思考

[1] 请简要介绍政府预算的原则。

[2] 请解释瓦格纳法则的具体内涵。

[3] 试述完善预算稳定调节基金运行一系列制度规则出台的意义。

[4] 试述预算管理信息化改革的重点和方向是什么？

推荐阅读文献

[1] 财政部干部教育中心．现代政府预算制度[M]. 北京：经济科学出版社，2017.

[2] 王秀芝．中国预算管理制度改革[M]. 北京：经济科学出版社，2018.

[3] 刘立国．中外财政预算制度比较研究[M]. 北京：北京理工大学出版社，2019.

[4] 财政部预算司．中央部门预算编制指南[M]. 北京：中国财政经济出版社，2019.

第十三章
公共收入与支出的综合管理

在深化财税体制改革建立现代财政制度的过程中，中国公共收入和支出的宏观和微观管理将在一定时期内面临机制调整的问题。公共部门财务管理作为公共管理职责的财政性基础工作，需要在公共预算管理的顶层设计下，自上而下地维护制度及运行机制的合理性，也需要自下而上地发现具体管理和实践中存在的问题并进行研究，推动预算管理体系建设和运行机制的优化。

第一节
公共收入管理

公共收入管理是完善全过程预算绩效管理链的重要一环，是配合实现公共资源优化配置和市场调控的核心政府经济手段。在长时期内，公共收入管理将面临优化财政资源配置、提升公共服务质量的管理结构性调整问题，这对一定时期内公共收入及其结构的合理性以及法律法规的制度安排与运行提出了更高的要求。

一、总体性问题

从近年来的统计口径看，中国公共收入的组成基本上是由一般公共预算收入、政府性基金预算收入、社保基金预算收入和国有资本经营预算收入所构成。而在近年财政部官方网站所公布的“全国公共收支情况”中，“公共收入”仅公布“一般公共预算收入”“政府性基金预算入”和“国有资本经营预算收入”三项。在未来一定时期内，中国全面预算管理中的公共收入体系面临的总体性问题是：国家推动预算绩效管理水平升级与各级政府公共部门收入管理公平和效率之间的矛盾。主要表现在：税收收入是否能严格按照税法并依据税收中性原则来安排；其他非税收入是否给经济发展带来负担；目前，国家治理结构中面临的养老、教育以及地方性使用者费等收入安排是否能满足事业发展需要并纳入严格的预算管理等。因此，需要从顶层制度设计着手，规范各级政府、事业单位及非营利性公益机构等的公共收入来源、财务统计和会计管理；规范统计口径，构建全面预算绩效管理下的公共收入体系，完善其机制的运行。

二、中国公共收入管理体系构建问题

公共收入体系的建立，需要围绕全面预算绩效管理政策驱动下的组织机构财政管理总体改革进行，同时以全面实施预算绩效管理为基本框架，做好体系主体规则下的公共收入配置协同管理，完善公共收入管理的体系构建。公共收入管理体系构建需要处理好如下几个关系的衔接：

（一）公共收入中税、费规则制定

规则制定是市场经济资源配置的前提，是政府进行资源配置、宏观调控和国家治理的重要依据。根据主流经济学理论和新制度经济学关于税收和交易费用的理论，非税收入是一种政府依照规定向市场征收的一种费，属于税收超额负担，政府在公共品和服务有效提供不足时，为了避免对市场经济运行进行干扰的前提和不给纳税人或社会带来其他的额外损失或负担，可依据制度成本适当以使用者费和其他正负性收费形式向接受公共品和服务的受用者收取一定的费。而从法律法规依据来看，中国的行政收费无论从收费权的权源到收费的程序都没有相应的法律法规来规定，法律法规的缺失直接导致了行政收费现实的混乱。因此在深化财税体制改革的过程中，公共收入体系应依据全方位、全面预算绩效评价的基本要求，按照税收的中性原则，处理好法律与政府规定之间的关系，明确税收收入和非税收入的范围，整顿不合理非税收入和规范公共收入体系。

（二）税和费之间的关系

税费是公共收入的组成部分，但政府对于税费关系以及预算收入与税费之间的关系始终模糊，而从统计口径来看，税费关系和预算关系更让公众模糊不清，如政府性基金收入 1997 年才开始统计；2006 年之前土地出让金属于财政专户预算管理，既未纳入预算外收入统计，也未纳入预算内收入统计；2006 年之前政府收入合计将土地出让金单独纳入统计；而 2007 年以来土地出让金纳入政府性基金预算，不再单独纳入统计；国有资本经营预算收入 2007 年才开始统计；2011 年以来预算外收入全部纳入预算内管理。据此可看出，税费关系之间关系复杂，既没有理顺税费在公共收入中的关系，也不符合预算公开透明的要求（见图 13－1）。

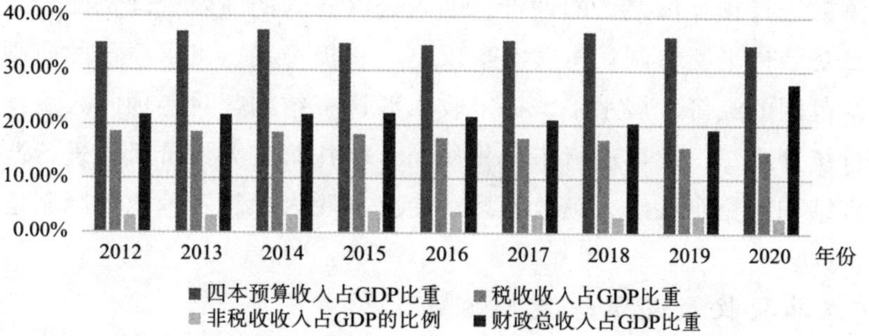

图 13－1　不同类公共收入占 GDP 比重表（2012—2020 年）

数据来源：根据中华人民共和国财政部—各年公共收支情况，http：//gks. mof. gov. cn/zhengfuxinxi/tongjishuju/有关数据整理而得。

（三）行政收入的责权利之间的关系

行政收费主要基于地方和特定公共组织自身利益的驱动，与各部门受利益驱动密切相关。中国的行政收费规模虽然占公共收入的比重不大，但在各级政府公共收入中所占的比重却很高。在部分欠发达地区，行政收费已经成为地方的主要财源和解决机关单位、人头经费的重要途径。依据经济学理论和中国减少行政审批的政策趋势，许多行政收入还可在保持税收中性原则下依法依规存在，但行政收入需根据各级政府和部门组织提供公共服务的需求而设立，存在上下级公共部门、政府与公共服务对象之间的责权利关系，这是建立完善公共收入体系需要考虑的重要内容之一。

三、健全公共收入管理机制

（一）建立计划平衡的公共收入机制

从实际操作层面来讲，各级政府公共收入预算一般都根据历年支出，并结合次年支出基数调整制定的，年初的概算数与最终执行数相差的程度称为“预算偏差率”，理论上讲，预算偏差率越小越好。因此作为一种事前估计和最终执行，计划平衡的公共收入机制包括两个方面：

一是总量平衡机制。在不虚收空转、收取过头税费和严禁超出限额举借政府债务的基础上，借鉴发达国家经验，可将收入预测与收入预算相分离，收入预算由政府部门完成，而收入预测可以借助第三方评价机构进行市场化操作，将最终执行数与预测数进行预算偏差数的评价，纳入公共收入的绩效管理范围。

二是结构平衡机制。本着实事求是、积极稳妥、讲求质量的原则，依据公共收入来源范围的经济发展水平，拟定收入源调查结构，对各项收入源预期结构的稳定性进行统计跟踪，也可进行市场化操作，委托第三方评价机构进行调查跟踪，将公共收入结构的稳定性纳入绩效管理，使公共收入预算不偏离实际制定的增长目标。

（二）依法建立非税收入设立与退出机制

在全面实施预算绩效管理的过程中，要将政府性基金预算、国有资本经营收入、社会保险基金收入全部纳入绩效管理。要完善地方非税收入项目设立与退出机制，依法合理设定和取消非税收入项目，并将非税收入全部、严格纳入预算管理，确保项目合法。贾小雷（2017①）等认为，需在全面推进依法治国的背景下，重点推进非税收入相关领域的基础性法律制度建构，非税收入的规制应体现法治原则实现中国非税收入由行政主导向法治推动的全面转型。一方面要在满足社会主体公共需求的基础上保护其合法财产权；另一方面要约束公共部门的公共收入权力和公共服务的责任，进而为国家财权统一和国家治理能力现代化提供坚实的法治基础。具体而言，非税收入的规范（调整与取消）可按如表13－1所示的4种法律法规类型将现有的12个非税收入征收项目来加以判断。

表13－1　　非税收入调整或取消的法制依据与判断

非税收入的类型	主要项目	特征	调整或取消的判断
基于行政管理行为的非税收入	行政事业性收费收入、罚没收入	具有成本补偿、外部性矫正功能	从性质上不宜征税、部分可取消
基于公共财产的非税收入	国有资源（资产）有偿使用收入、国有资本收益、特许经营收入	交易性和对价性	其中部分有改征税的可能
基于公共事业的非税收入	政府性基金收入、彩票公益金收入	无偿性	大部分可以改为征税或取消
其他非税收入	中央银行收入、政府收入的利息收入、以政府名义接受的捐赠收入、其他非税收入、主管部门集中收入	其他	性质上一般不征税

当前，各地区、各部门还需要根据建立健全现代财政管理制度的总体要求，依照法律法规切实加强非税收入管理。包括持续清理规范行政事业性收费和政府性基金，不让不合法、不合理的收费基金抬头；建立健全国有资源、国有资产有偿使用制度和收益共享机制；加强国有资本收益管理，完善国家以所有者身份参与国有企业利润分配制度，落实国有资本收益权；加强非税收入分类管理，完善非税收入征缴制度和监督体系，禁止通过违规调库、乱收费、乱罚款等手段虚增公共收入等。

（三）建立传统事业单位收入与预算收入管理的衔接机制

传统事业单位如公立教育、公立医疗机构等是国家长期支持发展的事业，这些领域的发展长期受到政府负担和支持，大量事业性公共收入未纳入政府会计管理核算体系之中。以教育各项收入为例，在政府预算中，对于教育经费的拨付纳入预算支出，但收入管理却十分模糊。根据廖楚晖（2016）对教育全成本的核算方法，

① 贾小雷．我国非税收入法律规制与国家财权治理的现代化[J]．法学论坛，2017，32（4）：64－75.

2017 年，纳入预算管理的教育经费仅占全部教育经费的 32.99%，相比之下，有 67.11% 的教育收入还没有纳入全成本核算的预算管理（见表 13－2）。

表 13－2　以教育收入计算的 2017 年中国政府教育成本估算表　单位：亿元

成本分类	成本	占比
直接成本：		
（1）预算内教育经费	31396.23	32.9928%
（2）预算外教育经费	7492.15	7.8731%
间接成本：		
（1）教育用土地和建筑潜在的租金及挂账处理的固定资产折旧资金	52111.1	54.7611%
（2）财政对教育贷款的贴息及利息减免	1688.76	1.7746%
（3）国家财政用于教育支出的机会成本：直接成本 × 当年银行利率	136.11	0.1430%
（4）筹集教育财政资金所形成的各项费用	2333.3	2.4520%
（5）校办企业、勤工俭学和社会服务所得税收减免（只计算所得税）	3.22	0.0034%
总计：	95160.87	100%

资料来源：表中计算结果所使用的相关数据根据《2018 中国教育统计年鉴》和教育部网站整理而得。

因此在规范公共收入的政策驱动下，需要结合政府会计改革方向和国库管理相关制度，以建立全方位、全覆盖预算绩效评价体系为基本框架，充分考虑到与公共教育、公共医疗机构等传统事业单位的收入核算方式对接，统一国库记账与事业单位收入记账方式，尽快将这些传统事业单位纳入预算收入管理。如 2021 年 6 月财政部公布《关于征求〈事业单位成本核算具体指引——公立医院〉（征求意见稿）》，为服务医药卫生体制改革、规范和提升医院成本核算工作的同时进一步深化预算管理制度改革、建立政府成本核算指引体系作出贡献①。

第二节
公共支出管理

财务支出是公共部门财务活动的出口，是实现公共资源配置的重要途径。党的十八大以前，中国的公共支出存在预算约束不强、重“合规”轻“绩效”等问题。党的十八届三中全会《中共中央关于全面深化改革若干重大问题的决定》提出，

① 中华人民共和国财政部［EB/OL］. http：//bgt. mof. gov. cn/zhuantilanmu/rdwyh/czyw/202106/t20210629_ 3727244. htm 2021－06－3/2021－07－07.

要建立现代政府财务管理制度，提高国家治理能力。随后一系列改革文件陆续颁布、实施，其中许多改革文件直接或间接指向公共支出财务管理改革。加强财务支出管理，改善管理的统一性和有效性，是增强财政管理的责任制和透明度、加强财经纪律、提升政府财务管理质量和管理效能的重要举措。

一、总体性问题

在当前和未来一定时期内，中国公共支出面临的总体性问题是：基于预算管理所要求的会计核算体系不统一与公共支出体系及运行机制之间的矛盾。主要表现在：政府会计准则制度体系还有待完善，会计标准还有待进一步统一，以及由此引致的预算支出绩效管理体系内部结构性矛盾、运行机制不协调、公共支出绩效评价管理不能突出公共管理效能等问题，亟需进行以优化政府会计核算为基础的预算管理体制改革，统一和协调各级政府和部门、传统事业单位及其他社会公益组织之间的财务核算机制，并进行全过程、全方位和全覆盖的预算绩效管理，以建立现代公共财务支出管理制度，实现公共资源配置的优化，推进公共服务的社会满意度。

二、中国公共支出管理体系构建问题探讨

与公共收入管理一样，公共支出管理的系统构建也要搞好顶层设计，需在全面预算绩效管理政策引领下进行政府财务管理框架改革，做好政府财务管理整体框架下的政府财务支出管理。本着依法治国、公开透明、绩效优先的原则，建立政府财务管理支出体系规则，完善各种公共支出运行机制，建立完善以突出量化管理和社会公众评价为核心的公共支出预算评价指标体系，进行全过程的政府支出的绩效评价。政府支出管理的体系构建需要处理好如下几个关系：

（一）公共支出结构与国家治理的关系

公共支出结构与国家的大政方针息息相关，一方面，国家治理的目标通过公共支出来实现，反过来，公共支出的结构又反映了国家治理的方向。在很长一段时间中，受单一追求 GDP 政绩观影响，中国各种社会矛盾凸显，为了缓解和解决社会发展中的各种矛盾，中央开始注重社会建设、发展社会政策、完善公共服务体系，公共支出向就业、教育、医疗、社会保障、住房等民生领域倾斜，财政转移支付力

度加大，地区间基本公共服务均等化得到推进①，一定程度上促进了社会的和谐。此外，根据王伟进等（2019②）研究，近年来，面对经济下行压力，中国的社会治理公共支出超过教育与医疗两大重要民生事项，社会治理在经济社会协同中的地位日益凸显。由此可以看出，在公共支出中，厘清公共支出结构与国家治理之间的关系，对于优化公共资源配置，实现国家治理能力和治理体系现代化有重要意义。

（二）一般预算支出中基本支出和项目支出的关系

一般公共预算支出指国家财政将筹集起来的资金进行分配使用，以满足经济建设和各项事业的需要。按照不同的用途，中国一般预算支出分为基本支出和项目支出两类。基本支出就是用于公共部门基本运行所需要的支出，项目支出是公共部门为完成特定目标所需要的支出，是公共预算的核心，也是公共预算体系运转的枢纽（焦长权，2018③）。在一般预算支出中，项目支出占比要远高于基本支出，以2018年的数据为例，基本支出占比约30%，项目支出占比约70%④。以教育支出为例，近年来，中国财政教育经费增长速度远远大于国内生产总值的增长速度（见图13-2），这种趋势体现了国家对于教育领域的重视和资金支持力度。在治理实践中，基本支出与项目支出相辅相成，基本支出支撑国家机构的正常运转，为业务工作的开展做好后勤保障工作，项目支出则体现出一定时期政府工作所关注的重点和难点，体现出政策倾斜的灵活性，资金调控的及时性。因此，在政府财务支出管理体系的构建中要厘清基本支出与项目支出的关系。

（三）公共支出的财务合规性与绩效性的关系

在公共支出活动中，合规性是指公共支出活动要严格遵守有关法律法规、制度、准则和公共预算。而绩效性是指在完成相应社会经济发展目标的前提下，尽可能控制公共支出的成本。《会计制度（2017）》在公共组织中财务以收付实现制为主的预算会计和以权责发生制为基础的财务会计。预算会计有力约束了公共支出的

---

① 高培勇．中国财税改革40年：基本轨迹、基本经验和基本规律[J]．经济研究，2018，53（3）：4-20.

② 王伟进，焦长权．从矛盾应对走向矛盾预防——从财政支出看我国社会治理的演变趋势[J]．财政研究，2019（9）：62-77.

③ 焦长权．公共支出效率与现代预算国家——“项目制”实践过程中的“资金沉淀”问题研究[J]．学海，2018（6）：83-90.

④ 财政部．关于2018年中央和地方预算执行情况与2019年中央和地方预算草案的报告[EB/OL]．http：//www.gov.cn/xinwen/2019-03/05/content_5371085.htm2019-03-05/2019-12-25.

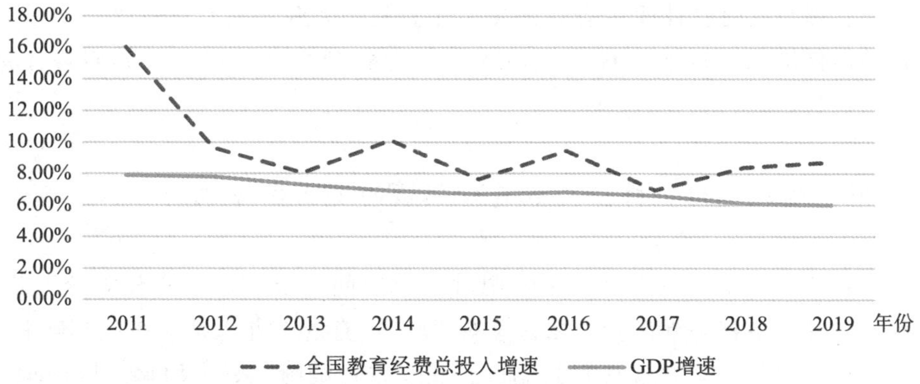

图 13－2　全国教育经费总投入增速和 GDP 增速（2011—2019 年）

数据来源：根据中华人民共和国教育部．全国教育经费执行情况统计公告[EB/OL]. http：//www. moe. gov. cn/jyb_ xxgk/zdgk_ sxml/sxml_ zwgk/zwgk_ jytj/jytj_ jftjgg/和国家统计局．国家数据．http：//data. stats. gov. cn/easyquery. htm？ cn = C01 整理而得。

规范性，以权责发生制为基础的财务会计，强调对公共支出活动的成本进行记录和控制，从而使各级公共部门和组织财务支出绩效评价有据可循。在公共支出财务管理的过程中，绩效性与合规性相辅相成，共同促进公共部门财务管理体系朝着更加适应社会经济发展需要的方向前进。

三、关于建立健全公共支出运行机制的问题

（一）建立基于新政府会计模式与支出管理的衔接机制

近年来，中国出台了“《准则》（第 78 号）”、《会计制度（2017）》等政府会计改革的方案，将行政机关、传统事业单位等全部纳入统一的政府会计制度和准则的管理，中国政府会计制度整体从收付实现制向权责发生制转变。但转变不是一蹴而就的，中国出台了一系列衔接机制，促进公共支出管理在政府会计改革的进程中平稳过渡。以高校财务管理为例，在 2019 年 1 月 1 日之前，高校执行《高等学校会计制度》（财会〔2013〕30 号），为了确保新制度在高等学校的有效贯彻实施，2018 年财政部出台了《关于高等学校执行〈政府会计制度——行政事业单位会计科目和报表〉的衔接规定》对“研发支出”“应付票据、应付账款”“已经计入支

出尚未支付非财政补助专项资金的金额”等项目处理进行了解释①，以确保高校支出管理与政府会计改革有效衔接。建立基于新政府会计模式与公共支出财务管理的衔接机制，有助于优化政府财务管理整理系统，促进公共服务体系的有效运转。

（二）完善财政转移支付，建立重点建设领域的支出保障机制

党的十八届三中全会首次强调对“政府间事权与支出责任划分”进行改革，要求“建立事权与支出责任相适应的制度”。党的十九大报告在此基础上，进一步明确提出“加快建立现代财政制度，建立权责清晰、财力协调、区域均衡的中央和地方财政关系”。因此，推进政府间事权与支出责任划分，不仅是国家治理现代化的内在要求，而且是化解党的十九大报告中提出的“人民群众日益增长的美好生活需要和不平衡不充分的发展之间的矛盾”的现实需要。在中国，财政转移支付是政府间事权与支出责任的调节器。

从 1994 年的分税制改革到国地税合并，中国各级政府之间一直呈现出一种以“收入集权，支出分权”为特征的财政转移支付制度②，也就是说，收入征集的权力主要集中在中央，而公共责任的和支出的落实主要划归地方。为了缓解政府间“财权”和“事责”的矛盾，缩小地区间差距和促进基本公共服务均等化，近年来中国的财政转移支付规模迅速扩大。以 2019 年预算报告为例，中央对地方转移支付增长 9%，一般性转移支付增长 7.5%，其中，共同财政事权转移支付，主要用于保障教育、卫生健康、社会保障、农业农村、节能环保等领域共同财政事权有关政策的落实。专项转移支付增长 8.1%，主要用于保障污染治理、乡村振兴、重点区域发展等党中央、国务院重大决策部署的落实③。以上很好地说明了在中国转移支付直接影响到各级部门和组织公共支出的分配。在财政转移支付中，结合各地区实际状况，建立各项建设的支出保障机制，是建立健全公共支出财务机制，优化公共资源配置的重要环节。

---

① 中华人民共和国财政部．财政部关于印发高等学校执行《政府会计制度——行政事业单位会计科目和报表》的补充规定和衔接规定的通知[EB/OL]. http://www.mof.gov.cn/mofhome/mof/zhengwuxinxi/caizhengwengao/wg2018/wg201808/201811/t20181122_3073920.html2018-08-14/2019-12-25.

② 吴敏，刘畅，范子英．转移支付与地方政府支出规模膨胀——基于中国预算制度的一个实证解释[J].金融研究，2019（3）：74-91.

③ 财政部．关于 2018 年中央和地方预算执行情况与 2019 年中央和地方预算草案的报告[EB/OL]. http://www.mof.gov.cn/zhengwuxinxi/caizhengxinwen/201903/t20190318_3194653.htm2019-03-18/2019-12-24.

（三）建立支出过程的预算调整机制

预算是公共支出财务管理的基本依据。索菲娅·格尔维泽（Sophia，2011①）表示，对公共支出进行全过程预算管理，是提高公共资金的配置效率和使用效果，强化支出监督，建立完善的现代化公共支出财务管理制度的必要手段。马蔡琛等（2018）② 表示，对公共支出财务进行全面预算管理，是实现从“国家预算”到“预算国家”的重要环节。

在中国，公共支出的实际支出一直存在预算偏离的现象，反映了公共支出财务管理存在中期支出框架不明、预算管理编制不科学、执行约束弱、过程“碎片化”等问题。支出中期预算能够强化预算纪律，约束政府在财政盈余时期的过度开支倾向，为危机时期的调控保留足够的财政空间③。因此，对公共支出实行全过程预算管理是优化公共支出财务体系的必然要求。

新《中华人民共和国预算法》的出台强化了预算管理在公共支出财务管理中的基础性地位；《会计制度（2017）》在核算范围上进一步完善了预算会计的功能：将依法纳入部门预算管理的现金支出均纳入预算会计核算范围，如增设了债务还本支出、投资支出等。调整完善后的预算会计，能够更加准确地反映公共支出情况，更加符合预算管理的需要。此外，2018 年，中共中央办公厅印发《关于人大预算审查监督重点向支出预算和政策拓展的指导意见》（中办发〔2018〕15 号），还提出要“加强对支出绩效和政策目标落实情况的监督，推动建立健全预算管理机制”。各项措施的出台，标志着中国公共支出财务管理过程的预算调节机制处于不断建设完善之中。

例如，中国政府在应对 COVID－19 过程中反应迅速，以各项专项基金、专项拨款和税式支出为手段的支出机制体现了财政承担促进企业技术创新、增加外贸出口、培育创新人才等作用，这些机制将对国内外处理公共卫生突发事件对经济的影响有重要参考价值（见表 13－3）④。

---

① Sophia Gollwitze. Budget institutions and fiscal performance in Africa [J]. Discussion Papers，2011，20 (1)：111－152.

② 马蔡琛，苗珊．中国政府预算改革四十年回顾与前瞻——从“国家预算”到“预算国家”的探索 [J]．经济纵横，2018（6）：39－50＋2.

③ 孙琳，王姝黛．中期支出框架与走出“顺周期陷阱”——基于 88 个国家的数据分析[J]．中国工业经济，2019（11）：5－23.

④ 按照税式支出纳入预算管理是中国公共财政管理改革的方向。由于税式支出的概算直接影响到税收收入总量，因此税式支出政策已经成为收入预算的直接核算范围。

表 13-3　2020 年突发公共卫生事件税收优惠政策（部分、不含地方）

发布时间	文件及主要内容
2 月 1 日	《财政部　海关总署　税务总局关于防控新型冠状病毒感染的肺炎疫情进口物资免税政策的公告》（2020 年第 6 号）适度扩大了《慈善捐赠物资免征进口税收暂行办法》规定的免税进口范围
2 月 6 日	《财政部　税务总局关于支持新型冠状病毒感染的肺炎疫情防控有关税收政策的公告》（2020 年第 8 号）对疫情防控重点保障物资生产企业及相关运输单位给予一定税收优惠
2 月 6 日	《财政部　税务总局关于支持新型冠状病毒感染的肺炎疫情防控有关捐赠税收政策的公告》（2020 年第 9 号）对有关无偿捐赠用于应对新型冠状病毒感染的肺炎疫情的，免征增值税、消费税
2 月 29 日	《国家税务总局关于支持个体工商户复工复业等税收征收管理事项的公告》（2020 年第 5 号）对有关增值税小规模纳税人作出了相关税收减免规定
4 月 10 日	财政部《关于暂免征收加工贸易企业内销税款缓税利息的通知》（财关税〔2020〕13 号）规定自 2020 年 4 月 15 日起至 2020 年 12 月 31 日，暂免征收加工贸易企业内销税款缓税利息
2 月 1 日之后	中央和有关省市的其他税收减免及优惠政策

（四）建立支出绩效考核机制

在很长一段时间里，中国的公共支出绩效评价主要依赖于预算会计所提供的财务信息，但公共预算会计是以收付实现制为核算基础的。以收付实现制为基础的预算会计，注重对资金来源和分配使用信息的记录和监控，并未要求保持对资产、负债、收入、支出和资产净值的完整记录，也很少关心成本①，无法客观公允地反映预算单位的整体财务状况和运行绩效。

为了解决以收付实现制为基础的预算会计的机制弊端，近年来中国借鉴西方发达国家和企业会计改革的成功经验，对政府会计进行了一系列的调整，积极引入权责发生制为基础的财务会计，权责发生制的一大特点是可以通过成本核算，反应财务支出的使用绩效②。新《会计制度》和“《准则》（第 78 号）”的出台，标志着会计基础从收付实现制逐渐向权责发生制转变。支出成本概念的强化，使中国公共支出财务管理的绩效考核机制更加完善。

---

① 王雍君，谢林．权责发生制视角的中国公共部门改革：评述与优先议程[J]．财政研究，2016（3）：2-14+38.

② Lapsley I，Mussari R，Paulsson G. On the Adoption of Accrual Accounting in the Public Sector：A Self-Evident and Problematic Reform [J]. European Accounting Review，2009，18（4）：719-723.

四、公共支出管理的优化

经过一系列的改革，中国在公共支出财务管理的体系和机制建设上虽然取得了一定的成绩，但在实际运行中，公共支出仍然存在财务支出管理法律体系不健全、资金运营绩效不高、财务支出透明度不足等问题，因此在公共支出财务管理系统的建设中，可以从以下方向进行优化和完善：

（一）健全公共支出财务管理的法制性

美国的《政府绩效与成果法》（Government Performance and Results Act）、澳大利亚的《财政管理改革法》（Financial Management Reform Act）、加拿大的《绩效考评条例》（Performance Assessment Ordinance）都重点将公共支出财务管理纳入法律规制的轨道。虽然中国陆续出台的《中华人民共和国会计法》《中华人民共和国预算法》《会计制度（2017）》、"《准则》（第78号）"等法律规章都有涉及公共支出财务的管理规范，但是相对于西方发达国家，中国对公共支出财务管理的法律制度建设还有待完善①。因此，我们要强化公共支出管理的法律基础。针对中国的实际情况，在公共支出财务管理的法律体系构建上，要兼容支出管理的合规性和绩效性，尽量做到体系完整、操作便利，实现社会效益与经济效益相统一。

（二）提升公共支出财务管理的绩效性

党的十八大以前，中国公共支出财务管理存在"重合规，轻绩效"的特征，在支出管理方面也不例外。2018年，中共中央、国务院出台的《关于全面实施预算绩效管理的意见》（中发〔2018〕34号）指出，"要统筹兼顾、突出重点、量力而行，确保财政资源高效配置，增强财政可持续性。"因此，为了提高财务运行绩效，可建立与公共支出相匹配的绩效指标和标准体系，突出结果导向和绩效考核在公共支出财务管理中的作用，优化公共资源配置，有效促进社会管理和国家治理体系的现代化。

---

① 胡伟．我国财政支出绩效管理法律规制：体系、模式与功能[J]．经济与管理评论，2017，33（2）：79－85.

（三）提高地方政府财务支出管理的透明性

财务透明度是现代政府财务管理的永恒话题。首先，政府财务管理的一项重要目标在于提升支出效率，而解决这一问题又与提高财务透明度密切相关（李燕，王晓，2016①）。此外，阿恩·威格（Wiig，2009②）、刘生旺等（2019③）指出，提高财政透明度能增强对公共支出行为的约束作用。而且在实践中，虽然中央部门对一般公共预算支出和支出功能分类项级科目进行了公开，但中国地方政府依然存在财政透明度不高的问题（邓淑莲等，2018④；王会金等，2017⑤）。因而，我们可以通过鼓励公众参与地方公共支出监督工作、提升转移支付信息披露力度、搭建财务支出从决策到绩效评估的全过程信息公开平台等途径，加强公共支出透明度建设，削弱地方公共部门和组织的无效财务支出倾向，提升公共支出的整体合规性和绩效性。

（四）规范公共部门和组织的费用管理

1. 政府购买服务的费用管理。政府购买服务是指通过发挥市场机制作用，把政府直接提供的一部分公共服务事项以及政府在履行职责中所需的辅助性服务事项，按照一定的方式和程序，交由具备条件的社会力量和事业单位承担，并由政府根据合同约定向其支付费用，属于公共支出财务管理的重要内容。因此，强调政府购买服务的费用管理规范，是完善政府财务治理体系的重要内容。在政府购买服务的过程中除加强绩效管理、监督管理和信息公开等必要流程外还应注意以下方面：

一是妥善安排购买服务所需资金。政府购买服务所需资金列入财政预算，从部门预算经费或经批准的专项资金等既有预算中统筹安排。对预算已安排资金且明确通过购买方式提供的服务项目，按相关规定执行；对预算已安排资金但尚未明确通过购买方式提供的服务项目，可根据实际情况，调整通过政府购买服务的方式

① 李燕，王晓．国家治理视角下我国地方财政透明对财政支出效率的影响研究[J].中央财经大学学报，2016（11）：3－10.

② Wiig A，Kolstad I. Is Transparency the Key to Reducing Corruption in Resource－Rich Countries？[J]. World Development，2009，37（3）：521－532.

③ 刘生旺，陈鑫．财政透明能约束政府行为吗？——基于政府行政管理支出视角的研究[J].审计与经济研究，2019，34（4）：116－127.

④ 邓淑莲，曾军平，郑春荣，朱颖．中国省级财政透明度评估（2017）[J].上海财经大学学报，2018，20（3）：18－28.

⑤ 王会金，马修林．政府透明度、媒体监督与政府审计绩效——基于省级面板数据的经验研究[J].南京审计大学学报，2017，14（3）：86－94.

实施。

二是健全购买服务预算管理体系。加快建立购买服务支出标准体系，逐步在预算编报、资金安排、预算批复等方面建立规范流程，不断健全预算编制体系，提高购买服务预算编制的科学化、规范化。购买主体应当按要求填报政府购买服务支出表，并将列入集中采购目录或采购限额标准以上的政府购买项目同时反映在政府采购预算中，与部门预算一并报送财政部门。列入政府购买服务支出表的项目，应当组织实施政府购买服务。实施政府向事业单位购买服务的行政主管部门，应当将相关经费预算由事业单位调整至部门本级管理，不再直接作为事业单位经费。

三是强化购买服务预算执行监控。购买主体要对购买服务提供全过程跟踪，在合同履行、绩效目标实施的过程中，发现偏离目标要及时采取措施予以纠正，确保对支出资金的规范管理、安全使用和绩效目标如期实现；使用购买服务预算资金要严格遵守相关财政财务管理规定，不得截留和挪用。承接主体要认真履行合同规定，采取有效措施增强服务能力，提高服务水平，确保提供服务的数量、质量等达到预期目标。

2. 传统事业单位费用支出和绩效管理。《会计制度（2017）》及相关准则的实施，意味着传统事业单位（如公立学校、公立医院等）的会计基础朝着全责发生的方向改进，并付诸实施。此外，2019 年 12 月财政部颁布《基本指引》，对事业单位“业务活动费用”“单位管理费用”等成本支出进行了进一步规范，几乎同时，教育部于 2019 年 12 月 27 日出台了《教育部关于全面实施预算绩效管理的意见》①，对加快推进教育部所属高等学校和直属单位（以下简称各单位）、部内司局部门预算资金和中央对地方教育转移支付资金绩效管理，优化教育资源配置，提高教育经费使用效益提出了意见（见表 12 – 4）。

表 13 – 4　　中国政府奖学金资助标准

学生类型	学科分类	学费（元）	住宿费（元）	生活费（元）	综合医疗保险费（元）	合计（元）
本科生	一类	20000	8400	30000	800	59200
	二类	23000	8400	30000	800	62200
	三类	27000	8400	30000	800	66200
硕士研究生（普通进修生）	一类	25000	8400	36000	800	70200
	二类	29000	8400	36000	800	74200
	三类	34000	8400	36000	800	79200

① 中华人民共和国教育部网站，http：//www. moe. gov. cn/.

续表

学生类型	学科分类	学费（元）	住宿费（元）	生活费（元）	综合医疗保险费（元）	合计（元）
博士研究生（高级进修生）	一类	33000	12000	42000	800	87800
	二类	38000	12000	42000	800	92800
	三类	45000	12000	42000	800	99800

注：1. 一类包括：哲学、经济学、法学、教育学、文学（除文艺类外）、历史学、管理学；二类包括：理学、工学、农学；三类包括：文学（文艺类）、医学。2. 需要接受预科教育和汉语补习的留学生按照其留学身份享受相应的生活补助标准，教学补助标准按照本科一类标准向留学院校拨付。3. 全英文授课的研究生和进修生，额外提供5000元/人/年的教学补助。

伴随着这一过程，包括公立医院、公立学校等在内的传统事业单位的公共支出，一方面被逐渐纳入严格的预算管理；另一方面，传统的事业单位由于被深深地打上了公益事业的“烙印”，因此，事业单位的“支出绩效改革”既需要严格遵守该领域所具有的伦理、道德等标准，将钱用在“看得到”的地方，如公立学校是否按照国家财政对学费、奖学金的标准管理等，也需要遵循权责发生制会计改革的规则，配合做好会计准则修订过程中的会计核算、资产管理及绩效评价等工作。

课后习题与思考

[1] 试述中国政府出台的“《准则》（第78号）”、《会计制度(2017)》等政府会计改革方案，对公共组织财务支出管理的影响。

[2] 党的十八大以来，中国出台了一系列建立健全公共支出运行机制的措施，试述如何进一步完善政府购买服务的支出管理。

[3] 请举例说明如何建立基于新政府会计模式与支出管理的衔接机制。

[4] 请简要概括行政收入的责权利之间的关系。思考公共组织财务风险的界定、识别、衡量、评估、控制各部分间的内在逻辑关系。

推荐阅读文献

[1] 杨肃昌．中国公共支出绩效审计制度研究[M]. 北京：经济科学出版社，2014.

[2] 廖楚晖．教育财政学[M]. 北京：北京大学出版社，2016.

[3] 汤凤林．公共支出决策机制优化研究[M]. 成都：西南财经大学出版社，2015.

[4] 韦森．国家治理体制现代化：税收法定、预算法修改与预算法定[M]. 北京：商务印书馆，2017.

第十四章
国有企业投资、公共债务与风险管理

第一节
国有企业与国有资本投资管理

国有企业之所以称为“国有”，是依据现代企业制度和公司法形成的由国家资本作为主要投资人或管理的企业。国有资本投资管理，则主要指由政府资金对企业（公司）进行投资与管理的一种管理形式。

一、国有企业与企业国有资本产管理

在经济体制上，西方国家主要是以私有制为基础，中国主要采取以公有制为基础，按照主流的经济理论，市场经济体制的前提是以私有制为基础的，以公有制为基础是无法建立市场经济体制的。中国在传统体制下，把“市场经济”等同于“资本主义”，因此只是“利用价值规律”，而不是建立市场经济体制。比如传统的国有企业是国家所有制，生产资料归国家所有，经营权也属于国家，统一由政府进行资源配置①。

然而要将计划经济体制转变为市场经济体制，其关键在于要将资源配置的权力从“政府”交给“市场”。也就是说“国家所有制企业”不应该“国营”，而应该“市场经营”，但生产资料“国家所有”的性质不变。这也是“国有企业”名称的来历。“国有企业”具有全社会、全民所有的性质，国家必须作为其投资主体，投

① 吴俊培．公共经济学[M]．武汉：武汉大学出版社，2009.

资的目的也不是获取收益或谋利，而是通过增加或调整社会生产经营能力，从而在相当长的时期内实现一定预期经济效益①。

在一部分资本主义国家，如美国，政府机构直接管理国有企业，并拥有这些国有企业的所有权，因此这些国有企业也被称为政府企业。但与中国的国有企业不同，美国的国有企业是在特定历史条件下，为解决特定问题或有特定背景而产生的，如当私人企业无法做或做不好的时候，由政府去做。当然这只是较少的情况，更普遍的做法是，当市场竞争有损公共利益时，对私人企业进行管制，而不是由政府直接经营②。

在中国，"国有企业"资本全部属于国家所有，但根据不同的所有制资本组合，可以划分为股份制企业、合作制企业等。具体来看，根据"国有资本"的存在方式，可以划分为国有企业，即企业资本全部属于国家所有；中外合作企业、外资企业占用的国有土地、国有无形资本；中外合资企业、中外联营的国有企业正成为公共经济运行中的重要主体有资本；集体企业、合伙人企业、私营企业占用的国有资本；股份制企业中的国有股份等。但总的来说，国有资本目前仍处于主导地位，表现在一方面国有资本存量占全部资本存量的比重占绝对优势；另一方面国有资本产量占 GDP 的比重占绝对优势，目前在 70% 左右。因此，国有资本市场化是经济体制改革的难点和重点。"两权分离"是国有资本市场化改革的指导思想。"两权分离"是指把国有资本的"所有权"和"经营权"分开，然后把国有资本的"经营权"委托给经营者，由经营者"自主经营、自负盈亏"。"自主经营、自负盈亏"是有附加条件的，那就是保证"国有资本的保值和增值"。这被认为是既能坚持公有制，又能产生市场机制的制度安排。但"两权分离"的改革实践仍处于探索之中。

二、国有企业资本投资与管理难题

（一）资本资产投资效率低下

国有企业投资对中国社会主义市场经济平稳、健康发展至关重要，但在发展过程中，国有企业投资也存在诸多问题，投资效率亟待提高。根据李昊楠、郭彦男

① 侯本领．论国有企业的国家投资及管理[J]．财政研究，1989（5）：47－50.

② ［美］约翰·L. 米克塞尔（John，L. Mikesell）．公共财政管理 分析与应用[M]．苟燕楠，马蔡琛，译．北京：中国人民大学出版社，2020.

（2020①）等的研究表明，1978 年改革开放后，市场经济迅猛发展，中国国有企业起初担当着经济发展排头兵的角色，但后期生产经营能力逐渐降低，盈利能力逐渐下降（见图 14－1）。进入 21 世纪后，尽管有关部门出台了一系列措施促进国有企业的发展，但效果甚微。

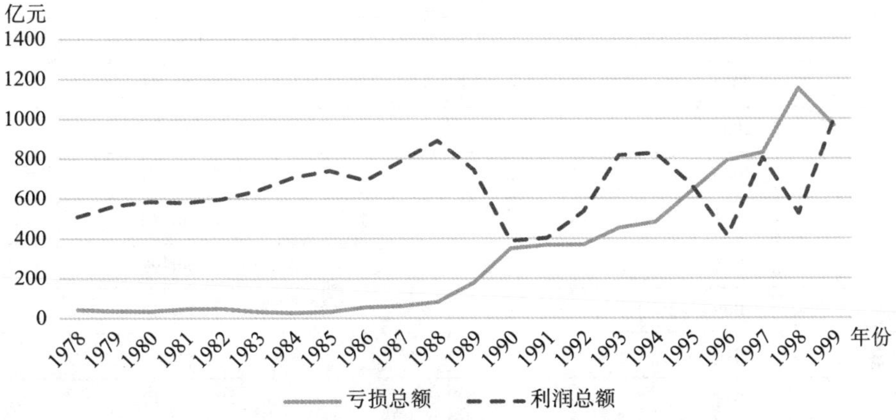

图 14－1　国有工业企业亏损总额和利润总额（1978—1999 年）

数据来源：根据《中国工业经济统计年鉴（2012）》整理而得。

（二）资产负债率居高不下

在运营效率低落化的同时，国有企业还暴露出不容小觑的经营风险上升的隐患。20 世纪末国有企业脱困攻坚时期，全国工业企业资产负债率一直处于 60% 以上的高水平，在最困难的 1997 年，全国工业企业资产负债率接近 65% 的警戒水平。进入 21 世纪，全国工业企业资产负债率总体呈现出小幅下降的趋势，2000 年，处于 60.81% 的高位，2001 年至 2003 年，维持在 59% 的水平，2004 年至 2013 年，大体维持在 57%—58% 的水平。2014 年以后，随着政府推行“去杠杆”政策，全国工业企业资产负债率逐年回落，但同期的国有及国有控股企业资产负债率却仍然维持在高位（见表 14－1）。根据财政部发布的《2020 年 1—12 月全国国有及国有控股企业经济运行情况》，2020 年底国有企业资产负债率为 64%②。

① 李昊楠，郭彦男．利润上交能否提高国有企业投资效率？[J]．经济评论，2020（5）．

② 中华人民共和国财政部．2020 年 1—12 月全国国有及国有控股企业经济运行情况[EB/OL]．http：//zcgls. mof. gov. cn/qiyeyunxingdongtai/202101/t20210126_ 3649676. htm 2021－01－27/2021－07－11.

表 14-1　国有企业资产负债率表（2000—2020 年）

年份	资产负债率（%）
2000	60.99
2001	59.19
2002	59.30
2003	59.39
2004	59.35
2005	56.66
2006	56.24
2007	56.50
2008	58.99
2009	60.30
2010	60.31
2011	61.17
2012	61.31
2013	61.91
2014	61.98
2015	61.94
2016	61.58
2017	60.53
2018	64.70
2019	63.90
2020	64.00

数据来源：根据财政部资产管理司历年《全国国有及国有控股企业经济运行情况》统计数据整理而得。

（三）资本资产流失严重

一方面，由于腐败等经济作风问题的存在而导致国有企业资本资产被严重低估；另一方面，由于信息不对称或有关部门为了减轻自身负担而严重低估企业的国有资产，使国有企业资本资产被低估而造成国有资企业和国有资本资产流失（黄速建，2014；陈柳，2015①）。21 世纪初期的国有企业改革中出现了许多国有资本

① 黄速建．中国国有企业混合所有制改革研究[J]．经济管理，2014，36（7）：1-10；陈柳．发挥资本市场功能破解国有企业改革难题的思路与对策[J]．现代经济探讨，2015（7）：67-71.

被低价出售的争议，当时“管理者收购”（MBO）是国有资本退出的主要形式，这导致了国有企业的改革停滞了相当长的时间（放国军，2000；梁德明，2010①）。改革的停滞并不意味着国有资本不再流失，恰恰相反，部分国企内部人及掌握国企实际控制权的部分官员，趁机挖掘各种“暗道”，以更加隐蔽的方式大肆侵吞国有资本。

（四）与预算、财务管理结合不够紧密

2007年财政部颁布国务院关于试行国有资本经营预算的意见（国发〔2007〕26号）②，尽管财政部门一直在努力推进国有资本、资产管理与部门预算、财务管理相结合，但实施效果并不理想。具体表现在主管部门对国有资产重购置、轻管理的倾向依然存在，在部门年度预算编制过程中不断申请购置各种固定资产，购置后又往往不能及时充分利用，造成资产闲置性浪费。许多主管部门对本级拨款购置、上级调拨或接受捐赠的固定资产不及时进行账务处理，以致形成账外资产。与此同时，财政部门由于人手不足，在量大面广的财政、财务、资产管理中存在信息不对称的弱点，客观上制约着资产、财务、预算三者结合管理的深化（谭静，2014③）。

（五）主管机构“管资本”制度安排困境

国有资本资产监管机构具有双重角色，既是国有资产的出资人又是企业国有资产的监管者。前者是企业的性质（国资保值增值），后者是政府行政监督行为。作为股东，其行为准则是利润最大化，哪些领域盈利多回报高，国资就会投向哪些领域。近年来大量国资进入和加强高盈利的一般竞争性产业，包括房地产行业等（Fei Du et al.，2012④）。国资经营平台的改组或设立可以实现国有资产出资人的监管职能和股东职能的分离，行政性出资人机构进行监管，而国有资本运营公司行使股东职能。一方面，国有资本运营公司采取国有独资形式，不干涉所投资企业日常生产经营活动；另一方面，国务院国有资产监督管理委员会（以下简称国资委）仍然需要对规模庞大的国有资产保值增值进行公平、公正的考核（郭志伟和庞庆

---

① 方国军．管理者收购与国企改革[J]．江西社会科学，2002（S01）：87－88；梁德明．国企产权制度变迁中的有组织行动研究——以K市国企MBO为例[J]．世界经济与政治论坛，2010（3）：73－84.

② 国务院办公厅．国务院关于试行国有资本经营预算的意见[EB/OL]．http：//www.gov.cn/xxgk/pub/govpublic/mrlm/200803/t20080328_ 32760.html 2007－09－08/2021－07－10.

③ 谭静．论国有资本经营预算管理改革的着力点[J]．中央财经大学学报，2014（3）：24－30.

④ Fei Du，Guliang Tang，Young S. Mark. Influence Activities and Favoritism in Subjective Performance Evaluation：Evidence from Chinese State－Owned Enterprises[J]. Accounting Review，2012，87（5）：1555－1588.

明，2018；[①] 赵立新，2017[②]）。国资委和国有资本投资公司之间的权力和关系如何清晰界定，仍需要进一步探索。

三、国有企业资本投资与管理规划

针对国有企业资本运营与投资管理所面临的各项问题，参考 Dawson B et al.（2017）、McLeod R. H.（2018）、林旭阳和刘佳（2020）等[③]，本书拟从构建国有企业资本运营模式对国有企业资本资产投资与管理进行规划。

为充分发挥国有企业在公共经济体系中的积极主体作用，资本运营不仅是实现手段，更是企业战略的核心组成部分（Thang Ngoc Bach，2019[④]）。设计国有企业资本资产投资运营管理体系时应以企业和社会整体利益最大化为导向，充分考虑其战略目标、生命周期、资本情况、优势劣势等特点，设计不同的资本投资运营管理战略；开展全流程闭环管理，形成以资本运营顶层设计为引领，以高效的组织结构、完善的制度体系、规范的工作流程为支撑，以专业的资本运营人才队伍、符合资本运营特点的配套考核机制为保障的运转高效的资本运营体系，为国有企业开展资本投资运营管理工作提供助力。具体思路如下：

（一）充分发挥顶层设计引领作用

国有资产监管机构应充分发挥职能作用，严格执行预算计划，促进国有企业在发展和改革的全过程中应将资本投资与运营管理思想贯穿始终，切实抓牢顶层设计与战略规划工作，从国家战略高度，聚焦主责主业，充分发挥资本投资与运营管理的组合拳作用。在资本投入方面要重点关注企业所涉及的产业链核心环节和价值链高端环节，以社会和商业利益最大化为导向，遵循财务管理规律通过各项措施，有序进退，助推企业、行业高质量发展。

---

① 郭志伟，庞庆明．国有资本监管的三个维度[J]．管理学刊，2018，31（4）：17－26.

② 赵立新．商业类央企国有资本监管的效率评价[J]．投资研究，2017，36（3）：149－157.

③ Dawson B. Young L. Murray J. M. Wilkinson I.. Drivers of supplier－customer relationship profitability in China：Assessing International Joint Ventures versus State Owned Enterprises [J]. Industrial Marketing Management，2017，66：29－41；McLeod R. H. Rosdaniah S. An evaluation of some key economic policies [J]. Bulletin of Indonesian Economic Studies，2018，54（3）：279－306；林旭阳，刘佳．构建中央企业向管资本转变的运营体系[J]．宏观经济管理，2020（8）：42－48.

④ Thang Ngoc Bach. State owned enterprises and capital misallocation in Vietnam [J]. Journal of the Asia Pacific Economy，2019，24（3）：430－451.

(二) 构建灵活高效的组织机构

资本投资与运营管理事项是国有企业与资本决策的重大事项，高度市场化的资本市场瞬息万变，决策的及时性可能最终决定项目是否成功。在国有企业、国有资本投资运营管理中，构建灵活高效的组织机构对于确保有序、高效、高质量完成资本投资与运营管理工作至关重要（Lüders，R. J.，1993①）。从资本投资与运营管理重大事项领导小组，到设立专业的资本投资与运营管理机构，再针对项目抽调相关部门组成项目团队，并招聘专业的中介机构提供顾问服务，全面协同开展工作（见图 14－2）。

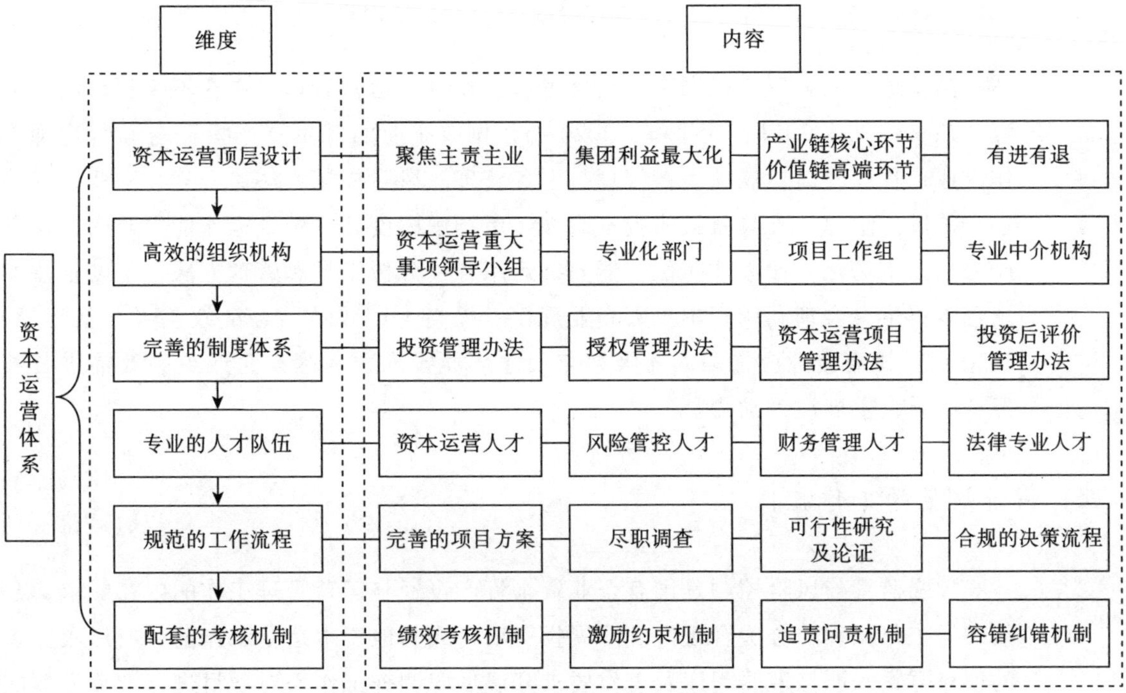

图 14－2 国有企业资本运营思路

资料来源：林旭阳，刘佳．构建中央企业向管资本转变的运营体系[J]．宏观经济管理，2020（8）：42－48.

① Lüders，R. J.. The success and failure of state owned enterprise divestitures in a developing country. The case of Chile [J]. Columbia Journal of World Business，1993，28（1）：98－121.

（三）制定完善的制度体系

在法律框架下进行资本投资与运营管理工作是国有企业平稳发展的关键点（Vernon，R.，1984①）。国有企业资本资产投资运用管理需在相关法律法规及相关政策下进行，制定符合本企业特点的发展战略，完善资本投资与运营管理制度体系建设，从投资管理办法、授权管理办法、资本运营项目管理办法、投资后评价管理办法对股权投资实施全流程闭环管理。国有企业应重视股权投资后评价工作，资本投资与运营管理顶层设计完善的制度体系。

（四）打造专业的人才队伍

高价值的人力资本是国有企业资本资产投资与运营管理工作在不断创新的动力源（Camba A.，2021；蔡平等，2020②）。国有企业的资本资产投资与运营管理工作专业化程度较高，涵盖运营管理、财务管理、风险控制、法律合规、专业技术等多个领域。组建一支具备战略投资眼光、市场敏感度高、资金运作能力及沟通谈判能力强的市场化专业人才队伍，能熟练运用各种分析工具和管理方法，帮助企业实现资本再生，合理利用资本扩大企业规模、提高生产效益与经济效益（马新啸等，2020③）。国有企业应加强人才吸纳与人才培养投入，为国有企业更高效推进公共经济高质量发展注入动力。

（五）设计规范的工作流程

加强监管与风险控制是国有企业资本资产投资与运营管理工作的内在要求，必须确保工作流程的合法合规性。开展投资项目或其他资本运营工作前，应形成完善的项目方案，严格遵照程序及工作要求开展尽职调查工作，对项目进行细致谨慎的可行性分析，邀请第三方机构及业内专家对项目进行可行性论证审慎进行评估或估值，严格开展风险评估，依法依规的履行决策审批程序。投资完成后，应对所投资

① Vernon，R.. Linking Managers With Ministers：Dilemmas of the state owned enterprise [J]. Journal of Policy Analysis and Management，1984，4（1）：39-55.

② Camba Alvin. Sinews of politics：State Grid Corporation，investment coalitions，and embeddedness in the Philippines [J]. Energy Strategy Reviews，2021：35.

③ 蔡平，蔡刚，韩琳琳．如何提高国有企业高技能人才的供给质量？——基于工作满意度的分析[J]．宏观质量研究，2020，8（1）：36-47；马新啸，汤泰劼，郑国坚．国有企业混合所有制改革与人力资本结构调整——基于高层次人才配置的视角[J]．财贸经济，2020，41（12）：101-116.

企业充分行使股东权力，通过法人治理结构实现资本，对建立董事会的成员企业派出专职董事，关注任职公司的经营及发展，做到法定程序与管理程序有机融合，在确保国有企业投资运营管理高效性的同时，有效避免资本资产流失。

（六）建立完善的配套考核机制

在现代公共经济体系中，国有资本运营对国有企业的要求是利润、股东权益和企业价值三者的最大化。中央企业须建立健全激励考核约束机制，有效激发各层级人员的进取心和责任心，实现提升企业核心竞争力、完善公司治理、提升经营效益的目标。开展资本运营工作是一个不断创新和深入实践的过程，中央企业面临复杂多变的内外部环境和市场竞争，在经营决策中难免会出现失误。在严肃追责问责的同时，应建立与风险承受能力相匹配的容错纠错机制，为现代公共经济更好保障公平、激发动力，提升资本资产投资效率。

第二节 公共债务

公共债务是国家各级政府的债务或负债，是国家或政府采用信用方式以债务人的身份取得的一种债务收入。其中，中央政府的负债或债务称为中央债，又称国债；地方政府的负债或债务称为地方债。本章从公债、国债、地方债的基本含义出发、分析了公债与国债的作用，并对国债的发行、流通与偿还进行了详细介绍，探讨了地方债的成因以及对如何进行地方债的风险防范进行了思考。

一、初步认识“公共债务”

（一）何为“公共债务”

公共债务是国家各级政府的债务或负债，是国家或政府采用信用方式以债务人的身份取得的一种债务收入。具体形式有：向国内外发行债券，向本国国家银行借款，向国外政府、金融机构、国际金融机构借款。相对于其他收入，公债是政府收入的一种特殊形式。其中，中央政府的负债或债务称为中央债，又称国债；地方政府的负债或债务称为地方债。目前，由于中国地方政府无权以自身名义发行债务，故人们常将公债与国债等同起来。

马克思曾指出："这种国家负债状态的原因何在呢？就在于国家支出经常超过收入，在于这种不相称的状态，而这种不相称的状态既是国家公债制度的原因又是它的结果"①。从收入分配的角度考察，国债制度与税收制度相辅相成。税收与公债都是国家取得公共收入的形式，但两者的区别在于以下两个方面：

第一，财政作用不同。国家通过信用方式筹集资金虽然可以暂时解决一定时期的财政困难，表现为该时期的公共收入，但必须用以后年度的收入来偿还，实际上是税收的预支，马克思称之为"税收的预征"；而税收则不同，税收是国民收入的一部分，是当年财政的实际收入，不存在"寅吃卯粮"的问题，税收反映的是国家的真实财力。

第二，形式特征不同。从无偿性来看，公债的认购与国家是一种债权债务关系，国家有偿取得公共收入，国家作为债务人，到期要还本，还要付息。这种有借有还的原则，与税收的无偿性显然不同；从强制性上来看，公债作为一种信用关系，发行公债者与认购公债者双方，在法律上处于平等地位，只能坚持自愿认购的原则，不能强制推销。而税收是国家凭借其政治权力的强制征收，国家与纳税人双方在法律上分别处于执法者与守法者的不同地位，不管纳税人是否自愿，都必须依法纳税，否则要受到法律的制裁；从固定性来看，认购公债既然是出于自愿，债权人与债务人双方本着协商办事的原则，当然不可能具有像税收那样固定性的特征。

（二）公共债务的内在特征

1. 一种虚拟的借贷资本。表面上，公债与其他商业借贷活动没有区别。公债体现了债权人（认购者）与债务人（政府）之间的债权债务关系。公债在发行期间是由认购者提供闲置资金，在偿付阶段主要由政府以税收收入进行还本付息，因而公债具有有偿、自愿的特征，表现为一种借贷资本。但事实上，公债资本与其他资本存在本质上的区别，即公债资本并不是现实资本，而只是一种虚拟资本。公债影响整个社会资本的融通，但不会引起社会资本量的变化。对持有者来说，资金的使用权已经转移到政府手中，换得的仅仅是一张债权证明。公债如果作为政府弥补财政赤字的主要手段或者用于非生产性开支，那么这些资本本身已经由国家所消耗，不代表任何现实资本。

2. 一种延期的税收。公债的发行，是政府用信用方式将一部分已作分配、已

① 资本论（第1卷）[M]. 北京：人民出版社，1975：827.

有归宿的国民收入集中起来；公债资金的运用，是政府将集中起来的资金，通过公共支出的形式进行再分配。由于政府本身不创造价值，所以公债的还本付息主要由国家的经常收入——税收来承担。从一定意义上讲，公债是对国民收入的再分配。

（三）公共债务的财政功能与经济效应

公债是财政赤字的反映，而且公债发行意味着民间部门拥有的公债余额增加。因此，公债的经济效应是通过以下两类机制实现的：第一类是财政效应，即通过政府支出和税收的变化，引起社会商品和服务的供求关系变化，对整个经济体系产生影响；第二类是流动性效应，即通过公债余额规模和构成变化，引起货币和其他资产的供求关系变化，对整个经济体系产生影响。具体可以从财政角度和经济角度两方面来进行考察。

首先，就财政观点而言，公债是弥补财政赤字、筹集建设资金、平衡预算、解决财政困难的最可靠、最迅速的手段。相对于增加税收、向银行透支等其他两种弥补赤字的办法，发行公债的副作用最小。这是因为：（1）发行公债只是部分社会资金使用权的暂时转移，一般不会导致通货膨胀；（2）公债的认购通常遵循自愿的准则，基本上是社会资金运动中游离出来的资金，一般不会对经济发展产生不利的影响。

其次，从经济的观点来看，公债具有调节经济的作用：（1）调节积累与消费，促进两者比例关系合理化；（2）调节投资结构，促进产业结构优化；（3）调节社会总需求，促进社会总供给和总需求的平衡；（4）调节金融市场，维持经济稳定。

（四）公共债务的发展历程

公债的起源晚于税收。恩格斯说："随着文明时代的向前发展，甚至捐税也不够用了。国家就发行期票，借债，即发行公债。"可见，公债的产生与国家职能的扩展密切相关。公债在奴隶社会就已经开始产生萌芽了。到了封建社会，公债有了更进一步的发展。但公债真正大规模的发展，是在资本主义时期。资本主义社会公债大规模发展的原因主要有4个方面：（1）从支出需求看，国家对外扩张等职能引起了公共支出的过度膨胀，迫使资本主义国家不得不扩大公债的规模。（2）从发行条件看，经济增长促使闲置资本规模的扩大，给公债发行提供了大量的、稳定的资金来源。（3）从利益分配角度看，从公债中获利最大的是资产阶级。新兴资产阶级通过大量认购公债而获得巨额利息，并不断地同封建王室和地主贵族集团争夺国家的政治权利。（4）从经济理论和财政实践看，赤字财政理论和赤字财政政策在西方各国的流行和推广，为公债的膨胀提供了理论上的诠释和制度上的保证。

在20世纪30年代之后，凯恩斯主义在西方盛行，为刺激总需求，缓和经济危机，不少发达国家纷纷推行赤字财政政策，大规模发行公债。

中国的公债制度始于清朝末年，为应付甲午战争军事需要于1894年发行了第一次内债，此后，北洋军阀政府和国民党政府也曾多次发行内债和举借外债。据统计，从1927—1949年国民党政府发行公债86次，创中国历史之最。从新中国成立至20世纪90年代，中国在公债和国债界定方面一直较为模糊，更多的时候人们将两者混为一谈，形成上述问题的主要原因在于预算制度规定的缺陷，导致公债和国债在内涵和外延上的混淆。因此，在中国公债发展历程中，公债和国债在称谓及使用方面也缺乏有效的延续性。

在新中国成立初期，公债一词被广泛采用。例如，1950年的“人民胜利折实公债”，1958年的“国家经济建设公债”等。改革开放至20世纪90年代初期，中国从理论上矫正了所谓“既无内债，又无外债，是社会主义的优越性”的错误观念，同时由于在改革中实行放权让利政策，财政连年出现赤字，开始重新启用公债，但公债规模较小。1994年3月通过的《中华人民共和国预算法》，明确规定中央政府是唯一合法的发债主体，没有赋予地方政府发债的权力，因此从这个意义上讲，公债只有国债一种表现方式。1998年中国开始实行积极的财政政策，即扩大公共支出、加大对基础设施的投资力度，国债发行规模又上了一个新的台阶。

进入21世纪，中国的国债规模随着社会和经济的发展而不断扩大，有力地支持了中国的进一步发展。为了更好地满足日益复杂的国内外经济背景下中央投资项目和地方项目建设资金的需要，2009年，经国务院批准，由财政部作为发债主体，代为地方政府在全国范围内发行2000亿元地方政府债券。尽管地方政府在名义上仍非发债主体，但这一“破冰之举”为中国公债体系的真正形成以及公债内容的完整性奠定了重要基础①。值得一提的是，中国自2006年起实行债务余额管理，近年来的债务增长余额情况如图14－3所示。由于信息量太大，需另立专题研究，本章不再做进一步分析。

二、国债概要

国债是指国家为筹措资金而向投资者出具的书面借款凭证，承诺在一定的时期内按约定的条件，按期支付利息和到期归还本金。中国的国债专指财政部代表中央政府发行的国家公债，由国家财政信誉作担保，信誉度非常高，历来有“金边债券”之称，稳健型投资者喜欢投资国债。马克思在分析国债和税收关系时，指出：

① 李淑娟主编．财政与税收[M]．北京：电子工业出版社，2012.

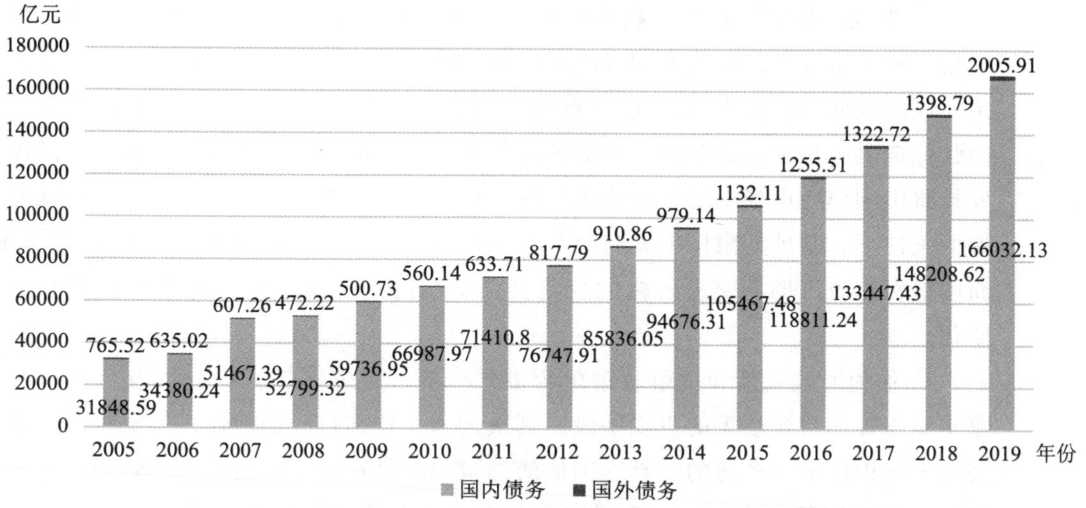

图 14－3　中央债务余额情况

资料来源：中国统计年鉴 2020. 中国统计出版社，2020.

“由于国债是靠国家收入来支付年利息等开支，所以现行税收制度就成为国债制度的必要补充，借债使政府可以抵补额外的开支，而纳税人又不会立即感到负担，但借债最终还是要求提高税收。”

（一）国债的功能

1. 弥补财政赤字。弥补财政赤字是国债最基本的功能。政府财政赤字一旦发生，就必须想办法予以弥补。在市场经济体制下，弥补财政赤字的方式主要有三种，即增加税收、向中央银行透支和发行国债。增加税收会使生产、投资和消费减少，进而使国民经济趋于收缩，税基减少，赤字有可能会更大。向中央银行透支（即财政部向中央银行借款）则会增加基础货币的投放，再经货币乘数效应大幅增加货币的供应量，导致通货膨胀并会打乱整个国民经济的运行。发行国债是一种自愿、有偿、灵活的方式。国债的发行只涉及资金使用权的让渡，是对社会资金和国民收入的一种临时分配。流通中的货币总量没有改变，在正常情况下不会增加需求总量，不会导致通货膨胀，而且有利于供求平衡。用发行国债的方式筹建资金弥补财政赤字，是各个国家的通常做法。

2. 筹集建设资金。发行国债遵循的是自愿认购、有借有还的信用原则，而且以国家信用作担保，容易被社会大众所接受。社会资金的运动是一个连续不断的过程，在这个过程中经常出现部分闲置资金，它就是保证国债发行的基础。由此可见，通过国债筹集财政资金是一个长期、稳定的公共收入来源，政府可以将这部分资金用于建设周期长、投资额大的基础设施建设以及基础产业。

3. 形成市场基准利率。利率是整个金融市场的核心价格，对股票市场、期货市场、外汇市场等市场上金融工具的定价均会产生重大影响。国债是一种收入稳定、风险极低的投资工具，这一特性使国债利率处于整个利率体系的核心环节，成为其他金融工具定价的基础。国债的发行与交易有助于形成市场基准利率。国债的发行将影响金融市场上的资金供求状况，从而引起利率的升降。在国债市场充分发展的条件下，某种期限国债发行时的票面利率就代表了当时市场利率的预期水平，而国债在二级市场上交易价格的变化又能够及时地反映出市场对未来利率预期的变化。

4. 作为财政政策和货币政策配合的结合点。首先，扩大国债的发行规模是国家实施积极的财政政策的主要手段。其次，国债特别是短期国债，是中央银行进行公开市场操作唯一合适的工具。国债的总量、结构对公开市场操作的效果有重要的影响。如果国债规模过小，中央银行在公开市场上的操作对货币供应量的控制能力就非常有限，不足以使利率水平的变化达到中央银行的要求；如果国债品种单一，持有者结构不合理，中小投资者持有国债比例过大，公开市场操作就很难进行。

5. 作为机构投资者短期融资的工具。国债的信用风险极低，机构投资者之间可以利用国债这种信誉度最高的标准化证券进行回购交易，以达到调节短期资金的余缺、套期保值和加强资产管理的目的。

（二）国债的发行、流通与偿还

1. 国债发行。国债的发行指国债售出或被个人和企业认购的过程。它是国债运行的起点和基础环节，其核心是确定国债售出的方式即国债发行的方式。而国债的发行方式具体包括如下：

（1）固定收益出售方式。固定收益出售方式是一种在金融市场上按预先确定的发行条件发行国债的方式。其特点是认购期限较短，发行条件固定，发行机构不限，主要适用于可转让的中长期债券的发行。在金融市场利率稳定的条件下，采用这种方式是比较有利的。政府既可据此预测市场容量，确定国债的收益条件和发行数量，也可灵活选择有利的推销时间。在金融市场利率易变或不稳定的条件下，采用这种方式就会遇到一定的困难，主要是政府不易把握金融市场行情并据此确定国债的收益条件及发行数量；即使勉强确定，也会因金融市场行情在国债推销时发生变动而与市场需求不相适应，难以保证预定国债发行任务的完成。

（2）招标拍卖发行方式。招标拍卖发行方式是指通过招标、投标的方式来确定记账式国债的发行价格、票面利率和承销商。记账式国债的发行通常采用“荷兰式”“美国式”进行招标，招标标的为价格或利率等，通常短期贴现国债采取价格招标的方式，中长期附息国债采取利率招标的方式。下面以发行价格为例介绍这两种招标形式。

①“荷兰式”招标。“荷兰式”招标是指中标价格为单一价格，所有中标的承销者都按照这个单一价格分得各自的国债发行份额，全场最低中标价格为当期国债发行价格，各中标机构均按发行价格承销，然后在证券交易所自定价格向其他各类投资者进行分销和零售。

②“美国式”招标。“美国式”招标是指中标价格为多个价格，中标方以自己报出的价格分得各自的国债发行份额，全场加权平均中标价格为当期国债发行价格，各中标机构按各自中标标位的价格承销，然后在证券交易所自定价格向其他各类投资者进行分销。

（3）连续经销方式。连续经销方式是指发行机构（包括经纪人）受托在金融市场上设专门的柜台经销，这是一种较为灵活的发行方式。其特点是经销期限不定，发行条件也不定，即不预先规定债券的出售价格，而由财政部或其代销机构根据推销中的市场行情相机确定，且可随时进行调整，主要通过金融机构和中央银行以及证券经纪人经销。这种方式主要适用于不可转让债券，特别是对居民家庭发行的储蓄债券。其主要优点是可灵活确定国债的发行条件及发行时间，从而确保国债发行任务的完成。

（4）直接推销方式。直接推销方式是一种由财政部门直接与认购者举行一对一谈判出售国债的发行方式。其主要特点是发行机构只限于政府财政部门，而不通过任何中介或代理机构；认购者主要限于机构投资者，其中主要是商业银行、储蓄银行、保险公司、各种养老基金和政府信托基金等；发行条件通过直接谈判确定。这种方式主要适用于某些特殊类型国债的推销，如比利时和瑞士的专门用于吸收商业银行资金的特殊可转让债券以及有些国家对特定金融机构发行的专用债券等。这种方式的优点是可以充分挖掘各方面的社会资金。

（5）综合方式。综合方式是一种综合上述各种方式的特点而加以结合使用的国债发行方式。在某些国家的国债发行过程中，有时可能不单纯使用上述的任何一种方式，而是将这些方式的其中一些特点综合起来，取其所长，结合运用。例如，英国国债的发行往往采取先拍卖后连续经销的方式，即最初先将国债以招标拍卖的方式出售，由于拍卖期限较短，且附有最低标价规定，难以避免投标数量不足，拍卖余额由英格兰银行（中央银行）负责购入，然后再以连续经销的方式继续出售，直到完成预定的发行任务。英国的这种发行方式就是综合了招标拍卖和连续经销两种方式的特点，取各自之长，弥补各自的不足，具有相当的灵活性。

2. 国债流通。国债流通是指国债的转让、变现。作为一种有价证券，国债的转让、变现能为持有者带来一定的收益。但是国债要过一定期限才能偿还兑付，在未偿还兑付之前国债是一种“死钱”，要把“死钱”变成“活钱”，必须通过国债的流通来实现。国债流通是通过专门的市场进行的。国债流通转让市场，也称国债二级市场，是以国债转让中介机构为媒介，在国债的买者与卖者之间形成的一种买卖关系。国债流通不仅可以满足国债持有者变现资金的需要，也为资金拥有者提供了新的投资对象，因而国债流通市场也是一种投资市场。中国自1981年恢复国债发行后，在很长时间内没有形成国债流通市场，这在一定程度上限制了国债的发行。1988年4月，国家决定在上海、深圳、广州、武汉、沈阳、哈尔滨、重庆七大中心城市建立国债流通市场的试点，后分两批将试点城市增加到400个。随着国债流通转让试点的成功，国家决定自1991年3月起，在全国地市级以上城市和地区所在的县级市全面开放国债转让市场，这标志着中国的国债流通市场初步形成。目前，国债除了可以在各证券金融机构进行柜台交易外，还可以在上海、深圳两家证券交易所进行交易。同时，国家还建立了银行间债券市场，并允许经批准的保险公司参与国债交易。可以说，中国真正的国债流通市场已经建立。

（三）国债流通转让方式

1. 国债贴现。国债贴现是指国债持有者将未到期国债拿到原购买机构或国债服务机构贴现，这些机构将该国债再转售给其他购买者，从而完成国债流通。在这种流通方式下，国债的买卖不一定在同一时间或地点进行。

2. 国债现货交易。国债现货交易是指将持有的真实国债（包括实物债券和非实物债券）进行买卖转让的交易，是中国国债流通的最主要方式。国债现货交易必须在国家批准的证券交易场所和国债流通服务机构内进行，交易价格一般通过市场竞价的方式确定。

3. 国债期货交易。国债期货交易是指通过有组织的交易场所，按预先确定的买卖价格，在未来特定时间内进行券款交割的国债交易方式。即交易者只需支付一定数量的保证金，就可以通过交易场所按规定的标准化合约来买卖远期的国债。中国于1994年开展国债期货交易的试点。由于国债期货合约的卖方不一定持有真实的国债，国债期货交易的结果极易导致国债的买空卖空，助长投机行为，引起金融秩序的混乱，因而需要有较完善的监管机制。但在实际试点中，国债期货市场屡次发生的严重违规交易表明中国尚不具备开展国债期货交易的基本条件。为了保证金融市场的健康发展，国家决定自1995年5月18日起暂停国债期货交易试点。时隔18年后，2013年9月6日国债期货在上海重新上市交易。

4. 国债回购业务。国债回购业务是指国债的持有者在卖出一笔国债的同时，与买方签订协议，约定一定的期限和价格，将同一笔国债再购回的交易活动。国债回购业务使得国债的持有者在一定期限内取得了资金的使用权，因而属于一种融资活动。

（四）国债的净价交易制度

目前在国债流通和交易市场均已实行了净价报价全价结算的交易制度。净价是指国债交易的价格。全价是指国债交易与应计利息之和，由于全价用于国债结算，因此又称结算价格。应计利息是指以债券票面利率计算的应计利息金额，计算公式为：

$$应计利益=\frac{面值\times 票面利率}{365}\times 计息天数\times 100\%$$

附息国债应计利息额是指本付息期起息日至交易日当日所含利息金额；已计息天数是指从本付息期起息日至交易当日的日历天数（1年按365天计算，闰年2月29日不计算利息）。净价交易是指以不含有应计利息的价格进行报价并成交的交易方式。即将国债价格与应计利息分解，价格只反映本金市值的变化，交易成功进行资金清算时，以国债净价加应计利息（全价）进行结算。

（五）国债偿还

国债到期之后，就要依发行时的规定，按期如数还本。国债偿还中的一个重要任务，就是慎重地选择偿还方式。国债本金的偿还数额虽然是固定的，但政府在偿还方式上却有很大的选择余地。不论采取什么偿还方式，国债的还本总是会形成财政的一个负担；同时，还本是否能如约进行，既会影响到期国债的行市，也会影响其他国债的行市，对国债持有者和政府都是利害攸关的。这就要求国债的偿还必须有较为稳定且充足的资金来源。国债发行之后，除短期国债外（已通过折价发行预扣利息），在其存在的期间内必须付息；由于国债在发行时已经规定了利息率，每年应付的利息支出是固定的，政府在国债付息方面的主要任务便是对付息方式，包括付息次数、付息时间等做出相应的安排。

（六）国债偿还的方式

1. 还本方式。

（1）分期逐步偿还法。分期逐步偿还法即对一种国债规定几个还本期，每期偿还一定比例，直至国债到期时，本金全部偿清。这种偿还方式，还本越迟利率就越高，以鼓励国债持有人推迟还本期，但国债偿还工作的复杂程度和工作量将会因此而加大。

（2）抽签轮次偿还法。抽签轮次偿还法即在国债偿还期内，通过定期按国债号码抽签对号以确定偿还一定比例的国债，直至偿还期结束全部国债皆中签偿清为止。这种偿还方式的利弊与分期逐步偿还法大致类似。

（3）到期一次偿还法。到期一次偿还法即实行在国债到期日按票面额一次性全部偿清。其优点是国债还本管理工作简单、易行，且不必为国债的还本而频繁地筹措资金；缺点则是集中一次性偿还国债本金，有可能造成政府公共支出的急剧上升，给国库带来较大压力。

（4）市场购销偿还法。即在国债期限内通过定期或不定期地从证券市场上赎回（或称买回）一定比例的国债，赎回后不再卖出，当这种国债期满时，已全部或绝大部分被政府所持有。这种方式的优点是给投资者提供了中途兑现的可能性，并会对国债的价格起支持作用，其缺点是政府需为市场购销进行大量繁杂的工作，对从事此项业务的工作人员也有较高的素质要求，因而不宜全面推行。

（5）以新替旧偿还法。以新替旧偿还法即通过发行新国债来兑换到期的旧国债，以达到偿还国债的目的。

2. 还本资金来源。

（1）设立偿债基金。设立偿债基金就是由政府预算设置专项基金用以偿还国债，即每年从公共收入中拨一笔专款设立基金，由特定机关管理，专门偿付国债之用，不用作其他用途。而且在国债未还清之前，每年的预算拨款不能减少，以期逐年减少债务，故又称作“偿债基金”。从历史的经验看，设立偿债基金有利有弊。其利处在于：设有偿债基金的国债，较为投资者所欢迎，因而其发行的价格能高于条件相同或类似的同值债券。其弊端在于：偿债基金如被挪用则形同虚设。设置偿债基金的办法虽然在一些西方国家中试行，但最后大多以失败而告终。

（2）预算盈余。当中央政府预算出现盈余，则盈余资金可以用于还债，成为偿债资金的一个来源。这种方法增强了中央政府还债的灵活性，中央政府可以根据财政状况来调整每年的偿债规模。由于偿还的前提条件是财政要有盈余，而且多盈余多还，少盈余少还，若财政出现困难而无盈余时，则债权人的利益就难以保证。

（3）通过预算列支。通过预算列支就是将每年的国债偿还数额作为公共支出的一个项目（如“债务还本”）而列入当年支出预算，由正常的公共收入（主要指税收）来保证国债的偿还。从表面上看，这似乎是确保国债按期偿还的稳妥办法，但在实践中也会遇到种种问题。这是因为，如果中央政府财政有能力每年拨出专款用作国债偿还支出，也就可能没有必要发行国债，或者没有必要每年发行那么多国债了。

（4）举借新债。举借新债就是中央政府通过发行新国债，为到期国债筹措偿还资金。这既有实践上的必然性，也有理论上的合理性。从理论上看，国债可以被看作储蓄的延长形式。在正常情况下，任何储蓄从个体上看都是有存有取；但从总体看，则是只存不取。国债也同样如此。从单项债务看，它有偿还期；但从债务总体看，它实际上并不存在偿还期，而是可以采用借新债还旧债的办法，无限期地延续下去。或许正因为如此，通过发新债还旧债，便成为各国中央政府偿还国债的基本手段。

3. 付息方式。

（1）按期分次支付法。按期分次支付法即将国债应付利息，在国债存在期限内分作几次（如每一年或半年）支付，一般附有息票，国债持有者可按期剪下息票兑付息款，亦称“剪息票”的方式。这种方式往往适用于期限较长或在持有期限内不准兑现的国债。这是因为，在较长的期限内，如能定期支付一定数额的利息，不仅能激发持券人认购国债的积极性，而且也可避免政府债息费用的集中支付，从而使债息负担均匀、分散化。

（2）到期一次支付法。到期一次支付法即将国债应付利息同偿还本金结合起来，在国债到期时一次支付的方法。这种方式多适用于期限较短或超过一定期限后随时可以兑现的债券。这是因为，在较短的期限内，债息的分次支付是没有必要的。如在国债到期时将息款连同本金一次支付，则可大大简化政府的国债付息工作，对国债持有者来说也是可以接受的。由于付息方式上的不同，政府在每一年度应付的利息和实际支付的利息并不完全一样。通常情况下，应付额会大于实付额而形成一笔利息上的债务。因此，在国债的付息工作中，中央政府要恰当地选择付息方式，安排好应付额和实付额的关系，以期与财政状况和经济形势的需要保持一致。

（七）国债的管理

国债的管理是政府围绕国债运行过程进行的决策、组织、规划、指导、监督和调节等一系列经济活动的总称。它以国债发行、转让、市场运营和兑付过程中的经济关系及其协调方式为研究对象，包括政府为控制国债的规模和构成、调整国债购买主体的结构、选择适当的国债期限结构和利率水平等而采取的一系列措施。国债管理已成为财政政策工具。

1. 国债的规模管理。国债的规模一般是指国债的最高额度或国债额度的适度问题。国债的规模包括三层意思：一是历年累积国债的总规模；二是当年发行的国债总额；三是当年到期需还本付息的国债总额。各国经济实践表明，国债存在负担问题。国债负担可以从几个方面来分析：一是国债作为认购者收入使用权的暂时让渡，会对他的经济行为产生一定的影响；二是政府借债是有偿的，到期要还本付息，偿债体现为一种支出，借债的过程也就是国债负担的形成过程；三是不论国债资金的使用方向如何、效益高低，还债的收入来源最终还是靠纳税人缴纳的税收；四是由于有些国债的偿还期较长，使用效益又低，连年以新债还旧债并不断扩大国债的规模，就会形成这一代人借的债转化成下一代甚至几代人负担的问题。由于国债会形成一种社会负担，所以国债必须有一定的限度，衡量国债规模的主要参考指标有以下几个。

（1）国债负担率。

$$国债负担率 = \frac{当年的国债余额}{当年的国内生产总值} \times 100\%$$

国债规模首先受认购者负担能力的制约。国债的应债来源，从国民经济总体看就是国内生产总值（GDP），所以国债规模通常用当年国债发行额或国债余额占GDP的比重来表示，称为国债负担率。2006年以前，中国采取年度发行额度的方式管理国债。这种方式限制了国债管理的期限选择，财政部倾向于选择发行长期国债，少发和不发一年以内的短期国债，从而导致两个问题：一是由于缺少短期国债，特别是一年以内的短期国债，会使债券品种定价缺少比较基准；二是多发长期国债使得国债存量每年滚动增加、数量较大。从2006年起中国实行国债发行余额管理，即把未清偿国债的余额作为发行国债的年度控制指标，考核年底未清偿的国债余额是否超过规定的控制目标，而不再考核当年实际发行的国债规模。

（2）居民应债能力。

$$居民应债能力 = \frac{国债余额}{居民储蓄余额} \times 100\%$$

这是从居民的储蓄水平来考察国债发行潜力的重要指标。

（3）国债偿债率。

$$国债偿债率 = \frac{当年的国债还本付息额}{当年公共收入余额} \times 100\%$$

国债规模还受政府偿债能力的制约。中央政府用于还本付息的经常性来源是中央政府的公共收入，所以表示政府偿债能力的指标就是当年的国债还本付息额占当年中央公共收入的比重，这是表示政府直接偿还能力的指标。其他国家的经验表明，国债偿债率一般应控制在10%以内较为安全。

（4）国债依存度。

$$国债依存度 = \frac{当年的国债发行额}{当年财政支出总额} \times 100\%$$

国债依存度是指一国财政支出中有多少比重是依靠发行国债来实现的，表示中央支出对债务的依赖程度，表示间接偿还能力。当国债发行量过大，依存度过高，表明财政支出过分依靠国债收入，国家的财政处于脆弱的状态，会对未来的还本付息构成潜在的威胁，国债的风险加大。

2. 国债的结构管理。国债的结构是指一个国家各种性质的国债相互搭配、国债来源和发行期限的有机结合，主要包括国债的期限结构和国债的持有人结构。

（1）国债的期限结构。在市场经济发达的国家，国债的短期、中期、长期结构比较合理。财政部门发行不同期限的国债，虽然主要是考虑财政因素，但也为中央银行的公开市场业务创造了条件。如果缺少中央银行在国债二级市场上买卖国债，就会减少国债的流动性，反过来会影响财政在一级市场上发行国债。短期国债可以用于经常性的公共支出和短期资金调剂，中期、长期国债可以弥补年度预算赤字，因此国家的国债发行应该有短期、中期、长期国债的不同搭配。由于各种期限的国债在某一点上都存在，就在二级市场上形成了一个连续不断的剩余年限的结构，为中央银行选择不同期限国债的公开市场操作创造了有利条件。

（2）国债的持有人结构。在市场经济比较发达的国家，商业银行、共同基金、社会保障基金和商业保险公司以及其他金融结构等机构投资者是国债的主要持有者，而个人持有的份额较小。由于国债主要由机构投资者购买和持有，因而不仅提高了国债发行效率，而且活跃了国债流通市场，有利于国债公开市场业务的发展①。

三、地方债

自理查德·A. 马斯格雷夫和佩吉·B. 马斯格雷夫（2003）提出公共品的时期受益原则和代际公平原则，地方债便获得了理论正当性②。近年来，中国地方债务规模激增，债务违约事件频发，加剧了财政和金融体系的系统性风险（牛霖琳等，2021③）。政府工作报告中对金融系统性风险的关注不断提升，提出要“稳妥化解地方政府债务风险，及时处置一批重大金融风险隐患”，将防范和控制金融风险逐渐提高到了维护国家经济金融安全的核心高度④。在此过程中，政府监管部门出台了一系列政策和措施，意在控制风险，纾解结构性融资矛盾，平稳经济运行。

（一）地方债的概念

从概念界定上看，通常认为，地方政府性债务主要存在狭义和广义两种理解。其中，狭义上的政府性债务就是指政府债务，是指政府作为债务人应当依照法定条

① 黄玉娟，王红敏．财政与金融［M］．北京：北京大学出版社，2019.

② ［美］理查德·A. 马斯格雷夫，佩吉·B. 马斯格雷夫．财政理论与实践［M］．邓子基，邓力平，译．北京：中国财政经济出版社，2003.

③ 牛霖琳，夏红玉，许秀．中国地方债务的省级风险度量和网络外溢风险［J］．经济学（季刊），2021，21（3）：863－888.

④ 中国政府网．政府工作报告［EB/OL］．http：//www. gov. cn/guowuyuan/zfgzbg. htm 2021－03－05/2021－07－10.

件和合同约定，向债权人承担相应的资金偿付义务。广义的政府性债务包括的内容更广，是指政府为维持其自身合法性，在其实际履行义务少于必须履行义务之时，必须弥补两者之间差距所需要支付的资金支出额。依照这种观点，地方政府性债务不仅包括传统的基于法律和契约的债务，还包括因新的经济形势而产生的将来必然发生的债务，或者事实上必须由政府承担但名义上并没有法律和契约约束的隐性债务和或有债务，这种意义上的政府债务即为“政府性债务”概念。马克思在发展和完善自己的剩余价值理论的同时，深刻揭露了资产阶级国家财政（包括捐税、地发债和国债等）的剥削实质，进一步明确地指出资产阶级国家国债、地发债和税收等财政政策范畴是剩余价值分配形态之一。

本书拟将地方政府性债务放在广义层面来理解，将它认定为地方政府为履行其职能以政府名义向社会公众及外国政府、组织举借或者担保举借的债务，或是地方政府基于公共利益、道义责任、社会压力等原因必须或可能在未来付给公众的款项。以地方政府融资平台的借款为例，其名义上属于融资平台公司的债务，但由于融资平台基本是由地方政府全资设立，且大多数融资事项须由政府提供担保，其所筹集资金的使用也由政府审核确定。因此，对于这些融资平台所形成的贷款，最终依旧要由地方政府来承担连带偿还责任。再如，在金融机构的不良资产损失、社保资金的缺口等方面，政府基于公共利益和社会稳定的考虑最终都可能成为最后的“埋单人”，这些债务也将在一定程度上构成政府的事实或有债务。但需说明的是，从长远角度考量，由于地方政府发行债券的行为将逐渐成为地方政府举债的唯一合法形式，因此，为更好地揭示地方政府在发行债券过程中的责任，本书在特定情形下将“地方政府发行债券”中的“政府债务”作狭义的理解，将其理解为地方政府发行债券募集资金而对投资主体所欠下的债务。

地方债务可分为显性债务与隐性债务。显性债务可以简单理解为，如果编制地方政府资产负债表，会直接体现在负债项目中的债务，由财政部预算司每月统计披露。隐性债务虽然已经有相关的治理文件下发，但未公开，已有公开资料并没有明确的定义。但从当前已有的市场研究与政府相关公告来看，有几种比较常见的理解：第一，从逻辑推演的角度来看，隐性与显性相对，显性债务既然指地方政府在限额管理和预算管理计划内发行的地方债，那么隐性债务应当是不在限额和预算管理计划内，不以地方债形式存在，但地方政府可能需要承担偿还责任的债务。第二，从组成及形式来看，隐性债务主要包括三类：其一，为国企（城投平台）、机关事业单位、产业引导基金及 PPP 项目公司等主体举债融资提供隐性担保，包括出具承诺函或担保函（及其他文件），以机关事业单位的国有资产为抵押品帮助企业融资等形式；其二，为建设公益性或准公益性项目举借的债务，直接纳入财政预算支出范畴，由财政资金偿还；其三，违背商业原则，具有固定支出责任的中长期公共支出，集中在 PPP、产业引导基金、政府购买服务等领域。包括承诺最低收益、承诺本金回购、承诺社会资本亏损损失等形式，具体到每一个细分领域，又有不同的特色形式。第三，从感性的认知来看，诸如国企城投、机关事业单位等主体的债务，如果它们自身无法偿还，出现了大规模的违约事件，造成了连锁反应，则地方政府可能会出面调解或代为偿还，因此，隐性债务是地方政府的或有债务①。

地方债务还可以进行更细致的分类，学者波拉科瓦通过财政风险矩阵将其展示为四种政府负债类型：直接显性负债、直接隐性负债、或有显性负债和或有隐性负债。这种矩阵分析方法的贡献在于为全面衡量政府负债规模从而判定财政风险程度提供了清晰的分析框架，对于揭示政府债务的全貌、有效防范财政风险意义重大。将其运用到地方政府债务领域，也可以将政府债务细化为地方政府直接显性负债、地方政府直接隐性负债、地方政府或有显性负债和地方政府或有隐性负债四种类型（见表14－2）。其中，地方政府显性直接债务是指由特定法律、法规或合同所确立的，由地方政府承担的债务；地方政府显性或有债务是指由地方政府明确承诺的，在某种事件发生时必定会由地方财政承担的债务；地方政府隐性直接债务是指地方政府虽未明确承诺，但是人们预期最终会由地方财政承担的债务；地方政府隐性或有债务，是指地方政府虽未作出公开承诺，但是政府经过得失权衡，可能会承担部分责任而导致的债务。

表14－2　　地方政府债务风险来源矩阵

负债	直接的：在任何情况下都会发生的责任	或有的：基于某一特定事项发生而产生的责任
显性的：由特定法律或合同所确认的政府负债	1. 中央政府国债的转贷 2. 政府统借统还外债 3. 从中央借的专项借款 4. 拖欠上级财政资金 5. 拖欠行政事业单位人员工资和离退休费 6. 拖欠工程款	1. 政府担保的外债 2. 政府担保的国内债务
隐性的：政府道义上的责任，基于公众预期以及利益集团压力产生的债务	1. 扩大义务教育及发展成人教育支出 2. 改善基础设施建设的支出 3. 社会保障计划	1. 国有企业改革支出成本 2. 政策性投资公司的呆坏账损失 3. 未根据法律规定提供担保且允诺偿还的债务 4. 政府直接干预形成的国有企业、国有政策性投融资机构债务 5. 地方金融机构支付缺口 6. 项目单位不能偿还从政府借用的资金 7. 下级政府财政危机

资料来源：刘尚希，于国安．地方政府或有债务：隐匿的财政风险．北京：中国财政经济出版社，2002.

①　王婷婷．财政责任视野下的地方政府债务治理研究[M].北京：中国法制出版社，2016.

（二）中国地方债的成因

地方债务的形成主要来源于公共支出的过度需求与信贷的过度供给。具体如下：

1. 地方经济发展对资金的需求。

（1）地方经济发展对资金的合理需求。一是城镇化、工业化进程加速，基础设施建设形成资金需求。改革开放以来伴随着城市化的加速，大量人口涌入城镇，为经济发展提供大规模劳动力的同时，还需要有资本对之进行吸纳。为吸引更多的资本流入该地区，地方政府往往先行将道路、桥梁、通信、电力等基础设施建好，以期招商引资，解决就业和社会稳定问题，获得公共收入，形成经济的良性循环。经济在保持高速发展的同时，原有的生活、生产基础设施已经不再能够满足日益提高的对更高质量公共品和服务的需求，需要新的投入以形成良好的舒适的生活环境、生产与投资环境，以期提高居民的生活满意度，降低企业投资的交易成本。城镇化水平的迅速提升对城市基础设施建设提出巨大的资金需求，主要投资需求主要包括房地产及金融、交通运输业、公共服务业、电力燃气及用水设施等①。二是保障和改善民生需要投入大量资金。政府受民众委托，从居民、企业征收大量的公共收入，民众让渡此部分权利是期望政府能够提供更好的产品和服务，而提高居民生活水平和生活质量则是政府职责的应有之义。按照公共财政的要求，让每一位公民都能享受到经济社会发展成果，保障和改善民生是其中极为重要的支出部分。与居民生活密切相关的医疗、教育、养老、住房等公益性项目都有赖于政府提供相应的保障服务。推行医疗合作以解决居民“看病难、看病贵”的问题、推行义务教育免费制度、在全国广大农村地区推行新型农村社会养老保险以保障老年人的养老问题、保障房的建设等都成了全国各地方政府的硬性政治任务。三是一些其他的合理支出。中国现有的政治体制下，政府拥有了用于经济建设、改善民生的公共资源，还承担了公共风险的最终化解者和最终支付人的角色。系统性公共风险如经济体外界突发经济金融危机导致本国本地区的经济金融危机、突发自然灾害、突发公共卫生事件等，一旦发生将对社会的运行造成严重损害，甚至影响社会稳定。稳定、改革与发展之间存在紧密的关系，动荡的环境下开展改革势必引起社会更大的动荡，发展则产生波动，经济将出现倒退。一般情况下私人部门并不具备化解公共风险的能力，由于化解公共风险的收益将由全社会公共获得，但是成本却由其个人承担，因而在个完善的市场竞争机制下，私人部门难以提供该类服务，而在事实上，政府出于道义、政治因素考虑，不得不承担最后“兜底”的任务。

（2）地方经济发展中的过度负债。地方政府对资金的合理需求产生合理的负

---

① 周沅帆．城投债——中国式市政债券[M]．北京：中信出版社，2010.

债，超出经济和社会发展需要的过度需求则形成过度负债。一方面地方政府在GDP的政绩考核体系下存有非常强烈的负债发展动机；另一方面负债发展的动机在约束和监督失效的情况下提供了现实的可能性和机会。由于中国法律规定地方政府不具备举债权，因而事实上的地方政府性债务便转入“地下状态”而日益隐性化，更加失去上级政府和民众的监管，过度负债也日益成为各地各种形象工程的原因。然而风险却并不因其隐藏而消失，反而有无限放大的趋势。其中，地方政府过度负债的动机，一定的需求产生一定的动机，进而由动机引起行为，行为导致结果，该结果则满足需求，如此形成围绕需求的一个循环，这是理性主体的行为逻辑和方式。地方政府作为公众组织，也是有自身利益的理性经济主体，并非天然地就一定会为民众服务，如果不加约束其动机就会引起有利于政府自身及其代表（各级官员）而不利于民众的行为和结果，甚至发生政府与民争利的行为。此外，地方政府过度负债的可能性也值得关注。权力需要制约与平衡，如果缺乏足够的力量制衡，内在动机就会直接演化为外在行为。考核体系应该既涉及激励，也涉及惩罚，分别从正面和负面两个角度导向地方政府最终的行为。当地方政府因过度负债而得到短期竞争优势地位的激励，却不需对其过度的负债负责，无需受到相应的惩罚，那么过度负债就会由一种可能性转化为确定的事实并予以放大。惩罚和约束机制主要包括上级政府针对下级地方政府和行政首长的行政问责制、民众对地方政府的投票和监督、债权人对地方政府的监督，但是因为信息不对称以及监督主体处于事实上的弱势地位而使得“预算软约束”频频发生，财政纪律得不到保证，成为地方政府过度负债的主要原因。

2. 地方经济发展的资金供给：财政、金融体制。

（1）财政体制。地方政府债务的深层问题植根于中国的财政制度——缺乏地方一级的创收能力或借款能力。1995 年起实施的《中华人民共和国预算法》（以下简称“旧《预算法》”）完全禁止地方政府从事债务融资。根据旧《预算法》，地方政府具有保持收支平衡的法律义务，因而不能导致财政赤字。此外，对于中央和地方政府之间的支出责任划分，旧《预算法》也未提及。此外，政策制定和预算编制之间同样存在分歧。由于缺乏明确的预算责任分配，上级政府可以对下级政府的预算进行任意变更。为了应对执行预算时的不确定性，地方政府在编制年度预算时通常预留大量预算外收入。这使各级地方政府事权分配关系长期游离于法治框架外。自 1994 年分税制改革以来，地方政府在税收中所占份额有所降低。与此同时，其公共支出责任却逐步上升。这一变化表明中央倾向于加强其重新分配财政资源和收入的能力，从而拥有更强的宏观调控力并加强对地方政府的控制。中央和省级政府之间的所得税分配比例以及分税制改革，加剧了地方财政短缺。以 2019 年为例，地方财政自给率仅为 49.7%。为了解决财政不足的问题，中央于 1994 年提出了一项制度化的政府间财政转移支付制度，从而维持充足和公平的公共服务。从 1994

年起，地方政府转而更多地依靠中央的税收转移来支付其三分之一的支出。从中央到地方政府转移的税收在2008年至2012年保持在平均44.6%的水平。财政部印发的《2017年中央对地方均衡性转移支付办法的通知》中详细规定了公共收入和支出的测算，确定转移支付的系数和额度，同时加强转移支付资金的管理与监督。分税制取代了之前的税收分配制度，更多的地方税收由中央政府以出口退税或转移支付的形式重新分配给地方政府。为了提高中央在税收中的份额比例，税收种类根据征收者的不同被分为三类：中央税、中央地方共享税和地方税。共享税收占收入的最大部分，包括增值税（中央占75%，地方占25%）、资源税（中央征收海上石油资源税收收入的100%，其他资源税由地方政府征收）、证券交易印花税（由中央和省级政府共享）和消费税（由中央全部征收）。作为分税制的一部分，中央通过转移支付机制（税收返还制度）作出妥协，以保证地方政府的收入水平。然而，地方政府实际得到的利益远远不够其支出，加之地方政府的创收能力并未得到显著提高，导致地方政府在支出远大于收入的泥潭里越陷越深。2018年修订后的《中华人民共和国预算法》尽管规范了地方财政行为，强化了预算约束，但由于缺乏配套法律机制以及难以解决选择性执法问题，预算软约束的问题仍根深蒂固①。

（2）金融体制。当地方政府的财政资金来源并不能弥补支出时，信贷资源的扩张则成为为满足支出、履行职责的渠道。随着经济的发展，中国资本市场也发展了起来，信贷市场、股票市场、债券市场都纷纷建立，还设立了相应的专门监督机构并制定了法律法规，就机构而言有中国人民银行、中国银行业监督管理委员会、中国证券监督管理委员会、中国保险监督管理委员会（俗称“一行三会”），后机构又重整为中国银行保险监督管理委员会。在证券市场上，上海证券交易所和深圳证券交易所也管理着4000多家上市公司，监督其定期披露财务与非财务重大信息、维持经济纪律，强化对投资者的责任维护市场信心。就出台的法律、法规、规章和规范性文件而言，有《中华人民共和国商业银行法》《中华人民共和国证券法》《中华人民共和国公司法》《上市公司发行可转换债券实施办法》《国债托管暂行管理办法》等。资本市场运用市场机制集中全社会的资源发展壮大企业，将未来的投资价值折现融资充实资产规模和实收资本，迅速地获得市场扩张。因而，连续的经济高速增长与资本市场的资金支持密不可分。

对于地方政府而言，其融资渠道除了在债券市场由中央的财政部代理发行地方债券外，最为密切也最为现实的就是进入银行等金融机构所提供的信贷市场，从2010年底地方政府性债务余额的借款来源看，银行贷款为84679.99亿元，占79.01%。继《中华人民共和国中国人民银行法》和《中华人民共和国预算法》出台后，为彻底斩断财政赤字和通货膨胀之间的直接联系，从1994年开始，中央财

① 沈伟．地方政府债务的成因与风险治理[J].人民论坛，2020（15）：159-161.

政赤字完全通过发行国债来弥补，国债成为弥补财政赤字的唯一手段，成为确保预算收支平衡和实施财政政策的重要工具①。因而，中国地方政府面对本级公共收入以及转移支付后的可支配收入仍不能满足支出的状况时，不能简单地通过中央银行发行货币的方式融资，而只能采取举债的方式，在《中华人民共和国预算法》和《中华人民共和国担保法》明确规定地方政府不具备举债权和担保权的情况下，则以其他变通的方式实现，诸如建立地方投融资平台，以国有企业的身份为政府行为服务就成了必然的选择。而从银行作为资金来源主体的角度看，地方政府性债务的形成则与银行的国有产权地位所带来一系列治理问题、中国高储蓄率导致银行自身的放贷压力有关②。

（三）地方债务风险防范措施

1. 深化改革财权事权划分体制，硬化地方财政责任。中国地方政府债务不断扩大的根本原因在于地方政府财权与事权上的不相匹配。因此要防范和化解地方政府债务风险，改革现有的央地财政配置体制，实现地方政府公共收入与支出责任的相对匹配，同时要培育地方税的主体税基、建设并完善地方税体系，增强地方政府化解隐性债务的财政实力。同时应优化政府间转移支付的结构，弱化转移支付给地方政府债务的兜底预期，降低转移支付机制对地方政府举债的助推作用。

2. 完善政府官员考核机制，加入债务风险评价指标。要防范和化解地方政府债务风险，需降低经济增长指标在官员综合考核体系中的评价权重，建立更综合完善的官员考核体系。同时应将任期间债务融资规模及风险指标纳入指标体系，并且建立长期的追责制度，使高风险债务能够追溯责任源头，从而可以降低地方官员的举债冲动。

3. 规范地方政府债务融资渠道与融资方式，增强行政管控力与市场约束力。中央政府需要从政府债务融资需求端与资金供给端同时管理，规范地方政府融资渠道与融资方式。同时需要推动债券市场化建设，使市场信息能够充分反映到政府债券的交易过程，发挥市场对地方政府的约束作用。增强地方政府的行政管控力与市场约束力对于化解地方债风险具有重要意义，主要可以从发展地方债券市场及调动民营资本积极性、促进 PPP 模式发展等方面入手，改变政府在基础设施投资过程中的主导身份，充分发挥市场在资源要素配置中的决定性作用。

4. 将地方政府债务管理纳入财政预决算报告，推进政府财政透明度建设。地

---

① 谢旭人．中国财政改革三十年[M]．北京：中国财政经济出版社，2008.

② 许安拓．走出地方经济发展的融资困境——转型时期中国地方政府性债务风险解析[M]．北京：中国市场出版社，2012.

方政府债务尤其是隐性债务情况不透明、不公开，降低了对债务整体规模测算的准确性，加大了风险管控措施的针对性和有效性，因此有必要建立合理有效的信息披露机制，促使地方债务信息的透明公开，推进地方政府的财政透明度建设。中央有关部门关于地方债务的信息公开出台了相关文件，如《关于做好2018年地方政府债务管理工作的通知》等，提出地方政府应及时公开债务限额、余额、期限、用途，建立政府债务信息公开制度。应从信息披露体系建设、信息披露规范及效率保障以及对披露信息的核准审查机制等方面入手，改善地方政府的财政透明度。推进政府财政透明度建设可以加强群众对政府的监督、降低地方政府举债的冲动，也是充分掌握地方政府隐性债务的重要手段。要加强政府财政的透明度，应建设更全面、有效、及时的政府会计制度和政府财务报告制度，系统性地规范地方政府财政状况披露形式、内容和过程，保证披露信息的真实性，也有助于从横向地域维度以及纵向时间维度对地方政府债务进行评估和比较。

5. 建立地方政府债务风险预警体系，及时追踪地方政府债务风险。完善的债务风险预警机制，有助于从事前角度防范地方债务风险的发生。债务风险预警体系需要系统掌握地方政府债务风险水平与结构分布，有助于地方政府对各风险环节进行针对性管控，通过主动改变债务偿还进度、融资方式和手段等措施达到防范风险的目的。应加强地方债务发行前的严格控制及发行中的强化信息披露制度，同时采取债务风险监控措施，实时监测地方债务风险，有效降低地方政府债务风险发生的概率。对地方债规模及结构组成进行实时监控，并建立有效的风险预警体系，从事前和事中的角度来化解地方政府债务风险，相对于爆发危机后的事后管理，相对效果更好、影响程度更小，因此应加大该领域的研究力度，对地方政府债务风险全面、及时地追踪①。

第三节 公共部门财务风险管理

公共组财务风险既有局部性的，也有整体性的。作为公共部门财务管理的一个重要内容和管理系统要素，其机制运行以及控制存在内生和外生性问题，需要从风险界定、风险识别、风险衡量、风险评估、风险控制等方面进行管理，以保障公共经济体系机制的正常运行。

① 周亮，刘宜鸿．防范和化解地方政府债务风险的难点与对策[J]．金融发展研究．2020（3）：58－64.

一、公共部门财务风险概述

现代公共经济理论表明，如果将公共管理领域看作市场，政府作为公共品和服务的提供者，则必然存在维系制度运行的交易费用。在公共财政资金不足的情况下，地方政府通过投融资平台这种创新性的融资模式，确实可以为地方的基础设施建设筹集大量的资金，也就是所谓的“以小财政撬动大城建”。但同时，投融资平台的债务风险问题也越来越不容忽视（周慧敏和陶然，2018①）。当政府调控职能较弱而制度的交易费用过高时，势必会造成纳税人税负过高却得不到有效的公共服务，使得政府面临“破产”的风险。于是公共部门围绕经济理论进行了研究，探讨了以政府为代表的公共部门财务风险的界定问题，并提供了公共部门财务风险的界定和分类方法。

（一）公共财务风险管理理论溯源

1950 年，美国的加拉格尔（Gallagher）在调查报告《费用控制的新时期——风险管理》中，首次使用了“风险管理”一词②。1964 年，威廉姆斯 · C. 亚瑟（Williams C. Arthur. Jr）和汉斯 · 理查德 · M（Heins Richard M）出版了《风险管理与保险》一书（威廉姆斯、汉斯，1990③），介绍了风险和风险管理的相关概念，并分析了企业经营活动面临的各种风险以及涉外风险和家庭风险（刘钧，2013④）。同时，美国的大学把风险管理带进经济管理课程，开展风险管理的教育和培训。由此，风险管理逐渐形成了独立的理论体系，发展成为一个专门的学科。1983 年，风险和保险管理协会（The Risk Management Society）在美国召开国际年会，经过各国专家学者联合商讨，通过了《101 条风险管理准则》，这标志着风险管理开始由理论步入实践。

20 世纪 70 年代，风险管理方法被广泛传播到英国、法国、德国、日本等国家，为满足风险管理实务的需要，风险管理的理论研究在这些国家也相继发展起来，并融入自然科学和社会科学的各个领域。

① 周敏慧，陶然．中国国有企业改革：经验、困境与出路[J]．经济理论与经济管理，2018（1）：87－97.

② 刘钧．风险管理概论[M]．北京：清华大学出版社，2013.

③ 威廉姆斯，汉斯．风险管理与保险[M]．北京：中国商业出版社，1990.

④ 刘钧．风险管理概论[M]．北京：清华大学出版社，2013：27.

在宏观经济理论的发展过程中，卢卡斯（Lucas R. E.，1937—1976①）、约翰·梅纳德·凯恩斯（John Maynard Keynes，1883—1946；2009②）对经济周期理论提出了独到的见解，世界各国纷纷针对当时面临的经济大萧条进行了财政政策部署；海曼·明斯基（Hyman Minsky，1919—1996；2008③）力图构建一个将实体经济与金融世界有机结合在一起的宏观经济不稳定性理论框架，旨在将货币和金融、投资政府支出和赤字、通货膨胀以及贫困和就业等金融与实体问题均纳入其中，从而回归真正的凯恩斯，明斯基的内生增长不稳定性理论是其最为重要和核心的经济理论贡献。

此后，布坎南（Buchanan）④、马丁·费尔德斯坦（Feldstein，M.，1939—2019；1976⑤）等在李嘉图等价效应（Ricardo Equivalence）的基础上（Seater，1976⑥），对政府过度举债风险进行了研究。从美国中央与次级政府之间的财政关系看，由于地方政府没有能力创造货币，这些债券天生就要比联邦政府债券风险要高，从而引发了许多对各级政府债务危机的探讨，如大卫·E. 怀尔达森（David E. Wildasin，2001⑦）及巴里·R. 温加斯特（Barry R. Weingast，2009⑧）等。从公共部门政府资产负债角度来界定财政风险的问题，巴里·艾森格林（Barry Eichengreen）和阿索卡·莫迪（Hana Polackova Brixi&Ashoka Mody）认为（Barry，Mody，2000⑨），各类公共部门面对的风险首先来自其收入、资产、或有直接负债的结构。当资产负债结构或收支结构严重失衡的时候，政府的净价值就会受到威胁，这种威胁可以直接上升为财政赤字与债务负担。

---

① Lucas R. E. Econometric policy evaluation: A critique [C]. Carnegie - Rochester Conference Series on Public Policy. North - Holland, 1976, 1: 19 - 46.

② 约翰·梅纳德·凯恩斯．就业、利息和货币通论．[M]．陆梦龙，译．北京：中国社会科学出版社，2009.

③ Hyman Minsky. Can 'It' Happen Again? Essays on Instability and Finance [M]. New York: M. E. Sharpe, 2008.

④ Buchanan, J. Perceived Wealth in Bonds and Social Security: A Comment [J]. Journal of Political Economy, 1976 (2): 337 - 342.

⑤ Feldstein, M. Perceived Wealth in Bonds and Social Security: A Comment [J]. Journal of Political Economy, 1976 (2): 331 - 336.

⑥ Seater J J, Mariano R S. New tests of the life cycle and tax discounting hypotheses [J]. Journal of Monetary Economics, 1985, 15 (2): 195 - 215.

⑦ David Wildasin. Fiscal Competition in Space and Time [J]. Public Economics, 2001, 87 (11): 2571 - 2588.

⑧ Barry R. Weingast. Second generation fiscal federalism: The implications of fiscal incentives [J]. Journal of Urban Economics, May 2009, Vol. 65: 279 - 293.

⑨ Barry Eichengreen, Ashoka Mody. Lending booms, reserves and the sustainability of short - term debt: inferences from the pricing of syndicated bank loans [J]. Journal of Development Economics, 2000, 63 (1): 5 - 44.

基于宏观财政风险管理的理论和实践，风险管理理论已经从传统风险管理阶段发展到现代风险管理阶段，从宏观经济风险预测和治理发展到微观组织行为风险识别与控制的全面风险管理阶段，风险管理系统目标设定、控制策略、技术手段等也朝着多视角多维度的方向发展并日趋成熟，对微观风险管理实践的指导性也不断增强。

（二）公共部门财务风险的界定

关于公共部门财务风险的界定问题，属于一个局部和整体问题，需要遵循系统的方法来加以认识。

从宏观层面研究来看，由于历次经济危机给全球经济带来了危害，各国政府将财政风险界定为财政赤字存在难以偿还的可能性。例如，以《马斯特里赫特条约》设立的警戒线为公共财政风险的判断标准，认为3%的赤字率和60%的政府负债率是公共财政风险的临界点。后续也有不少研究者采纳吸收该思想并作出进一步研究发展，如张春霖（2000①）、武彦民（2003②）等。丛树海（2005③）、刘尚希（2010④等）提出广义的财政风险就是公共风险，即来自经济、自然、社会和政治等方方面面的不利因素致使国家财政、银行信用和货币流通出现混乱和动荡的可能性。

从微观层面研究来看，Johnson、Kioko 和 Hildreth（2012⑤）基于金融项目风险的界定，将美国州政府的财务信息纳入信用风险评估认；Umehara（2009⑥）界定了日本各级政府机构的风险信息内容和项目；玛丽 H. 库克（2013⑦）介绍了间歇性和数量驱动型的医疗保健提供和报销系统直接导致了不理想的美国医疗保健成本趋势，其原因是成本风险内容的不确定性，容易导致风险的不可识别。而魏长升、张铁（2011⑧）指出，公共部门财务风险应依据以往的行政财务服务对公共品

① 张春霖．如何评估我国政府债务的可持续性？［J］．经济研究，2000（2）：66－71.

② 武彦民．我国财政风险的现实性和可控性［J］．经济理论与经济管理，2003（4）：22－25.

③ 丛树海．财政扩张风险与控制［M］．北京：商务印书馆，2005.

④ 刘尚希．公共风险视角下的公共财政［M］．北京：经济科学出版社，2010.

⑤ Johnson C L, Kioko S N, Hildreth W B. Government－wide Financial Statements and Credit Risk［J］. Public Budgeting & Finance, 2012, 32（1）: 80－104.

⑥ Umehara E. Using Game Theory to Investigate Risk Information Disclosure by Government Agencies and Satisfying the Public: The Role of the Guardian Agent［J］. IEEE Transactions on Systems, Man, and Cybernetics－Part A: Systems and Humans, 2009, 39（2）: 321－330.

⑦ Cooke M H. Financial risk for total health care costs: The impact of financial incentives on physician behavior［J］. Dissertations & Theses－Gradworks, 2013.

⑧ 魏长升，张铁．行政单位财务风险管理目标体系探讨［J］．商业会计，2011（4）：65－66.

和服务的资源配置情形来界定：行政单位财务风险是指由于各种主客观因素，使行政单位难以合法、有效地获取并使用财务资源，从而无法充分提供公共品和服务，最大限度地提高社会福利。徐跃（2016①）指出行政单位财务风险在于有限财政资源的投入是否有效保障了行政单位日常运行和职能发挥，主要包括财务收支是否规范、行政运行成本是否合理等。

从整体视角来看，公共部门财务管理既有公共管理的宏观层面政府债务风险判断，也有对微观层面资源配置赋予职能的界定。由于公共部门既是一些制度的安排者，又是在既定制度环境下的执行者，因此对于公共部门的这一“混合型管理者”来说，公共部门财务风险在组织体系之间的关系并非固定不变，而在乎如何看待国家治理的结构及其内在的制度成本，所以对公共部门财务风险的界定，需要处理好整体与局部之间的关系，科学界定风险，才有利于政府运用可供选择的方案进行预防和控制。

（三）公共部门财务风险分类

风险分类有着多种不同的分类方式（见图 14－4），包括：

1. 按照损失可能性分类。王雍君（2016②）根据威胁公共部门实现其预定目标或招致损失的可能性将公共部门财务风险分为可持续性风险、配置风险、运营风险和战略风险。可持续性风险是指政府需要通过政策、预算程序及一份完整的资产与负债管理战略，管理其或有负债和引发财政风险的其他预算外来源。配置风险是指资源配置以消费者偏好和公民偏好为两个主要选项来契合公众偏好，但偏好理论有其局限性，因而会存在一定的配置风险。运营风险是指政府或公共部门不能以合理的成本有效交付服务的风险，即运营绩效不能满足 3E 的风险，决策风险和消失的预算为其中两个主要形式。

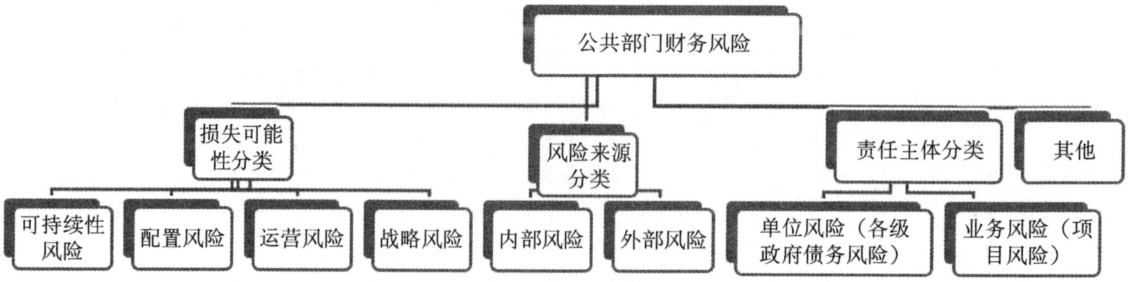

图 14－4 公共部门财务风险分类

① 徐跃．行政单位财务风险防控探析[J]．中国商论，2016（32）：91－92.

② 王雍君．公共预算与财务管理[M]．北京：科学出版社，2019.

2. 按照风险来源分类。公共部门面临的风险按照来源可分为外部风险和内部风险。外部风险主要是指单位履行职责和提供服务过程中违法违规所面临的法律政策风险，各种经济因素、技术因素、市场因素带来的经济风险，社会文化、消费者行为等社会风险以及自然灾害等其他因素产生的风险。内部风险主要是指单位机构设置、运用方式、资产管理、业务流程等管理风险，道德风险，财务风险及其他导致运营安全、员工健康、环境保护等风险。

3. 按照责任主体分类。按照管理层级，公共部门财务风险可以分为两类：即单位风险和业务风险。其中，单位风险是指以各级政府为主体所形成的风险，主要指政府性债务风险。业务风险是指单位或部门在具体的项目活动中所形成的风险。

二、公共部门财务风险衡量与评估方法

在公共部门管理系统中，确定风险是第一步，而问题的关键是如何运用风险管理方法加以控制，这就需要从逻辑上建立一套方法，包括如何识别、如何评估和如何衡量，为公共部门财务管理提供科学的风险防范和化解机制。

（一）公共部门财务风险识别

1. 风险识别方法。风险识别方法是单位用于找出风险点的方法。本节根据张晓杰、徐涛（2015①），总结了几个常用的公共部门财务风险识别方法，包括：

（1）风险清单法。风险清单法是识别风险最基本而又非常重要的方法。风险清单是指一些由专业人员设计好的标准表格或问卷力争覆盖组织可能面临的各种风险。被问者对照清单上的每一项进行回答，通过回答，风险管理者逐渐构建出风险框架，识别出主要风险。

（2）财务报表分析法。财务报表分析法能综合反映一个风险管理单位的财务状况，单位存在的许多问题都能从财务报表中反映出来。财务报表分析法识别风险的基础是风险管理单位的财务信息具有真实性，如果财务报表不真实，就无法识别风险管理单位面临的潜在风险。

（3）流程图法。流程图法是识别风险管理单位面临潜在损失风险的重要方法。流程图法就是把单位的经济业务活动的过程按照流程图的方式绘制出来，体现一个

---

① 张晓杰，徐涛，于静霞，等．公共组织财务管理与组织治理实务[M]．北京：经济科学出版社，2015.

项目的流程和具体责任部门之间的关系，针对流程中的关键环节和薄弱环节调查风险、识别风险的办法。流程图可用网络图来表示，也可利用 WBS 来表示。

（4）小组讨论和访谈。由单位领导、中层和普通员工组成讨论小组进行讨论，或对相关人员进行访谈，从而识别单位可能影响单位目标实现的风险事件。在进行小组讨论与访谈法进行风险识别时，应注意甄别讨论人员和被访人员的资质及专业相关性。

（5）实地检查法。到现场实际检查各个部门经济活动的运作十分重要。通过直接观察单位的各种设施及进行的各种操作，能够深入了解单位的活动和行为方式。

2. 风险识别的关注点

（1）注重对单位层面的风险的关注。单位层面的风险识别主要从组织、机制、制度、岗位和信息系统入手，主要包括内部控制工作的组织情况，内部管理制度和制衡机制的建立、执行情况，也包括内部控制关键岗位人员的管理情况，财务信息的编报情况以及信息技术的运用情况，具有综合性特点，需要从整体上加以关注。

（2）重视对业务层面风险的关注。业务层面风险识别从梳理业务流程、明确业务环节入手，主要包括各项经济业务活动的业务流程是否清晰合理，流程中的相关岗位的职责权限是否明确，不相容岗位是否相互分离；每个环节的授权审批是否科学，相关信息是否得到全面记录；各项管理要求是否在内部管理制度中予以明确，各项制度是否得到有效执行，关键控制措施是否得到落实等。业务层面的公共部门财务风险特点是项目环环相扣，不仅要关注其整体，而且要关注各环节，一个环节发生风险，将会导致整个项目的失败。

3. 风险识别维度设定。目前，各国对于公共部门财务类风险识别并没有统一的标准，而在财政管理实践中通常从三个维度对风险进行设定。

（1）期限设定。界定财政风险时，各国考虑的时间框架并不一致，可能是近期、中期或长期。例如，澳大利亚政府考虑 4 年的财政前景；英国则指出时间跨度直接影响财政风险的性质，因此其同时考虑未来 5 年和未来 50 年两个时期因素。

（2）数量设定。一些国家在识别财政风险时采用了数字标准或者设置了一些门槛，以此来确定哪些潜在的事件应该在财政预测中进行考虑。例如，新西兰定义财政风险为中期预测中任何一年中超过 1000 万美元，并且概率在 20%—50% 之间的事件。

（3）分类设定。分类设定方法没有特别的定式，如芬兰政府将财政风险划分为宏观经济发展、政府负债和政府资产相关的风险。英国的财政风险分类法最为全面，其类别包括宏观经济风险、金融部门风险、债务利息风险、收入风险、支出风险、资产负债表风险，根据对公共部门净债务和产生结果可能性的潜在影响，每一项风险都予以排名①。

财务风险管理的收益非常广泛②，确认风险裸露（Risk Exposures）是风险管理过程最重要的步骤，是指由于参与一些与风险有关的交易造成损失或伤害（Loss or Injury）的可能性，这是五步管理法中的第一步③。自这一步始，所有其他步骤即可循序渐进。如果风险确认很高却未被确认，整个风险管理就会大受连累。因此，在年度基础上对风险裸露予以确认至关重要，方法就是采用风险损失 = 风险概率 × 风险后果进行评级与预警④，数据采集方式主要有清单（Checklists）、调查（Surveys）、问卷（Questionnaires）、记录、档案（Files）、年度报告、特定报告，流程图（Flowcharts）、专业判断和单边检查（One - site Inspections）。

（二）公共部门财务风险衡量

风险分析与风险衡量是风险评估的前提工作。

1. 风险分析。风险分析是运用定量或定性的方法在风险识别的基础上对风险发生的可能性和对单位目标实现的影响程度进行排序，因此风险分析具体的关注点在于风险发生的可能性和对目标的影响程度分析。定性方法与定量方法都可用于风险分析，其中，定性分析是指凭借经验和直觉把风险发生概率的大小或损失高低程度进行定性分级。定性方法是指运用定性术语评估并描述风险发生的可能性及其影响程度。定性方法一般有问卷调查、集体讨论、专家咨询、情景分析、政策分析、行业标杆比较、管理层访谈、由专人主持的工作访谈和调查研究等。定量方法是指运用数量方法评估并描述风险发生的可能性及其影响程度，常用的定量方法有概率分析、统计推论、计算机模拟、失效模型与影响分析、事件树分析等。定性方法和定量方法都各有优劣，定性方法的缺陷在于受评估人主观判断的影响较大，可多方面收集风险材料和多方面收集专家和相关人员意见来提高定性方法分析结果的客观性。因此，在风险难以量化或者无法量化、定量评价所需数据难以获取时，一般

---

① 娄洪，李春阳．经合组织国家财政风险识别与管理[J]．预算管理与会计，2018，328（12）：60 - 61.

② 直接利益至少包括减少财产损失、降低事故频率与严重性、减少不必要的支出、为公仆和公众提供安全的环境、缩短向公众提供服务的中断期。

③ 管理公共财务风险的五个标准步骤依次如下：确认风险和风险裸露（identify perils and risk exposures），评估裸露的重要性（assess the significance of the exposures）包括确定损失发生的可能性（频率和时间）及其财政影响（the fiscal impact）即严重性，选择一种风险管理方法——消除、转移还是控制（焦点是风险融资即风险储备），实施选择的风险管理方法以及评估风险管理规划。

④ 考虑到风险概率和风险后果的权重及政府负责的义务，财务风险损失的一般公式调整为 $L = (aP) \times (bR) \times f$。这里 L 表示预期或实际的财务风险或损失；a 表示风险概率 P 的权重；b 表示风险后果即严重性 R 的权重；f 表示风险损失中由政府承担支付责任的比例。$a + b = 1$。

采用定性方法。在实际的风险分析过程中，定性与定量相结合的分析方法比较常见。

2. 风险衡量。风险衡量是在对过去损失资料分析的基础上，运用概率论和数理统计方法对某一特定或者几个风险事故发生的损失频率和损失程度做出估计，以此作为风险应对的依据。风险衡量的基础是充分、有效率的数据资料。风险衡量是对损失发生的频率和程度量化分析的过程，是风险管理的重要手段。衡量风险需做好损失概率和损失程度两方面工作。损失概率是损失发生的可能性，损失程度是指风险事故发生可能会造成的损失值，即风险价值。影响衡量风险损失程度的因素很多，如风险单位的机构设置、设施、损失形态、损失的时间和损失金额等。在风险衡量方法方面，对风险的概率分布进行研究可用来描述损失原因所致各种损失发生可能性大小的分布情况，概率分布有离散型和连续型两种类型，其中，二项分布、泊松分布和正态分布较为常用。另外，中心趋势测量也是确定风险概率分布中心的重要方法，如算术平均数、加权平均数、中位数等。

在衡量风险损失概率和风险损失程度后可据此进行风险损失的归类和优先性排序，损失越大的事项越应置于财务风险管理的优先位置。一旦发生风险暴露和损失就要对风险损失进行归类和排序，并且用风险控制技术来避免、消除或控制风险，无论涉及的是哪类风险。表 14－3 和表 14－4 提供了风险损失概率和损失程度的排序。

表 14－3　　风险损失概率的分类与排序表

序号	损失概率等级与赋值	详细描述举例
1	极高	在多数情况下预期会发生
2	较高	在多数情况下很有可能发生
3	中等	在某些时候可能发生
4	较低	在多数情况下都不太可能发生
5	极低	几乎不发生或在例外情况下发生

表 14－4　　风险损失程度的分类与排序表

序号	损失程度等级与赋值	详细描述举例
1	灾难（Catastrophic）	单项损失可威胁组织生存
2	危机（Critical）	单项损失可严重影响预算
3	严重（Serious）	单项损失可中度影响预算
4	边际（Marginal）	单项损失只低度影响预算
5	轻微（Negligible）	很可能不会导致预算损失

表 14－3 和表 14－4 中的“赋值”是指人为地赋予每个等级的风险价值，即由高到低分别为 1、2、3、4、5，损失概率价值和损失程度价值都是如此，两类价值相乘即为风险损失，乘积越小（最小为损失概率价值 1×损失程度价值 1＝1），在风险管理中给予越高的优先级，乘积越大（最大为 5×5＝25），给予的关注度越低。这样，各类风险事项在风险管理中的关注度从最高 1 级到最低 25 级，由此可构造纵横各为赋值 1—5 级的损失概率/损失程度矩阵，损失概率为横，损失程度为纵。

（三）公共部门财务风险评估

1. 风险评估程序。

（1）确定评估基准。减少风险是要付成本的，因此应将风险限定在一个合理的可接受的水平。风险评估基准就是项目主体针对每一种风险后果确定的可接受水平（也称安全指标）。评估基准是通过对大量损失资料的分析，承认损失事故的发生是不可完全避免的前提下，从当前的科学技术水平、社会经济情况以及人们的心理等因素出发，确定一个社会都能接受的最低风险界限，并作为衡量单位风险严重程度的标准。运用评估基准对系统进行衡量是风险评估的关键，根据衡量的结果以确定是否要采取控制措施以及控制到什么程度。如果估计出的损失发生概率和损失严重程度大于评估基准，说明单位较危险，应采取控制措施，消除风险因素或降低其危害程度；如果估计的结果小于评估基准，表明虽然存在一定的风险，但公众能够接受。

（2）确定风险水平。确定了风险评估基准之后，下一步就要确定项目的整体风险水平，项目整体风险水平是综合了所有的个别风险之后确定的。根据帕累托准则（Vilfredo Pareto，1848—1923；Shermock et al.，2013①），20% 的风险构成了对项目严重威胁的 80%。一般情况下，项目面临的各种风险的严重性和发生频率都呈现这种“二八原则”的分布规律，即后果严重的风险出现的机会少，可预见性低；出现机会多的风险，后果不严重，可预见性也相当高。

（3）将风险进行比较。风险评估的最后一步是将项目整体风险水平同整体评估基准、各单个风险水平同单个评价基准比较，看一看项目风险是否在可接受的范围之内，进而确定该项目应该就此停止还是继续进行。

2. 风险评估方法。

（1）风险坐标图法。风险坐标图法是将风险衡量的两个维度放在同一平面上，

① Shermock，Kenneth，et al.. Patterns of Non－Administration of Ordered Doses of Venous Thromboembolism Prophylaxis：Implications for Novel Intervention Strategies［J］. PLOS ONE，2013，8（6）：1－7.

即将风险发生可能性和风险发生后对目标的影响程度作为横纵坐标绘制直角坐标系，可用定性方法和定量方法来描述坐标系的横纵坐标刻度。如采用定性方法可将风险发生的可能性分为“极低”“较低”“中等”“较高”“极高”，将风险发生后对目标的影响程度分为“灾难”“危机”“严重”“边际”“轻微”等。定量方法是用具体的有实际意义的数值来描述风险发生可能性和风险对目标的影响程度，如用概率来表示风险发生可能性，用损失金额来表示风险发生后对目标造成的影响。

（2）风险度评估法。风险度评估可以分为风险事故发生频率评估和风险事故造成损害程度评估。一般来说，风险度评估可采用定量或定性的方法将风险分为1—10级，级别越高，危险程度越重。风险度评估法可以按照风险评估的分值确定风险的大小，分值越大，风险越大；反之，则风险越小。

（3）概率分析法。分析风险的概率分布的一个重要方法是直方图法。直方图形象直观地反映了数据分布的情况，通过直方图可以观察和分析风险与概率分布。通过观察直方图的分布状态以及将其与公差标准相比，可以判断风险管理单位是否存在异常因素，以便采取措施，将异常因素消除在萌芽状态。风险管理下限越偏离规定的标准，风险越大。

（4）风险价值法。VAR指风险值，是应金融资产风险衡量的需要，于20世纪80年代末提出的。1994年摩根银行首先将其作为风险衡量的工具。VAR的计算方法大多围绕着资产报酬分布特征的确定而展开，有三种基本方法：方差—协方差法、历史模拟法、随机模拟法。VAR的优点在于能够将风险具体化为一个可以与收益匹配比的数字，有利于经营目标的实现，因此VAR法常作为金融风险的一种度量方法。

三、公共部门财务风险控制

公共部门财务风险一经存在，就需要有应对措施。从而需要研学控制风险损失的策略，针对不同系统、不同类别的风险采取相应的风险防范和化解机制，将风险控制在最小范围内。

（一）控制风险损失策略

1. 风险规避。风险规避（Risk Avoidance）是指单位对于超出可承诺范围的风险，不去承担非意愿的、必有损失暴露的活动、行动或规划，但并非总是可行。风险规避主要有两种形式：一是事前单位经过分析讨论，发现该项目的风险很高，且缺乏对风险进行有效管理的专业人员和专业水平，选择放弃项目；二是中止已经开展有风险的项目。

2. 风险预防。风险预防（Risk Prevention）是已知某项目有多种可能的结果，而且可以预估采取某种行动可能导致的结果以及每种结果出现的可能性，但不能确定最后的结果。这一策略是要预防风险源的发生，聚焦最大限度地控制风险发生频率。

3. 风险减少。风险减少（Risk Reduction）是指当损失发生时努力减少损失严重性。

4. 隔离裸露。隔离裸露（Segregation of Exposures）是一种同时预防风险和减少风险的专门形式，包括在不同地点分离资源、活动或规划。

5. 多管齐下。多管齐下（Duplication）也称为留有退路，如电脑资讯备份、拓展服务渠道。

6. 风险融资。在风险保留（Retention of Risk）即自己承担风险的情况下，需要为承担的风险提供相应资金，即风险融资，包括多种方法：损失支付（Expensing of Losses）、风险储备（Reserves）、借款（Borrowing）支付、自我保险（Self－insurance）。

7. 风险转移。风险转移（Risk Diversification）又称风险分担，指风险损失招致的财务负担可转移给组织外部，将风险控制在可承受的范围之内，风险转移分为财务型和非财务型转移两类，财务型风险转移可以细分为非保险转移和保险转移两类。

8. 风险承受。风险承受（Risk Tolerance）是指单位对于可承受范围内的风险，在权衡成本权益后，不准备采取措施降低风险或减轻损失的策略。如果经过分析后，认为自身有足够的能力承受风险造成的损失时，可以采取该策略，自行消化风险损失。

（二）公共部门（政府）财务风险的防范

以作为典型单位公共部门的地方政府为例，地方政府的收支矛盾是公共资源配置的一大难题。各级政府为弥补公共支出的不足而发行各种债务，以维持公共品和服务的有效提供，意味着债务具有偿还的风险。因此，法治国家对于政府举债都有严格的法律法规控制，以防范债务风险。

在对地方政府债务的风险管理中，各国采取了不同的控制模式（见表 14－5）。可以看出，针对地方债务，有采取基于市场资源配置约束型的，有采取行政约束型的，也有采取行政约束和债务市场约束性的，如俄罗斯。

表 14-5 各国地方债务风险防范模式比较表

序号	模式	代表性国家
1	基于市场约束	美国
2	基于行政约束	英国
3	基于债务危机完善市场约束和行政约束	巴西、俄罗斯
4	基于市场机制完善和行政规范	中国

中国于2014年8月和2014年9月分别出台《中华人民共和国预算法》(2014年修正）和《国务院关于加强地方政府性债务管理的意见》来指导地方政府债务工作，属于行政约束型，而后继又发布多部文件对地方政府举债融资进行管理(见表14-6)。

表 14-6 地方政府举债融资机制体系文件

发文时间	文件名称
2014年	《地方政府存量债务纳入预算管理清理甄别办法》财预〔2014〕351号
2015年	财政部关于印发《地方政府一般债券发行管理暂行办法》的通知 财库〔2015〕64号
2015年	财政部关于印发《地方政府专项债券发行管理暂行办法》的通知 财库〔2015〕83号
2015年	《关于地方政府债务实行限额管理的实施意见》财预〔2015〕225号
2016年	国务院办公厅关于英法《地方政府性债务风险分类应急处置预案》国办函〔2016〕88号
2016年	财政部关于印发《地方政府性债务风险分类处置指南》财预〔2016〕152号
2016年	财政部关于印发《地方政府一般债务预算管理办法》财预〔2016〕154号
2016年	财政部关于印发《地方政府专项债务预算管理办法》财预〔2016〕155号
2017年	财政部关于印发《新增地方债务限额分配管理暂行办法》财预〔2017〕35号
2018年	《中共中央 国务院关于防范化解地方政府隐性债务风险的意见》中发〔2018〕27号
2018年	财政部关于印发《地方政府债务信息公开办法（试行)》的通知 财预〔2018〕209号

(三）公共部门财务风险化解机制

1. 案例和方案的选择。

(1）本案例公共部门财务风险识别方法关注单位风险，即案例选取某地级市2016—2019地方政府债务风险为例。

(2）风险识别使用财务报表识别法，将债务风险界定为风险余额占GDP的20%为界。

(3）案例识别维度选择期限、数量、分类三个维度。

(4）案例将先确定评估基准，采用风险价值法中的历史评估方法（见表14-7)。

表 14-7 2016—2019 年市地方政府债务主要来源结构调查表

分类	2016 年		2017 年		2018 年		2019 年	
	总额（亿元）	占比（%）	总额（亿元）	占比（%）	总额（亿元）	占比（%）	总额（亿元）	占比（%）
年度债务总额	237.29	100	366.23	100	505.48	100	619.40	100
国际金融机构贷款	10.87	4.58	11.68	3.19	10.62	2.10	12.30	1.92
政策性银行贷款	45.22	19.06	96.49	26.35	141.29	27.95	198.23	32.01
国内金融机构贷款	90.14	37.99	147.92	40.39	200.51	39.67	266.86	41.71
上级政府借款	8.87	3.74	9.10	2.48	9.20	1.82	7.19	1.16
国债转贷	12.28	5.18	12.94	3.53	12.72	2.52	12.35	1.99
单位借款	29.80	12.56	32.63	8.91	30.33	6.00	30.55	4.93
个人借款	7.42	3.13	10.21	2.79	12.98	2.57	8.86	1.43

注：债务来源结构参考中华人民共和国财政部，http：//www.mof.gov.cn/index.htm.

2. 风险化解机制与可选债务偿还方案。

（1）一般预算的增长与债务偿还。地区经济增长将带动地方政府税收及一般预算的增长，成为政府偿债的资金来源之一。因此，严格规费征收，加大资产置换力度，增加土地经营收入（2007 年以来，中国地方政府的土地经营收入将逐步纳入地方预算管理），除去土地经营成本之后用于偿还地方债务的比重可根据实际情况相应提高。此外，还可以建立政府各部门和单位的偿债储备基金，并纳入预算管理，提高财政预算偿债资金的比重。

（2）项目单位自筹还款与民间资本参与。近年来，地方政府债务有部分是项目单位自筹资金，这类资金还款占据了地方债务的一定比重。因此，地方建设资金可以采取项目的市场化运作等方式来筹集，充分吸收民间资本投资公共建设领域，在一定程度上可以减轻项目筹资负担。

（3）借新还旧与债务资金流转。在地方政府信用日益得到金融系统认可的条件下，借新还旧已成为政府偿债周转的资金来源，因此，这种方式还可以在一定的时期内延续，并成为地方债务资金偿还流转的重要手段。

（4）债务结转与转移支付要求。在地方债务结构中，还有一部分欠款和挂账款，占地方债务余额的一部分。这类债务中有的是经上级政府核定挂账，有的是次级政府公益性项目工程款，这类地方债务部分可以结转，部分需要中央和省级财政转移支付，因此可以作为短期性的结转，从而相对减少债务偿还的流动性要求。

3. 地方财政能力预测与债务风险化解的具体方案。根据对调研地方的经济和财政能力的预测，结合该市 2004 年以来的财政能力相关指标、GDP 增长指标、政府部门实际预测数据，本书对有关数据进行估计：一是将风险控制期设定为 10 年，目标是地方债务规模控制在国际上所认可的警戒线，即将 2030 年占预算内公共收入设为20%的水平；二是对由于2021年土地储备经营收入预算管理，但土地成本类偿还至少占土地经营收入的70%，因此本书将各年预算内公共收入的预测数减去土地经营收入的70%并运用最小二乘法估算而得；三是为体现稳定原则，假设2020年地方债务值为地方债务控制的最大值，而2021年地方债务余额不变（或者接近于零）；2022—2023年该项指标变动缓慢，以后各年则适当增加偿债的力度，2021—2030年的地方债务偿还趋势如图14－5所示。

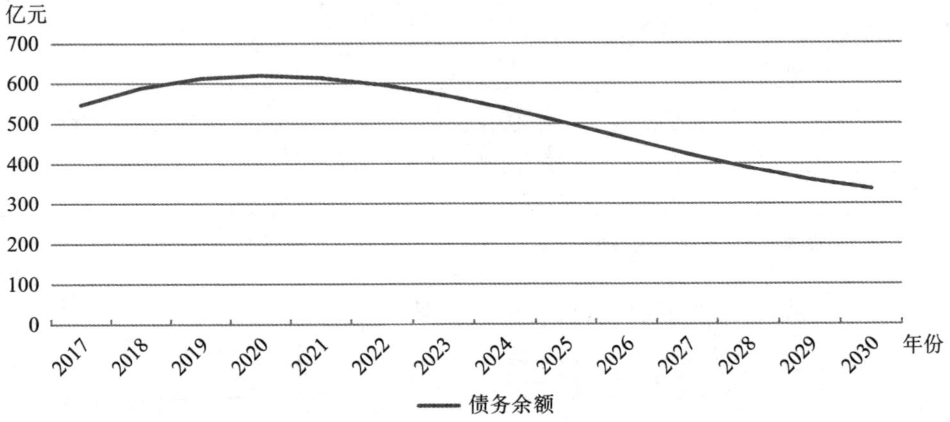

图14－5　地方债务风险控制方案预测方案

为使2020年的地方政府债务余额增长率接近零，并且从2021年到2030年，地方财政债务余额能够沿着一条倒置的抛物线下降，可以债务余额为因变量Debt，以年度数t为自变量，构建了如下方程：

$$Debt = 619.4 + 0.457 \times (t - 2020) - 6.79 \times (t - 2020)^2 + 0.391 \times (t - 2020)^3$$

将财政能力预测值代入方程，可得2021—2030年债务余额变化的估计值（见表14－8）。

表14－8　　2021—2030年地方债务风险控制变化情况估计值表

年度	地方预算内公共收入（亿元）	债务余额（亿元）	债务余额增加绝对数（亿元）	债务余额减少额占预算内公共收入的比例（%）	债务余额占预算内公共收入的比重（%）
2021	535.14	613.46	－5.94	1.11	114.64
2022	692.58	596.28	－17.176	2.48	86.10
2023	1118.63	570.22	－26.064	2.33	50.97
2024	934.27	537.61	－32.606	3.49	57.54
2025	1069.83	500.81	－36.802	3.44	46.81
2026	1204.11	462.16	－38.652	3.21	38.38

续表

年度	地方预算内公共收入（亿元）	债务余额（亿元）	债务余额增加绝对数（亿元）	债务余额减少额占预算内公共收入的比例（%）	债务余额占预算内公共收入的比重（%）
2027	1397.66	424.00	-38.156	2.73	30.34
2028	1650.19	388.69	-35.314	2.14	23.55
2029	1484.04	358.56	-30.126	2.03	24.16
2030	1673.48	335.97	-22.592	1.35	20.08

通过对2021—2030年地方债务控制的规划预测，可以举例说明如下两种风险控制具体方案以供参考：

方案一：偿债预算和地方逐步控制债务增长的方案。一方面，减少当年的举债份额；另一方面，在财政预算中增加另一部分债务份额的偿债预算。例如，2020年的地方债务资金余额减少数为406.60×0.46%＝1.87（亿元），那么，相应增加偿债财政预算1%，为406.60×1%＝4.066（亿元）。显然，这一方案的优势是不增加当年财政预算的偿债负担。

方案二：基数提取滚动方案。该方案在估计某个偿债年度经济增长或财力增长形式较好的基础上，提前在次年的还款预期基础上，按照一定的比例实现提取偿债资金并进入当年的预算，这一预算值也同样进入次年的预算进行滚动。显然，这一方案要求对当年经济增长形势和次年偿债压力进行准确判断。

4. 小结。本节以单位债务风险防范为例本节虚设案例并基于以单位债务的基本假设情形，介绍了债务指标值偏高低的状况，同时，针对经济增长的预测（在项目中体现为对项目收入的预测），提出了化解单位债务风险的具体方案，为防范和解决公共部门财务风险方案的设计提供了一种思路。本方案不仅适用于注重单位债务风险防范的各级政府，同时对于中国政府债务和具体项目的风险控制也将具有借鉴作用。需要强调两点：第一，在实操中需要根据所面临管理对象的实际情况。例如在本案例中，地方债务风险控制预期10年是笔者的一个项目风险期的设定，在实际工作中可以调整。第二，本节在此只是简要列举两种简单而具有可操作性的方案提供参考，相信还有更加科学的地方债务预测和控制方案，在此不一一列举。

（四）公共部门财务风险管理建议

各公共部门需要采取完善的管理措施，科学地控制财务风险，坚持严谨性的原则，建立健全风险识别系统、预警系统和财务风险管理系统，有效规避风险。

1. 改革会计准则，完善信息披露。安德烈斯·纳瓦罗—吉拉（Andrés

Navarro - Galera, et al. , 2015①）认为，一个公共部门披露其财务风险，再加上对利益攸关方需求的更多认识，可以促进环境、社会和经济可持续性领域的透明度，而当地的人口特征可以促进环境可持续性信息的发布。可见完善预算会计制度，需要更详细地陈述会计目标，完整地反映公共部门的受托责任，不仅要提供预算执行情况的会计信息，还要提供预算与实际执行情况比较的信息以及除预算管理活动以外的所有财务活动的信息，并适当公开其预算编制和执行过程，向公众提供预算报告并提示风险，完善对风险的监控，加强对预算的监督。在会计准则中明确地规定公共部门会计信息使用者的内涵，建立一个完整的、针对各种会计信息使用者的信息公示体系，定期对信息使用者关注的各种公共部门会计信息进行公示。

2. 规范政府行为，加强债务管理。与其他公共部门财务管理不同，对于政府债务管理而言，需按照责、权、利和借、用、还相统一原则，运用科学测算与制定政府债务中长期规划，使举债规模、可用的财力增量与财政所能承受的能力相适应。严格执行政府的担保外债管理，采用借款单位与贷款机构借贷直对方式处理市场竞争性的项目，并严格按照法律程序执行。对需要财政担保的技术性以及公益性项目，要从政府的实际财力和所能承受的能力出发，在贷款手续完善的前提下，跟踪落实配套资金和还贷资金的来源。要对权债实行专项的预算管理，真正发挥国债的应有作用。同时给予地方一定发行国债的权力，允许在限定条件下举借一定额度的债务。

3. 建立预警指标，监控防范风险。可以参考企业债务风险防范通过具体的、可量化的指标建立一系列的公共部门债务风险预警指标体系，准确反映公共部门财务风险程度和未来的发展变化趋势。指标体系的设计应考虑以下几方面：加强统计分析债务的总额、结构、期限和类型等，充分认识潜在的债务风险；准确判断经济发展趋势和财政形势，用收入和支出作为预算主要的参考变量，规范各组织举债的额度；充分认知不确定性的风险，谨慎、稳健地完善指标预警体系。同时，要将债务的借、用、还纳入领导干部任期经济责任审计的范围，作为评价、考核、任用干部的一项指标。

4. 加强制度建设，健全内部控制体系。对于政府债务而言，可建立政府债务管理制度，包括借、用、还和权、责、利相统一的债务管理体制，对举债规模、项目成本和偿债渠道等进行评审论证的举债评审制度、偿债责任制和责任追究制度，明确权利、义务、责任，对盲目举债、重复建设或因工作失职造成无法按期还本付息的直接责任人追究责任。对于一般公共部门而言，在建设财务风险管理制度过程中对业务流程进行全面梳理，在流程中查找关键节点，并将其中的风险点作为主要

① Andrés Navarro - Galera, et al. Identifying Motivation of the Local Governments to Improve the Sustainability Transparency [J]. Transylvanian Review of Administrative Sciences, 2015, 45 (45): 149 - 167.

控制点，进而建立风险控制制度，同时从融资、投资等资金管理风险入手，结合财务管理理论，建立融资管理制度、投资分析制度。对其他类型的公共部门而言，可采取风险减少策略，一是完善财务决策体系，如 Cheaitou A（2018①）从风险视角对公共部门的决策框架进行研究，旨在帮助公共部门作出低风险的决策。二是完善工作绩效考核制度建设。在评估组织工作绩效过程中，首先要构建多元化的评价指标体系；其次，要根据不同公共部门所面临的实际情况选取切实可行的评估模式；最后，需推进评估主体的多元化，保证评估过程的透明度和公开性。

5. 提高财务人员素质，重视财务工作。各公共部门财务管理人员是公共部门财务风险的预测者、监督者和控制者，公共部门财务管理人员的素质直接影响风险的预知和防范控制力。公共部门财务管理人员必须具备较强的风险意识和经济管理能力，要有成本控制的能力，对各种因素带来的不确定性风险进行科学的预测，有预见性地采取防范措施，尽可能地使可能遭受到的风险损失降到最低。组织内部也应积极宣传国家颁布的各类财务管理办法，提高财务人员的工作态度，定期对财务人员进行专业培训，积极培养财务人员的职业素养，提高基层财务人员的风险意识，减少人为因素的财务风险②。

6. 落实激励机制，实行财务电算化管理。公共部门要以内部财务管理的实际情况为基础，为财务管理人员提供有效的激励机制，为激发财务人员的工作效益和对财务风险的妥善规避管理，提出相应的奖励机制③。同时完善考核标准，不仅对财务人员的业务能力进行考核，还要增加风险管理能力考核。最后，各公共部门也要加速进行电算化管理建设，完善各种管理软件，以降低在操作过程中产生的风险。

课后习题与思考

[1] 试阐述公共债务的内在特征。

[2] 请分析地方债务的成因与风险防范措施。

[3] 试论国有企业资本投资与管理难题。

[4] 请设计一个化解公共部门财务风险的方案。

① Cheaitou A, Larbi R, Al Housani B. Decision making framework for tender evaluation and contractor selection in public organizations with risk considerations [J]. Socio - Economic Planning Sciences, 2018: S0038012117300307.

② 潘伟. 行政事业单位财务风险防范策略探讨[J]. 中国管理信息化，2017，20（4）：13-14.

③ 赵士萍. 行政事业单位财务风险及控制策略[J]. 财经界（学术版），2017（17）：107.

推荐阅读文献

[1] 吴俊培. 国公共财政风险评估及其防范对策研究[M]. 北京：经济科学出版社，2013.

[2] Cheaitou A，Larbi R，Al Housani B. Decision making framework for tender evaluation and contractor selection in public organizations with risk considerations [J]. Socio – Economic Planning Sciences，2018：S0038012117300307.

[3] 邱霞. 国有企业 70 年[M]. 北京：人民出版社，2019.

[4] 于凌云. 经济增长过程中的地方政府债务风险化解机制研究——基于某市地方政府债务问题的调查分析[J]. 财政研究，2008（3）：66 – 69.

[5] 马力，丛旭辉. 政府公共工程项目投资风险测度及预警研究——基于 COWA 算子和非线性云物元模型[J]. 软科学，2018（10）：130 – 134.

[6] 冀云阳，付文林，杨寓涵. 土地融资、城市化失衡与地方债务风险[J]. 统计研究，2019（7）：91 – 103.

第十五章
公共部门会计管理与财政监督

2015 年 10 月，财政部正式对外公布《政府会计准则——基本准则》，2016 年 7 月财政部公布《政府会计准则第 1 号——存货》等四项具体准则，2017 年 10 月，财政部公布《政府会计制度——行政事业单位会计科目和会计报表》，明确了会计科目名称、编号、核算内容和主要账务处理，并对会计报表格式和编制进行了规范。根据《政府会计准则——基本准则》的规定，“政府会计改革要达到的目标是要建立科学规范的政府会计准则制度体系，实现预算会计和财务会计适度分离又相互衔接的会计核算和报告体系”。随着具体准则、应用指南、会计科目和列表的相继出台，政府会计制度双功能（财务会计和预算会计）、双基础（权责发生制和收付实现制）和双报告（财务报告和决算报告）的特征清晰明确。

公共组织会计管理作为公共组织财务管理中的信息系统，既是公共组织预算编制的基础，又是预算管理部门控制预算执行进度、达成预算目标的重要手段。

第一节 公共部门会计管理

一、公共部门会计概述

公共部门会计管理的首要任务是构建或完善公共部门会计概念框架。根据中国公共部门的发展情况再结合当前经济、政治、文化、社会发展大环境背景来制定公共部门会计概念框架是公共部门会计管理改革深化的航标，也是健全公共部门会计准则和制度的准绳。明确公共部门会计概念框架，对于准确核算公共部门（净）资产、债务、收入、支出，编制公共部门财务报表等具有重要作用，因此在推进中国公共部门会计管理深化改革的进程中，要科学地选择公共部门会计概念框架。

本节通过借鉴不同法律体系下国际组织和一些改革先行国家的改革经验，并结合已有理论成果，对中国公共部门会计概念框架进行探讨，并试图为推进公共部门会计管理深化改革及提高公共部门社会公信力提供有益参考。

（一）公共部门会计概念

1. 公共部门会计基本概念。公共部门会计最早称为官厅会计（Governmental Account）①，是适用于中央和地方各级政府机关的一种专业会计，具体是指用于指导、反应、核算和监督各公共部门财务收支活动及其受托责任的履行情况的信息系统。

2. 公共部门会计与企业会计的区别。世界各国的公共部门会计与企业会计均在制度、模式和运行方面有所不同。而中国的公共部门会计改革的过程中除了充分考虑政府财政财务管理的特点，还借鉴企业会计的成功经验，如《政府会计制度——行政事业单位会计科目和报表》的制定就适当吸收了中国企业会计准则的改革方向和经验，但企业会计制度须依据法律体系或政府财政会计管理部门所颁布

① 官厅会计之称，在我国有其历史渊源。《周礼・天官・大宰》中有官计之称，“以八法治官府……八曰官计，以弊邦治。”两汉、唐宋、明清改官计之名为国计，故会计学界认为，采用官厅会计之称概括我国古代国家会计较为合适。

的会计制度并依据实施要求和准则（目前中国企业会计是依据《企业会计准则》和《企业财务通则》）来进行会计管理（见表 15 - 1）。

表 15 - 1　公共部门会计与企业会计的区别表（截至 2020 年 1 月底中国的情况）

项目	公共部门会计		企业会计
	财务会计	预算会计	
监督管理	通过预决算规范公共部门会计管理		通过第三方机构审计和税收审查规范企业会计管理
会计核算模式	“财务会计与预算会计适度分离并相互衔接”的会计核算模式		针对不同类型的企业有不同的会计核算方式
会计基础	权责发生制	收付实现制	权责发生制
会计功能	1. 契约功能（契约规制、社会责任践行、资源配置、财政监督、激励与约束） 2. 估值功能（预算安排、绩效考评、财政风险预警、财政透明度、行政成本核算）①		市场监管功能、投资决策功能
会计要素	五大要素：资产、负债、净资产、收入、费用	三大要素：预算收入、预算支出、预算结余	六大要素：资产、负债、所有者权益、收入、费用和利润
会计报表	资产负债表、单步式收入费用表、现金流量表和净资产变动表	预算收入表、预算结转结余变动表和财政拨款预算收入支出表	资产负债表、利润表、现金流量表和所有者权益表

注：本表根据《政府会计准则——基本准则》《政府会计制度——行政事业单位会计科目和报表》《企业会计准则——基本准则》及相关文献整理而得。

总体来看，公共部门会计与企业会计的区别如表 15 - 1 所示。其中，中国公共部门会计包括财务会计和预算会计，两者主要在会计基础、会计功能、会计要素以及会计报表等方面有很大的区别。

（二）不同法律体系下的公共部门会计概念框架

国际上，对公共部门会计概念框架的选择与各国所处的法律体系有很大关系。就全世界范围来看，主要有两大法律体系：一是英美等国普遍沿用的英美法系，它们的公共部门会计概念框架因游离于法律体系之外而不具有直接的法律效力，因此不要求强制执行。二是德国等国沿用的大陆法系，它们的公共部门会计概念框架具有成文法的特性，并且是会计体系的组成部分，因此具有较高的法律地位，也必须

① 章贵桥．政府会计功能、国家善治与政治信任[J]．会计研究，2017（12）：19 - 23 + 96.

强制遵守和执行①。

在实际操作中，2010 年国际公共部门会计准则委员会（IPSASB）在征求国际公共部门会计概念框架的意见时，将财务报告目标和使用者、财务报告主体、财务报告要素、财务报告范围、确认和计量、信息质量特征、报告中财务与非财务信息披露等作为其概念框架的重要组成部分。基于此意见征求稿，IPSASB 随后制定出了 32 项具体的标准，作为国际公共部门通用的财务报告概念框架。而通过研究美国联邦会计准则咨询委员（FASAB）发布的联邦财务会计概念公告，美国政府会计准则委员会（GASB）发布的州和地方政府会计概念框架公告，在加拿大公共部门会计委员会（PSAB）制定的公共部门会计手册，南非的 ASB 财务报告框架，法国中央政府会计准则委员会（CPAS）制定的中央政府会计概念框架，可以发现这些会计概念框架与 IPSASB 制定的通用标准都有很大的相似之处。因此 IPSASB 制定的公共部门会计概念框架对中国公共部门会计概念框架的选择也有很大的指引作用②。

1. 英美法系。美国的会计概念框架制定主要有两个机构：一是联邦会计准则咨询委员会（FASAB）；二是政府会计准则委员会（GASB）。虽然它们的服务对象不同，但都主要采取层次分明的制定思路，主要按照概念框架中各要素的重要程度循序渐进进行完善，陆续补充如信息质量特征、要素确认与计量等要素，会计概念框架处于不断丰富和完善的一个过程。

法国中央政府会计准则委员会（CPAS）有一套完整的会计概念框架，主要包括概念框架和会计准则两部分，概念框架部分主要是用来解决一些基本的、概念性的问题，具有客观性，一般不做大幅调整和变化，主要包括财务报告目标、会计原则、财务报告构成、会计基础、财务报告主体、会计信息质量特征、核算对象和会计要素确认计量等。

澳大利亚的会计概念框架在世界范围内有很高的认可度，其会计理论结构具有较强的影响力。早在 1999 年，澳大利亚联邦政府就使用了合并政府财务报告，而对报告主体的界定是以使用者是否依赖政府报告来评估其资产配置作为依据，重点考虑了外部使用者的需求。还将管理者和与主体有经济利益的相关者的分离程度、主体的经济或政治的重要性及影响、控制资源的规模等财务特征作为对财务主体的考核标准。

2. 大陆法系。大陆法系的基本精神是强调法典突出理性，国家通过立法制订会计规范，这就使会计框架受到相关法律广泛而深入的影响。对政府会计的管理，

① Bastian I. Designing a Public Sector Accounting Exercise Sheet by a Cultural Approach [C]. International Conference on Information Technology Science. Springer, Cham, 2017.

② Jacobs, Kerry. Theorising Interdisciplinary Public Sector Accounting Research [J]. Financial Accountability & Management, 2016, 32 (4): 469 - 488.

大陆法系国家普遍是从财政预算立法的角度，强调会计记录的真实、公允、完整、正确与合法①。

在德国，没有单独的、系统的会计法和会计准则，对会计行为的规范寓于有关的法律之中。对于政府会计而言，德国是以公共财政和预算法为依据和准则的，以此来满足立法机关的信息需求，是"立法导向的"，用于"财政"目的而非"管理"目的。其政府会计核算工作由基本法及下位法中的《联邦（地方）预算法案》《联邦（地方）管理法规》分层次规定。与此同时，德国政府会计报告的主要特征也是"法律形式重于经济实质"。另外，从会计监管的执法主体看，德国的司法与行政部门在会计监管中占有主导地位。其政府会计监督，是由审计法院负责调查与审计，监督和保障政府会计法律法规的严格执行。

崔伟、缑延红（2011②）认为，在构建中国公共部门财务会计概念框架时，需要考虑与国际公共部门会计接轨，但同时又要顺应公共部门会计发展的现实趋势。因此，搭建与国际趋同同时又符合中国特定国情，且具有可落实性和国际可比性的会计概念框架任重而道远。

（三）公共部门会计主要内容

中国目前还没有建立起完善的政府会计准则体系，借鉴国际经验，在建设公共部门会计概念框架时要在理论研究的基础上进行准则的具体细化。李晓慧、孟超、陈立齐（2010③）曾就政府会计概念框架提出十大主要内容，即能力与目标、会计和财务报告主体、与预算的关系、会计基础、会计体系建构、财务报表、实现、确认、计量单位、计量对象，这与美国政府会计政策空间的 10 个维度具有相似之处。陈志斌（2012④）认为，公共部门会计是一个人造系统，只有具备相应的目标这个系统才有意义，所以会计目标是公共部门会计概念框架的首要组成部分，同时还应该有明确的会计主体以及质量标准等⑤。按照中国目前的习惯，一般是用会计基本准则代替概念框架，所以公共部门的会计概念框架中除了包括会计基本准则中的会计目标、主体、质量特征、会计要素及其确认与计量、政府财务报告等，还要有记账本位币、会计期间、持续假设、附注报告要求等。所以从中国公共部门会计

---

① Zicke J, Kiy F. The effects of accounting standards on the financial reporting properties of private firms: evidence from the German Accounting Law Modernization Act [J]. Business Research, 2017, 10 (2): 215-248.

② 崔伟，缑延红．我国政府会计改革若干问题研究[J]．山东社会科学，2011（9）．

③ 李晓慧，孟超，陈立齐．政府会计管理的三维度研究[J]．财政研究，2010（9）：62-65．

④ 景宏军，王蕴波．我国政府会计改革——理论探源与流程创新[M]．哈尔滨：黑龙江大学出版社，2012．

⑤ 陈志斌．论中国政府会计概念框架的选择[J]．会计研究，2012（02）：67-73+99．

概念框架从具体的会计环境出发，主要有以下几个要素：

1. 会计目标选择。公共部门会计目标的制定应该是会计理论与实践的起点，但就目前来看，中国公共部门的会计目标还尚未完全明确，更多只是要符合宏观经济运行、预算和内部管理等一般性的原则，对公共部门公共受托责任的体现还不够。于玉林（2011①）认为，会计目标作为会计概念框架的逻辑起点，应结合会计职能来确定，因为会计目标的提出只能是在会计职能的范围之内，而同时需要考虑公共部门会计信息使用者的需求。路军伟（2010②）也提出如果在会计目标的制定过程中忽略了公共部门的会计职能，那么将很有可能会导致会计目标不全面、不充分。此外公共部门会计还具有监督公共部门内部预决算执行、日常资金使用监管、提高公共部门资源使用效率、提供公共服务等职能，由此可得公共部门的会计目标也应该具有推进公共治理、管控、提高资源配置效率、进行绩效评价、为政治建设服务等内容。总的来说，公共部门会计具有两个阶段性目标，第一阶段是主要为公共治理服务，这是现阶段的首要目标；第二阶段是为公众服务，是中国公共部门目标努力的方向。

公共部门的会计目标还存在决策有用观和受托责任观的争议，但两者的实质也并不冲突。决策有用观认为公共部门应提供尽可能全面、真实的会计信息给信息使用者提供决策参考，从而对资源进行合理配置；而受托责任观认为信息使用者根据信息来评价受托责任的履行情况，最终决定委托关系的维持或终止。这两种观点都要求公共部门提供相应的财务会计信息，只是用于决策的目的性不同。从公共部门的会计环境来看，应该说这两种观点都统一于中国公共部门的会计目标之中，即公共部门提供的财务会计信息既需要能够反映公共部门受托责任的履行情况，又要帮助信息使用者实现资源的合理配置③。

2. 两种说法下的会计主体确定。确定公共部门的会计主体实质就是明确公共部门人员管理或服务的立场。埃尔登·S. 亨德里克森（Eldon S. Hendriksen，1917—2001）认为，关于会计主体主要有两种说法（亨德里克森，2013④）：一是“单位说”，即会计主体是否具有相应的经济调控、义务承担等能力，主要强调会计主体的控制能力；二是“信息使用者说”，从财务会计信息使用者的角度出发，注重对信息的需求。而中国在确定会计主体时主要从两个方面出发：一方面是要利

① 于玉林．会计系统研究方法[J]．财会学习，2011（2）：13－16.

② 路军伟．我国政府会计改革取向定位与改革路径设计——基于多重理论视角[J]．会计研究，2010（08）：64－70＋98.

③ 戚艳霞，张娟，赵建勇．我国政府会计准则体系的构建——基于我国政府环境和国际经验借鉴的研究[J]．会计研究，2010（8）.

④ ［美］埃尔登·S. 亨德里克森．会计原理[M]．王澹如，陈今池，译．上海：立信会计出版社，2013.

于社会经济决策任务的推进，要反映公共部门的责任受托和利用资源的合理配置；另一方面是要有利于加强和规范公共部门自身的财务管理行为。

3. 会计要素。会计要素是按照一定的标准对会计核算和监督的内容所做的类别划分，是对政府会计对象的具体化①。如国际公共部门会计准则委员会（IPSASB）就对设定了不同的会计目标的公共部门建议采用不同的会计要素，收付实现制下的会计要素和权责发生制下会计要素就必须有所区分。加拿大、法国、澳大利亚、美国等大都将资产、负债、收入和支出（费用）等作为其会计要素的主要组成部分。

公共部门在会计要素的选择上，需要结合中国对会计要素的本质特征加以厘定。由于公共部门的日常活动主要是提供公共资源或者公共服务，更强调“服务潜能”，而不像企业会计上把要素定义为“经济利益”，这要求中国公共部门对会计要素的选择上既要体现公共部门的服务本质，又要表达公众对公共部门提供公共服务的趋势所向。

中国政府现阶段的会计改革是以收付实现制作为基础。收付实现制正在不断被权责发生制所取代，因此中国公共部门的会计要素就目前来看应包括资产、负债、净资产、收入、费用这五个基本要素。

4. 信息质量特征的相关要求。信息质量是指财务会计信息的质量情况，是评价会计目标实现程度的指标。萨德扎德·A.（Sadeghzadeh A.，1993②）指出，对提供会计信息的主体而言，必须按照一定的原则来提供相应的信息，而这些原则就是指会计信息的质量特征。公共部门会计信息质量与企业会计信息质量有很大的兼容性，都要求财务报告目标必须要达到一定的质量要求，因此按照国际通行做法，在界定公共部门财务信息质量时也可参照企业财务信息质量的要求。

但需要注意的是，公共部门作为公共服务和公共资源的提供者，相比于企业会计主体，公共部门是较为特殊的会计主体，对信息质量的要求也具有特殊性，这主要体现为相关性和可比性③。相关性主要表现为信息质量要能集中体现公共部门责任受托的履行情况，而可比性是指不仅在公共部门内部或同级公共部门间的会计信息要具有可比性，还要求公共部门在从事企业性质的活动时采用的会计原则和方法具有可比性。另外，公共部门的会计信息还带有相关的政治经济后果，因为其受众比企业会计信息更为广泛，这对公共部门会计信息的可理解性就提出了更高的要求。

IPSASB 曾就政府财务报告需要具备的十条质量特征进行过归纳，主要包括：

---

① 王彦，等．政府会计中构建二元结构会计要素的研究［J］．会计研究，2009（4）：24－31.

② Sadeghzadeh，A.，Socially Responsible Accounting Reporting：Financial Aspects，School of Accounting & Finance，University of Wollongong，Working Paper 3，1993.［EB/OL］. https：//ro. uow. edu. au/accfinwp/91.

③ Laurie Mook，Rodney Machokoto. Social Accounting［M］. Springer New York，2017.

完整性、真实性、可靠性、重要性、可理解性、相关性、中立性、实质重于形式、可比性和谨慎性，这在一定程度上说明信息质量具有很强的严苛性。就中国信息质量特征，陈志斌（2011①）认为在顺序上应首先满足及时性、统一性、合法性，然后才是可靠性、可理解性、一致性、相关性和可比性；赵西卜（2011②）则认为所有特征里面都应该包括一个总特征，那就是透明度，然后才是可理解性、公正性、真实性、一致性等。

5. 会计确认基础。会计确认基础是会计事项的记账基准，主要对费用、收入、支出等进行确认，是形成财务报告的主要来源，选择不同的会计确认基础也就意味着选择了不同的财务报告模式，会计确认基础是整个会计体系的核心。结合中国公共部门的发展情况和会计环境，还不能完全采用权责发生制作为会计确认基础，但朝着权责发生制会计确认基础进行改进，是中国公共部门财务管理的一个发展趋势。

公共部门受托责任的形式直接决定其会计确认基础的选择，因此，不同的公共部门要根据自身的受托责任来确定会计核算基础，并提供相应的公共部门财务信息③。孙玉甫（2012④）通过研究其他国家公共部门会计基础的发展进程，再结合中国的实际情况认为，收付实现制仍是现阶段中国公共部门的主要会计确认基础，但可以进一步结合其他的会计确认基础，如修正的收付实现制以及部分公共部门所采用的权责发生制，即多种会计基础并存的状态。

6. 公共部门会计报告建设的意义。公共部门会计报告更多的是以财务报表的形式来体现，作为公共部门会计的最终产品，会计报告应该系统全面地体现公共部门日常运营情况，以供信息需求者使用。以中国为例，在很长一段时间里，中国公共部门的经营情况更多只是通过预（决）算报告来体现，较为分散，没有一个完整的、真正意义上的会计公报。因此，为加快推进中国公共部门会计报告建设，让信息需求者和广大公民能够获得一份完整的、能够体现公共部门受托责任履职情况的会计报告，2014 年，《国务院关于批转财政部权责发生制政府综合财务报告制度改革方案的通知》（以下简称《改革方案》），明确要求建立政府会计准则体系和政府财务报告制度框架体系，按照《改革方案》要求，财政部于 2015 年制定发布了政府财务报告编制办法和操作指南等制度，初步构建起政府财务报告制度框架体系，为开展政府财务报告编制试点工作提供基本规范。2019 年 12 月财政部修订并颁布了《政府财务报告编制办法（试行）》（财库〔2019〕56 号）、《政府部门财务

① 陈志斌．政府会计概念框架结构研究［J］．会计研究，2011（1）：17 -24.

② 赵西卜．对建设我国政府会计准则几个问题的思考［J］．财务与会计，2011（1）：49 -52.

③ Jack Diamond. Performance Budgeting：Managing the Reform Process［J］. IMF Working Papers，2003（3）：33.

④ 孙玉甫．公共信息会计理论研究［M］．上海：立信会计出版社，2012.

报告编制操作指南（试行）》（财库〔2019〕57号）、《政府综合财务报告编制操作指南（试行）》（财库〔2019〕58号），这对于信息使用者进行评价公共部门绩效、自身资源配置具有重要的参考意义。

（四）公共部门会计管理基本要求

1. 需要有科学的政府会计核算模式。所谓科学的政府会计核算模式是指在政府会计管理体系中，有一套良性的运行机制：

一是在实现公共部门会计功能方面，应根据不同的会计体系要求，在同一会计核算系统中实现财务会计、预算会计的双重功能，即通过资产、负债、净资产、收入、费用五个要素进行财务会计核算，通过预算收入、预算支出和预算结余三个要素进行预算会计核算。

二是在运行管理基础方面，公共部门财务管理应体现不同的财务基础，如财务会计采用权责发生制，预算会计采用收付实现制。

三是在公共部门财务管理的报告方面，应通过财务会计核算形成财务报告，通过预算会计核算形成决算报告，以利于国家权力或监督机构的预算和决算审查。

2. 需要有相对统一的各项单位会计制度。所谓有相对统一的各项单位会计制度，是指公共部门会计对各类公共部门如医院、学校等行业事业单位会计制度的内容要进行相对的统一，才能增加政府各部门、各单位会计信息的可比性，为合并单位、部门财务报表和逐级汇总编制部门决算提供规范的制度安排：

一是在科目设置、科目和报表项目中，一般情况下，不区分行政和事业单位，也不再区分行业事业单位。

二是在核算内容方面，可根据改革需要增加各级各类行政事业单位的共性业务和事项。

三是在会计政策方面，对同类业务尽可能作出同样的处理规定。

四是需要有较为广泛的政府资产和负债核算范围，将净资产按照主要来源分类为累计盈余和专用基金，根据净资产其他来源设置了权益法调整、无偿调拨净资产等会计科目，这样才有利于准确反映政府资产负债信息，为相关决策提供更加有用的信息。

3. 需要有完善的报表体系和结构。公共部门会计报表需要分为预算会计报表和财务报表两大类。以中国为例，财务报表由会计报表和附注构成，会计报表由资产负债表（参见表15－2）、收入费用表（参见表15－3）、净资产变动表和现金流量表组成（见表15－4和表15－5），其中，单位可自行选择编制现金流量表。预算会计报表由预算收入表（见表15－6）、预算结转结余变动表和财政拨款预算收入支出表组成（见表15－7和表15－8），是编制部门决算报表的基础。而从公共部门会计管理的结构的完善，其核算内容应细化报表附注应当披露的内容，对会计报表重要项目说明提供了可参考的披露格式、要求按经济分类披露费用信息、要求披露本年预算结余和本年盈余的差异调节过程等。这样调整完善后的报表，才有利于全面反映单位财务信息和预算执行信息，提高部门、单位会计信息的透明度和决策。

表 15－2　　资产负债表

会政财 01 表

编制单位：　　　　年　　月　　日　　　　单位：元

资　　产	期末余额	年初余额	负债和净资产	期末余额	年初余额
流动资产：			流动负债：		
货币资金			短期借款		
短期投资			应交增值税		
财政应返还额度			其他应交税费		
应收票据			应缴财政款		
应收账款净额			应付职工薪酬		
预付账款			应付票据		
应收股利			应付账款		
应收利息			应付政府补贴款		
其他应收款净额			应付利息		
存货			预收账款		
待摊费用			其他应付款		
一年内到期的非流动资产			预提费用		
其他流动资产			一年内到期的非流动负债		
流动资产合计			其他流动负债		
非流动资产：			流动负债合计		
长期股权投资			非流动负债：		
长期债券投资			长期借款		
固定资产原值			长期应付款		
减：固定资产累计折旧			预计负债		
固定资产净值			其他非流动负债		
工程物资			非流动负债合计		
在建工程			受托代理负债		
无形资产原值			负债合计		
减：无形资产累计摊销					
无形资产净值					
研发支出					

续表

资　　产	期末余额	年初余额	负债和净资产	期末余额	年初余额
公共基础设施原值					
减：公共基础设施累计折旧（摊销）					
公共基础设施净值					
政府储备物资					
文物文化资产					
保障性住房原值					
减：保障性住房累计折旧			净资产：		
保障性住房净值			累计盈余		
长期待摊费用			专用基金		
待处理财产损溢			权益法调整		
其他非流动资产			无偿调拨净资产*		
非流动资产合计			本期盈余*		
受托代理资产			净资产合计		
资产总计			负债和净资产总计		

注："无偿调拨净资产*"是指单位无偿调入或调出非现金资产所引起的净资产变动金额。"本期盈余*"科目核算单位本期各项收入、费用相抵后的余额。

表 15－3　　　　收入费用表

会政财 02 表

编制单位：　　　　　　　　年　　月　　　　　　　　单位：元

本期收入	本月数	本年累计数
（一）财政拨款收入		
其中：政府性基金收入		
（二）事业收入		
（三）上级补助收入		
（四）附属单位上缴收入		
（五）经营收入		
（六）非同级财政拨款收入		
（七）投资收益		
（八）捐赠收入		
（九）利息收入		
（十）租金收入		
（十一）其他收入		

续表

本期费用	本月数	本年累计数
（一）业务活动费用		
（二）单位管理费用		
（三）经营费用		
（四）资产处置费用		
（五）上缴上级费用		
（六）对附属单位补助费用		
（七）所得税费用		
（八）其他费用		
本年盈余		

表 15－4　　　　净资产变动表　　　　会政财 03 表

编制单位：　　　　年　　　　单位：元

项　目	本年数				上年数			
	累计盈余	专用基金	权益法调整	净资产合计	累计盈余	专用基金	权益法调整	净资产合计
一、上年年末余额								
二、以前年度盈余调整（减少以“—”号填列）								
三、本年年初余额								
四、本年变动金额（减少以“—”号填列）								
（一）本年盈余								
（二）无偿调拨净资产								
（三）归集调整预算结转结余								
（四）提取或设置专用基金								
其中：从预算收入中提取								
从预算结余中提取								
设置的专用基金								
（五）使用专用基金								
（六）权益法调整								
五、本年年末余额								

注：“—”标识单元格不需填列。

此外，如前章节所述，中国权责发生制政府财务报告改革仍在不断推进中。政府财务报告包括政府部门财务报告和政府综合财务报告。部门财务报告由政府部门编制，反映本部门（单位）的财务状况和运行情况；政府综合财务报告由各级财政部门编制，反映各级政府整体的财务状况、运行情况和财政中长期可持续性，主要由财务报表、政府财政经济分析和政府财政财务管理情况三部分构成。

《部门指南（2019）》将部门财务报告编制范围由原来“纳入部门决算管理范围的行政单位、事业单位和社会团体”修改为“部门及部门所属的行政事业单位，与同级财政部门有预算拨款关系的社会团体”“企业（集团）下属事业单位不编制政府部门财务报告”。调整的重点是明确不同管理方式下的部分事业单位是否纳入编制范围。

表 15－5　　现金流量表

会政财 04 表

编制单位：　　年　　单位：元

项　目	本年金额	上年金额
一、日常活动产生的现金流量：		
财政基本支出拨款收到的现金		
财政非资本性项目拨款收到的现金		
事业活动收到的除财政拨款以外的现金		
收到的其他与日常活动有关的现金		
日常活动的现金流入小计		
购买商品、接受劳务支付的现金		
支付给职工以及为职工支付的现金		
支付的各项税费		
支付的其他与日常活动有关的现金		
日常活动的现金流出小计		
日常活动产生的现金流量净额		
二、投资活动产生的现金流量：		
收回投资收到的现金		
取得投资收益收到的现金		
处置固定资产、无形资产、公共基础设施等收回的现金净额		
收到的其他与投资活动有关的现金		
投资活动的现金流入小计		
购建固定资产、无形资产、公共基础设施等支付的现金		
对外投资支付的现金		
上缴处置固定资产、无形资产、公共基础设施等净收入支付的现金		
支付的其他与投资活动有关的现金		
投资活动的现金流出小计		
投资活动产生的现金流量净额		
三、筹资活动产生的现金流量：		
财政资本性项目拨款收到的现金		

续表

项　　目	本年金额	上年金额
取得借款收到的现金		
收到的其他与筹资活动有关的现金		
筹资活动的现金流入小计		
偿还借款支付的现金		
偿还利息支付的现金		
支付的其他与筹资活动有关的现金		
筹资活动的现金流出小计		
筹资活动产生的现金流量净额		
四、汇率变动对现金的影响额		
五、现金净增加额		

《综合指南（2019）》对财务报表进行了调整：一是将主要报表由原来的三种精简为两种，保留资产负债表和收入费用表，删除了当期盈余与预算结余差异表。主要考虑是，部门财务报告编制范围调整以后，会出现与部门决算编制范围不一致的情况，从合并财务报表层面看，当期盈余与预算结余总额缺乏比较的基础和意义。删除该表，并不影响大部分行政事业单位按照政府会计制度要求编制本单位当期盈余与预算结余差异表，用于分析权责发生制下当期盈余与收付实现制下预算结余的差异情况。二是根据政府会计准则和制度规定，各单位要分别从单位活动类型和经济性质分类两个维度核算反映收入费用情况，因此本次修订将收入费用表设计为两张表格，以满足部门财务管理需要。

表 15－6　　预算收入支出表

会政预 01 表

编制单位：　　　　年　　　　单位：元

项　　目	本年数	上年数
一、本年预算收入		
（一）财政拨款预算收入		
其中：政府性基金收入		
（二）事业预算收入		
（三）上级补助预算收入		
（四）附属单位上缴预算收入		
（五）经营预算收入		
（六）债务预算收入		
（七）非同级财政拨款预算收入		
（八）投资预算收益		

续表

项　　目	本年数	上年数
（九）其他预算收入		
其中：利息预算收入		
捐赠预算收入		
租金预算收入		
二、本年预算支出		
（一）行政支出		
（二）事业支出		
（三）经营支出		
（四）上缴上级支出		
（五）对附属单位补助支出		
（六）投资支出		
（七）债务还本支出		
（八）其他支出		
其中：利息支出		
捐赠支出		
三、本年预算收支差额		

表 15－7　　预算结转结余变动表

会政预 02 表

编制单位：　　　　年　　　　单位：元

项　　目	本年数	上年数
一、年初预算结转结余		
（一）财政拨款结转结余		
（二）其他资金结转结余		
二、年初余额调整（减少以“—”号填列）		
（一）财政拨款结转结余		
（二）其他资金结转结余		
三、本年变动金额（减少以“—”号填列）		
（一）财政拨款结转结余		
1. 本年收支差额		
2. 归集调入		
3. 归集上缴或调出		
（二）其他资金结转结余		
1. 本年收支差额		
2. 缴回资金		

续表

项　　目	本年数	上年数
3. 使用专用结余		
4. 支付所得税		
四、年末预算结转结余		
（一）财政拨款结转结余		
1. 财政拨款结转		
2. 财政拨款结余		
（二）其他资金结转结余		
1. 非财政拨款结转		
2. 非财政拨款结余		
3. 专用结余		
4. 经营结余（如有余额，以“—”号填列）		

表 15－8　　财政拨款预算收入支出表

会政预 03 表

编制单位：　　　　年　　　　单位：元

项　目	年初财政拨款结转结余		调整年初财政拨款结转结余	本年归集调入	本年归集上缴或调出	单位内部调剂		本年财政拨款收入	本年财政拨款支出	年末财政拨款结转结余	
	结转	结余				结转	结余			结转	结余
一、一般公共预算财政拨款											
（一）基本支出											
1. 人员经费											
2. 日常公用经费											
（二）项目支出											
1. ××项目											
2. ××项目											
……											
二、政府性基金预算财政拨款											
（一）基本支出											
1. 人员经费											
2. 日常公用经费											
（二）项目支出											
1. ××项目											
2. ××项目											
……											
总计											

4. 需要有较强的可操作性。公共部门会计制度在附录中采用可操作性形式，如在会计科目使用说明中，可对同一项业务或事项举例说明，在表格中列出财务会计分录的同时，平行列出相对应的预算会计分录。以中国公共部门固定资产的取得为例（见表15－9），通过对经济业务和事项举例说明，能够充分反映公共部门会计所要求的财务会计和预算会计“平行记账”的核算要求，便于会计人员学习和理解政府会计的记账规则，也有利于未来单位会计核算信息系统的开发或升级改造。

表15－9　　固定资产取得在财务会计与预算会计下的会计分录

取得方式	财务会计	预算会计
（1）购买方式下取得固定资产	借：固定资产 贷：财政拨款收入、零余额账户用款额度、应付账款、银行存款	借：行政支出、事业支出、经营支出 贷：财政拨款预算收入、资金结存
（2）自行建造固定资产	借：固定资产 贷：在建工程	无需进行账务处理
（3）接受捐赠取得固定资产	借：固定资产、在建工程 贷：捐赠收入、零余额账户用款额度、银行存款	借：其他支出 贷：资金结存
（4）无偿调入固定资产	借：固定资产、在建工程 贷：零余额账户用款额度、银行存款、无偿调拨净资产	借：其他支出 贷：资金结存

二、公共部门会计管理的理论实践

（一）委托代理理论下的会计监督机制

委托代理理论主要用于研究和解决委托人与受托人间的信息不对称，罗斯（Ross）、詹森（Jensen）与麦克林（Meckling）在20世纪70年代提出这一理论体系，设计出一个让代理人按照委托人的意愿和目标来行动的契约机制是委托代理理论的主要任务①。公共部门与民众之间也存在这样的委托代理关系，民众是

① Musallam S R, Gunasekaran A, Dubey R. The direct and indirect effect of the existence of risk management on the relationship between audit committee and corporate social responsibility disclosure [J]. Benchmarking, 2018, 25 (9): 4125－4138.

公共资源和权力的所有者，因此是作为委托人，而公共部门代理民众去具体执行，是作为代理方，在公共部门内部的上下级部门之间也存在这样的委托代理关系。由于委托人与代理人在信息上是不对称的，而在目标上也并不是完全一致的，因此极有可能出现代理人为实现自身利益而牺牲委托人的利益（李帮义、王玉燕，2016①）。也就是所谓的"道德风险"，委托人与代理人之间进行相关博弈，模型如图 15 - 1 所示。

	隐藏行动	隐藏信息
事前		3. 逆向选择模型 4. 信号传递模型 5. 信息甄别模型
事后	1. 隐藏行动的道德风险模型	2. 隐藏信息的道德风险模型

图 15 - 1　委托代理关系中的博弈模型

公共部门与公众之间存在隐藏行动的博弈，在双方发生关系时，相互间的信息完全对称，但委托代理关系确定之后，公共部门就可以自行行动，而公众只能对公共部门的日常行动进行观测，看到的更多只是结果而不是行动本身，公众和公共部门在信息获取上是不对等的。所以公共部门完全可以为实现自身利益最大化而隐藏行动，最后的结果就是与公民的期望和目标相背离。在各国的具体实践中，这样的因"道德风险"而导致的权力腐败、公共资源浪费的现象也经常出现。

为了尽量避免或减少公共部门道德风险行为，可以通过公共部门的会计目标和预算制度来对公共部门进行相应的监督，这一监督机制的设立是为了让公共部门能够从社会、公众的利益出发来进行日常决策和选择。在这一监督机制下，一方面公众可以通过公共部门所公布的财务报告来进行事后监督；另一方面公众还可以就公共部门的活动过程进行事中约束和监督。

公共部门会计体系首先是一个信息管理系统，但与此同时也是一个监督和控制系统，公民可以通过公共部门会计体系对公共资源的使用、配置进行监督和控制，可以确保公共部门是按公众的意愿和受托进行组织活动，又能使公众通过对公共部门的财务报告进行分析，评价公共部门的履职情况，最终实现公共资源使用的经济性和效率性。

（二）公共受托责任下会计信息披露的要求与特点

随着中国民主化进程的推进，公民参与民主决策和公共事务的积极性明显增

① 李帮义，王玉燕．博弈论与信息经济学[M]．上海：上海三联书店，2016.

加，对公共部门的信息披露需求也逐渐增加。在公共部门的信息披露中，责任受托主要有三个要素：一是授权方（即公众，有权向公共部门要求信息披露）；二是被授权方（即公共部门，有义务向公众披露相关信息）；三是信息传递通道（即公共部门与公众之间进行有关委托代理关系履职情况的信息传递）。公共领域的公共受托责任的特殊性表现在：要通过信息披露使公众确信公共部门的产出或执行结果是符合预定目标，但同时公众和公共部门间的受托责任关系又具有复杂的层级结构①。公共部门在进行信息披露时，具有以下要求和特点：

一是信息披露的形式和内容要求。在信息披露的形式上，一般采取量化的报告形式以及解释与阐述的形式。财务报告就是典型的量化报告形式，直接用数据表达经济信息，而解释与阐述的形式通常是用文字进行表达，全面描述公共部门的履职情况。这两种形式的区别在于由于受到主观因素影响的强弱而导致信息的刚性不同。信息披露的内容主要包括三个方面的公共受托责任：资源信托层面主要关注资金的预决算对比；效率层面关注投入产出比；效果层面关注实际结果与预期目标。在这三方面的公共受托责任中，只有资源信托层面可以通过直接的数据予以披露，另外两个则需要借助其他的数据或专项报告来进行说明。

二是授权方的多元信息需求。信息的授权方即信息的需求方和使用者，公共部门信息的使用者，主要有公共部门信息的外部使用者（主要是一般公众）；公共部门的准内部信息使用者（主要是监督立法机构）；公共部门的内部信息使用者（主要是上级部门或部门长官），他们对信息具有最强的获取能力。公共部门信息的不同使用者对信息的需求和获取能力又有所差别，因此公共部门披露的信息要具有多元性。如一般公众作为公共部门的最终授权方，他们关注公共部门资源和资产的保值增值、日常收入与支出的财务信息，但他们对信息的获取能力和甄别能力都较低，对公共部门披露的信息依赖性最强；而监督立法机构主要是去监督公共部门的行为是否符合法律规定和要求，可以通过审计的方式获取公共部门信息，其信息获取能力较强且具有行政命令的性质。

三是公共部门及授权事项的内涵具有复杂性。公共部门作为被授权方，受到公民的授权提供公共服务，负有信息披露的义务，但其行为的多样化导致授权事项的内涵难以界定，并且在具体的授权中，公共部门又存在不同的层级和不同的部门，在授权关系中的角色又各有不同，因此在实际操作中有时难以确定具体的被授权方或授权事项。

（三）新公共管理理论下的会计管理绩效提升

国际新公共管理运动兴起于 20 世纪 80 年代，在英、美等发达国家首先掀

① 刘笑霞．政府公共受托责任与国家审计[J]．审计与经济研究，2010，25（2）．

起，是一场改造公共部门的运动，以现代经济学作为其理论支撑，新公共管理理论主张将企业的管理模式和方法引入公共部门的管理中以提高公共管理绩效，将公众作为“顾客”强调行政绩效的改善，追求公共部门活动的经济和效率①。而公共部门会计作为管理的基础性信息系统，通过提高公共部门财务管理绩效从而提高公共管理的效率具有重要意义。在新公共管理理论的背景下，公共部门财务会计改革的最终目的在于提高公共管理绩效。

相比于现金制，权责发生制核算范围更广，囊括有关公共部门的资产、负债、收入、费用等财务情况，并且更有助于公共部门财务风险防范、预算绩效评价等②。新公共管理运动以来，公众对公共部门的管理绩效有更高的期待，在权责发生制的基础上再导入公共部门成本会计，对强化公共部门财务会计管理，降低公共部门运营成本具有重大支撑作用。

三、公共部门会计核算方式

为了贯彻党的十八届三中全会全面深化改革精神，加快公共部门会计改革的进程，2017 年财政部印发《政府会计制度——行政事业单位会计科目和报表》财会〔2017〕25 号（简称《会计制度（2017）》），并已于 2019 年 1 月 1 日开始在各级各类行政事业单位实施。《会计制度》（2017）重构了政府会计核算模式，为了适应新的《会计制度》（2017）就必须加强对公共部门会计核算方法的研究和学习。

（一）政府会计核算方式的国际探索

会计模式是对政府会计行为特征的全面表述与反映。20 世纪 90 年代以来，为降低财政风险和提高政府会计信息的透明度，一些西方发达国家纷纷尝试对政府会计核算模式进行改革。结合陈志斌（2011③）、白庆辉、张磊（2016④）等，本节将以英美和法国为例，对国际政府会计核算方法的探索进行介绍。

1. 英国模式。英国是君主立宪政治体制的国家，实行单一制国家组织结构，在改革之前采用的是以收付实现制为基础的政府会计。20 世纪 80 年代英国经济进入衰退期，经济和社会发展缓慢。为刺激投资和消费，英国政府采取了增加政府公

① 何颖，李思然．新公共管理理论方法论评析[J].中国行政管理，2014（11）.

② 张丽晨．新公共管理理论视角下高校绩效预算管理路径研究[J].当代会计，2017（3）：12－13.

③ 陈志斌．政府会计概念框架结构研究[J].会计研究，2011（1）：17－23＋95.

④ 白庆辉，张磊．中国政府会计大变革：从收付实现制到“双体系”框架——兼论政府会计改革理念形成的历史渊源与现实意义[J].财会通讯，2016（19）：47－48.

共支出和扩大赤字的财政政策，结果却导致通货膨胀居高不下，而长期的财政赤字也难以实现预算平衡。不断下滑的经济形势和滞后的财政管理体制迫使政府转变职能，变革政府会计，朝着全面运用权责发生制的方向进行改革，并引入资源预算，建立以绩效为导向的政府管理体制。

1994 年，英国政府发布《更好地核算纳税人的钱：政府资源会计与预算》公告（Better Accounting for the Taxpayer's Money：Resource and Budgeting in Government），正式宣告在中央政府部门实行权责发生制会计与预算的政府会计改革。1996 年各部门开始准备实施权责发生制会计，2000 年，英国制定《政府资源与会计法案》（the Government Resources and Accounting Act 2000）在本国政府部门实施资源会计和资源预算，以求提升和完善公共管理，提高本国政府部门会计信息（尤其是本国政府资源使用及成本信息）的透明度和准确性，标志着英国全面实行权责发生制基础的预算与会计。

在构建政府会计核算模式过程中，英国建立了一套同时满足资源会计与预算系统要求的会计账户和报表体系，并统一按照收付实现制核算本国政府会计的经济活动。这种核算模式的政府会计，摒弃了收付实现制基础下政府会计的弊端，分别核算资源消耗与资本投资，并进行中长期预算编制，保证资源使用和投资的稳定性。政府从注重投入转向注重结果，核算反映政府提供劳务的成本与产出，通过绩效评价，提高各公共部门工作效率。

2. 美国模式。作为世界第一经济强国，美国的会计模式一直被其他国家研究和学习。由于联邦制度，美国有两个独立的机构结构和会计准则机构，分别适用于联邦政府和州政府和地方政府。

在传统上美国联邦政府实行以收付实现制为基础的预算会计，预算会计系统与预算系统高度整合，预算会计系统记录了预算编制与执行的全过程，预算执行报告中使用了预算概念和与预算编制相一致的计量基础（即收付实现制）。从 20 世纪 90 年代初开始，为了改善政府核算，更好地反映政府收支和运营情况、加强绩效管理、提升政府财务管理水平、进一步完善公共管理体系，联邦政府在保留传统预算会计的基础上，在联邦会计准则咨询委员会（the Federal Accounting Standards Advisory Board，FASAB）的主导下搭建了以权责发生制为基础的政府财务会计系统。该系统独立于联邦政府预算，单独规定了政府财务会计的概念和标准。两套会计系统都拥有各自的账户和报表体系，对于组织内的每一项经济活动，分别按照收付实现制和权责发生制在两个系统中进行记录。在联邦政府会计中这两个系统虽然相互独立，但在作用上又相互补充——收付实现制的预算会计系统主要发挥预算控制、执行记录、执行结果报告等作用；权责发生制财务会计系统主要作用于全面核算、反映和报告联邦政府整体及内部各单位的资产负债、运营业绩等①。

3. 法国模式。与英美不同，法国非常重视建立成文法来进行中央集权管理。2001 年，法国议会通过并发布了《财政法组织法》（La loi Organique Relative aux Lois de Finances，LOLF），为本国政府预算改革和政府会计体系建设和会计核算模式改革奠定了坚实的法律基础②。在政府会计核算方式的构建过程中，法国积极学习和借鉴本国私人组织会计改革的成功经验，吸收国际会计准则（IFRS）、国际公共部门会计准则（IPSAS）和其他国家私人部门和公共部门会计改革的有益经验③，在充分立足本国政府的特殊国情的基础上（既要反映政府年度预算执行情况，又要反映政府资产负债、收入费用、运行成本、现金流量等财务状况），建立了三套相互独立的政府会计核算体系：一是以收付实现制为核算基础的政府预算会计体系；二是以权责发生制为基础的对政府所有活动进行核算、主要反映政府真实财务状况的财务会计体系；三是以权责发生制为核算基础，主要反映政府各项政策活动成本的成本会计体系。在 LOLF 公布以后，法国政府并未立刻要求所有的公共部门将会计核算方式换成权责发生制，而是采用了权责发生制和收付实现制两制并行的相对缓和的方式进行，降低了改革可能引起的社会波动与风险。

（二）中国政府会计核算模式的历史演变

随着社会经济的发展，中国政府会计核算模式也随之发生变化。在此，本节将中国政府会计核算模式的演变分为三个阶段：收付实现制下的预算会计核算模式、与权责发生制和财务会计职能接轨的政府会计核算模式以及预算会计和财务会计“双轨制”核算模式。

1. 以收付实现制为基础的预算会计。新中国成立后，在公有制为基础的计划经济与高度集权财政体制下，中国政府会计实行单一的收付实现制基础和单一收支决算报告下的预算会计。1978 年改革开放后，中国政府与市场在社会经济中的角色越发明晰，政府职能开始向提供公共品与服务转变。为了配合经济社会的发展，中国围绕以收付实现制为基础的预算会计核算模式出台了一系列的改革措施（见表 15 - 10）。

① 欧阳宗书，狄恺，张娟等．美国、加拿大政府会计改革的有关情况及启示[J]．会计研究，2013（11）：3 - 7.

② 黄严．新 LOLF 框架下的法国绩效预算改革[J]．公共行政评论，2011（4）：108 - 135 + 187.

③ 翟悦．欧美权责发生制政府会计改革模式及经验借鉴[J]．地方财政研究，2016（3）：103 - 107.

表 15－10 中国收付实现制下的预算会计的改革（1983—2009 年）

年份	措施
1983	财政部修订了《财政机关总预算会计制度》，充实总预算会计的机构建设
1988	修订《财政机关总预算会计制度》和《行政事业单位会计制度》，对预算会计制度进行了相应的改革调整
1995	为了响应党的十四届三中全会建立社会主义市场经济体制的决定，财政部发布了《预算会计核算制度改革要点》
2003	财政部成立政府会计改革领导小组，正式启动政府会计改革研究工作
2004	财政部发布了《民间非营利组织会计制度》，确立了非营利组织会计部门的制度规范
2007	政府会计改革被写入《国民经济和社会发展第十一个五年规划纲要》，目标是建立规范统一的政府会计准则制度体系和政府综合财务报告制度
2009	为了配合财政预算体制改革，中国修订了《高等学校会计制度》和《医院会计制度》

2. 与权责发生制和财务会计职能接轨的政府会计核算模式。2010 年之后中国社会经济进一步发展，2013 年党的十八届三中全会决定全面深化改革，明确经济、政治、文化、社会、生态文明五大体制改革要点，提出国家治理体系和治理能力现代化的新要求，提出“建立权责发生制政府综合财务报告制度”。2014 年中国全面修订《中华人民共和国预算法》，规定各级政府财政部门应当按年度编制以权责发生制为基础的政府综合财务报告，报告政府整体财务状况、运行情况和财政中长期可持续性。这一时期的政府会计改革借鉴了企业会计的成功经验，将权责发生制引入了政府会计核算领域。

2014 年，国务院批转财政部发布《改革方案》，明确政府会计改革的目标规划和总体部署，政府会计改革涉及会计目标、会计科目、会计核算基础、会计核算方法、会计核算范围等，此时的行政事业单位会计已经具有单位财务会计职能而非以往“预算执行”会计。2019 年，为了反映政府向社会提供公共服务支出和机关运行成本等财务信息，进一步推进权责发生制政府综合财务报告制度改革，财政部又根据《中华人民共和国会计法》《会计制度（2017）》、“《准则》（第 78 号）”对以往的政府财务报告编制办法和操作指南进行修订，印发了《编制办法（2019）》《部门指南（2019）》《综合指南（2019）》三项制度，自 2020 年 1 月 1 日起实施。此外还颁布了《基本指引》对事业单位建立权责发生制综合财务报告制度作出了指示，并于 2021 年 1 月 1 日起实施。

根据《综合指南（2019）》，编制权责发生制政府综合财务报告，全面、准确反映各级政府资产负债和成本费用等财务状况和运行情况，为强化政府资产管理、降低行政成本、提升运行效率、防范财务风险，促进财政可持续发展等提供信息支持，是加快完善系统完备、健全法治、权责清晰、公平普惠、科学规范、运行有效的现代公共部门财务管理制度，服务推进国家治理体系和治理能力现代化的一项基础工作。

3. 预算会计与财务会计“双轨制”政府会计核算模式。为了积极贯彻落实党的十八届三中全会精神和《国务院关于批转财政部权责发生制政府综合财务报告制度改革方案的通知》，2015 年财政部颁布《政府会计准则——基本准则》（中华人民共和国财政部令第 78 号）；2016 年财政部会计司发布《会计改革与发展“十三五”规划纲要》，提出总体目标——建立健全与社会主义市场经济相适应的会计体系，深入推进会计工作法治化、信息化、现代化。为了加快建立健全政府会计核算标准体系，经反复研究和论证，财政部在 2017 年编制了《政府会计制度——行政事业单位会计科目和报表》，于 2019 年 1 月 1 日起正式实施。

《会计制度（2017）》正式提出了在中国实施以收付实现制为基础的预算会计和以权责发生制为基础的财务会计“适度分离并相互衔接”的“双轨制”会计核算模式。所谓“适度分离”，是指适度分离政府预算会计和财务会计功能，决算报告和财务报告功能，全面反映政府会计主体的预算执行信息和财务信息。而“相互衔接”，是指在同一会计核算系统中政府预算会计要素和相关财务会计要素相互协调，决算报告和财务报告相互补充，共同反映政府会计主体的预算执行信息和财务信息。这种会计核算模式兼顾了现行部门决算报告制度的需要，又能满足部门编制权责发生制财务报告的要求，对于规范政府会计行为、夯实政府会计主体预算和财务管理基础、强化政府绩效管理具有深远的影响。为了反映政府向社会提供公共服务支出和机关运行成本等财务信息，2019 年，财政部又根据《中华人民共和国会计法》《会计制度（2017）》“《准则》（第 78 号）”等颁布了《基本指引》对事业单位建立权责发生制综合财务报告制度做出了指示，并于 2021 年 1 月 1 日起实施。

（三）中国会计核算未来发展趋势

《会计制度》（2017）的提出和实施为中国进一步构建统一、科学、规范的政府会计核算标准体系，夯实政府财务报告的编制基础提供了保障，并体现了政府会计核算模式完善相关法律建设、强化财务会计功能和改进预算会计功能的发展方向。

1. 继续完善相关法律建设。政府会计改革是一项系统性工程，发达国家政府会计核算改革和政府会计体系构建大多有一定的法律制度作为支撑。中国除了从发达国家学习先进的会计核算模式之外，更要学习其完善的法制体系。除了要建立健全政府会计相关法律体系，确立政府会计体系建设的重要性和必要性、明确会计管理人员的责任义务、促进会计信息披露、以法律手段促进政府会计核算体系的完善之外，还要逐步完善政府审计法律法规、企业会计法律法规等体系建设。如在完善

《中华人民共和国会计法》《中华人民共和国预算法》《政府会计准则》的同时，积极获取《中华人民共和国宪法》《中华人民共和国公司法》《中华人民共和国证券法》《中华人民共和国公务员法》等相关法律法规的支持，从多方面支持和促进中国政府会计核算模式的完善。

2. 进一步巩固财务会计的地位。《会计制度》（2017）在财务会计核算中全面引入了权责发生制，未来将在会计科目设置和账务处理说明中着力强化财务会计功能。如增加财务会计要素的核算内容，将财务会计核算的范围进一步扩大，并原则上要求按照权责发生制进行核算；增加应收款项和应付款项的核算内容，采用权益法对长期股权投资进行核算，加强对无形资产的成本核算、完善与对固定资产、公共基础设施、保障性住房等公共资产的计提折旧或摊销，引入坏账准备等减值概念，确认预计负债、待摊费用和预提费用等。强化财务会计功能在公共部门会计核算中的作用，对于科学编制权责发生制政府财务报告、准确反映单位财务状况和运行成本、促进中国政府会计理论与实践研究与国际接轨都具有重要的意义。

3. 继续改进预算会计的作用。根据《改革方案》要求，《会计制度》（2017）已经对预算会计科目及其核算内容进行了调整和优化，未来将进一步完善预算会计功能。进一步规范预算会计核算内容，预算收入、预算支出和预算结余。在核算基础上，预算会计除按《中华人民共和国预算法》要求的权责发生制事项外，均采用收付实现制核算，有利于避免现在制度下存在的虚列预算收支的问题。在核算范围上，为了体现新《中华人民共和国预算法》的精神和部门综合预算的要求，《中华人民共和国会计制度》（2017）将依法纳入部门预算管理的现金收支均纳入预算会计核算范围，如增设了债务预算收入、债务还本支出、投资支出等。调整完善后的预算会计，能够更好贯彻落实《中华人民共和国预算法》的相关规定，更加准确反映部门和单位预算收支情况，更加满足部门、单位预算和决算管理的需要。

政府会计改革是具有历史性、长期性和复杂性的任务。除了对本国公共部门会计核算模式进行探索外，还要参考借鉴各国的成功经验、完善相关法律法规、重视顶尖会计人才的发掘和培养、搭建高效的智慧化公共会计信息系统，从多方面入手，促进公共部门会计核算模式的发展。

四、中国公共部门会计管理改革的策略分析

公共部门会计管理改革涉及诸多的经济体，是一项全面的系统工程，不仅是关于公共部门财务体系的改革，而且也是对公共部门自身管理的一次改革。一方面中国历年来财政预算管理理论可作为借鉴和指导；另一方面企业会计改革的经验也可作参考。公共部门会计管理改革的实质是相关经济主体意见偏好的表达过程，也是

公共部门自身进行行政改革的过程。处理好公共部门会计管理改革对建立起具有中国特色的公共部门会计管理体系，充分发挥公共部门提供公共服务的职能具有重要作用。

（一）公共部门会计管理改革的成本与收益分析

陈志斌、李敬涛（2015①）认为，公共部门会计改革会带来新的成本与收益的调整，各经济主体也会进行新的博弈。从收益上看，尽管公共部门会计改革的策略不同，但在宏观上都会带来公共部门运行透明度的增加以及公众对公共部门认可度的提升，总收益都是增加的。从成本上看，公共部门会计改革的成本主要在于改革带来的交易成本，又可以细分为两个方面的成本：一是实施成本，即为了配套新的会计改革方案，需要从技术、人员、制度上进行新的配套；二是摩擦成本，被认为是改革中的关键成本，即改革中遇到的来自各方利益所得者的阻力。

在中国公共部门会计改革的具体实践中，实施成本总体可控，因为作为单一制的国家，中国可以全面利用已有的资源和能力来推动改革，技术更新、人员培训、配套制度建设等都可以高效统一推进，因此实施成本并不是改革的重难点②。而摩擦成本因具有复杂性和难以量化性成为改革的重点。在中国现阶段的会计管理制度中，摩擦成本的形成原因主要有三个：一是来自公共部门会计改革中利益受损者为维护自身利益对改革设置障碍，这些障碍会增加改革进程中所花费的成本；二是既得利益者在应对利益受损者抵抗时所耗费的成本；三是公共部门为减少上述两种成本而进行调节所带来的成本。前两种成本的存在引发出第三种成本，这也是导致中国很多改革迟迟难以推进的原因，中国公共部门会计改革进程缓慢也正是这样大背景下的一个缩影。

既然减少改革的摩擦成本是推进中国公共部门会计改革的关键之处，这就要求在推进改革的过程中要考虑和平衡好各方的利益，尤其是利益受损方，在必要的时候可对利益受损方进行相应的补偿，以消除其对改革的抵触心理，从而减少改革阻力和有效降低改革的摩擦成本。对利益受损方进行补偿这只是事后的处理方式，就公共部门会计改革的推进过程中，事前征集民意，广泛听取各方关于改革的意见，从而更加科学地制定改革方案更为重要。

（二）不同时期改革手段的选择分析

改革手段主要分为强制性改革和非强制性改革两种，具体使用哪种改革手段要

---

① 陈志斌，李敬涛．政府善治目标的实现与政府会计治理效应[J]．会计研究，2015（5）：13－19.

② 宋伟官．我国政府会计制度变迁问题研究[J]．财经问题研究，2014（4）：83－88.

根据改革的对象、目标、内容来确定。从中国的改革历程来看，改革手段更多是以强制性改革为主，即借助经济、行政、法律等手段从上而下推行改革，这种改革手段是以集权作为前提条件，并且适合于大范围的制度改革。在公共部门的会计改革中，用强制的手段推动各方经济主体按照统一的模式进行变革，最终形成一套统一、完善的公共部门会计法律制度，便于后期的管理和效率提升，具有一定的合理性。

而非强制性改革，也称诱致性制度变迁是一种自下而上的制度变迁，是指单个经济主体为实现自身利益最大化，在给定的约束机制下自发进行改革，这是个人或群体在响应制度不均衡所引致的获利机会时所进行的自发性变迁（林毅夫，2003①）。在诱致性制度变迁中，自发的变迁者需要首先花费一定的时间和精力去获取公共部门内的一致意见，在这个过程中所耗费的组织成本和谈判成本是制度变迁者不得不考虑的问题。在公共部门的会计改革中，公共部门通过自发进行变革，有助于促进公共部门对改革的适应性。

因此，中国公共部门会计的改革中，可以采用强制方式和诱致方式相结合的改革手段，并且在不同的时期可以采用不同的方式。改革初期，可以侧重于强制的方式，通过自上而下推广确保改革方案能够在大范围内得到有效实施，而在改革过程中，为了减少改革阻力，尤其是减少摩擦成本可更多偏向于诱致方式。在这两种方式的交替过程中，当出现较大偏差或不可抗力影响时，可使用强制方式来加以调整，确保改革的顺利进行；当偏差不大即按既定方向发展时可进行使用诱致的方式，发挥公共部门自身的力量。

科学、合理地交替这两种方式可以推动公共部门会计改革的顺利实施。强制方式可以帮助公共部门统一和完善自身会计制度体系，在平衡好各方利益的基础上，新的改革方案还能够得以实施，而诱致方式可以在一些关键时刻减少改革阻力。通过多元的改革手段组合能够更好建立和统一公共部门会计体系，并有效减少改革成本。

（三）会计信息中介作用机制分析

公共部门会计改革不应该只有公共部门参与其中。公众作为公共部门会计改革涉及最广的群体也应该参与其中，而公众参与的中介主要是通过公共部门会计信息，公众是公共部门会计信息最普遍的需求者。

一方面公共部门会计信息具有较强的专业性，另一方面公众对公共部门会计信息的理解能力参差不齐，这都会导致公众对公共部门会计信息的需求降低。张琦、

① 林毅夫．信息化对制度变革的需求[J]．中国信息界，2003（23）：15.

张娟（2012）还从成本收益的角度对公共部门会计信息进行分析，虽然公众可以从公共部门会计改革中获得一定的利益，但不可否认的是公众获取公共部门会计信息也有一定的成本，并且有时候这种成本还较高，基于成本和收益的对比，公众就有可能对公共部门会计信息表现出“理性的无知”的状态①。“理性的无知”的存在也会导致公众对公共部门会计信息需求减弱，最后导致公共部门会计信息供给大于需求的局面。

可见，增加公众对公共部门会计信息的需求量对推进公共部门会计改革具有重要作用，而要增加公众对信息的需求，一方面要增加公众对公共部门会计信息的理解能力，这就需要公共部门会计信息的提供者尽可能地表述清楚、通俗、便于理解，也需要专家学者、媒体等对公共部门公布的会计信息进行及时的加工处理，便于公众进行了解。另一方面还要降低公众获取公共部门会计信息的成本，这可以从公共部门会计信息供给方来进行考虑。

通过专家学者、媒体等来建立起一个信息中介（见图 15－2），这个中介及时对公共部门发布的各项会计信息进行筛选、加工、解读，公众再通过这个中介中介获取关于公共部门的会计信息，这样省时、省力，既可以增加公众对公共部门会计信息的理解，又降低了公众获取公共部门会计信息的成本。张琦、张娟（2013②）等认为，通过成本和收益的比较后，公众对公共部门会计信息的需求量就会有效提升，初始的“理性的无知”的状态会有明显的改善。信息中介机制可以有效引导公众的价值取向，从而促进公共部门会计改革的具体实施。

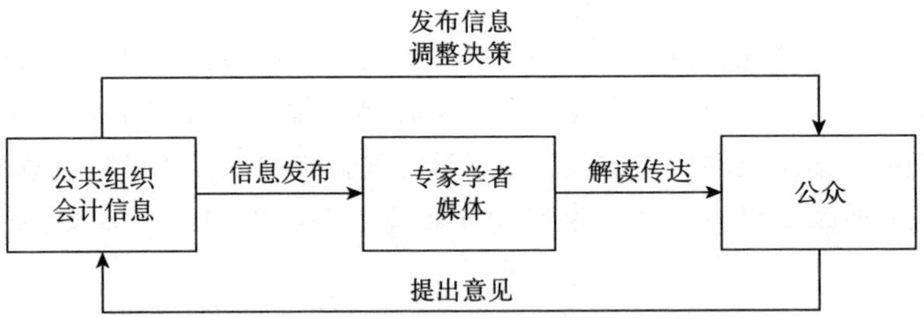

图 15－2　信息中介在公共部门会计改革中的作用机制

① 张琦，张娟．供求矛盾、信息决策与政府会计改革——兼评我国公共领域的信息悖论[J]．会计究，2012（7）：24－31.

② 张琦，张娟．预算制度变迁、网络化环境与政府财务信息传导机制[J]．会计研究，2013（12）：25－32.

（四）公共部门自身配套改革机制建设分析

在公共部门的会计改革过程中，公共部门自身内部其他方面的改革也要跟上，做到配套协调，这样改革才能持续推进。公共部门既要有意愿还要有能力，才能更好推进改革进程。作为会计改革的“初级行动集团”，公共部门的行动力取决于自身的能力，因此在改革过程中公共部门也要加强和完善自身的决策能力、组织能力、执行能力，要把握好会计改革的策略和方向。

减少公共部门会计制度的内在矛盾和弊端是中国公共部门进行会计管理改革的出发点，希望通过改革合理减少公共部门开支，提高资金的使用效率以实现资源优化配置，当然这也是评价公共部门财务是否实现公开化、透明化的内在要求。公共部门会计改革是公共部门管理改革的重要组成部分，也是构建公开、民主、高效的公共部门管理体系的关键环节①。

为了与组织会计改革相配套，公共部门在完善自身能力的建设过程中可以从如下三个方面着手：一是在公共部门内部要全面树立起改革意识。关于意识形态对组织发展和经济增长的影响，诺斯（2002②）认为意识形态在制度变迁中能够降低交易成本，对较好实现制度变迁有一定的推动作用，因此公共部门在推动会计改革的过程中要注意意识引导，激发各部门参与改革的积极性。二是要完善公共部门内部与会计改革相应的配套设施。三是注重监督机制建设，无论是会计管理还是公共部门其他方面的管理都需要透明的监督机制来保证公共部门的合理、合法运行，这将是公共部门长远发展必不可少的动力源泉。

与会计改革相配套的制度建设，需要在法律的框架下进行，以此形成一个公共部门自我约束机制③。该机制主要包括以下内容：首先是信息公开系统，公众可以便捷地从中获取与公共部门相关的会计信息，增加公共部门决策的公众知晓度，让公众可以真正参与公共部门会计改革，也便于为公众利用公共部门信息进行自身决策提供信息支撑。其次是完善公共部门会计绩效评价系统建设。公共部门为了获取公众更好的绩效评价，会自发地去完善现有公共部门会计的弊端。会计改革的自身驱动力增强，公众也可以行使自己的评价权力。最后还要完善有关公共部门自身发展的法律体系，将公共部门的发展路径、战略决策等纳入法制化管理。

---

① IPSASB. Conceptual Framework for General Purpose Financial Reporting by Public Sector Entities [M]. International Federation of Accountants, 2014.

② 道格拉斯·诺斯．经济史上的结构和变革[M]．厉以平，译．北京：商务印书馆，2002.

③ 刘刚．政府会计核算中存在的问题与措施研究[J]．企业科技与发展，2017（10）：122-124.

第二节 公共部门财政审计管理

党的十八大以来，审计机关深化对各级公共部门预算执行和决算草案审计，持续加大对财政存量、政府债务、转移支付、专项资金、“三公”经费，以及中央八项规定精神、国务院“约法三章”要求落实情况的财政审计力度，积极加大对经济运行中苗头性、倾向性问题和风险隐患的揭示力度，推动盘活沉淀资金、统筹整合专项资金，这要求公共部门必须提高财务资源的使用效能。学习和研究公共部门财政审计管理的相关内容，有助于推动建立权责清晰、财力协调、区域均衡的公共部门财务管理关系，促进建立全面规范透明、标准科学、约束有力的公共部门财务管理制度，保障公共部门财务资金的安全高效使用。

一、公共部门财政审计概述

（一）审计的起源与理论基础

1. 审计的起源。关于审计的起源最早可追溯到奴隶社会早期。作为人类文明的发源地之一，埃及在跨入奴隶社会后就建立了监察体系，派专门的人员对全国各地的收支进行核准、监督，虽然没有专门的审计机构或审计人员，但也被视为审计的萌芽①。此后的古希腊也在一定程度上继续效仿这一监察体系。而审计真正取得进一步的发展是古巴比伦建国之后，建立了一个专门的“清查神庙账目者”职位，这被视为早期审计专员的雏形，后来还设置了专员对各地的税收、政务等进行定期和不定期的监督②。在国外审计早期的发展过程中，国家审计的特征较为明显。

在中国五千多年的文化发展过程中，审计经历了漫长而曲折的演化历程。关于中国审计的起源，在史学界存在“奴隶社会早期说”（方宝璋，1995③）、“春秋战

① 文硕．世界审计史[M].北京：企业管理出版社，1996.
② 朱龙华．世界历史[M].北京：北京大学出版社，1991.
③ 方宝璋．中国古代审计史话[M].北京：中华书局，1995.

国说”（赵友良，1992①）、“西周说”（陈绍闻，1989②；李孝林，2011③）等，其中“西周说”得到了学术界主流的认可，并以《周礼》作为其主要依据。在西周当时设有“宰夫”一职，主要负责“以考百官府群都鄙之治，乘其财用之出入，凡失财用物辟名者，以官刑诏冢宰而诛之；其足财善物者，赏之。”即“宰夫”兼具经济监督和行政监察的职责，虽然没有以“审计”进行命名，但也被学界广泛认可为中国审计的雏形④。

尽管就国内外审计产生的具体时间，已有研究存在较大分歧，仍需进一步的史料考证，但就审计的起源仍有一些共性的认识。首先，审计的起源与会计之间有密切的联系。审计是会计产生之后，为便于会计监察而产生的一种检查方式，对会计内容进行实时核查以确保相关部门或组织严格按照财经法规进行日常经营管理活动⑤。其次，审计的产生源于财政和经济监督，一方面在审计的发展之初就是为了对国家的各项收支进行监督，确保其职能的实现，当权者为了维护自身的统治，必须对财政的收支情况做到全面掌控；另一方面通过审计可以实时了解国家的经济运行状况，便于宏观经济政策的实施而不只局限于是会计的附属品⑥。最后，审计起源于受托经济责任关系之后，纵观审计的整个发展历程，受托责任都贯穿其中⑦。经济生活中所有权和经营权的分离产生了经济责任受托，委托者将其财产委托给受托者进行经营管理，而受托者有义务接受委托者的监督，于是审计就这样产生于两者之间。

2. 审计的内涵。审计活动具有悠久的历史，目前国际上对于审计的定义还没有统一的概论，具有代表性的，是由美国会计学会（the American Accounting Association，AAA）在1973年提出的审计是以收集证据为基础、以客观标准为依据，查明被审计对象所认定的结果，进行科学评估，并将其系统完整的审计结果传递给有关使用者的过程⑧。

在中国，关于审计的基本概念也经历了一个反复实践和不断认识的过程，概括起来主要有以下三种认识：

第一种是将审计等同于会计查账或检查，认为审计就是按照一定的方法或技术对各项会计计算或报告进行审查，以判断各项经营活动的合法性和合理性。该表述

---

① 赵有良．中国古代会计审计史[M]．上海：立信会计图书用品社，1992.

② 陈绍闻，姚家华，徐培华．中国经济史学要籍介绍[M]．昆明：云南人民出版社，1989.

③ 李孝林．基于简牍的经济、管理史料比较研究[M]．北京：社会科学文献出版社，2011.

④ 张宏．中国审计史料简介[J]．审计研究，1992（2）：3－13.

⑤ 刘云，李霁．关于审计起源的探讨[J]．审计研究，2000（5）：13－16.

⑥ 郝云松．关于国家审计历史的几点思考[J]．审计研究，2010（6）：49－54＋60.

⑦ 李金华．浅谈我国审计的现状和发展[J]．中央财经大学学报，1998（8）：1－4＋36.

⑧ 谭建立．中国审计文化历史变迁的特征探讨[J]．审计研究，2018（2）：32－39.

主要结合了会计的特点和原则，也是会计师查账的具体流程和写照，但这只是审计的表象，并没有体现出审计的本质和要求。

第二种认为审计必须是组织或部门以外的第三者对该组织或部门的经济经营活动进行检查。即审计必须是第三者以国家的政策法规作为依据，对有关单位的会计报表、凭证等进行检查，避免故意欺骗和无意疏漏等问题，目的在于提高社会活动的经济效益。该表述首次突出了审计人员的地位，第三者的引入表明审计需要进行公证，但仍没有体现出审计的特征。

第三种把审计视为进行经济检查和监督的一种工具，也被称为“工具论”。认为审计可以在事前、事后以及临时性地依法对各级组织或部门的收支进行审查，以明确其会计账目中是否有不合法、不经济的地方。陈晓睦（1985①）在认为审计既是对会计工作的合法性、合规性进行审查，也是对组织责任承担者的业绩，包括诸如经济和社会效益、经营效率等在内各项指标进行评价和审核。在第三种表述中突出了审计的监督功能，符合中国财政审计的发展方向，但仍需进一步完善。

三种认识的不断深入，也反映了审计在不同时期内涵的补充和完善。潘序伦等（1936②）将审计分为广义审计和狭义审计。广义的审计是针对于会计师而言，认为其在审计时，除了要对会计事实进行核准，还要提出相应的建议，而狭义的审计则局限于会计审查。这为中国后续关于审计的认识奠定了一定的基础。1985 年中国关于审计的第一条规定《审计工作暂行规定》由国务院发布，明确了“谁审计谁”的问题，审计的主体可以是审计机关及其委托的社会审计组织，审计主体必须代表国家和人民的利益，而审计的对象是各级政府部门、企事业单位等与国家财政相关的单位。1989 年中国召开了审计学研讨会，对政府审计的本质进行了探讨，认为政府审计独立于一般的经济监管，而是由审计机关按照《审计工作暂行规定》进行的有目的监管。2010 年颁布的《中华人民共和国审计法实施条例》进一步强调了审计的监督功能，不仅要对财务信息的真实性和公允性进行审查，还要对公共部门所提供的公共服务质量，对公共资源的运用等进行评价。

结合本书的研学目标，在此将审计定义为监督主体为确保审计范围内的各个被审对象严格按照相关规定进行经济活动而实施的一种全面的、综合的监督管理工具。客观公正的审计对完善各项法规建设，明确经济主体责任具有重要意义。但随着经济建设的深入推进，可动态地对审计的基本概念进行界定。

3. 审计的理论基础。审计作为一种经济活动，是为了满足特定的社会需要而产生的。在社会发展过程中，国家和政府接受人民的委托管理和配置公共财产，就必须基于人民的利益严格履行自身义务。人民通过一定的监督、审查机制了解国

① 陈晓睦．审计涵义商讨[J]．审计研究，1985（1）：30－31.

② 潘序伦，顾询．审计学，上册[M]．北京：商务印书馆，1936.

家、公共部门和企业等的活动，而审计就是这种监督机制的重要组成部分。为了深入了解和开展审计工作，需要对审计的理论基础有正确的认识，并且要将审计的理论基础和审计实践相联系。

由于审计活动本身的复杂性，理论界对审计产生的动因也持有不同的态度。但主流的观点认为，审计是产生于公共责任受托基础之上的一种监督形式，并且随着审计实践的发展，受托责任的内涵不断巩固，外延得到了新的拓展，由此受托责任理论被学术界广泛认为是研究审计和审计理论体系的基础或逻辑起点①。所谓公共责任受托，其本质是不同类型的组织和人民之间的一种委托代理关系②。人民作为权力的所有者是委托方，公共部门按照相关法律和人民的意愿对公共资源进行配置是代理方。人民希望其委托的权力能够得到高效、合理的运用，因此要求代理方及时公开说明或汇报权力执行的效果，且要对自身行为的合法性、真实性、经济性负责。

将公共责任受托引入审计中，需要立足责任受托的本质并结合实践发展的需要来构建审计的理论基础。可以说，责任受托关系是审计发展的动因和客观基础，而审计也随着责任受托关系外延的拓展而逐渐深化。从受托责任的发展历程来看，从最开始的财产保管受托发展到经营管理受托，受托的责任逐渐加强，而受托的范围也从特定委托人发展到非特定委托人。这就要求审计从弊端审计不断转向财务审计，再从单纯的财务审计转向经营管理审计、绩效审计等，审计有了多重目标，超出传统的领域，审计的综合性特征加强③。

（二）财政审计的对象和内容

1. 财政审计的概念。考虑到本书的研学背景及目标，本书引用国家审计署对于财政审计的定义：财政审计是审计机关根据国家法律和行政法规的规定，对国家公共收支及相关经济活动的真实、合法和效益情况进行的监督检查。在中国，财政审计以规范预算管理、推动公共部门财务管理体制的完善、促进建立公共财政体系、保障财政安全、提高公共财务绩效水平为目标，坚持“揭露问题、规范管理、促进改革、提高绩效”的审计思路，全面提升预算执行审计的层次和水平④。

2. 财政审计的对象。财政审计的对象主要是参与国家公共收支管理及有关经济活动的各级政府和相关部门、各级财政的预算单位和其他管理分配使用财政资金的单位，主要包括：①管理分配使用财政资金的本级政府及其组成部门、直属机

---

① 杨肃昌．对构建国家审计理论体系的思考[J]．审计与经济研究，2012（2）：13－21.

② 刘笑霞．政府公共受托责任与国家审计[J]．审计与经济研究，2010，25（2）：23－31.

③ 徐宝勤．审计基础理论与实务[M]．北京：北京理工大学出版社，2010.

④ 国家审计署．《审计署 2008 年至 2012 年审计工作发展规划》［EB/OL］．http：//www.audit.gov.cn/n4/n19/c42109/content.html 2008－7－11/2019－12－14.

构，下级政府和其他有关部门、单位。②负责征收公共收入的税务、海关和其他有关部门、单位。③其他取得财政资金的单位和项目等。

3. 财政审计的内容。随着社会经济的发展，中国财政审计的内容发生了一定的变化，《审计署2008年至2012年审计工作发展规划》首次指出财政审计的内容主要包括：中央财政管理审计、中央部门预算执行审计、中央转移支付审计、中央税收征管审计、中央企业国有资本经营预算审计、地方公共收支审计、固定资产投资审计、农业资金审计、会保障审计、专项资金审计以及当时国家重点关注的汶川地震抗震救灾和灾后恢复重建审计。中国当前公共部门财政审计仍然以财政财务收支与预算执行审计为重点，审计机关依法对公共部门的全部收入和支出、组织部门管理或其他单位受公共部门委托管理的资金以及相关经济活动进行全面审计，主要内容可以概括为：

（1）财政预算执行及决算草案审计。对各级公共部门预算执行及决算草案进行审计，主要监督检查预决算的真实、合法和效益情况以及财税政策执行、政府预算体系建设、重点专项资金管理使用、财政体制运行、政府债务管理等情况，促进加快建立现代财政制度，建立权责清晰、财力协调、区域均衡的中央和地方财政关系。

（2）部门预算执行及决算草案审计。对各级党政工作部门、事业单位、人民团体等的部门预算执行和决算草案进行审计，主要监督检查部门预决算的真实、合法和效益情况，重点关注贯彻中央八项规定及实施细则精神、“三公”经费和会议费支出等情况，促进严格预算约束，建立全面规范透明、标准科学、约束有力的预算制度。

（3）税收审计。税收审计是指对海关、税务系统收入征管情况进行审计。主要监督检查依法征收、税制改革推进以及结构调整、科技创新、大众创业、环境保护等方面税收优惠政策落实情况及效果，推动清费立税，完善税收体系，促进建立税种科学、结构优化、法律健全、规范公平、征管高效的税收制度。

（三）公共部门财政审计的特点

刘家义（2015①）、周维培（2019②）、张立民和许钊（2014③）等研究指出，

① 刘家义．国家治理现代化进程中的国家审计：制度保障与实践逻辑[J]．中国社会科学，2015（9）：64－83＋204－205.

② 周维培．从“鉴证”到“问责”——全球视野下国家审计服务国家治理的路径分析[J]．审计研究，2019（4）：3－10.

③ 张立民，许钊．审计人员视角下的国家审计推动完善国家治理路径研究[J]．审计研究，2014（1）：9－17.

由于财政审计本身所具有的内在特性，完善的财政审计在公共管理中不仅是国家治理体系现代化的重要标志，而且可以促进相关治理制度的建立和优化，并可从决策力、执行力、廉洁性、绩效性等方面促进国家治理能力的现代化。具体体现在抑制“三公”经费（张琦，2018①）、促进提升公共投资绩效（邓大松 2019②）、优化制度建设（池国华 2019③）等方面。在此，可将国公共部门财政审计的特点概括为：

1. 宏观整体性。财政审计涉及财政政策、财政体制、财政制度等国家宏观调控方面的事项，要重点关注政府间财政关系以及财政政策与货币政策、产业政策等方面的协调情况，并对涉及宏观政策方面的问题做出审计评价。此外，财政审计还要对政府的所有收入和支出进行监督，涉及政府活动的方方面面；同时，财政审计要从国家治理的高度对财政活动进行总体把握，形成一个完整的体系，对财政管理的总体情况做出评价。因此，公共部门财政审计具有宏观整体性的特征。

2. 政策落实性。财政审计通过对政府部门公共收支规模、结构、管理和政策实施效果的审查，揭示预算分配和执行中存在的突出问题，提出完善资金分配、加强预算管理等方面的建议，促进提高政策实施效果，因而政策落实性是财政审计的内在特质。

二、公共部门财政审计的中外比较研究

各国政府在财政审计制度建设、审计意见等方面都存在较大差异。与私营部门审计制度的国际趋同趋势相比，各国公共部门财政审计制度更加依赖于国家政体、财政管理制度乃至法律文化等因素，从而在财政审计制度发展上各具特色（Lüder, 1992④；陈立齐，2015⑤）。比较中外财政审计的历史脉络有助于优化中国的财政监督机制，进而促进公共部门财务管理体统的完善。本书以英美为例，简要概述其政府财政审计的发展历程，为促进中国公共部门财政审计的建设提供灵感。

① 张琦，宁书影，郑瑶．国家审计的“三公”预算治理效应——基于中央部门的经验证据[J]．审计研究，2018（4）：53－61.

② 邓大松，张永春，杨晶．审计促进提升公共投资绩效路径研究[J]．审计研究，2019（2）：48－54.

③ 池国华，郭芮佳，王会金．政府审计能促进内部控制制度的完善吗——基于中央企业控股上市公司的实证分析[J]．南开管理评论，2019（1）：31－41.

④ Lüder, K. G. Contingency Model of Government Accounting Innovations in the Political Administrative Environment [J]. Research in Governmental and Non－Profit Accounting, 1992. 7（4）：99－127.

⑤ 陈立齐．当前中国政府会计改革：现实意义与国际环境[J]．会计与经济研究，2015，29（4）：3－9.

（一）英国的财政审计

英国是最早建立议会制的国家，也是最早设立立法型财政审计的国家[①]。1215年英国皇室签署的《大宪章》（Magna Charta）就明确规定政府的公共收入必须来自经过议会批准的法定税收，通过议会对政府资金进行监督，限制封建统治者的权力，为立法模式的财政审计的发展奠定了政治基础。1314年英国出现正式的负责审计政府开支的公职人员——财政审计师（the Auditor of the Exchequer）。1559年在伊丽莎白一世的时期，英国设立"拨款审计处"（the Auditors of the Imprest），正式负责审计国库支付。1689年《权力法案》（the Bill of Rights）进一步限制了王权，保障了议会的权力。在英国财政审计现代化进程初期，财政审计监督主要由财政部执行，议会的监督是间接的，无法真正体现立法监督思想，财政审计效率不高[②]。

19世纪60年代，随着英国海外殖民扩张，需要审查的账目激增，迫切需要立法性质的财政审计监督普及包括海军部和陆军部在内的一切行政机构。在这种情况下，英国于1866年颁布《国库和审计部法案》（Exchequer and Audit Department Act），一切行政机构的各项支出应由议会领导的主计审计长审核是该法案的核心，《国库和审计部法案》的出台，标志着现代英国财政审计监督体制的建立和第一个立法模式审计制度的诞生[③]。19世纪，合规性审计是审计人员传统的正式职能的全部，在维持行政管理和财务行为的秩序和纪律中不可或缺。但它对行政活动的经济性，对改善、简化、合理化或改革毫不关心，只是一个消极性的控制行为[④]。

从20世纪60年代开始，许多议员和学者认为公共部门财政审计的范围需要现代化，以反映20世纪政府角色的重大变化。随着政府职能的扩张和公共支出的膨胀，1983年《国家审计法》明确提出建立国家审计署（National Audit Office，NAO）。NAO隶属议会下院，其主要职责一是依《国库及审计部门法》对政府机关财务报表进行审计与鉴证，即财务审计；二是依《国家审计法》对各机关使用公有财物及政府经费做出经济性、效率性及效益性检查与评估，即绩效审计。除此之外，依据《国家审计法》还设立了公共账户委员会（the Public Accounts Commission，TPAC）来监督NAO的工作（这些建议都纳入在了后来的《预算责任和国家

---

① 王家新，王会金，裴文英．中英国家审计比较研究[J]．审计与经济研究，2003（4）：25－27.

② Stuart Weir，David Beetham. Political Power and Democratic Control in Britain：The Democratic Audit of the United Kingdom. Contributors［M］. London：Routledge，1999.

③ 中华人民共和国审计署．英国国家审计制度变迁及其结构功能分析［EB/OL］. http：//www. audit. gov. cn/n6/n41/c19783/content. html 2012－1－12/2019－12－13.

④ 王家新，王会金，裴文英．中英国家审计比较研究[J]．审计与经济研究，2003（4）：25－27.

审计法》)。

进入 21 世纪，英国的财政监督体系得到了进一步的完善。2000 年《政府资源和会计法案》颁布，规定由注册会计师事务所审计整个公共部门的综合账目；2011 年《预算责任和国家审计法》(Budget Responsibility and National Audit Act 2011，BRANA）出台以绩效为重心的财政审计体系基本成形；2014 年英国颁布《地方审计和问责法》，规定取消审计委员会，并对地方公共机构实行新的审计安排，至此，英国形成了从中央到地方的相对完善的财政审计监督体系和有力的法律支撑①。

英国是立法型财政审计制度的鼻祖，考察其财政审计模式的形成过程，不仅对于窥探整个立法型审计制度形成的全貌，还对包括中国在内的现代国家财政审计制度的改革，都具有十分重要的理论与实践意义。

（二）美国的财政审计

美国的财政审计制度深受英国议会对政府财政控制观念的影响。在 1787 年宪法（Constitution of the United States）颁布之前，美国财政审计事务皆由议会办理。1789 年美国国会立法成立财政部（U. S. Department of the Treasury)，由财政部对政府的财务活动进行监督。财政部长口头或书面向国会参众两院提交审计报告，依国会指示履行职责。

20 世纪 20 年代，为了优化联邦政府财务管理效果，美国国会于 1921 年制定《预算与会计法》（the Budget and Accounting Act)，成立审计总署（General Accounting Office，GAO)，直属国会，自此财政部的财政审计职能划归 GAO。在美国三权分立的体制下，GAO 大大增强了国会制衡行政部门的能力，这也是美国财政审计制度的重要特点之一。

20 世纪 40 年代前，GAO 协助国会监督行政机关的支出情况，主要工作是审核各机关送审的凭单。在约翰 · R. 摩卡尔（John R. McCarl）担任审计长时，曾实施部分付款凭证的事前鉴证制度，但随着支出凭单大量增加，审计工作负荷过度。1950 年颁布《预算与会计程序法》（the Budget and Accounting Procedures Act）时，放弃凭单的鉴证手续，废止事前审计制度。

自 1975 年安达信会计师事务所受托为联邦政府编制首份权责发生制财务报表之后 20 年左右的时间，美国财政部一直试编联邦政府财务报告，但一直不接受审计。1981 年 6 月，鲍歇尔（Charles A. Browsher）就任美国审计长，在其任期中，

① National Audit Office. History of the NAO [EB/OL]. https：//www. nao. org. uk/about - us/our - work/history - of - the - nao/ 2013 - 2 - 28/2019 - 12 - 15.

GAO 曾两次修政府审计准则，在 GAO 于国会间建立了有效的沟通制度，将各机关年度决算的审计交由公开执业的会计师审计之后，GAO 则将其工作重点转移到政府绩效审计，审计范围涉及财政赤字、国防安全、信息资源的运用、人口老龄化、波斯湾战争中武器的使用效率、改善全国医疗健康计划、全球化的挑战等。在此期间，美国的绩效财政审计成为世界性的标杆①。直至 1991 年成立联邦会计准则咨询委员会（Federal Accounting Standards Advisory Board，FASAB），并发布系列联邦政府会计准则，联邦政府整体及其各组成部门才从 1997 年开始正式依据 FASAB 制定的准则编制年度财务报告，并接受审计。

美国政府财政审计中，各部门向财政部和美国行政管理和预算局（Office of Management and Budget，OMB）报送经各部门内审机构（内审机构有时将审计工作外包给会计师事务所）审计的年度财务报告②；再由财政部会同 OMB 依据各部门提交的财务报告，采用 FASAB 准则规定的合并方法编制联邦政府整体的年度财务报告；联邦政府整体的年度财务报告经 GAO 审计后对外公布。

公开发布的联邦政府整体年度财务报告以财务报表为主体，财务报表接受 GAO 审计，包括资产负债表、运营净成本表、运营活动和净资产变动表以及社会保险报表，此外还包括运营净成本和统一预算赤字调节表、统一预算和其他活动现金余额变动表，以全面反映联邦政府的财务状况、运营绩效等方面的信息，并通过列示运营净成本与预算赤字的调节情况。除此之外，美国各个联邦部门的合并财务报表通常包括在其绩效和责任报告中，在构成上与联邦政府整体的财务报表构成相类似，并侧重增加了预算资源表③。这种财政审计程序和模式，很好地做到了权责发生制会计信息与收付实现制预算会计信息相互对比和衔接，这一点对于新《会计制度》（2017）改革实践中的中国具有重要的借鉴意义。

（三）中国财政审计的发展

1. 古代中国的财政审计。中国古代财政审计的目的主要是满足帝王对各级官员进行考核的需要，以维护王权或皇权统治，从而加强中央集权。中国财政审计的雏形源于四千多年前的舜禹时代，春秋时期正式称为“上计”。西周时期，设立了

① 戚啸艳，王昊，易仁萍．中外绩效审计制度变迁及我国现行制度体系完善的思考[J]．审计研究，2005（6）：22－25.

② Grasso P G，Sharkansky I. The Auditing of Public Policy and the Politics of Auditing：The U. S. GAO and Israel's State Comptroller [J]. Governance，2002，14（1）：1－21.

③ 中国会计学会．会计司：关于美国、加拿大政府会计改革与内部控制建设情况的调研报告．[EB/OL]. http：//www. asc. net. cn/news/newscontent. aspx? newsid ＝ 0f30a4c6 － cb84 － 48b0 － aca9 － 77d4f85c57b7&pagecode = menu_ ax 2013 － 11 － 12/2019 － 12 － 16.

类似财政审计的“太夫”最高行政长官，对官计总负责，宰夫之下设立各官职，分别保管物资财产、监督九府出纳；秦汉时，御史大夫行使审计监督的大权，财政审计的地位得到显著的提升；西汉年间，中国颁布了《上计律》，为当时中央财政监督提供了法律依据，是我最早与财政审计相关的法律；隋唐时，建立了比部制度，比部由司法部门领导，独立于财政系统，负责对上至中央，下到地方的各级政府部门的公共收支文书、计簿等财务记录的载体进行稽考核查，具有很强的独立性和权威性；宋代，中国审计一词开始出现，中央设立三司作为最高财政机关，再下设不同分工的审计机构，元丰改制之后，户部作为最高的财政部门，由其内设机构对地方上报账簿进行核查，比部作为最高审计机关，需要对户部所审账簿进行再审，实现了财政和审计的分离；元朝取消了比部，由户部负责账簿的审核工作；明初时期恢复比部，洪武年间，设都察院左右都御史、十三道都察御史分别对中央账簿和地方的税赋收支等账簿进行审查，另设六科负责各部财政开支的审查及中央各部官员的考核；清朝实行科道审计，中央设立都察院，下设十五道督察史，同时将六科归入都察院，负责对十五省的检查工作，并稽查中央的各衙门①。

2. 近代中国的财政审计。1840 年，鸦片战争后，垂死边缘的清政府为了挽救统治，开展一系列改革运动。戊戌变法后，清政府预备立宪，并准备借鉴西方经验建立审计院，拟定了《审计院管制草案》，但由于清政府的覆灭最后并没有得到实施。1912 年 10 月中央设立审计处，下设五股负责全国公共收支和国有财产的监管。1913 年，开始在全国各省设立审计处分处，由中央审计处垂直领导。1914 年，撤销各地分处，仅在中央设立一级审计机构“审计院”，直接对国家元首负责。同年《审计法》颁布实施，奠定了审计机关的法律地位。

1927 年，民国时期设监察院并下设审计部，同时出台了《审计部组织法》，指出由审计部对中央及地方各机关单位的预算、计划进行监督，稽查经济犯罪等违法行为。中华民国时期，审计建制不断发展变化，但是这一过程当中，政府审计在机构建设、职权范围和审计方法等方面取得了长足进步。民主革命时期，在中国共产党的领导下，《审计局组织法》开始颁布实施。

3. 现代中国的财政审计。新中国成立后，在很长一段时间里，由于对政府审计认识不足等各种原因，一直没有设立独立的财政审计机构。20 世纪 50 年代中期之后，审计监督寓于财政、监察工作之中，由财政和监察机关负责财政预算决算的审查和预算执行监督，监察相关违反财经纪律的现象。20 世纪 80 年代，中国开始在各个领域追求解放和发展生产力，一系列相关的改革措施也随即出台（见表 15－11）。政府作为社会政治经济的中心，拥有大量社会资源，为了充分发挥审计

① 黄文德，方宝璋．略论中国古代上计制度中的审计职能[J]．审计研究，2014（2）：14－17；谭建立．中国审计文化历史变迁的特征探讨[J]．审计研究，2018（2）：32－39.

在推动发展社会主义经济中的作用，财政审计在国家的推动和支持下迅速成长。

表 15－11　改革开放后到党的十八大前中国公共部门财政审计推进措施（1983—2010 年）

年份	事件
1983	国务院正式宣布在中央设立审计署以及各级地方设立审计机关，从此展开对中央到地方全面的财政审计
1994	第八届全国人民代表大会常务委员会第九次会议通过了《中国人民共和国审计法》（文中统称《审计法》），为加强公共部门财政审计，维护国家财政经济秩序，提高公共部门财务资源的使用效益，促进廉政建设，保障国民经济和社会健康发展提供了法律支撑
2003	审计署发布了《审计署关于成立财政审计、环境审计和经济责任审计协调领导小组有关事项的通知》成立了财政审计协调领导小组
2005	国家审计署发布《审计署关于进一步深化财政审计工作的意见》
2006	第十届全国人民代表大会常务委员会第二十次会议对《审计法》进行了修正
2008	审计署制定《审计署 2008 年至 2012 年审计工作发展规划》明确了财政审计的目标、内容和要求，并指出，要整合资源，构建国家财政审计大格局
2010	国务院制定并通过了《中华人民共和国审计法实施条例》（以下简称《审计条例》），进一步完善了中国的审计监督制度，推进财政审计工作的落实；国家审计署制定《中华人民共和国国家审计准则》（以下简称《审计准则》），对规范和指导对公共部门的财政审计行为，进而保证审计质量，防范审计风险，发挥审计保障国家经济和社会健康运行的“免疫系统”功能发挥了重大作用

注：表格根据全国人民代表大会、国务院及相关部门文件整理而得。

党的十八大以来，中国不断探索完善财政审计组织方式，为加大审计资源整合力度，采取了一系列措施（见表 15－12）。

表 15－12　党的十八大以来中国推进完善公共部门财政审计体系的措施（截至 2018 年）

年份	事件
2013	刘家义审计长在全国审计工作会议上系统阐述了审计监督全覆盖的深刻内涵，为全面认识和理解审计监督全覆盖指明了方向
2014	国务院下发《关于加强审计工作的意见》，对审计监督全覆盖作出了进一步的说明；同年，党的十八届四中全会公报中明确指出：完善审计制度，保障依法独立行使审计监督权
2015	中共中央办公厅、国务院办公厅印发了《关于完善审计制度若干重大问题的框架意见》（以下简称《审计框架意见》），提出“到 2020 年，基本形成与国家治理体系和治理能力现代化相适应的审计监督机制”；配套颁布了《关于实行审计全覆盖的实施意见》（简称《审计实施意见》）提出实现审计全覆盖
2017	党的十九大报告中指出要“改革审计管理体制”
2018	《深化党和国家机构改革方案》以及中央审计委员会一次会议中都强调“构建集中统一、全面覆盖、权威高效的审计监督体系”，更好发挥财政审计在公共管理体系中的重要作用

《审计框架意见》明确了财政审计在保障国家重大决策部署贯彻落实、维护国家经济安全、推动深化改革、促进依法治国、推进廉政建设中的重要作用。《覆盖

实施意见》指出，要全面审计公共资金、国有资产、国有资源和领导干部履行经济责任情况等，做到“应审尽审”“凡审必严”“严肃问责”。财政审计进入转型升级的新阶段，呈现出新的动态与趋势。此外，2018 年《中共中央关于全面深化改革若干重大问题的决定》明确要求“加强行政监察和审计监督”，党的十九大报告中也要求“深化国家监察体制改革”，“制定国家监察法”，2018 年 3 月成立监察委员会，并颁布了《中华人民共和国监察法》（简称《监察法》），《监察法》和《审计法》《会计法》《政府会计准则》《政府会计制度》《审计准则》等法律法规的陆续出台，共同支撑着中国公共部门财政审计体系的成长和发展。

（四）大数据与财政审计

习近平总书记指出，要增强改革创新本领，就是要善于结合实际创造性推动工作，要善于运用互联网技术和信息化手段开展工作。2014 年国家审计署在全国反腐过程中提出了用大数据技术擦亮“反腐利剑”的观点。2015 年《国务院办公厅关于运用大数据加强对市场主体服务和监管的若干意见》指出，要将大数据全面应用于公共部门财政资金的审查监督。探究大数据背景下的审计分析，有助于更好地搭建财政审计管理体系，完善中国公共部门财务管理系统。

1. 大数据概述。2015 年，国务院印发《促进大数据发展行动纲要》，提出要全面推进中国大数据发展，实施国家大数据战略。“大数据”并非一个确切的概念。最初，这个概念是指需要处理的信息量过大，已经超出了一般电脑在处理数据时所能使用的内存量，因此必须改进处理数据的工具。互联网数据中心（IDC）认为，“大数据”是为了更经济、更有效地从高频率、大容量、不同结构和类型的数据中获取价值而设计的新一代架构和技术，用它来描述和定义信息爆炸时代产生的海量数据，并命名与之相关的技术发展与创新。如谷歌的 Map Reduce 和 hadoop 平台，这些技术使得人们可以处理的数据量极大地增加。更重要的是，这些数据不需要像传统的数据库中以表格整齐地排列。2013 年，“大数据之父”维克托·迈尔·舍恩伯格（Viktor Mayer - Schönberger）和肯尼斯·库克耶（Kenneth Cukier）提出，大数据不用随机分析法（抽样调查）的捷径，而是对所有数据进行分析处理，即“样本 = 总体”。普遍认同大数据有“4V”特点，即 Volume（数据体量巨大）、Velocity（处理速度快）、Variety（数据种类多）、Value（价值密度低，商业价值高）。后经研究发展完善，将“4V”理论中最后一个“V”改为 Veracity（真实性）。

国内研究从不同角度对“大数据”给出了定义，如秦荣生（2014①）认为，

① 秦荣生. 大数据、云计算技术对审计的影响研究[J]. 审计研究，2014（6）：25 - 30.

“大数据”是指所涉及的数据量规模大到无法利用现行主流软件工具，在一定的时间内实现收集、分析、处理或转化成为帮助决策者决策的可用信息。杨凯茜（2015①）将大数据理解成是用传统的方法不能直接获取的来自人、机、物的大量网络数据的集合，这些数据包括结构化数据、半结构化数据和非结构化数据，具有大量化、多样化和快速化的优点。

2. 大数据对财政审计的意义。2014 年，AICPA 颁布的《在无线世界中重构审计》白皮书勾绘了大数据时代的审计场景，并从数据科学视角提出审计数据分析是发现异常、模式识别、建模和可视化的科学，大数据技术的发展与应用对审计方式、审计证据采集、审计数据分析、审计结果应用产生了巨大影响。秦荣生（2014②）指出：大数据可以促进持续审计方式的发展、总体审计模式的应用、审计成果的综合应用、相关关系证据的应用、高效数据审计的发展和大数据审计师的发展。构建和完善新时代财政审计体系，首先需要认识大数据对财政审计系统的影响。

（1）大数据有利于推进财政审计的延续性。在传统财政审计中，审计人员只是在被审计单位的某一个财政周期完成后才进行审计，而且审计过程中并不是审计所有的数据和信息，只是抽取其中一部分进行审计。这种事后和有限的审计很难对被审计单位复杂的资金活动和管理系统及时做出正确的评价，也难以判断被审计单位公共资金活动的真实性和合法性。而大数据技术可以促进持续审计方式的发展，使财务信息与大数据较好地交叉融合，对公共部门财务数据进行实时反馈和存档，将“事前”“事中”“事后”审计变成一个动态延续过程，有效提升财务数据审计质量并对风险进行实时控制③。

（2）大数据有利于推进财政审计整体性。利用大数据和互联网信息技术可以对公共部门进行跨层级、跨部门、跨地区的全局性和整体性数据搜集和分析。对公共部门进行整体性财政审计，可以有效规避审计抽样风险。在搜集总体的所有数据的情况下，通过数字化分析可以看到更细微、深入的信息，对数据进行多角度的深层次分析，从而发现隐藏在细节数据中的对审计问题更具价值的信息④。大数据给财政审计提供了一种能够从整体上把握被审计公共部门资金活动的技术手段，从而帮助审计人员能从总体的视角发现以前难以发现的问题。

---

① 杨凯茜．浅谈大数据审计的特点及实现——以审计署对 2012 年中石油的审计结果为例[J]．财经界，2015（18）：315－316.

② 秦荣生．大数据、云计算技术对审计的影响研究[J]．审计研究，2014（6）：25－30.

③ Authorized Public Auditing of Dynamic Big Data Storage on Cloud with Efficient Verifiable Fine－Grained Updates[J]. IEEE Transactions on Parallel and Distributed Systems，2014，25（9）：2234－2244.

④ Sookhak M，Gani A，Khan M Buyya R. Dynamic remote data auditing for securing big data storage in cloud computing[J]. Information Sciences，2015（380）：101－116.

（3）大数据有利于提高财政审计成果的应用价值。目前，财政审计的成果主要表现为被审计单位的审计报告，其格式固定，内容单一，包含的信息量较少。大数据在财政审计中的应用，可以使得审计成果除了审计报告外，还有在财政审计过程中采集、挖掘、分析和处理的大量的资料和数据，可以提供给被审计单位改善组织运行效率，促进审计成果的综合应用，提高审计成果的综合应用价值。

3. 如何加强大数据环境下的财政审计。2015 年《国务院办公厅关于运用大数据加强对市场主体服务和监管的若干意见》指出，要加强大数据在政府财政审计中的应用。“十三五”规划纲要提出的实施国家大数据战略预示着中国已全面进入大数据时代。如何在财政审计中尽可能挖掘大数据手段的效用，本书认为应从以下方面入手：

（1）建设和完善大数据应用的审计法规。中国现行法律、法规和审计准则中对大数据的应用还没有完善、明确的规定，因而在财政审计中应用大数据没有坚实的法律基础。大数据应用的合法性问题是审计立法面临的一项重要而迫切的课题①。只有拥有符合其发展规律的法规支持，大数据应用才能成为包括财政审计人员在内的所有审计工作者依法审计的基础。不解决与大数据等信息技术应用相关的审计法律依据问题，大数据应用就很难在审计领域中真正展开。无论是审计中大数据的采集、存储制度化、规范化，还是大数据分析结果及相关电子证据的法律地位，都是大数据在审计领域应用中必须要解决的问题。这是大数据在财政审计中充分发挥效用的重要前提。

（2）搭建大数据财政审计分析平台。要实施大数据在财政审计中的应用，有关部门应积极建设并及时更新大数据财政审计分析平台。建设大数据审计分析平台是一项基础性的工程，对促进大数据在财政审计中的应用具有重要意义。大数据审计分析平台是以审计公共部门大数据为中心，实现远程存储和移动计算，减少数据移动带来的损耗，大数据审计分析平台可以通过云计算的 IaaS、PaaS 和 SaaS 三大服务模式实现相应的功能（张为民，2009②）。因此，在实际工作中发挥审计行业优势，结合公共部门会计信息系统，构建跨部门、跨地区公共部门财政审计大数据平台具有现实可操作性。在建立大数据审计分析平台在实际工作中，要牢固树立大数据审计理念，创新技术方法，提高财政审计质量和效率。

（3）研究和拓展财政审计大数据分析方法。财政审计数据存在数据来源多、数据库复杂、管理层级多、分散性强、社会影响性大等特点，单一的简单的数据分析方法很难适应财政审计数据的需要。财政审计大数据的应用要紧紧围绕审计目

① 马志娟，梁思源．大数据背景下政府环境责任审计监督全覆盖的路径研究[J]．审计研究，2015，187（5）：30－36.

② 张为民．云计算：深刻改变未来[M]．北京：科学出版社，2009.

标，抓住关键数据源，运用“总体分析、发现问题、分散核实、系统研究”的信息化审计方式，综合运用多种大数据分析方法进行数据挖掘分析，以“高耦合性”的报表填报工具为支撑，精心设计框架结构、字段属性、逻辑控制、表间关联等要素，提高数据处理和汇总的精准度，积极推动各级支出的预算执行数据与国库支付数据贯通、中央对地方转移支付数据与地方公共收支数据贯通，不断探索实现审计全覆盖，提升审计成果。

作为经济转型升级的新动能与政府治理创新的新手段，大数据的应用对于公共部门财政审计既是机遇也是挑战。财政审计在提高政府治理能力与促进社会公平正义方面承担着不可推卸的责任，要抓住大数据的时代机遇，立足国情，建设具有中国特色社会主义的大数据财政审计。

4. 完善中国现代化财政审计体系建设。党的十八大以来，不断探索完善财政审计组织方式，加大审计资源整合力度。从加强顶层设计入手，统筹谋划中央预算执行审计工作，以财政审计总体方案为载体，构建以财政部具体组织中央预算执行、审计与发展和改革委员会组织分配中央财政投资审计为引领，以中央部门预算执行审计和地方公共收支审计为两翼，以重点专项资金和重大投资项目审计为支撑的审计组织体系，通过审计总体方案把各方面资源联结起来，加强信息共享，努力打造相互支撑、互为印证的财政审计体系，切实增强财政审计的宏观性和整体性。为进一步优化中国的财政审计体系建设，可以从以下方面入手：

（1）提升绩效审计在财政审计中的地位。根据 2018 年 11 月出台的《中共中央、国务院关于全面实施预算绩效管理的意见》（中发〔2018〕34 号）（下文简称“《意见》”），今后财政预算执行审计还将进一步加强。就目前来讲，可以在本级预算执行审计、部门财务收支审计、国家重大政策措施落实情况跟踪审计中，将财政绩效审计管理情况作为重点，建立符合法律规定和当地实际情况的财政绩效审计评价指标。同时，在绩效审计中要关注项目的实施过程，资金的运用情况。此外，在与财政审计配套的投资审计、经济责任审计、自然资产资源离任审计等其他项目中，也应适当加大绩效管理审计力度，探索完善公共部门财务管理行业性评价指标体系。

2019 年的政府工作报告中提出要将“继续创新和完善宏观调控，确保经济运行在合理区间”作为“十大重点任务”之一，要求各级政府和财政部门当好“铁公鸡”、打好“铁算盘”、管好“钱袋子”“推进财税体制改革，预算绩效管理改革全面启动”。绩效审计是公共部门财务管理系统的重要环节，是构建绩效责任导向型公共部门、提升公共部门公信度的现代管理工具。因此，在公共部门财政审计的过程中应关注财政资金绩效。

（2）财务报告审计与预算审计并驾齐驱。中国当前公共部门财政审计仍然以公共收支与预算执行为重点审计对象。虽然权责发生制政府财务报告改革已经启动，但预算报告仍以收付实现制为基础，政府财务报告与预算报告编制基础的差异必然导致在两者在审计目标、审计流程与组织工作上的差异。因此就有可能出现预算执行审计、决算草案审计与政府财务报告审计“三足鼎立”的公共部门财政预算及财务报告审计格局①。因此将三者的审计进行协调是中国财政审计体系建设中尤需关注的一个方面。

（3）促进财政审计结果公开化。张立民（2006②）、陈宋生（2014③）、刘静（2015④）等都将财政审计结果公开作为财政审计领域研究的一个重要问题。国际审计组织（International Organization of Supreme Audit Institutions，INTOSAI）三大宣言——1977年《利马宣言——审计规则指南》、2007年《墨西哥宣言》和2014年《北京宣言》——均将财政审计结果公开视为审计机关的重要权责，而世界许多国家早已把政府审计结果公开作为审计制度的组成部分⑤。现有的法律法规、规章和规范性文件为实施财政审计公开起到了一定的保障作用，但也还存在着相关规定比较笼统，相关的制度设计不够系统、条款不够明确等问题。因此，要以法律、法规、部门规章、政府规章为基础，建设具有完整性、整体性和层次性的科学的财政审计公开制度体系，审计机关内部的规章制度也要进行衔接和有效互补，从而进一步完善中国的财政审计系统，提升公共部门财务管理机制的有效性。

第三节 公共部门财务管理责任与廉政建设

中国公共部门财务管理廉政建设当前面临的总体性问题是：制度供给与局部的权力管控和从业人员自我约束之间的矛盾。主要表现在违纪违规现象在公共管理的某些领域还时有发生，少数公职人员财经纪律约束意识不强，行政管理监督体系还有待完善等。因此需要以习近平新时代中国特色社会主义思想和社会主义核心价值

① 李宗彦，郝书辰．权责发生制政府财务报告审计制度探讨——英、澳两国实践经验及启示[J]．审计研究，2018（1）：51-58.

② 张立民，聂新军．构建和谐社会下的政府审计结果公告制度——基于政府审计信息产权视角分析[J]．审计研究，2006（2）：7-13.

③ 陈宋生，陈海红，潘爽．审计结果公告与审计质量——市场感知和内隐真实质量双维视角[J]．审计研究，2014（2）：18-26.

④ 刘静．审计结果公告的公民参与策略研究[J]．审计研究，2015（2）：48-55.

⑤ 郑小荣．政府审计结果公开对腐败普遍性信念的作用及机制——基于认知心理学的理论分析[J]．中南财经政法大学学报，2017（4）：35-45.

观为指导，加强研学，提高公共部门执业人员整体的廉政意识、责任意识，建立健全全局性、系统性的高端整合财务廉政风险防范机制，以形成决策科学、执行坚决、监督有力的公共部门财务管理运行机制，为公共部门财务管理体系在实现全面预算绩效管理、推进国家治理体系和治理能力现代化新征程中增强自我净化、自我完善、自我提高的能力，并焕发出生机活力。

一、价值观与公共部门财务管理责任

哲学和价值观对人们的认识活动具有指导作用，并随着社会的变迁而不断发展和演化，价值观指导下的公共部门财务管理，是哲学在财务管理学科中的具体体现，是一般哲学世界观和方法论的理论体系的一部分，是价值观念、管理哲学等的融合体，蕴含着丰富的哲学理论。但由于公共部门所固有的特殊性质和地位，其财务管理伦理也具有着特定的内在规定，并且在具体的财务管理实践中，公共部门还要承担相应的责任与义务。

（一）价值观与公共部门财务管理

1. 哲学与价值观。关于“哲学”（Philosophy）的含义，目前还存在各种各样的概念和对这一术语的不同理解。例如，G. F. 黑格尔（G. F. Hegel，1770—1831）认为：“哲学一般是思维的认识活动”（黑格尔，1817/1996[①]），认为“哲学的事实已经是一种现存的知识，哲学的认识方式只是一种反思—意指跟随在事实后面的反复思考”。伯特兰·罗素（B. Russell，1872—1970）将哲学区别于科学和神学（罗素，1945/2001[②]），认为“哲学是介于神学与科学之间的东西”。冯友兰（1895—1990）也区别了哲学与宗教，并借《老子（第四十八章）》：“为学日益，为道日损”的说法（冯友兰，2011[③]），认为哲学属于“为道”的范畴，是一种能提高精神境界的、超道德的……是对于人生的有系统的反思思想。卡尔·马克思（K. H. Marx，1818—1873）对于“哲学”一词的理解，直接说到：“任何真正的哲学都是自己时代精神的精华”，它集中了“人民最精致、最珍贵和看不见的精髓”[④]。通过上述对于“哲学”一词的理解，可以粗略的了解到，哲学不是物质，

① ［德］格奥尔格·威廉·弗里德里希·黑格尔著．小逻辑[M]．贺麟，译．北京：商务印书馆，1996.

② ［英］伯特兰·罗素．西方哲学简史[M]．赵敦华，译．北京：北京大学出版社，2001.

③ 冯友兰．中国哲学史[M]．北京：商务印书馆，2011.

④ 马克思恩格斯全集［M］（第一卷）．中央编译局，译．北京：人民出版社，1998.

也区别于神学和宗教，哲学是能提高人的思想境界的一种思想基础和思维方式，例如现代科学都认为，阿尔伯特·爱因斯坦（A. Einstein，1879—1955）也是通过重新研究牛顿科学的哲学基础，才创立了相对论。而马克思和弗里德里希·恩格斯（F. V. Engels，1820—1895）甚至直接将哲学看作“一种思维方法和思维活动”①。

关于“世界观”（World Views），也称“宇宙观”（Cosmology），通常被认为是人们关于世界的根本观点和根本看法，它决定了一个人的人生追求和价值取向。这里所指的世界，是一种人与人之间关系的现实世界；这里所指的看法，不仅仅是对“世界”有什么看法，而更应该包含有如何看待“世界”的根本问题。因此，世界观也具有阶级性，例如马克思主义的世界观表达了其对于全世界的基本看法。资本主义社会关系在扩张成为全球社会关系，建立、发展、膨胀了世界市场，不断地改变世界历史面貌的同时，也造就了各民族国家关系的体系（程光泉，2003 等②）。基于对上述概念的简要释义，根据一般哲学常识，哲学是一种思维模式，哲学就是世界观，是世界观的理论体系。在对现代西方科学产生深刻影响的法国哲学家亨利·柏格森（Henri Bergson，1859—1941）看来，“哲学是真正的世界观”③，而世界观是哲学的基本内容，世界观决定方法论，哲学是世界观和方法论的统一。

关于“价值观”，简单的说是人们认定事物、判定是非的一种思维或价值取向，是哲学观的有机组成部分。价值观有特定的阶级导向和历史文化特征，不是僵死的、固化的价值形态。在阶级社会里，占主导地位的社会价值观，即核心价值观，是统治阶级的意志体现，且具有鲜明的价值取向和阶级立场，不同阶级有不同的价值观念。价值观内在于特定生产关系的活生生的历史发展过程，并随着社会变迁而不断发展和演化，是人类历史发展的成果。而在当代中国，核心价值观都有其固有的根本，培育和弘扬社会主义核心价值观必须立足中华优秀传统文化（习近平，2014④）。由于哲学作为一种观察问题的方法论维度，而方法论又是由各种具体事务的处理方法组成的一种体系或系统，因此哲学是人们一切认识和实践活动不可或缺的思想指南（左亚文、刘争明，2019⑤ 等），有什么样的哲学就有什么样的方法论；而从逻辑意义来讲，有什么样的世界观和价值观，也将指引着什么样的方法论。

2. 价值观导向下的公共部门财务管理。中国共产党是马克思主义政党。党的十八大以来，以习近平为核心的党中央高瞻远瞩、立足时代，用不断发展和创新的

---

① 马克思恩格斯全集［M］（第四卷）. 中央编译局，译. 北京：人民出版社，1998.

② 马克思恩格斯全集［M］（第四卷）. 中央编译局，译. 北京：人民出版社，1998.

③ 柏格森. 创造进化论［M］. 南京：译林出版社，2014.

④ 习近平. 把培育和弘扬社会主义核心价值观作为凝魂聚气强基固本的基础工程［N］. 人民日报，2014 - 2 - 26（1）.

⑤ 左亚文，刘争明. “哲学是什么”再探——基于方法论向度的考察［J］. 江西社会科学，2019（5）：26 - 34.

马克思主义观察时代、解读时代、引领时代。习近平新时代中国特色社会主义思想是马克思主义中国化的最新理论成果，是全面指导中国现代化建设的重要理论支撑。在公共管理领域，马克思主义和习近平新时代中国特色社会主义的价值观也是“全覆盖、无死角”的，公共部门财务管理要在马克思主义和习近平新时代中国特色社会主义思想的指导下进行管理创新，自觉用党中央治国理政新理念新思想新战略指导实践。

党的十八大明确提出“三个倡导”，即倡导富强、民主、文明、和谐；自由、平等、公正、法治；爱国、敬业、诚信、友善，对社会主义核心价值观作出了最新概括，公共部门的财务管理价值观应该也蕴含在社会主义核心价值观之中（孙向军，2013①）。

“富强、民主、文明、和谐”是中国社会主义现代化国家建设的目标，也是从价值目标层面对社会主义核心价值观基本理念的凝炼，在社会主义核心价值观中居于最高层次，对其他层次的价值理念具有统领作用。公共部门财务管理应围绕社会主义建设积极协调相关部门，严格遵守国家财税法规，构建信息通畅、规范高效的财务管理体系，及时解决公共部门在财务管理中出现的问题，随时把握公共部门财务收支进度，加强国家财税政策的学习和研究，掌握财税经济的运行规律，做到依法理财、依法管理公共部门的财务资金，从源头上预防以权谋私腐败行为的发生。

“爱国、敬业、诚信、友善”是公民基本道德规范，是从个人行为层面对社会主义核心价值观基本理念的凝炼，也是公共部门财务人员应该培育和践行的道德情操，具体来讲应该做到如下几个方面：第一是要加强政治理论学习，崇尚爱国主义精神，要深刻体会爱国精神的向心力和凝聚力，公共部门财务人员在面对诱惑时首先要想到的是国家利益，不能为诱惑所动；第二是恪尽职守，对本职工作心存敬畏之心，财务工作是一项专业性和业务性较强的工作，需要公共部门财务工作者在工作中崇尚服务，敬业守责；第三是诚实守信，“内不欺己，外不欺人”是财务工作者必要的品质（张家伦，2008②）。

在国家治理意义下，公共部门的财务管理价值观作为公共部门财务管理的灵魂，必须要以正确的价值选择和价值追求来协调公共部门与人民群众、公共部门与社会、公共部门与国家之间的相互关系，要更好地去包容、协调、协同多元利益。公共部门在财务管理工作中，需要就公共部门财务预（决）算、资产、负债、财务风险等多方面进行管理，财务管理的价值观也要对应公共部门财务管理中的每项内容（陶新元，2011③）。

---

① 孙向军．论社会主义核心价值观及其培育[J]．中共中央党校学报，2013，17（2）：14－19.

② 张家伦．论财务价值观的经济学基础——基于劳动价值论的分析[J]．审计与经济研究，2008（2）：62－65.

③ 陶新元．财务管理学[M]．成都：西南财经大学出版社，2011.

（二）公共部门财务管理伦理

1. 公共部门财务管理伦理的涵义。伦理是一种特殊的社会意识形态，是依靠社会舆论、传统习俗和人们内心的信念来维系的，表现为善恶对立的心理意识、原则规范和行为活动的总和（石里克，1997①）。伦理作为社会的产物，源于社会物质资料的生产，广泛遍及社会的各个领域，渗透在各种社会关系中。公正、公平、正义都是伦理所关注的内容，思考应该做什么，哪些应该从人们的实际生活中消除。由于公共部门所固有的特殊性质和地位，这决定了公共部门财务管理伦理既具有社会一般伦理规范的相关规定，又具有公共部门自身的特性和内在规定。

公共部门财务伦理是针对公共部门财务行为和活动的规范和约束机制。公共部门作为一个社会化的角色，其财务管理活动在社会生活中具有特殊的地位和影响力，如果决策失误，就有可能使国家和人民遭受灾难，因此公共部门财务管理接受责任、义务、伦理规范的约束是十分必要的。公共部门财务伦理还要求公共部门要具备对自己的财务活动承担后果的责任能力，公共部门一旦出现财务问题损害人民群众的利益，就会使自身陷入严重的社会信任危机之中，因此要严防公共部门财务管理中伦理道德缺少问题（朱元午，2013②）。

公共部门财务伦理代表的是人民群众的利益和社会的利益，公共部门财务管理系统虽然是人建立的，也是人在运行的，但其本身却是非人格化的，是社会多种“合力”的糅合（杨妍，2019③）。正因为如此，公共部门财务伦理会与社会的所有成员发生关系，整个财务管理过程对整个社会所有人都关系甚大，这就要求公共部门财务伦理不仅需要道德良知和舆论约束还需要社会制度的约束。而最后公众对公共部门财务伦理进行评价时，主要还是看这公共部门财务管理系统的实际功能和作用，看它实际指向什么基本价值，遵循什么正义原则，实际上在提倡什么，保护什么。

2. 公共部门财务伦理的构成。公共部门财务管理伦理作为公共部门管理的特定伦理观念体系，是一个有机的整体，调节着公共部门内部和外部的关系，具有诸多层面的要素。

（1）观念意识。公共部门财务管理观念意识包含伦理准则意识、伦理责任意识和伦理目标意识。伦理准则意识是公共部门财务管理的原则立场和根本态度，只有坚持正确的伦理准则才能达到公共部门财务管理由内及外的目标；伦理责任意识是关于公共部门财务管理的责、权、利的认识，是公共部门财务管理伦理的核心。公共部门财

① 石里克．伦理学问题[M]．北京：商务印书馆，1997.

② 朱元午．财务理论中的伦理道德缺失与财务伦理道德体系的建设[J]．当代会计评论，2009（2）：51－60.

③ 杨妍．基于“中国发展悖论”的中国公共行政组织再审视——一个“理性——政治”的分析框架[J]．中国行政管理，2019（7）：94－100.

务管理人员对责任的认识不同，对公共部门财务管理活动的态度就不一样（石国亮，2010①）；目标意识对公共部门财务管理系统起着调节、内驱和导向的作用，公共部门从业人员追求什么样的目标和理想就会选择什么样的社会价值和自我价值。

（2）实践形态。公共部门财务管理伦理实践就是在一定的伦理原则指导下进行日常的财务管理活动，在实践中要将公共部门财务管理所承担的义务以及这些义务所导向的最终目标统一起来，公共部门财务管理伦理实践通过具体的财务预算、财务审计、资产和负债管理、财务信息披露等体现出来。

（3）评估准则。公共部门财务管理评估准则就是将观念意识和实践形态结合起来检验公共部门财务管理的正确性、公平性和合理性（张成福等，2012②）。在进行评价之前先要制定一定的评价标准，在实际操作中一般通过社会舆论、传统习惯和内心信念三种主要形式对公共部门财务管理人员和整个公共部门财务管理系统进行判断和评价。社会舆论是来自整个社会对公共部门财务行为的监督，具有明显的行为约束优势，也代表了整个社会的价值取向和对公共部门财务管理的客观要求；传统习惯则具有较强的稳定性，是在长期发展中积淀而成的，是民族情绪和社会心理的交织，也成为准则评估中最重要的组成部分；内心信念受个人主观因素影响较大，但也是评估准则的一种形式。

公共部门财务管理伦理必须通过公共财务管理行为得到落实和体现，行为和实践都是受观念意识支配的，而科学合理的公共部门财务管理观念意识又依赖于先进的和切合实际的公共部门财务管理评估准则的确立和执行，这三者联系紧密。

（三）公共部门财务管理责任

公共部门财务管理责任具有广义和狭义之分，广义的财务管理责任是指公共部门财务管理人员在工作中要对国家权力主体负责，要通过切实履行自身职责来为国民谋利益。而狭义的财务管理责任侧重于公共部门财务管理人员违反行政法规所规定的义务和职责时所必须承担的责任，根据违反规定的不同，可能面临经济、政治、法律、伦理等责任。

公共部门财务管理的责任义务，都是与公共部门具体的财务管理活动相对应的，并且有一个法律责任义务与行政责任义务向道德责任义务转化的过程（张康之，2003③）。虽然在实践发展中，公共部门财务管理的责任并不是由孤立的行政责任义务、法律责任义务与道德责任义务三部分组成，但外加责任义务内化为自身

① 石国亮．论私人组织、公共组织与社会组织[J]．中国行政管理，2010（10）：88－92.

② 张成福，李丹婷，李昊城．公共组织及运行评价的国际经验与启示[J]．北京行政学院学报，2012（2）：35－41.

③ 张康之．公共管理伦理学[M]．北京：中国人民大学出版社，2003.

的道德责任义务这一转化过程却是公共部门责任发展的特点。此外政治责任义务也是公共部门财务管理的责任义务的重要组成部分，是公共部门在制定和执行公共财务政策时是否履行好这些职责时所应承担的谴责和制裁（张贤明，2000①）。公共部门财务管理要对人民负责，要由人民来评价其不能履行应当承担的责任及公共责任的履行水平，评价的标准与指标都由人民来决定，这才能真正保证公共部门财务管理责任义务的实现。“官员问责制”原本是西方政治的产物，责任政府要求政府必须对民众有所交代，人民也可就政府的履职情况提出批评且政府必须要有所回应和做出说明（毛寿龙，2005②）。在公共部门财务管理中，也可对公共部门财务管理人员实行问责制，当然这要求必须在技术上完善问责的相关责任制度安排，并在制度上重视从行政性问责走向程序性问责。

通过对以上公共部门财务管理责任的分析，具体到现阶段中国公共部门财务管理的责任内涵，应涉及以下几方面（见图 15－3）：首先是政治责任，公共部门财务管理中如果出现失职、渎职等行为，要向权力机关负责并接受处罚，这是由政治制度所决定的；其次是法律责任，包括刑事责任、民事责任和经济责任，公共部门财务管理凡是违反了财经法律规定的都要受到法律的追究；复次是职业责任，公共部门财务执业人员要明确自己的职责和义务，即为人民服务，追求公共利益的最大化；再次是行政责任，公共部门财务管理部门，属于行政组织构架中的一部分，必然要对其所属的内部系统负责；最后是道义责任和道德责任，如果人民群众对公共部门的财务管理不满意，或者公共部门财务管理自身出现重大错误和问题，公共部门财务执业人员基于道义，都会受到良心的谴责。

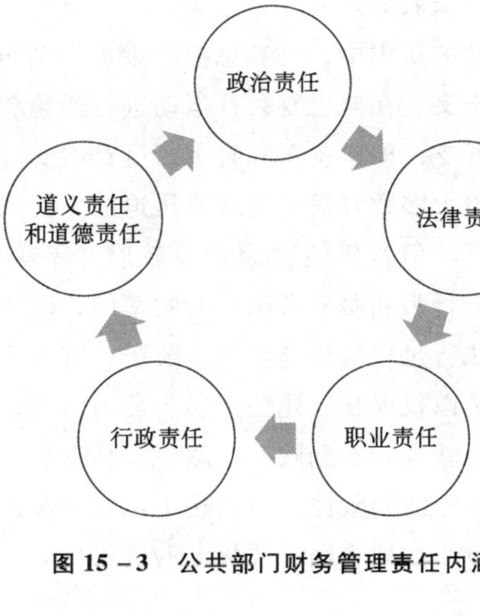

图 15－3　公共部门财务管理责任内涵

① 张贤明．论政治责任——民主理论的一个视角[M]．吉林：吉林大学出版社，2000.

② 毛寿龙．引咎辞职、问责制与治道变革[J]．浙江学刊，2005（1）：46－50.

二、公共部门财务管理廉政建设

腐败与廉政建设贯穿历史发展始终，而廉政建设是一项庞大的系统性工程，且不可能一劳永逸，需要结合时代发展变化和国家廉政建设的客观需要，自觉转换与创新廉政建设模式使之适应变化的形势。财政作为“国家治理的基础和重要支柱”，在新时代中国特色社会主义廉政建设中要积极探索财经领域以管控公共财产为中心的新型廉政模式，形成“人财并重”的完整廉政网格①。

（一）腐败行为与公共部门财务廉政可及的问题

1. 廉政与腐败的相关界定。

（1）关于廉政的认识。在中国相关文献的记载中，最早出现的是“廉正”一词，但“廉”带有廉洁、不贪的意思，如屈原的《楚辞·招魂》中写道：“朕幼清以廉洁兮，身服义而未沬，主此盛德兮，牵于俗而芜秽，上无所考此盛德兮，长离殃而愁苦。”《汉书·东方朔传》也写道：“割之不多，又何廉也！”。而由于“正”与“政”在古汉语中是通用的，所以《荀子·非相》中讲：“起于上，所以道于下，正令是也。”可见，古人关于廉政的思考也较为广泛，对廉政的认识也可以基本概括为廉洁从政，即掌握社会公共权力的组织及其个人客观公正地执行公务和履行自身义务，为社会公众服务。

而在国外关于廉政的认识中，马克思把“廉政”等同于“廉价”，这是从经济学的角度对廉政进行定义。在对巴黎公社运动进行经验总结时，马克思认为巴黎公社取消了两项最大的开支，即常备军和官吏，这首次实现了所有资产阶级革命都提出的廉价政府，因为绝大多数农民是受政府压迫的，是渴望推翻资产阶级的统治而建立“廉价”政府的②。但这里的“廉价”政府并不等于政府机构的缩减和政府开支的减少，而是政府行为和服务必须是有效率的，应当为人民提供一个安全、稳定的社会环境，具体执行过程应该是客观、公正、有效率的，而政府机构臃肿、人浮于事，政府工作人员以权谋私、化公为私、贪污浪费，都是与廉价政府的要求背道而驰的，因此廉政也就意味着勤政。虽然说，马克思用经济学的表达将廉价政府等同于廉政政府具有一定的局限性，但表达了在当时农民阶段对建设廉政政府的渴望，廉政政府是无产阶级在建立国家政权上的追求。

---

① 陈立诚，刘剑文．财税制度反腐：一种源头治理的新进路[J]．政治学研究，2015（01）：61－72.

② 马克思恩格斯全集[M]．第四卷．中央编译局，译．北京：人民出版社，1998.

廉政自古以来都是历朝历代的焦点和难点，纵观中华文明五千年历史进程，腐败与反腐败的较量就一直没有停止过。中国当前的廉政建设，不仅需要借鉴中国传统政治文化中儒家思想所倡导的“德治”“仁政”“民本”“正己”等思想，还要立足现实结合国情，把当代廉政建设中制度建设、思想道德建设、制度文化建设严密结合起来。在《习近平谈治国理政》中提到，在当前和今后一个时期，中国廉政建设和反腐败工作的总体要求是：坚持全面从严治党、依规治党，忠诚履行党章赋予的职责，聚焦监督执纪问责，深化标本兼治，创新体制机制，健全法规制度，强化党内监督，把纪律挺在前面，持之以恒落实中央八项规定精神，着力解决群众身边的不正之风和腐败问题，坚决遏制腐败蔓延势头，建设忠诚干净担当的纪检监察队伍，不断取得党风廉政建设和反腐败斗争新成效①。

（2）关于腐败的认识。腐败是一种历史现象，贯穿中国社会发展的整个过程，主要有权钱交易、行贿受贿、敲诈勒索、腐化堕落等表现形式，历代的统治阶级为了维护阶级利益都要对统治范围内出现的腐败行为进行惩治和管理。明太祖朱元璋是中国历史上治理贪污腐败力度最大的皇帝之一，据《大明律》记载凡是贪污六十两以上的官员一律处死，并且鼓励广大农民去揭发贪官，还提出了有名的“青菜论”和“小葱豆腐论”，即好官为民办事两袖清风如同青菜，不徇私枉法为人当如小葱豆腐汤青白分明。在其执政期间，“低限度、重处罚、大众化”成为朱元璋治理腐败的基本原则。而在新中国成立前期毛泽东就将党执政后反腐蚀的问题提到了全党面前。在党的七届二中全会上毛泽东提出了“两个务必”的重要思想，要高度警惕资产阶级糖衣炮弹的袭击，反对脱离群众的官僚主义②。全会还根据毛泽东提议规定了六条：不做寿；不送礼；少敬酒；少拍掌；不以人名作地名；不要把中国同志同马、恩、列、斯并列。邹薇（2006）指出，新中国成立以后，中国应从改善政治体制、提高道德水平、完善干部选拔、教育和监督制度以及打击惩罚力度等方面完善对腐败的治理③。

2017 年习近平总书记在中国共产党第十九次全国代表大会上提到“人民群众最痛恨腐败现象，腐败是我们党面临的最大威胁。只有以反腐败永远在路上的坚韧和执着，深化标本兼治，保证干部清正、政府清廉、政治清明，才能跳出历史周期率，确保党和国家长治久安。”在中国现阶段的反腐败斗争中要做到“坚持无禁区、全覆盖、零容忍，坚持重遏制、强高压、长震慑，坚持受贿行贿一起查，坚决防止党内形成利益集团。”④ 可见，在新时期反腐仍是一场长期的、全面的、制度

---

① 习近平．习近平谈治国理政[M]．北京：外文出版社，2014.

② 毛泽东选集[M]．北京：人民出版社，1991.

③ 邹薇．腐败的经济学分析及其治理[J]．学习与实践，2006（10）：13－22.

④ 习近平．决胜全面建成小康社会，夺取新时代中国特色社会主义伟大胜利——在中国共产党第十九次全国代表大会上的报告．[EB/OL]．http：//www.qstheory.cn/llqikan，2017－12－03/2019－12－22.

性的努力，而对腐败进行管理和消除的过程，也是进行廉政建设的过程，因此腐败和廉政可以说是一个过程的两个方面。

2. 公共部门财务管理中腐败行为的形成原因。

（1）个人逐利思想，财务廉政意识淡薄。根据辩证唯物主义的观点，内因在事物变化发展的过程中处于主要地位，起决定作用，因此腐败的产生与人自身也有很大一定的关系。《朱子语录》中也有提到“今世有二弊：法弊、时弊。法弊但一切更改之，却甚易；时弊则皆在人，人皆以私心为之，如何变得！”① 朱熹认为，尽管腐败的产生受制于特定的历史环境和时间因素以及外部制度所存在的固有弊端，但人的私心也是很难控制的。如果处于礼仪崩溃，世风贪鄙的社会背景下，再精致的制度设计也会由于人的问题而出现问题②。因此个人的逐利思想和私心在反腐败中起着举足轻重的作用，腐败也就产生于人自身的贪婪、自私中。

在公共部门内也存在财务人员廉政意识薄弱，贪图享乐等思想。在平常的财务管理活动中，存在不按照预算执行、开支不合理、超预算执行、挪用资金等情况，最终导致收支账目不清，私自销毁票据，隐匿收入，出现贪污等严重后果。公共部门财务人员在践行服务职能的同时，有时监督管理职能被削弱了，会造成财务控制和廉政防范执行力度的缺失。

（2）财务内控不健全，贯彻执行不到位。一些公共部门在日常的发展过程中，更多只重视组织规模的扩大和日常活动的开展，而忽视了组织财务内控制度的建立和完善，对财务内控制度的重要性认识还存在误区，认识水平也参差不齐，这直接导致了公共部门在财务内控上的执行力度不够。一些公共部门的领导层片面地认为财务内控管理只是财务部门内部事务，参与内控管理的也仅是财务人员，没有把财务内控放在整体框架中考虑，相关职能部门内控管理松懈甚至不建立内部管理制度，使得已制定的财务内控制度流于形式，或者建立的内控体系缺乏整体性和系统性。而在具体执行过程中出现不按财务管理制度办事，碍于人情，原始凭证不真实、不合法等执行不到位等问题。

（3）财务监督力度不够。在公共部门现阶段的发展过程中，仍存在部分公共部门的经费使用审批人对经费审批的随意性较大的问题，有时候会由于过于强调灵活性从而忽视了原则性。而随着公共部门经济活动的多样性和复杂性，财务部门对经费使用的监督力度仍然不够深入和广泛。财务监督很多时候局限于就某一项资金运作进行单方面监督，而没有对公共部门的预算管理、收支管理、资产管理等资金运作做到全过程跟踪，缺乏对各岗位、各环节做到全方位的监督。不受监督的权力必然走向腐败，而监督的疏漏和不全面就有可能成为腐败产生的源头。

① 朱熹．朱子语类（卷一百八）[M].朱子五・论治道．

② 陈丽影．基层腐败问题的法伦理学探索[J].伦理学研究，2016（4）：104－108.

（4）财务信息不对称。公共部门内的财务信息是不对称的，财务腐败者往往拥有信息优势，可获得专有信息，进而利用这些信息为自己谋取利益，其手段不限于人为地篡改财务信息以掩盖其财务腐败行为。因此，财务信息的不对称让财务腐败者获得了信息优势，而这一优势是财务腐败的主要心理支柱。而现在，大数据时代的到来改变了公共部门财务管理的外部环境，如果能够用信息化、技术化的手段使财务信息能够做到充分共享，则来自财务监控、舆论等的外界压力可能会使财务腐败者望而却步。

（二）推动公共部门财务廉洁奉公的基本思路

党的十八届三中全会就曾将财政定位为“国家治理的基础和重要支柱”，党的十八届四中全会进一步提出了全面推进依法治国的宏伟目标。结合两次全会精神来看，财税法制建设在中国国家治理中具有基础性、制度性、保障性作用，堪称“理财治国之重器”①。党的十九大也强调要推进反腐败国家立法，建设覆盖纪检监察系统的检举举报平台。应当看到，财税法制建设并不单单具有传统的经济功能，还具有政治功能、社会功能和文化功能，是能够成为从机制上、源头上防治腐败的重要举措。财务制度反腐是一种以管控公共财产为中心的反腐思路，其要义在于通过完善财税法治体系来规范公共财产收入、支出与监管的全过程，由此规范公共部门行为，实现腐败的源头治理。自改革开放以来，中国也探索出了一条中国特色的财务反腐斗争道路，形成了符合中国国情的财务反腐思路。结合党的十九大以来，习近平总书记全面从严治党的系列重要论述，全面深化国家监察体制改革的思路以及全国纪检监察机关的治理实践，可将中国公共部门财务廉洁奉公的基本思路概括为五个方面。

1. 围绕中心、服务大局。新时期反腐倡廉建设的根本要求是围绕党和国家的中心任务和大局来开展工作，要推动公共部门财务廉洁奉公建设，同时也要紧紧围绕发展这个党执政兴国的第一要务。公共部门从业人员要自觉地把财务廉政建设放在党和国家工作全局中来思考、谋划和部署，要把财务廉洁奉公始终贯穿于社会主义经济、政治、文化、社会以及生态文明的等领域。

2. 以人为本、执政为民。以人为本、执政为民是马克思主义政党的生命根基和本质要求，是我们党的性质和宗旨的集中体现，也是检验我们党一切工作的根本标准②。人民是党领导和执政的力量源泉，我们做一切工作，都要始终把人民放在心中最高位置。在推进财务廉洁奉公的过程中，必须坚持以人民为中心，对于人民

① 刘剑文．论国家治理的财税法基石[J].中国高校社会科学，2014（3）：146－157＋161.

② 赵洪祝．把以人为本、执政为民贯彻到全部工作中去[J].求是，2011（5）：20－22.

群众反映的财务腐败的问题要严格查处，凡是因财务腐败而损害群众利益的行为要坚决纠正，公共部门财务有没有做到廉洁奉公要以人民群众说了算。在治理财务腐败的过程中，要把加大惩治腐败力度与依纪依法结合起来，既要做到严惩腐败又要维护公共部门工作人员的合法权益。

3. 标本兼治、惩防并举。习近平总书记在第十九届中央纪律检查委员会第二次全体会议的讲话中提到，中国当前要深化标本兼治，夺取反腐败斗争压倒性胜利。标本兼治，既要夯实治本的基础，又要敢于用治标的利器。要坚持无禁区、全覆盖、零容忍，坚持重遏制、强高压、长震慑，坚持受贿行贿一起查，坚决减存量、重点遏增量，“老虎”要露头就打，“苍蝇”乱飞也要拍。由于中国的腐败文化根植于宗法制和人情大国的深厚土壤，其影响不容小觑，因此在治理过程中尤其要注意标本兼治，切勿治标不治本①。治标就是要严惩各种腐败行为，要有效遏制一些领域腐败多发的势头，治本是要在源头上铲除腐败滋生的土壤，从根本上杜绝腐败，不断巩固已取得的反腐成果。在治理腐败的过程中还要坚持惩罚并举，通过严惩腐败可以起到警示震慑作用，但同时也要抓苗头，严防“堤溃蚁穴”，要做到防范在先、关口前移，可以根据腐败发生发展的规律做到有针对性的防范，深入准确掌握干部苗头性、倾向性问题，坚决防止“小毛病”演变成“大问题”。惩治于已然、防患于未然已成为中国公共部门财务廉政治理的新常态。

4. 与时俱进、改革创新。为适应时代和实践的需要，解决发展过程中出现的新问题、新情况，中国的反腐倡廉理论和机制也在不断创新。因此，在财务廉政建设中要加强对廉政理论、政策和重大现实问题的研究，进一步完善和创新公共部门财务反腐败领导体制和工作机制。随着大数据和信息化时代的到来，可有效借助物联网、大数据等智慧化手段建立公职人员廉政信用动态管理系统，实现对公职人员的信用化、信息化管理，建立起一个“制度 + 科技 + 信息 + 信用”的财务廉政信用机制②。这既是中国公共部门廉政建设与时俱进，顺应信息化发展的必然选择，也是推进公共部门执业人员反腐倡廉体制机制制度创新的趋势走向。积极利用现代科技手段探索新办法、掌握新手段、开辟新途径，才能不断增强公共部门财务管理腐败预防和惩治的有效性。

5. 统筹兼顾、注重建设。公共部门财务廉政治理是一个系统性工程，需要与公共部门思想建设、组织建设、作风建设、制度建设有机统一起来，统筹推进，要把公共部门执业人员反腐倡廉建设纳入经济社会发展和党的建设的全局之中，寓于各项改革和重要政策措施之中，不断增强财务反腐倡廉建设的整体性、协调性、

① 戴焰军．坚持全面从严治党[J]．理论与改革，2018 (1)：1 – 8.

② 徐祥军，廖晓明，刘圣中．我国反腐的既有模式与制度创新[J]．江西社会科学，2014，34 (5)：206 – 211.

系统性。在建设中要多做打基础管长远的工作，从预算编制、预算执行、预算评价这三个阶段都要严格落实，做好内部控制、资产管理、财务监督三方面的建设工作。

三、中国公共部门财务廉政风险防范机制建设

随着社会经济的发展，腐败等不廉洁行为越来越呈现出隐蔽的特征，廉政工作的开展受到一定的阻碍，在中国公共部门财务管理领域也面临这样的问题。而廉政风险防范机制，是在新形势下推进廉政建设和预防腐败体系构建的新的方式方法，是改革开放以来，中国在廉政建设实践中探索创新出的一种制度，它有助于规范和约束权力的运行与公职人员的行为，将不廉政现象防患于未然。因此在公共部门财务管理中，也要按照一定的路径积极加快财务廉政风险防范机制建设。

（一）财务廉政风险防范机制建设的意义

党的十八大以来，中国一直致力于建设扎牢不能腐的笼子，全面从严治党永远在路上，以零容忍的态度惩治腐败，加大整治群众身边的腐败问题。习近平总书记在接受《华尔街日报》采访时答记者问中提到，关于中国目前的反腐败制度建设，他有两句话，一句是“把权力关进制度的笼子里”，另一句是“阳光是最好的防腐剂”。随着反腐败斗争向纵深推进，中国正着力形成不敢腐、不能腐、不想腐的体制机制，各个领域都要通过改革和制度创新切断利益输送链条，加强对权力运行的制约和监督。中国公共部门财务领域，也要以党的政治建设为统领，全面推进财务廉政风险防范机制建设，这对于深入开展财政系统反腐败斗争，完善财务责任落实机制，做到权责统一有着重要意义。

公共部门廉政风险防范机制建设的主要目的是预防廉政风险的出现，该机制通过采取不同类型的预防办法，将不廉政现象防患于未然（徐雅芬，2016①）。中国公共部门财务领域，积极开展财务管理和廉政风险防范机制建设的意义主要表现在：预防财务工作者廉政风险的发生，让更多的财务管理工作者明确并认知自身的责任，使其内心充满廉政风险观念与廉政风险防范观念，尤其是对公共部门财务领域的党员而言，加强廉政风险防范机制建设更有助于提升其自身的使命感与廉政风险防范观念；预防财务管理机制廉政风险的发生，增强公共部门财务管理的成效，保障公共部门财务管理的有序进行；预防公共部门财务领域腐败文化的滋生和腐败

① 徐雅芬．以制度创新推进党风廉政建设主体责任的落实[J]．贵州社会科学，2016（4）：24－28.

环境的形成，将财务腐败扼杀在萌芽阶段；增强公众对财务反腐败的信心，做到财务信息公开化、透明化。

（二）财务廉政风险防范体系建设的主要目标

围绕公共部门财务廉政风险防范体系建设，其主要目标是：针对公共部门财务管理中关于财务资金使用权、资金运行环节、财务监管等开展廉政风险防控工作，打造“全过程、全覆盖、全方位”的监管体系，提高资金使用绩效和监管水平，实现财政资金统筹和阳光财政。

根据习近平新时代中国特色社会主义廉政思想和2019年2月财政部召开的全国财政党风廉政建设工作会议要求，建设公共部门财务廉政防范机制要重点做好以下几项工作：一是加强作风建设，要持之以恒贯彻中央八项规定精神，把反“四风”紧紧扭住、抓住不放，让公共部门财务执业人员知敬畏、存戒惧、守底线。二是深化财税体制改革，在健全制度上着力，最大限度减少权力寻租空间和利益输送，提高预决算透明度，加大清理、整合、规范专项资金工作力度，减少“跑部钱进”的制度诱因。三是切实规范财政权力运行，努力形成有权必有责、用权必担责、滥权必追责的约束机制，定期在全国财政系统部署开展专项整治工作，坚决防止和有效避免财政领域乱象丛生问题发生。四是加强和改进选人用人工作，财务工作与钱、财、物紧密相连，财务工作者必须熟悉财经政策方针和各种会计法律法规与制度，要把好关口，依法理财，组织内建立干部使用问责机制，把好政治关和廉洁关，防止“带病提拔”“带病上岗”。①

（三）财务廉政风险防范机制建设的路径

1. 将财务廉政风险防范机制纳入国家总体规划。党的十八大以来，随着中国反腐倡廉工作的深入推进，各项廉政建设逐渐完善，而为适应经济全球化和激烈的市场竞争，各行各业对财务风险的识别、监控、化解能力也不断增强，但财务廉政与廉政风险防控还缺少有机结合，各层级的公共部门都是在具体的财务工作中去摸索如何查找财务廉政风险点，如何制定具体的防控措施等，缺乏全局性的、系统性的引领和指导。因此，要完善公共部门的财务管理廉政风险防范机制，就要将财务廉政风险防范机制建设纳入中国经济社会发展的总体规划中，纳入惩治和预防腐败体系的整体建设中，与党风廉政建设一起纳入廉政建设的整体大视野、大格局中，进一步统筹完善廉政建设的高端整合机制，谋划廉政风险防范机制的长远

① 高琰，李景平．廉政治理新思维：法治反腐的内涵及战略价值[J]．学术界，2019（5）：155－161.

发展。

2. 建立内外结合的财务廉政风险防范监督体系。只要公权力存在，就必须有监督。公共部门财务管理是代表人民群众对公共资源、公共财产进行配置，也是公权力的一种表现。在中国现有的财务廉政风险防控内部监督中，主要依靠中央纪检委、国务院监察部和国家预防腐败局发挥主导作用，还设有全国性的廉政风险防控工作领导小组下驻到各地基层进行巡查。从表15－13可以看出改革开放以来，中国监察体制的改革和完善，有利于实现对公权力监督的全覆盖，尤其是党的十八大以来设立的合署办公，实现了党内监督和国家监察有机统一，这是中国推进法治反腐的重大里程碑。国家监察体制的完善是推动公共部门财务廉政风险防范监督的前提和根本，但落实到对公共部门的财务廉政风险防范监督实践中还要做到明确财务廉政风险防范监督的内容和对象，如图15－13所示，才能严格落实财务廉政风险防范的内部监督。

表15－13　　改革开放以来反腐败机构变革历程表

时间	改革内容
1978年12月	党的中共十一届三中全会成立中央纪律检查委员会
1979年下半年	中央和地方分别成立经济检查机构
1987年7月	中华人民共和国监察部成立
1989年上半年	中央经济检查厅更名为贪污贿赂检查厅
1995年11月	最高人民检察院成立反贪污贿赂总局
2007年9月	国家预防腐败局成立
2018年2月	中央纪律检查委员会合署办公
2018年3月	《中华人民共和国监察法》通过，国家监察委员会正式揭牌，同时中央纪委监察部网站更名为中央纪委国家监委网站
2019年1月24日	中央纪委国家监委内设机构从27个增加到31个

在外部监督中，要充分发挥群众监督、舆论监督等监督方式的作用。要积极搭建群众监督有效平台，保证群众的监督渠道畅通，为群众参与监督提供多渠道、多方式，如网络、电话、信访等途径；发挥舆论监督可以借助电视、报纸、广播等新闻媒体形成的舆论力量对财务权力主体的偏差行为进行披露、建议乃至批评，吸引各方关注对廉政风险节点和廉政风险防控工作的监督（见图15－4）。

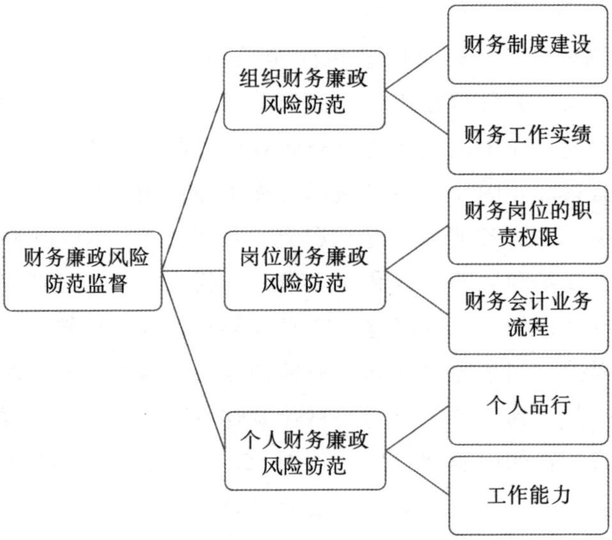

图 15-4 财务廉政风险防范监督的内容和对象

3. 完善财务廉政风险防控配套协调机制。

（1）推行财务全面公开制度。党的十九大报告指出，要推进权力运行公开化、规范化，让人民监督权力，让权力在阳光下运行（谭海波等，2019①）。信息技术的迅速发展及广泛应用让增强公共部门财务透明度成为可能，公共部门应积极借助互联网、大数据、云计算等智慧化手段，在遵循国家相关规定、不泄露国家机密、不危害国家社会安全的原则下实时公开财务信息。真实地向社会公开公共部门财务资金流向、资产结构、投资运营等情况，接受社会公众和舆论的广泛监督，防止公共财权被乱用、滥用，使公共财权在公开透明的环境中运行，才能确保财务廉政风险得到有效防控②。

（2）建立财务廉政风险防范联动机制。公共部门财务管理的运行涉及多个层次、多个幅度的部门，尤其是在会计制度由收付实现制向权责发生制转变以及全面推进预算绩效改革的过程中，财务廉政风险防范机制建设需要多部门协同参与。因此，在财务廉政风险防控机制的建设过程中，要建立财务廉政风险防控联动机制，综合考虑各系统部门、各行政级别的关系，缩小各系统、各级别部门的廉政风险防控机制之间差异性，增强防控工作的联动性和系统性，防止出现财务廉政风险防控

① 谭海波，蒙登干，王英伟．基于大数据应用的地方政府权力监督创新——以贵阳市“数据铁笼”为例[J]．中国行政管理，2019（5）：67-71.

② 周伟，李和中．历史变迁与理念嬗变：我国党风廉政建设中公众参与模式的回顾与展望[J]．社会主义研究，2014（6）：49-54.

脱节的现象，确保财务廉政风险防控机制的综合性与协调性①。

课后习题与思考

[1] 试阐述公共部门会计管理的现实意义。

[2] 请分析英法美和中国政府会计核算方式的区别与联系。

[3] 试论权责发生制与收付实现制的意义。

[4] 基于系统理论视角，试规划公共部门财务管理廉政建设的具体方式。

推荐阅读文献

[1] 习近平．习近平谈治国理政[M]．北京：外文出版社，2014.

[2] 李冬妍．全口径公共预算管理与国家治理[M]．北京：中国财政经济出版社，2019.

[3] 廖楚晖．公共组织财务管理概论（第二版）[M]．北京：中国财政经济出版社，2021.

① 蓝志勇．在公权与私权之间：权力法治的探索——评《权力法治与廉政治理》[J]．中国行政管理，2019（5）：157－158.

第四篇 研究方法与应用

古典经济学以来，经济学建立了自身的理论和框架。到了现代经济学阶段，整个经济学发展过程融入了哲科思想、人类学、社会学、伦理学等多学科理论，实现了其他学科方法在经济学中的应用。而数理方法、当代系统科学、信息科学、大数据算法的应用给经济学的发展提供了“催化剂”，也使得跨学科发展呈现出前所未有的优势。

现代公共经济学已俨然离不开数理方法等工具。而从现实社会中反思公共经济学自身的逻辑问题时，必须明确现代公共经济学的任务是解释现实经济社会，它存在于十分复杂的人类社会系统之中。因此，公共经济学的内在逻辑不是封闭的，需要应用各种工具加以解释，以支撑该体系的繁荣。任何理论都只是人类认识现实社会的手段和工具，不是社会的本质，更不是与经济社会现实相吻合的真理。需要看到社会经济的现实是一个被构建的现实，需要应用其他学科的工具进行合理的解释，以实证这种现实是如何被构建的，同时用检验的方法来证明这种构建的合理性。

数理方法是自牛顿以来解释经济学现实构建的“助推器”。数理工具包括：静态和动态方法、最优化方法、统计与计量经济分析法等，实验和行为感知研究方法、系统集成以及大数据经济学算法等都离不开上述数理分析工具，这些工具在公共经济中的应用将在本篇进行详细阐述。

需要指出的是，系统性视角和方法是当代科学研究方法的主流，并在大数据信息集成时代赋予了探究经济规则甚至有突破传统理论的可能（廖楚晖，2020[①]等）。目前已有许多重要成果，但限于篇幅，在本篇不再展布这类方法在公共经济的应用。

① 廖楚晖．基于资源信息集成的突发公共事件跨部门协同治理研究[J]．软科学，2020（9）：16－23.

第十六章
静态和动态方法及其应用

运用数理模型来阐释经济理论和现象的方法被称为数理经济方法。在经济学中，数理经济模型是在一定的经济学理论假设和约束条件下，用数学符号、数学语言表达经济学理论或经济现实的一个重要方式，它是针对经济理论和经济现实的一种抽象。

数理经济模型虽然能较好地起到明确思路、加工信息、阐释过程、论证关系和计算求解的作用，也能够用较小的文字篇幅阐释一些经济理论问题，但也有局限。如理论假设和约束条件往往受制于人们对客观经济现象的认知能力，模型的应用条件较为苛刻，模型的理论在实践中不容易得以应用等。

数理经济模型有静态和动态之分。在一定的条件下，某一经济行为对未来的影响非常小，在进行经济分析的时候可以不考虑这种影响，这类分析就可称之为静态分析；而当经济分析需要考虑未来的影响，或者说当时的经济分析视角需要以前期经济现象或行为为基础时，这类分析就可以从动态分析的视角来加以处理。

本章首先对数理经济发展进行简要介绍，对经济学研究过程中事关数理分析的一些经济学基础常识和最容易混淆的概念进行解释和比较。第二节针对经济学初始理论的数理表达进行阐述，以静态分析为例对其进行解读，为本书后续两章经济学数理分析及其在公共经济学中的应用做基础性理论解释。

第一节
经济学数理分析方法及其发展

在经济学数理分析发展历程中，出现了一些事先需要掌握的关键概念，如经济学假说、经济学假设、均衡分析、静态分析以及动态分析等。经济学假说和经济学假设是两个不同的概念，源自自然科学研究方法论。经济学假设是经济学理论分析的起点，也是经济学范式形成的起点。在当今主流经济学研究中，经济学理论无论是用文字表达还是用数理图形表达，都是在经济学基本假设条件下进行的。而在经济学理论发展过程中，还有一个需要厘清的概念，即经济学假说。经济学假说和经济学假设存在一定的关系，但也有区别，在经济学的数理分析领域起到不同作用，本节将加以介绍。

一、经济学中的数学方法和数理方法

数理方法在自然科学中通常指的是数学物理方法，而在社会科学中，数理方法指的是数学及其推理方法。例如数理经济学，就是运用数学的方法对经济学的理论进行表述、推理的经济学分支。从最早古诺（A. Cournot，1801—1877；1838/1994①）在《财富理论的数学原理的研究》中以严密的数学形式表述的经济学理论到今天用集合多分支的数学知识及方法研究经济学中的主要问题，越来越多的数理分析方法被应用到经济学中。现代经济学中，数理方法无处不在。

数学发展到今天，它的内容越来越多，分支越来越细。目前基础数学的核心主要是三大内容，即代数、几何和分析学。数学围绕着“数”与“形”这两个概念，与经济学相互作用，相互渗透，数学的诸多方法在经济学中得到充分的应用。

（一）代数与经济学

代数主要是研究有关数的内容，主要涉及的分支学科有算术、初等代数、高等代数、数论、抽象代数。代数学的方法经常应用于经济学中的均衡分析，例如，局

① ［法］奥古斯丹·古诺．财富理论的数学原理的研究［M］.陈尚霖，译．北京：商务印书馆，1994.

部市场均衡的线性模型和非线性模型，国民收入分析中的均衡，有限马尔可夫链矩阵方法的运用，克莱姆法则在市场模型和国民收入模型中的应用，里昂惕夫投入—产出模型等。

（二）几何与经济学

几何主要是研究有关“形”的内容，主要涉及的分支学科有初等几何、射影几何、解析几何、非欧几何、拓扑学。几何学经常应用在形象直观地反映经济学与市场的运动轨迹上。在经济学分析中，将平面几何直线、二次曲线等几何结构利用度量性质，以图形的方式直观地表现经济和市场运行的轨迹，通过直线、二次曲线等线条发展的方向来刻画经济和市场运行的规律（Clasen，Gries，Knoke，2011①；靳玉英，周兵，2013② 等），这是平面几何学在经济学中的应用。将立体几何通过多维思想与理念的设计，以交替、重叠的方式展示几何构图，营造出多维立体空间图形既可以横向分析经济和市场发展的宏观势头，又可以纵向剖析与经济和市场运行相关因素的变化趋势和微观发展状况（Aas K，2009③ 等；陈宗胜，高玉伟，2015④ 等），这是立体几何学在经济学中的应用。

（三）数学分析与经济学

数学分析主要是沟通“形”与“数”，且涉及极限运算的内容，主要涉及的分支学科有微积分、微分方程、微分几何、函数论、泛函分析。分析学经常被应用在经济学的比较静态和动态分析中。分析学中的导数、一般函数模型经常用来进行经济学的比较静态分析。在经济学的动态分析里，多马增长模型运用了积分学的方法，索洛增长模型运用了一阶微分方程的方法，在具有价格预期的市场模型和分析通货膨胀与失业的相互作用中运用了高阶微分方程的方法，在分析市场动态均衡的稳定性时运用了一阶差分方程的方法，例如蛛网模型和具有市场存货的模型。在萨缪尔森乘数—加速数相互作用模型和分析离散时间条件下的通货膨胀与失业相互作

---

① Clasen C, Griess Vc, Knoke T. Financial Consequences of Losing Admixed Tree Species: a New Approach to Value Increased Financial Risks By Ungulate Browsing [J]. Forest Policy and Economics, 2011, 13 (6): 503 - 511.

② 靳玉英，周兵．新兴市场国家金融风险传染性研究[J]．国际金融研究，2013 (5)：49 - 62.

③ Aas K, Czado C, Frigessi A, et al. Pair - copula Constructions of Multiple Dependence [J]. Insurance: Mathematics and Economics, 2009, 44 (2): 182 - 198.

④ 陈宗胜，高玉伟．论我国居民收入分配格局变动及橄榄形格局的实现条件[J]．经济学家，2015, (1)：30 - 41.

用上运用了高阶差分方程的方法，动态投入—产出模型采用了联立微分方程与差分方程的方法，通过联立微分方程与差分方程在对通货膨胀—失业模型的深入讨论。

（四）经济学中的其他数学方法

数学方法的运用是现代经济学的主要特征之一，数学方法在众多的经济学研究方法中占据主要地位。从20世纪40年代开始一直到现在，随着第三次科技革命的爆发，越来越多的新应用数学理论的出现，有力地推动了数学和经济学的结合。概率论、统计学、最优化理论、信息论、控制论、系统论、模糊数学等应用数学理论被大量应用到经济研究之中。目前，数学与经济学结合主要集中在非均衡理论与模型、非线性经济理论与模型、非参数估计等领域。经济学的发展需要数学，数学的发展促进了经济学的成熟。

二、经济学数理分析方法的发展历程

新古典以来，数理分析一直是主流经济学中一个非常重要的分析方法，虽然在17—18世纪，对经济学研究采用数学方法已经出现萌芽，如德国经济学家屠能（J. H. Thünen，1783—1850；1966①）就首先在其研究中运用了微积分学。但屠能的应用只是一些数字上的例解，并未充分发挥数理分析在经济学中的作用。

阿罗等的《数理经济学手册》（Arrow & Intriligator，1982）中通过不完全统计得出数理分析被应用在了包括厂商理论、消费者理论、一般均衡理论等17个领域中②。《数理经济学手册》中将数理经济学的发展分为三个阶段，从中可以看出主流数理分析方法在经济学中应用的演变。由于时代所限，《数理经济手册》的划分并不是完美的，现代主流经济学更为注重数学技巧的应用，因此经济学中数理分析工具也出现了新的发展趋势。

在此，为了便于分析，本书将数理经济学发展分为三个阶段（参见表16-1），大致为：1838—1947年的形成阶段、1948—1970年的线性综合阶段以及1971年至今的大综合阶段。当然，任何时代潮流都是处于变化进程中的，因此，对这三个阶段的简要划分，也可能存在一些方法的重叠而不能一一表述完整，如求导、积分和优化分析方法在表中的三个阶段里都是必不可少的（见表16-1）。

---

① Johann Heinrich Von Thünen. The Isolated State [M]. Translated by C. M. Wartenberg, Pergamon Press, 1966.

② K.. J. Arrow, M. D. Intriligator (ed.), Handbook of Mathematical Economics [Z]. Amsterdam, North-Holland, 1982 (Vol. 1): 1-14.

表 16－1　　　　主流经济学数理分析方法应用的发展历程

阶段	代表人物	数理方法	成就
第一阶段：形成阶段（1838—1947 年）	瓦尔拉斯、帕累托、库尔诺、希克斯、萨缪尔森	导数、微分（全微分、偏微分）、积分、线性代数等	厂商理论、消费者理论、一般均衡及其稳定性、广义成交、资源配置理论、乘数—加速理论
第二阶段：线性综合阶段（1948—1970 年）	冯·诺依曼、阿罗、道夫曼、多马、索洛、布坎南、萨缪尔森	集合论、线性规划、凸分析、拓扑学、最优化方法、博弈论等	竞争均衡的最优性质、一般均衡线性模型、新增长模型框架、效用最大化与消费者需求
第三阶段：大综合阶段（1971 年至今）	里昂惕夫、阿罗、德布鲁、莫里斯、卢卡斯、罗默、伍德福德	系统论、高阶微分方程、联立微分、积分和差分方程、决策分析、贝叶斯法等	动态投入产出模型、内生增长理论、市场不完全性和摩擦、多目标决策及应用、动态随机均衡理论

（一）主流经济学数理分析方法的形成时期

在经济学中大量使用数学方法始于 19 世纪 30 年代。从目前所了解的文献来看，经济学领域最早使用数理分析的是意大利几何学家塞瓦（G. Ceva，1647—1734），他于 1711 年写了一本关于货币价值的书 *De renumeraria*（意大利文），提出了数理经济学的概念（转引自杰文斯，1984①）。而在 1838 年，古诺在《财富理论数学原理的研究》（转引自德布鲁，Gérard Debreu；1921—2004，1988②）中首次运用了函数式的表达方式研究完全竞争与垄断的问题，这被当作数理经济学的开端。

19 世纪初到 20 世纪初期是主流经济学数理分析方法的形成阶段。在这一时期，一些经济学家尝试运用数学的方法建立经济学理论，并在这方面作出了突出贡献。此时经济学家们使用的主要数理方法包括导数、全微分、偏微分以及拉格朗日乘数等。

1874—1877 年，瓦尔拉斯③在《纯粹经济学要义》中，通过联立线性代数方程组和导数的知识提出了一般均衡理论。帕累托（V. Pareto，1848—1923）则运用立体几何研究经济变量间的相互关系，发展了瓦尔拉斯的一般均衡的代数体系。此

① ［英］威廉姆·斯坦利·杰文斯．政治经济学理论[M].郭大力，译．北京：商务印书馆，1984.

② ［美］吉拉德·德布鲁．数学思辨模式的经济理论[J].史树中，译．数学进展，1988（3）：251－259.

③ ［法］莱昂·瓦尔拉斯．纯粹经济学要义[M].蔡受百，译．北京：商务印书馆，1989.

外，希克斯在1939年出版的《价值和资本》中运用了微分学的基本方法得到了均衡的条件、均衡的静态分析等成果。萨缪尔森在《经济分析基础》（1947）中综合运用了各种复杂的数理分析工具如泰勒定理、拉格朗日乘数等对新古典经济学的经济分析方法进行了总结（费方域，1992①），被认为是经济学史上以微积分为基础的边际主义时期终结的标志。

（二）主流经济学数理分析方法的线性综合时期

20世纪初期到中后期是主流经济学数理分析方法的线性综合时期。在这一时期，集合理论与线性模型是主要的研究工具，边际分析得到长足发展，线性规划成为经济学领域处理既定资源约束条件下最优化问题时的基本工具（刘凤良，2002②）。其中，集合论的应用意味着传统经济学数理分析的光滑函数这一假设可以被更一般化的函数形式替代，而线性方法的应用则意味着具有“顶点”之类的经济问题可以得到更适当的处理。在这一阶段，经济学家们所采用的其他数理分析工具也有所增加，如凸分析、拓扑学、最优化方法以及博弈论等。

1944年，冯·诺伊曼（J. V. Neumann，1903—1957；1944③）和奥斯卡·摩根斯特恩（O. Morgenstern，1902—1977）的《博弈论和经济行为》把凸分析引入了经济学分析之中，标志着经济学的数理分析在传统的微积分基础上向以集合理论和线性代数为基础的方向发展④。1951年阿罗在《社会选择与个别性质》中运用集合论的方法研究社会选择理论的公理化问题。1954年，德布鲁（G. Debreu，1927—2004）与阿罗合著的《竞争性经济中均衡的存在》运用了拓扑学方法，为一般均衡的存在提供了权威性的数学证明（Debreu，Arrow，1954⑤）。1958年，道夫曼（R. Dorfman，1916—2002）、萨缪尔森和索洛合著的《线性规划与经济分析》运用线性规划方法（Dorfman，Samuelson，Solow，1958⑥），得到了一般均衡线性

---

① 费方域．新古典经济学的古典数学总结——评萨缪尔森的《经济分析基础》[J]．世界经济文汇，1992（2）：71-75.

② 刘凤良．数理方法在西方经济学中的应用与发展——评高山晟的《经济学中的分析方法》[J]．中国人民大学学报，2002（4）：119-124.

③ John Von Neumann，Morgenstern O.. Theory of Games and Economic Behavior [M]. Princeton Univ. Press，1944.

④ 刘凤良．数理方法在西方经济学中的应用与发展——评高山晟的《经济学中的分析方法》[J]．中国人民大学学报，2002（4）：119-124.

⑤ Arrow K J，Debreu G. Existence of An Equilibrium for a Competitive Economy [J]. Econometrica，1954，22（3）：265-290.

⑥ Dorfman R，Samuelson P A，Solow R M. Linear Programming and Economic Analysis [M]. Mc Graw-Hill，1958.

模型与线性增长模型，并为计量经济学的诞生作出了贡献。此外，诺贝尔获奖者布坎南被普遍认为是第一位不用数学方法而研究经济学的诺贝尔获奖者，但是，他著名的“公共选择理论”却得益于演绎方法及数学模型的建立。

（三）主流经济学数理分析方法的大综合时期

20世纪中后期是主流经济学数理分析方法的大综合时期。在这一时期内，经济学的数理分析方法将微积分、集合论及线性方法等都综合在一起，数学方法在经济学中的应用得到了进一步的扩展。与前两个时期不同，这一时期的数理分析工具应用并无明显的倾向，也并不局限于微积分、应用集合论、博弈论和线性模型的工具，而是综合使用各种数学方法研究了多领域的经济学问题。这一阶段，控制论、高阶微分方程、联立微分方程和积分方程及多目标决策等方法进入经济学家的研究视线。

1953年，列昂惕夫（W. Leontief，1906—1999）在《动态求逆》中运用矩阵等知识首次提出了动态投入产出模型（Leontief，1953①）。1971年，莫里斯（J. A. Mirrlees，1936—；1971②）运用控制论的知识、微分方程与极大值原理（Pontryagin），在《最优税收理论的探讨》一文中将最优税收问题转化为最优控制问题，提出了税率结构应该是“倒U型”的观点。1988年，卢卡斯（Lucas，1988③）在《论经济增长的机制》一文中运用微分方程与积分方程的知识建立了两资本模型，将人力资本纳入了内生增长模型。1990年，罗默（Romer，1990④）在《内生技术变化》一文中通过高阶微分方程，将技术进步纳入经济的内生增长模型。20世纪90年代以来，动态随机一般均衡模型（DSGE）由凯兰和普勒斯哥特（Kydland，Prescott，2003⑤）的论述演化而来。同时，Woodford（2003⑥）还提出了引用率较高的基准模型，动态随机一般均衡成为最近几年西方主流经济学家分析预测宏观经济运行情况、制定财政和货币政策的重要工具。

---

① Leontief W. Domestic Production and Foreign Trade; The American Capital Position Re - Examined [C]. Proceedings of the American Philosophical Society. 1953: 332 - 349.

② Mirrlees J A. An Exploration in the Theory of Optimum Income Taxation [J]. Review of Economic Studies, 1971, 38 (114): 175 - 208.

③ Robert E. Lucas, Jr. On the Mechanics of Economic Development [J]. Journal of Monetary Economics, 1988, 22 (88): 3 - 42.

④ Romer P M. Endogenous Technical Change [J]. Journal of Political Economy, 1990, 98 (5): 71 - 102.

⑤ Kydland F E, Prescott E C. Time to Build and Aggregate Fluctuations [J]. Econometrica: Journal of the Econometric Society, 1982, (50): 1345 - 1370.

⑥ M. Woodford. Interest and Prices: Foundations of a Theory of Monetary Policy [M]. Princeton, NJ: Princeton University Press, 2003.

当今，用数理逻辑来表达经济学理论的这种经济研究方法成为经济学的一个重要组成部分，其地位和作用越来越重要，方法也越来越复杂。正如熊彼特所说，“没有什么科学方法原理的一般讨论能够比数学更能教导我们，在这方面我们够而又够了”。可以说，数学方法的产生和发展使经济学从此走上了一个新的“更加成熟”的发展阶段。

第二节 静态分析及其应用

随着数学工具的创立和发展，经济学家对经济学理论探索的“工具箱”变得越来越丰富。穆勒以前的著名经济学思想是一种“文字模型”形式，但这些“文字模型”并不妨碍后来数理方法对它们的解释。本节首先对经济学初始理论进行数学函数表达分析，为后续章节的介绍作理论上的铺垫，之后以公共经济学理论中的公共品的提供为例，对其进行数学图文表达。

一、初始理论静态（比较静态）分析的函数表达

（一）斯密经济理论

1. 基本理论模式的数理表达。斯密在《国富论》中的思想包含了几个最基本的假设：（1）经济人行为动机与自由经济市场条件；（2）劳动能创造价值，但劳动力并不是唯一的生产投入；（3）生产需要时间，即投入和产出以及任何产品“剩余”之间存在一个时滞，生产函数有如下形式：

$$Y = F \cdot L_t \tag{16-1}$$

式（16－1）中，Y 表示物质产品产出，L 表示劳动，t 代表时间，且时间是不连续的，如农业生产中的周期。

当然，斯密的理论假设还有：存在于一个封闭经济体，且不存在对外贸易；按资本家投入的用途，劳动分为“生产性”的和“非生产性”的。在斯密的经济理论中，由于假定任何用于对下一期工人预付的限期产出都必须采取工资品的形式，所以生产劳动必须能产生以工资品形式存在的超过工人生活资料成本的“剩余”。

出于斯密当时的理论产生背景，在理论中，工资品基本限于物质产品，而“生产劳动”的另一层含义便成为它是生产物质产品的劳动。由此上式中的 Y 不包括非物质生产的服务，即经济增长仅仅是物质产品生产的增长。这样，理论假设条件还包含了：假设不存在固定资本，非劳动投入由工资品构成，这种工资品构成了起作用的资本或“工资基金”。

2. 简要评价。除了能够以数理形式表达的基本理论关系之外，斯密主张资本与土地是生产必须的要素，但劳动才是财富产生的源泉。斯密强调自然价格、自然利润、自然地租，虽然在斯密年代，限于当时数学理论尚未应用在经济学中，经济学范式也还没有出现，斯密没有将他的理论用数学模型表达出来，但斯密在价格形成机制和产品分配规则论述的贡献，成为此后所有经济增长进行理论上的演绎和数理模型推理基本假定的市场经济运行机制。

（二）李嘉图经济理论

1. 基本分析前提与理论的数理表达。在斯密理论基本假设的基础上（市场经济、利润动机影响资源配置），李嘉图增长理论的其他假设包括：（1）劳动者消费的是谷物工资品，且是唯一的工资品；（2）将土地作为生产的一种投入；（3）农业产出的规模即生产中使用的土地量的函数；（4）每一期生产时都有一个给定的工资基金，由资本家预付给工人；（5）实际工资率是给定的，假定由谷物量构成；（6）土地作为工资品生产中的重要投入有两个重要属性，即供给是固定的，质量是有差异的；（7）农业部门的产出（谷物）是同值的，其价格等于边际土地上的单位劳动生产成本。

假设“生存费用”的实际工资率得到完全有弹性的供给，生产函数可表达为：

$$
\begin{aligned}
Y &= f(L) \\
f(0) &\geqslant 0 \\
f' &> w^* > 0 \\
f'' &< 0
\end{aligned}
\tag{16-2}
$$

式（16－2）考虑了高于“生存”的工资率 w^* 的存在，并满足边际产量递减的规律。总资本 K 完全由在生产开始时为雇佣劳动所预付的工资 W（工资基金）所构成。于是有：

$$K = W/wL \tag{16-3}$$

为简化分析，不计入作为种子的资本和固定资本投入，总产品在地租 R 利润 P 和工资基金 W 间进行分配：

$$Y = R + P + W \tag{16-4}$$

假设土地达到耕种边际，这时地租水平通常由劳动平均产量与边际产量之间的差额来决定：

$$R = (F(L)/L - F')L \tag{16-5}$$

作为剩余的利润由下式给出：

$$P = (F' - w^*)L \tag{16-6}$$

结果利润率将由下列方程给出：

$$r = P/W = F'/w^* - 1 \tag{16-7}$$

假设资本家用 α 的利润比例部分用于投资，则资本积累为：

$$\Delta W = \alpha P (0 < \alpha < 1) \tag{16-8}$$

而 α 取决于利润率，令积累率 $g = \Delta W/W$，并根据式（16-7）等，有

$$g = \alpha(r) \cdot r \tag{16-9}$$

即积累率就完全取决于利润率。

在上述假设下，李嘉图推出如下几个原理：第一，在任何时点上，就生产谷物来说，都存在一定自然肥力的土地供给；第二，存在一个给定的技术水平，在这一水平下，劳动生产率要高于实际生存工资；第三，假定出生率高于死亡率，人口或潜在的劳动力的增长在长期过程中是可持续的。

2. 简要评价。从李嘉图经济学理论的数理表达可看出，其重要思想贡献是，市场分配份额的动向是由体制中的实际参数决定的，而这些参数没有一个不受经济内生变量变化影响，如土地的数量和质量、农业技术以及事先决定的人口增长。当然，李嘉图还有许多东西没有考虑到其经济思想里去：一是除了资本家的储蓄以外还有其他储蓄来源；二是技术进步可以抵消收益递减的趋势，并使利润率永远不下降；三是对外贸易也有助于防止“停滞”；四是和斯密理论一样，把资本看作是其物质形态难以把握的“预付”。

（三）马尔萨斯的增长“陷阱”理论

1. 基本假设与数理表达。马尔萨斯人口理论隐含了增长机制的两个基本假设：（1）总生产函数具有边际生产力递减的性质；（2）在只存在农业生产的条件下，人口增长会导致贫困化的机制。

考虑简单的新古典生产函数：

$$Y_t = A_t N_t^{\alpha} Z_t^{1-\alpha} \tag{16-10}$$

式（16-10）中，Y_t 是指时间段内的产出，A_t 表示技术或者生产率，N_t 指人口，Z_t 指土地量，$\alpha \in (0,1)$。如果用 $y_t = \dfrac{Y_t}{N_t}$ 表示人均变量（其中 $\gamma(X)$ 表示变量 X 的增长率），则上述生产函数可以表述为：

$$y_t = A_t Z_t^{1-\alpha} \tag{16-11}$$

令：

$$\gamma(y_t) = \gamma(A_t) + (1-\alpha)\gamma(Z_t) \tag{16-12}$$

则（16－12）代表人均产出增长率，由于 $\gamma(Z_t) = \gamma(Z_t) - \gamma(N_t)$，代入上式（16－12）有：

$$\gamma(y_t) = \gamma(A_t) + (1-\alpha)[\gamma(Z_t) - \gamma(N_t)] \tag{16-13}$$

式（16－13）显示，人均收入的增长率是技术进步增长率以及新开拓土地增长率的增函数以及人口增长率的减函数。考虑马尔萨斯当时所处的经济低水平的发展阶段，人均收入的提高往往有利于人们的健康和医疗水平的提高，有利于提高婴儿存活率从而有利于提高人口增长率，即 $\gamma(N_t)$ 是人均收入水平的增函数。在此令：$\gamma(N_t) = f(y_t)$ 并代入式（16－13）有：

$$\gamma(Y_t) = \gamma(A_t) + (1-\propto)[\gamma(Z_t) - f(Y_t)] \tag{16-14}$$

进一步假设技术进步增长率 $\gamma(A_t)$ 为常数 c，新开拓的土地的增长率为0，这样在考虑一个封闭的经济的情形下，式（16－14）可以转化为：

$$\gamma(y_t) = c - (1-\alpha)f(y_t) \tag{16-15}$$

式（16－15）则显示了人均收入增长率为人均收入水平的减函数，同时也表明了人均收入水平对其增长率的负效应。根据（Azariadis 和 Stachurski，2005）①，贫困性陷阱是一种自我加强（Self－reinforcing）的机制，能使贫困持续。随着人均收入开始增加，即 $\gamma(y_t) > 0$ 时，$c > (1-\alpha)f(y_t)$；而随着人均收入水平的提高，由于 $f(y_t)$ 是 y_t 的增函数，人均收入水平对其增长率的负效应会使 $(1-\alpha)f(y_t)$ 迅速向 c 逼近，进而达到两者相等，即 $c = (1-\alpha)f(y_t)$，这时 $\gamma(y_t) = 0$，即经济的增长陷入停滞。这很好地刻画了人类长时期所处于的马尔萨斯停滞的情况。根据 Azariadis 和 Stachurski② 的一般化定义，可以看出，马尔萨斯机制是一个贫困性陷阱（Poverty Trap）。

2. 简要评价。基于马尔萨斯在其人口理论的论述，可以用函数形式来表达马尔萨斯“陷阱”理论。虽然自工业革命以来，西方频繁出现了经济危机，却没有出现马尔萨斯“陷阱”。值得注意的是，贫困性“陷阱”并不仅仅是地域性的，它同样可能是其他性质的，如种族性的或宗教性的。

案例 16－1　公共经济学静态（比较静态）分析的函数表达

案例认为③，公共资本对私人资本可能具有一定的替代作用，也就是说政府提

① Azariadis C, Stachurski J. Poverty Traps [C]. AGHION, PHILIPPE, and STEVEN DURLAUF, eds.: Handbook of Economic Growth. North Holand: Elsevier, 2005 (1): 295－384.

② Azariadis C, Stachurski J. Poverty Traps [C]. AGHION, PHILIPPE, and STEVEN DURLAUF, eds.: Handbook of Economic Growth. North Holand: Elsevier, 2005 (1): 295－384.

③ 廖楚晖，刘鹏．中国公共资本对私人资本替代关系的实证研究[J]．数量经济与技术经济研究．2005，(7)：35－43.

高公共资本投入可以在经济增长的同时缩小私人资本的投入。因此，结合生产函数模型，有：

$$Y(t) = AK(t)^{1-\alpha}G(t)^{\alpha}, \quad \alpha \in (0,1)$$

这样，生产投入可以分为私人资本存量 $K(t)$ 和公共资本存量 $G(t)$。假定上述两类资本投入可以互相替代，可以通过增加一种投入的数量，减少另一种投入的数量，保持产出总量不变。

于是用边际替代率来表示公共资本对私人资本的这种替代关系表述为：

$$MRTS_{GK} = MR_K / MR_G$$

其中，MR_G 和 MR_K 分别表示公共资本存量和私人资本存量的边际产品，$MRTS_{GK}$ 表示增加一单位公共资本存量可以减少的私人资本存量，对生产函数进行变形，取其对数形式，有：

$$\ln Y = \ln A + (1-\alpha)\ln K(t) + \alpha \ln G(t)$$

取全微分得：

$$d\ln Y = (\partial \ln Y / \partial \ln K) d\ln K + (\partial \ln Y / \partial \ln G) d\ln G$$

令：

$$d\ln Y = 0$$

则：

$$d\ln K / d\ln G = -(\partial \ln Y / \partial \ln G) / (\partial \ln Y / \partial \ln K)$$

即：

$$MRTS_{KG} = E_G / E_K$$

经过转换的边际技术替代率，表示为私人资本存量和公共资本存量的产出弹性之比，即增加一单位的公共资本存量可以缩小多少单位的私人资本的投入。

二、静态（比较静态）分析的图文表达：公共品的提供

（一）纯公共品提供的局部均衡

从个别到一般是一个相当普遍的研究路径。在经济学研究中，为分析公共品的供需均衡，通常也从单个消费者开始分析，即进行局部均衡分析。在对私人产品进行局部均衡分析的基础上再分析纯公共品，这样就可以考察纯私人产品和纯公共品供求均衡的主要区别。

为更明确地表示出均衡中供给与需求的关系，此处需要作出两个假设：

假设一：消费者的收入、偏好和其他产品的价格是一定的。

假设二：市场是完全竞争的，人人都接受既定的价格。

首先，对纯私人产品的局部均衡进行分析。如图 16－1 所示，依据假设一，曲

线 D_A 和 D_B 分别表示个人 A 和 B 的需求曲线，两条曲线位置的不同反映了他们不同的收入和偏好。要得到市场需求曲线 D，就需要把个人需求曲线横向加总，即 $D = D_A + D_B$。市场需求曲线表明在其他情况不变的情况下，面对相同的价格，他们所愿意消费该产品的数量。如果改变价格把不同的产品进行加总，同样可得到市场需求曲线，但曲线的位置会有所不同。

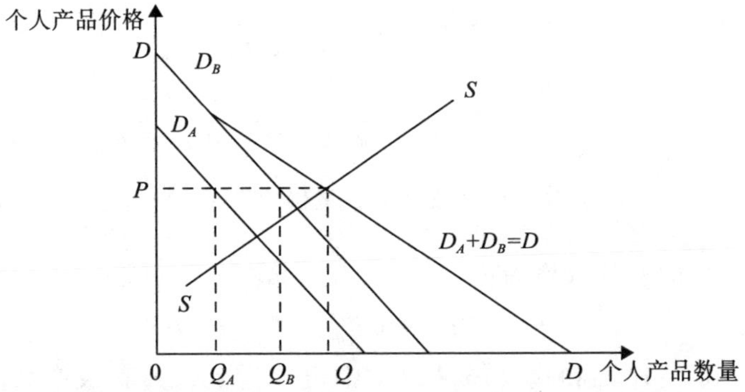

图 16－1　纯私人产品提供的局部均衡

如果给出市场供给曲线 S，那么均衡价格 OP 就位于曲线 S 和曲线 D 的交叉点。依据假设二，则均衡市场价格 P 是一定的。在这个均衡下，个人 A 的需求为 OQ_A，个人 B 的需求为 OQ_B，总需求 $OQ = OQ_A + OQ_B$。

对纯公共品的供给采取相同的分析步骤，可以得到图 16－2。与上述分析不同的是，由于不可能准确得到每个人愿意为公共品支付的成本，为得到如图 16－2 所示的公共品需求曲线，必须在前文的两个假设的基础上，作出新的相关假设，这条曲线被萨缪尔森称为“虚拟需求曲线”。

假设三：不存在免费搭便车的情形与投机者。

假设四：每个人享受同等的公共品要素。

依据假设三和假设四，支付公共品价格的总意愿为个人需求的总和，通过对个人需求曲线纵向加总即可得到总需求曲线，在图 16－2 中用 D 表示。供给曲线用 S 表示，即可得到相似的结论：公共品产出的均衡水平位于 S 和 D 的交叉点上。此时，$OP = OP_A + OP_B$，在这个均衡点上，总收入等于供应产品的总成本。与图 16－1 的结论不同的是，图 16－2 进一步表示出在人们愿意为公共品支付的总量，等于生产者愿意在某一产出水平上提供该产品的价格时，公共品就达到均衡。

如果把图 16－1 和图 16－2 的供给曲线 S 视为供应额外产出单位时的边际成本，那么就可以得到：

纯私人产品的有效价格为：

$$OP_A = OP_B = OP = MC \tag{16-16}$$

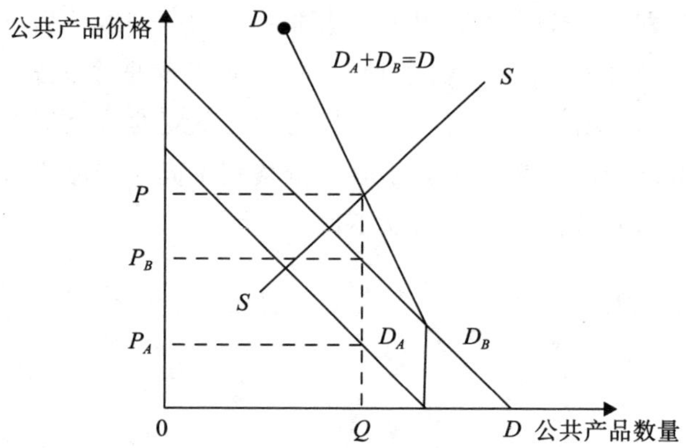

图 16－2　纯公共产品提供的局部均衡

纯公共品的有效价格为：

$$OP_A + OP_B = OP = MC \tag{16－17}$$

从式（16－16）和式（16－17）中可以看到，纯私人产品的有效定价等于边际成本，而纯公共品的有效定价则等于个人定价的总和，此处纯公共品的定价被称为“个性化价格”。这种分散的或自愿出资所达到的均衡则被称为“纳什均衡”。

需要注意的是，要达到纯公共品的有效供给，必须有对纯公共品的个性化价格。但是，在分散的市场中，对于具有非竞争性和排他性的公共品以及纯公共品，使每个消费者都明确表现出其消费偏好显然是不现实的，因此这类公共品的定价往往难以实现帕累托最优。

（二）纯公共品提供的一般均衡

1. 纯公共品提供的一般均衡静态分析。在进行局部均衡分析后，可以把分析的对象扩大为多个公共品与多个消费者共同存在的情况。为进行公共品有效供给的一般均衡分析，此处将采用标准几何分析法，即分析存在两个人、两种商品时的均衡。此时需要作出如下假设：

假设五：存在纯私人产品 X 和纯公共品 G 以供消费。

假设六：生产可能性组合是既定的。

假设七：消费者的偏好是既定的。

在图 16－3 中，A_1 表示消费者 A 对私人产品 X 和纯公共品 G 的无差异曲线，B_1 表示消费者 B 对私人产品 X 和纯公共品 G 的无差异曲线，曲线 F 是私人产品 X 和纯公共品 G 的生产可能性曲线。

如果对 B 取一定的效用水平（如无差异曲线 B_2），将其平移到图 16－3（c）中，则 B_2 与曲线 F 的纵向相减结果即为消费者 A 能消费的私人产品与纯公共品的数量，进而可以得到消费者 A 的消费可能性曲线。假定 B 保持 B_2 的消费水平，将 A 的消费可能性曲线平移到图 16－3（a）中，消费可能性曲线 T 与无差异曲线 A_1 的切点 M 即为效用最大化时 A 消费的私人产品 X 与纯公共品 G 的组合。此时，A 消费 X'_A 数量的私人产品 X 与 G' 数量的纯公共品 G。由于此时 B 与 A 消费相同数量的纯公共品，B 也消费 G' 数量的纯公共品 G，在曲线 B_2 中取这个点 N，可以得到此时 B 消费的私人产品数量为 X'_B。需要注意的是，切点 M 并不是 A 可能的消费组合的最大值。

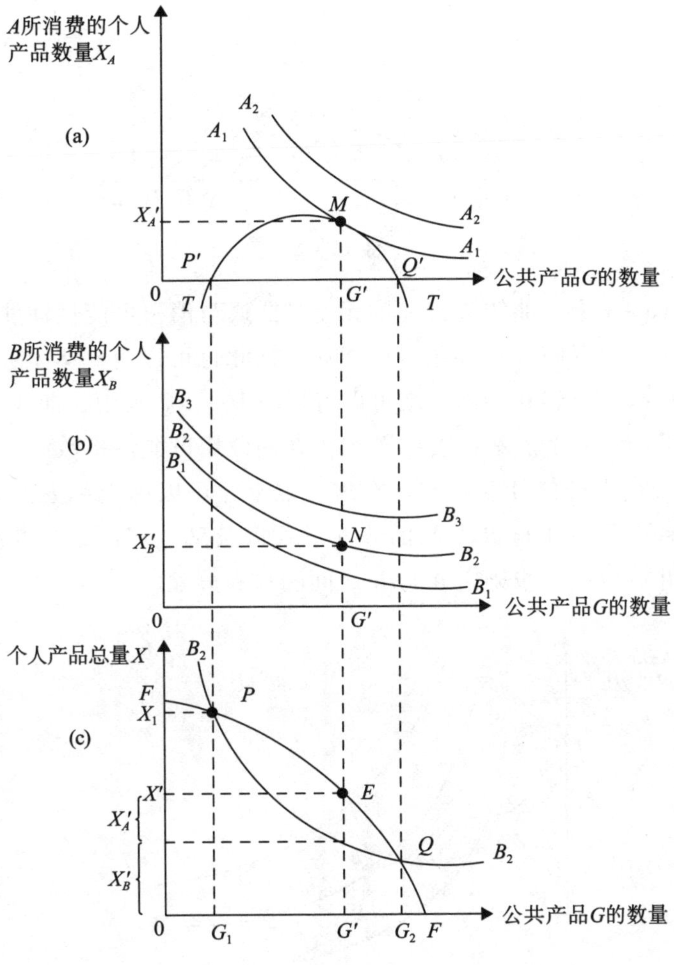

图 16－3

此时，点 M 和点 N 即为消费者 A 和 B 消费私人产品 X 与纯公共品 G 的帕累托最优组合。

通过上述过程可以得到在帕累托效用条件下：生产可能性曲线斜率 = B_2 曲线斜率 + A_1 曲线斜率。即

$$MRT = MRS^A + MRS^B \tag{16-18}$$

其中 MRT 为 X 和 G 的边际转换率，MRS^A 与 MRS^B 为 A 与 B 的产品 X 和 G 的边际替代率。

若选取 B 的其他无差异曲线，就可以得到一组帕累托最优效率点，结合其与 A 的一组无差异曲线可以得到一组 A 的消费可能性曲线如图 16－4 所示。

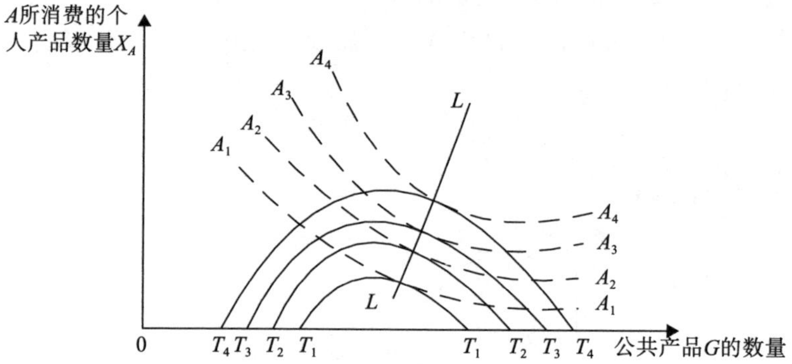

图 16－4

在图 16－4 中，曲线 L 为 A 的无差异曲线与消费可能性曲线切点的连线，L 上的每一点都可以反映 A 的序数效用指数，据此也可以得到 B 相应的序数效用指数。把序数效用指数点转化为面，就可以得到图 16－5。其中，曲线 U 表示效用可能性轨迹，U 上的每一个点都代表一组 A 和 B 的效用可能性指数。U 与社会福利函数 W 的切点 B 即代表最佳社会状态。在这一点上，可以确定私人产品与公共品生产的数量、两种产品在 A 与 B 之间的分配形式以及私人产品、公共品、生产要素的有效价格，并可以进一步确定 A 与 B 之间的福利分配。

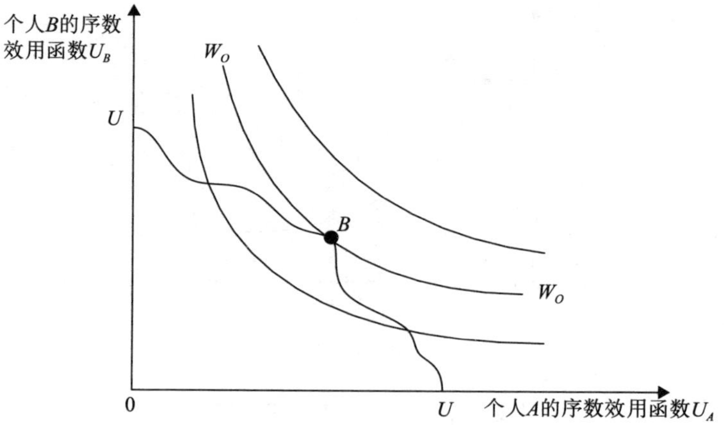

图 16－5

据此可以得到，在一般均衡中，有：

$$\sum_{i=1}^{n} MRS_{jK}^{i} = MRT_{jK} \tag{16-19}$$

其中，i 表示第 i 名消费者，n 表示消费者总数，j 和 K 表示其消费的一组产品的组合。式（16-19）说明在一般均衡中，公共品有效供给的条件是边际替代率总和等于边际转换率。

根据边际转换率的定义可以得到：$MRS_{GX}^{A} = \frac{P_G^A}{P_X^A}$，$MRS_{GX}^{B} = \frac{P_G^B}{P_X^B}$ 以及 $MRS_{GX} = \frac{MC_G}{MC_X}$，结合（16-19）式可以得到：

$$\frac{P_G^A}{P_X^A} + \frac{P_G^B}{P_X^B} = \frac{P_G^A + P_G^B}{P_X} = \frac{MC_G}{MC_X} = MRT \tag{16-20}$$

由于 $P_X^A \equiv P_X^B \equiv P_X$，设 $P_X = 1$，那么：

$$P_G^A + P_G^B = MC_G \tag{16-21}$$

式（16-21）说明，如果要对公共品进行帕累托最优供给，那么就要求消费者附加边际成本的个人化价格，这个分析与前文的结论一致。

2. 公共品提供的威克塞尔—林达尔模型静态分析。与上述模型不同的是，威克塞尔—林达尔模型（E. R. Lindahl，1891—1960，1919/1958①）分析的是国家提供公共品与决定税率时达到均衡的过程与条件，因此也有必要进行考察。威克塞尔—林达尔模型中包含两个消费者（或两个代表相同偏好选民的政党），在这个模型中，需要作出如下假设：

假设八：这两个消费者（或政党）A 与 B 具有相同的偏好与权力，且会明确报告其偏好。

假设九：在选定一种对于公共品等的预算时，这两个消费者（或政党）会采取相同的决策原则。

假设十：存在一位报出不同的税收份额和预算规模的拍卖者与一套拍卖程序，经过这个程序后可以达到均衡的结果。

在图 16-6 中，纵轴 h 表示消费者 A 承担的税收份额，其总量为 1，则 $1-h$ 为消费者 B 承担的税收份额，横轴 G 表示公共品的生产数量曲线，曲线 A 和 B 表示消费者 A 与 B 的公共品 G 的需求曲线。

这个问题可以用 A 和 B 的效用函数表示为：

$$U_A = \phi_A(X_A, G) \tag{16-22}$$

$$U_B = \phi_B(X_B, G) \tag{16-23}$$

① E. R. Lindahl. Just Taxation—A Positive Solution. In Classics in the Theory of Public Finance [M]. Edited by Richard A. Musgrave and Alan T. Peacock. London: Macmillan, 1958.

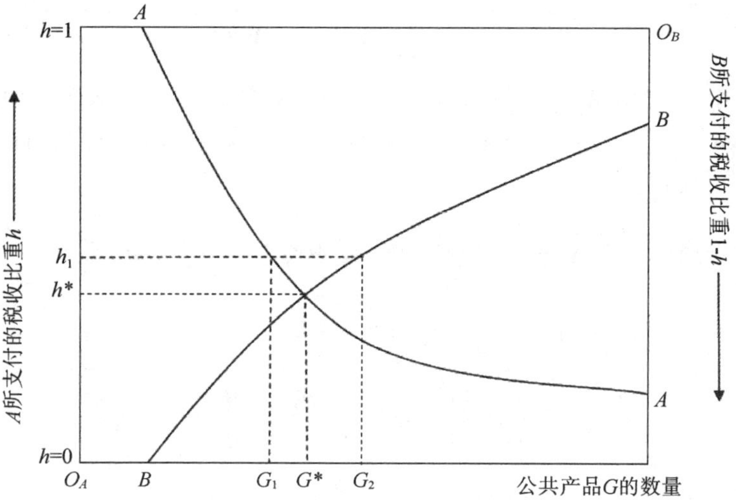

图 16－6

其中，X_A 为 A 消费的私人产品向量，X_B 为 B 消费的私人产品向量，G 为 A 与 B 消费的公共品向量。在预算约束曲线内，其效用最大化过程可以表示为：

$$Y_A \geqslant p\,X_A + hG \tag{16-24}$$

$$Y_B \geqslant p\,X_B + (1-h)G \tag{16-25}$$

其中，Y_A 与 Y_B 为消费者 A 和 B 的收入，p 为私人产品的价格向量。

如果消费者 A 承担的税收份额，即 h 不变，则消费者 B 承担的税收份额即 1－h 也既定，那么就可以得到 A 和 B 的需求曲线如图 16－6 的曲线 A 和 B 所示。任选一个税收份额如图 16－6 中的 h_1 点，则此时 A 对公共品 G 的需求为 G_1 而 B 的需求为 G_2，显然其需求量是不同的。在这种情况下，A 与 B 会产生分歧，此时相对权力大者即可要求公共品按其意愿提供。但是根据假设八与假设十，这两个消费者由于权力相当而使得拍卖过程会不断进行，直到税收份额达到点 h^*。此时，消费者 A 和 B 都同意对公共品以 G^* 的水平提供。h^* 与 G^* 的组合被称为林达尔均衡。

从图 16－6 不难看出在这种条件下，任何一个（组）人改变需求都将使状况变坏，它会阻止这种情况的发生，因此林达尔均衡就是帕累托最优结果。

3. 混合产品的一般均衡。混合产品指的是同时具有公共品和私人产品特质的产品，如医疗和教育等。对于混合产品，可以将其公共品性质与私人产品性质分开分析，分析步骤参考上文进行，此处不再赘述。

图 16－7 分析的就是混合产品的均衡状态。图 16－7（a）表示对其私人产品特质的分析，其中 D_P^1 和 D_P^2 分别表示个人 1 和个人 2 对私人产品的需求曲线，D_P^{1+2} 表示对 D_P^1 和 D_P^2 横向加总后的总需求曲线。图 16－7（b）表示对其公共品特质的分析，其中 D_E^1 和 D_E^2 分别表示个人 1 和个人 2 对公共品的边际定价曲线，D_E^{1+2} 表示对 D_P^1 和 D_P^2 纵向加总后的总定价曲线。对 D_P^{1+2} 和 D_E^{1+2} 纵向加总，即可得到混合产

品的总需求曲线，在图 16－7（c）中如曲线 D_X 所示。MC 为混合产品的边际成本曲线，在 MC 与 D_X 的交点处，混合产品的供给达到均衡。此时混合产品的生产数量为 X，产品价格为 $P+r$。由此还可以进一步发现，此时混合产品的价格由市场价格成分 P 与社会外在性评估 r 组成。

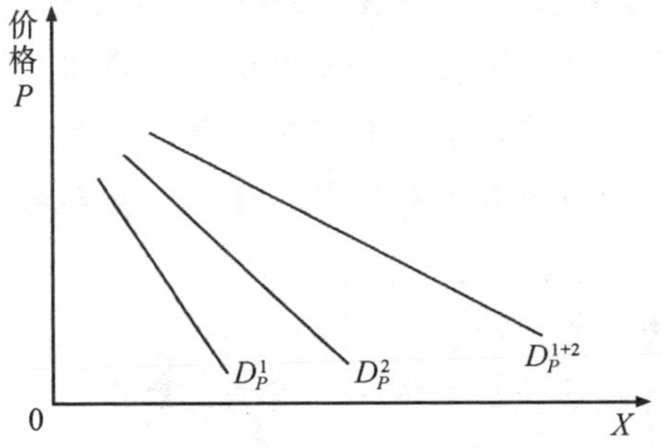

图 16－7（a）

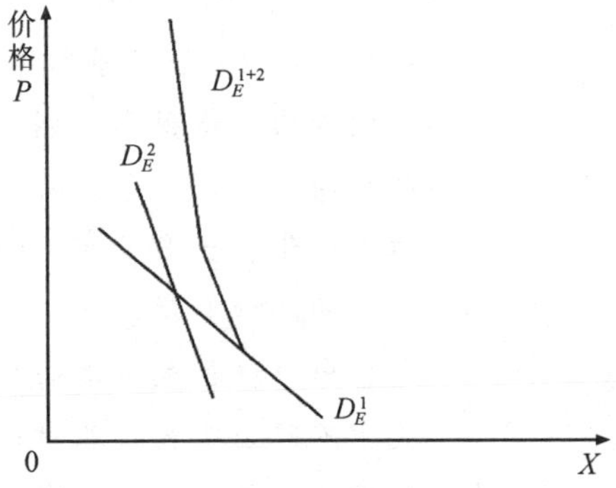

图 16－7（b）

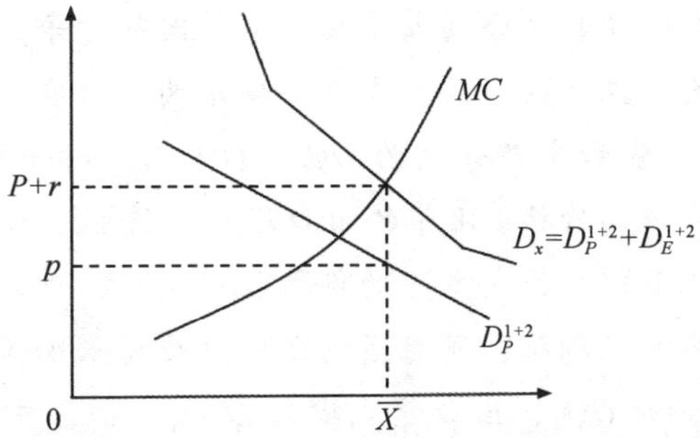

图 16－7（c）

4. 俱乐部产品的均衡。在现实中，大多数产品都是非纯公共品，当消费这种产品的人不断增加时，总会使该产品的消费变得拥挤。然而现实中也存在一些技术或手段使得对这些商品的使用进行收费成为可能，从而达到排他的目的，如桥梁、高速公路等。这种具有排他性的非纯公共品被形象地称为“俱乐部产品”。

布坎南的俱乐部模型就是用于分析俱乐部产品均衡条件的模型。在这个模型中，布坎南认为俱乐部是人们自愿形成的协会，为完成分析，布坎南进行了如下假设：

假设十一：俱乐部排除非会员不需要成本。

假设十二：俱乐部里的会员不会受到其他会员的歧视。

假设十三：会员分摊相同的成本和收益。

对于俱乐部会员 I，可以假设其效用函数为：

$$\max U^i(Y^i, X, s) \quad (16-26)$$

式（16－26）中，U 是会员 I 的效用，Y^i 是会员 I 对私人产品的消费，X 是非纯公共品，s 是群体规模。这样会产生三个需要探究问题：第一是决定俱乐部产品的最佳条件；第二是决定应当供应的产量；第三是决定俱乐部的最佳规模，其最佳条件与混合产品的情况相同。

案例 16－2　出口退税率下调政策的局部与一般均衡静态分析的图文表达

案例以出口退税率下调为前提①，对我国这一政策调整下的产品局部均衡和国内一般均衡进行经济学分析，结果表明，产品需求弹性和供给弹性的差异导致了产品出口量变化、生产量变化和国内消费量变化的强弱反应不同，从而影响我国社会福利水平的高低变化。

一、出口退税率下调的局部均衡分析

鉴于不同企业和行业对出口退税政策的反应不一，案例选取商品的需求和供给价格弹性状况作为分类标志，对贸易大国出口退税率下调政策的局部分析分四种情况比较。

（一）国内外需求价格弹性小，供给价格弹性大的商品局部均衡

图 1 中，D 曲线 S 曲线分别表示我国某种国际竞争力强且国内外需求价格弹性都较小，供给价格弹性大的产品的需求和供给曲线。在原先出口退税水平下，世界价格为 Pw，国内消费和生产分别为 OQ_1、OQ_2，此时出口量为 Q_1Q_2。政府对本国出口生产者每单位产品价格 t 比率的出口退税率降低，该产品单位价格变化 T，则本国出口生产者在当前生产成本下的价格相对减少，利润减少，中国出口生产者会提高产品出口价格加以调整，同时通过压低供应商采购价格等方式降低成本，产量由原来的 OQ_2 减少到 OQ_4，出口量减少到 Q_3Q_4。由于中国是贸易大国，该产品国际价格上升到 P'_w，高于 P_w。出口生产者的产品一部分在国内销售，一部分在国外销售，在国内销售部分不适用出口退税政策，于是国内销售价格相应调低至 P_t，低于出口退税降低前的价格 P_w，国内消费量增加至 OQ_3。

因此，图中生产者剩余损失等于（$a+b+f+c+g$）；国内消费者剩余增加等于（$a+b$）；政府出口退税减少增加的税收等于矩形 $HEFI$ 的面积（$c+e$）。综合来看，福利净效果＝消费者剩余增加＋政府税收所得－生产者剩余损失＝（$a+b$）＋（$c+e$）－（$a+b+f+c+g$）＝（$e-f-g$）。社会净福利的增加和减少取决于 e 和（$f+g$）的比较，其中，图形 $HABI$ 的面积 e 表示贸易条件改善而获得的利益。虽然图 1 中，$e>$（$f+g$），福利净效果为正，但可以看出较大的供给价格弹性将减少社会净福利。

① 谢科进，尹冰．我国出口退税率下调政策的局部与一般均衡分析[J]．管理世界，2008（9）：168－169.

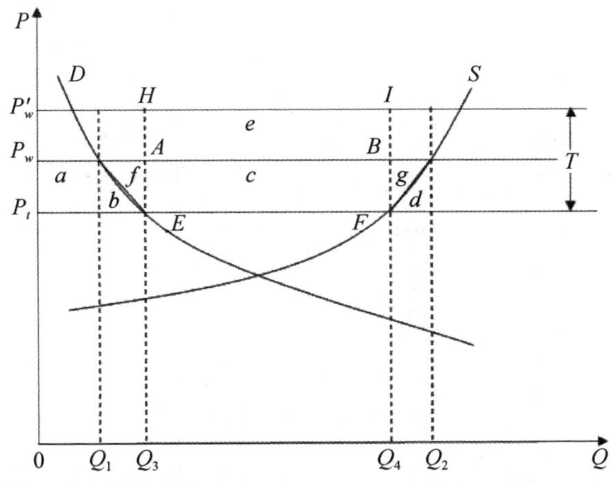

图 1　国内需求价格弹性小，供给价格弹性大的商品局部均衡

（二）国内外需求价格弹性小，供给价格弹性也小的商品局部均衡

图 2 与图 1 相比，由于供给弹性小，S 曲线变得更为陡峭，商品出口量由 Q_1Q_2 到 Q_3Q_4 减少幅度变小，因为此时厂商生产量的减少 Q_2Q_4 较小，出口量变化对出口退税调整敏感度变小。但其他效应基本相同，社会净福利趋向于正。

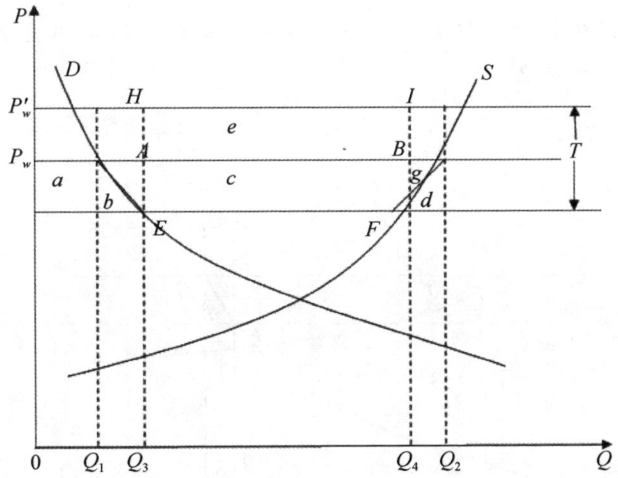

图 2　国内需求价格弹性小，供给价格弹性也小的商品局部均衡

（三）国内外需求价格弹性大，供给价格弹性也大的商品局部均衡

图 3 中，由于国内外需求价格弹性大，D 曲线更为平坦，Q_1Q_3 变大，即国内消费量大幅增加，生产供给减少相对较小，因此出口量大幅减少，产品出口量变化对出口退税调整敏感度变大。当出口退税下调时，虽然对外贸易条件改善，但社会净福利不一定为正，即（$e-f-g$）趋于减少。当国内外需求价格弹性和供给价格弹性足够大时，社会净福利将为负。

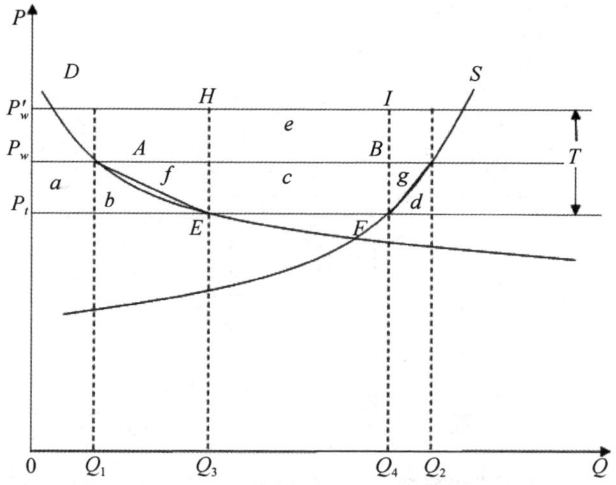

图 3　国内需求价格弹性大，供给价格弹性也大的商品局部均衡

（四）国内外需求价格弹性大，供给价格弹性小的商品局部均衡

图 4 与图 3 相比，供给弹性小的企业所面对的供给曲线更陡峭，国内消费量仍会大幅增加，生产量的减少 Q_2Q_4 变小，因此，出口量减少相对图 3 较小，即产品出口量变化对出口退税调整敏感度又变小。社会净福利取决于（$e-f-g$），可以看出较大的需求价格弹性将减少社会净福利。当产品的国内需求价格弹性足够大时，社会净福利将变为负。

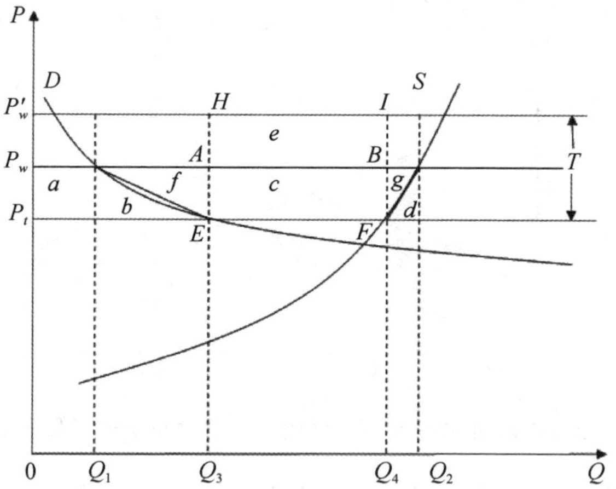

图 4　国内需求价格弹性大，供给价格弹性小的商品局部均衡

二、我国出口退税率下调的一般均衡分析

图 5 中，假设 X 产品可供国内消费和国外出口，Y 产品为进口替代品。TT' 是生产可能性曲线，在出口退税未调整时，国际和国内相对价格线均为 T_1，生产均衡点在 Q_1 点，X 产品出口量 X_1X_2，消费均衡点 C_1 点，X 产品国内消费 OX_1。出口

退税率下调后，X 产品国内价格下降，使 Y 产品在国内市场价格相对上升，故国内生产者面对新的相对价格线 T_2，比 T_1 更为平坦些。于是生产均衡点由 Q_1 点上移至 Q_2 点，与出口退税率调整前相比，进口替代部门的 Y 产品生产增加，进口减少，但出口部门的 X 产品生产减少，出口也减少至 X_3X_4。由于我国是贸易大国，出口退税率下调后贸易比价反映的贸易条件得到改善，国际相对价格线 T_3 比 T_1 更为陡峭，贸易三角由 C_1AQ_1 变小为 C_3BQ_2，进出口贸易缩小，贸易利得减少。社会无差异曲线由 C_1 上升至 C_3，国内社会消费水平提高。图中 T_1' 通过 Q_2 与 T_1 平行，达到社会无差异曲线 C_2，低于原先 C_1 水平，说明贸易条件的改善提升了社会福利。

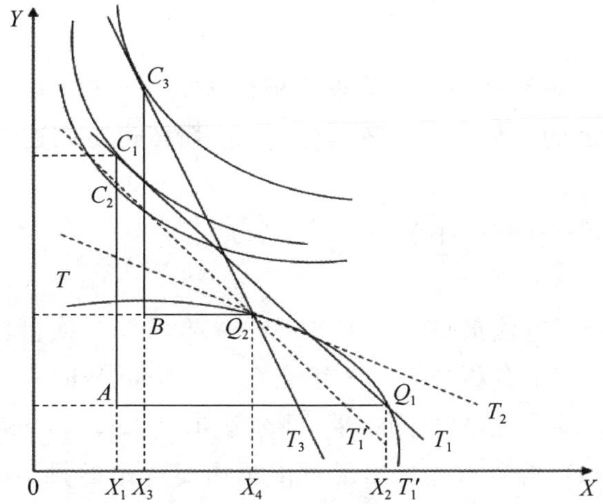

图 5　贸易大国出口退税率下调后的一般均衡分析

第三节
动态分析方法及其应用

传统的静态分析并非完全不研究变动的问题，只是这种分析仅对变动问题围绕均衡点进行，而不是围绕时间进行分析。现代经济学所说的动态分析则关注一定时期内的变动或发展，是均衡变动的过程，是对各个均衡点在时间上的联系的分析。

在缪尔达尔、林达尔之后，动态分析方法被广泛应用于微观分析之中，主要被应用于生产理论和分配理论。凯恩斯革命至 20 世纪中期，主流经济学对经济增长理论进行了动态研究，其中哈罗德—多马的经济增长模型成为主流经济理论动态分析模型化开始的标志。

此后，在索洛模型（Solow，1956① 和 1957②）的基础上，20 世纪 80 年代末，罗伯特·卢卡斯（Lucas，1988③）发表了《技术进步与增长》等论文，罗伯特·巴罗（Barro 1944—；1990 ④）将技术、公共政策等传统经济模型的外生变量予以内生化，形成了将公共经济变量纳入主流经济理论模型的分析基础。本章将结合内生增长理论及模型，将公共经济变量纳入分析，对动态分析方法在公共经济研究中的应用进行解读。

一、经济学动态分析方法及其发展

目前在宏观经济领域，动态分析方法应用十分广泛，但这一分析方法也有其产生和发展的历程，本节将其分为三个阶段进行阐述。

（一）初始阶段（1910—1940 年）

动态经济分析方法最早见于 1910 年，兴起于第二次世界大战前后。20 世纪 30 年代，在静态的均衡分析与努特·维克塞尔（Knut Wicksell，1851—1926）的积累理论基础之上，瑞典经济学家冈纳·缪尔达尔（Karl Gunnar Myrdal，1898—1987）、林达尔（Lindahl）等人首先提出了对传统均衡理论的挑战，创立了动态经济分析法，强调了“预期”“计划”等概念在经济分析中的重要性。其中，缪尔达尔引入动态分析的概念，研究分析了有关事前经济变量与事后经济变量的衡量方法。基于此，宏观经济学中对于储蓄和投资的关系有了初步的理论性解释。同时，缪尔达尔还将动态分析思想引入了宏观经济学的分析中，并将其相关理论于 1932 年编入其著作《货币经济》（*Monetary Economics*）中，缪尔达尔的这一贡献正如威廉·巴伯（William J. Barber，2008⑤）所评价的：“如果缪尔达尔的思想能够在 1936 年之前介绍给英语读者，恐怕之后的针对‘大萧条’的宏观经济理论，不会是‘凯恩斯主义’，而是‘缪尔达尔主义’了。”而 1969 年的诺贝尔经济学奖获得者简·丁伯

---

① Robert Merton Solow. A Contribution to the Theory of Economic Growth [J]. Quarterly Journal of Economics, 1956, 70 (1): 65 - 94.

② Robert Merton Solow. Technical Change and Aggregate Production Function [J]. Review of Economics & Statistics, 1957, 39 (3): 312 - 320.

③ Robert E. Lucas, JR. On the Mechanics of Economic Development [J]. Journal of Monetary Economics, 1988, 22 (88): 3 - 42.

④ Barro, R. J. Government Spending in a Simple Endogenous Growth Model [J]. Journal of Political Economy, 1990, 98 (5): 68 - 88.

⑤ William J. Barber. Gunnar Myrdal: An Intellectual Biography [M]. Palgrave Macmillan, 2008.

根，主要致力于把统计应用于动态经济理论，发展了动态模型来分析经济进程，他提出的经济目标和有效政策工具的框架结构对各国经济的宏观调控具有鲜明的政策意义（见表 16－2）。

表 16－2　　动态分析方法及应用的发展历程

阶段	代表人物	数理方法	成就
第一阶段：形成阶段（1910—1940 年）	缪尔达尔、林达尔、丁伯根等	动态均衡分析法、动态非均衡分析法、宏观动态分析等	公共品有效供给理论、蛛网理论
第二阶段：线性综合阶段（1940—1970 年）	奥肯、斯旺、哈罗德、多马、索洛、萨缪尔森	微观时点序列分析、最优化方法、博弈论等	微观领域动态经济分析、增长的“刀锋”性质、宏观经济动态分析理论、索罗模型框架
第三阶段：大综合时期（1970 年至今）	基德兰德、普雷斯科特、阿罗、卢卡斯、罗默、伍德福德	预测学、决策分析等	动态投入产出模型、内生增长理论、实际周期理论、动态随机均衡理论

此后，林达尔吸收威克赛尔的静态均衡分析法，发现了“威克赛尔—林达尔”模型，为公共品的供给和决策过程提供了理论依据。特别地，在公共品的决策过程中，林达尔首创了以多边谈判的模式，通过动态的“讨价还价”过程，对公共品的有效产出进行了分析。

（二）发展阶段（1940—1970 年）

第二次世界大战后，动态经济分析逐渐演变为宏观领域动态经济分析与微观领域动态经济分析两支。宏观领域动态经济分析主要研究国民经济增长的动态均衡与增长因素等，代表如美国经济学家哈罗德以及澳大利亚经济学家特雷弗·斯旺（T. W. Swan，1918—1989）对内外均衡进行的研究等，对国民收入、资本、净投资之间的关系进行的研究。其中，哈罗德（1946①）依据动态经济分析法，与多马共同提出了模型相近的增长框架，即著名的“哈罗德—多马经济增长模型”（Harrod－Domar Model），即公式 $G=S\div V$。其中，G 是“经济增长率”，S 是“资本积累率（储蓄率或投资率）”，V 是“资本/产出比”。“哈罗德—多马经济增长模型”并非主流经济学理论，其模型得出了“经济增长是不稳定的”结论。哈罗德认为②，当实际增长率和均衡增长率不一致时，会导致经济短期波动。而均衡增长率

① Harrod R F. A New View of The Economics of International Readjustment：A Comment［J］. Review of Economic Studies，1946，14（2）：95－97.

② 龚蕾．经济增长理论的分析、比较与综合［J］．北方经济，2006（6）：34－35.

和自然增长率不一致，则会导致经济长期波动，而且一旦这种不一致的偏差发生，就会产生一种不断加强的趋势。因此，要实现实际增长率等于均衡增长率并等于自然增长率的长期均衡增长几乎是不可能的，常被形象地称为“刃锋式”的经济增长。

微观领域动态经济分析主要研究单个产品与生产要素的价格变化等，主要代表如道夫曼、萨缪尔森和索洛等人关于经济变量在时间过程中渐进变化的理论分析（Dorfman，Samuelson，Solow，1958①），美国经济学家阿瑟·奥肯（A. M. Okun，1928—1980；1975②）关于平等、效率与微观经济政策的研究等。其中，奥肯于1962年提出了著名的奥肯定律（Okun's Law），即GDP的增长率与失业率存在一定的相关性，其中，过去与现在的实际增长率将作为失业率的重要参考变量。这标志着动态分析逐步走向了规范化和标准化。

（三）走向成熟阶段（1970年至今）

20世纪70年代后，动态经济分析形成了较为系统的理论分析体系，朱根（1986）认为③，动态经济方法和以数理统计为基础的经济计量方法以及当代科学中的系统理论和方法，如预测、运筹和决策方法等，取代了传统的经验归纳、逻辑演绎和静态分析方法，成为战后西方经济学研究的主要手段。

自Solow（1956④）以来，动态分析方法在宏观经济学中被广泛应用并产生了积极作用。在美国，近年来动态分析在供应经济学中的应用，促进联邦立法者通过了新的税收法案，包括“2001年度布什减税计划”（Bush Tax Cuts of 2001）和“繁荣之路”（The Path to Prosperity 2012）两个提案，在当年都极大提高了美国的GDP与联邦公共收入。到现在，除传统的研究领域之外，动态经济分析与其他经济理论结合被应用于进行新的分析，如中国的动态模式经济控制论模型（DYPECM），就是将控制理论与动态模式结合，以用作规划宏观经济的参考。此外，基于凯恩斯创立的现代宏观经济学以及基德兰德和普雷斯科特⑤（Kydland & Prescott，1982）的实际周期理论（RBC），产生了动态随机一般均衡分析法，简

---

① Dorfman R，Samuelson P A，Solow R M. Linear Programming and Economic Analysis [M]. Mcgraw - Hill，1958.

② Knotek，Edward S. Okun A M. Equality and Efficiency：The Big Tradeoff [M]. Washington Brookings Press，1975.

③ 朱根．动态经济分析方法[J]．社会科学，1986（8）：70 - 71.

④ R. M. Solow. A Contribution to The Theory of Economic Growth [J]. Quarterly Journal of Economics，1956，70（1）：65 - 94.

⑤ Kydland F E，Prescott E C. Time to Build and Aggregate Fluctuations [J]. Econometrica，1982，50（6）：1345 - 1370.

称 DSGE① 分析法。由于宏观经济学中的传统方法存在一些缺陷，如缺乏微观基础、局部均衡法的固有局限等，DSGE 将 RBC 理论与新凯恩斯主义假设综合起来，形成了新的宏观经济分析模型，成为目前学术界最前沿的分析模型。

总之，经济动态分析方法经历了近 80 年的发展，已成为经济学（特别是宏观经济学）中一种有效的分析模型，为各国政府的公共政策建立和长期战略规划提供了有效的理论和数据支撑。

二、内生增长理论中公共经济政策效应的动态分析

20 世纪 40 年代前后，主流经济学关注的重点开始从资源的静态配置转向增长领域的研究。罗伊·福布斯·哈罗德（R. F. Harrod，1900—1978；1939）描绘了经济学“从静态走向动态”的一个思路②。此后，哈罗德、多马（埃弗塞·多马，E. D. Domar，1914—1997）③、索洛（Solow，1956；1957）④ 等相继对增长模型进行了开创性的研究，并形成了以动态为特点的主流经济增长模型。在增长模型形成的一段时间里，与公共经济密切相关的一些变量，如公共支出、教育政策以及社会保障等被视为外生给定的。20 世纪 80 年代末，卢卡斯（1988）发表了论文《技术进步与增长》，巴罗（1990）等又将技术、公共政策等经济模型外生变量予以内生化，形成了分析公共经济有关变量的主要分析基础。本节将结合公共经济学，以新增长模型的演进为例展现经济学中的动态分析方法。

（一）经济增长模型的基本形式与动态路径

1. 经济增长模型基本形式的形成。按时间来划分，第一个新古典增长模型是拉姆齐模型。拉姆齐模型用动态边际分析（变分法）来解决当前消费与未来消费之间的有效折中，决定最优的储蓄、生产和消费的时间路径。沿着这条思路，卡斯

---

① 文建东，潘亚柳．动态随机一般均衡方法的形成与发展[J]．经济学动态，2013（8）：104 - 111.

② Harrod R F. Price and Cost in Entrepreneurs' Policy [J]. Oxford Economic Papers，1939.

③ Evsey David Domar. Capital Expansion，Rate of Growth，and Employment [J]. Econometrica，1946，14（2）：137 - 147；Evsey David Domar. Expansion and Employment Expansion and Employment [J]. American Economic Review，1947（1）：34 - 55.

④ Robert Merton Solow. Technical Change and Aggregate Production Function [J]. Review of Economics & Statistics，1957，39（3）：312 - 320.

（D. Cass，1937—2008；1965[1]）和库普曼斯（T. C. Koopmans，1910—1985；1965[2]）的研究取得的最重要成果是在1965年，他们把拉姆奇的消费者最优化分析引入新古典增长理论中，建立了一种储蓄率内生决定的经济增长模型：储蓄率取决于居民的消费选择或者说对现期消费和远期消费（储蓄）的偏好。拉姆齐—卡斯—库普曼斯模型使新古典增长模型达到了最完美的程度[3]。

从总量生产函数来看，索罗模型能较为清晰地定义在哈罗德、希克斯以及索洛理论中——利润和工资占国民收入的比例（收入分配比率）在一定条件下不变的技术进步，即“中性技术进步”[4]。索洛模型产生之后，在围绕着该模型所进行的经济增长理论模型研究中，经济学家们很快就清楚地定义了这三种不同的中性技术进步以及相应的总量生产函数。

2. 经济增长模型基本形式的动态数理表达。建立经济增长模型的目的是保持长期人均产出增长率为正，即必须有一新产品、新市场或新的技术方面的持续进步。索洛—斯旺模型最后证明了这一点，即证明了如果不存在这些进步，则边际回报递减的效应将会终止，而经济增长将陷入停滞。

新古典增长模型是一个劳动和资本规模报酬不变的加总型生产函数，用 $Y = F(K)$ 表示，这里的 $F(K)$ 既可代表可能生产的产出，也可代表将会被生产的产出。而加总函数的一个重要特点，是它对资本积累的回报具有递减性质。如果不断地给同一群人增加同样的资本品，但又没有发明新的资本使用方法，那么就一定会达到某一点，这时资本品将对产出没有作用，且可以忽略不计。如果假设资本的边际产出随资本存量的增加而严格递减，以此来对这种情形进行模拟，那么，对于所有的 K 而言，$F'(K) > 0$，$F''(K) < 0$，同时施加稻田条件（Inada Condition）[5]，有：

$$\lim_{K \to \infty} F''(K) = 0 \text{ 和 } \lim_{K \to 0} F''(K) = \infty \qquad (16-27)$$

① David Cass. Optimum Growth in an Aggregative Model of Capital Accumulation [J]. Review of Economic Studies, 1965, 32 (4): 233-240.

② Koopmans T C. On the Concept of Optimal Economic Growth in The Econometric Approach to Development Planning [M]. Amsterdam: North-Holland Publishing Co., 1965.

③ 卡斯（1965）和库普曼斯（1965）把拉姆齐（1928）的消费者最优分析引入新古典增长模式中，形成了一个储蓄率内生决定的增长模式，合称为拉姆齐—卡斯—库普曼斯模型。

④ 当代的经济增长理论将在一定条件下使利润和工资占国民收入的比例（收入分配比率）不变的技术进步称为“中性技术进步”，并且定义了三种不同类型的“中性技术进步”：哈罗德中性技术进步在利率不变的条件下不改变资本系数的值；希克斯中性技术进步在资本—劳动比保持不变时，使相应的资本与劳动之间的边际替代率也保持不变；索洛中性技术进步则在劳动生产率不变的条件下使利润和工资占国民收入的比例保持不变。

⑤ 稻田条件，指某种新古典生产函数，满足：f (0) =0，一阶导数大于0，二阶导数小于0，另外，当生产要素投入趋于0时，一阶导数的极限无穷大，当生产要素的投入趋于无穷大时，一阶导数的极限等于0。经济含义：当资本存量足够小时，资本的边际产品很大，资本存量很大时，资本的边际产品则很小（资本的边际产量递减规律）。

微分方程式（16－27）是新古典经济增长的基本方程式，表明在任何时期资本存量的变化率是由当时已有的资本存量决定的，因此，它和此前给定的资本存量一起，决定了资本全部的时间路径。将资本的路径带入总生产函数，就得到了产出的时间路径。

由于上述函数忽略了技术变化，意味着只有资本存量增加时才会增加产出。根据索洛—斯旺的假设，人们总是储蓄其总收入的一个固定部分 s，且由于折旧的原因，每年资本存量中的一个固定比例会消失 δ（δ 为折旧率）。由于资本积累的速度是 sY，而资本折旧的速度为 δK，资本存量的净投资为：

$$\dot{K} = sF(K) - \delta K \tag{16-28}$$

上述动态分析看出，即便人口不断增长，而不存在技术变化时，经济长期增长也将面临困难。索洛—斯旺模型与后来的卡西—库普曼—拉姆齐模型中的情形一样，完全有可能加入技术进步的因素，从而使经济保持长期持续的增长。

3. 现代经济增长理论模型的基准。索洛模型虽然可以解决哈罗德—多马模型的“中性进步”等问题，通过资本与劳动之间可以替代的假设使经济增长具有稳定性，但它不能在没有外生给定的技术进步时产生人均产出的长期增长，且存在模型中储蓄率的外生给定，并非由个人的动态最优化行为内生决定的问题。虽然索洛（1957①）发现了上述问题，也开辟了增长源泉定量化分析的道路，如根据对美国1909—1949年数据的测算，发现美国GDP年均增长率为2.9%，其中，归功于资本积累和劳动投入的增加分别为0.32%和1.09%，剩下的1.49%则归功于“技术进步”；人均产出增长率为1.81%，其中，1.49%来源于技术进步。但索洛模型不能解释为什么资本和劳动的增长的“剩余”都归于技术进步，因为增长最重要的源泉即“广义的技术进步”，在索洛模型中却是外生给定的因素，存在一定的缺陷。

后来许多增长模型都以拉姆齐模型（Ramsey Modle；弗兰克·P. 拉姆齐，F. P. Ramsey，1903—1930；1928②）为基础，但索洛模型的上述缺陷却激发了以动态分析方式构造经济增长模型的创新。在许多方面，索洛模型都为此后的经济增长理论模型的发展建立了基本的准则：一是自索洛模型以来，新古典生产函数成为经济增长理论模型中的标准的总量生产函数；二是在索洛模型的倡导下，将整个经济视为处于动态一般均衡状态成了经济增长理论模型中的通则；三是索洛模型将给定人们掌握的技术下的劳动生产率内生化，使哈罗德—多马模型所确立的技术进步表

① Solow R M. Technical Change and the Aggregate Production Function [J]. The Review of Economics and Statistics, 1957: 312－320.

② Frank Plumpton Ramsey. A Mathematical Theory of Saving [J]. Economic Journal, 1928, 38 (152): 543－559.

现形式发生改变；四是索洛模型还在当代的经济增长理论中确立了一个思想传统，即它使经济学主流增长模型演变成完全从供给方面研究长期经济增长的根源。

（二）公共经济相关变量内生化的动态分析

1. 经济学家将技术内生化的努力。在卢卡斯（Lucas，1988①）之前，经济学家基于一种内生增长的AK形式的动态分析法②，对于技术在现代经济增长内生化的解决途径做了大量尝试性的工作，但并没有取得实质性成效，如阿罗（Arrow，1962③）的“干中学”假设和分析、诺德豪斯（Nordhaus，1969④）和（Shell，1973⑤）的“严格的报酬递减”假设和分析、宇宫（Uzawa，1963⑥）的“人均人力资本教育投入”假设和分析等。AK分析方法对于公共经济政策的福利效应有非常重要的意义，因为在新古典模型中，可能出现资本“过度积累”，当资本存量非常大而边际产出很小时，经济增长就会出现“动态低效率”，但当加入福利政策和其他公共政策条件时，这种动态低效率问题就能得到解决（圣・保罗 Saint－Paul，1992⑦；巴罗、萨拉・马丁 Barro，Sala－I－Martin，1995⑧）。

2. 公共经济变量内生化的动态分析方法的发展。诸多将技术变量内生化的努力存在一个共同的不足，即这些模型把技术进步率这一唯一能决定每个国家增长率的因素视为外生变量，导致模型本身并不能说明不同国家之间增长率的差异。如果

---

① Robert E. Lucas，JR. On the Mechanics of Economic Development [J]. Journal of Monetary Economics，1988，22（88）：3－42.

② 在索洛模型中，假定生产函数具有如下的 AK 形式：$Y = AK$，其中 A 是大于零的常数，这意味着资本的报酬并不随着自身的积累而递减，而是保持为一个恒定的水平 A。沿用索洛模型中关于各种参数的假定，于是，人均资本存量的增长率为：$\gamma_k = sA - (n + \delta)$。由于 $y = Ak$ 以及 $c = (1 - s)y$，从而此模型中的所有人均变量——y、k、c 都以速度 γ_k 增长。若 $sA > (n + \delta)$，则 $\gamma_k > 0$，从而经济的长期人均正增长得以实现。更重要的是，这一正增长率是依赖于模型中的各种行为参数的，为各种经济政策的使用提供一个理论基础。

③ Kenneth J. Arrow. The Economic Implications of Learning by Doing [J]. Review of Economic Studies，1962，29（80）：155－173.

④ William D. Nordhaus. An Economic Theory of Technological Change [M]. American Economic Review，1969，59（2）：18－28.

⑤ Karl Shell. Inventive Activity，Industrial Organization and Economic Growth in Models of Economic Growth（J. A. Mirrlees and N. Stern，eds.）[M]. London：Macmillan，and New York：Halsted，1973.

⑥ Uzawa H. On a Two－Sector Model of Economic Growth [J]. Review of Economic Studies，1963，30（1）：40－47.

⑦ Saint－Paul G. Technological Choice，Financial Markets and Economic Development [J]. European Economic Review，1992，36（92）：763－781.

⑧ Barro R J，Sala－I－Martin X. Economic Growth [M]. McGraw－Hill，1995：110－123.

对资本采用一个广泛的定义，使其既包括人力资本也包括物质资本，那么简单的古典模型就足以说明各国之间增长路径的差异。1988 年，在加里·斯坦利·贝克尔（Gary Stanley Becker，1930—；1967①）人力资本概念的启发下，卢卡斯的研究解决了增长模型中技术外生性问题。卢卡斯模型的两个方程式为：

$$y = k^{\alpha}(uh)^{1-\alpha} \tag{16-29}$$

$$\dot{h} = \delta h(1-\mu), \quad \delta > 0 \tag{16-30}$$

式（16－29）中，K 为物质资本存量，支配其运动的微分方程与索洛或拉姆齐模型的情况一致，即 $\dot{K} = y - c$ 表示当前消费，而式（16－30）则描述当前教育时间（$1-\mu$）如何影响人力资本的积累，且人力资本获取不必然在同代个体之间产生溢出效应，其对已有人力资本存量为规模报酬不变的，此时带来一个整的稳定状态的增长率：

$$g = \delta(1-\mu^{*}) \tag{16-31}$$

式（16－31）中，g 为增长率，μ^{*} 为当事人在生产和教育之间的最优配置时间。

卢卡斯的研究解决了自索洛以来经济增长模型中技术外生的问题，为此后的新古典增长模型的发展提供了理论基础，在此基础上，新古典的内生增长理论迅速发展起来（见表 16－3）。

表 16－3　　内生增长模型中的公共经济相关变量的动态分析

被内生化变量	代表性著述	动态分析的假设条件
人力资本投资	Lucas（1988）	人力资本和物质资本的比例、人力资本和物质资本均衡增长路径
政府支出	Barro（1990）、Devarajan，Swaroop，Zou（1996）②	政府支出对私人资本支出比例、增长率为税率的凹函数、存在外部性等
财政政策	Blanchard(1985)③、Saint－Paul（1992）、Barro，Sala－I－Martin（1995）	生命周期及消费者预算约束、动态消费方程、动态低效率、政府发行债券、生产性支出和非生产性支出、扭曲性税收和非扭曲性税收等

① Becker G S. Human Capital and the Personal Distribution of Income: An Analitical Approach [J]. University of Michigan Institute of Public Administration, 1967.

② Devarajan S, Swaroop V, Zou H F. The Composition of Public Expenditure and Economic Growth [J]. Journal of Monetary Economics, 1996, 37 (2): 313－344.

③ Blanchard O J. Debt, Deficits and Finite Horizons [J]. Journal of Political Economy, 1985: 223－247.

续表

被内生化变量	代表性著述	动态分析的假设条件
分权财政体制	Davoodi，Zou（1998）①、Zhang T，Zou（1998）② 等	地方政府公共品竞争、多级政府博弈行为等
政府教育支出	于凌云（2008）	最优消费决策、教育支出分为政府和非政府教育支出、稳态增长率等
税收效应	Angelopoulos（2007）③、邹恒甫，龚六堂（2005）④、严成樑，龚六堂（2012）等	最优消费决策、生产与消费服务之间的总税收收入的分配

经过罗默（Romer，1990⑤）、格鲁姆和拉维库马尔（Glomm and Ravikumar，1992⑥）、Barro（1990）以及 Barro and sala－i－Martin（1995）等的改进，卢卡斯模型在外生变量内生化方面已经取得了很大进展，为此后公共政策变量内生化的分析提供了借鉴。在公共经济学领域，许多与公共经济密切相关的变量，如人力资本、政府支出、税收以及教育投资等传统现代经济增长模型的外生变量相继被内生化。如 Saint－Paul（1992）、Barro，Sala－I－Martin（1995）等认为，一个社会保障体系或者公共福利政策在 AK 模型中可以抵消新古典模型的动态低效率。之后的模型常常将政府和家庭的最优消费决策、税收效应等作为条件进行模型的演绎，这类文献如安哲罗普洛斯（Angelopoulos，et al. 2007⑦）、于凌云（2012⑧）以及严成樑、龚六堂（2010⑨；2012⑩）等。

① Davoodi，H，Heng－Fu Zou. Fiscal Decentralization and Economic Growth：A Cross－Country Study [J]. Journal of Urban Economics，1998（43）：244－257.

② Zhang T，Zou H F. Fiscal Decentralization，Public Spending，and Economic Growth in China [J]. Journal of Public Economics，1998，67（2）：221－240.

③ Angelopoulos Konstantinos，Economides George，Kammas Pantelis. Tax－spending Policies and Economic Growth：Theoretical Predictions and Evidence From the OECD [J]. European Journal of Political Economy，2007，23（4）：885－902.

④ 邹恒甫，龚六堂．多级政府下的最优税收和政府转移支付[J].经济学动态，2005（11）：37－43.

⑤ Romer P M. Endogenous Technical Change [J]. Journal of Political Economy，1990，98（5）：71－102.

⑥ Glomm G，Ravikumar B. Public versus Private Investment in Human Capital Endogenous Growth and Income Inequality [J]. Journal of Political Economy，1992，100（4）：818－834.

⑦ Angelopoulos K，Economides G，Kammas P. Tax－spending Policies and Economic Growth：Theoretical Predictions and Evidence From the OECD [J]. European Journal of Political Economy，2007，23（4）：885－902.

⑧ 于凌云．养老保险、教育投资与增长：OLG 模型理论优化及实证研究[M].北京：中国财政经济出版社，2012.

⑨ 严成樑，龚六堂．我国税收的经济增长效应与社会福利损失分析[J].经济科学，2010（2）：69－79.

⑩ 严成樑，龚六堂．税收政策对经济增长影响的定量评价[J].世界经济，2012（4）：41－61.

案例16－3：人力资本与教育投资的内生增长投入产出动态分析

案例中分析了Lucas（1988）和Rome（1990）等的研究强调技术进步的重要性①，认为技术进步是由人力资本所推动的，并主要取决于现有人力资本水平 h_t 及从事人力资本建设的时间 $(1-u(t))$，其表达式可写为：

$$\dot{h}_t = \delta h_t[1-u(t)] \tag{1}$$

其中，δ 为技术参数。

以此为基础，案例的模型可将对人力资本个体的教育投入分为政府主体和非政府主体（包括企业、社会其他经济组织、学生家庭以及学生本人）的教育投入，假定人力资本投资的过程先是由政府进行教育投入，形成现有人力资本积累，进入劳动力市场后，再进行深化积累，其间的教育投入则主要是由非政府主体提供。这一假定主要基于三个方面的考虑：

一是从教育收益率角度来看，教育收益率可分为私人收益率和社会收益率。根据Psacharopoulos（1984）、Psacharopoulos & Patrinos（2004）及Hossain（1997）等的核算，教育的私人回报率反映人力资本个体的收入水平，一般会随着受教育程度的提高而提高；教育的社会回报率则体现社会产出或者个体对社会的回报，会随着受教育程度的提高而呈现出递减的趋势。因此，政府会依据公共效用最大化原则，将有限的公共教育资源首先用于保障基础教育，其次才是高等教育和职业教育。而为了提高教育的私人回报率，在政府提供基础教育的基础上，个人及企业等非政府主体也会增加对基础教育之后的高等教育或者职业教育投入，用于个人的人力资本的建设。

二是类似于Arrow（1962）和Uzawa（1967）的“干中学”（learning by doing）的理论假设，个人在已有的人力资本水平上参与社会生产活动，不仅能在生产过程中通过学习得到更多的知识进行人力资本建设，而且企业也会提供培训机会，提高个体的技术水平从而有利于提高产出。

三是从当今世界各国政府教育投入的实际情况来看，义务教育是一种法定的免费基础教育形式，政府教育经费必须首先为这类教育提供经费保障。而在高等教育领域，除了极少数国家（如朝鲜）由政府全部负担高等教育的成本之外，多数国家的高等教育领域都实行教育成本的补偿和分担机制，即实行学费制或者企业等非政府组织参与办学等。

根据式（1），令教育投入对人力资本的形成满足政府和非政府教育投入贡献规模报酬不变的性质，则有如下函数形式：

$$\dot{h} = Bh_p^{\varepsilon}h_g^{1-\varepsilon} \quad (0<\varepsilon<1) \tag{2}$$

① 于凌云．教育投入比与地方经济增长差异[J]．经济研究．2008（10）：131－143.

式（2）中，ε 和 $(1-\varepsilon)$ 分别为人均非政府教育投入 h_p 和政府教育投入 h_g 的人力资本积累弹性，B 为技术参数，假定为常数。

在均衡财政（即不考虑国债）的条件下，假定政府每年采用不变的宏观税负（税收收入占 GDP 的比重），则人均税收负担为 τy，其中 τ 为税率，y 为人均产出。在不考虑货币市场产出的影响下，令 ω 为政府人均教育投入 h_g 占人均政府支出 g 的比重 $(0<\omega<1)$，ω 越大表明政府教育投入力度越大，则 $h_g=\omega\tau y$。

在上述前提下，将经济行为人看作是人力资本、集消费者和生产者为一体的综合体，引入规模收益不变的科布－道格拉斯生产函数，则有：

$$y = Ak^{1-\alpha}h_g^{\alpha(1-\varepsilon)}h_p^{\alpha\varepsilon} = Ak\left(\frac{h_p}{h_g}\right)^{\alpha\varepsilon}\left(\frac{h_g}{k}\right)^{\alpha} \quad (0<\alpha<1) \tag{3}$$

式（3）中，A 为当期的技术参数，在此设为常数，$(1-\alpha)$、$\alpha(1-\varepsilon)$ 和 $\alpha\varepsilon$ 分别为人均物质资本、政府教育投入和非政府教育投入的产出弹性。则人均物质资本的约束方程为：

$$\dot{k} = (1-\tau)Ak^{1-\alpha}h_p^{\alpha\varepsilon}h_g^{\alpha(1-\varepsilon)} - c = (1-\tau)Ak\left(\frac{h_p}{h_g}\right)^{\alpha\varepsilon}\left(\frac{h_g}{k}\right)^{\alpha} - c \tag{4}$$

式（4）中的 k 为人均物质资本投入，τ 为人均税收，c 为人均消费。在存在公共品的条件下，经济行为人的效用由私人消费和公共品共同决定，假设政府是服务型廉洁政府，即政府支出中，除公共投资之外的所有公共支出都形成纯公共品或服务并进入经济行为人的效用函数。效用函数采用加性可分的形式，则经济行为人的效用函数为：

$$U(c) = (c^{1-\sigma}-1)/(1-\sigma) \quad (0<\sigma<1) \tag{5}$$
$$s.t.: U(c) + U((1-\omega)g/\omega)$$

式（5）中，σ 为消费的边际效用弹性，σ^{-1} 为跨时代的消费替代弹性。这一函数说明个人不会偏好在某个时间点上集中消费，因为此经济行为人的最优决策排除了经济行为人在开始什么也不消费，而将所有资源储蓄或保留起来用于增加下一阶段的平均资本或集中消费的决策。经济行为人将在式（5）约束条件下，选择 c 以最大化效用的贴现流：

$$Max\int_0^{\infty} e^{-\rho t}[U(c_t) + U((1-\omega)g/\omega)]dt \tag{6}$$

式（6）中，$\rho>0$，为贴现率。在经济的最优路径下该模型的汉密尔顿函数写为：

$$H(\cdot) = U(c) + U((1-\omega)g/\omega) + \lambda\left[(1-\tau)Ak\left(\frac{h_p}{h_g}\right)^{\alpha\varepsilon}\left(\frac{h_g}{k}\right)^{\alpha} - c\right] \tag{7}$$

最优条件可写为：

$$\frac{\partial H}{\partial c} = 0 \Rightarrow c^{-\sigma} - \lambda = 0 \Rightarrow c^{-\sigma} = \lambda \tag{8}$$

λ 为人均物质资本 k 的边际效用。在最优状态下，消费的边际效用 $c^{-\sigma}$ 等于物质资本积累的边际效用，Euler 方程为：

$$\dot{\lambda}=\rho\lambda-\frac{\partial H}{\partial k}=\rho\lambda-\lambda(1-\tau)(1-\alpha)A\left(\frac{h_p}{h_g}\right)^{\alpha\varepsilon}\left(\frac{h_g}{k}\right)^{\alpha} \tag{9}$$

横截面条件和初始条件为：

$$\lim_{t\to\infty}\lambda ke^{-\rho t}=0,\quad k(0)=0 \tag{10}$$

横截面条件意味着当时间充分长且当 $\lambda>0$ 时，经济行为人会将全部的物质资本消耗掉以增加消费效用；若 $k\neq0$，则一定有 $\lambda=0$，即物质资本的消耗并不能增加经济行为人的消费效用。

联立式（8）、式（9）及式（3），可得到人均消费水平的动态方程为：

$$\dot{c}=-\frac{U'(c)}{U''(c)}\left(\frac{\partial y}{\partial k}-\rho\right)=\frac{c}{\sigma}\left[(1-\tau)(1-\alpha)A\left(\frac{h_p}{h_g}\right)^{\alpha\varepsilon}\left(\frac{h_g}{k}\right)^{\alpha}-\rho\right] \tag{11}$$

$$\frac{\dot{c}}{c}=\frac{1}{\sigma}\left[(1-\tau)(1-\alpha)A\left(\frac{h_p}{h_g}\right)^{\alpha\varepsilon}\left(\frac{h_g}{k}\right)^{\alpha}-\rho\right] \tag{12}$$

由式（12）可以看出，消费贴现率 ρ 的大小决定了消费增长的符号。当消费贴现率小于物质资本的边际产出时，能拉动消费增长。

根据政府教育投入的预算约束：$\tau y=h_g/\omega$，假设沿着经济平衡增长路径的线性税率 $\tau=h_g/\omega y$ 为常数且满足 $0<\tau<1$，则 h_g/k 亦为常数，由此可得人均政府教育投入的均衡增长路径：

$$h_g/k=(\omega\tau A\phi^{\alpha\varepsilon})^{\frac{1}{1-\alpha}} \tag{13}$$

式（13）中，$\phi=h_p/h_g$，为经济行为人（或人力资本个体）的私人教育投入与政府教育投入的比率，由于 $h_g=\omega\tau y$，$0<\omega<1$，因此 $h_g\neq0$。

经济体的均衡增长路径由式（3）给定，又由式（2）可知，在均衡条件下的生产函数为 AK 型生产函数，因此在均衡增长路径上人均消费、人均人力资本、人均物质资本和人均产出的增长率是相同的、恒定的，即 $\xi=\frac{\dot{c}}{c}=\frac{\dot{h}}{h}=\frac{\dot{k}}{k}=\frac{\dot{y}}{y}$，这意味着在均衡状态下经济行为人采取的行动具有一致性。

将式（13）代入式（10）得出最优增长率 ξ 的表达式为：

$$\xi=\frac{1}{\sigma}\left[(1-\tau)(1-\alpha)\left(A\tau^{\alpha}\omega^{\alpha}\varphi^{\alpha\varepsilon}\right)^{\frac{1}{1-\alpha}}-\rho\right] \tag{14}$$

对式（14）中 ϕ 求导有：

$$\frac{d\xi}{d\phi}=\frac{1}{\sigma}\left[\alpha\varepsilon(1-\tau)\left(A\tau^{\alpha}\omega^{\alpha}\phi^{\alpha\varepsilon+\alpha-1}\right)^{\frac{1}{1-\alpha}}\right]>0 \tag{15}$$

式（15）进一步表明了经济增长率 ξ 与非政府教育投入 h_p 和政府教育投入 h_g 比率 ϕ 之间的关系。由于 $\frac{d\xi}{d\phi}>0$，可见非政府教育投入 h_p 和政府教育投入 h_g 比率

ϕ 对经济增长具有正向作用。这说明在其他条件不变的情况下，ξ 随 ϕ 的提高而提高，即非政府教育投入 h_p 应该随着政府教育投入 h_g 加大而加大才会有利于保持经济持续增长。

进一步地，对式（14）中的 ϕ 求二阶导：

$$\frac{\partial^2 \xi}{\partial \phi^2} = \frac{(\alpha\varepsilon + \alpha - 1)}{\sigma(1-\alpha)}\left[\alpha\varepsilon(1-\tau)\left(A\tau^{\alpha}\omega^{\alpha}\phi^{\alpha\varepsilon+2(\alpha-1)}\right)^{\frac{1}{1-\alpha}}\right] \tag{16}$$

由式（16）可知：

$$\text{当 } \alpha\varepsilon > (1-\alpha), \quad \text{则 } \frac{\partial^2 \xi}{\partial \phi^2} > 0 \tag{17a}$$

$$\text{当 } \alpha\varepsilon = (1-\alpha), \quad \text{则 } \frac{\partial^2 \xi}{\partial \phi^2} = 0 \tag{17b}$$

$$\text{当 } \alpha\varepsilon < (1-\alpha), \quad \text{则 } \frac{\partial^2 \xi}{\partial \phi^2} < 0 \tag{17c}$$

式（17a）、式（17b）和式（17c）表明，在其他条件不变的情况下，当人均非政府教育投入的产出弹性 $\alpha\varepsilon$ 大于人均物质资本的产出弹性 $(1-\alpha)$ 时，非政府教育投入与政府教育投入的比率 ϕ 对经济增长而言，其边际效益是递增的（$\frac{d\xi}{d\phi} > 0$）；相反，若人均非政府教育投入的产出弹性 $\alpha\varepsilon$ 小于人均物质资本的产出弹性 $(1-\alpha)$ 时，非政府教育投入与政府教育投入的比率 ϕ 对经济增长的边际效益是递减的（$\frac{d^2\xi}{d\phi^2} < 0$）；此时增加非政府教育投入可提高经济增长率，直至人均非政府教育投入的产出弹性 $\alpha\varepsilon$ 等于人均物质资本的产出弹性 $(1-\alpha)$ 时，其边际效益为零（$\frac{d^2\xi}{d\phi^2} = 0$），此时，经济增长将达到一种稳态。

课后习题与思考

[1] 经济增长理论的发展经历了长达几十年漫长的历史，试结合本书的内容，阐述各阶段经济增长模型的基本形式及内生化过程。

[2] 试通过罗默模型、卢卡斯模型，说明此后的公共经济变量是如何逐渐被纳入主流经济增长模型之中的，同时查询相关经典文献，对比各模型的特点与局限。

[3] 在经济增长理论构建中，起到基础作用的是“均衡”思想，而经济增长是一个动态过程，因此动态均衡是一个不容忽视的问题。试从历史角度出发，阐述经济学家是如何将动态均衡概念扩展到经济增长的研究中的。

[4] 许多研究都为将一些公共政策变量纳入经济增长的内生化模型

进行了大量努力，但目前，公共经济领域尚未形成一个权威的公共政策内生化基准模型。试结合本章的内容，说明未来公共政策相关变量内生化研究的发展趋势。

推荐阅读文献

[1] BARRO, R. J. Government Spending in a Simple Endogenous Growth Model [J]. Journal of Political Economy, 1990, 98 (5): 68 - 88.

[2] ROBERT E. LUCAS, JR. On the Mechanics of Economic Development [J]. Journal of Monetary Economics, 1988, 22 (88): 3 - 42.

[3] ZHANG T, ZOU H F. Fiscal Decentralization, Public Spending, and Economic Growth in China [J]. Journal of Public Economics, 1998, 67 (2): 221 - 240.

[4] 邹恒甫，龚六堂. 多级政府下的最优税收和政府转移支付[J]. 经济学动态，2005 (11): 37 - 43.

[5] 于凌云. 养老保险、教育投资与增长：OLG 模型理论优化及实证研究[M]. 北京：中国财政经济出版社，2012.

第十七章
最优化方法及其应用

经济学最优化方法是指当个人、经济主体或政府面临着多种选择，如面对一笔钱如何使用，是用于消费、投资还是储蓄等，形成各种不同备选方案时，选择最优方案并加以实施的方法。

然而，选择的某种方案在一定时期内是否是最优化的，则需要从时间角度加以考察。有时，某种经济行为的选择在当下看来是最优的，但从长期来看却并非如此。当选择某种经济行为不能忽视或排除时间的影响时，就必须对动态问题加以分析。

随着数理方法的发展，经济学领域对最优化问题进行分析所采用的数理方法和工具，已从以往的线性规划、非线性规划和变分法等发展到最优控制理论。而在变分法和最优控制理论发展的基础上，动态规划的方法开始形成和发展，并用于对经济领域内与时间有关的复杂最优化问题进行分析。后来，随着该方法的不断演化，动态规划从连续时间的动态规划发展到离散时间的动态规划。

本章选择宏观经济模型建立微观基础的两大基本模型之一的世代交叠模型，就与公共经济学密切相关的人力资本与物质资本政府投入以及最优决策与消费最大化等案例，对最优化方法进行介绍，主要涉及目前最常应用的最优控制理论。

第一节
最优化方法基础与最优增长问题

在经济学中，最优化方法工具主要包括线性规划、非线性规划、变分法、最优控制理论和动态规划。本节在对最优化方法进行简要叙述之后，对最优化方法的一些最基本的概念和应用进行介绍。

一、最优化方法的发展

最优化方法源于最优化思想的数学工具化应用。最优化思想由来已久，据学者推测，公元前6世纪，当时毕达哥拉斯学派已经触及甚至掌握了黄金分割；而公元前5世纪古代中国的《孙子兵法》中，“兵法：一曰度，二曰量，三曰数，四曰称，五曰胜。”《孙子兵法·军形篇》的军事思想，也是较早最优化思想的应用。伴随着数理工具的发展，最优化思想在近几十年逐渐形成了方法体系，即最优化方法，主要用以研究各种系统的优化途径及方案，为决策者提供科学决策的依据。

在经济学领域，早在19世纪初，马尔萨斯（1815/2007）①、罗伯特·托伦斯（Robert Torrens，1780—1864；1815/2010）②、爱德华·西（E. West，1782—1828；1903/2010③）以及李嘉图（1815/2013）④ 就将最优化方法用于生产函数的边际效益递减理论中⑤。此外著名的“帕累托最优”（Pareto Optimality/ Pareto Efficiency）也是早期经济学中优化问题的体现。

伴随着数理方法的发展，经济学中主要运用的最优化方法的理论（工具）依次有线性规划、非线性规划、变分法、最优控制和动态规划。其中，前面形成的方法往往成为后一方法的基础，如动态规划是以变分法和最优控制理论的发展为背

① Thomas Robert Malthus. An Essay on the Principle of Population [M]. Dover Publications, 2007.

② Robert Torrens. An Essay on the External Corn Trade [M]. Nabu Press, 2010.

③ Edward West. Essay on the Application of Capital to Land: With Observations Showing the Impolicy of Any Great Restriction of the Importation of Corn (1903) [M]. Kessinger Publishing, 2010.

④ [英] 大卫·李嘉图. 政治经济学及赋税原理[M]. 郭大力、王亚南，译. 北京：北京联合出版公司，2013.

⑤ Thomas Robert Malthus. The Grounds of an Opinion on the Policy of Restricting the Importation of Foreign Corn, Intended as an Appendix to Observations on the Corn Laws[M]. Nabu Press, 2011.

景的。

最优化方法的应用需要掌握许多数理知识，在进行动态规划的建模和分析过程中，也要在最优控制理论思想的基础上，大量运用变分法、偏微方程以及常微分方程等知识。

二、静态优化与动态优化的数理表述形式

关于最优化问题，可以假定在一个经济系统中存在一类经济行为人（这里称为当事人），其行为能影响到经济系统所处的状态，且当事人可以用某个尺度来衡量经济系统资源的价值。

（一）静态优化的表述形式

在最优化问题中，静态数理表达形式为：

$$U(x)\ ,\qquad \text{s.t.}:\qquad x\in\tau .$$

其中，$\tau\subset R^n$，而 $U(\cdot)$ 是某个 n 元函数，为目标函数；x 为当事人所考虑的经济系统所处的状态（采用 n 维向量来表示），$U(\cdot)$ 代表当事人用以描述该系统所处状态对人的价值的尺度。如一个拥有资金 $C>0$ 的人要在有着 n 种不同的消费品的市场上来挑选消费品以使自己享受到最大可能的效用。假定这个人的效用函数为 $U(x_1,\cdots,x_n)$，其中 $x_1,\cdots,x_n$ 分别为他消费掉的第 $1,\cdots,n$ 种消费品的数量，而现在市场上这 n 种消费品的价格分别为 $p_1,\cdots,p_n$（皆 >0），那么，此时，他要解决的问题就是：

$$U(x_1,\cdots,x_n)$$

$$\text{s.t.}:\qquad p_1x_1+\cdots+p_nx_n\leqslant C\ ,$$

$$x_1\geqslant 0,\cdots,x_n\geqslant 0 .$$

（二）动态优化的表述形式

一般地，动态优化问题可以表述为：

$$U(x)\ ,\qquad \text{s.t.}:x\in\tau .$$

这里，τ 是某个函数空间的子集，比如 $\tau\subset C^2([0,T])$，其中 $C^2([0,T])$ 表示 $[0,T]$ 上的具有连续的二阶导函数的函数全体，而 $0<T\leqslant\infty$，$U(\cdot)$ 是 $C^2([0,T])$ 上的某个泛函，即从 $C^2([0,T])$ 到 R^1 的映射。这里的 x 就是所考虑的系统所处的状态，它是 $t\in[0,T]$ 上的函数，而 $U(\cdot)$ 就是那个用来描述系统所处状态在整个

[0, T] 上所走的轨迹对人的价值的尺度。

以最优增长为例，在一般的动态最优化问题中，根据最优控制理论，控制变量往往需要追随一个分段连续路径，且不能跳跃。这样某种外部力量将施加“变化规则”来控制状态变量随时间的演化，可以以普通的微分方程形式出现：

$$k_{it} = g_i(k_t, c_t, t)\text{，对所有的 } i = 1, \cdots, m \text{ 和 } t \geqslant 0 \tag{17-1}$$

式（17-1）中：“投资”函数 gi 是连续的。当某一当事人试图去最大化未来回报的贴现值 $\int_0^{\infty} e^{-\rho t}\nu(k_t, c_t)d_t$，其中 $\rho > 0$ 代表主观贴现率，即时收益函数 v 是当前状态变量和控制变量的连续函数，这个积分的最优化值将取决于历史给定的初始条件，它由状态变量给定初始值 k_0 所决定，也取决于状态变量初始时期（在投资函数中，时间也作为一个变量出现）。根据下面的“价值函数”，该积分的最优值可以被定义为：

$$v(k_0, 0) = \max_{\{k_t, c_t\}} \int_0^{\infty} e^{-\rho t}\nu(k_t, c_t)d_t \tag{17-2}$$

$$\text{s. t. :}\quad \begin{cases} \dot{K}_{it} = g_i(k_t, c_t, t), & \text{对所有的 } i = 1, \cdots, m \text{ 和 } t \geqslant 0 \\ k_{it} \geqslant 0, & \text{对所有的 } i = 1, \cdots, m \text{ 和 } t \geqslant 0 \\ k_0 & \text{给定} \end{cases}$$

式（17-2）所要选择的并不是一个具有固定数目的变量，而是一个具有无限期数目的变量值，对于每一个 $t > 0$，要选择 m 个状态变量和 n 个控制变量的值。与在一个理想化的瓦尔拉斯均衡条件下，通过分散决策来求解复杂的资源配置问题差不多，可把这个问题通过最优控制理论简化为很多更简单的问题来求解，即在上述两种情形下，个人的选择均能通过反映社会资本的价格来进行协调。

三、动态最优化方法中的常见概念与方法

（一）动态最优化分析的常用的概念和方法

1. 控制变量、状态变量和共状态变量。状态变量（如资本存量）是一个在任何时期数值被前期所预先决定的变量。控制变量（如当期消费）则是在任何时期都可以被选择的变量，这种控制变量的选择，可能存在一些限制性因素，但并不完全由前期的某种因素决定。

关于共状态变量，是动态规划中演绎出来的一个概念。动态规划基于最有控制理论，将分析的问题分为时间（t）、状态（y）和控制（u）。在求解过程中，

由于某些控制变量的选择会影响当期的状态变量，对于每一个时期 t，当前控制变量 c_t 向量的选择不仅会影响到当期的回报 $v(k_t,c_t)$，而且会影响到其对未来的回报。但每一个 c_t 的选择都可以独立于这些未来状态的考虑；所有当事人都需要获得未来的知识和信息，往往这些知识和信息都表现在相互联系的不同状态变量的向量中，这些相互联系的状态变量被称为“共状态变量”，在此姑且用 $\lambda_t=(\lambda_{1t},\cdots,\lambda_{mt})$ 来表达。

2. 横截性条件。假如考虑一个当事人生存在一个有限时间（T），而不是无限时间的情形，如果当事人并不在乎在 T 之后会发生什么，显然到时间 T 时消耗掉所有的资产是最优的，除非这一资产分文不值。当一个理性当事人没有孩子，也没有其他的遗产动机，且在 T 时肯定会死亡，那么，这个当事人将会在 T 这段时间之内消费掉所有的财产，当然需要排除由于生病、交易成本或一些其他方面的因素使得该当事人无法从这些财产中获得任何效用的情形。这样，该当事人将服从以下条件：

$$e^{-\rho T}\lambda_{iT}k_{iT}=0 \quad 对所有的\ i=1,\cdots,m \tag{17-3}$$

式（17－3）表明，到时间 T 时，该当事人所持有的每一项资产 i 都会被消耗（$k_{iT}=0$）或其在时间 T 的边际价值必然为 0（即 $e^{-\rho T}\lambda_{iT}=0$）。因此，截线条件式不过是这些有限期界终点条件的一个极限解释。

3. 最大化准则。所谓“最大化”指的是在预算约束所允许的范围内做出一个最大化的选择。因为经济主体不同，其所要求的最大化的东西也不同，如消费者最大化效用，企业最大化利润等。“准则”指的是可以依据或遵循的标准与原则。因此在经济学中，“最大化准则”即可以解释为在预算约束所允许的范围内，经济主体作出的决策必须尽量使其行为目标达到最大的原则。在极大值原理中，能发现其最大化准则的应用，并与下文介绍的拉格朗日最大化相似。

（二）经济学中常用到的最优化方法

1. 拉格朗日方法①。用 x_1 和 x_2 分别代表两种货物的量，并假定联系这两种货物的方程可写为：

$$G(x_1,x_2)=c \tag{17-4}$$

式（17－4）中，G 是一个函数，c 是一个常数。令最优选择为（x_1,x_2），则通过该点的目标函数 F 的方程为：

$$F(x_1,x_2)=v \tag{17-5}$$

① ［美］阿维纳什·K. 迪克西．经济理论中的最优化方法［M］．冯曲，吴桂英，译．上海：上海人民出版社，2006.

式（17 －5）中，v 的值仅在确定最优选择后才能得到，因此 $v = F(\bar{x}_1, \bar{x}_2)$

前面的量可以用矢量写为更紧凑的形式：$x = \begin{bmatrix} x_1 \\ x_2 \end{bmatrix}, x = \begin{bmatrix} \bar{x}_1 \\ \bar{x}_2 \end{bmatrix}$

设 F_1、F_2、G_1、G_2 分别为当 j 为 1 和 2 时曲线 F 和 G 的偏导数 $\frac{\partial F}{\partial x_j}$ 与 $\frac{\partial G}{\partial x_j}$。若达到最优选择，则上述两曲线在最优选择点上的斜率相等：

$$\frac{F_1(x)}{F_2(x)} = \frac{G_1(x)}{G_2(x)} \tag{17-6}$$

同时，最优选择点 $\bar{x}$ 也必须在约束线上，即：

$$G(\bar{x}_1, \bar{x}_2) = c \tag{17-7}$$

为了简便，式（17 －7）可表达为：

$$\frac{F_1(\bar{x})}{G_1(\bar{x})} = \frac{F_2(\bar{x})}{G_2(\bar{x})} \tag{17-8}$$

令式（17 －8）比值为 π，则有：

$$F_1(\bar{x}) - \pi G_1(\bar{x}) = 0 = F_2(\bar{x}) - \pi G_2(\bar{x}) \tag{17-9}$$

这些方程可解释成如下说法：定义了 π 之后，再定义一个新函数

$$L(x) = F(x) - \pi G(x) \tag{17-10}$$

这样，式（17 －9）意味着在 $\bar{x}$ 点 L 的两个偏导数都为 0。这是一个众所周知的微积分结果，即如果一个函数在没有约束的条件下取最大值，那么它的所有一阶偏导数在该点的值都为 0。在经济学中可举例说明：一个没有预算限制的消费者将不停地选取货物，直到不增加效用为止。

在式（17 －7）到式（17 －9）中，有三个方程，包括三个未知数 $\bar{x}_1$、$\bar{x}_2$ 与 π。根据这些方程可以求得 v 的解。像 v 的情况一样，不必事先知道 π 的值，在建立函数 L 时，可把 π 作为一个待定乘子引入，并把求解其值作为整个求解过程的一部分。

这种方法称为约束最优化的拉格朗日方法，π 称为拉格朗日乘子，函数 L 称为拉格朗日函数或拉格朗日表达式。拉格朗日方法提供了一种求解许多经济最优化问题的方便的机械方法，对每个约束定义一个乘子，形成函数 L，然后令其偏导数为 0，即可求解所得方程和约束方程。

2. 得到欧拉方程具体形式的方法。欧拉方程可理解为构成了资产价格的均衡条件。即每一个状态变量可以认为是当事人资产组合中的一种资产，而每一个共状态变量是在给定当事人对未来的支付和资本收益流的理性预期条件下，当事人仍然愿意持有该资产的相应价格。由于当事人以 ρ 来贴现未来的支付，每一个资产将必然产生大小为 ρ 边际回报率，即收入的边际流等于 ρ 乘价格 λ_{it}。

由于边际红利流为 $\frac{\partial}{\partial k_{it}}H(k_t, c_t, \lambda_t, t)$，再加上一个边际单位的资本收益流 $\dot{\lambda}_{it}$，这就意味着：

$$\rho\lambda_{it} = \frac{\partial}{\partial k_{it}}H(k_t, c_t, \lambda_t, t) + \dot{\lambda}_{it} \tag{17-11}$$

式（17－11）即状态变量 i 的欧拉方程式。

另一种方法是，把每一个 λ_{it} 看成是决定 k_{it} 约束的拉格朗日乘数的未贴现值（也就是说假设该乘数为 $e^{-\rho t}\lambda_{it}$）。式（17－18）的拉格朗日表达式的连续时间表达为：

$$\int_0^{\infty} e^{-\rho t}\nu(k_t, c_t)d_t + \int_0^{\infty}\sum_{i=1}^{m} e^{-\rho t}\lambda_{it}(g_i(k_t, c_t, t) - \dot{k}_{it})dt \tag{17-12}$$

通过分部积分并使用横截性条件，可以把这个拉格朗日表达式写成：

$$\int_0^{\infty} e^{-\rho t}\{\nu(k_t, c_t) + \sum_{i=1}^{m}[\lambda_{it}g_i(k_t, c_t, t) + (\dot{\lambda}_{it} - \rho\lambda_{it})k_{it}\}dt - \sum_{i=1}^{m}\lambda_{i0}k_{io} \tag{17-13}$$

现在像受约束最大化情况下一样进行：对于每一个时期 t，将这个积分对时期 t 的选择变量求导，并使得所得到的导数等于 0。对控制变量求导，就得到了最大化条件式，而对状态变量 k_{it} 求导，就得到欧拉方程。

3. 汉密尔顿函数①。用极大值原理来阐述最优控制问题，考虑一个 n 元一阶微分方程组：

$$\dot{x}_i(t) = f_i[x(t), u(t), t], i = 1, 2, \cdots, n \tag{17-14}$$

这里的 $x(t) = [x_1(t), x_2(t), \cdots, x_n(t)]$；$u(t) = [u_1(t), u_2(t), \cdots, u_r(t)]$；$f_i$，$x_i(t)$，$u_k(t)$ 都是实值函数，式（1）的边界条件可指定为：

$$x_i(t^0) = x_i^0, i = 1, 2, \cdots, n \tag{17-15}$$

如果指定 $u_k(t)$ 的路径，如 $u(t) = \bar{u}(t)$，那么假定解唯一且存在，就可以完全确定轨迹 $x(t; x^0, t^0)$，它是满足式（17－15）的方程（17－14）的解的路径，且明显依赖于 $u(t)$ 的确定。

在最优控制论里，$u(t)$ 不是事先指定的，需从某个函数集合 U 中选择 $u(t)$，使某个目标最大（或最小）。如可以把目标定为：

$$S = \sum_{i=1}^{n} c_t x_t(T) \tag{17-16}$$

式（17－16）中，T 是固定的常数。当考虑选择 $u(t) \in U$，使 S 达到最大值的问题，约束条件为：

---

① ［美］高山晟（Akira Takayama）. 经济学中的分析方法[M]. 刘振亚，译. 中国人民大学出版社，2013.

$$\dot{x}_i(t) = f_i[x(t), u(t), t] \text{ 和 } x_i(t^0) = x_i^0, i = 1, 2, \cdots, n \quad (17-17)$$

式中的$u(t)$定义在某区间$t^0 \leqslant t \leqslant T$内，一旦找到这样一个$u^*(t)$，就可得到作为微分方程组式（17－14）的解的相应函数$x^*(t)$，且满足边界条件。在式（17－17）的指定下，为了使$u^*(t)$是问题的解，且对应于状态变量$x^*(t)$，必要条件是存在一个连续的向量函数$p(t) \equiv [p_1(t), \cdots, p_n(t)]$，对于每个 t 个分量不同时为零，使得：

$$\dot{x}_i^* = \frac{\partial H^*}{\partial p_i}, \dot{p}_i^* = -\frac{\partial H^*}{\partial x_i}, i = 1, 2, \cdots, n \quad (17-18)$$

式（17－18）中，$p(t)$与$x^*(t)$和$u^*(t)$是汉密尔顿函数系统的解。这里 H 称为汉密尔顿函数，可定义为：

$$H[x(t), u(t), t, p(t)] \equiv \sum_{i=1}^{n} p_i(t) f_i[x(t), u(t), t]p \quad (17-19)$$

4. 拉姆齐模型中的最优化方法①。拉姆齐模型从典型家庭消费的效用函数出发来探讨消费者福利与经济增长的关系，并从中找到了一条趋于稳态均衡点的动态最优增长路径。该模型假设经济中有两种投入要素资本 K 与劳动 N；无技术进步与资本折旧；劳动力等于人口数，具有稳定增长率 n；产出 Y 分作储蓄 S 与消费 C，但储蓄可顺利转化为投资 I，从而加到资本存量上。所有变量都是时间的函数。

定义 1：产出 Y 是资本与劳动的函数，即$Y_t = F(K_t, N_t)$。按照标准假设，Y_K、$Y_C > 0$，Y_{KK}、$Y_{NN} < 0$；生产函数规模报酬不变。

定义 2：消费的结果是产生社会效用 U，代表社会因消费得到的社会福利，即社会效益 U 是消费 C 的函数，$U = U(C_t)$，它有如下特性：$U'(C) > 0$，$U''(C) < 0$。

拉姆齐模型的目标问题是一个最优规划，即使当前一代人与未来所有代人实现社会效用最大化，$max\int_0^{\infty} U(C_t)\, e^{-\rho t} dt$。其中参数$\rho > 0$为时间贴现率，表示因放弃当前消费而导致的效用损失率，$e^{\rho t}$为一种复利贴现方法，表示家庭对消费效用的时间偏好。

拉姆齐模型的约束条件是：产出 Y 是储蓄 S 与消费 C 之和，且$S_t = I_t = \frac{dK}{dt} = k'$，因此有

$$Y_t = F(K_t, N_t) = C_t + S_t = C_t + I_t = C_t + k' \quad (17-20)$$

由于生产函数规模报酬不变，即生产函数是一次齐次的，有$F(\alpha K_t, \alpha N_t) = \alpha F(K_t, N_t) = \alpha F(C_t + k')$。令$\alpha = \frac{1}{N}$，可得：

① 李海明．拉姆齐模型中的动态最优方法[J]．财经科学，2003，S1：112－114.

$$y_t = \frac{Y}{N_t} = F\left(\frac{K_t}{N_t},1\right) = f(k_t) = \frac{C_t + K'}{N_t} = c_t + \frac{1}{N_t} \cdot K' \tag{17-21}$$

其中，y_t、k_t、c_t 分别为产出、资本和消费的人均值。由于 $k_t = \frac{K_t}{N_t}$，故 $K_t = k_t \cdot N_t$，从而 $K' = \frac{dK_t}{dt} = \frac{dK_t}{dt} \cdot N_t + k_t \cdot \frac{dN_t}{dt}$，进而得到 $\frac{1}{N} \cdot K' = \frac{dK_t}{dt} + k_t \cdot \frac{dN_t/dt}{N_t}$，可以发现，$\frac{dN_t/dt}{N_t} = n$（人口增长率），因此 $\frac{1}{N} \cdot K' = \frac{dK_t}{dt} + nk_t$。这样人口增长率就通过微分方程进入了模型。将以上结果带入式（17－20）得：

$$y_t = c_t + \frac{dk}{dt} + nk_t \Rightarrow \frac{dk_t}{dt} = y_t - c_t - nk_t \tag{17-22}$$

这个约束条件表明，人均产量 y_t 会分作三部分：人均消费 c_t；所有人口分摊的资本增量 $\frac{dk}{dt}$ 即资本的深化；新增人口平均配备的资本量 nk_t 即资本的广化。

把社会效用视作人均消费的函数，可以完整地得到一个动态最优控制模型：

$$\max \int_0^{\infty} u(c_t)\, e^{-\rho t} dt \tag{17-23}$$

$$\text{s. t.:} \qquad c_t = y_t - nk_t - \frac{dk_t}{dt} \Leftrightarrow \frac{dk_t}{dt} = y_t - c_t - nk_t$$

$$k(0) = k_0$$

该动态最优问题中状态变量为 k_t，控制变量为 c_t。如上述构建的模型，以代表性家庭实现长期效用最大化为目标，这就涉及最优消费与投资的选择。

四、最优增长问题：最优控制理论的方法

以式（17－1）、式（17－2）和式（17－3）为例，“共状态变量”用 $\lambda_t = (\lambda_{1t},\cdots,\lambda_{mt})$ 来代表。可以用汉密尔顿函数来给出选择 c_t 时的合适目标：

$$H(k_t,c_t,\lambda_t,t) = v(k_t,c_t) + \lambda_{1t}g_1(k_t,c_t,t) + \lambda_{mt}g_m(k_t,c_t,t) \tag{17-24}$$

式（17－24）中，第一项是从选择 c_t 中获得的直接回报，而其他各项是受到 c_t 影响的“投资”价值（价格乘以数量）。根据“最大化原则”，给定状态变量和共状态变量的当前数值，必须选择控制变量来在每一个时期最大化汉密尔顿函数。如果该函数连续可微，这就意味着

$$\frac{\partial}{\partial c_{it}} H(k_t,c_t,\lambda_t,t) = 0\text{，对所有的 } i = 1,\cdots,n \text{ 和 } t \geq 0 \tag{17-25}$$

这个最大化原则的好处在于它能够允许当事人在任何时期选择当事人的控制变量，而同时不需要直接担心任何未来或过去的变量；在每一个时期 t 进入汉密尔顿

函数的变量都有一个时间下标 t。当然这并不排除跨期选择的困难，因为它要求当事人必须给式（17－25）的共状态 λ_t 赋予合适的数值。从原则上看，每一个 λ_{it} 是状态变量的边际价值 $\frac{\partial}{\partial\ k_{it}}v(k_t,t)$ 。不幸的是，往往不可能直接估计这个边际价值。但是，最优控制理论给经济学提供了一系列共状态变量必须满足的必要条件。第一组条件就是欧拉方程：

$$\lambda_{it} = \rho\lambda_{it} - \frac{\partial}{\partial\ c_{it}}H(k_t,c_t,\lambda_t,t) \qquad (17-26)$$

而第二组条件则是横截性条件：

$$\lim_{t\to\infty} e^{-\rho t}\lambda_{it}k_{it} = 0\text{，对所有的 } i = 1,\cdots,m \qquad (17-27)$$

这一过程表明，动态最优问题的分析可得到如下定理，满足最优化控制问题式（17－2）时间路径，$\{k_t,c_t\}_{t=0}^{t=\infty}$ 的一个必要条件是存在共状态变量 $\{k_t\}_{t=0}^{t=\infty}$ 的时间路径，使得最大化准则式（17－25）、欧拉方程式（17－26）和截线条件式（17－27）都得到满足。而且，如果所有的支付函数 v 和所有的投资函数 g_i 是凹函数，那么这些条件就是解这个最优增长问题的充分必要条件。

案例 17－1　具有约束方程的动态最优公共经济学案例分析

案例将物质资本分为私人资本和公共资本两部分①，并将其与人力资本一起引入一个 AK 类型的经济增长模型中进行动态分析，运用最优化分析方法将理论模型进行动态转型。

首先，依据传统经济学假设建立理论模型，阐述了内生经济增长的知识外部性和知识外部性模型的生产函数是规模报酬递增的，并认为这种递增来自知识或人力资本的外部性。本书为了避免对知识外部性的讨论，用 AK 方法对知识外部性增长模型进行调整，同时对物质资本进行细分，即将物质资本分为公共资本和私人资本两部分。以此为基础，本案例的理论模型的改进主要在以下三个方面：一是对生产函数中的投入要素进行了更进一步的细分，在将人力资本引入生产函数的基础上，将物质资本划分为私人资本和公共资本分别加以考察；二是在产出规模报酬不变的情况下，通过教育和知识体现的人力资本在模型中被内生化；三是模型是建立在完全竞争的条件下，典型家庭、生产部门和政府三部门的封闭经济基础上的。为了使问题简单化，假设三部门经济包含 N 个典型无限寿命的代表性经济行为人，人口增长率不变，为 n，条件与假设的解释如下：

该经济中只有一种产品，该产品可被直接用于消费、转化为公共品或积累用于投资形成物质资本和人力资本；将资本分为物质资本 K 和人力资本 H，其中物质资本又包括私人资本 K 和公共资本（包括公共 R&D 资本）K_g。

---

① 廖楚晖．我国人力资本和物质资本的结构现状及政府教育投入[J]．中国社会科学．2006（1）：23－33.

不存在资本调整成本，也不考虑资本折旧。这意味着公共资本存量而非公共资本流量影响私人资本的边际生产率。

在均衡财政（即不考虑国债）的条件下，政府采用一次总赋税 M，并且不考虑货币市场对产出的影响。ω 为政府总支出中公共资本投资 G 的比例，$0<\omega<1$，ω 反映了政府的公共投资支出结构，ω 越大表明政府的公共投资力度越大。

技术进步是希克斯中性的，并且假设各投入要素之间的替代弹性都为 1；生产函数具有不变特征，可以采用密集形式。

按照 Barro&Sala－I－Martin 的理解，将经济行为人看作一个集消费者和生产者为一体的综合体。考虑到政府需要统筹安排公共教育投入和调节经济增长，本书建立的模型是计划者最优的集中优化模型。

在以上假设的基础上，并将人力资本水平表示为人力资本体现的知识和制度创新等因素和劳动力的乘积，则生产函数可写成：

$Y = K^{\alpha}K_g{}^{\beta}H^{1-\alpha-\beta} = \dfrac{K^{\alpha-1}K_g{}^{\beta}K}{H^{\alpha-1}H^{\beta}} = (\dfrac{K}{H})^{\alpha-1}(\dfrac{K_g}{H})^{\beta}K = AK$，其中：$A = (\dfrac{K}{H})^{\alpha-1}(\dfrac{K_g}{H})^{\beta}$ （1）

其中：K 代表私人资本，K_g 代表公共资本，H 代表人力资本存量；α、β 和 1—α—β 分别是 K、K_g 和 H 的产出弹性，且 $\alpha, \beta \in (0, 1)$。由此可知式（1）是 AK 类型生产函数。

经济行为人的效用由私人消费和公共品决定，假设政府是服务型廉洁政府，即政府支出中，除公共投资之外的所有支出都形成纯公共品并进入经济行为人的效用函数。效用函数采用加性可分的形式，则经济行为人的效用函数为：

$$U(c) + U((1-\omega)G/\omega) \tag{2}$$

可将 U（c）的形式设为：

$$(c^{\mu}-1)/\mu, \quad 0<\mu<1 \tag{3}$$

c 为经济行为人的人均消费。效用函数（3）说明个人不偏好在某个时间点上集中消费，因此经济行为人的最优决策排除了经济行为人在开始什么也不消费，而将所有资源储蓄或保留起来用于增加下一个阶段的平均资本或集中消费的决策。

如果令 φ（t）为当年的各教育阶段毕业生的平均就业率，则人力资本的动态约束为

$\dot{H} = (N-H)\phi$。

社会计划者的最优化问题是根据既定的 ω、μ 和 φ 在动态最优路径的约束下选择消费水平 c 以及 K、K_g、H，最大化如下效用函数：

$$\max\int_0^{\infty} e^{-(\rho-n)t}[U(c) + U((1-\omega)G/\omega)]dt \tag{4a}$$

$$\text{s. t.:}\quad \dot{K} = Y - Nc - M \tag{4b}$$

$$\dot{H} = (N - H)\phi \tag{4c}$$

$$K(0) = K_0\,;H(0) = H_0 \tag{4d}$$

其中：ρ为消费的时间偏好率，且有 $\rho - n > 0$，N为经济中具有无限寿命代表性经济行为人的人数。式（4b）、式（4c）分别表示私人资本积累的路径和人力资本积累的路径，式（4d）为初始条件。

然后，进行模型的转型动态分析。

一、经济增长的最优路径分析

由式（4），该模型的广义汉密尔顿函数可以写为：

$$H(\bullet) = U(c) + U((1-\omega)G/\omega) + \lambda_1(Y - Nc - M) + \lambda_2[(N-H)\phi] \tag{5}$$

假设：（1）内生增长率有界，则满足约束条件的最优化问题，即式（4a）有解（证明可参见 Alfred Greiner 的数学附录）；（2）公共投资和公共资本保持线性比例关系w，即 $dG/dK_g = w$；（3）假定公共资本不存在拥挤，公共投资只能通过形成公共资本对私人资本产生影响，且公共资本与私人资本的相互作用是内生的，同时，不考虑公共投资介入私人投资领域的情况和投资乘数的作用，上述假定能够保证 $dG/dK = 0$。

由上述假设可知，G中不包括对教育的投入，可推出：$dG/dH = 0$。注意到式（1），并由问题式（4a）的最优充要条件①可以得到人均消费增长的动态路径：

$$\dot{c} = -\frac{U'(c)}{U''(c)}(\alpha K^{\alpha-1}K_g{}^{\beta}H^{1-\alpha-\beta} + n - \rho) \tag{6}$$

可以看出，消费的贴现率（ρ－n）的大小决定了消费增长的符号。当消费的贴现率小于私人资本的边际产出时，能拉动消费增长，使消费出现正的增长。这为完全市场上的低利率能刺激消费提供了证据，也符合宏观经济理论。

从三部门经济的角度看，如果政府采取一次总赋税，则政府的预算约束为 $M = G/\omega$，由此可得到公共资本的均衡增长路径为：

$$\dot{K}_g = M - \frac{(1-\omega)w}{\omega}K_g \qquad K_g(0) = K_{g0} \tag{7}$$

经济总体的均衡增长路径由式（4b）给定，经济均衡时经济行为人采取相同行动，被重写为式（6），在政府对经济实行宏观调控的分散决策的经济体中，最优增长路径由式（7）、式（4b）和式（6）确定，且当 $\dot{K} = \dot{K}_g = \dot{c} = 0$ 时，经济达到稳态。

① 式（2.4a）的最优充要条件为：$\dot{K} = \partial H(\bullet)/\partial\lambda_1 = K^{\alpha}K_g^{\beta}H^{1-\alpha-\beta} - N_c - M$，$\dot{H} = \partial H(\bullet)/\partial\lambda_2 = (N-H)\phi$，$\dot{\lambda}_1 = (\rho - n)\lambda_1 - \partial H(\bullet)/\partial K = (\rho - n - \alpha K^{\alpha-1}K_g{}^{\beta}H^{1-\alpha-\beta})\lambda_1$，$U'(c) = \lambda_1 N$。

二、人力资本对私人资本的动态影响分析

假设公共投资和私人投资对人力资本产出的消费是独立的，联立式（7）、式（4b）和式（6）可得：

$$DK/DH = (1 - \alpha - \beta)K \div [(1 - \alpha)H] \tag{8}$$

由上可知，$dK/DH > 0$，说明人力资本和私人资本之间存在互补关系，这和经济学家关于人力资本和物质资本的关系的判断是一致的。

通过进一步的分析可以发现，在参数环境不变的情况下，人力资本对私人资本的促进程度由两者的投入比例完全决定。这说明，如果一国经济增长要求增强人力资本对私人资本的扩张效应，则可以选择适度提高私人资本对人力资本的比例这一策略，将人力资本保持在一个适中的水平，因为从式（8）可以知道，尽管人力资本存量的扩大总会增加私人资本的积累，但是，当私人资本存量自身不能保持同比例扩张时，人力资本存量越大，私人资本的扩张速度越慢。

关于这一点，有文献专门进行了研究，如Jones通过对经济合作发展组织国家的相关经济数据进行时间序列分析，发现尽管人力资本规模在过去几十年中增长了好几十倍，但全要素生产率的增长率却呈不变或下降的趋势，GDP不存在同比例的增长，印度、新加坡也存在这样的问题。这说明私人资本和人力资本的比例结构没有适应经济增长的需要，人力资本的过大扩张减缓了人力资本对私人资本的扩张效应，“人力资本过剩”造成了报酬递减的结果。这也为我国的人力资本投资和人才队伍建设提供了参考与借鉴。

另外由（8）可得到：$$\frac{d^2K}{dH^2} = \frac{-\beta(1 - \alpha - \beta)}{1 - \alpha}\frac{K}{H^2} < 0 \tag{9}$$

式（9）说明了人力资本对私人资本的互补效应是边际递减的，因此，政府需要使企业的资本规模和人才规模保持相对稳定的比例。关于这一点，结合下文对人力资本的衡量标准和方法，对一国经济增长的启示是：由于人力资本对私人资本互补作用存在边际递减效应，私人资本的规模通常应该与人力资本的规模保持一定比例。

从式（8）还可以推出：$\frac{dK}{dH}\frac{H}{K} = \frac{1 - \alpha - \beta}{1 - \alpha}$，进而有：$|E_{KH}| = \frac{dK}{dH}\frac{H}{K} = \frac{1 - \alpha - \beta}{1 - \alpha} < 1$，即K对H的弹性小于1。说明经济在稳态路径上时，私人资本相对于人力资本的变动不敏感。要想拉动私人资本增长一个百分点，相对应地，人力资本需要提高更大一些的比例。可见，当经济收敛时，为了保持经济持续稳定增长，加大教育投入是必要的。

三、人力资本对公共资本的动态影响分析

联立式（4b）、式（6）、式（8）还可以可得：

$$\frac{dK_g}{dH}=-\frac{1-\alpha-\beta}{\beta}\frac{K_g}{H} \tag{10}$$

式（10）主要说明了人力资本和公共资本存在着替代关系：在参数环境不变的情况下，人力资本对公共资本的替代程度由两者的投入比例完全决定。这一情况的产生和本书模型建立有关：其一，本书的模型设计考虑了政府公共投入中对公共设施和公共教育的投资模式；其二，人力资本的形成主要依靠教育，而政府教育投入又是主要的，因此，政府教育投入在人力资本形成过程中起着主要的作用；其三，在一次总赋税下，由于政府的预算约束要同时受公共投资和公共教育投入两部分比重的影响，在这种情况下，使人力资本迅速积累，需要不断加大政府教育投入，这样，会相应地减小公共投资的增长规模。这一点还可以从动态方程（4b）和本书的假定"公共投资和公共资本之间存在正的线性关系"中体现出来。

式（10）的变量关系还说明，人力资本的存量规模和人力资本对公共资本的替代程度之间存在反向关系：在其他条件不变的情况下，人力资本的存量越大，人力资本对公共资本的替代程度却越小。因此，当一国经济中初始的或当前的人力资本具备一定规模的时候，不但可以促进经济增长，而且可以在下一期减轻人力资本对公共资本的替代效应。这一点也符合 Benhabit & Spiegel 等的相类似结论，即各国之间增长率的差别不主要是 Lucas 所说的人力资本积累速度的差别，而主要来自于人力资本存量的差别。从另一个角度看，如果在要素投入结构中，能使人力资本和公共资本保持一个较低的稳定的比例关系，也可能较好地减少人力资本对公共资本的替代效应。也就是说，在经济的稳态路径上，要素投入结构决定要素间的动态。政府需要尽量减少要素投入比例上的波动，并注意人力资本存量的初始积累。

由式（10）还可以推出 $\frac{d^2K_g}{dH^2}=\frac{(1-\alpha-\beta)(1-\alpha)}{\beta^2}\frac{K_g}{H^2}>0$，即人力资本对公共资本的替代效应是边际递增的。这一方面说明，在一国现有的人力资本形成过程中，虽然可以通过调整要素投入比例来控制人力资本对公共资本替代程度的大小，但其替代的程度会随着时间的推移而成递增之势；另一方面，如果在约束方程中考虑进私人投资教育的因素，就可以部分抵消人力资本对公共资本的替代，这暗示着私人投资如果以一定比例投入教育，将会有利于调整人力资本积累过程中对其他要素的互补作用，从而可以为引导私人投资进入非公共性教育领域（如高等教育、职业教育和特殊教育等）提供理论依据。

此外，将式（10）进行变形，可得：$\frac{dK_g}{dH}\frac{H}{K_g}=-\frac{1-\alpha-\beta}{\beta}\Rightarrow|E_{K_GH}|=\frac{1-\alpha-\beta}{\beta}$。表明：与上述私人资本与人力资本的弹性关系不同，人力资本对公共资本的弹性大小取决于两者产出弹性的具体比值，即当公共资本的产出弹性大于人力资本的产出弹性时，公共资本对人力资本是富有弹性的。也就是说，此时，人力资

本以一定比例增长将会带来更大比例的公共资本的减少，这对于政府主导型经济的国家而言，具有十分重要的意义。

第二节
最优决策的动态优化分析：分散均衡的应用

20世纪50年代中期，新增长理论逐渐将消费者决策与效用最大化问题纳入均衡增长模型中予以考虑。而最优决策以家庭和厂商的最优化行为为基础，这使经济增长理论能够借助对微观经济主体行为的分析来探讨经济增长的内在机制。从此，引入了动态最优化方法的增长模型成为现代主流经济增长理论的主要分析工具。

本节主要以世代交叠的跨期分散决策为例，来描述最优化问题在主流经济分析中的应用，其有两个原因：一是世代交叠模型发展至今，已经由家庭演变到企业和政府这类经济主体；二是世代交叠模型是主流经济学家用以论证市场经济可能存在的动态无效率，从而成为他们强调政府干预、建立福利制度以及优化税收的重要依据。

一、无限期界最优控制问题

所谓无限期界，是经济学分析中，研究者对时间范围的一个界定。在效用最大化的消费决策分析中，作决策的当事人把自己的消费或投资效用考虑在一个未来无穷长的时间中的个人效用最大化；而如果他们把自己的消费或投资效用考虑在一个有限的时间中的个人效用最大化，则是有限期界。

哈罗德、多马、索洛和斯旺等模型中，对于资本进行了简单的线性假定，而拉姆齐—卡斯—库普曼斯模型①则以无限期界（Infinite Horizon Model; Ramsey, 1928②）的最大特点为条件，用一个家庭的最优消费决策问题的方式，来说明增长中消费与资本积累的动态，形成了无限期界最优控制问题的一个典型案例。

① Ramsey F P. A Contribution to the Theory of Taxation [J]. The Economic Journal, 1928, (12): 543-559; David Cass. Optimum Growth in an Aggregative Model of Capital Accumulation [J]. Review of Economic Studies, 1965, 32 (4): 233-240; Koopmans T C. "On the Concept of Optimal Economic Growth" in The Econometric Approach to Development Planning [J]. Pontif. acad. sc. scripta Varia, 1965.

② 无限期界模型在进行个人效用最大化分析中，将未来无穷长时间的个人效用最大化。这一模型将储蓄率内生化，试图论证实现最优储蓄在每个时间点上所必须满足的条件。

假定整个经济中的家庭数为常数 H，每个家庭的成员数以不变的增长率 n 增长。家庭的消费决策者通过选择各期家庭的最优消费水平来最大化其家庭的效用，简化形式的动态最优化问题为：

$$\text{Max}_{c_t}\int_0^{\infty} e^{-\rho t}\cdot u(A_t\cdot c_t)\cdot\frac{L_0}{H}\cdot e^{nt}dt \tag{17-28}$$

$$s.t.:\quad \dot{k}=f(k)-c-(n+g+\delta)k$$

式（17-28）中，ρ 为个人的主观贴现率；L_0 为整个经济体的初始人口数，动态最优化问题的现值汉密尔顿函数为：

$$H=e^{-(\rho-n)t}\cdot u(A_t\cdot c_t)\cdot\frac{L_0}{H}+(t)\cdot[f(k)-c-(n+g+\delta)\cdot k]$$

求解这一现值汉密尔顿函数的一阶条件是：

（1）每期消费都必须使得 H 最大化：$\partial H/\partial c_t=0$。显然，该条件意味着：

$$\lambda(t)=e^{-(\rho-n)t}\cdot u'(A_t\cdot c_t)\cdot A_t\cdot\frac{L_0}{H}=e^{-(\rho-n-g)t}\cdot u'(A_t\cdot c_t)\cdot\frac{A_0L_0}{H} \tag{17-29}$$

即每期消费的边际效用须等于投资的影子价格。

（2）描述影子价格 λ 行为的转移动态的欧拉方程为：$\dot{\lambda}=-\frac{\partial H}{\partial k}$。代入 $\partial H/\partial K$，整理得：

$$\dot{\lambda}=-\lambda(t)\cdot[f'(k)-(n+g+\delta)] \tag{17-30}$$

式（17-29）表示，当资本的边际产品 $f'(k)$ 在弥补了维持单位有效劳动资本不变而有效劳动增加和折旧所需要的资本边际量，即（n+g+δ）之后，与单位资本影子价格产生的收益率相等。

（3）满足横截性条件：

$$\lim_{t\to\infty} e^{-(\rho-n)t}\cdot\lambda(t)\cdot k(t)=0 \tag{17-31}$$

即为了实现效用最大化，家庭在期末资产的价值（资本数量乘以影子价格）应等于零（可以理解为家庭不会在期末留下闲置资产）。

由上述的第一个条件可知，为使上述的动态最优化条件能够成立，必须有：

$$\rho>n+g \tag{17-32}$$

如果不是如此，则根据式（17-30），当 t 趋于无穷大时，资本的影子价格 $\lambda(t)$ 将趋于无穷大，这会使横截性条件无法成立。

以上所说的第一个条件描述了影子价格和各期消费的关系，第二个条件是关于影子价格的动态转移方程，约束条件 $\dot{k}=f(k)-c-(n+g+\delta)k$ 则描述了资本的动态变化条件。因此，利用第一个条件消除影子价格 λ 后，可分别得到消费 c 和资本 k 的最优动态路径（即关于 $\dot{c}$ 和 $\dot{k}$ 的两个方程），两者共同决定了平衡增长的最优路径。

具体而言，$\lambda(t) = e^{-(\rho-n-g)t} \cdot u'(A_t c_t) \cdot \frac{A_0 L_0}{H}$ 意味着：

$$\dot{\lambda} = e^{-(\rho-n-g)t} u''(A_t c_t)(A_t \cdot \dot{c} + \dot{A} c_t) \cdot \frac{A_0 L_0}{H} - (\rho - n - g) e^{-(\rho-n-g)t} u'(A_t c_t) \frac{A_0 L_0}{H} \tag{17-33}$$

把 λ 和 $\dot{\lambda}$ 分别代入第二个条件并整理得：

$$\frac{\dot{c}}{c} = \frac{u'}{u'' A_t c_t}\left[f'(k) - \rho - \delta + \frac{u'' A_t c_t}{u'} g\right] \tag{17-34}$$

其中，$-\frac{u'}{u'' A_t c_t}$ 是消费的瞬时跨期替代弹性。在完全竞争市场上，企业为了实现利润最大化，必须使得资本的边际产品 $f'(k)$ 等于资本的边际收益（$r+\delta$），即 $f'(k) = r + \delta$。因此，消费 c 的最优动态路径可以简记为：

$$\frac{\dot{c}}{c} = -\frac{u'}{u'' A_t c_t}\left[r - \rho + \frac{u'' A_t c_t}{u'} g\right] \tag{17-35}$$

式（17－34）为用各种外生给定的参数，给出了消费 c 的最优动态路径。

由于式（17－28）的约束条件把资本 k 的变化表示成消费、资本和其他参数的函数，因此，依据消费的最优动态路径，当考察了各期最优消费水平后，即可确定资本的动态最优路径。可以看出，在该模型中，在任何时点上都有总储蓄率（D. Cass，1937—2008；1965①）：

$$s = \frac{z}{f(k)}, z(t) + c(t) = y(t) = f(k(t)) \tag{17-36}$$

式（17－36）中，$z(t)$，$c(t)$，$k(t)$ 和 $y(t)$ 分别为每单位的有效劳动投资、消费、资本存量和最终产出。在动态路径上，每个时点上的单位有效劳动的消费、资本存量和总产出都由最优跨期消费决策决定，这样，任一时点上的总储蓄率均由内生决定。

在上述动态分析的基础上，卡斯—库普曼斯模型还针对均衡增长的稳定性和收敛性进行了论证，这种最优化问题的动态分析及方法应用成了以后经济增长优化分析的样板之一。

二、分散均衡的动态分析：以世代交叠为条件

与拉姆齐—卡斯—库普曼斯无限期界模型的区别在于，在世代交叠模型（下

① David Cass. Optimum Growth in an Aggregative Model of Capital Accumulation [J]. Review of Economic Studies，1965，32（4）：233－240.

文称 OLG 模型）中，消费决策者个人寿命有限，经济体内的人口是一个新老交替的过程，在这一过程中，新人出现而老人死亡，据此来考虑个人效用的最大化问题。这也是这一模型有别于无限长时间个人效用最大化的无限期界模型（Infinite Horizon Model；Ramsey，1928①）的最大特点。由此，无限期界模型与 OLG 模型的产生和演进，使当今主流经济学模型研究呈现出一个新特点，即将经济增长模型的某一个变量内生化，来研究该变量在个人效用最大化过程中的动态轨迹。

世代交叠模型初见于法国经济学家阿莱的著述中（Allais，1947）②，经萨缪尔森（Samuelson，1958③）和戴尔蒙德（Diamond. P，1940—；1965④）的完善后逐渐拓展开来。OLG 模型描述的是这样一个情形：在单一产品的经济中，假设该产品生产由劳动要素和资本要素组成，该产品既可以用于投资，也可以用于消费；假设个人的生命周期分为两期，即年轻期和老年期；在整个社会的人口规模具有一定的增长率的条件下，年轻期个体具有生产能力，到年老期就没有生产能力。这种假设意味着，在任何一个时期，整个社会都只包括具有生产能力的年轻个体和没有生产能力的年老期个体。OLG 模型成为了新古典经济增长模型的延续，这类模型按照新古典经济学的研究范式将储蓄率内生化，需要在经济增长模型理论中引进新的前提假设，包括新古典式的效用函数、最优化问题的时间范围等。

OLG 模型的另一个重要假设是，每个人在年轻时提供一个单位的劳动，并将劳动所得用于其生存的第一期的消费和储蓄：而在生存的第二期，个人仅消费上期的储蓄和储蓄利息。此外，OLG 模型的生产假定前提与索洛模型类似（Solow，1956⑤），即经济体存在许多厂商，企业的行为是竞争性的，且考虑不存在人力资本的简单情形，在每个生产厂商的生产函数的基础上，总量生产函数可以很方便地写为人均集约形式：

$$Y = F(k, L) = LF(K/L) = Lf(k) \tag{17-37}$$

其中，k 代表人均资本，K 为资本存量，L 为劳动力。

上述生产函数在动态优化过程中，不仅具有规模报酬不变的性质，而且需要满足条件。

在分散决策的竞争市场均衡条件下，通过企业最优化决策和个人的最优化决

① 无限期界模型在进行个人效用最大化分析中，将未来无穷长时间的个人效用最大化。这一模型将储蓄率内生化，试图论证实现最优储蓄在每个时间点上所必须满足的条件。

② Allais M. Economie et Intérêt [M]. Paris: Imprimerie Nationale, 1947.

③ Samuelson, P. A. An Exact Consumption - Loan Model of Interest with or without the Social Contrivance of Money [J]. Journal of Political Economic, 1958 (6): 467 - 482.

④ Diamond P. National Debt in Neoclassical Growth Mode1 [J]. American Economics Review, 1965 (55): 1126 - 1150.

⑤ Solow (1956) 模型中不包含个人的效用函数，因而无法对稳态增长路径进行真正的福利和效用分析。

策，资本的租用价格看作给定并等于资本的边际产品，资本的边际产品等于市场利息率 r；要素市场的价格就是它们的边际产品，这样，每个单位劳动所获得的工资收入 W 等于劳动的边际产品，且厂商利润为零。上述单位劳动工资成为个人在当期进行储蓄和消费的来源。从而实际利率 r 和工资 W 成为每个单位有效劳动平均资本的函数：

$$W_t = F_L(K_t, L_t) = f(k_t) - k_t f'(k_t) \tag{17-38}$$

$$r_{r+1} = F_K(K_t, L_t) = f'(k_t) \tag{17-39}$$

这样，在个人预算约束条件下，如果不存在养老保险制度，那么个人消费的最优化问题为：

$$\text{Max}U(C_t^1, C_{t+1}^2) \tag{17-40}$$

s. t. :

$$C_t^1 = (1 - s_t) W_t$$

$$C_{t+1}^2 = (1 + r_{t+1}) s_t W_t$$

其中，C_t^1 为当事人年轻期的消费水平，C_{t+1}^2 为当事人老年期的消费水平。s_t 为私人意愿储蓄率。

当今世界各国形成了不同的养老保险制度，按其筹资的财务模式的不同，养老保险制度可分为现收现付制（Pay - as - you - go System 或 Unfunded System）和基金制（Funded System）两种类型①。近些年，在萨缪尔森和戴尔蒙德的基础上，借助于最优决策理论和方法，OLG 模型得到了迅速发展。这些研究分析了如果存在一个中央决策者，当加入了不同的养老保险制度条件，OLG 模型将改变一个人一生中年轻期和年老期的消费和储蓄行为安排，改变个人的最优决策的情况。同理，在一个两代人共存的经济体中，政府的公共消费也会带来非政府效用函数的变化，进而对整个经济体的人口增长、物质资本和人力资本积累乃至经济增长产生不同的影响，这类 OLG 模型的发展见于（Zhang，1995②）、（Kemnitz and Wigger,

① 在实行现收现付制的养老保险制度的国家中，政府向当前的在职人员（通常指就业人口）征收养老保险税或养老保险费，用于支付当期已经退休人员的养老金，是一种非积累模式的财务安排，其经济含义是上一代人和下一代人之间的收入再分配与收入转移。而基金制养老保险制度是一种可以依据个人养老的消费需要，提前进行消费资金的提取并用于积累的养老保险方式，因此年轻人自参加工作开始，就会由企业（或雇主）和职工（雇员）按照他们每月工资的一定比例缴纳养老保险费，并如实记入相应职工（雇员）的养老保险个人账户，形成专项的养老保险基金，委托具备资格的养老保险基金资产管理机构进行投资和运营。等到职工（雇员）退休之后，他们所领取的养老保险金总和等于其工作期间个人所缴纳的养老保险费的积累和投资运营收益。显然，这种养老保险模式不存在代际间的收入转移或其他类型的经济交换。

② Zhang J. Social Security and Endogenous Growth [J]. Journal of Public Economics, 1995, 58 (2): 185 - 213.

2000)① 及于凌云（2012）② 等的研究之中。

在现收现付制的养老保险制度下，个人消费的预算约束变为：

$$C_t^1 = (1 - s_t - \pi_t) W_t \tag{17-41}$$

$$C_{t+1}^2 = (1 + r_{t+1}) s_t W_t + B_{t+1} \tag{17-42}$$

在式（17-41）和式（17-42）中，π_t 为在现收现付条件下，当年轻个体在取得劳动工资收入时，政府强制征收的社会保障税的税率或养老保险费的费率。B_{t+1}为个体退休后领取的养老保险金。在不存在财政赤字或者各年的财政赤字保持一个相对稳定状态的条件下，政府严格按照政府预算保持现收现付的养老保险财务平衡，即当期的养老保险收入与当期支付的养老金总额相等的平衡预算，则有：$B_{t+1} = \pi_t W_t$。

由此可见，由于现收现付制的养老保险制度改变了个人的预算约束以及不同时期的效用水平，实际上形成了养老金在代际之间的收入进行重新分配的制度。OLG 模型解释了现收现付制养老保险制度的代际收入转移与再分配问题。因此，OLG 模型的理论核心是代际经济交换，即在任何一个时刻都有不同年代的人活着，假设经济永远继续下去，在任何时点上经济由两代人组成，包括年轻人和老年人。每一代人在其生命的年轻时期和老年时期都在进行代际经济交换，每个人在年轻时向养老保险系统缴纳养老保险费（或税）作贡献，年老时又从养老保险系统中得到养老金补偿，现收现付制是把年轻人的当前缴费转移给当前的老年人的制度。

在基金制养老保险条件下，养老保险方式与个人储蓄行为非常类似，但与个人储蓄行为不同，基金制养老保险是一种政府强制性储蓄，即规定个人必须缴纳养老保险费到他的养老金账户之中。同样，在基金制养老保险制度下的个人预算约束条件也会发生变化：

$$C_t^1 = (1 - s_t) W_t \tag{17-43}$$

$$C_{t+1}^2 = (1 + r_{t+1}) s_t W_t \tag{17-44}$$

其中，s_t 是基金制条件下，强制缴纳到养老保险个人账户的缴费率和个人自愿储蓄率之和。

上式表明，与没有养老保险制度相类似，个人预算约束条件在基金制养老保险制度下基本没有改变。在基金制养老保险制度下，如果个人要保持各期效用不受影响，那么，养老金账户中的强制性储蓄必然会替代一部分甚至全部的私人意愿储蓄。

在 OLG 模型中，个人效用最大化的储蓄和消费行为未必能达到社会最优的帕

① Kemnitz A, Wigger B U. Growth and Social Security: The Role of Human Capital [J]. European Journal of Political Economy, 2000, 16 (4): 673-683.

② 于凌云．养老保险、教育投资与增长：OLG 模型理论优化及实证研究[M]．北京：中国财政经济出版社，2012.

累托状态，因此在竞争性市场的均衡条件下，所有经济决策均由市场中无数分散的企业和个人所决定，可能造成市场经济的无效率状态（Romer，1996[1]）。按照Samuelson（1958[2]）和Diamond（1965[3]）所提出的OLG模型，包括教育、养老保险在内的公共政策能有效地增进整个社会的福利，但公共支出的原则是促进公共效用的最大化。政府教育投入和家庭教育投入属于不同主体的教育投入，他们的投资决策行为都需要分别遵从公共效用和私人效用最大化原则。这样，通过2期的OLG模型或3期的OLG模型，许多研究就分别在现收现付和基金制养老保险制度条件下，对教育投资、养老保险与经济增长的关系这一领域进行探讨。

从OLG模型研究的内容演进来看，总体而言，OLG模型讨论了三个问题。首先，当存在一个中央决策者的条件下，政府应如何安排整个社会的资本积累路径以及年轻期和老年期个体的消费路径，以实现社会福利最大化。2006年度诺贝尔获奖者菲尔普斯（E. Phelps，1933—）在当年就针对经济增长的动态最优化路径提出了“经济增长黄金律”，认为最优路径应该是社会的利率水平即资本的边际生产力等于人口增长率（E. Phelps，1961[4]），为后来的OLG模型建立了更严格的微观基础。其次，戴蒙德分析了自由市场经济下社会的均衡状况，认为自由市场经济的均衡并不是社会最优状态，原因是资本存量可能高于或者低于“黄金律”的资本存量。特别是当自由市场处于均衡状态的利率水平低于“黄金律”下的利率水平时，由于资本过度积累，整个社会甚至不会达到帕累托最优，即宏观经济学中著名的“资本积累动态无效率”。最后，进一步地，戴蒙德发现，如果自由市场经济均衡状态是动态无效率的，那么引入国债可改善社会福利，并能使经济达到资本积累的黄金律状态；但如果自由市场经济均衡已处于帕累托最优状态，那么，政府引入国债反而会损害社会福利。这一关于国债作用的分析结论与“李嘉图等价”原理完全相反，在此后的宏观经济学中产生了巨大影响，并借此引发了对“李嘉图等价原理”的大量研究。

OLG模型的分析过程都以个人和政府最优行为下的均衡为前提，与无限期界模型所不同的是，理论推导结论的差异源自不同的制度条件在完全竞争市场是否能达到社会最优的帕累托效应。但OLG模型有别于无限期界模型的一个特点，即上述最优化效用下的消费—储蓄行为不一定能满足最优的社会帕累托效应，经济稳态

---

[1] Romer D. Advanced Macroeconomics [M]. The McGraw - Hill Companies, Imc, 1996.

[2] Samuelson P. A. An Exact Consumption - Loan Model of Interest with or without the Social Contrivance of Money [J]. Journal of Political Economic, 1958, (6): 467 - 482.

[3] Diamond P. National Debt in Neoclassical Growth Mode1 [J]. American Economics Review, 1965, (55): 1126 - 1150.

[4] Phelps E. The golden rule of accumulation: a fable for growthmen [J]. The American Economic Review, 1961, 51 (4): 638 - 643.

条件也不见得具有唯一性。这样，经 Blanchard & Fischer（1989）等的研究发现，OLG 模型在稳态经济条件下必须满足 $0 < \frac{dk_{t+1}}{dk_t} < 1$，即在 k_t 所有时点取值上的导数小于 1 这一条件，而在具有对数性质和 Cobb - Douglas 生产函数的 OLG 模型中，OLG 模型正好满足保证增长稳态唯一存在。

案例 17 - 2　效用最大化与个人和政府消费决策

案例基于不同社会保障制度下，政府与家庭教育消费决策①，将教育投资分为政府教育投资和非政府教育投资，用世代交叠的 OLG 模型进行了理论优化。案例分别以没有社会保障制度和存在基金制社会保障制度为条件，分析了政府教育投入决策与家庭教育投入决策之间的关系是否能使得经济达到最优均衡。

定义消费效用函数 $u(c_t^1, c_{t+1}^2)$，其中 c_t^1, c_{t+1}^2 分别代表年轻期和年老期的消费单位，u 是标准的凹函数。为了分析方便，假设当期的年轻个体和年老个体为同一个整体，总数量等于 1，且仅提供一个单位的劳动力 h_t。考虑一个规模报酬不变的生产函数 $F(K_t, H_t)$，令：

H_t 表示人力资本个体 t 时刻投入的“有效劳动”单位；K_t 代表 t 时刻投入的物质资本；用 x_t 表示年轻个体在工作期间 t 时刻进行人力资本建设所占用的劳动产出的权重（如参加技术培训、学历提升及进修等所占用的时间）；φ_t 表示年轻个体 t 时刻用于现有人力资本的劳动产出权重；μ 表示年轻个体工作期间用于人力资本建设的劳动边际产出权重参数，其中，$0 < \mu < 1$；h_t 表示年轻个体 t 时刻的人力资本存量。这样，年轻个体在 t 时刻提供的有效劳动力单位 H_t 为 $[1 - \varphi_t - (1 - \mu)x_t]h_t$。

考虑交替迭代的人力资本积累模型，则年轻个体 t 时刻的人力资本存量 h_t 不仅依赖于当期的人力资本投入水平，同时还依赖于上一代的平均人力资本存量 $\bar{h}_{t-1}$，对于人力资本积累的动态方程转化为：

$$h_t = \tilde{g}[(1 - \mu)x_t + \varphi_t]\bar{h}_{t-1} \tag{1}$$

当期人力资本存量 $\tilde{g}[(1-\mu)x_t + \varphi_t]$ 随着形成现有人力资本水平的教育投入和工作期间用于人力资本建设的教育投入的增加而增加，并同时满足弱凹性的条件，即：$g'(\cdot) > 0$，$g''(\cdot) \leq 0$ 和 $g(0) = 0$②。换句话说，当期人力资本存量 $\tilde{g}[(1 - \mu)x_t + \varphi_t]$ 随着形成现有人力资本水平的政府教育投入和工作期间用于人力资本深化积累的非政府教育投入的增加而增加。

1. 案例首先对无养老保险制度条件下的均衡进行研究。

假定个体现有人力资本的劳动权重为常数 φ，即与年轻期个体现有人力资本水

① 于凌云．养老保险、教育投资与增长：OLG 模型理论优化及实证研究[M]．北京：中国财政经济出版社，2012.

② 在 Lucas（1988）方程中，无限期界变量假设是以人力资本的积累与学习时间成正比为前提的。

平相同，这样人力资本存量水平决定于年轻个体进入劳动力市场后用于人力资本建设的劳动边际产出权重 x_t，则方程（1）$h_t = \tilde{g}[(1-\mu)x_t + \varphi_t]\bar{h}_{t-1}$ 可写为：$h_t = \tilde{g}[(1-\mu)x_t + \varphi]\bar{h}_{t-1}$。

为了进一步简化推导过程，可对上述人力资本积累的动态方程 $h_t = \tilde{g}[(1-\mu)x_t + \varphi]\bar{h}_{t-1}$ 进行变量替换：$\tilde{g}(\mu x_t + \varphi) \to \tilde{g}(\chi_t)$

这里 $\chi_t = \mu x_t + \varphi$，表示人力资本建设的总投入，则式（1）写为：

$$h_t = \tilde{g}(\chi_t)\,\bar{h}_{t-1} \tag{2}$$

在上述条件下，由于 φ 为常量，故 χ_t 的变化仅取决于年轻个体进入劳动力市场后用于人力资本建设的劳动边际产出权重 χ_t，即人力资本存量差异直接体现为年轻个体进入劳动力市场后用于人力资本建设的差异。

依据传统的 OLG 理论模型，假定由年老期个体来进行生产决策，他们将雇用 H_t 个单位的劳动力，使用 K_t 个单位的物质资本进行生产，并将年轻时期工资的消费剩余进行储蓄，用于年老期的消费。在均衡条件下有：

$$G = u(c_t^1, c_{t+1}^2) \tag{3}$$

其中：

$$c_t^1 = (1-\chi_t-\varphi)h_t w_t + \mu\chi_t h_t w_t - K_{t+1} = [1-\varphi-(1-\mu)\chi_t]h_t w_t - K_{t+1} \tag{4}$$

$$c_{t+1}^2 = F(K_{t+1}, H_{t+1}) - w_{t+1}H_{t+1} + K_{t+1} \tag{5}$$

在这里，c_t^1、c_{t+1}^2 分别代表个人在年轻时期和老年时期的消费水平；μ 表示年轻个体工作期间用于人力资本建设的劳动边际产出权重参数，其中，$0<\mu<1$；h_t 表示年轻个体 t 时刻的人力资本存量；w_t 为 t 时刻的工资（相当于劳动边际产出）；H_{t+1} 表示人力资本个体 $t+1$ 时刻投入的"有效劳动"单位；K_{t+1} 代表 $t+1$ 时刻投入的物质资本。

由于 φ 和 μ 为常数，考虑 c_t^1，c_{t+1}^2，χ_t，H_{t+1} 和 K_{t+1}，则 $\max G$ 的一阶条件为：

$$\frac{dG}{d\chi_t} = u^1(c_t^1, c_{t+1}^2)[\mu-1]h_t w_t + u^1(c_t^1, c_{t+1}^2)[1-\varphi-(1-\mu)\chi_t]\tilde{g}'(\chi_t)\,\bar{h}_{t-1}w_t = 0 \tag{6}$$

$$\frac{dG}{dH_{t+1}} = u^2(c_t^1, c_{t+1}^2)[F^1(H_{t+1}, K_{t+1}) - w_{t+1}] = 0 \tag{7}$$

$$\frac{dG}{dK_{t+1}} = -u^1(c_t^1, c_{t+1}^2) + u^2(c_t^1, c_{t+1}^2)(F^2(H_{t+1}, K_{t+1}) + 1) = 0 \tag{8}$$

考察式（7）有：

$$F^1(H_{t+1}, K_{t+1}) - w_{t+1} = 0 \Rightarrow F^1(H_{t+1}, K_{t+1}) = w_{t+1} \Rightarrow F^1(H_t, K_t) = w_t \tag{9}$$

式（9）中工资等于边际生产率。考虑到个体代际间具有同质性，并具有相同的人力资本水平，则以个体的人力资本代替平均人力资本：

$$h_{t-1} = \bar{h}_{t-1} \tag{10}$$

将式（2）、式（9）、式（10）代入式（6），经整理得：

$$u^1(c_t^1,c_{t+1}^2)\{(\mu-1)\tilde{g}(\chi_t)+[1-\varphi-(1-\mu)\chi_t]\tilde{g}'(\chi_t)\}h_{t-1}F^1(H_t,K_t)=0 \tag{11}$$

由式（11）得：

$$(\mu-1)\tilde{g}(\chi_t)+[1-\varphi-(1-\mu)\chi_t]\tilde{g}'(\chi_t)=0 \tag{12}$$

根据 $\tilde{g}(\chi_t)$ 的定义：$\tilde{g}'(\cdot)>0$，$\tilde{g}''(\cdot)\leqslant 0$，可知方程（12）存在唯一常数解 $\bar{\chi}$。无疑，由方程（12）定义的完全自由市场的均衡状态下：$\chi_t=\bar{\chi}$，即在自由经济市场中的劳动力是出清的。

下面，案例将证明以上均衡无法达到帕累托改进。为此，引入效用分配集，通过考虑政府为了最大化未来效用在时刻 $t=0$ 贴现流的目标数，来证明以上的自由均衡不存在。

若采用一组系数 η_t 反映各个阶段的消费系数，则最优化问题可描述为：

$$\max\sum_{t=0}^{\infty}\eta_t u(c_t^1,c_{t+1}^2) \tag{13}$$

其约束条件为：

$$c_t^1+c_{t+1}^2=F(K_t,H_t)+K_t-K_{t+1} \tag{14}$$

$$H_t=(1-\varphi-(1-\mu)\chi_t)h_t \tag{15}$$

$$h_t=\tilde{g}(\chi_t)h_{t-1} \tag{16}$$

上述表达式中，当在时刻 $t=0$ 时，K_0 和 h_{-1} 的出现体现了政府贴现因子的存在，同时 $\{\eta_t\}_{t=0}^{\infty}$ 也解释了目标函数的有界性。

根据模型的假设条件，对于式（13），可以得到满足效用最大化的横截性条件及以下欧拉方程（Euler Equation）是达到帕累托最优分配的充要条件①：

$$\eta_{t+1}(u^1(c_t^1,c_{t+1}^2)\{[1-\varphi-(1-\mu)\chi_{t+1}]\tilde{g}'(\chi_{t+1})\}h_tF^1(H_{t+1},K_{t+1}))+$$
$$\eta_t\{u^1(c_t^1,c_{t+1}^2)\{(\mu-1)\tilde{g}(\chi_t)+[1-\varphi-(1-\mu)\chi_t]\tilde{g}'(\chi_t)\}h_{t-1}F^1(H_t,K_t)\}=0 \tag{17}$$

$$\eta_{t+1}\{u^2(c_t^1,c_{t+1}^2)(F^2(H_{t+1},K_{t+1})+1)\}-\eta_t u^1(c_t^1,c_{t+1}^2)=0 \tag{18}$$

$$-\eta_{t+1}u_1(c_{t+1}^1,c_{t+2}^2)+\eta_t u_2(c_t^1,c_{t+1}^2)=0 \tag{19}$$

将式（15）代入式（17）：

$$\eta_{t+1}(u^1(c_t^1,c_{t+1}^2)\{[1-\varphi-(1-\mu)\chi_{t+1}]\tilde{g}'(\chi_{t+1})\}\tilde{g}(\chi_t)h_{t-1}F^1(H_{t+1},K_{t+1}))+$$
$$\eta_t\{u^1(c_t^1,c_{t+1}^2)\{(\mu-1)\tilde{g}(\chi_t)+[1-\varphi-(1-\mu)\chi_t]\tilde{g}'(\chi_t)\}h_{t-1}F^1(H_t,K_t)\}=0 \tag{20}$$

在完全自由竞争经济均衡下，由方程（12），方程（20）可以约化为：

---

① 在连续时间的动态优化中，横截性条件可以理解为：考虑一个当事人的生存有限时间为T而不是无限时间的情况。如果当事人并不在乎在T之后发生了什么，那么显然到时间T时消耗掉当事人所有的资产是最优的，除非这一资产一文不值。

$$\eta_{t+1}(u^1(c_t^1,c_{t+1}^2)\{[1-\varphi-(1-\mu)\chi_{t+1}]\tilde{g}'(\chi_{t+1})\}\tilde{g}(\chi_t)h_{t-1}F^1(H_{t+1},K_{t+1}))=0 \quad (21)$$

对于上述$\chi_t=\tilde{\chi}$，方程（21）的右边等于0，而左边大于0表明，在完全自由竞争经济均衡状态下不存在最优配置方案，而且这种均衡没有考虑人力资本代际积累的价值效用。同时，在这种均衡状态下，物质资本的收益等于两个时期的消费边际替代率，个人趋向于花更多的时间在工作上创造较多的物质财富，而物质资本投入的收益率与劳动力的人力资本投入呈正相关，这样就容易形成因为低的人力资本积累引起的低水平物质资本积累的结果，从而不利于经济增长。

其次，案例对不同养老保险制度下的均衡进行分析

2. 基金积累制养老保险制度条件下的均衡分析

基金积累模式实际上是一种由国家强制实行的个人积累养老制度，养老金待遇完全取决于个人账户积累。在基金积累型养老保险模式下，个人养老金账户的基金不再来源于社会保障税（或养老保险缴费），而是养老保险受益人按照规定，在其年轻期将他们工资薪金收入的一部分存入他们相对应的养老金账户之中。

假设年轻时期缴纳S_{t+1}个单位的养老金，此时个人预算约束条件同样会发生变化：

$$c_t^1=(1-\chi_t-\varphi)h_tw_t+\mu\chi_th_tw_t-S_{t+1}-K_{t+1}=[1-\varphi-(1-\mu)\chi_t]h_tw_t-S_{t+1}-K_{t+1} \quad (22)$$

$$c_{t+1}^2=F\ (K_{t+1}+S_{t+1},\ H_{t+1})\ -w_{t+1}H_{t+1}+S_{t+1}+K_{t+1} \quad (23)$$

在预算约束条件式（22）、式（23）及人力资本积累函数$h_t=\tilde{g}(\chi_t)h_{t-1}$下考虑优化问题$G=\max(c_t^1,c_{t+1}^2)$：

对χ_t，H_{t+1}，S_{t+1}，K_{t+1}求导，一阶条件为：

$$u^1(c_t^1,c_{t+1}^2)[\mu-1]h_tw_t+u^1(c_t^1,c_{t+1}^2)[1-\varphi-(1-\mu)\chi_t]\tilde{g}'(\chi_t)\bar{h}_{t-1}w_t=0 \quad (24)$$

$$u^2\ (c_t^1,\ c_{t+1}^2)\ [F^1\ (H_{t+1},\ K_{t+1}+S_{t+1})\ -w_{t+1}]=0 \quad (25)$$

$$-u^1(c_t^1,c_{t+1}^2)+u^2(c_t^1,c_{t+1}^2)(F^2(H_{t+1},K_{t+1}+S_{t+1})+1)=0 \quad (26)$$

$$-u^1(c_t^1,c_{t+1}^2)+u^2(c_t^1,c_{t+1}^2)(F^2(H_{t+1},K_{t+1}+S_{t+1})+1)=0 \quad (27)$$

将$h_t=\tilde{g}(\chi_t)h_{t-1}$和$h_{t-1}=\bar{h}_{t-1}$代入以上条件，经整理得：

$$u^1(c_t^1,c_{t+1}^2)\{(\mu-1)\tilde{g}(\chi_t)+[1-\varphi-(1-\mu)\chi_t]\tilde{g}'(\chi_t)\}h_{t-1}F^1(H_t,K_t)=0 \quad (28)$$

由式（27）得：

$$(\mu-1)\tilde{g}(\chi_t)+[1-\varphi-(1-\mu)\chi_t]\tilde{g}'(\chi_t)=0 \quad (29)$$

根据$g(\chi_t)$的定义，方程（28）存在唯一常数解$\tilde{\chi}$，即均衡条件下工作期间教育投入为$\tilde{\chi}$。采用一组系数η_t反映各个阶段的消费系数，则全社会总效用优化问题为：

$$\max\sum_{t=0}^{\infty}\eta_tu(c_t^1,c_{t+1}^2) \quad (30)$$

约束条件为：

$$c_t^1 + c_{t+1}^2 = F(K_t, H_t) + K_t - K_{t+1} - S_{t+1} \tag{31}$$

$$H_t = (1 - \varphi - (1 - \mu)\chi_t)h_t \tag{32}$$

$$h_t = \tilde{g}(\chi_t)h_{t-1} \tag{33}$$

对于上述式（29），可以得到满足私人效用最大化的充分必要条件：

$$\eta_{t+1}(u^1(c_t^1, c_{t+1}^2)\{[1 - \varphi - (1 - \mu)\chi_{t+1}]\tilde{g}'(\chi_{t+1})\}h_t F^1(H_{t+1}, K_{t+1} + S_{t+1})) +$$
$$\eta_t\{u^1(c_t^1, c_{t+1}^2)\{(\mu - 1)\tilde{g}(\chi_t) + [1 - \varphi - (1 - \mu)\chi_t]\tilde{g}'(\chi_t)\}h_{t-1}F^1(H_t, K_t)\} = 0 \tag{34}$$

$$\eta_{t+1}\{u^2\ (c_t^1,\ c_{t+1}^2)\ (F^2\ (H_{t+1},\ K_{t+1} + S_{t+1})\ + 1)\} - \eta_t u^1\ (c_t^1,\ c_{t+1}^2)\ = 0 \tag{35}$$

$$-\eta_{t+1}u^1(c_{t+1}^1, c_{t+2}{}^2) + \eta_t u_2(c_t^1, c_{t+1}^2) = 0 \tag{36}$$

将式（32）代入式（34）：

$$\eta_{t+1}(u^1(c_t^1, c_{t+1}^2)\{[1 - \varphi - (1 - \mu)\chi_{t+1}]\tilde{g}'(\chi_{t+1})\}\tilde{g}(\chi_t)h_{t-1}F^1(H_{t+1}, K_{t+1}S_{t+1})) +$$
$$\eta_t\{u^1(c_t^1, c_{t+1}^2)\{(\mu - 1)\tilde{g}(\chi_t) + [1 - \varphi - (1 - \mu)\chi_t]\tilde{g}'(\chi_t)\}h_{t-1}F^1(H_t, K_t)\} = 0 \tag{37}$$

在完全自由竞争的条件下，由式（29）、式（37）可以约化为：

$$\eta_{t+1}(u^1(c_t^1, c_{t+1}^2)\{[1 - \varphi - (1 - \mu)\chi_{t+1}]\tilde{g}'(\chi_{t+1})\}\tilde{g}(\chi_t)h_{t-1}F^1(H_{t+1}, K_{t+1} + S_{t+1})) = 0 \tag{38}$$

对于$\chi_t = \tilde{\chi}$，方程（38）的右边等于0，而左边大于0。因此，基金制也无法在代际之间进行帕累托配置。

事实上，基金积累模式下的个人预算约束条件与没有养老保险制度条件相类似，所不同的是，在基金制养老金制度条件下，养老保险基金类似于个人自愿型储蓄，养老保险基金账户的养老金总和等于强制性养老金部分S_{t+1}与自愿型储蓄K_{t+1}部分的总和。从个人一生总效用角度来看，在基金制条件下，如果要保持个人一生消费总效用不受这种基金积累模式的影响，这种自愿型储蓄就成为必然，并且资源型的储蓄的一部分甚至可能全部，将会被强制性储蓄所代替。因此，基金制则会带来一个使各代的生命期效用都要减少的跨时配置，即未来人口所获得的基金积累模式下的养老保险待遇，是以损害下几代人的福利为代价。这是因为，基金积累模式的养老金待遇完全取决于个人账户积累，这会促使个人树立自我的养老保障意识，提高其参保和缴费积极性，通过控制年轻时的消费，将更多的收入形成较多养老金积累，以保障年老时的消费资金需要。此外，基金制养老保险自我平衡的制度特点将会在一定程度上影响人力资本投资对于经济增长的正面效应。

由此可见，在完全自由经济下，必须引入政府干预才能实现有效均衡，即通过一种制度激励机制引导年轻人根据年老时所需的物质保障来决定人力资本投资量。

课后习题与思考

[1] 在最优化方法中，静态最优化与动态最优化是两种主要研究方法和途径。其中时间因素在动态最优化方法中得到了体现。试述静态最优化与动态最优化方法在内容上的差异与应用上的区别。

[2] 在经济学的最优化问题中，最优控制问题有较为广泛的研究。变分法历史悠久，是最优控制问题中的重要方法之一。试查询经典文献，举例说明变分法在经济学最优化问题中的应用及其特点。

[3] 在经济学中，经济增长问题一直是一个历久弥新的研究主题。拉姆齐模型采用变分法或动态最优化方法探讨消费者福利与经济增长的关系，是经济增长研究中的一个经典模型。试运用动态最优化的思想，对拉姆齐模型的形成过程进行简要的说明。

[4] 无限期界模型与世代交叠模型都是经济学动态问题中的重要模型，因其内容与方法有相似之处而被经常进行比较。试从动态最优化方法的角度出发，阐述这两种模型在假设、方法上的异同。

推荐阅读文献

[1] DIAMOND, P. National Debt in Neoclassical Growth Mode1 [J]. American Economics Review, 1965 (55): 1126 – 1150.

[2] Zhang J. Social Security and Endogenous Growth [J]. Journal of Public Economics, 1995, 58 (2): 185 – 213.

[3] [美] 蒋中一. 动态最优化基础[M]. 曹乾，译. 北京：中国人民大学出版社，2015.

[4] [美] 高山晟（Akira Takayama）. 经济学中的分析方法[M]. 刘振亚，译. 北京：中国人民大学出版社，2013.

[5] 于凌云. 养老保险、教育投资与增长：OLG 模型理论优化及实证研究[M]. 北京：中国财政经济出版社，2012.

[6] 廖楚晖. 我国人力资本和物质资本的结构现状及政府教育投入[J]. 中国社会科学. 2006 (1): 23 – 33.

第十八章
统计与计量经济分析法及其应用

统计学是一门长期为政府服务的古老的学科，在当代经济分析和政府决策中占据主要地位。计量经济学是一门主要运用统计分析方法，将经验数据和实验数据进行处理，以描述经济特征、检验经济理论、预测行为人和经济现象的一门科学。

“计量经济对经济关系的估计、对经济理论的检验以及对政府和商业政策的评价和实施，都取决于统计方法的进步”。著名计量经济学家伍德里奇的这句话对于公共经济学的意义是：第一，计量经济学方法能在公共经济政策领域得到应用；第二，用计量经济学来评价公共经济现象，其方法的科学性和评价的准确程度仍然需要依赖于统计分析方法的进步和科学使用。

本章分别就统计学和计量经济学的发展历程进行简要概述，而后分析它们在公共经济学中的应用及其存在的问题，最后运用实际案例成果进行解读。

第一节 统计分析法及其应用

统计分析方法是伴随着各学科的发展逐渐得到应用并发展起来的，当代许多学科领域的科学家同时也是统计学家。统计学在发展过程中也产生了许多分支学科，其中，与经济学分析方法相关的主要分类有：计量经济学、数理统计学、经济统计学以及经济调查统计等，本节主要介绍统计学、统计分析方法及其在经济分析中注意的问题。

一、统计学和统计分析方法：简单的概念

早在古代希腊时期，统计学就有相当广泛的应用，如用于统计“城邦政情”①，是一门非常古老的科学。但作为一门正式的学科，统计学起源于17世纪德国的国势学派，以康令（H. Conring，1606—1681）为代表，并以其学生整理出版的《康令讲义摘要》（1675）为其诞生标志②，主要以文字记述国家的显著事项。在古代中国，早有正式的统计活动存在，如自汉朝以来一直到清朝的《食货志》中，都详细记载了历代的全国人口数量、耕地面积、粮食总产和单产数量等国民经济基础统计数据。

18世纪50年代，阿亨瓦尔（G. Achenwall，1719—1772）第一次给出了“Statistic”一词（Achenwall，1749③），而被认为是统计学这一概念的最早提出者。后来，费希尔（R. A. Fisher，1890—1962）、C. R. 劳（Rao，1920—）等诸多统计学

① “城邦政情”阶段，始于古希腊亚里士多德撰写的“城邦政情”或者“城邦几纪要”。其内容包括：历史、行政、科学、艺术、人口、资源和财富等社会和经济情况的比较、分析，具有社会学的特征。贺铿．关于统计学的性质与发展问题[J]．统计研究，2001（9）：3－7.

② Hermann Conring. Thesavri Rervmpvblicarvm [M]. A. Oldenburger, Philipp Andreas. Genevae: Apud S. de Tovrnes, 1675.

③ Gottfried Achenwall. Abriß der neuesten Staatswissenschaft der vorneh msten Europäischen Reiche und Republicken [M]. Göttingen: Schmidt, 1749.

家都对“统计学”的概念予以界定和解释（Fisher，1925①；Rao，1997②等）。

简言之，现代统计学是以概率论和数学为基础，伴随着数学算法和当代计算机科学发展，从数据出发进行建模、推断、预测和决策的一门学科。它的研究对象是数据，其研究任务是提取数据信息和分析数据，目的是为应用者提供信息分析结论和决策参考。这里所说的数据是经过统计工作并整理而形成的数据，即统计数据。统计数据一般是采用不同计量尺度对事物进行描述的结果，有统计报表和统计地图两种基本形式。采用不同的计量尺度会得到不同类型的统计数据，一般包括定量型数据（Oualitative Data）或数值型数据（Quantitative Data）两大类，其中，定量型数据主要包括定类数据（由定类尺度计量所形成的数据）和定序数据（是由定序或按顺序尺度测量所形成的数据）两类；而数值型数据主要包括定距数据（可进行加、减运算，是由定距尺度测量形成的数据）和定比数据（可进行加、减、乘、除运算，并由定比尺度计量形成的数据）两类。

统计分析方法是在统计学科中所运用的各种方法，是通过对研究对象的规模、速度、范围、程度等数量关系进行分析研究，以便认识和揭示事物间的相互关系、变化规律和发展趋势，借以达到对事物的正确解释和预测的方法工具。统计分析方法主要包括：指数分析、时间序列分析、应用回归和多元统计分析、因素分析、弹性分析以及统计描述分析等。

二、统计学的发展历程

（一）古典统计学发展阶段（17世纪—19世纪中期）

17世纪—19世纪中期，为统计学古典发展阶段，这一阶段统计学主要特点是为增强国家实力、实现为国家服务，这一时期的统计学具有政府和社会统计学性质。

虽然阿亨瓦尔提出了统计学的概念，但国势学派主要使用文字记述的方法对国情国力进行研究，其学科内容与现代统计学有较大的差别。16世纪至17世纪，在意大利的威尼斯诞生了概率论，意大利数学家吉罗拉莫·卡尔达诺（G. Cardano，1501—1576；1663/1961③）结合自己的赌博实践写作并出版了《论赌博》，伽利略

① Ronald Aylmer Fisher. Statistical Methods for Research Workers [M]. Edinburgh: Oliver&Boyd, 1925.

② C. R. Rao. Statistics And Truth: Putting Chance To Work [M]. World Scientific Publishing Company, 1997.

③ Jerome Cardan (Girolamo Cardano). The Book on Games of Chance (Liber de Ludo Aleae) [M]. Holt Rinehart & Winston New York, 1961.

在此基础上对投掷骰子的组合进行了研究。后来配第在政治经济学研究中，主张用大量观察和数量分析等方法对社会经济现象进行研究（Petty，1690①），并在其著作《政治算术》中通过一些统计数据来描述与对比各国的经济状况。18 世纪初，瑞士科学家伯努利（J. Bernoulli，1654—1705；1713②）进一步发展了概率论，提出了大数法则，并认为概率论能应用于经济领域。1764 年，贝叶斯（T. Bayes，1701—1761）发表了经典传世之作"基于理论中的一个问题的解"（Bayes，1763③），直到今天，贝叶斯方法还在统计学领域焕发青春。高斯（C. F. Gauss，1777—1855）提出了著名的"绕日天体运动的理论"（Gauss，1809④）、最小二乘法和正态分布理论。1812 年，英国数学家阿瑟·杨利（Arthur Young，1741—1820）开创并运用了加权算术平均法（Young，1812⑤）。

（二）近代统计学发展时期（19 世纪中期—20 世纪初）

19 世纪中叶至 20 世纪初是统计学的发展时期，同时也是经济学的诞生和发展期。伴随着英国等资本主义经济体经济矛盾的产生，经济学与统计学迅速实现了结合。"国势学"逐渐发展为政府统计学，为政府宏观经济决策服务。

1850 年，克尼斯（K. G. A. Knies，1821—1898）发表了"独立科学的统计学"一文（Knies，1850⑥），认为统计学是一门独立的社会科学，是对社会经济现象进行数量对比和分析的科学，主张以"国家论"作为国势学的科学命名，而以"统计学"作为"政治算术"的科学命名。杰文斯使用 13 世纪到 14 世纪《英国农业和价格史》中的部分数据研究了太阳黑子周期和谷物价格的关系（珀森，Persons，1926⑦）；19 世纪德国统计学家恩格尔（E. Engel，1821—1896）根据统计资料，提出著名的"恩格尔系数"（Engel's Coefficient；Engel，1857⑧），至今仍为人们所

---

① William Petty. Political Arithmetick [M]. London. Printed for Robert Clavel: 1690.

② Bernoulli J. Ars conjectandi [M]. Basel, 1713.

③ Homas Bayes. An Essay Towards Solving a Problem in the Doctrine of Chances [J]. The Philosophical Transactions of the Royal Society of London, 1763.

④ C. F. Gauss. Theoria Motvs Corporvm Coelestivm in Sectionibvs Conicis Solem Ambientivm [M]. Svmtibvs F. Perthes et I. H. Besser, 1809.

⑤ Arthur Young. An Enquiry into the Progressive Value of Money in England as Marked by the Price of Agricultural Products [M]. London: B. McMillan, 1812.

⑥ Thomas Bayes. An Essay Towards Solving A Problem in the Doctrine of Chances [J]. the Philosophical Transactions of the Royal Society of London, 1763.

⑦ Persons W M. Theories of Business Fluctuations [J]. The Quarterly Journal of Economics, 1926: 94 - 128.

⑧ Ernst Engel. Die Productions: Und Consumtionsverhaltnisse Des Konigreichs Sachsen [M]. Zeitschrift des Statistischen Bureaus des K. Sachsischen, 1857.

广泛使用。19世纪末，皮尔逊（K. Pearson；1857—1936）在其论文集《数学用于进化论》中（Pearson；1896①）提出了计算复相关和偏相关的方法以及回归、相关、矩估计、假设检验等理论，并在1901年创办了世界上最早的统计学刊物《生物计量学》（*Biometrika*）（见表18－1）。

表18－1　统计学及统计分析方法的发展历程

阶段	发展阶段的特点	统计分析方法成就
古典统计学时期（17世纪—19世纪中期）	统计学与政府和社会学的紧密结合	"统计学"概念提出、概率论产生和发展、最小二乘法、正态分布、贝叶斯方法
近代统计学时期（19世纪中期—20世纪初）	统计学与经济学实质性结合	最小二乘法、正态分布方法、回归、相关、矩估计、假设检验理论、恩格尔系数、小样本理论
现代统计学时期（20世纪初至今）	与多学科交叉发展	平稳时间序列的处理法、Wald检验、多重假设检验、蒙特卡罗方法、统计参数图等

（三）现代统计学发展时期（20世纪初至今）

20世纪初至今是现代统计学发展时期。这一时期，统计分析不仅在经济领域得到广泛应用，而且在国防、管理学、遗传学、医学、计算机技术及航天物理等领域得到发展，同时，许多以统计学家姓名进行命名的统计检验方法也为现代从事经济统计分析者所熟知。

穆尔（Moore. H. L.，1914②）在《经济周期——它的规律和原因》一书中收集了1839—1910年俄亥俄州谷物生长的降雨量统计数据，通过谐波分析、相关、三变量的多重回归和时间序列分解等统计方法，研究了降雨量与农作物产量之间的关系。奈曼（J. Neyman；1894—1981；1934③）建立了区间估计的数学理论；戈塞特（W. S. Gosset，1876—1937）建立了"小样本理论"即"t分布"（Gosset，1908④）；沃尔德（A. Wald，1902—1950；1947⑤）出版了《序贯分析》，著名的"序贯概率比检验"由此诞生，并在军事领域得到广泛应用。沃尔

① Pearson K. Mathematical Contributions to the Theory of Evolution. III. Regression，Heredity，and Panmixia [J]. Philosophical Transactions of the Royal Society of London，1896，187：253－318.

② Moore H L. Economic Cycles：Their Law and Cause [M]. Florida：Macmillan Company，1914.

③ Neyman，J. On the two different aspects of the rep resentative method：The method of stratified sampling and the method of purposive selection. [J]. Journal of the Royal Statistical Society，1934，97（4）：558－625.

④ （Student）W. S. Gosset. The Probable Error of A Mean [J]. Biometrika，1908，6（1）：302－310.

⑤ Wald，Abraham. Sequential Analysis [M]. New York：John Wiley and Sons，1947.

德（A. Wald，1950①）运用经济学风险函数、统计决策函数等概念，建立了完整的统计决策函数理论。乌拉姆（S. Ulam，1949②）和冯·诺伊曼于20世纪40年代提出的蒙特·卡罗方法（Monte Carlo Method），曾为美国研制原子弹的“曼哈顿计划”作出重大贡献；1942年诺尔波特·维纳（N. Wiener，1945③）发表了“平稳时间序列的外推、内插和光滑化”一文，平稳时间序列的处理方法由此诞生。费雪（R. A. Fisher，1890—1962；1915④）在样本相关系数的分布、方差分析、实验设计等方面的研究中作出了重要贡献。

20世纪50年代以后，统计学理论得到高度完善与深化，而在应用上则将统计方法几乎推进到一切学科领域，形成了交叉发展的态势。如在经济学领域，恩格尔（R. F. Engle，1942—；1982⑤）的“自回归条件异方差检验方法和模型”以及恩格尔和格兰杰（Engle，Granger，1987⑥）的协整理论等。1991年，弗里斯顿等（K. J. Friston等，1991⑦）提出著名的“统计参数图”，在现代医学、现代农业等领域广泛应用。

跨入21世纪，传统的统计分析方法，如贝叶斯统计以及有效解决贝叶斯方法的后验分布和马尔可夫链蒙特卡罗方法（MCMC）等依然在应用并继续发展，而现代信息革命带来了新的问题，如大数据处理与计算机技术融合的发展趋向极限无穷，给统计学的发展带来重要机遇，不仅依赖于理论创新、技术进步，而且有赖于在传统理论和方法的继承和发展的基础上，与各学科交叉融合。

---

① Wald, Abraham. Statistical Decision Functions [M]. London: Chapman and Hall, 1950.

② Stanislaw Ulam. The Monte Carlo Method [J]. Journal of the American Statistical Association, 1949 (44): 335 -341.

③ Wiener N. Statistical Method of Prediction in Fire Control [J]. Statistical Method of Prediction in Fire Control, 1942.

④ Fisher R A. Frequency Distribution of the Values of the Correlation Coefficient in Samples from an Indefinitely Large Population [J]. Biometrika, 1915, 10 (1): 507 -521.

⑤ Robert F. Engle. Clive Granger. Co - Integration and Error Correction: Representation, Estimation, and Testing [J]. Econometrica, 1987, 55 (2): 251 -276.

⑥ Engle R F. Autoregressive Conditional Heteroscedestic Models With Estimates of the Variance of United Kingdom Inflation [C]. Econometrica. 1982: 987 -1007.

⑦ Karl J. Friston, William D. Penny, John T. Ashburner, Stefan J. Kiebel, Thomas E. Nichols. Statistical Parametric Mapping: The Analysis of Functional Brain Images [M]. Academic Press, 2006.

三、公共经济学的统计测度与统计数据获取方法

（一）公共经济领域的统计测度

所谓统计测度，是指借助数学或几何工具，以量化为目的，针对实际经济对象，将信息转化为数量指标，供统计决策和分析使用的过程。从研究对象来看，统计测度是体现统计数量特征的前提。它包括数据统计指标的设定和定性测度指标两个主要方面。

数据统计指标是统计学研究的基本范畴，根据统计数据指标才能获得数据。统计指标是在经济理论或者经济发展实践过程中确定的，并随实践需要进行转变。如随着改革开放的推进和中国公共财政的发展思路的进一步明晰，在国家统计年鉴中，20 世纪 90 年代前传统的“财政基本建设支出”这一口径转变为现有的“财政经济建设支出”这一指标，而对原来的评价基础建设支出类的指标及现有基础建设类的指标也作出了相应调整。

定性测度指标是为解决定性测度问题，而在传统统计数据指标基础上的延伸，包括定类数据指标和定序数据指标两种。虽然定性测度在取得有效信息并转化为统计指标方面存在许多不足之处，但其在公共经济学中已得到广泛应用（下文将给出相应的案例）。

（二）经济统计数据获取方法

随着科学技术的发展，许多传统统计数据采集方法已经被计算机和网络技术、图像技术以及遥感技术等先进数据获取手段所取代。在这种背景条件下，公共部门的数据主要源自三个方面：一是来源于政府统计部门。政府统计部门的数据形成各种类别和层次，并以基础数据、主体数据、普查数据以及层次交叉的综合数据形式存在，同时，政府也注重自动化和大型数据库的建立，为政府决策、国民经济核算体系服务。二是来源于社会调查。获取调查数据的方法主要包括：对报表的整理、对已成文的分析报告进行资料采集以及采用实地观察和问卷的方式进行数据获取。三是来源于实验，即通过设计经济实验方案并进行实验或者模拟实验的方法来获取数据。

（三）公共经济学相关数据的分类

按照数据采集的方式，可将统计数据分为三类：基础统计数据、调查数据和实

验数据。基础统计数据指官方统计数据，有日常统计、频繁统计以及周期统计特点的数据；调查数据是指通过调查得来的数据，一般是抽样型数据；而实验数据则是指通过实验或者模拟实验所获得的数据。

在公共经济学统计分析中，基础统计数据和调查数据的使用是显而易见的，在此，特别强调实验数据在公共经济研究领域的应用。由于论文是研究成果最重要的表现形式，因此，以国内外权威期刊相关论文发表量为例，对实验数据在统计分析方法中的广泛应用进行分析，具有一定的解释能力。

图 18－1 给出了 2016—2020 年，美国统计学权威期刊 *Journal of the American Statistical Association*（《美国统计学研究》）和公共经济学权威期刊 *Journal of Public Economics*（《公共经济评论》），以及 2016—2020 年中国的《统计研究》和《财政研究》采用实验数据统计分析的论文发表情况。可以看出，除 2020 年外，国外统计学和公共经济学应用实验统计数据的总体比重比中国高，但中国的该类研究数量总体属于上涨趋势。2016 年至 2020 年，中国统计学《统计研究》中，采用实验数据统计分析的论文占比分别为 0.21%、0.07%、0.22%、0% 和 0.38%；而在中国公共经济学具有代表性的刊物《财政研究》中，采用实验数据统计分析的论文占比分别为 7.26%、9.57%、14.50%、17.89% 和 23.8%。

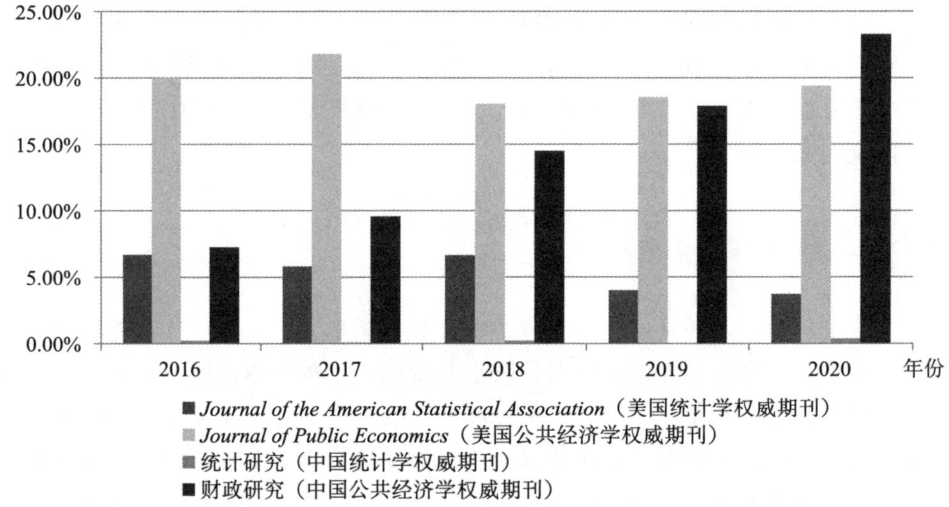

图 18－1　2016—2020 中外实验数据统计分析论文发表情况对比

四、统计分析方法在公共经济学中的应用

从实际来看，经济学使用的统计分析方法在公共经济研究领域基本适用，并没有太大差异。在当今许多统计分析方法的著作中，只是介绍内容的重点有所不同，

如有的将重点放在多元数据的分析上，有的则将重点放在经济、人文和社会等方面的应用，因而需根据不同的目标、对象及具体环境，选择不同统计方法进行公共经济分析并引导决策。目前，在经济学领域中应用的统计分析方法不胜枚举，限于篇幅有限和本章分析的重点，在此不再一一赘述，仅对公共经济领域进行政策分析的常用方法，进行单独的、概括性的介绍。

（一）与测度和数据分析相关的统计分析方法

1. 定性分析方法。在经济社会系统中存在着一些无法直接用具体数字度量的因素如风俗、习惯、观念、心理等，这些变量难以直接量化，但在实际上对研究对象产生重要影响，成为政策研究中不容忽视的因素，因而，必须将这些因素进行量化。这类分析方法以逻辑判断为主，通过预测者所掌握的信息和情报，并结合各种因素对事物的发展前景做出判断，并将这种判断进行量化反映，如层次分析法就属于这一类。定性分析方法比较适合于解决缺乏历史数据资料或不易进行精确量化的问题，主要包括主观概率法（即通过对市场趋势分析事件的概率做出主观估计，或对事件变化动态的一种心理评价，计算出平均值以此作为市场趋势分析事件的结论）、专家会议法（即组织专家面对面交流，通过讨论形成评价结果）、Delphi 法（即征询专家进行背靠背评价、收集、汇总、分析归纳形成一定结论）等。

2. 对比分析法。对比分析法也称比较分析法，是将客观事物加以比较，以达到认识事物的本质和规律并做出正确评价的目的。通常是把两组相互联系的指标数据进行比较，从数量上展示和说明研究对象规模的大小、水平的高低、速度的快慢以及各种关系是否协调等。在对比分析中，选择合适的对比标准是十分关键的步骤，选择合适的对比标准才能做出客观的评价，否则评价可能会得出错误的结论。

对比分析法常常应用于不同政策的选择，例如为了达到某种社会经济目标，有几种不同的政策方案可供选择，由于政策对于不同调控目标的作用和影响是有差异的，在不同的实际状态下，各备选的政策方案通常各有优缺点。究竟何种政策更适合于某个状态，以更好地实现政策目标？为解答这一问题就需要对各种不同政策组合中的不同条款进行对比分析，从而对不同的政策组合做出更科学、合理的选择。

（二）与成本分析相关的统计分析方法

1. 成本—收益法。公共经济政策具有一定目的性，而政策的制定与执行都需要花费一定的成本，因此，政策的制定与执行需要在成本与收益上做出权衡。只有政策的收益明显大于其成本时，一项政策才有可能被选择并付诸实施。

成本—收益分析法是一种在政策选择时决策方案的评价方法，它通过比较各种备选政策的全部预期收益和全部预期成本的现值来评价这些政策，为政策选择决策提供参考或依据。成本—收益分析法主要适用于政策对社会经济带来的不同影响与效益的预期评估。由于政策的影响与效益具有社会性、多样性等特点，成本—收益分析法在政策分析中，需要在政策目标及政策成本与收益间进行计算与衡量，努力在最大收益或最小成本原则下达到政策目标。在运用成本收益分析法进行政策评估时，通常使用的评价原则有三条，即效益相等时，成本越小的政策越优；成本相等时，效益越大的政策越好；收益与成本的比率越大越好。

2. 投入产出分析法。投入产出分析是一种将“投入”与“产出”放在一起进行分析的经济数量分析方法，由于投入产出模型反映了国民经济各部门、再生产各环节的内在联系，当把各种经济政策有关的一些变量，如价格、工资、税收等作为已知的控制变量时，利用该模型就能模拟各种不同经济政策可能带来的结果，利用这些模拟资料为制定经济政策提供依据。

投入产出分析一般应用于对政策变动进行投入产出模拟，这种方法可以对政策的实施结果进行试验，以预测不同政策产生的结果和影响。同时，这种产生于宏观经济分析的模型也可以用于对中观公共经济政策的分析，例如，在对全国价格型投入产出表进行适当调整，得到中国矿业投入产出表的基础上，运用投入产出分析，通过建立产品价格相互影响模型对矿产品价格调整，将对中国三次产业带来影响的程度进行测算。

（三）与数据检验相关的统计分析方法

1. 回归分析法。回归分析法也称相关分析法，是研究随机变量之间相互关系的一种最基础的统计方法。该方法的一般步骤是：首先，研究变量之间的相互关系。通常是把具有相关关系的资料用散点图、散列表的形式排列出来，以考察它们的相互关系；其次，计算相关系数。这是反映变量之间线性相关关系的综合指标，它反映出变量之间相关关系的密切程度；最后，利用已知的相关关系和相关系数建立数学模型，如 $Y = \beta\alpha + \beta_1 X + \beta_2 X^2 + \cdots + \beta_k X^k + u$，并对模型的可靠性进行反复地测试，如果能够证明模型的可靠性，就代入一定的数值，通过模拟计算得出预测结果。

在公共经济研究领域中，对政策的实施所引起相应变量的变化进行研究时，收集足够多的相关时期的变量数据即可对政策所带来的影响及政策绩效进行分析。这种方法的有效性理论基础是，任何一种现象及其过程都必然会与其他现象及过程处在一种相互依存、相互制约的关系之中，因而人们可以根据与该现象、过程相互联系的其他现象、过程的变动规律与趋势，来预测该现象、过程的未来发展变化的规律与趋势，一项政策的实施必定影响经济中相关变量的变化，从而为使用回归分析方法对政策进行分析提供了方便。

2. 虚拟变量法。虚拟变量法就是把定性变量虚拟化，并将其作为解释变量或者自变量纳入模型的一种方法。虚拟变量是反映质的属性的人为规定的变量，是量化了的定性变量或质变量。在分析中引入虚拟变量的一般规则是：如果一个质变量有 m 种特征或状态，只需引入 m - 1 个虚拟变量，但如果模型不含截距项，则 m 种特征需要引入 m 个虚拟变量，但常用的是根据定性因素的二分特性进行人工赋值，通常可取值为 0 和 1，这也比较契合于政策分析及状态有无发生实质性变化的二分特征，其中 1 表示具备某种属性或受到某种因素影响，而 0 则表示不具备某种属性或不受某种因素影响。引入虚拟变量虽然使线性回归模型变得更复杂，但对问题描述更简明，一个方程能达到两个方程的作用，而且接近现实。在一些情形下，加入虚拟变量的模型能对不加入的普通模型进行修正，使模型更完美地反映现实。

政策的重大改变或新政策的实施作为一项新生变量，可能对调控对象产生新的影响，这种影响可能引起之前政策状况的连续性及可比性发生变化，采用虚拟变量法可以对此进行分析。虚拟变量模型的一般形式为：

$$Y = a_1 + b_1 x_i + \alpha D_i + \beta X D_i + \varepsilon_i \qquad D = \begin{cases} 1 \\ 0 \end{cases}$$

当 D 取值为 1（或 0）时，模型的具体形式会（或不会）发生变化，分别对应政策有无发生巨大实质性变化。这种方法常与政策的回归或对比方法相结合使用，或作为上述方法中的一部分，对模型中的参数进行修正或对比。如对通货膨胀与货币政策变动进行研究，对不同取值设置虚拟变量，可对政策进行定量分析。

（四）关于系统整体的统计分析方法

1. 系统模拟分析法。系统模拟分析法应用于公共经济研究领域，类似仿真自然科学领域中实验室的方法，是对经济系统进行模拟，将有用的信息反馈和相互作用融入模型，以此来分析政策效应的变化的一种方法。因而可以在计算机上构建仿真经济，应用人工适应主体技术模拟现实中微观个体的行为。模拟分析法用于政策分析中，主要起到事前分析与评估的作用，把影响政策制定、实施和效应的相关要素结合起来，构成一个有机的整体，通过分目标分析评估、参数控制、指标关系等各要素间的关系构建成系统模拟模型，借助计算机技术对政策的各种方案进行模拟实验和效应评估。在实际应用中，有的研究以经济学理论为基础，建立宏观经济计量模型，设置相应的模块，对政策进行模拟分析。

2. 综合评价法。综合评价法是指对研究对象设计多个指标，针对不易精确测度的变量指标以及系统整体设计相关的指标体系，并进行综合评价的方法。基本思想是将多个指标转化为一个能够反映综合情况的指标来对研究对象进行评价。

在政策效果评价中，经常遇到许多指标因不易精确量化而具有极大的模糊性，给统计分析和评价带来困难。对于这类问题，常用的方法是模糊综合评价法。模糊综合评价是以模糊数学为基础，应用模糊关系合成的原理，将一些边界不清、不易定量的因素定量化，进行综合评价的一种方法。模糊综合评价法的实施步骤为：首先，确立相关因素；其次，建立数学模型；再次，通过抽样评定和加权评定；最后，得出综合评价结果。模糊综合分析方法是一种定性与定量相结合的评价方法（廖楚晖等，2014①），可分为主观赋权法和客观赋权法两种方法，在设置权重的时候又可设置相等权重和非等权重两种。

（五）小结

通过对公共政策分析中使用的统计方法进行简单的梳理，可以看出，统计分析方法在政策分析中的应用，受具体环境的影响，虽然量化是统计研究的特点与方向，但客观对象是纷繁复杂的，虽经无数的统计前辈们艰辛的努力，其发展出来的各种方法对政策的分析还远未达到令人满意的程度，在相当多的地方还需要使用定性或结合其他方法，而强化对政策量化方法的研究，为完善政策的制定提供更加科学、针对性与操作性更强的决策依据，也正是后继统计研究人员的努力方向。

五、在公共经济学中应用统计方法应注意的问题

（一）公共经济研究中采用大数据统计的哲学观问题

统计决策需要依据经济事务的客观规律，大量横向、纵向的数据需要依据事实进行处理分析，才能从中发现问题。随着计算机网络技术的迅速发展、市场化程度的推进以及政府财政能力的增强，目前统计发展已经进入大数据时代，其应用的一个重要领域就是公共经济研究领域，它直接关系到公共品的资源配置和公共政策，需要明确大数据发展提供统计的科学价值（赵彦云，2015②）。在这个过程中，哲学成为统计学大数据时代的核心科学推动力之一。这需要从政策角度，依据唯物主

① 廖楚晖，甘炜，陈娟．中国一线城市社区居家养老服务质量评价[J]．中南财经政法大学学报，2014（1）：46－50.

② 赵彦云．对大数据统计设计的思考[J]．统计研究，2015，32（6）：3－10.

义哲学观，依据客观事实，发现客观规律，并从大数定律中找到统计学自身的方法论，而不能完全从经济理论角度来考虑利用大数据统计。

当前大数据时代的统计方法需要源于研究“实质”科学，又为研究“实质”科学服务（贺铿，2001①），在这个过程中，需要坚持科学的价值观，实事求是。如果在数据上“做文章”，如前些年一些地方政府为体现“政绩”瞒报、虚报地方GDP、地方税收收入数据等，在这种错误的价值观指导下进行统计，不仅会影响局部的统计数据正确性，还会影响到整体国民经济统计的准确性；不仅会影响到现实数据，还会影响到未来的大数据统计，这对于统计决策和公共经济分析来说可能会造成决策失误甚至酿成灾难性的后果。

（二）统计指标的科学性问题

统计学从一般方法论上可以分为描述统计和推断统计，前者主要是基于客观存在的经济数量特征，后者则是基于样本推断总体的特征参数（赵彦云，2013②）。描述统计方法存在的问题很常见，关于描述统计方法的政府统计数据评估方法在冯蕾、周晶（2013③）中已有非常好的论述。在此，主要讨论统计指标体系建立中的定性测度指标问题。定性测度的统计分析方法主要有层次分析法、综合评价法、定序回归、定类回归等，这对指标测度要求的科学性提出了要求，但这类统计方法中，指标权重或赋值等往往带有极大的主观性，多用于对公共经济现象的分析，如政府的绩效评价体系、服务满意度等。可以看出，在这种统计数据分析过程中，如果定性测度的指标无法准确衡量，就会出现各种统计测度及其各个环节测度不断放大的情形。虽然在统计分析过程中，有一些诸如非参数一致性检验、似然比检验等的方法来检验过程和结果，但也不能彻底解决定性测度建立的统计指标的主观问题，从而使得统计分析结论产生偏差或无效。

（三）定性与定量统计分析方法的结合问题

统计学是以政策为导向的学科，其分析方法须以数据为分析依据，并建立在定量分析基础上。然而，在公共经济学中应用统计学方法，必然遇到诸如公共政策等问题，将涉及价值观的评价。但长期以来，对经济现象的分析是建立在规范研究基础上的，像凯恩斯认为的那样，经济学研究侧重于“应该怎样”的问题，

① 贺铿．关于统计学的性质与发展问题[M]．统计研究，2001（9）：3－7.

② 赵彦云．宏观统计分析发展的基本问题[J]．经济理论与经济管理，2013（5）：23－34.

③ 冯蕾、周晶．政府统计数据准确性评估方法述评[J]．统计研究，2013，30（6）：78－84.

往往脱离数据事实而进行单纯的价值判断。随着统计学的发展，统计分析方法可以为这种定性的分析引入一种量的维度，从而为经济学的实证分析提供了数据基础。

从数据的性质来看，统计数据可分为定量数据和定性数据。恩格尔系数、洛伦茨曲线以及冈帕茨曲线等通过定量数据进行统计分析，可以对基于社会公平的经济现象进行判别，而定性数据也能在一定程度上反映人们的行为和感知。

目前，伴随着医学、天文学、保险精算等学科的发展，定量数据统计分析方法发展相对较快，从先前的线性回归及相应的参数估计，发展到判别分析和多变量的图表表示方法等，这些方法逐渐被借以应用到公共经济学领域。而定性数据的统计分析方法发展起步相对较晚，但也在公共经济学领域迅速得到应用发展。在定量数据统计分析的基础上，定性数据的主成分分析、因子分析、聚类分析、贝叶斯估计、用于变量检验的定性数据建模分析以及测量感知数据的结构模型分析等也得到了一定的发展，但也遇到一些困难，如前述的测度问题、多元回归的参数检验问题等。因此，如何发展定性数据的统计分析，使之成为对统计科学方法的重要补充，不仅对行为决策分析将具有重要意义，而且将完善传统的依据统计分析所不具备的透视社会心理、结构的功能，更有利于政府把握经济发展对于社会治理结构的影响，从而有利于对公共政策的合理调整和有效实施。

（四）公共政策分析的复杂问题简单化问题

目前，实证分析成为公共经济学分析的常用方法，这类分析往往离不开统计数据，统计数据及其分析给公共经济学研究带来了极大的便利，统计分析方法也能在一堆不易提炼出结论的数据中找到如何处理数据、如何对待动态问题以及如何看待随机性等方面提供解释，为公共经济实证结论和公共经济绩效评价等分析提供了事实依据。然而，当代一些研究“擅长”将简单问题复杂化，通过简单的统计图表或统计量分析即可达到分析目的的分析，却需要用复杂的统计分析手段和方法，是一种统计分析中的“无病呻吟”。

事实上，将复杂问题简单化在公共经济政策的决策中有其优势，例如，亚洲金融危机、美国次贷危机、2015 年 6 月至 10 月中国股市系统性风险以及其他各项应急财政系统决策，如果仅仅依靠事中、事后的统计数据，或者依靠金融监控系统，是不足以应对的，这时候需要及时获得数据和信息，本着“大道至简”的原则及时作出果断的判断和决策，如果等待统计分析方法的检验、赋值、回归、非参数检验等复杂的程序，公共政策将不仅不能体现其时效性，而且还有“误判”的可能。

案例 18－1　养老金待遇差别与机构养老意愿的多分类定序 Logistic 回归分析

案例分析表明①，养老金制度是影响个人和家庭收入代际间分配和消费决策的制度基础，从而会影响到个体在老年时期的各种养老消费。目前，机构养老已成为我国老年人消费的重要支出，因此，养老保险制度的差异可能会影响到城乡不同群体机构养老意愿。在这一研究背景下，养老金待遇差异是否对不同群体入住养老机构的消费意愿存在影响，正是本文关注的首要问题。

一、研究设计

（一）变量选取及变量定义

在我国，机关事业单位一直实行退休金制度。20 世纪 80 年代中后期以来，我国进行了以“社会统筹”为特点的城镇职工基本养老保险制度改革；此后又逐步深化了城镇企业职工基本养老保险制度的改革；2009 年，我国又开始了以农村为重点的城乡居民基本养老保险制度改革。按照 2015 年 1 月“并轨”前参加不同类别基本养老保险制度的情况，本案例将调查样本分为四类群体（相关分析略）：第一类是因各种原因没有参加任何基本养老保险制度的群体。第二类是参加城乡居民基本养老保险制度的群体。第三类是参加城镇企业职工基本养老保险制度的群体。第四类是机关事业单位的职工，这类群体目前享有稳定的退休金，其退休金由财政全额支付。相关变量定义及赋值情况见表 1。

表 1　　变量定义与赋值表

变量	变量定义与赋值
因变量	
入住养老机构的意愿	不愿意入住养老机构 = 1；不确定入住养老机构 = 2；愿意入住养老机构 = 3
自变量	
城乡不同群体参保类型	1 = 城乡居民基本养老保险，即城乡居民参加了城乡居民基本养老保险（参加“新农保”或“城居保”或城乡居民基本养老保险这三种养老保险制度之一）
	2 = 城镇企业职工基本养老保险，即城镇企业职工参加了城镇企业职工基本养老保险制度
	3 = 机关事业单位退休金，即机关事业单位的从业人员（包括机关公务员和事业单位职工，2014 年 7 月 1 日以前）享受退休金
	4 = 无参保不享受养老金待遇，即未参加上述社会养老保险，也非机关事业单位的人员，这类群体无参保且不享受养老金待遇
控制变量	
性别	男 = 1；女 = 2
年龄	55—64 周岁 = 1；65—74 周岁 = 2；75 周岁及以上 = 3

① 于凌云，廖楚晖．养老金待遇差别与机构养老意愿研究——基于城乡调查样本的实证分析[J]．财贸经济，2015（6）：151－161.

续表

变量 因变量	变量定义与赋值
学历	初中及以下 =1；高中/中专/技校 =2；大专及以上 =3
配偶状况	有配偶 =1；无配偶 =2
户籍状况	城镇户籍 =1；农村户籍 =2
家庭子女数	无子女 =1；1 个子女 =2；2 个子女 =3；3 个及以上子女 =4
家庭经济条件	较差 =1；一般 =2；较好 =3
生活自理能力	不能自理 =1；一般 =2；能自理 =3
亲友探访频率	在一周之内的亲友探访次数（较少 =1；一般 =2；较多 =3）

（二）验证假设（假设过程略）

假设1：参加了基本养老保险制度的群体的机构养老入住意愿显著高于没有参保人群的机构养老入住意愿。

假设2：机关事业单位群体的机构养老意愿显著高于参加其他基本养老保险制度的群体。

假设3：在所有参保群体和未参保群体中，居民家庭中子女越多，机构养老意愿越低。

（三）调查过程与样本特征（略）

（四）分析模型与检验步骤

本案例的因变量为"入住养老机构的意愿"，其分类为"1"代表不愿意，"2"代表不确定，"3"代表愿意三类，由于 Logistic 回归模型常用于分析多分类定性因变量的模型，适合于本案例的样本特征。为提高检验的拟合优度，本案例控制个人及家庭的基本特征变量，考察不同的基本养老金待遇对于居民机构养老意愿的影响。根据 John 和 Aldrich（1984）等的研究文献，构建本案例的检验模型，其基本形式如下：

$$\ln\left(\frac{P(Y \leq m)}{P(Y > m)}\right) = \beta_0 + \sum_{j=1}^{n} \beta_j x_{ij} \tag{1}$$

式（1）中，x_1、x_2，…，x_j 分别代表反映个人及家庭基本特征的解释变量（控制变量和自变量），$n=9$，为解释变量个数；"m"代表因变量 Y 的赋值（1、2、3 分别代表"不愿意""不确定""愿意"）。β_0 为常数项；β_j 是各解释变量的回归系数，即影响不同群体入住养老机构意愿的方向和程度。本文的验证步骤如下：

第一步：确定自变量和控制变量的频次和频率，采用似然比检验分析自变量、控制变量与因变量的相关性，剔除不显著变量后，重新进行相关性检验，直到所有变量均通过似然比检验。

第二步：形成解释变量和因变量的关系矩阵，通过监测数据，对各解释变量的回归系数求解。这一过程中，将本案例中所设置的 4 个体现不同养老金待遇群体的自变量，通过 Logistic 模型分析，同时将性别、年龄、学历、配偶状况、户籍状况等体现个人影响因素的分类变量作为控制变量（因子），将家庭子女数、家庭经济条件、生活自理能力以及亲友探访频率等类别变量作为定序变量或者作为协变量引入模型进行回归（具体可根据模型参数估计效果选择），得到参数估计结果。

第三步：回归分析。将本案例中的自变量及城乡不同群体参保类型和控制变量性别、年龄及家庭经济状况等个人及家庭基本特征的分类变量纳入 Logistic 模型，进行分析得到参数估计结果。

第四步：进行模型的有效性检验。对变量及其相应类别做整体检验，观察相应的系数，以确定该组数据是否拟合 Logistic 回归模型，其中原假设 H_0 表示该回归模型无效，且所有系数均为 0。

二、主要分析结果

（一）不同地区调查样本对入住养老机构意愿的描述性分析（略）

（二）回归分析结果

为了检验自变量的显著性，本案例首先采用似然比检验法进行检验（结果见表 2）。从表 2（I）可以看出，在所有自变量中，变量“亲友探访频率”没有通过显著性检验，说明该变量对调查样本的机构养老意愿的影响可以忽略。故除去该变量后，将“家庭经济条件”和“生活自理能力”引入协变量再做重复性检验，结果见表 2（II）。而表 2（II）的结果显示，各变量均显著。因此，可运用多分类 Logistic 模型进行回归分析。

表 2　　似然比检验结果表

变量	似然比检验（I）			剔除不显著变量后的似然比检验（II）		
	Chi - Sqquare	df	Sig.	Chi - Sqquare	df	Sig.
截距	0.000	…	…	0.000	…	…
性别	0.608	3	0.010	0.608	3	0.001
年龄	78.809	6	0.002	78.809	6	0.000
学历	205.004	6	0.000	205.004	6	0.000
配偶状况	89.485	3	0.000	89.485	3	0.039
户籍状况	150.718	3	0.000	150.718	3	0.000
家庭子女数	203.893	9	0.000	203.893	9	0.000
家庭经济条件	28.235	6	0.000	23.186	6	0.003
生活自理能力	217.373	6	0.001	22.684	6	0.000
亲友探访频率	217.548	6	0.380	…	…	…

运用统计软件，对因变量的 3 个类别即“1—不愿意入住养老机构”“2—不确定入住养老机构”及“3—愿意入住养老机构”，以“3—愿意入住养老机构”为参考类别进行多分类 Logistic 回归，回归系数取“0”，对于第 1 和第 2 个类别，每个类别都能确定一个回归函数，因此每个自变量都有 2 个回归系数，自由度为 2；而

每个定性自变量要用其类别数减去1个示性变量表示，如“年龄”共有3个示性变量，则有2×3=6个回归系数，将“年龄”作为1个整体时的自由度为6。由表2看出，自变量“年龄”的相伴概率Sig.=0.000，说明该变量作为一个整体检验的结果是显著的，但并不代表该自变量的每一个系数都显著，如表3中，对因变量的类别2（不确定入住养老机构），当“学历=1”时，Sig.=0.442，表明回归结果不显著，以此类推。

表3为模型参数估计结果综合表。其中，模型1估计了在加入控制变量前不同养老保险制度待遇对入住养老机构意愿影响；模型2估计了在加入所有控制变量之后，不同养老保险制度待遇对入住养老机构意愿影响。模型1和模型2的检验结果即最终对数自然值（-2）的均值P均处于0.05的显著性水平以内，表明两个模型均有统计学意义。两个模型的拟合优度检验结果Nagelkerke R^2的值均较高，接近于1，说明模型拟合度较好。此外，模型1和模型2的城乡居民入住养老机构意愿的预测准确率均超过60%，表明两个模型均较为理想。由于预测模型中因变量的排序从1-3，表明入住养老机构的意愿从“不愿意”“不确定”到“愿意”的升序排列，因此回归系数越大，表明被访者可能入住养老机构的意愿越高；回归系数越小，表明被访者入住养老机构的意愿越低。

表3　　模型分析结果总表A

因变量	自变量/控制变量	模型2回归结果	模型1回归结果
1=不愿意入住养老机构	性别（参考组为女性=2）	1-（0.568，0.293）[a]	
	年龄（参考组为75岁及以上=3）	1-（1.407，0.000）	
		2-（1.061，0.045）	
	学历（参考组为大专及以上=3）	1-（0.961，0.342）	
		2-（0.659，0.450）	
	配偶状况（参考组为无配偶=2）	1-（1.359，0.000）	
	户籍状况（参考组为农村户籍=2）	1-（0.735，0.155）	
	子女数（参考组为3个及以上=4）	1-（-1.769，0.002）	
		2-（-1.470，0.041）	
		3-（1.069，0.043）	
	家庭经济条件（参考组为较好=3）	1-（0.259，0.008）	
		2-（0.450，0.034）	
	生活自理能力（参考组为能自理=3）	1-（-1.117，0.000）	
		2-（0.017，0.088）	
	参保类型（参考组为无参保不享受养老金待遇=4）	1-（-0.306，0.048）	1-（-0.890，0.021）
		2-（-0.326，0.041）	2-（-0.902，0.000）
		3-（-0.453，0.035）	3-（-1.038，0.000）

续表

因变量	自变量/控制变量	模型2回归结果	模型1回归结果
2=不确定入住养老机构	性别（参考组为女性=2）	1-（0.669，0.344）	
	年龄（参考组为75岁及以上=3）	1-（1.587，0.044）	
		2-（0.997，0.086）	
	学历（参考组为大专及以上=3）	1-（1.009，0.442）	
		2-（0.767，0.233）	
	配偶状况（参考组为无配偶=2）	1-（1.336，0.000）	
	户籍状况（参考组为农村户籍=2）	1-（0.677，0.179）	
	子女数（参考组为3个及以上=4）	1-（-1.200，0.000）	
		2-（-0.808，0.033）	
		3-（0.487，0.046）	
	家庭经济条件（参考组为较好=3）	1-（0.555，0.002）	
		2-（0.863，0.028）	
	生活自理能力（参考组为能自理=3）	1-（-0.899，0.002）	
		2-（0.110，0.123）	
	参保类型（参考组为无参保不享受养老金待遇=4）	1-（-0.579，0.011）	1-（-0.755，0.029）
		2-（-0.685，0.007）	2-（-1.449，0.000）
		3-（-0.773，0.015）	3-（-1.366，0.000）

注：1. 模型2中，“1—（0.568，0.293）a”表示因变量“不愿意入住养老机构”与“愿意入住养老机构”相比，自变量或控制变量取值为1（男性）与参考组（女性）在“入住养老机构意愿”上无差异，回归系数为0.568，伴随概率为0.293，以此类推。2. 在模型1和模型2的分析中，以“愿意入住养老机构=3”为参考类别。

在模型1中，因变量“不愿意入住养老机构”与“愿意入住养老机构”相比，参加城乡居民基本养老保险、城镇企业职工基本养老保险和机关事业单位享有退休金的3类群体均比没有参保且不享受养老金待遇的群体更愿意入住养老机构，回归系数分别为-0.890、-0.902和-1.038，伴随概率均小于0.05。因变量“不确定入住养老机构”与“愿意入住养老机构”相比，参加城乡居民基本养老保险、城镇企业职工基本养老保险和机关事业单位享有退休金的3类群体均比没有参保且不享受养老金待遇的群体更愿意入住养老机构，回归系数分别为-0.755、-1.449、-1.366，伴随概率均小于0.05。在加入控制变量的模型2中也得到了相同的结果。因此，本例中假设1得到验证。

在模型2中，因变量“不愿意入住养老机构”与“愿意入住养老机构”相比，无子女群体、子女数为1均比子女数为3及以上的群体更愿意选择入住养老机构，回归系数分别为-1.769和-1.470，伴随概率均小于0.05。而子女数为2的群体与子女数为3及以上的群体相比，在选择入住养老机构的意愿上无差异，回归系数为1.069，伴随概率为0.043。因变量“不确定入住养老机构”与“愿意入住养老机构”相比，子女数对入住养老机构意愿也存在显著影响。因此本例假设3“在所有参保群体和未参保群体中，居民家庭中子女越多，对机构养老意愿越低”得到验证。

为检验假设2，剔除“没有参保且不享受养老金待遇”的群体样本，以“愿意入住养老机构”为参考类别进行多分类 Logistic 回归分析，得到回归分析结果模型3（见表4）。需要说明的是，由于篇幅所限，此处仅分析了自变量参保类型对入住养老机构意愿的影响，未加入控制变量。

表4　　模型分析结果总表 B

因变量	自变量	模型3回归结果
1＝不愿意入住养老机构	参保类型（参考组为“机关事业单位享有退休金”＝3）	1－（1.048，0.121） 2－（0.754，0.246）
2＝不确定入住养老机构	参保类型（参考组为“机关事业单位享有退休金”＝3）	1－（1.255，0.098） 2－（0.949，0.330）

表4显示，因变量“不愿意入住养老机构”与“愿意入住养老机构”相比，参加城乡居民基本养老保险、城镇企业职工基本养老保险与机关事业单位享有退休金的群体在入住养老机构意愿上无差异，回归系数分别为1.048、0.754，伴随概率均大于0.05。因变量“不确定入住养老机构”与“愿意入住养老机构”相比，参加城乡居民基本养老保险、城镇企业职工基本养老保险与机关事业单位享有退休金的群体在入住养老机构意愿上无差异，回归系数分别为1.255、0.949，伴随概率均大于0.05。因此，假设2“机关事业单位群体的机构养老意愿显著高于参加其他基本养老保险制度的群体”未得到验证。

第二节
计量经济分析方法及其应用

计量经济学是在理论经济、数理经济以及统计学基础上发展起来的一门学科，在公共经济学领域具有较强的应用性。但计量经济学方法有自身的局限，因此运用计量经济学方法对公共经济问题进行研究，需要取长补短，找出计量经济学发展过程中适合于解决公共经济问题的计量经济方法，为公共经济政策服务。

一、计量经济学概念及其与统计学的区别

(一)计量经济学的概念

关于计量经济学的概念，国内外经济学家在不同时期都有概念解释，如伍德里奇（J. M. Wooldridge，1960—；2010①）、李子奈（2010②）等。简言之，计量经济学是一门主要运用统计分析方法，将经验数据和实验数据进行处理和量化，以描述经济特征、检验经济理论、预测经济人行为和经济现象的一门学科。

狭义的计量经济学是以估计模型和模型检验为核心内容的，即回归分析；而广义的计量经济学，按照弗里希（R. Frisch，1895—1973）的定义（Frisch，1933③），是将统计学、经济理论和数学这三个真正“了解”现代经济生活的要素结合起来进行研究的数量关系。

(二)计量经济学与统计学的区别

统计学及其方法为计量经济学提供了许多理论、方法和工具，但计量经济学和统计学仍有一些区别，主要表现在：第一，两者发展的轨迹不一样。计量经济学是随着经济学的产生而发展起来的，而统计学是在经济学诞生之前就已经产生和发展起来的一个学科。第二，计量经济学有自身的不同于统计学的分析方法和工具。如在经济学分析中，经济结构的参数值不能用统计学中的最大似然估计（Maximum Likelihood Estimate，LME）法来进行估计，而计量经济学却可以用广义矩估计（GMM；Hansen，1982④）来加以解决。第三，有的统计推断理论不具有经济学理论的相容性，例如，标准的统计推断理论不能适用于当代计量经济学发展催生的内生性（Endogeneity）、单位根过程（Unit Root Process）等问题。

① ［美］杰弗里·M. 伍德里奇. 计量经济学导论（第4版）［M］. 费剑平，译. 北京：中国人民大学出版社，2010.

② 李子奈. 计量经济学[M]. 第3版. 北京：高等教育出版社.

③ Frisch R. Editor's Note［J］. Econometrica，1933，1（1）：1-4.

④ Hansen L P. Large Sample Properties of Generalized Method of Moments Estimators［J］. Econometrica，1982，50（4）：1029-1054.

二、计量经济学的发展历程

计量经济学是经济学领域中的一个重要分支，在17—18世纪，经济学的研究主要是对材料进行直接的归纳、综合与推理。在这一时期，牛顿、莱布尼茨（G. W. Leibniz，1646—1716）提出的微积分（Newton，1687①；Leibniz，1969②）、勒让德尔（A. Legendre，1752—1833）和高斯提出的最小二乘法（Legendre，1806③和Gauss，1809）、高尔登（F. Galton，1822—1911）提出的“回归”概念等（Galton，1886④），使数学、统计学理论日趋完善，这为计量经济学的诞生奠定了基础。计量经济学的发展共经历了三个阶段：第一阶段为20世纪20—40年代，此时计量经济学的贡献是在微观与宏观经济领域建立单一方程或联立方程；第二阶段为20世纪50—70年代，计量经济学研究的主要贡献是通过联立方程组描述一国的宏观经济等；第三阶段为20世纪80年代至今，计量经济学的研究主要侧重于时间序列相关模型的建立与检验。

（一）计量经济学的形成阶段（20世纪20—40年代）

20世纪20—40年代，受当时数学与统计学理论的发展所限，计量经济学家运用的分析方法比较简单，主要包括回归分析、最小二乘法、单个方程模型、联立方程组、微积分以及假设检验等，研究领域主要为微观经济领域，宏观经济领域也有一些涉及。

弗里希首次提出“计量经济学”的名称，并在1933年与丁伯根（J. Tinbergen，1903—1994）等经济学家共同创建了《计量经济学》杂志，这标志着计量经济学的正式诞生。此后计量经济学快速发展，许多经济学家都取得了瞩目的成就。1939年，丁伯根在“经济周期理论的统计检验”一文中（Tinbergen，1939⑤），通过联立方程组的形式建立了第一个宏观经济模型，即应用于美国经济的完整宏观模型，

---

① Isaac Newton. Philosophiæ Naturalis Principia Mathematica [M]. Royal Society，1687.

② Gottfried Wilhelm Leibniz. New Method for Maximums and Minimums [J]. Translated in Struik，D. J.，1969. A Source Book in Mathematics，Harvard University Press：271－281.

③ Legendre Adrien－Marie. Nouvelles Méthodes Pour la Détermination des Orbites des Comètes [M]. Paris，1806.

④ Francis Galton. Regression Towards Mediocrity in Hereditary Stature [M]. The Journal of the Anthropological Institute of Great Britain and Ireland，1886，15：246－263.

⑤ Tinbergen J. Statistical Testing of Business Cycle Theories：Part II：Business Cycles in the United States of America，1919－1932 [M]. New York：Agaton Press，1939.

开创了经验宏观经济学的分支。哈维尔莫（T. Haavelmo，1911—1999）的博士论文“计量经济学中的概率论方法”，以及他做出的一系列工作奠定了概率统计作为计量经济学的基础（李子奈、刘亚清，2010①）。哈维尔莫于1943年发表的“联立方程系统的统计学内涵”（Haavelmo，1942②）与1944年的博士毕业论文《计量经济学中的概率论方法》中提出的联立方程计量经济学模型系统的识别和估计理论，奠定了计量经济学的概率论基础（见表18－2）。

表18－2　　获诺贝尔经济学奖的计量经济学家及贡献

获奖年份	获奖者	计量经济学成就
1969	弗里希/丁伯根	弗里希：1. 提出经济计量学定义；2. 第一个建立经济周期的数学模型；丁伯根：1. 建立具有联立方程式的宏观经济模型；2. 最早创立了经济计量学模型
1980	克莱因	1. 第一次完整地把凯恩斯理论表述为数学形式；2. 计量经济学方法论的创始人，计量经济学之父
1981	詹姆士·托宾	1. 提出Tobit模型；2. “资产组合选择理论”重要的创始人之一
1989	哈维尔莫	1. 开创了计量经济学概率论基础；2. 将联立方程模型应用于经济增长理论和投资理论
1993	福格尔/诺斯	1. 计量经济史学的创始人和奠基人；2. 建立起表达各经济变量相互关系的统计模型
2000	赫克曼/麦克法登	1. 提出了Heckit模型和Heckman修正法；2. 提出基于随机效用函数和logit模型的分析方法来解决无序分类数据的类别选择问题
2003	恩格尔/格兰杰	1. 提出自回归条件异方差模型；2. 发展了一系列波动性模型及统计分析方法 3. 提出“协整”概念和协整理论

（二）计量经济学的成长及成熟阶段（20世纪50—70年代）

20世纪50年代到70年代是计量经济学的成长及成熟阶段，这段时间中计量经济学的发展重点开始向宏观经济分析领域转移，一些高级的分析方法开始得到应用，其中联立方程组的分析方法虽然在前一阶段已有所应用，但其在这一阶段才成为计量经济学的主要分析方法之一。这个阶段经济学家运用的分析方法主要包括联立方程组、统计检验以及一些参数估计方法等。

1950年，以库普曼斯发表的“动态经济模型的统计推断”与“线性联立经济

① 李子奈，刘亚清．现代计量经济学模型体系解析[J]．经济学动态，2010（5）：22－31.

② T. Haavelmo. The Statistical Implications of a System of Simultaneous Equations [J]. Econometrica，1942，11（1）：1－12.

关系的估计”为标志（Koopmans，1950[①][②]），计量经济学的研究进入联立方程模型时代。同年，克莱因（L. R. Klein，1920—2013）在《凯恩斯革命》中（克莱因，1950/1962[③]），将凯恩斯的总量分析理论与计量经济学方法结合，第一次将凯恩斯的经济理论以数学形式表达出来。1956 年，他在与戈德伯格（A. Goldberger，1930—2009）合著的《美国的一个经济计量模型，1929—1952》中（Klein，Goldberger，1956[④]），建立了第一个用于预测的经济计量模型。1974 年，麦克法登（D. L. McFadden，1937—）提出了条件逻辑模型（Conditional Logit Model；McFadden，1974[⑤]），为经济学中微观离散型选择数据的经验性研究提供了理论支持。

（三）计量经济学不断创新阶段（20 世纪 80 年代至今）

在计量经济学发展的前两个阶段，其基本假设都是经济时间序列的平稳性。但是在 20 世纪 70 年代左右，由于各国经济结构的变化，经济变量出现了非平稳特征，经济模型的“伪回归性”也被重视起来，创新性的协整分析应运而生，时间序列相关模型的建立与检验受到重视。

1979 年，迪基（D. A. Dickey，1945—）与富勒（W. A. Fuller，1931—）在“含有单位根的自回归时间序列估计量的分布”一文中（Dickey，Fuller，1979[⑥]），运用时间序列模型与单位根的知识提出了检验时间序列的非平稳性（即单位根）的 ADF 检验方法，可以避免经济模型出现伪回归的线性。1980 年，西姆斯（C. A. Sims，1942—1980[⑦]）提出了向量自回归模型（VAR），这是一种用内生变量作动态结构估计的联立方程，能使用最少的经济理论假设了解经济系统的动态特性和冲击传导机制。1982 年，恩格尔建立了“自回归条件异方差检验方法和模型”（ARCH），这个模型提出了描述经济时间序列数据时变波动性的关键理论，标志着计量经济学的发展进入复杂时间序列分析阶段。同年，汉森运用欧拉方程组等数学

① Koopmans，C T. Statistical Inference in Dynamic Economic Models [M]. Wiley，Chapman & Hall，1950.

② Koopmans，C T. Statistical Inference in Dynamic Economic Models [J]. Revue De L Institut International De Statistique，1950 (18).

③ [美] 克莱因. 凯恩斯的革命[M]. 薛蕃康，译. 北京：商务印书馆，1962.

④ L. R. Kleim，A S. Goldberger. An Econometric Model of the United States，1929 - 1952 [J]. Economic Journal，1956 (66).

⑤ Mcfadden D L. Conditional Logit Analysis of Qualitative Choice Analysis [J]. Frontiers in Econometrics，1974.

⑥ David A. Dickey，Wayne A. Fuller. 'Distribution of the Estimators for Autoregressive Time Series with A Unit Root' [J]. Journal of the American Statistical Association，1979，74 (366)：427 - 431.

⑦ Sims C A. Macroeconomics and reality [J]. Econometrica：Journal of the Econometric Society，1980：1 - 48.

知识（Hansen，1982①），提出了“广义矩阵估计”（Generalized Method of Moments Estimation，GMM），被用于估计非线性资产定价等多种模型。1987 年，格兰杰与恩格尔在“协整与误差修正，描述、估计与检验”一文中（Engle. C. Granger，1987②），首次提出了“协整”的概念，并提出了 Granger 定理（若干个一阶非平稳变量间若存在协整关系，那么这些变量一定存在误差修正表达式），考察非平稳变量之间是否具有长期稳定的关系并判断模型是否存在“伪回归”问题，将计量经济学的发展推向了新的阶段。1988 年，波尔森（P. Perron，1959—）以标准正态分布理论为基础（Perron，1988③），提出了非参数检验的 Z 检验法，为建立小样本经济计量模型提供了路径。里普利（Ripley，1981④）、Cressie（1991⑤）等先后研究了空间数据的参数建模方法，之后的许多研究如 Hallin et al.（2004⑥）、Gao et al.（2006⑦）等则对空间数据的非参数和半参数回归估计的有关方法和理论进行了拓展。

三、公共经济学应用计量分析方法应注意的问题

（一）应注意计量经济学模型的分析范式和方法逻辑问题

公共经济学、计量经济学都是经济学的重要组成部分，运用计量经济学方法来研究公共经济学时，要注意遵循计量经济学的分析范式和方法逻辑。计量经济学的认识论性质可以从它的研究步骤中看出（李子奈等，2010⑧），首先需要从一定的假设前提出发，经逻辑推导出理论假说，形成数理理论模型；其次，依托于样本数

① Hansen L P. Large Sample Properties of Generalized Method of Moments Estimators [J]. Econometrica: Journal of the Econometric Society，1982：1029 - 1054.

② Robert F. Engel. Clive granger. Co - Integration and Error Correction：Representation，Estimation，and Testing [J]. Econometrica，1987，55（2）：251 - 276.

③ Phillips P. C. B，Perron P. Testing for a Unit Root in Time Series Regression [J]. Biometrika，1988，75（2）：335 - 346.

④ Ripley B. Spatial Statistics [M]. New York：Wiley，1981.

⑤ Cressie N A C. Statistics for Spatial Data（Revised Edition）[M]. New York：Wiley，1991.

⑥ Hallin M，Lu Z，Tran L T. Kernel Density Estimation for Spatial Processes：The L1 Theory [J]. Journal of Multivariate Analysis，2004，88（1）：61 - 75.

⑦ Gao J，Tjøstheim D. Estimation in Semi - parametric Spatial Regression [J]. Annals of Statistics，2006，34（3）：1395 - 1435.

⑧ 李子奈，齐良书．关于计量经济学模型方法的思考[J]. 中国社会科学，2010（2）：69 - 83，221 - 222.

据，对模型关系进行回归估计和统计检验，在一定概率水平上对理论假说进行归纳和判断。

当前的一些研究，甚至包括许多在国内被认为是高级别刊物中发表的论文，未充分考虑计量经济学所遵循的分析范式，在此简单举几个例子：一是许多关于计量经济学分析的研究并不考虑传统理论模型的理论和假设前提，草草建立起一种关系就进行验证，如当前许多教育与经济增长相关的计量分析，有部分研究没有依据人力资本、技术等变量的内生性，直接根据道格拉斯生产函数将教育投入与经济增长之间建立起简单的关系，将各种教育投入与经济增长进行回归分析，得出的结论不符合计量经济学的方法逻辑，形成了一种“自娱自乐”型的“论文展示品”。二是在运用计量经济学方法进行预测过程中，依据主流经济理论转型而建立的函数关系，如受教育程度和收入之间的关系，未给出预测期外生变量的样本而直接进行回归，导致预测结论的拟合优度不高等问题。三是在模型类型确定后，注重建立模型进行系统关系分析，却不注重对模型本身的检验，或未对经济理论下所分析的系统关系进行必要的数据统计检验，而直接进行估计等。

上述建模的逻辑，还涉及格林（Green，2003①）、李子奈（2008②）等指出的计量经济学总体回归模型的设定问题。该类文献认为，因无数非显著因素存在于复杂的经济体中，作为计量经济分析起点的总体模型可由方程 $\Psi(y,X) = v$ 来描述，其中，Ψ 为函数形式。随机抽样取得的数据正是在该总体模型之下生成的，该总体模型即数据生成过程。因此，计量经济学模型的总体设定，不仅须遵守“唯一性”原则（即对于同一个被解释变量，它和所有影响因素之间只能存在一种客观的正确关系），还需遵循“一般性”原则（作为建模起点的总体模型必须能包容所有经过约化得到的“简介”的模型）。

通过上两章经济理论的数理分析并以政府支出等公共政策变量为例，公共经济学领域的该类建模，目前可遵循两个基本途径：一是主流经济模型中公共政策的内生化；二是基于最优化条件的公共效用的最大化。理论模型的变量设定力求简单化，但在计量分析中却因经济世界的复杂态又不能随意简化，因此仅仅用公共支出等简单的变量来考虑建模，而不考虑其他显著的因素，就会闹笑话，好比影响经济增长的要素中，只有财政、税收等变量起作用一样不现实。

---

① Greene W H. Econometric Analysis [J]. Journal of the American Statistical Association, 2003, 89 (1): 182 - 197.

② 李子奈．计量经济学应用研究的总体回归模型设定[J]. 经济研究，2008 (8)：136 - 144.

（二）应注意计量经济学方法的数据质量问题

与经济学计量分析的要求一样，高质量的数据是运用计量经济学方法对公共经济学进行研究的保障，某些政府性数据甚至需要严格的官方统计而不能随意估计。当总体计量模型选定后，就要对模型进行估计，这对样本数据的质量提出了很高的要求：

一是关于数据口径问题。如2008年的《中国统计年鉴》专门作出标注①：与以往年份相比，2007年公共收支科目实施了较大改革，特别是公共支出项目口径变化很大，与往年数据不可比。2007年起公共支出采用新的分类指标。由于经济数据可能存在统计测量口径不一致或存在测量误差，如不注意处理，将使得样本数据与检验模型的变量定义可能不符。

二是不同类型的数据特点问题。用于经济分析的数据分为三类：截面数据（Cross - sectional Data）、时间序列数据（Time - series Data）和平行数据（Panel Data）或称面板数据、综列数据。对不同类型的数据进行估计的要求不同，如截面数据要求较大的样本数量，时间序列数据和平行数据则要求具有平稳性等。以截面数据为例，对截面数据进行估计，虽然有“小样本偏误”和“选择性偏误”这类工具可以纠正观测值不足的问题，但大量的经济问题的分析仍然需要大样本观测值，才能使问题的解决能从特殊到一般，使研究的样本具有广泛性和代表性。以时间序列为例，一些变量的数据缺失或者对一些变量系数的不恰当估计，使得模型的测量误差具有随机性，如果不选择合适的工具变量法来消除，其估计结果也毫无用处。

三是数据时空差异对结果的影响问题。一些宏观经济数据如中央政府用于教育的直接支出，可以被看作是政府教育消费型数据，因而从整体上看是线性的，依据消费边际倾向的模型得出的数据也是线性的（廖楚晖，2004②），但帕甘和尤拉（Pagan，Ullah，1999③）认为，在大多数情况下，依据理论很难得到消费函数的具体形式。虽然计量经济学家做了许多努力，但由全国家庭教育消费数据加总而来的全国性消费数据，加总后导致的整个经济的消费函数却不见得是线性的。

（三）关于模型变量的检验问题

关于模型变量的检验有两个需要注意的问题：一是对模型总体设定的“统计

① 国家统计局．中国统计年鉴[J].北京：中国统计出版社，2008.

② 廖楚晖．政府教育支出区域间不平衡的动态分析[J].经济研究，2004（6）：41－49.

③ Pagan A，Ullah A. Nonparametric Econometrics [J]. General Information，1999（47）：247.

检验必要性”问题；二是在检验过程中对模型变量关系的检验问题。

早在20世纪70年代，卢卡斯等人就强调基于公共经济问题的计量分析模型总体设定检验的必要性。卢卡斯（Lucas，1976①）、萨金特（Sargent，1976②）及Sims（1980③）认为，经济理论计量模型的结构参数会随时间变化，因此用计量经济模型预测未来经济政策的变化的效应是不可信的。这类问题的提出，实质上也是对模型总体设定先验理论导向的批判，导致了计量经济学总体模型设定对数据关系的关注。事实上，对于截面数据的计量分析，在经济行为上相关关系容易掩盖直接影响和间接影响的区别，导致变量被错误地选择；而本来毫无关系的变量，在数据特征上可能呈现出很强的相关性。对于时间序列的模型，如对包含非平稳随机变量的模型的谬误回归等，需考虑两个问题：一是是否存在可以统计确定具有恒常关系的非平稳随机变量之间的模型；二是如何处理非平稳随机过程，为应用统计方法建立模型创造条件。因此，在这一过程中可相应选择单位根检验和考虑动态关系的协整理论进行检验。

此外，在不考虑联立方程的情形下，对于单方程模型的检验，一般需要对模型变量关系进行检验，Granger检验适用于小样本情况，但这种检验方法针对不同的样本和模型设定，会对经济变量之间关系的分析产生误导。例如，户田和菲利普斯（Toda & Phillips，1993④）、何、前川和野（He & Maekawa（2001⑤）认为，不平稳的序列有可能存在虚假的因果关系等，解决办法是先将变量进行平稳性处理。但周建等（2004⑥）采用Monte Carlo模拟方法，以一阶滞后模型为例，对27种数据生成过程进行模拟，结果表明对于两个平稳序列，随着样本容量的增大，判断出存在格兰杰因果关系的概率将显著增大，但个别小样本的存在可能会出现真实的因果关系检验不出来的情况。

① Lucas R E. Econometric Policy Evaluation：A Critique，Carnegie Rochester［C］. Conf Series Public Policy，1976.

② Sargent T J. A Classical Macroeconometric Model for the United States［J］. Journal of Political Economy，1976，84（2）：207－237.

③ Sims C A. Macroeconomics and Reality［J］. Econometrica，1980，48（1）：1－48.

④ Toda H Y，Phillips P C B. The Spurious Effect of Unit Roots on Vector Autoregressions：An analytical study［J］. Journal of Econometrics，1993，59（3）：229－255.

⑤ He Z，Maekawa K. On Spurious Granger Causality［J］. Economics Letters，2001，73（3）：307－313.

⑥ 周建，李子奈 . Granger因果关系检验的适用性［J］. 清华大学学报：自然科学版，2004，44（3）：358－361.

四、计量经济学方法应用于公共经济领域的局限

（一）计量经济学建模范式与公共经济学研究

计量经济学是在当代主流经济学、数理科学和统计学等方法论条件下形成的一门学科，其目的是为经济学研究提供经验基础，负有实证研究和预测的功能。计量模型是建立在经济理论和数据基础上的，因而前期建模必须遵循由经济理论模型的一般性到特殊性的建模范式。而传统经济理论遵循的却是古典和新古典经济学理性假设，这种范式往往考虑政策变量，而对制度变量的考虑也往往建立在“经济人理性”假设基础上。由于当今世界各国的政治制度的差别，体现在政府经济中的意识形态并不一致，对国家经济治理的目标和方法论也不同。例如对公共效率的评价，资本主义国家和社会主义国家的目标函数就存在很大的差异，评价模型的变量也就会有很大不同。因此，当今计量经济学的建模范式不仅使模型变量预测共用产生很大局限，更会由此导致公共经济学实证结论不具有跨国间的可比性。

（二）计量经济学的“预测功能”与公共经济学研究

有别于统计分析，计量经济学的任务不仅在于依据理论假设和条件设置进行经验的检验，而且还要对经济现象进行预测。如果对某一公共经济政策效果进行评价，计量经济学基于模型的参数估计或许能给出一个经验性的答案。但对某一公共经济政策进行预测，如发行国债、增加财政投入或减免税收等对未来经济增长的影响，其预测功能就不一定那么准确。当今，公共品、信息不对称、外部性、公平和稳定成为公共经济学研究的主要内容，也是政府的职责所在。如果能够依靠计量经济学方法加以准确预测，使政府获取有关信息，并决定什么条件下采取扩张或者紧缩的收支政策，如在什么情况下调整税率或者决定是否开征扭曲性税收等，那么合理的政府决策就可有效预防周期性的经济危机和“政府失灵”等问题。显然，在现实中完全运用计量经济学的“预测功能”来解决公共经济学问题是不可能的，这就要求计量经济学预测方法在数据平稳性、结构突变性以及环境的适应性等方面加以完善。

（三）不能给出合理度量变量的方法

计量经济学给出合理度量模型变量的方法，是经济科学对计量经济学方法的基

本要求。当今的经济学计量模型中，绝大多数模型都需要考虑公共经济学因素，如税收条件、预算约束等，往往给公共经济学变量定义和度量提出更高的要求。公共支出可以界定为两类，即生产性支出和非生产性支出。按照目前世界各国的预算类别，教育、科技、文化、卫生、行政等预算都属于非生产性的，且这些非生产性支出都占据了政府预算的较大比重。如果公共物质资本投入可以建立一个“资本账户”的话，如度量与人力资本相关的教育、医疗和技术投入的“资本账户”等，将对变量的度量提供极大的便捷。但是这一账户就算可以建立，也将会给 GDP、生产力以及消费等指标以“误导性图景”。例如，各国对于科技、信息革命大幅增加了投入，而知识经济、信息经济等大幅提高了技术创造的机会，但政府投入知识生产的资源品数量在传统计量经济学度量中被严重低估，至于政府用于社会保障、卫生和医疗投入的案例也属同类。针对这类问题，尽管理论经济和计量经济的专家都试图寻求一些好的方案，但对于目前直至以后的方法而言，都是十分困难的。

案例 18－2　含有联立方程统计分析的养老保险制度的实证研究

案例分析认为①：政府在社会保障和农村义务教育方面对西部地区有着统一的公共政策支持，影响着西部农村居民收入等经济均衡要素的变化。因此在考虑制度因素的内生性问题的基础上，运用西部农村最早进行“新农保”和“新农合”试点的 129 个县级地区 2010—2013 年的数据，实证检验了社会养老保险制度和医疗保险制度对居民收入增长的影响。

一、数据及样本

西部农村地区在 2003 年开始推进“新农合”的试点工作，实行了以家庭为单位的医疗保险制度（在校学生在校参加了医疗保险，就不计在家庭参保之列）。2009 年又开始“新农保”的试点，实施原则是“政府主导和农民自愿相结合，引导农村居民普遍参保”，参保人的年龄介于 16 岁到 60 岁之间。截至 2012 年底，西部各省（自治区、直辖市）乃至全国的农村地区基本实现了这两项社会保障制度的全覆盖②，为今后建立城乡统一的居民基本养老保险和基本医疗保险制度奠定了坚实的基础，也为本案例研究社会保障制度改革对西部农村居民收入的影响提供了一个相对稳定的制度背景。

案例样本选择了首批推行“新农保”试点的西部十二个省（自治区、直辖市）所辖的 129 个县（或县级市、区），样本区间为 2010—2013 年，数据分别依据这 129 个地区国民经济和社会发展统计公报、有关各省统计局统计数据及调研资料综合整合而得。

---

① 廖楚晖，甘炜，刘千亦．养老保险、医疗保险制度与西部农村居民收入增长[J]．社会保障研究，2015（3）：69－74.

② 全国的农村地区基本实现了这两项社会保障制度的全覆盖并不意味着农村地区居民全部参加养老保险和医疗保险，亦即全国的农村地区居民的参保率并不是100%。

二、模型及变量

基于社会保障制度对于西部农村地区居民收入增长问题的研究，本案例模型的基本形式为：

$$INCOM = c + \sum_{j=1}^{5} \alpha_j X(j) + \sum_{k=1}^{3} \alpha_k Y(k) + \varepsilon \quad (1)$$

模型中的被解释变量为 *INCOM*，西部农村地区居民收入增长。$X(j)$ 为模型的核心解释变量，包括农村养老保险制度关联 *SINS*、农村医疗保险制度关联 *MINS* 以及两类社会保障制度同时关联 *DRALA*；农村人均养老保险财政补贴 *OAIF*；农村人均医疗保险财政补贴 *OAMF*。$Y(k)$ 为模型的主要控制变量。一般而言，影响农村居民收入需要从宏观和微观影响因素加以考虑，宏观经济增长是保障这一制度运行的重要因素，因而用西部农村地区人均农业生产总值 *AGDP* 的增长率来体现对西部农村地区居民收入增长的影响。从微观生产成本来看，蒋乃华（2002）等的研究认为土地要素对农村居民收入没有影响，但农村劳动力的影响却十分显著，本案例考虑到各地政府公布的统计数据因素，在此用乡村就业人数 *EMP* 来加以考量。王春超（2004）等则更加偏重对我国农村劳动生产成本的关注，由于目前我国已经全部取消了传统的农业税及与农民负担相关的“三提五统”，在此选用农业生产资料价格指数 *PPIND* 来体现农村劳动生产成本对于居民收入的影响。与农村劳动生产成本相对应，政府历年对农村地区进行了大量的投入，包括农业科技及农业生产补助等，因此用财政支农支出比率 *AEXP* 来判断其对西部农村居民收入增长的影响。上述模型及本案例需考虑的其他变量定义参见表 1。

表 1　　变量定义表

变量	定义	计算方法
INCOM	人均居民纯收入增长率	农村地区 i 第 t 年人均居民纯收入增量，实际值取自然对数而得
SINS	养老保险制度关联	依据农村地区 i 第 t 年的统计，如果农村地区参加养老保险的人口占地区人口总数达到 70%，$SINS_{it}=1$，否则 $SINS_{it}=0$
MINS	医疗保险制度关联	依据农村地区 i 第 t 年的统计，如果农村地区参加医疗保险的人口占地区人口总数达到 90%，$MINS_{it}=1$，否则 $MINS_{it}=0$
DRALA	两类社会保障制度关联	依据农村地区 i 第 t 年的统计，如果农村地区人口同时参加养老或者医疗保险的人口占地区人口总数达到 75%，$DRALA_{it}=1$，否则 $DRALA_{it}=0$
OAIE	农村人均养老保险财政补贴	农村地区 i 第 t 年农村人均养老保险公共支出数
OAME	农村人均医疗保险财政补贴	农村地区 i 第 t 年农村人均养老保险财政支出数
EMP	农村就业人数	农村地区 i 第 t 年的乡村就业人数
PPIND	农业生产资料价格指数	农村地区 i 第 t 年农业生产资料价格指数

续表

变量	定义	计算方法
AEXP	财政支援农业支出比率	财政预算直接安排用于直接发展农业的支出占 GDP 的比率
AGDP	农村人均农业总产值	农村地区 i 第 t 年的 GDP 统计数据除以人口数
EEXP	农村公共教育支出比率	农村地区 i 第 t 年农村财政教育支出占 GDP 的比率
LPIND	农村商品零售价格指数	农村地区 i 第 t 年商品零售价格指数
HUMC	农村平均人力资本	农村地区 i 第 t 年的平均人力资本（方法见：于凌云，2008）
HINVEST	农村家庭文化教育消费	农村地区 i 第 t 年的家庭文化教育消费支出增长率代替
OAIF	农村养老保险缴费比率	农村地区 i 第 t 年缴费人口与地区常住人口的比值（方法见：郭庆旺，2007）

三、检验步骤与方法

从制度角度而言，养老保险和医疗保险都属于社会保障范畴；而从公共预算角度来看，两者均归类于社会保障财政预算，因此两者之间关联明显。其他公共预算支出之间的关联性亦然，因此在检验过程中的多重共线性问题和内生性问题严重。

案例主要采用 OLS 回归及两阶段过程检验方法来对模型进行检验。其中，两阶段过程检验方法基于 Heckman（1979）这一经典文献，其原理是构造两个过程（阶段）的检验，每个阶段样本量并不要求事先确定，依据需求给出置信水平及区间长度，同时控制好统计推断中的错误检验，证明第二个过程及结论优于第一个过程。两阶段检验方法运用于本案例的基本步骤方法如下：

模型（1）中涉及的三个核心变量之间关联度较强，因而三个变量（*DRALA*、*SINS*、*MINS*）都可能存在内生性，因此，在第一阶段，重新构建一个 Probit 模型，逐一对他们进行内生性检验，模型设定形式如下：

$$PROBIT_{DRALA} = \beta_0 + \beta_1 EEXP + \beta_2 LPIND + \beta_3 HUMC + \beta_4 HINVEST + \beta_5 OAIF + \beta_6 YEAR + \xi \quad (2)$$

在模型（2）中，$PROBIT_{DRALA}$ 选用 *HDRALA*，为被解释变量，用以考察控制内生性后相关社会保障制度对于西部农村地区居民收入增长的影响。依据传统理论（Kemnitz & Wigger，2000 等），社会保障制度将通过人力资本投资影响公共教育和家庭教育等消费决策的变化，从而影响到家庭收入的变化，由于 2010 年西部地区农村已全面实施免费义务教育，即免收学费、免收教科书费和贫困寄宿生给予生活补助的“两免一补”政策，因此模型中的教育消费仅考量农村公共教育支出比率 *EEXP*、家庭文化教育消费 *HINVEST* 以及农村平均人力资本 *HUMC*，以体现社会保障制度对公共教育投入和家庭教育投资决策及人力资本的影响。其他解释变量还有：农村商品零售价格指数 *LPIND* 及养老保险缴费比率 *OAIF*，而农村医疗保险是以家庭为单位，按人头以固定比例缴交，参保面较大但数额较小，在财政模式上实行现收现付制，因此在此不体现医疗保险缴费比率；*YEAR* 为 2011 和 2012 两个年度的虚拟变量。如果估计结果大于所有样本的平均值，则赋值为1，表示西部农村居民收入增长与社会保障制度具有强的关联；如果估计结果小于所有样本的平均值，则赋值为0，表示西部农村居民收入增长与社会保障制度具有弱的关联，从而构建与农村社会保障制度关联强弱的虚拟变量 *HDRALA*。

在第二个阶段，通过统计软件 Eviews 6.0，运用 Probit 模型估计的结果计算出 IMR（Inverse Mill's Ratio）值，将这一 IMR 值作为本案例主要检验模型回归的一个控制变量，用于控制可能存在的样本选择偏差，以解决模型的内生性问题。

四、实证研究与分析

在本案例全部的129个观测值中，存在社会保障高度关联（即 *DRALA* 等于1）的观测值有94个（占72.87%），仅存在养老保险关联（即 *SINS* 等于1）的观测值有83个（占64.34%），仅存在医疗保险关联（即 *MINS* 等于1）的观测值有106个（占82.17%），表明农村医疗保险高度关联在西部试点县中比较普遍。

表2　　制度变量的 Person 相关系数表

	INCOM	*DRALA*	*SINS*	*MINS*	*OAIE*	*OAME*
INCOM	1					
DRALA	0.0830***	1				
SINS	0.0409**	0.5052***	1			
MINS	−0.1683	−0.0093**	−0.2308*	1		
OAIE	0.0936	−0.1066	0.1963**	−0.0103	1	
OAME	0.00183	−0.09041	0.04761	−0.0938*	−0.3816***	1

注：*、**、和***分别表示参数估计值在10%、5%、1%以下的显著水平。

在对相关样本进行描述性统计后，给出各个制度变量之间的 Person 相关系数（参见表2）。各变量的相关系数均不大，除了两类社会保障制度关联 *DRALA* 与养老保险制度关联 *SINS* 之外，其他变量与因变量 *INCOM* 的相关系数不显著。

表3为分别以收入为被解释变量的 OLS 回归及二阶段检验结果，被解释变量均为西部农村地区居民收入增长 *INCOM*。其中，模型1、模型2和模型3分别用西部农村地区社会保障制度关联 *DRALA*、西部农村地区保险制度关联 *SINS* 以及西部农村地区社会保障制度关联 *MINS* 来解释西部农村地区居民收入增长 *INCOM* 的检验模型；而模型4和模型5则是重新构建一个 Probit 模型后，通过二阶段的检验，分别以西部农村地区社会保障制度关联 *DRALA* 和农村社会保障制度关联强弱的虚拟变量 *HDRALA* 来解释西部农村地区居民收入增长 *INCOM* 的检验模型。

表3的结果显示，模型1和模型3分别揭示了西部农村地区社会保障制度关联变量 *DRALA* 和养老保险制度关联变量 *SINS* 对农村收入增长的正向影响，模型1和模型3中的农村人均养老保险财政补贴 *OAIE* 对农村收入增长也有正向影响，回归

系数均为正，并通过了显著性检验。说明社会保障制度和养老保险制度对西部农村居民收入都具有积极的正向增长效应。而通过对模型2的自相关、多重共线性及异方差等检验，发现该模型本身存在多重共线性和异方差现象，并且没有通过F值的检验。

表3　　回归及二阶段检验结果表

变量	*INCOM*（OLS 回归）			*INCOM*（Heckman 二阶段检验）	
	1	2	3	4	5
SINS			0.39275 *		
MINS		-0.04961			
DRALA	0.15560 *			0.20305 ***	
HDRALA					0.20772 ***
OAIE	0.030443 **	0.02032 *	0.0709	0.11067 ***	0.07021
OAME	-0.00327	0.05025	0.16038	-0.02581	-0.05180 *
AGDP	0.08556 *	-0.0324 **	0.07647 **	0.08052 **	0.10216 ***
EMP	-0.03271 *	-0.00126	0.22014 *	-0.00268	-0.09371
PPIND	-0.10752	0.00158	0.07843 **	0.00763	0.31652
AEXP	0.03100	0.03541	0.12014 *	-0.10904	-0.00241 *
UIVEST	0.20831 ***	0.10455 ***	0.03498 ***	0.03008 *	0.09455 *
IMR				0.00905 *	0.01077 **
$Adj-R^2$	0.4127	0.4084	0.49380	0.5501	0.61270
F statistic	48.231	14.304	169.045	102.674	80.2705

注：*、**、和 *** 分别表示参数估计值在10%、5%、1%以下的显著水平。

表3中的模型4和模型5为控制*IMR*值后的Heckman二阶段回归结果。两个模型的制度变量整体上都通过了显著性检验，模型4中两类社会保障制度变量*DRALA*和农村人均养老保险财政补贴*OAME*对于西部农村地区居民收入增长的影响在1%水平上（系数分别为0.20305和0.11067）均显著高于模型1和模型3中的该项指标值；模型5检验了两类社会保障制度关联强度对西部农村地区居民收入增长的影响，且*HDRALA*系数显著为正（为0.20772），说明在控制了内生性后，Heckman二阶段回归结果仍然支持社会保障制度对西部农村地区居民收入增长有着正向影响这一结论。此外，模型4和模型5中的变量*AGDP*和*UIVEST*的系数同样支持了西部农村地区的经济增长和农村固定资产投资对西部农村地区居民收入增长有着正向影响这一结论。

课后习题与思考

［1］简要阐述统计分析方法和计量经济学方法在经济学中应用的重点和差异。

［2］试查询相关经典文献，谈谈如何看待对计量经济学研究范式过于注重数学技巧的应用的批判？

［3］在公共经济问题研究中，公共品与服务的使用者经常不会表露其真实偏好，试问在统计分析过程中应如何最大限度地如实反映其真实偏好？

［4］现代计量经济模型大多以数学语言与符号表示，具有高度抽象的特征。试述抽象经济模型应当如何运用到实践中，并指导现实经济生活？

推荐阅读文献

［1］Pagan A，Ullah A. Nonparametric Econometrics［J］. General Information，1999（47）：2417.

［2］Phillips P. C. B，Perron P. Testing for a Unit Root in Time Series Regression［J］. Biometrika，1988，75（2）：335－346.

［3］［美］杰弗里·M. 伍德里奇．计量经济学导论（第4版）［M］. 费剑平，译．北京：中国人民大学出版社，2010.

［4］李子奈，齐良书．关于计量经济学模型方法的思考［J］. 中国社会科学，2010（2）：69－83，221－222.

［5］赵彦云．宏观统计分析发展的基本问题［J］. 经济理论与经济管理，2013（5）：23－34.

第十九章
行为感知与实验经济学及其应用

行为经济学和实验经济学是最近几十年来兴起的一门经济学分支学科（或方法）。行为经济学将行为分析理论与经济运行规律结合起来，将心理学的方法引入经济学研究，从不同的视角发现当今经济学模型中可能出现的错误或遗漏，进而弥补主流经济学的研究基础，如人的理性假设、效用及偏好一致性等基本假设前提的不足。

目前，行为经济学的研究方法主要包括：实验方法、社会调查（实地调查）法、计算机模拟、人脑扫描以及其他社会科学研究方法等。而心理学分析方法有观察法、实验法、测量方法、计算机技术应用以及认知神经心理学研究等，都是分析个人或群体行为的重要工具（见图9－1）。因此，行为经济学的研究方法通常具有许多心理学分析方法的特点，心理学分析方法对于行为经济学研究同样适用。

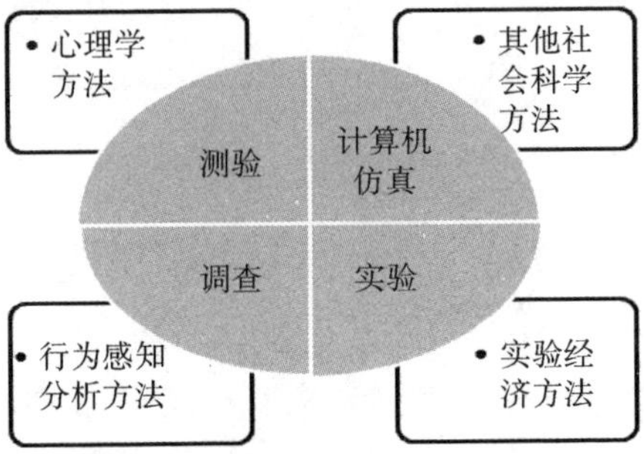

图19－1　行为感知与实验经济学分析方法的范畴

实验经济学主要通过在实验室仿真模拟现实经济环境，人为地控制和操纵试验参数，对人的行为决策加以观察和分析，获取实验数据并进行加工处理，得出研究结论用以检验已有的经济理论或者提出新的经济理论。因此，其研究方法多具有行为经济分析和心理学方法的特点。

本章主要介绍行为经济学和实验经济学及其在公共经济领域的应用问题。由于其他的行为与感知方法的应用（如对公共品以及税收制度的满意度的研究等）多采用社会调查法的感知调查与评价，其测度方法与行为经济学大体相同。在本章中，可将这种感知的分析与行为经济学的分析结合起来，称为“感知行为分析”，并将其与实验经济学在公共经济领域的应用一并加以介绍。

第一节 行为感知研究方法及其应用

一般而言，研究个体或群体的行为属于心理学范畴，而感知则是对被调查对象的行为和心理进行的感觉和了解，因而也属于心理学范畴。目前，类似于行为或感知类的心理学研究方法也被广泛用于经济学研究领域。在经济学领域中，问卷调查法和经济实验法在感知和行为方面的研究应用最为广泛。本节首先介绍行为经济学的发展历程，再由此推广到第二节行为感知研究方法的介绍。

一、行为经济学的发展

行为感知研究方法是以人类的行为和感知作为基本研究对象，通过观察、实验等方法对个体或群体的行为表现进行规律性的研究。而在经济学领域，这一研究方法也早已得到广泛应用，不同于统计和计量分析方法的是，行为感知研究方法注重于对人的行为进行分析，以探求其内在的相互关系、运行机制、影响因素等。经济学领域中的一个分支——行为经济学就是因采用行为感知研究方法而得名，应该说是行为感知研究方法促进了行为经济学的发展，因为行为经济学最大的特点在于将行为分析理论与经济运行规律相结合①。准确地说，行为经济学是介于心理学和经济学之间的一门学科，它大量采用心理分析法，对人们的经济行为进行研究，并以现实为基础构造理论，从而改变了传统理论以抽象假设并且常常是脱离实际的假设为基础的分析方法，为经济学研究注入了生机与活力。将行为感知研究方法应用于经济学研究领域也经历了一个漫长的发展过程，在此将其划分为三个阶段，大致为 20 世纪 50—60 年代的萌芽时期、20 世纪 70 年代的成长时期、20 世纪 80 年代至今的繁荣时期（见表 19 - 1）。

① 黄祖辉，胡豹．经济学的新分支：行为经济学研究综述[J]．浙江社会科学，2003（2）：70 - 77.

表 19－1　　行为经济学的三大发展阶段及代表人物与理论贡献

阶段	代表人物	代表性著述及出版年份
20 世纪 50—60 年代的萌芽时期	乔治·卡托那 赫伯特·西蒙	《经济行为的心理学分析》（1951） 《经济学与行为科学中的决策模型》（1959）
20 世纪 70 年代的成长时期	丹尼尔·卡尼曼 阿摩司·特沃斯基	《不确定情况下的判断探索法和偏差》（1978） 《期望理论风险下的决策分析》（1979）
20 世纪 80 年代以来的繁荣时期	马修·拉宾 理查德·塞勒 科林·卡梅拉 丹尼尔·卡尼曼	《心理学和经济学》（1997） 《行为金融学新进展》（1993） 《行为博弈论：策略互动中的选择》（2003） 《投资者的心理侧面》（1998）

（一）行为经济学的萌芽时期

行为经济学的兴起主要在第二次世界大战后到 60 年代早期，乔治·卡托那（George Katona，1901—1981）被称为现代行为经济学之父，1951 年，卡托那发表《经济行为的心理学分析》著作，认为经济学研究者不能忽视经济学的行为基础。传统经济学认为，当经济繁荣人们收入增加时，储蓄也会随之增加，反之则减少，但卡托那等人却发现经济萧条时人们的储蓄动机反而增加，因为在经济繁荣时人们更倾向于购买耐用品和增加享乐性消费从而储蓄减少，因此储蓄量和持币量之间并没有绝对的正相关关系，进一步分析得出对储蓄行为起决定作用的除持币量以外还有两个重要的行为及心理因素：储蓄动机和对社会经济状况的理解与预期①。他指出“没有心理学的经济学不能成功地解释重要的经济过程，而没有经济学的心理学就没有机会解释最一般的人类行为。”卡托那等认为，现代经济与古典经济的最大区别就在于经济活动的立足点发生了根本变化，物的经济为人的经济所替代②。

赫伯特·西蒙（Herbert Simon，1916—2001）对行为经济学的贡献主要体现在两个方面：有限理性和关注人的行为。“经济人”假设是经济学大厦的重要支撑，随着行为经济学的发展，这一假定开始受到诸多批判和修正。在他 1947 年的《管理者行为》中提到，经济学中描述的人的行为是刻意的和理性的，但实际上这种情况是有限的，在他 1959 年的《经济学与行为科学中的决策模型》也强调人的行为对决策的影响。这些理论对于后续的研究都起到了很大的影响和推动作用。

---

① Angeletos G M，Laibson D，Repetto A，et al. The Hyperbolic Consumption Model：Calibration，Simulation，and Empirical Evaluation［J］. Journal of Economic Perspectives，2001，15（3）：47－68.

② 乔洪武，刘国华．行为经济学与主流经济学：两个基本概念辨析［J］. 武汉大学学报（哲学社会科学版），2006（1）：62－68.

（二）行为经济学的成长时期

经过前期的发展，这一时期的研究不再局限于从主流经济学上对行为经济学进行思考，而是将不确定条件下人的判断和决策结合到经济研究中。丹尼尔·卡尼曼（Daniel Kahneman，1934—）和他的合作者阿摩司·特沃斯基（Amos Tversky，1937—1996）将经济学模型和心理学模型进行对照，作出了对行为经济学发展影响巨大的两大贡献：一是发现了不确定条件下的判断是如何偏离传统经济学理性原则的；二是提出了著名的期望理论。他们认为人在行为决策中其实并没有系统的方法，而只是选择他们能做到的，所以更多是依赖于各种探索性方法①。他们关于人的判断和决策的实证研究表明，人们的推理行为常常会违背基本的概率论准则，而人们的非理性行为其实是可以被识别和预测的，这对于现实世界的经济学来说具有重要意义。卡尼曼和特沃斯基的研究成果最终获得了诺贝尔经济学奖，只是特沃斯基于 1996 年不幸去世，无缘分享这一奖项。从此，行为经济学受到学术界更多的关注。

（三）行为经济学的繁荣时期

继卡尼曼和特沃斯基之后，以理查德·塞勒（Richard Thaler，1945）为首的经济学家从 20 世纪 80 年代开始沿着他们的研究方向继续进行研究。1994 年的春天还被看作是行为经济学到来的标志，因为哈佛大学经济系聘用了从 MIT 博士毕业年仅 27 岁的大卫·莱布森（David Laibson，1966—）作为第一个行为经济学家教授，这对于行为经济学研究领域无疑是一种利好消息。与此同时，诺贝尔经济学奖也连续几次授予行为经济学领域的经济学家，如 1992 年诺贝尔经济学奖得主盖瑞·贝克（Gary Becker，1930—2014）；1998 年诺贝尔经济学奖得主阿马蒂亚·森（Amartya Sen，1933）；2001 年诺贝尔经济学奖得主乔治·阿克洛夫（George Akerlof，1940—）、2002 年诺贝尔经济学奖得主丹尼尔·卡尼曼（Daniel Kahneman，1934—）等，可见，行为分析方法在经济领域逐渐得到了主流经济学的认可，并且产出成果丰硕。

其中，马修·拉宾（Matthew Rabin，1963—；1997②）是第一位获得克拉克奖的行为经济学家，他的研究中重视人的因素，分析经济活动中人的行为和心理，修

---

① Amos Tversky，Daniel Kahneman. Judgment under Uncertainty：Heuristics and Biases [J]. Science，1978，185（4157）：17－34.

② Matthew Rabin. Psychology and Economics [J]. Journal of Economic Literature，1997，36（1）：11－46.

正了主流经济学中关于人的理性、自利、完全信息、效用最大化等假设；理查德·塞勒（Richard Thaler，1945—；1993①）对期望理论进行了扩展，提出“察赋效应”，还于1985年提出“心理账户”来区分财富的不同来源、消费支出方式、储蓄方式；而科林·卡梅拉（Colin Camerer，1959—）主要研究行为博弈论，将心理学和博弈行为结合，是一种介于过渡理性行为和过低理性行为之间的中间研究。

行为经济学的发展历程伴随着与主流经济学的不断斗争，但正是在这种批判与融合中行为经济学取得了快速的发展。毋庸置疑行为经济学的产生和发展为经济学理论和研究方法都作出了有益的贡献，其对行为感知研究方法的实践对其他领域的研究也具有很好的参考意义。

二、获取行为感知信息的一般途径

在心理学领域中，感知分为感觉和知觉两部分，感觉是知觉的基础，但个人决定是否作出反应则属于知觉因素②。感知的过程包含两个步骤：首先，它需要个人从环境中获得与处理信息；其次，它需要将个体与周围环境联系起来。由于感知属于个人内在的心理活动，行为是个人进行感知后受思想支配对外界作出的反应，无法直接进行研究，而只有人的感觉经知觉反应后做出行动时，研究者才能根据其外在行为表现分析其感知过程与心理活动。因此，在经济学研究领域，研究人员可运用行为和感知的研究方法，通过一定的科学手段对人的行为进行判断，从而分析该现象的成因、表现、内在机制或外部联系等。

对于以问卷调查为途径的行为和感知的研究方法，周其仁（2006③）将其定义为一种以问卷为工具，系统地、直接地收集调查样本资料，这些资料主要涉及样本对某一社会现象（或事物）的感知或行为，并通过分析这些资料来认识社会现象（或事物）及其规律的社会研究方法。不难看出，这种方法是以书面形式搜集样本资料的一种社会调查手段，是进行实证研究的一种常用方法，适用于对某一社会现象进行描述性调研和解释性研究。

近年来，很多学者采用行为和感知的研究方法来研究公共经济现象。如当研究者试图获取人们对国家政权机关、公共部门及其相关政策的评价信息时，他们通常会要求被试者回答对国家某一个（或几个）公共部门（或相关政策）的满意度，或要求被试者回答对国家的某项相关政策导向采取的行为（意愿），通过搜集相关

① Thaler，Richard H. Advances In Behavioral Finance [M]. Advances in Behavioral Finance. 1993.

② 张春兴．张氏心理学词典[M]．上海：上海辞书出版社，1992.

③ 周其仁．经济学方法：十一位经济学家的观点[M]．上海：复旦大学出版社，2006.

调查数据来研究这些公共经济问题。这种研究方法具有简便、快捷、直接等特点，同时也得到学术界的广泛认可。如奥塔基等（Otaki et al.，2013①）认为，对执业医师进行测试是美国等国家的通行做法，但费用非常昂贵，可能造成巨大国民经济负担，需征求一般公众的意见以便作出决策，为确定日本全国医疗执照考试的公众意愿，奥塔基等进行了社会调查。此外，布拉季奇和西莫维奇（Blazic & Simovic，2014②）等也通过社会调查对社会政策在克罗地亚共和国的税收政策的作用进行了研究。他们根据调查对象对不同税收政策问题的回答结果进行统计分析，结果显示调查对象在纵向公平方面的态度具有较高的一致性，并且他们认为税收权益价值与税收政策密切相关，但来自学术界的公共财政专家比法学家在采取社会政策措施解决税收纵向公平问题的意愿更低。

为进一步增强表达的准确性与可理解性，下文将对行为和感知研究方法的特点、基本步骤等进行详细阐释，并对将行为和感知研究方法应用于公共经济领域的优势以及需注意的问题等作出解释。

三、行为和感知研究方法的特点

（一）具有问卷调查法的一般特点

1. 系统性。行为和感知的研究方法是一种系统化的认识方法，艾尔·巴比（Earl Babbie，1990③）曾指出，“也许社会中有多少种调查，就会有多少具体的调查目的。”这说明实施社会调查必须要有明确的目标，有与之匹配的结构和程序，而不是盲目无章地进行。比如一项社会调查活动从选题开始，直到得出调查结果和结论，不仅整个调查过程是系统性的，而且每个环节（如选题、问卷设计、数据收集及分析等）也都具有局部系统性。这种系统性并非表面形式的系统性，而是行为和感知的研究方法所具有的内在规律的体现。

2. 一般采用书面形式的问卷调查。问卷调查能够使研究者获得较大总体范围的量化认识。正如巴比所言“一个认真抽取的概率样本，加上一个标准化的问卷，

① Otaki J，Nagata - Kobayashi S，Takayashiki A，et al. The Most Requested Factors in Clinical Skills Exams for Evaluating Novice Physicians：An Internet - based Survey of the General Public in Japan [J]. BMC Medical Education，2013，13（1）：74.

② Blažić H，Šimović H，Štambuk A. The Role of Social Policy in the Tax Policy of the Republic of Croatia：Expert Opinion Survey [J]. Revijazasocijalnupolitiku，2014，21（3）：327 - 360.

③ Babbie E. Survey Research Methods. 2nd ed. Beverly：Wadsworth Publishing Company，1990：51.

可以提供对某一学生群体、某个城市、某个国家或其他大总体的精确描述（艾尔·巴比，2000①)”。问卷调查的形式大体可分为两种：一种是由被调查者自己填写，调查者不与被调查者直接见面，如网络调查、信封邮寄问卷等；另一种则是调查者与被调查者当面进行交流询问并填写调查问卷。前一种方式一般成本较小、方便、快捷，但也可能存在许多限制（风笑天，2002②）。如需要对农村社会经济状况进行调查时，受文化教育程度、网络通信状况不良的影响，邮寄调查、网络调查实施困难或效率较低，则需要与调查对象面对面进行访问，再由调查者进行记录并填写问卷，这种方式一般成本较大，但效率更高。

3. 常采用抽样法选取调查样本。抽样调查法，即从调查对象的总体中按照一定的方式抽取一定数量的样本进行调查，收集资料，根据这些样本的调查资料来推断总体的特征或规律。凯西（Kish，1997③）认为抽样调查必须遵循目的性、可测性、可行性以及经济性四项原则，研究者要采取一个合理的抽样调查方法，并在此基础上尽量保证样本的代表性。比如 Zhang et al.（2015④）为分析老年人对医疗服务的需求，采用分层随机抽样的方法在山东省抽取 6 个地级市 37 所不同类型的养老机构（包括公办公营、民办民营和公办民营)，在各类型养老机构中采用随机数字表法抽取 1158 位 60 岁及以上老年人作为调查对象进行调查，结论认为，医疗资源配置在不同类型养老机构间存在较大差异，但是在需求上的差异并不明显。

（二）常使用量表测量人们的行为和感知

所谓测量，简单来说就是依据某种法则给物体安排数字（R. F. 盖伊；Guy，1987⑤)。量表就是在经验层次上对社会现象（包括一些抽象概念，比如权利、地位、声望等）进行主观评价，是一种具有结构强度顺序的测量工具。量表具有以下特点：

第一，对难以直接观测和量化的行为和感知，如人们的主观态度等，不仅能够对其进行间接地、定量地测量，而且能测量出这些行为和感知的不同程度和差异。

第二，量表是一个变量的综合指标，通常由多项测量问题综合而成。单独使用量表中的某一个题项，往往不能反映该综合指标变量。

第三，量表可以通过对各个题项指标的不同变异赋予相应的分值，这些分值能

---

① ［美］艾尔·巴比．社会研究方法（上册)，丘泽奇，译．北京：华夏出版社，2000.

② 风笑天．社会调查中的问卷设计[M].天津：天津人民出版社，2002.

③ ［美］Leslie Kish，抽样调查[M].倪加勋，译．孙山泽，校．北京：中国统计出版社，1997.

④ Zhang Han，Wu Bingyi，Dong Huiling. A Survey on Medical Services Status and Demands of Elderly Population in Different Types of Pension Institutions [J]. Chinese General Practice，2015，18（15)：1786－1790.

⑤ Guy R F. Social Research Methods ［M］. Boston：Allyn and Bacon Inc. 1987：138.

够按照一定的强度顺序反映该题项指标变异的强弱。也就是说，量表中各题项指标的指标值必须具有一定的强度顺序，这也是量表与一般问卷的最大区别。正因为如此，行为和感知的研究方法常常使用量表来测量人们对某种社会现象的行为和感知程度和差异。

（三）测量的主要内容主要与人的心理和行为有关

1. 具有心理学研究的特点。心理学是一门研究人类的心理现象、精神功能和行为的科学，既是一门理论学科，也是一门应用学科。心理学研究涉及知觉、认知、情绪、人格、行为、人际关系、社会关系等许多领域，也与日常生活的许多领域——家庭、教育、健康、社会等发生关联。行为和感知的研究方法在运用问卷调查过程中，往往要求被试者根据自己的感受、看法等评价某一经济政策及其效果。因此，行为和感知的研究方法具有心理学研究的特点。

2. 具有行为学研究的特点。这里所说的行为学是以组织行为规律为研究对象，研究组织体系中人的行为与心理表现的科学。行为和感知的研究方法在问卷调查过程中经常要求被试者根据自己的实际情况以及在某经济政策实施后所采取的行为填写问卷。例如，姜励卿（2008①）在对农户参与可追溯制度的意愿和行为影响进行研究时，要求菜农回答“参与追溯制度意愿和行为”，并用“0 = 否；1 = 是”对意愿进行赋值。因此，行为和感知的研究方法具有行为学研究的特点。

四、行为和感知研究方法的基本步骤

从方法论角度来看，经济问题的行为和感知的研究方法属于实证研究方法，因此在多数情况下，要按照经济学实证研究方法的基本步骤来进行。具体而言，可归纳为如下几个步骤：

（一）提出研究问题

研究问题往往涉及单个变量或多个变量，例如，单个变量的分布情况（如频数、比例、百分比、集中和发散趋势等）问题；多个变量之间的关系（如正相关、负相关、中介变量还是干扰变量等）问题。提出研究问题需要研究者预先通过观

① 姜励卿．政府行为对农户参与可追溯制度的意愿和行为影响研究——以蔬菜种植农户为例[J]．农业经济，2008（9）：46－49.

察、访谈、案例研究或者理论分析等方式，对研究问题进行提炼和筛选。

（二）提出验证假设

通常情况下，研究者需要对单个变量的分布或者多个变量之间的关系进行假设（在此称之为“验证假设”），然后将研究结论与假设进行比较。这种验证假设是研究者通过相关理论分析提出的，无论研究结论是否与该验证假设一致，都将增强人们对研究问题的认识，这也是提出假设的意义所在。

（三）设计研究方案

在进行样本调查之前，必须对研究方案进行精心设计。完整的、可行的研究方案要包括量表开发和设计（询问、访谈或发放调查问卷的题项设计）、样本采集方案（包括抽样方案、问卷的发放与收集方案等）、数据的处理和分析方法的选择、研究进度计划、人员的组织、经费使用计划以及如何形成最终研究成果等。这一步骤是运用行为和感知研究方法的关键。

（四）进行数据收集

根据选定的方案或抽样方案，确定调查对象，针对调查对象进行询问、访谈或发放调查问卷，以便收集所需的数据。依据所收集的有效数据，对每一项问题的回答情况进行初步整理。这些数据会直接反映出被调查对象的行为和心理状况以及他们对问题的感知或认识程度。

（五）数据分析

根据事先选定的数据分析方法对数据进行分析处理，这也是行为和感知研究最为重要的环节。因为分析数据会告诉调查者一些具体的情况，从而得到研究者的分析结果。在此，本书根据尤恩·苏尔李（Eun Sul Lee）的《数据分析方法五种》将近年常用于行为感知数据分析的若干种方法进行简要的列表介绍，这些方法同样适用于下一节的实验经济学的数据分析①（见表9－2）。

①［美］尤恩·苏尔李．数据分析方法五种[M].上海：格致出版社，2011.

表 19-2　　行为感知和实验经济数据处理的方法、目的分类表

数据处理方法	主要作用	主要目的	主要方法
方差分析（Analysis of Variance）	用于两个及两个以上样本均数差别的显著性检验	通过数据分析找出对该事物有显著影响的因素，各因素之间的交互作用以及显著影响因素的最佳水平等	折叠单因素方差分析、折叠多因素方差分析、协方差分析等
社会网络分析（Structural Analysis）	通过对社会网络中关系的分析探讨网络的结构及属性特征，主要探究信息技术环境下人们所构成网络的特点以及在此基础上对于该网络的改进策略	了解一个网络中行动者之间的分化与差异	中心性分析、凝聚子群分析、结构洞与中间人分析等
因子分析（Factor Analysis）	将相关比较密切的几个变量归在同一类中成为一个因子，用少数几个因子去描述许多指标或因素之间的联系，反映原始资料的大部分信息	方便地找出影响消费者购买、消费以及满意度的主要因素及其影响力，为市场细分做前期分析等	主成分分析、聚类分析、判别分析、对应分析、典型相关分析及多维尺度分析等

（六）得出结论

研究者根据数据分析结果（如变量的分布规律或变量间的相互关系等）作出判断，得出研究结果是否支持原假设的结论。

五、行为和感知研究方法在公共经济领域中应用的优势

（一）能够充分利用不同类别的统计数据

现代公共经济学研究的主体是国家经济运行状况及管理问题，其研究对象主要集中于三个重要领域：第一个研究领域是国家政权机关；第二个研究领域是公共事业部门；第三个研究领域是公共企业部门（加瑞、格朗霍格，P. Ghauri，K. Gronhaug，2007①）。自马斯格雷夫以来，大量研究者使用来自报表统计等的数值数据来进行公共经济的分析。但近年来许多研究表明，仅仅依赖单一类型的定量数值数据可能存在统计的滞后性、不真实性等问题，容易使政府政策在实施过程中

① ［英］珀威兹·加瑞，［挪威］谢尔·格朗霍格．经管研究方法实践指南［M］．熊剑，江伟等，译．大连：东北财经大学出版社，2007.

的各种效果得不到及时反馈，也不能完全真实地反映人们对某项经济政策的意愿。

随着经济学研究方法的不断发展，社会学、政策学以及行为心理学的方法用于公共经济分析领域，通过访谈、调查等方式获得的心理方面的定性数据也能够真实、有效地体现人们的意愿、行为和感知。行为和感知分析方法恰好能将定性数据和数值数据有效结合起来，用于表征人们对某一政策的态度、意愿、行为及网络关系等。

（二）能够用来探究公众对政府部门及其政策的评价

现代公共经济学是以财政学为主要内容而发展起来的。在传统财政学研究中，一般采用数值型统计数据来研究经济主体的效率，随着财政经济领域研究的外延不断扩大，逐步发展到如今的公共经济学，并且越来越重视研究制度、政策与行为之间的关系，以提高公共政策的有效性。行为和感知的研究方法侧重于人们对政府及其所属公共部门财政政策的评价，能将不同类型的统计数据结合起来，能够更加准确、及时地了解公共部门的政策效果及民众的意愿和满意度。

（三）具备问卷调查法的数据处理优势

行为和感知的研究方法，还具有问卷调查法的几点优势：

1. 调查数据的获取具有直接性和快捷性。由于调查研究目的针对性较强，访谈和问卷调查一般是直接对特定群体进行的，这类数据的获取能够直接反映调查对象群体的特征，具有很强的针对性。正是由于访谈和调查研究具有其特定的研究对象，相对于统计数据而言在范围上大大缩小，因此在获取数据的时间上更加快捷。如果政府部门需要及时地了解政策的实施情况或人们的评价、意愿等，这种行为和感知的研究方法是最快速、最有效收集数据的方法之一。

2. 调查结果容易量化。在公共经济领域使用行为和感知的研究方法，一般要求被调查者对政府部门及其公共政策进行定性评价，如对公共支出以及税收征管方式的评价等，采用问卷调查能够将评价进行等级划分并直接使用阿拉伯数字进行量化处理。

3. 调查结果便于统计处理与分析。运用行为和感知的研究方法所进行的调查收集到的数据，将许多不易直接测量的定性数据进行量化后，通过适当的数据处理方法如因子分析的多变量分析模型等，使用目前较为成熟的统计软件直接进行计算，便于调查数据结果的分析。

六、行为和感知研究方法在公共经济应用中需注意的问题

（一）应符合问卷调查方法的一般原则

上文指出，问卷调查法属于行为和感知的研究方法，其使用原则也应符合问卷调查方法的一般原则。主要有以下几个方面（孙山泽，2004①）：

1. 所抽样本应具有代表性。抽样又称取样，是指从欲研究的全部样品中抽取一部分样品单位。其基本要求是要保证所抽取的样品单位对全部样品具有充分的代表性。抽样的目的是从被抽取样品单位的分析研究结果来估计和推断全部样品特性，是科学实验、质量检验、社会调查普遍采用的一种经济有效的工作和研究方法。在公共经济领域使用行为和感知研究方法，抽样时应满足“代表性”这一基本原则。比如，研究某一省农村的养老保险制度与养老意愿的关系，抽样时应考虑到该省包括哪些城市和地区、每个城市和地区的经济状况以及农村人口数量等多个因素。

2. 抽样应满足可行性和经济性原则。抽样的可行性是指在现有条件下，能够对所抽样本进行问卷调查。抽样的经济性是指在能够满足“代表性”原则的情况下，尽可能地降低调查成本。

3. 问卷设计应满足有效性和可靠性原则。问卷设计的有效性是指研究人员进行设计时想要表达的意思和接受访问的人员所理解的意思应当保持一致，这样该问卷或者这道题目的设计才是有效的。如果接受访问的人理解的意思和研究人员所设计的意思不一致，则这份问卷或这个问题的设计是无效的。问卷设计的可靠性是指同一份问卷或者同一道题目，多次对同一群人进行访问，每次所得到的答案都大致相同，那么我就认为这一份问卷或者这一道题目的设计是有效的。

（二）应充分重视观察、访谈、理论分析等方法在研究中的支撑作用

一个好的研究问题，必须具有研究价值，能够提高人们对客观世界的认知。那么，在公共经济领域如何提出一个好的研究问题呢？有两个需要注意的方面：一是应充分重视观察法、访谈法在研究中的支撑作用。行为和感知的研究方法侧重于人们对政府部门及其政策的评价，而评价是由个体的主观意识决定的。因此，对个体

① 孙山泽．抽样调查[M]．北京：北京大学出版社，2004.

进行充分的观察和面对面访谈能够为研究问题的确定起到支撑作用。很多学者往往忽视这一问题，习惯于从现有文献中确定研究问题。当然，并不是说不能从现有文献中寻找研究问题，而是强调要在公共经济领域使用行为和感知的研究方法。如拉索（Russo，2014①）采用了电话访谈法和生态评价两种方法来估计浮动选民的比例，并指出两种方法都有其优点和存在的问题。其中，调查方法的主要问题在于样本的覆盖度不够以及其对受试者的记忆力依赖性较大；生态估计的问题则被称为生态谬误。二是应充分重视理论分析法在研究中的重要作用。通过观察、访谈等方法初步拟定一个研究问题后，需要对其进行理论分析，判断该研究是否具有可行性，绝不能将两个完全不相关的现象胡乱联系在一起。另外，理论分析还体现在假设的理论推导过程中，这一过程往往需要研究者查阅大量文献，进行严密的理论推导。因此，必须重视理论分析在研究过程中的重要支撑作用。

（三）应充分重视检验结果的组织形式

一般而言，在公共经济领域使用行为和感知的研究方法，常会采用 Logistic 回归模型。Logistic 回归模型有两种：一种是二项 Logistic 回归模型，一种是多分类 Logistic 回归模型。对二项 Logistic 回归模型的分析结果进行组织相对简单，具体可参见张文彤、董伟（2013②）编写的《SPSS 统计分析高级教程（第 2 版）》，在这里不再进行赘述。关于多分类 Logistic 回归模型的分析结果则较为复杂，因为其包含的信息量较大。目前，很多期刊对文章的篇幅都有明确的限制，需要对分析结果进行精密的组织，以达到精练、明确的效果。在这里有两点需要研究者注意：一是数据分析结果的信息量应尽可能完备，使该领域的研究者能够读懂；二是数据分析结果应尽可能精练以减小文章所占用篇幅。这就需要研究者在分析结果的形式上下功夫。例如，在于凌云、廖楚晖（2015③）的“养老金待遇差别与机构养老意愿研究——基于城乡调查样本的实证分析”一文中，采用了多分类 Logistic 回归模型，其模型回归结果包含着巨大的信息量，但作者将分析结果进行了较好的组织，列出的结论所占篇幅不多但都非常重要。

---

① Russo L. Estimating Floating Voters: A Comparison Between the Ecological Inference and the Survey Methods [J]. Quality & Quantity, 2014, 48 (3): 1667 - 1683.

② 张文彤，董伟. SPSS 统计分析高级教程（第 2 版）[M]. 北京：高等教育出版社，2013.

③ 于凌云，廖楚晖. 养老金待遇差别与机构养老意愿研究——基于城乡调查样本的实证分析[J]. 财贸经济，2015 (6): 151 - 161.

（四）注意敏感性问题的回避或处理

所谓敏感性问题是指在一定时期或一定调查目的的基础上，为获取信息所提出的可能涉及被调查者的秘密、禁忌等，令其不愿回答或不愿真实回答的问题。在公共经济研究领域使用行为和感知的研究方法，常常要求被试者对政府部门及其政策进行评价，而调查问卷的内容往往带有一定程度的政治色彩。这就要求研究者在选择研究问题或设计问卷时，要注意不能违反国家法律或相关规定。比如某高校硕士研究生的毕业论文题目为“宗教在高校的渗透”，这显然是个敏感话题，也与一些国家政策法规的条文相冲突，因为《中华人民共和国教育法》第八条规定：“国家实行教育与宗教相分离。任何组织和个人不得利用宗教妨碍国家教育制度的活动”；《普通高等学校学生管理规定》（教育部 21 号令）第四章第四十三条规定：任何组织和个人不得在高校进行宗教活动。正是因为论文内容违反了国家的相关法律、法规，涉及法律政治上的敏感性问题，导致其没能通过毕业答辩。再比如调查问卷中若直接出现“个人或单位是否有偷税漏税行为?”“个人或单位领导是否有行贿受贿行为?”等问题，被调查者一般不愿回答或可能进行不真实的回答。

（五）应尽可能提高数据质量

行为和感知的研究方法若采用问卷调查形式，其研究结论是在调查数据的基础上提出的，所以问卷调查数据的质量就显得相当重要。影响问卷调查数据质量的因素主要有三个：一是问卷本身的质量。调查问卷设计的科学性、逻辑性直接影响到被调查者对研究者的初次印象，从而影响被调查者在填写问卷时的态度和行为，最终会影响问卷的填答质量。二是访问员的沟通能力、沟通方式、方法及态度等。如果调查是以入户调查的方式进行，在问卷发放的过程中，访问员的沟通能力、沟通方式和方法以及态度等，将直接影响入户的成功率、被调查者的配合程度等，从而影响到数据收集的质量。三是被调查者的填答态度。调查问卷需要被调查者对调查问题作出最真实的反应，如果被调查者填答问卷的态度不认真，那么收集到的数据质量将会非常低甚至无效。因此，研究者为提高数据质量，应从以下三个方面采取措施：一是要努力提高问卷质量；二是要做好访问员的选拔和培训工作；三是访问员应做好与被调查者的沟通和监督工作，尽可能地保证被调查者能够认真地阅读和理解问卷中的所有问题，并且进行真实的回答。

案例 19－1　纳税人行为及其对个人所得税管理的影响

案例通过调查问卷形式获得纳税人对个人所得税征管的行为感知状况①，调查问卷形式如下：

纳税人行为及其对个人所得税管理的影响调查问卷

尊敬的女士/先生：

非常感谢您参加我们的调研。本次调研旨在了解纳税人与个人所得税征管的关系，您所提供的真实信息将对我们的研究工作起着重要作用。请您真实作答，所做的答案无对错之分。我们的此次问卷调查工作仅供案例分析之用，均采用匿名方式进行，对于您填写的资料，我们会做好保密工作，敬请放心填写。

衷心感谢您对我们的帮助！

您的性别（1）男　（2）女

您的年龄（1）小于或等于 19 岁　（2）20—55 岁　（3）等于或大于 56 岁

1. 您认为您的收入来源是否正当？

（1）非常不正当　（2）较不正当　（3）一般　（4）较正当　（5）非常正当

2. 您认为您的收入水平在整个社会中处于哪个层次？

（1）非常低　（2）较低　（3）一般　（4）较高　（5）非常高

3. 请您评价您所在行业的职业性质。

（1）非常差　（2）较差　（3）一般　（4）较好　（5）非常好

4. 您的学历水平在整个社会中处于哪个层次？

（1）非常低　（2）较低　（3）一般　（4）较高　（5）非常高

5. 您认为当地政府的财政预算支出透明度如何？

（1）非常低　（2）较低　（3）一般　（4）较高　（5）非常高

6. 您认为您的文化素质在整个社会中处于哪个层次？

（1）非常低　（2）较低　（3）一般　（4）较高　（5）非常高

17. 您认为您所在城市的法制环境如何？

（1）非常差　（2）较差　（3）一般　（4）较好　（5）非常好

8. 您认为您目前享有的社会福利如何？

（1）非常差　（2）较差　（3）一般　（4）较好　（5）非常好

9. 您认为您目前工作的劳动强度如何？

（1）非常小　（2）较小　（3）一般　（4）较大　（5）非常大

10. 您认为您所在城市的税收负担与其他地区的差异程度如何？

（1）非常小　（2）较小　（3）一般　（4）较大　（5）非常大

---

①　魏贵和，廖楚晖．纳税人行为对个人所得税征管影响的实证研究[J]．经济问题探索，2013（4）：146—151.

11. 您认为当地的物价水平如何？

（1）非常低 （2）较低 （3）一般 （4）较高 （5）非常高

12. 您认为您的收入信息来源是否真实可靠？

（1）非常不可靠 （2）较不可靠 （3）一般 （4）较可靠 （5）非常可靠

13. 您认为您的收入水平处在纳税的哪个档次？

（1）最低档次 （2）较低 （3）一般 （4）较高 （5）最高档次

14. 您认为您的“藏富心理”如何？

（1）非常轻 （2）较轻 （3）一般 （4）较重 （5）非常重

15. 您认为政府对偷税/漏税/避税/逃税的惩罚是否严厉？

（1）非常轻 （2）较轻 （3）一般 （4）较重 （5）非常重

16. 您认为政府对个人所得税的监管力度如何？

（1）非常小 （2）较小 （3）一般 （4）较大 （5）非常大

117. 您认为所在城市的公共服务设施（或基础设施）的健全程度如何？

（1）非常不健全 （2）较不健全 （3）一般 （4）较健全 （5）非常健全

案例采用结构方程模型对上述问卷进行分析，其步骤和结果如下：

1. 提出假设

许多研究为纳税人行为及其对个税管理影响的假设提供了分析基础，所以案例提出假设如下：

H1：税收敏感性对征税成本存在正向影响。

一般认为，财政预算支出透明度越高、社会的法制环境越好、个人享有的社会福利越高，纳税人对公共支出满意度就会越高，从而能降低征税成本。因此，提出如下假设 H2：

H2：纳税人对于公共支出的满意度越高，征税成本越低，即公共支出的满意度对征税成本存在负向影响。

一般来讲，工作的劳动强度越小，抵触情绪越小；税收负担高于其他地区的差异感知越小，抵触情绪越小；物价水平越低，抵触情绪越小。又因为纳税人的抵触情绪越小，征税成本越小；抵触情绪越强烈，越可能增加逃税的可能性，征税成本越高。由此，提出假设 H3：

H3：纳税人的抵触情绪对征税成本存在正向影响。

政府对纳税人违反税收制度的惩罚力度越大，避税心理就会越弱，从而征税成本越小。因此，提出假设 H4：

H4：纳税人避税的惩罚力度对征税成本存在负向作用。

2. 适用的检验模型

运用结构方程模型研究纳税人的公共支出满意度 S、税收敏感性 R、对税制的抵触情绪T、惩罚力度U等变量对征税成本的影响。方程表达式写作：

$$y = \Lambda_y \eta + \varepsilon \tag{1}$$

$$x = \Lambda_x \xi + \delta \tag{2}$$

$$\eta = B\eta + \Gamma\xi + \zeta \tag{3}$$

在上述各式中，x 表示方程中外源潜变量指标向量；y 为方程中内生潜在变量向量；Λ_x 则代表外源观察变量与外源潜变量之间的关系，为外源观察变量在相应外源潜变量上的因素负荷矩阵；式（1）中，Λ_y 表示内生观察变量与相应的内生潜变量之间的关系，即表示内生观察变量在内生潜变量上的因素负荷矩阵；而 ε 为内生测量变量被内生潜在变量 y 解释不完全的测量残差；在式（2）中，δ 是外源测量变量被外源潜在变量 x 解释却不能完全测量的残差项；在式（3）中，η 代表内生观察变量；ξ 代表外源观察变量；B 则是内生潜变量之间的关系；而 Γ 代表外源潜变量对于内生潜变量的影响程度；ζ 是该结构方程的残差项，用以反映内生观察变量 η 在该式中未被解释的那一部分。式（1）和式（2）是测量方程，描述潜变量与指标之间的关系；而式（3）是结构模型，用来描述潜变量之间的关系。

3. 对研究问卷与样本进行分析

调查问卷共涉及税收的敏感性R、公共支出满意度S、抵触情绪T、惩罚力度U和征税成本M五个变量，共17个题项，在初始问卷设计完成后，邀请了3位同行专家对问卷的设计进行审查，并邀请了3位研究生对问卷进行试答，根据专家意见和研究生的回答反馈，对初始问卷的指标设计、语言描述等方面进行了适当修改，形成本案例的最终调查问卷。研究问卷采用Likert 5点量尺评分法。

研究采用目标抽样，在青岛、广州、沈阳、济南、武汉、郑州、成都等7个城市针对20—55岁企业职工，包括企业经理、职业经理人等进行问卷调查。本次调查发放出问卷共计2900份，收回了2215份，回收率是76.4%，其中，有效问卷有2054份。

4. 检验结果

运用lisrel8.7统计软件，采用极大似然法对公共支出满意度S，税收敏感性R、抵触情绪T，惩罚力度U等变量对征税成本M的影响。采用验证性因素分析对各潜在变量的结构效度进行检验，经过了12次迭代对模型的修饰，将路径系数 < 0.3 之类的观测变量全部剔除，其余各个测量模型的因素载荷值及相关系数均通过了显著性检验（见表1）。

表1　验证性因素分析与统合模型的拟合指标分析表

拟合指标	验证性因素分析Ⅰ	统合模型Ⅱ	经验判断值
X_2	210.210	216.430	…
Df	109.10	109.100	…

续表

拟合指标	验证性因素分析Ⅰ	统合模型Ⅱ	经验判断值
X^2/df	1.9210	1.9930	<2.00
GFI	0.9210	0.9140	>0.90
AGFI	0.910	0.910	>0.90
PGFI	0.8930	0.8700	>0.50
NFI	0.9120	0.910	>0.90
NNFI	0.9250	0.920	>0.90
RMSEA	0.03760	0.0480	<0.080

同样地，根据理论假设建立结构方程模型，采用ML最大似然法，对理论假设进行检验。经过了21次迭代和对模型的修饰后发现模型的拟合度比较理想。在模型修正的过程中，增加了“R－S”和“T－S”两条路径，即把公共支出满意度S作为收入敏感性R与征税成本M之间的中介变量和抵触情绪T与征税成本M之间的中介变量，结果发现，方程拟合效果比较理想，最终得到结构关系模型见图1。

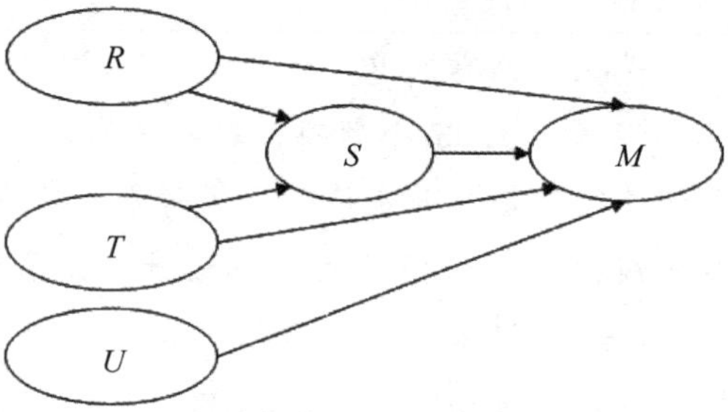

图1　潜变量路径结构及其中介效应

最终模型适配结果如下：绝对适配度指数χ^2/df为1.990，小于2.0；*RMSEA*值为0.0480，小于这一评价标准值的0.08，显示出模型有较好的拟合；*GFI*值为0.910，*NFI*值为0.910，还有*NNFI*值为0.920，这些值均大于该模型评价标准值（为0.900）；此外，*PGFI*值为0.870，也大于评价标准值（为0.500）。从以上模型主要拟合指标可以看出，最终模型拟合比较好。

从结构方程模型分析的因素载荷及t检验值（在此省略）可知，税收敏感性R对征税成本的直接影响系数为0.43，公共支出满意度对征税成本的直接影响系数为－0.52，纳税人的抵触情绪对征税成本的直接影响系数为0.28，惩罚力度对征税成本的直接影响系数为－0.42，证明了本案例假设H1－H4的正确性，即表明税收敏感性和抵触情绪对征税成本存在正向影响，公共支出满意度和惩罚力度对征税成本具有负向影响。

另外，纳税人的税收敏感性R、对征税的抵触情绪T通过公共支出满意度S间接影响征税成本 M，参见表 2。纳税人的收入敏感性 R 通过公共支出满意度 S 对征税成本 M 的间接影响系数为 −0.135，总的影响为 0.295；纳税人对征税的抵触情绪 T 通过公共支出满意度 S 对征税成本 M 的间接影响系数为 −0.182，总影响为 0.098。这表明纳税人的税收敏感度、抵触情绪可通过公共支出满意度的提高而减弱，从而降低征税成本，有利于税务部门的税务征管。

表 2　　模型潜变量路径分析结构和中介效应分解及 t 值表

自变量	因变量	
	公共支出满意度 Q	征税成本 M
	标准化系数（T）	标准化系数（t）
税收敏感性（R）		
直接效应	0.260（5.96）	0.430（17.300）
间接效应（R－S－W）	…	−0.1350（−0.52×0.26）
整体效应	0.260	0.2950
支出满意度（S）		
直接效应	…	−0.520（6.840）
间接效应	…	…
整体效应	…	−0.520
抵触情绪（T）		
直接效应	0.350（4.850）	0.280（3.940）
间接效应（T－S－W）	…	−0282（0.35×−0.52）
整体效应	…	0.09800
惩罚力度（U）		
直接效应	…	0.4220（6.310）
间接效应	…	…
整体效应	…	0.42600

注：依照修正后模型所得的 T 检验值来进行标准化编制，当 t 值大于 1.960 时，表示 $p<0.050$ 的显著水平。

从表 2 中可以看出，支出满意度 S、收入敏感性 R、对税制的抵触情绪 T、机会成本 U 对个人所得税征税成本影响的贡献较大，而收入敏感性 R 和对税制的抵触情绪 T 通过公共支出满意度 S 的传递效应，可达到对个人所得税征税成本影响的作用。表明政府征税成本之大小与公众群体收入、基础设施的完善程度、公共社会福利是否健全也都有相关性。社会福利的提高程度越高，公众对政府财政支出就越满意；反之，在国家法制健全的情况下，纳税人逃税的机会成本加大，也会使政府的征税成本减小。

第二节
实验经济学研究方法及其应用

目前，在经济学领域进行经济实验逐渐成为一种普遍的研究方法。由于经济学实验研究的是人的行为，需要对实验对象进行心理上的刺激。因此，无论实验经济学还是行为经济学，都与这些研究有交叉内容。从具体实验操作方面来看，经济学领域的实验研究需要对环境、人的行为等条件进行高度控制，通过人为操作某些因素，以检验和判定经济现象与人的行为之间是否存在一定因果关系。实验主要涉及3对基本要素，即自变量与因变量、前测与后测以及实验组与控制组。

一、实验经济学的发展

对经济问题设计实验进行研究的方法由来已久，对其开端虽然存在很多争论，但目前普遍认为是以1948年张伯伦（Edward Chamberlin，1899—1967）进行的供给需求实验开始的。在实验经济学方法兴起之前，实验研究多存在于对自然和社会现象的研究中。考克斯和里德（David Cox and Nancy Reid）（2000①）把实验研究方法定义为："在干预下进行的，强调由研究者控制核心元素的研究"。实验经济学研究即将实验研究的方法运用到经济学领域中。由于这种方法试图打破传统经济学"理性人"的假定，将经济学的研究领域拓宽到了人的非理性行为之中，因此得到了广泛的研究认可和应用，如2012年诺贝尔经济学奖得主埃尔文·罗斯（Alvin E. Roth，1951—）研究在研究市场运作问题时，就通过实验室实验方法支持了自己的相关观点。此外，从近年来多届诺贝尔经济学奖得主的情况来看，实验经济学也展示了它欲突破主流经济研究方法的内在潜力（参见表19-3）。

表19-3　　诺贝尔经济学奖中的实验经济学家（部分）

姓名	代表性著述及出版年份	获奖年份
（匈）约翰·海萨尼（John Harsanyi）	《博弈均衡选择的一般理论》（1988）	1994

① Cox D R, Reid N. The Theory of the Design of Experiments [M]. CRC Press, 2000.

续表

姓名	代表性著述及出版年份	获奖年份
（德）莱茵哈德·泽尔腾 (Reinhard Selten)	《一个具有需求惯性的寡头博弈模型》(1965)	1994
（美）丹尼尔·卡尼曼 (Daniel Kahneman)	《期望理论：风险情况下的决策分析》(1979)	2002
弗农·史密斯（Vernon Smith）	《竞争市场行为的实验研究》(1962)	2002
（美）埃尔文·罗斯 (Alvin E. Roth)	《实验经济学手册》(1995)	2012
（法）埃丝特·迪弗洛 (Esther Duflo)	《贫穷的本质：我们为什么摆脱不了贫穷》(2011)	2019
（印）阿比吉特·班纳吉 (Abhijit Banerjee)	《贫穷的本质：我们为什么摆脱不了贫穷》(2011)	2019
（美）迈克尔·克雷默 (Michael Kremer)	《Worms：Identifying impacts on education and health in the presence of treatment externalities》(2004)	2019
（加）戴维·卡德 (David Card)	《神话与衡量：最低工资的新经济学》(1995)	2021
（美）乔舒亚·D·安格里斯特 (Joshua D. Angrist)	《基本无害的经济学：经验主义者的伴侣》(2007)	2021

实验经济学产生于将实验研究方法引入经济学领域的框架下，这与行为经济学的起源类似。实验经济学与行为经济学都以人的非理性为基本假设，研究对象都是人的经济行为（易宪容，2002①）。不同的是，前者主要以实验研究人的行为的方式，注重对实验的控制，而后者更倾向于运用心理学的知识洞察人的行为（Camerer and Loewenstein，2003②），注重心理学方法在经济学领域的应用。实验经济学的研究证实了西蒙的思想，即无意行为可能产生比按逻辑和计算方式行动更加合理的结果（傅耀、颜鹏飞，2003③）。经济实验的方法促进了证伪主义在经济学中的发展，推动经济学成为一门真正可证伪的科学。行为经济学与实验经济学充分考虑了心理因素对决策的影响，这实际上已经放弃传统的效用期望理论，动摇了新古典经济学理论大厦的基础。

① 易宪容．行为与实验经济学对传统经济学的挑战[J].经济学动态，2002（12）：63－68.

② Camerer，C. F.，G. Loewenstein. Behavioral Economics：Past，Present，Future. Advances in Behavioral Economics，Colin F. Camerer［M］，George Loewenstein and Matthew Rabin（eds），3－51. Princeton University Press，2003.

③ 傅耀，颜鹏飞．西方经济学方法论的演变和最新发展[J].国外社会科学，2003（2）：24－31.

二、实验经济学研究方法的特点

(一) 具有明确的研究规则与标准

历史上，由于经济学的研究长期以来只能局限于对现象的长期观察来总结规律，提出经济理论并作出解释。其方法主要通过统计学或计量经济学分析提供依据，一般无法对各种经济现象进行检验或重现，这使得经济学的科学程度存在诸多争论。史密斯（Smith）作为实验经济学的奠基人，将经济分析引入实验室，发展了一系列的经济学实验方法，并为通过实验进行可靠的经济学研究确定了标准（陈孝兵，2003①）。史密斯提出，微观经济实验的设计应当遵循五项规则，即报酬的单调性、报酬的显著性、个人行为的可支配性、实验的隐私性以及实验的并行性，这些规则的提出为经济理论提供了可论证的研究途径。

(二) 具有可控性和可重复性

可控性指的是经济实验可以对实验的环境、实验的条件甚至实验对象都加以控制，以便准确研究变量之间的关系。可重复性指的则是经济实验的研究过程和研究结果均可被重复进行与验证。如果一项经济实验不具有可控性和可重复性，那么此研究的结论将是不可靠的。可控性和可重复性使得经济理论的验证成为现实，增强了经济学研究的合理性。

(三) 具有环境、制度及行为的限制

史密斯认为，微观经济实验包括三个要素，即环境、制度和行为（Smith，1982②）。实验经济学的研究者必须对这三个要素加以限制，以便保证实验结果与现实的一致。环境的限制性是指在进行经济实验的过程中，研究者必须对实验的环境加以限制，主要限制内容包括受试者的偏好、最初的商品禀赋以及可提供的技术等（杨志勇，2003③）。制度的限制性是指在进行经济实验的过程中，研究者必须

① 陈孝兵．论经济学实验方法的适用性与局限性．经济评论，2003（4）：80－84.

② Smith V L. Microeconomic Systems As An Experimental Science [J]. The American Economic Review, 1982: 923－955.

③ 杨志勇．实验经济学的兴起与公共产品理论的发展[J]．财经问题研究，2003（4）：58－61.

对实验中进行交流的形式、物品或信息交换的规则以及出现特定情境的条件等进行限制。在实验经济学研究中，环境和制度的变量可以被认为是控制变量，研究者必须对这些变量加以控制以保证实验结果的有效性。行为的限制性指在实验过程中受试者受到刺激后产生的行为必须是可以被观察到的，这样才能使研究者挖掘到有用的信息，使经济实验研究进行下去。

（四）重视人的行为研究

在经济实验的环境搭建中，中心要素是人的行为。因此，叶泽方等（2002①）认为，相比传统经济学，实验经济学更重视人的行为的研究。如圣彼得堡悖论（Bernou，1738）和阿莱悖论（M. Allais，1953）探讨了行为标准选择问题，里奇滕斯坦和斯洛维克（Lichtenstein and Slovic，1971）描述了个人评价与行为选择的差异等。此外，将博弈论与实验经济学进行结合，如对“囚徒困境”等经典问题进行的经济实验研究，也使这两者都有了新的发展。

三、实验经济学研究方法在公共经济学领域应用中的优势

（一）打破理性人的假设，为公共经济学的研究提供了新思维

进行实验研究的基础在于非理性人假设，与古典经济学的理性人和自利人的假设不同，这种研究思路将提醒公共经济领域研究者关注集体中的合作行为及一些心理动机（Marwell and Ames，1981②）。

（二）丰富了公共经济学的研究方法

在公共经济学领域中，由于研究对象具有公共性，相关问题的研究一般仅局限于理论上的争论，实验研究方法的引入便于对此类问题进行实际研究，可以控制实验的稳定性并以数据的方式搜集信息。勒迪亚的研究成果（Ledyard，1997③）表明，实验经济学应用于研究公共品的实验大致上包括自愿捐献机制实验、大范围机

① 叶泽方，方齐云．实验经济学的方法论演进[J]．经济学动态，2002（9）：73－76.

② Marwell G.，R. Ames. Economists Free Ride，Does Anyone Else? Experiments on the Provision of Public Goods，IV. Journal of Public Economics，1981，15（3）：215－235.

③ Ledyard J. Public goods：A survey of experimental research［R］. David K. Levine，1997.

制实验、政治环境机制实验、应用或政策问题实验等几个方面。

由于以上两方面的优势，在公共经济学领域进行经济实验逐渐成为一种重要研究方法，在公共品提供问题中，经济实验主要应用于对“搭便车”行为的研究（杨志勇，2003①）。如 Isaac，Schmidtz & Walker（1989②）采用实验研究方法研究了“退款政策”对公共品提供的影响；Bagnoli & Mckee（1991③）采用实验研究方法考察了公共品提供点和集体禀赋总值之比对公共品提供的影响；Marks & Croson（1999④）采用实验研究方法验证了不完全信息对公共品的成功提供比例没有显著影响等。

此外，实验经济学的研究方法在公共经济学中的运用还有一个重要方向是个人纳税遵从问题。Friedland（1978⑤）运用实验研究方法首创性地研究了个人纳税遵从问题，得出稽查并不能促进纳税行为的结论，这显然与古典经济学中的理性自利人假设不符。此后，Spicer（1980⑥）、Jon & Davis（2003⑦）、Bobek & Roberts（2007⑧）以及 Cummings（2009⑨）相继使用这一方法对个人纳税遵从问题进行了探索并取得了丰富的成果。国内的刘华、周琦深和王婷（2013⑩）对实验研究方法在行为财政学中的应用进行了较为全面的总结。

---

① 杨志勇．实验经济学的兴起与公共产品理论的发展[J]．财经问题研究，2003（4）：58－61.

② R. Mark Isaac，David Schmidtz，James M. Walker. The Assurance Problem in a Laboratory Market [J]. Public Choice，1989，62（3）：217－236.

③ Bagnoli M.，Mckee M. Voluntary Contribution Games：Efficient Private Provision of Public Goods [J]. Economic Inquiry. 1991，29（2）：351－366.

④ Marks，M. B.，Croson，R. T. A.. The Effect of Incomplete Information in a Threshold Public Goods Experiment [J]. Public Choice，1999，99（1）：103－118.

⑤ Friedland N，Maital S，Rutenberg A. A Simulation Study of Income Tax Evasion[J]. Journal of Public Economics，1978，10（1）：107－116.

⑥ Spicer M W，Becker L A. Fiscal Inequity and Tax Evasion：An Experimental Approach [J]. National Tax Journal，1980，33（2）：171－175.

⑦ Davis J S，Hecht G，Perkins J D. Social Behaviors，Enforcement and Tax Compliance Dynamics [J]. Accounting Review，2003，78（1）：39－69.

⑧ Bobek，D.，Roberts，R.，Sweeney，J. The Social Norms of Tax Compliance：Evidence from Australia，Singapore，the United States [J]. Journal of Business Ethics，2007，74（1）：49－64.

⑨ Cummings R G，Martinez－Vazquez J，Mckee M，et al. Tax Morale Affects Tax Compliance：Evidence from Surveys and an Artefactual Field Experiment [J]. Journal of Economic Behavior & Organization，2009，70（3）.

⑩ 刘华，周琦深，王婷．实验研究方法在行为财政学中的应用[J]．经济学动态，2013（3）：119－128.

四、实验经济学研究方法的基本步骤

实验经济学的研究方法主要包括抽象简化现实环境、设计并实施经济实验以及将实验结果还原到现实环境中三个步骤。

（一）抽象简化现实环境

现实中的经济现象往往具有复杂性，而实验研究只能分析有限的变量之间的关系，且这种分析还要建立在诸多假设与条件之上，难免产生研究结果与现实世界中的价值有限性问题。因此，在进行经济实验之前，必须全面了解研究问题所处的社会与经济环境，分析所要研究的经济现象之间的关系，运用合理的逻辑与方法将其抽象化，提取其中的主要变量，并确保这些变量能在实验的环境下实施，以保证实验的结果具有现实意义。

（二）设计并实施经济实验

实验的实施是进行经济实验研究的中心环节，在这个环节中需要提出假设，寻找变量之间的关系，设计自变量、因变量、控制变量以及实验组与控制组的选取方案。这个环节主要包括三个步骤：

1. 设计实验方案。设计实验方案即是设计假设和限制条件在实验环境下的表现方式，实验方案的质量是实验成功与否的关键，关系到实验研究的结果或结论的准确性问题。一般地，实验方案的设计应满足科学性、可行性、有效性的原则。实验方案设计的科学性是指实验设计应符合事物或现象之间的逻辑关系。实验方案设计的可行性是指实验设计应满足人力、物力、财力等要求，并且实验者、实验环境和实验对象以及实验过程是可控制的。实验方案设计的有效性是指实验设计方案能够有效控制实验相关因素并达到实验目的，实验过程能够有效排除实验之外的其他因素的干扰。

2. 预备实验与正式实验。实施预备实验的目的是为正式实验提供必要的实验参数和必要的实验过程指导。在预备实验中，通常需要确定实验指导语、实验程序、实验环境、实验对象的数目、变量的效度和信度、自变量的操作方法、无关变量的控制方法、实验过程的演练和改进等。通过预备实验可以对实验中出现的问题和不足进行改进，在改进和完善后确定正式的实验设计方案，正式的方案一旦确定，在正式实验过程中不能随意变动。

实验的实施是一个非常复杂且十分关键的环节。实验应当严格按照实验设计的程序和要求进行，注意做好实验因素的控制。首先，实验程序的控制应严格按照设计方案进行，同时注意改正预备实验和实验演练过程中的问题。其次，加强对实验因素的控制，包括对自变量的控制、无关变量的控制和因变量的控制三个方面（谢刚，胡笑寒，乔志林等，2004①）。对自变量控制的操作应当严密进行，避免引起其他无关变量的变化。其中，无关变量是指与实验假设没有关系的变量，必须设法对其进行控制，否则可能影响实验结果或结论。无关变量的控制方法主要有：消除无关变量、使无关变量保持恒定、使用控制组、无关变量相互抵消四种方法。对因变量进行控制的主要目的包括两点：一是避免向实验对象泄露实验意图；二是防止实验操作者影响实验对象的行为。最后，提高对实验数据收集的要求，收集过程中应注意检查每份数据完备性（保证无遗漏）以及数据科学性（符合实验设计规定）。

3. 实验数据的收集与分析。与问卷调查法的研究步骤一致，通过实验研究方法获取的数据应根据事先选定的数据分析方法进行，从而得到分析结果，研究者再判断数据分析结果（变量的分布规律或变量间的相互关系）是否支持原假设。

（三）将实验结果还原到现实环境中

在经济实验完成后，仅仅分析实验数据是不够的，必须将量化的数据结果还原成经济现象之间的联系，将得到的抽象化的控制变量还原为现实的经济或社会条件，从经济学、心理学、行为学乃至更多角度研究其作用机理，解读实验结果的现实价值与意义。

五、实验经济学研究方法应用需注意的问题

（一）应符合实验研究方法的基本逻辑

实验经济学研究方法是在实验研究的基础之上发展起来的，因此实验经济学的研究方法也必须符合实验研究的基本逻辑。当检验两个变量之间的因果关系时，应排除其他因素造成因变量发生变化的可能。由于实验研究方法在检验某一自变量对因变量的影响时，需要对因变量进行前测和后测，而前测本身就可能对因变量产生影响，即在引入实验刺激（自变量）之前，由于进行了前测，因变量就已经发生

① 谢刚，胡笑寒，乔志林，等．管理实验与设计研究[J]．管理工程学报，2004，18（4）：17－20.

了变化。因此，即使自变量对因变量没有影响，后测的结果也可能与前测的结果有所不同。在此认为，前测本身就属于实验中的“无关变量”。根据前文所述，为了消除前测本身对因变量造成的影响，可以采用加入控制组的方法。如果前测本身对因变量产生了影响，那么通过控制组就可以找出这种影响。这正是实验研究方法采用实验组和控制组的基本原因。另外，需要注意的是，为了避免两组实验对象的不同对实验产生的影响，应采用随机的方法抽取实验对象。

（二）实验设计应尽可能地符合实际情况

实验设计应符合实际情况主要是基于合理因果关系的考虑，其来源大约可以追溯到亚里士多德的“四因说”（Aristotle，1947①），他认为只有认识了事物的原因，才能真正认识事物（亚里士多德，1959②）。然而在社会学领域中，简单的相关性研究并没有太多实际应用价值，因此，从众多相关关系中筛选因果关系成为了研究的重点（Lieberson，S.，1991③）。这说明，有价值的实验设计必须构建符合现实的自变量、因变量及其相关关系。

对因果关系进行研究有很多方法，如约翰·斯图亚特·穆勒提出的包括契合法、差异法、契合差异公用法、剩余法、共变法在内的求因五法（John Stuart Mill，1892④），费舍尔（Fisher）则补充性地提出了随机分配原则（Fisher，1953⑤）等，这些理论的提出使现实情境中因果关系的分析与实验设计成为可能。

从实验研究设计的影响因素的数量上来看，有两种不同的形式（周琦深，徐亚兰，王婷等，2014⑥）：一种是设计单一的影响因素，另一种是设计多种影响因素。设计的影响因素的多少直接影响到实验的操作难度，并各有其优点和不足。一般而言，单一影响因素的实验设计的优点是能够降低实验难度，工作量小，但是在准确反映现实情况方面存在明显缺陷，而设计多个影响因素的实验方法恰好能够弥补这一点。因此，实验管理研究方法的实验设计宜选择设计多个影响因素，且尽可能地符合现实情况。

① Aristotle. Metaphysics Cambridge [M]. London，England：Harvard University Press，1947：8.

② 亚里士多德．形而上学[M]．吴寿彭，译．北京：商务印书馆，1959.

③ Lieberson S. Small N's and Big Conclusions：An Examination of The Reasoning In Comparative Studies Based on a Small Number of Cases [J]. Social Forces，1991，70（2）：307－320.

④ John Stuart. A System of Logic [M]. London，England：1892：223.

⑤ Fisher，R. A. The Design of Experiments [M]. London：Oliver and Boyed，1935：18.

⑥ 周琦深，徐亚兰，王婷，等．个人纳税遵从实验研究方法述评[J]．税收经济研究，2014（5）：62－68.

案例19-2 面对中国个人所得税申报制度的行为实验设计

《中华人民共和国所得税法》规定，当个人年度收入超过一定的限额（目前为12万元人民币）时，必须进行个人所得税申报。纳税人需计算出应纳的个人所得税额，并在税法规定的申报期限内，如实填写相应的个人所得税纳税申报表，报送税务机关，申报缴纳个人所得税。若逾期或未申报纳税，纳税人要承担一定额度的滞纳金或罚款。但由于税收征管部门无法详细记录所有人的收入，因此这种处罚制度难以明确实施，且现实也中存在许多灰色收入的情况，致使许多人不愿意自行申报个人所得税，因此存在诸多因素影响纳税人的个税申报意愿。

本案例的实验目的是检定税法宣传力度对税收申报意愿的影响。研究过程如下：

一、研究假设

税法宣传力度越大，个人所得税申报意愿越强。

二、实验设计

（一）被试

随机抽取某高校年均收入在12万元及以上的60名职工作为被试对象，其中男女职工各占50%。

（二）自变量与因变量

税法宣传力度为自变量；个人所得税申报意愿为因变量，采用Likert 5点尺度进行测量。

（三）实验组与控制组

从60名被试者中随机抽取男女职工各15名组成实验组，其余被试者组成控制组。

（四）前测与后测

本实验对实验组和控制组分别进行前测和后测，实验组的前测和后测结果分别为X_1和X_2，控制组的前测和后测结果分别为Y_1和Y_2。

（五）实验环境搭建

实验采取调查的方式在E-prime软件上进行，每个被试者进入单独隔离的房间作答，避免互相交流。在实验完成之前，实验目的必须对所有被试者严格保密。此外实验环境的搭建还必须向被试者解释术语及可能存在的疑问，以保证被试者能准确理解实验给出的信息。

（六）实验的实施

本实验分两步进行：第一步，被试者打开E-prime程序，对实验组和控制组同时呈现导语“您好！本实验研究需要您的配合。完成本实验后，您将获得500元人民币奖励”。然后对实验组和控制组同时进行“个人所得税申报意愿”的前测，并记录测量结果。

第二步，通过视频（以中央新闻的形式呈现）对实验组进行3分钟的“税法宣传”刺激，对控制组不做任何刺激，3分钟后对实验组和控制组再次进行“个人所得税申报意愿”测量。

对于实验组，播音如下：

我国个人所得税法规定，个人年度收入超过一定的限额时，必须进行个人所得税申报。个税申报是指纳税人取得应纳税所得或一个纳税年度终了后，根据取得的应纳税所得项目、数额，计算出应纳的个人所得税额，并在税法规定的申报期限内，如实填写相应的个人所得税纳税申报表，报送税务机关，申报缴纳个人所得税。

目前我国纳税申报额度为年收入为 12 万元人民币以上，即指一个纳税年度内 11 项所得合计达到 12 万元。这 11 项包括：工资、薪金所得；个体工商户的生产、经营所得；对企事业单位的承包经营、承租经营所得；劳务报酬所得；稿酬所得；特许权使用费所得；利息、股息、红利所得；财产租赁所得；财产转让所得；偶然所得以及经国务院财政部门确定征税的其他所得。但不包括年所得虽在 12 万元以上，但在中国境内无住所，且在一个纳税年度中在中国境内居住不满 1 年的个人。

处罚规定如下：纳税人未按照规定的期限办理纳税申报和报送纳税资料的，或者扣缴义务人未按照规定的期限向税务机关报送代扣代缴、代收代缴税款报告表和有关资料的，由税务机关责令限期改正，可以处 2000 元以下的罚款；情节严重的，可以处 2000 元以上 10000 元以下的罚款。纳税人伪造、变造、隐匿、擅自销毁账簿、记账凭证，或者在账簿上多列支出或者不列、少列收入，或者经税务机关通知申报而拒不申报或者进行虚假的纳税申报，不缴或者少缴应纳税款的，是偷税。对纳税人偷税的，由税务机关追缴其不缴或者少缴的税款、滞纳金，并处不缴或者少缴的税款 50% 以上 5 倍以下的罚款；构成犯罪的，依法追究刑事责任。

待实验组观看完视频后，要求实验组和控制组同时填答“请问您是否愿意进行个人所得税申报?”备选选项为：1. 非常不愿意；2. 不愿意；3. 不确定；4. 愿意；5. 非常愿意。

待实验组和控制组填答结束后，分别记录实验组和控制组的测量结果。

三、结果整理

实验组的前测与后测的变化 $Z_1 = X_2 - X_1$，控制组的前测与后测的变化 $Z_2 = Y_2 - Y_1$，然后采用方差分析，研究 Z_1 和 Z_2 两组数据之间是否存在显著差异。如果存在显著差异，则说明税法宣传力度对个人所得税申报存在显著影响；反之，则不存在显著影响。本实验的设计图 1 所示。

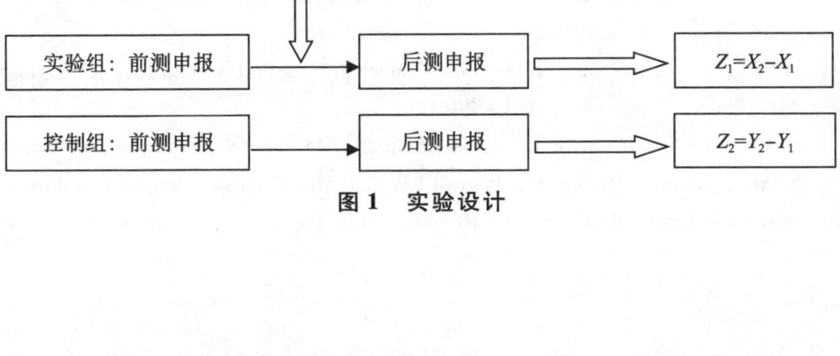

图 1　实验设计

案例 19 - 3　信息如何影响对教育支出的支持—来自德国和美国的调查实验的证据①

为了研究当前的支出水平和公众对它们的了解程度是否会导致跨大西洋政策偏好的差异，Lergetporer Philipp et al.，（2018）在西方世界两个最大的工业化国家（德国和美国）的代表性民意调查中进行了首次平行随机实验。

因为教育支出占发达国家公共支出较大比重，且直接影响公民对公共预算支持情况（OECD，2014②；Hanushek and Woessmann，2015③；Hanushek，2003④；Jackson et al.，2015⑤），因此实验以教育支出为例来阐明支出水平的信息是如何影响政策偏好的。为了调查这个问题，实验调查了德国和美国成年人口的代表性样本，并就信息的提供如何影响对教育支出的支持进行了三个随机实验。德国和美国的调查分别包括4000名和2600名受访者。每次调查中，在受访者回答关于教育公共支出的水平和分配的相同问题之前，实验会为随机选择的亚组提供不同类型的信息。在两项调查的早期，实验都要求受访者估算当前的教育支出和教师工资水平。研究基于三个随机调查实验，这些实验嵌入了在两国开展的关于教育政策的公众舆论代表性调查中。

一、德国和美国的比较意见调查

2014年春季，有研究就德国和美国成年人口对教育政策的看法进行了抽样调查（Henderson et al.，2015）。两项调查主要是在线进行的，每个国家都采取了其他措施，以确保没有互联网访问的居民的代表性。这可以确保实验的样本代表美国和德国的投票年龄人口，这符合中位数选民模型等政治经济学理论的框架。

（一）德国的调查

德国的调查随机抽取了18岁及以上的德国人作为具有全国代表性的分层样本。随机抽样分两个步骤进行：从在线小组中选择在家上网的人（75%）进行在线调查，以及经过专业培训的访问员对没有互联网访问权限的人（25%）在家里进行了民意调查。实验为这些受访者提供了一台平板电脑，以自动完成调查。必要时，

---

① Lergetporer Philipp，Schwerdt Guido，Werner Katharina，West Martin R.，Woessmann Ludger. How information affects support for education spending：Evidence from survey experiments in Germany and the United States [J]. Journal of Public Economics，2018（167）：138 - 157.

② 2011年，经济合作与发展组织成员国的教育公共支出平均占公共总支出的12.9%。该数字在德国为11.0%，在美国为13.6%。资料来源：OECD，2014 Education at a Glance 2014：OECD Indicators [M]. Organisation for Economic Cooperation and Development，Paris，2014.

③ Hanushek，Eric A.，Woessmann，Ludge. The Knowledge Capital of Nations：Education and the Economics of Growth [M]. MIT Press，Cambridge，MA，2015.

④ Eric A. Hanushek. The Failure of Input - Based Schooling Policies [J]. Economic Journal，2003，113.

⑤ Jackson C. Kirabo，Johnson Rucker C，Persico Claudia. The Effects of School Spending on Educational and Economic Outcomes：Evidence from School Finance Reforms [J]. Quarterly Journal of Economics，2015（1）：1.

访调员协助处理设备。该调查于 2014 年 4 月至 2014 年 7 月以德语进行。

德国调查包括 39 个有关教育政策的问题。其中包括本文使用的有关教育支出的问题，这些问题与美国调查相协调。所有调查实验问题的确切措辞可以在以下位置找到 www. cesifo - group. de/ifo - bildungsbarometer。

德国实验中的观测值为 4171 名成年人。每个问题的特定受访者人数有所不同的原因是项目无响应，非常低，平均只有 1%；或是在支出问题和权衡问题上，受访者分组被分配到其他德国特定的实验条件，在此不进行讨论。在整个调查过程中均使用调查权重，以确保样本在全国成年人口中具有代表性。

（二）美国的调查

美国的调查抽取了 18 岁及以上的美国人口作为具有全国代表性的分层样本，以及以下亚群体的代表性样本：公立学校教师、非裔美国人和西班牙裔。该样本来自美国全国代表小组。通过基于地址的采样和列表辅助的随机数字拨号采样技术获得的成年人，他们同意参加有限数量的在线调查。没有互联网访问权限的个人由投票公司提供访问权限。该调查于 2014 年 5 月和 6 月进行。受访者可以选择以英语或西班牙语完成调查。

美国调查包含 36 个有关教育政策的问题，其中包括与该实验使用的德国调查相协调的问题。每个问题的确切措辞显示在 www. educationnext. org/edfacts。

本实验中美国调查得出的意见总数为 2669 名成年人①。由于对项目的不答复以及在就学校支出和教师薪水提出意见的情况下，具体问题的受访者因问题而异，将样本随机分为多个组，以检查问题提出方式的变化。在整个调查过程中均采用调查权重，以解决教师和其他人口统计分组的无应答和过度抽样问题。

二、实验设计

为了确定所提供信息对两国教育支出公共支持的影响，Lergetporer P. et al.（2018）对两国进行了相同的三个随机调查实验。在每个调查中，在受访者回答关于他们对公共教育支出特定方面的观点的相同问题之前，实验会为随机选择的亚组提供不同类型的信息。在三个调查实验中，随机性是独立的。这种设计使实验能够确定“提供特定信息对调查环境中公众对教育支出偏好”的因果关系。

第一个实验是针对总体上增加教育支出的偏好问题，仅询问了对照组（不知情的人），他们是否支持增加或减少其学区（美国）或全国（德国）的公立学校的政府经费。受访者可以选择以下五个答案之一：大幅增加，增加，保持不变，减少或大幅减少。实验分两步进行，首先向第一组的实验组（知情的）告知其所在地区（在样本中平均每个学生平均花费为 12400 美元）或全国范围内（德国为 6400

① 整个美国调查的样本量为 5266 名成人，其中包括一项附加实验，旨在评估提供有关学生成绩的信息对政策观点的影响；本文使用的样本包括该实验的对照组。

欧元）每名学生的实际支出水平，然后询问对照组（不知情，也就是没有被提供相应信息）相同的问题。在收到与实验组相同的信息后，向第二个实验组（知情+税收）询问是否应该增加用于资助公立学校的税收①。从表1中可以看出，样本数据在各种实验条件下均能很好地平衡，说明在两个国家中的随机抽样都是成功的。

表1　　描述性统计数据和各种实验条件之间的平衡：学校支出实验②

	美国			德国		
	不知情	知情	知情+税	不知情	知情	知情+税
	(1)	(2)	(3)	(4)	(5)	(6)
女	0.502	0.551	0.545	0.522	0.504	0.516
父母	0.297	0.318	0.288	0.185	0.175	0.187
受雇	0.577	0.581	0.576	0.473	0.496	0.505
少数民族	0.336	0.339	0.365	0.056	0.083	0.069
收入（百分比）	54.25	53.98	53.12	53.24	53.50	52.88
年龄						
18—34岁	0.276	0.309	0.304	0.237	0.241	0.255
35—49岁	0.217	0.228	0.225	0.241	0.269	0.266
50—64岁	0.335	0.270*	0.312	0.272	0.247	0.232**
65岁+	0.173	0.194	0.159	0.250	0.244	0.248
教育						
高中以下	0.103	0.106	0.114	0.102	0.103	0.085
高中但没有文学学士	0.612	0.581	0.601	0.745	0.767	0.744
本科以上学历	0.285	0.312	0.285	0.153	0.129	0.171
拒绝	0.008	0.013	0.015	0.012	0.011	0.015
观察结果	897	869	903	1010	1092	1066

注：显著性检验表明，“知情”或“知情+税”实验组的平均值与未知情的对照组的平均值不同。除德国的少数群体身份外，两个变量的每个变量在回归上的联合F检验在统计学上均不显著（p =0.077）；美国的年龄为50—64岁（p = 0.037）；德国的学士学位或更高学位（p = 0.042）。以调查权重加权观察值，以确保国家代表性。显著性水平 *** pb 0.01，** pb 0.05，* pb 0.10（下同）。

① 知情+税收的动机是财政幻想的经典概念，即公众高估了公共支出的收益，而忽略了其成本（Buchanan and Wagner，1977）。由于该实验无法确定受访者在说明支出偏好时会想到哪些资金来源，因此该实验将税收待遇的影响解释为使财政成本显著的一般效果，而不是将注意力从其他资金来源转移到增加税收上。

② 资料来源：2014年EdNext调查和2014年ifo教育调查。

第二个实验是针对支持增加或减少公立学校教师工资的问题的。与不知情的对照组相比，实验组被告知其所在州（美国）或全国（德国）教师工资的当前水平。第三个实验研究了不同类别的教育支出的偏好。仅询问对照组，“政府计划增加的支出是否应用于减少班级人数，增加教师工资、购买新书或新技术”。实验小组获悉，在美国（德国），将平均班级人数减少 3 名学生的费用与增加教师薪金 13%（15%）或购买每本新书和技术 10000 美元（20000 欧元）的费用大致相同。

除了对意见进行的调查实验外，该实验还要求两国的受访者分别估算当前的教育支出和教师薪资水平。这些问题是在调查中较早提出的，并与其他教育政策主题有关的一系列问题与相关的意见问题分开。这种设计可能会减少逆火效应的可能性，因为在这种情况下，个人可能会通过增强自己的初始位置来对信念纠正做出反抗（Nyhan and Reifler，2010）。

在该实验的分析中，该实验报告的结果分别展示了包含和不包含以下控制变量的集：性别，父母和就业状况，收入，年龄（按四个类别衡量：18—34 岁，35—49 岁，50—64 岁和65 岁以上）和教育程度（在这三个类别中，以低于高中，高中但没有文学学士学位和文学学士学位或更高学历的水平衡量）。从中可以明显看出，在美国，有超过德国受访者是父母和受雇者的份额，美国人口也较年轻。此外，拥有大学学位的人所占比例更大，而德国人口中的学徒学位所占比例更大。两国之间关于少数群体身份的可用信息有所不同：在美国，它是指非白人人口，而在德国，它是指具有移民背景（即父母双方都不在该国出生）。该实验的表 1 由于缺乏国家之间的可比性，我们在该实验分析中将其作为控制变量忽略了。

三、实验分析与检验

前两个实验分别研究了信息提供对支持教育支出和教师工资增长的影响。在这两种情况下，都要求处于实验和控制状况的受访者在从“大幅减少”到“大幅增加”的五点量表上表明他们的偏好，中间类别表明支出或薪水水平应“保持不变”。为了简化表述，对实验效果的主要估计基于线性概率模型，其中前两个和后三个选项被折叠以创建支持支出或工资增长的二元指标；该实验报告了常规 OLS 标准错误。该实验还显示了将结果定义为支持减少支出或薪水的可能性的结果。

（一）教育支出偏好

在没有收到任何具体信息的对照组中，美国 60% 的人口和德国 71% 的人口赞成增加或大幅增加政府对公立学校的支出（见图 1）。请注意，与德国相比，美国对增加支出的支持率较低，这符合以下事实：美国的支出水平目前高于德国，而与按学生计算的，相对于 GDP 的份额还是按学生的份额，无关公共支出总额。对谁支持更高支出的描述性分析表明（见表 2），在美国，女性和较贫穷的人更倾向于增加支出，而在德国，拥有大学学位的受访者更支持增加支出。

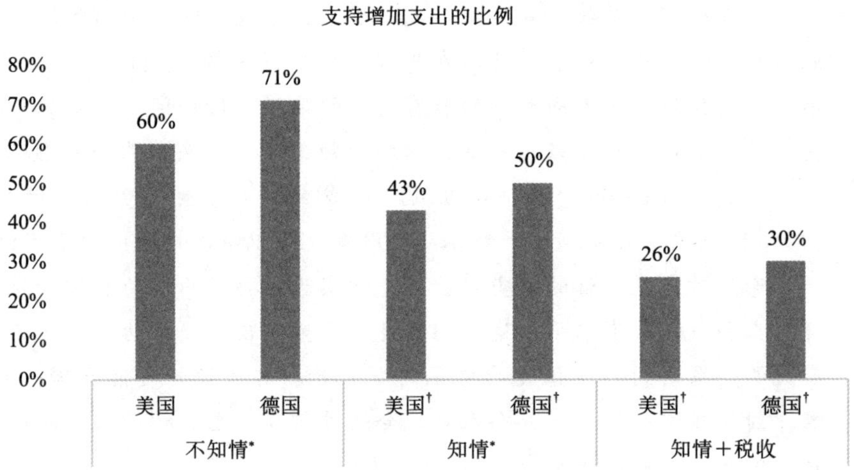

图 1　支持更高的支出：有关支出和税收参考的信息①

注：赞成政府对公立学校拨款“大幅增加”或“增加”的受访者比例；其他类别是“保持不变”“减少”和“大幅减少”。三个随机实验组中对照组（不知情）未收到更多信息。第一个实验组（知情的）被告知当前的支出水平。第二个实验组（知情＋税收）还涉及税收筹资要求。* 表示两国之间的差异在 5% 的水平上具有统计学意义。† 表示对于该国家/地区，与对照组的差异在 5% 的水平上具有统计学意义。

表 2　　谁支持学校支出和教师工资增长？描述性证据②

	学校支出		教师工资	
	美国	德国	美国	德国
	(1)	(2)	(3)	(4)
女	0.070*	-0.026	0.016	-0.065***
	(0.040)	(0.032)	(0.034)	(0.022)
父母	0.073	0.019	0.041	-0.034
	(0.050)	(0.044)	(0.042)	(0.030)
受雇	0.002	0.013	-0.033	-0.027
	(0.048)	0.037)	(0.039)	(0.026)
少数民族	0.071	-0.098	0.137***	-0.029
	(0.043)	(0.068)	(0.036)	(0.042)
收入（百分比）	-0.001*	0.001	0.000	-0.001
	(0.000)	(0.001)	(0.001)	(0.000)
年龄				
35—49 岁	0.061	-0.010	-0.016	-0.019
	(0.063)	(0.050)	(0.050)	(0.034)

① 资料来源：2014 年 EdNext 调查和 2014 年 ifo 教育调查。

② 资料来源：2014 年 EdNext 调查和 2014 年 ifo 教育调查。

续表

	学校支出		教师工资	
	美国	德国	美国	德国
	(1)	(2)	(3)	(4)
50—64 岁	0.015	0.018	-0.023	-0.022
	(0.057)	(0.044)	(0.049)	(0.032)
65 岁 +	0.023	0.004	-0.001	-0.072 *
	(0.069)	(0.052)	(0.057)	(0.037)
教育				
高中但没有文学学士	-0.054	0.095	0.018	-0.050
	(0.081)	(0.060)	(0.069)	(0.039)
本科以上学历	0.007	0.226 ***	0.148 **	0.043
	(0.088)	(0.068)	(0.074)	(0.049)
不变	0.604 ***	0.551	0.053	0.436 ***
	(0.098)	(0.077)	(0.088)	(0.051)
样本量	894	997	1306	2062
R^2	0.042	0.034	0.047	0.020

注：线性概率模型。因变量：支持增加支出的二进制结果。样品：对照组。按调查结果的权重进行加权回归以确保国家代表性。括号里的数字为标准误差。

表 3 报告两种信息处理如何影响对教育支出的支持（参见图 1）。在每个国家，两种待遇都大幅减少了对增加支出的支持。在了解当前支出水平并被告知增加支出将通过增加税收来筹集资金的大多数人中，支持支出增加的绝大多数变成了不到三分之一的少数人。在这个实验组中，两国之间对支出增长的偏好不再存在显著差异。被告知当前支出水平会使美国增加支出的支持率减少 17 个百分点（第 1 列），而德国增加 20%（第 2 列）。第二种处理方法的处理效果甚至更大，这也提高了税收筹资的重要性：这使美国的支持减少了 34 个百分点，德国的支持率减少了 41 个百分点。也就是说，两个国家的信息处理都减少了支持将支出增加四分之一以上，而额外的税收处理将支出减少一半以上。

表 3　　信息处理对支持学校支出的影响①

支持学校支出以：	增加					减少
	U.S.	德国	汇集			汇集
	(1)	(2)	(3)	(4)	(5)	(6)
知情的	-0.165 ***	-0.203 ***	-0.165 ***	-0.167 ***	-0.169 ***	0.028 *
	(0.029)	(0.023)	(0.029)	(0.029)	(0.029)	(0.016)

① 资料来源：2014 年 EdNext 调查和 2014 年 ifo 教育调查。

续表

支持学校支出以：	增加					减少
	U. S.	德国	汇集			汇集
	(1)	(2)	(3)	(4)	(5)	(6)
知情 + 税	-0.341^{***}	-0.408^{***}	-0.341^{***}	-0.341^{***}	-0.344^{***}	0.111^{***}
	(0.027)	(0.022)	(0.027)	(0.027)	(0.027)	(0.019)
德国			0.107^{***}	0.122^{***}	已包含	已包含
			(0.026)	(0.026)		
德国 × 知情			-0.038	-0.034	-0.031	0.011
			(0.037)	(0.037)	(0.037)	(0.019)
德国 × 知情 + 税			-0.067^{*}	-0.068^{**}	-0.065	-0.010
			(0.035)	(0.035)	(0.035)	(0.023)
控制项	没有	没有	没有	是	是	是
控制与国家互动	没有	没有	没有	没有	是	是
控制平均值	0.599	0.705	–	–	–	–
信息效果/控制平均值	-0.276	-0.288	–	–	–	–
信息 + 税收影响/控制均值	-0.570	-0.578	–	–	–	–
观察结果	2646	3128	5774	5774	5774	5774
R^2	0.081	0.110	0.100	0.106	0.116	0.116

注：线性概率模型。因变量：支持增加（第 6 列：减少）支出的二进制结果。随机实验组：知情 = 受访者了解当前的学校支出水平。知情 + 税收 = 受访者还提到税收筹资要求。控制包括性别、父母和就业状况、收入、年龄（四个类别）和教育（三个类别）。案调查结果的权重进行加权回归以确保国家代表性。括号里的数字为标准误差。

汇总来自两个国家的数据（第 3 列）表明，两国之间的信息处理效果没有显著差异，而在德国，信息和税收处理相结合的效果要比美国大 7 个百分点。如果接受边际税率提高的意愿与现行税率负相关，则德国人对税收待遇的更强的反应可能与以下事实有关：德国的税负比美国高（OECD，2016）。当包括对照时，结果没有定性变化（第 4 栏），表明支持水平的差异或实验效果的差异均不是由于两国人口的根本人口差异所致。当控件还与国家/地区指示器进行交互时（第 5 列），情况也是如此。该模型允许将控制变量与支出增加的支持关联到各国不同。因此，在两国之间存在差异的情况下，不能将其归因于年龄，性别，教育，收入，就业状况，父母身份和移民状况等背景特征的差异，或者它们与观点的关联。

第 6 列报告了相同的模型，并带有作为支出变量支持支出减少（而不是增加）指标的指标（剩余类别为希望支出水平保持不变的受访者）。虽然两个国家的控制均值都很低（美国为 7%，德国为 4%），但在这两个国家，信息处理平均提高了对减少支出的支持度 3 个百分点，而信息加税收处理平均提高了对减少支出的支持度 11 个百分点。两国之间的两种实验效果均无统计性差异。

为了进行稳健性检查，该实验在 2015 年的后续调查中对这两个国家的新代表性代表样本进行了实验的稍许修订。该实验随机分配了这两个国家（美国的1986年和德国的1984年）中的一个对照组或信息实验组。与2014年的调查相比，德国的受访者了解到他们各自土地上每名学生的平均年度支出水平，介于5800欧元（北莱茵－威斯特法伦州）和8700欧元（图林根州）之间。由于各州在教育政策和资金方面的主导作用，因此提供国家级信息对德国尤其重要。

后续调查的结果列于表4。在学校中，支持增加学校支出的控制平均值为美国61%和德国74%。与2014年的调查一样，了解当前的支出水平会减少两个国家对支出增长的支持（第1列和第5列）。在美国，信息减少了16个百分点，在德国减少了15个百分点。后续调查中，德国对信息处理的影响虽然仍然很大且非常重要，但比2014年的调查要小一些，这可能是由于国家信息的提供。无论如何，2015年的调查结果证实了告知受访者当前支出水平对两国偏好更高支出的负面影响。

表4　　信息影响的异质性与后续调查中先前猜测的确定性有关①

	美国				德国			
	(1)	(2)	(3)	(4)	(5)	(6)	(7)	(8)
知情的	−0.159***	−0.185***	−0.181***	−0.196***	−0.149***	−0.197***	−0.163***	−0.212***
	(0.022)	(0.024)	(0.027)	(0.029)	(0.0282)	(0.033)	(0.034)	(0.039)
估算（支出：NActual）		−0.123***		−0.023		0.042		0.018
		(0.045)		(0.064)		(0.045)		(0.056)
告知×估计		0.148**		0.121		0.180***		0.217***
		(0.064)		(0.085)		(0.065)		(0.076)
某些			−0.107***	−0.058			−0.006	−0.0260
			(0.034)	(0.038)			(0.044)	(0.052)
某些×知情的			0.066	0.042			0.023	0.053
			(0.047)	(0.052)			(0.064)	(0.074)
一定×估计				−0.155*				0.076
				(0.092)				(0.095)
某些×知情×估计				−0.059				−0.124
				(0.132)				(0.148)
控制平均值	0.577				0.740			
观察结果	2010	1986	1986	1972	2078	1984	1984	1984
R^2	0.025	0.031	0.31	0.038	0.025	0.048	0.028	0.049
F（某些×已知，某些×已知×估计）：p值				0.715				0.665

注：因变量：支持增加学校支出的二进制结果。估算：用于指示支出水平估算值大于实际支出水平的二进制变量。肯定：表明受访者对他/她的支出水平估算值有一定把握的二进制变量，如7分制得分的前四分（从非常不确定到非常确定）所示。随机实验组：知情＝受访者了解当前的支出水平。以调查权重加权的回归，以确保国家代表性。括号中的标准误差。

① 资料来源：2015年EdNext调查和2015年ifo教育调查。

2015 年对 2014 年德国调查的一部分受访者进行了重新调查，这一事实也使该实验能够调查受访者在陈述的偏好方面的稳定性（在一定程度上），这些年来他们对增加学校支出的偏好。在两个调查年度中被分配到对照组的 146 名受访者中，绝大多数（75%）表示两年的支出偏好相同，其余大多数人只切换了一个类别。这种稳定的消费偏好表明，在该实验的设置中，受访者缺乏关注并不是一个主要问题。

（二）教师薪资偏好

第二项调查实验研究了信息的提供如何影响公众对某一特定教育类别的支出的支持：教师工资。与每个学生的支出水平的相对抽象的概念相反，当被要求评估给定的补偿水平是否合适时，人们可能会根据自己的个人经验制定更清晰的基准。

在不知情的对照组中，有 62% 的美国人支持教师工资的增长，而只有 29% 的德国人支持（见图 2）。这一差异与上面提出的证据一致，即德国的教师工资无论是从绝对值还是相对于其他大学毕业生而言，都远远高于美国。请注意，这一模式与观察到的支出水平正好相反（德国的支出水平较低，德国人更支持增加支出），这表明各国公众偏好的差异并不反映出教育支出水平或对增加教育投入的支持程度的总体差异。在描述加薪支持者时，表 2 显示，在美国，少数民族和拥有大学学历的人更有可能支持教师加薪；在德国，女性和老年人支持加薪的可能性较小。

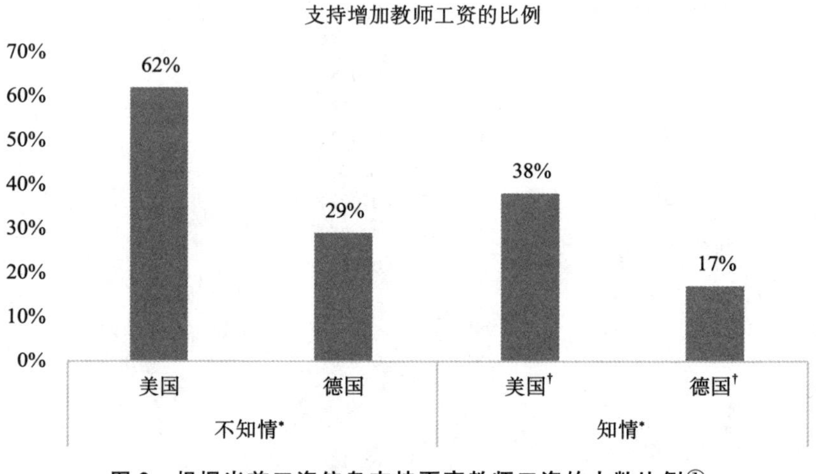

图 2　根据当前工资信息支持更高教师工资的人数比例①

注：赞成教师工资“大幅增加”或“增加”的受访者比例；其他类别是“保持不变”“减少”和“大幅减少”。两个随机实验组。对照组（不知情）未收到更多信息。实验组（知情的）被告知当前教师的工资水平。看到附录 B 两国问题的措辞。* 表示两国之间的统计显著性差异为 5%。† 表示对于该国家/地区，与对照组的显著性差异在 5% 的水平上具有统计学意义。

① 资料来源：2014 年 EdNext 调查和 2014 年 ifo 教育调查。

表5报告调查实验的结果，该调查研究了如何告知受访者当前教师工资水平如何影响对工资增长的支持（见图2）。提供信息的情况下在美国和德国对增加教师薪资的支持率都下降了。实验效果的绝对幅度的差异在12个百分点上具有统计学意义，并且不受控制变量的影响（第3－5列）。同样，以控制变量为条件不会对德国指标产生定性影响，这表明对工资增长的较低支持不能归因于两国之间的人口差异。

表5　信息处理对教师工资支持的影响①

支持教师工资：	增加					减少
	U. S.	德国	汇集			汇集
	(1)	(2)	(3)	(4)	(5)	(6)
知情的	－0.242***	－0.120***	－0.242***	－0.246***	－0.247***	0.006
	(0.023)	*(0.014)*	*(0.023)*	*(0.023)*	*(0.023)*	*(0.013)*
德国			－0.327***	－0.314***	已包含	已包含
			(0.020)	*(0.021)*		
德国×知情			0.122***	0.123***	0.122***	0.076***
			(0.027)	*(0.027)*	*(0.02)*	*(0.017)*
控制项	没有	没有	没有	是	是	是
控制与国家互动	没有	没有	没有	没有	是	是
控制平均值	0.617	0.290	–	–	–	–
信息效果/控制平均值	－0.392	－0.415	–	–	–	–
样本量	2639	4127	6766	6766	6766	6766
R^2		0.020	0.115	0.126	0.128	0.031

注：线性概率模型。因变量：支持增加（第6栏：减少）教师工资的二进制结果。随机实验组：知情＝受访者了解当前的教师工资水平。控制包括性别、父母和就业状况、收入、年龄（四个类别）和教育（三个类别）。调查结果的权重进行加权回归以确保国家代表性。括号里的数字为标准误差。

在不知情的对照组中，很少有人支持降低教师工资（美国为6%，德国为8%）。在美国，这不受信息处理的影响（第6列）。但是，在德国，当人们了解当前的工资水平时，对降低教师工资的支持率将增加8个百分点。

（三）人口分组的异质性实验效果

表6展示了学校支出实验和教师工资实验对以下特征定义的两个分组的处理效果：性别、父母地位、就业地位、少数民族地位、收入、年龄、教育程度、政治观点。在美国或德国，几乎没有明显的实验异质性。特别是，在所有情况下实验效果

① 资料来源：2014年EdNext调查和2014年ifo教育调查。

均显著，并且在各亚组之间几乎没有区别。例如，对于收入，年龄或教育水平不同的人群，实验效果均不会以明显的方式有所不同。在美国，不同种族的信息处理方式也不相同①。唯一的实验效果在亚组之间存在统计性差异的情况是在德国，通过父母身份和少数民族身份获得了信息加税待遇，在美国，通过政治观点获得了信息和税收相结合；在德国，本研究通过政治倾向获得了薪资实验；在美国，通过父母身份和收入水平获得了待遇。由于大量的亚组比较以及存在错误结论的相关风险，因此该实验不对这些差异提供实质性解释。总而言之，该实验的异质性分析表明，以上报道的实验效果并非由特定的社会人口亚群驱动，而是遍及两国的整个社会。

在2015年德国的后续调查中，该实验调查了另外两个背景特征，这些特征提供了有关受访者的投票行为以及教育主题对他们的个人投票决定的重要性的信息。对于通常在选举中投票的受访者以及认为教育主题对其投票选择很重要的受访者，该实验发现学校支出实验的实验效果较小，但仍然很大且很重要（未显示）。这凸显了该实验的结果对于大多数公立学校支出的整体政治经济的重要性。

在对实验结果进行分析后实验又论证了德国的支持水平与美国各州目前的工资水平和支持加薪之间的关系是一致的。并通过受访者的先前信息提供了异质性治疗效应的证据、研究了强调不同支出类别之间的权衡对偏好的影响、评估了该实验在特定教育改革和其他公共开支类别的信息效应方面的主要结果的稳健性。在此不做具体描述。

四、小结

调查实验反映出在美国和德国，当受访者获得现有水平的信息时，对增加教育支出和教师工资的支持率就会下降。实验效果因先验知识而异，与信息效应而非启动效应一致。

表6　　人口统计学亚组的异质性实验效果②

	学校支出实验								教师薪水实验			
	知情				知情+税				不知情			
	美国		德国		美国		德国		美国		德国	
	否/低	是/高	否/低	是/高	否/低	是/高	否/低	是/高	否/低	是/高	否/低	是/高
	(1)	(2)	(3)	(4)	(5)	(6)	(7)	(8)	(9)	(10)	(11)	(12)
女	-0.156***	-0.179***	-0.191***	-0.217***	-0.302***	-0.380***	-0.416***	-0.401***	-0.230***	-0.253***	-0.110***	-0.134***
	(0.041)	*(0.040)*	*(0.033)*	*(0.031)*	*(0.039)*	*(0.040)*	*(0.033)*	*(0.030)*	*(0.034)*	*(0.032)*	*(0.022)*	*(0.018)*

① 根据Kuziemko等（2015），男人和女人之间的治疗效果没有区别（事实证明，在某些情况下，他们更倾向于给出“期望的”答案）这一事实表明，在该实验的情况下需求效果可能会减弱。这符合Mummolo和Peterson（2018）实验证据表明，调查实验对实验者的需求效应具有显著影响。

② 资料来源：2014年EdNext调查和2014年ifo教育调查。

续表

	学校支出实验								教师薪水实验			
	知情				知情 + 税				不知情			
	美国		德国		美国		德国		美国		德国	
	否/低	是/高	否/低	是/高	否/低	是/高	否/低	是/高	否/低	是/高	否/低	是/高
	(1)	(2)	(3)	(4)	(5)	(6)	(7)	(8)	(9)	(10)	(11)	(12)
父母	-0.151***	-0.204***	-0.212***	-0.161***	-0.325***	-0.378***	-0.390***	-0.494***	-0.208***	-0.322***	-0.129***	-0.083***
	(0.034)	*(0.054)*	*(0.026)*	*(0.052)*	*(0.032)*	*(0.050)*	*(0.025)*	*(0.048)*	*(0.028)*	*(0.042)*	*(0.016)*	*(0.031)*
受雇	-0.177***	-0.157***	-0.206***	-0.202***	-0.360***	-0.338***	-0.377***	-0.441***	-0.260***	-0.229***	-0.123***	-0.117***
	(0.044)	*(0.038)*	*(0.033)*	*(0.032)*	*(0.042)*	*(0.036)*	*(0.032)*	*(0.031)*	*(0.036)*	*(0.031)*	*(0.020)*	*(0.020)*
少数民族	-0.189***	-0.117***	-0.199***	-0.218**	-0.348***	-0.336***	-0.419***	-0.250***	-0.224***	-0.273***	-0.123***	-0.080
	(0.035)	*(0.050)*	*(0.024)*	*(0.085)*	*(0.033)*	*(0.047)*	*(0.023)*	*(0.092)*	*(0.029)*	*(0.039)*	*(0.015)*	*(0.054)*
收入	-0.160***	-0.169***	-0.169***	-0.229***	-0.367***	-0.317***	-0.371***	-0.436***	-0.280***	-0.203***	-0.124***	-0.117***
	(0.040)	*(0.041)*	*(0.035)*	*(0.030)*	*(0.037)*	*(0.039)*	*(0.035)*	*(0.029)*	*(0.032)*	*(0.034)*	*(0.022)*	*(0.019)*
年龄	-0.200***	-0.134***	-0.186***	-0.222***	-0.349***	-0.337***	-0.420***	-0.394***	-0.279***	-0.206***	-0.125***	-0.115***
	(0.046)	*(0.036)*	*(0.034)*	*(0.031)*	*(0.044)*	*(0.032)*	*(0.033)*	*(0.030)*	*(0.037)*	*(0.029)*	*(0.021)*	*(0.019)*
教育	-0.154***	-0.191***	-0.186***	-0.282***	-0.354***	-0.308***	-0.406***	-0.436***	-0.246***	-0.245***	-0.128***	-0.090**
	(0.036)	*(0.046)*	*(0.025)*	*(0.057)*	*(0.033)*	*(0.045)*	*(0.024)*	*(0.054)*	*(0.029)*	*(0.037)*	*(0.015)*	*(0.042)*
保守	-0.195***	-0.124***	-0.186***	-0.262***	-0.402***	-0.295***	-0.401***	-0.430***	-0.257***	-0.220***	-0.135***	-0.080***
	(0.038)	*(0.043)*	*(0.027)*	*(0.044)*	*(0.035)*	*(0.041)*	*(0.026)*	*(0.043)*	*(0.031)*	*(0.035)*	*(0.017)*	*(0.027)*

注：第一列中列出的按特性进行的亚组估计。二元变量（女性，父母，雇员，少数人）：否 = 状态错误的亚组；是 = 状态为 true 的亚组。收入，年龄：低 = 分组，变量低于样本均值；高 = 分组高于变量的平均值。教育程度：低 = 低于文学士学位；高 = BA 学位或更高。保守派：否 = 受访者不认同自己是“强”，“不坚强”或“倾向于”共和党（美国）或保守党 CDU / CSU 或 FDP 的支持者（德国）；是 = 根据这些定义，受访者认为自己是保守人士。线性概率模型。因变量：支持增加支出的二元结果（第 1 - 8 列）。增加教师的薪水（第 9 - 12 栏）。随机实验组：知情 = 受访者了解当前的学校支出水平（第 1 - 4 列）。教师工资（第 9 - 12 栏）。知情 + 税收 = 受访者还提到税收筹资要求。各个亚组之间的实验效果没有显著差异，但在德国，知情 + 税收实验对增加支出的支持效果因父母身份（$p = 0.050$）和少数群体（$p = 0.074$）和保守的政治倾向而有显著差异（$p = 0.046$）在美国。同样，知情待遇对薪资增长的支持效果因美国的父母身份（$p = 0.023$）和收入水平（$p = 0.098$）和德国的保守政治倾向（$p = 0.084$）而有显著差异。调查结果的权重进行加权回归以确保国家代表性。括号里的数字为标准误差。

课后习题与思考

[1] 行为经济学从出现萌芽至今已经历了几十年之久，在发展中涌现出了许多有价值的理论和方法论观点。我国目前正处在经济高速发展的时期，你认为行为感知的经济学方法可以用于研究我国的哪些公共经济问题？

[2] 由于实验经济学的研究过程由研究者高度控制，因此实验结果不可避免地受研究者主观意见的影响。试探讨这是否会对实验经济学研究结果的交流产生影响？如果有影响，应该如何解决？

[3] 结构性访谈和半结构性访谈是两种获取社会调查资料的方法，试比较这两种方法的不同，说明其适用性与局限性。

[4] 在进行问卷调查过程中，问卷的设计、调查者的交流技巧、被调查者的态度等都有可能影响问卷的信度和效度，试从研究技术角度谈谈应如何保证问卷的可信性和有效性。

推荐阅读文献

[1] [美] 弗农·史密斯. 实验经济学 [M]. 北京：中国人民大学出版社，2020.

[2] [美] 埃里克·安格内尔. 行为经济学通识 第2版 [M]. 北京：中国人民大学出版社，2021.

[3] 方行明，黄书雷. 行为经济学的理论、方法的不足及其产生的误导——行为经济学的悖论与“托宾诅咒” [J]. 经济问题探索，2020(9)：181－190.

第二十章 信息系统集成方法及其在公共经济学中的应用

所谓经济信息系统集成方法（Economic System Integration Method），指从系统的视角运用信息集成及多学科交叉融合而对经济系统进行研究的一种方法，实质上是一种信息及技术集成的经济学系统决策方法。经济系统集成方法主要针对经济学理论体系自身的根本性问题，以系统理论为逻辑架构，综合运用现代大数据信息集成进行经济数据建模、统计分析及决策分析等，试图将自然科学和社会科学研究方法统一在一起进行经济学分析的方法。这种方法基于信息集成的经济学研究发展趋势，并能在数字经济、公共资源配置、预算绩效管理、公共服务、宏观政策调控等公共经济学领域得到有效的应用，体现了当代研究者运用当代科技手段和方法在经济学理论和方法发展过程中的创新应用以及跨学科交叉融合的一种趋势。

第一节 信息系统集成经济研究方法及其应用

一、信息系统与系统集成经济研究方法的发展

"系统"一词，来源于古希腊语"systεmα"，被解读为由"部分"构成"整体"的意思，是指由若干要素以一定结构形式联结构成的具有某种功能的有机整体。在这个定义中包括了系统、要素、结构、功能四个概念，表明了要素与要素、

要素与系统、系统与环境三方面的关系。

作为一门科学的系统论，系统思想历史悠久，最早可追溯到20世纪初。系统论代表人物是美籍奥地利人、理论生物学家贝塔朗菲（L. Von. Bertalanffy，1901—1972）。贝塔朗菲的系统思想的发展主要可分为三个阶段（参见表20－1）。这也是系统科学的第一个阶段，它以第二战世界大战前后控制论、信息论和一般系统论等的出现为标志，主要着眼于他组织系统的分析①。

表20－1　贝塔朗菲的系统思想发展历程表

阶段	主要观点或代表性著作
形成阶段（1932—1946年）	1932年提出“开放系统理论”，系统论思想初见雏形；1937年提出了一般系统论原理，1945年《关于一般系统论》公开发表，奠定了这门科学的理论基础②
发展阶段（1947—1967年）	1948年在美国公开讲授“一般系统论”，“系统思想”得到学术界的重视；1954年贝塔朗菲发起设立了一般系统论学会，其出版的《一般系统年鉴》和《行为科学》杂志，使一般系统论得到了进一步的发展
成熟阶段（1968年至今）	1968年贝塔朗菲发表的专著《一般系统理论：基础、发展和应用》系统阐述了一般系统论的特点、研究方法及其应用领域；1972年出版的《一般系统论的历史与现状》从另一个角度阐释一般系统论③

系统科学发展到第二个阶段则是以耗散结构论、协同论、超循环论等为标志，主要着眼于自组织系统的研究（高亢，2014④；魏宏森和曾国屏，1995⑤）。

在系统科学发展到第二个阶段后，系统集成的经济学研究方法开始在耗散结构论、协同论和超循环论等领域得到了非常广泛的应用（见表20－2）。

系统集成（System Integration）又称系统综合。对于系统集成的定义至今没有一个统一的标准，但其中心思想是以信息为基础，把单个或分散的小系统组成相互协同的大系统，以发挥更大的价值⑥。系统集成通常包括功能集成、系统集成和学科间集成三个方面。功能集成重在为用户提供一个统一的工作环境，用户不必学习不同的语言、命令或子系统模块。对于经济系统而言，系统集成重在把操作系统、体系结构、数据库管理系统和人工智能系统等汇聚到一个单一的环境中去。学科间

① 他组织系统一般而言“表示的是系统的运动和形成组织结构是在外来特定的干预下进行的，主要是受外界指令的结果，在极端的情况下，就完全是按外界指令进行运动、进行组织的”。

② 费军，余丽华．泛系理论与一般系统论比较研究［J］．系统科学学报，1997（4）：71－74.

③ 刘敏．建构人文主义的科学——贝塔朗菲的永恒魅力［J］．系统科学学报，2006，14（3）：31－35.

④ 高亢．从互联网的进化发展看自组织系统的层级过渡［J］．社会科学辑刊，2014（2）：68－72.

⑤ 魏宏森，曾国屏．系统论：系统科学哲学［M］．北京：清华大学出版社，1995.

⑥ ［俄］巴克拉诺夫．可持续发展与循环经济信息化［M］．崔伟宏，译．北京：中国科学技术出版社，2009.

表 20－2　　系统科学第二阶段的标志理论及其代表（部分）

理论及时间	主要应用	代表人物	典型文献
耗散结构论（1969 年）	一个远离平衡态的非线性的开放系统通过不断地与外界交换物质和能量，在系统内部某个参量的变化达到一定的阈值时，通过涨落，系统可能发生突变即非平衡相变，由原来的混沌无序状态转变为一种在时间上、空间上或功能上的有序状态	普里戈金（Ilya Prigogine，1917－2003）	Nicolis G and PrigogineI（1977）①；Sawada D.，Caley（1985）② 等
协同论（1971 年）	千差万别的系统，尽管其属性不同，但在整个环境中，各个系统间存在着相互影响而又相互合作的关系	哈肯（Hermann Haken，1927－）	H.，Hake（1982）③；韩保江（2020）④ 等
超循环论（1971 年）	在生命现象中包含许多由酶的催化作用所推动的各种循环，而基层的循环又组成了更高层次的循环，即超循环，还可组成再高层次的超循环。超循环系统即经循环联系把自催化或自复制单元连接起来的系统。在此系统中，每一个复制单元既能指导自己的复制，又能对下一个中间物的产生提供催化帮助	艾根（Schuster Manfred Eigen，1929—）	艾根·舒斯特尔（1971）⑤；沈小峰，曾国屏（1989）⑥ 等

集成重在使计算机科学与经济学及其他社会科学互相结合、互相渗透⑦。

二、信息系统集成经济研究方法的特点

信息科技时代，经济学面对通过互联网、物联网、云计算等智慧科技手段形成的数字化大数据和高频数据，信息系统集成将面临大数据的变革。根据维克托·迈尔—舍恩伯格和肯尼思·库克耶（ViktorMayer－Schonberger，KennethCukier，2013⑧），这种经济信息与系统集成变革趋势要发生三个转变：一是少样本服从总体样本，且需要大数据；二是要接受数据的复杂性，而不再追求精确性；三是更加

① Nicolis G，Prigogine I. Self－Organization in Nonequilibrium Systems：From Dissipative Structures to Order through Fluctuations［M］. Wiley，1977.

② Sawada D.，Caley M. T. . Dissipative Structures：New Metaphors for Becoming in Education［J］. Educational Researcher，1985，14（3）：13－19.

③ H.，Haken. Synergetics：Formation of Ordered Structures out of Chaos［J］. Leonardo，1982，15（1）：66－67.

④ 韩保江．京津冀生态环境协同保护研究［J］. 经济研究，2020，55（1）：210－210.

⑤ ［德］舒斯特尔．超循环论［M］. 曾国屏，等译．上海：上海译文出版社，1990.

⑥ 沈小峰，曾国屏．超循环论的哲学问题［J］. 中国社会科学，1989（4）：185－194.

⑦ 《通信机世界》报社，李进良，伍碧珊．信息网络辞典［M］. 上海：东方出版社，2001.

⑧ 维克托·迈尔·舍恩伯格，肯尼斯·库克耶著．大数据时代：生活、工作与思维的大变革［M］. 盛杨燕，周涛，译．杭州：浙江人民出版社，2013.

注重相关关系，而不再追求主流经济学研究方法逻辑上的因果关系。

而根据罗萨克（Rossak W& Ng P A.，1991）所提出的信息系统集成的构成①，即技术重复性、集成结构性和总体集成性，信息系统集成经济研究方法具有信息的集成、功能的集成、平台的集成以及经济行为人的集成四个特点：

第一，经济信息系统的集成的动力来自组织的需求，通常基于业务模式的扩展和管理决策的必要性，在建立信息系统业务的基础上，得到管理层的信息支持。

第二，经济信息系统集成体现在功能上，要求基本数据共享，并由各个功能子系统构成，以执行数据信息的数据处理功能，即数据检索、数据统计、报表和图形输出等，以满足系统管理的需要。

第三，经济信息系统的平台集成则需要在确定“客户/服务器模式”作为总体结构方案的基础上，将任务分配到计算机，将其进行分解，以实现整体的信息资源共享和分布式计算。

第四，经济信息系统集成中的经济行为人的集成，是通过人的行为，将多种软件技术、信息系统重新优化组合，通过人的决策意志，形成一个统一的系统。这个系统包括决策层人员、集成人员、系统开发及维护人员等。

三、信息系统集成在公共经济学领域应用中的优势

（一）打破传统以探索系统的共同特征

作为系统科学，信息系统集成主要是研究自然界和人类社会各个系统的共同特性，探索系统的涌现、生成、演化普遍规律的科学，与经典科学在方法论上有着本质区别（Drenick R. F.，1981）②，主要表现在：经典科学注重还原分析，而系统科学强调整体把握；经典科学追求简单性、必然性、决定性目标，而系统科学则探索复杂性、偶然性、非决定性问题；在对相关系统进行描述时，经典科学以个体描述为主，而系统科学以突出群体为主（侯光明，2006）③。作用于经济的信息系统集成，其应用也必然与主流经济理论会产生传统性的冲突，如不依靠一般均衡假设而遵循共同特征，强调少数法则而不追随多数法则等。

---

① Rossak W，Ng P A. Some thoughts on systems integration：A conceptual framework［J］. Journal of Systems Integration，1991，1（1）：97－114.

② Drenick R. F. Large－Scale System Theory in the 1980's［M］. Large Scale System，1981（2）：29－43.

③ 侯光明．组织系统科学概论［M］．北京：科学出版社，2006.

（二）更适用于复杂问题研究

信息系统集成在公共经济学领域应用更加适用于复杂性问题的研究，而不必遵循经济学说规定的理论和验证假设。利兰·艾纳夫和乔纳森·莱文认为（Einav and Levin，2014①），系统科学在研究复杂问题上具有独特优势，应用系统集成突破了主流经济学所约束的条件，展现了现实经济中更为实际、更为复杂的内容，使经济研究方法的准确性表达成为必然和可能。此外，经济信息集成与算法应用相结合使人们能够更好地衡量经济影响和结果，更适用于突破了传统经济学理论束缚的一些非主流经济学，它们着重研究一个经济体或不同制度框架内的互动、突变、协同、学习等，有利于将这些特别复杂的自组织系统所存在的问题描述出来，以找到解决方案。

四、以结构性视角看待信息系统集成方法在公共经济学应用

从哲学方法论视角来看待信息系统集成方法，将存在现象论、本体论及元理论之类的争议②。而将系统论作为一种经济分析方法和工具，有着经济学逻辑实证框架的约束，这意味着就经济学而论信息系统集成，其方法应用有某种简单化和机械化的倾向，在目的和解释上存在着疑难。就信息系统集成方法应用于公共经济学来看，要使现实逼近真理，需要站在系统之外，从结构性视角看待公共经济领域的信息系统集成方法的应用。

第一，结构性问题首先是一个总体性问题，它涉及系统与子系统之间的各种复杂关系，通过有机结合，形成一个新的系统、新的整体。公共经济是经济系统的一个子系统，公共经济系统内也存在着众多子系统。站在一个系统之外来看待这个系统中的结构，首先就站到了经济学方法论的科学性立场。如马克思主义学说的方法论就是从人类社会发展的整体性视角去看待社会发展规律的，他将生产关系置于生

---

① Liran Einav，Jonathan Levin. Economics in the age of big data［J］. Science，2014，346（6210）：715.

② 元理论是源于人类企望理解并不断追求理解的本性而必然产生出来的一种具有普遍性意义的知识现象和知识形式。从一般元理论的观点出发，原则上讲，对每一个学科名称均可再冠上一个词头“元”，表示要以某种特别方法和原则对该学科理论进行一种后研究，我们把这种后研究行为本身称为元理论研究或元理论分析；这时候，被分析研究的理论称为对象理论；研究和分析对象理论的理论称为该对象理论的元理论；用对象理论的学科名称之前加“元”来表示；相应地，表示属于元理论的要素的一些术语如语言、问题、证明、定理等也经常需要冠上“元”，以便与对象理论中的同类术语相区别（转引自李振伦.元理论与元哲学［J］. 河北学刊，1996（6）：26-31。

产力与生产方式、生产方式与生产关系的系统及其矛盾的运动过程中，系统性地从生产关系及结构问题研究中得出结论。系统结构的方法论造就了马克思主义政治经济学的立场、观点和理论基础的形成，就连大多数西方经济学家都承认，还没有谁能达到马克思主义学说所达到过的高度、远见和洞察力。

第二，以结构性视角看待信息系统集成方法有利于站在一个高度，解决方法工具存在的疑难。如果说经济学就是政治经济学，那么公共经济学更加需要面对政治学、社会学、行为学等众多社会科学领域。而信息系统集成所依赖的数理方法、行为逻辑、公众选择等理论和方法以及这些方法之间，本身也面临自身的方法论疑难，如在面临信息量的复杂性如非线性数据时，分析工具的选择也会给所进行的公共经济研究的科学性和准确性带来麻烦。而站在一个系统之外的高度来选择方法工具，将会有利于选择基于分析目的的工具，起到分析方法和工具选择最优的状态。

第三，经济学研究的主要对象是资源配置问题，公共经济学在资源配置领域的研究分析则更具体，涉及公共产品和服务的供需结构。以结构性视角看待信息系统集成方法在公共经济学应用有利于突出结构性矛盾，找出主要问题，并基于一种视角，如从供给侧或需求侧视角建立思想模型或构念模型，更加有助于问题的简单化，将庞大而复杂的信息，运用非线性方程、复杂性理论、多源异构大数据分析等工具，对公共经济的某一系统问题进行分析。

第二节
公共经济信息系统集成方法的思路与实现路径

随着科学技术的发展，利用互联网、云计算、物联网等当代信息科技手段建立起数字经济及公共管理等相互依托的服务系统与互动平台，可以整合公共资源和社会服务资源来满足公共部门经济管理需要，能有效节约经济成本、提高效率，在公共经济管理及社会实践中有着广阔的发展空间。由于公共经济学主要涉及公共部门及公共资源的配置问题，因此，为促进公共经济系统向集成协同和高效推进，推动公共经济信息系统集成方法对经济分析决策手段更加成熟、更加定型，需要对方法的应用加以解读，主要包括思路、方法与实践路径等。

一、公共经济信息系统集成方法应用的思路

无论是作为制度安排、体系构建、机制运行、应用端设计开发，还是经济实

践，信息集成的经济分析都包含着信息决策依据、如何进行、经济分析对象是谁、在怎样的场域环境和条件中开展分析决策等基本内容，这些技术特点和禀赋联系着公共部门各主体的行为及其组合、建构具体形式、目标设定和评价优化。据此，信息系统集成方法的应用思路需要在所面对的总体性问题的基础上，进一步提出三个需要解决的基本理论问题，并由此形成系统内在的逻辑关系：

一是“研究解决什么问题”。这是探索和准确把握经济运行的一个取向性问题，需要根据经济体中经济运行的中长期目标、指导思想和基本原则，提出建立与公共资源有效匹配的公共经济政策目标。

二是“研究怎样解决这一问题”。即在信息系统集成过程中，找到怎样破解预算管理效率不高的方法。这一问题属于规范性的范畴，它有利于系统地构建起一个目标指向明确、主体责任清晰、全社会资源配置合理和机制健全的预算管理体系。

三是“效果如何”，属于实践应用性的问题。即面对总体性问题所形成的信息量采取怎样的集成操作模式，通过具体运算方案等进行一系列的验证（包括模拟和实践评价等），并将验证结果加以反馈，用于预算管理体系和机制的优化调整，进一步完善预算管理体系和运行管理机制。

二、公共经济信息系统集成问题的破解方法

作为一个社会系统，公共部门体系包含了与其相关联的政治、经济、文化三大要素或三大次级系统，各子系统包括政治、制度、规则、文化传统、习俗以及工作生活应用等，各个要素相互联结、相互作用、相互碰撞与融合，共同促进系统的完善与发展，但各子系统之间又有各自的“任务边界”和功能，与其他子系统相互渗透、相互影响、相互作用（廖楚晖，2020①）。因而需要基于系统理论，从总体问题出发，将政府资源配置作为一个整体，运用相关科学理论、工具和方法进行交叉融合，依据国家经济政策目标，将问题的组成部分进行局部分析和有机关联，探讨建立公平、公开、协调、便捷的全局性的公共资源支持模式，这不仅是跨学科综合管理发展的要求，更是推进国家治理体系现代化，突出新发展理念在经济社会发展中的引领作用的要求。

系统思维方式具有整体性、结构性、综合性和复杂性，是把认识对象看作一个整体系统，从系统与要素、要素与要素、系统与环境之间的相互联系、相互作用中综合地考察认识对象的一种思维方法。系统观思维方式对经济学影响很大，其兴起

① 廖楚晖．基于资源信息集成的突发公共事件跨部门协同治理研究［J］．软科学，2020，34（9）：8.

了对主流经济学范式进行批判和冲击的潮流，引发了一场深刻的方法论变革—新制度经济学“范式革命”。新制度经济学强调交易费用，而国家、政府也被看作组织，存在交易费用，致力于国家、政府研究的公共经济学力求在新制度经济学框架下进行，以免偏离政策太远。系统观思维方式在新制度经济学范式中表现得特别明显：一是新制度经济学强调制度的约束性质。新制度经济学对构成制度的约束条件的分析应当建立在现代经济理论的基础上，而交易成本则是分析现实社会中约束条件中的首要条件（Cheung，1998）①。二是新制度经济学在制度经济发展的基础上，依然没有放弃对制度变迁的分析，从而对新制度经济学范式产生了很大的影响，尤其体现在对制度层次、制度约束条件的分析。系统观思维方式还影响到被誉为现代演化经济学范式里程碑的演化经济学，纳尔逊（R. R. Nelson）和温特（S. G. Winter）的《经济变迁的演化理论》从企业、市场、经济增长、宏观政策等不同层次上（纳尔、逊温特，1997②），对经济系统的动态变迁过程进行了分析，从而对新制度经济学范式产生了很大的影响。虽然马克思主义经济学也是提倡和重视制度分析，但新制度研究范式并不是完美无缺的。

公共经济系统是经济系统的一个子系统，按照系统原理，公共经济系统也包含着一个体系的许多子系统和内在要素的运行机制。当面对一个总体性问题时候，公共经济问题需要从理论和政策研究、实地调研及资料分析等手段中找到问题的切入点；分析公共经济信息系统集成的运行机理（图 20－1）；通过全局性最优方法与相关科学理论和方法相结合，研究既定规则下的多主体、多资源协同问题；参考科技发展趋势，发挥数字经济及大数据信息管理等的技术支撑作用，借鉴国内外经验，将调查分析、大数据解析与理论创新、模型研究与场景模拟，多目标最优分析与系统优化相结合，并可采用多源大数据分析、理论分析、模拟分析、场景分析、决策分析相结合的方法，开展系统研究，揭示公共资源配置的控制因素及其机制，构建信息集成的管理模型，提出顶层设计方案和运行模式；借鉴服务管理理论等，以分析效率提升路径等。

三、破解公共经济信息系统集成问题的实现路径

根据协同理论的自组织原理（Haken，1982③；2012 等④），基于经济学所追求

---

① Cheung S N S. The Transaction Costs Paradigm：1998 Presidential Address，Western Economic Association.［J］. Economic Inquiry，1998，36（4）：514－521.

②［美］理查德·R. 纳尔逊，悉尼·G. 温特. 经济变迁的演化理论［M］. 胡世凯，译. 北京：商务印书馆，1997.

③ H.，Haken. Synergetics：Formation of Ordered Structures out of Chaos［J］. Leonardo，1982，15（1）：66－67.

④ Haken，Hermann. Synergetics：Introduction and Advanced Topics［M］Berlin：Springer，2012.

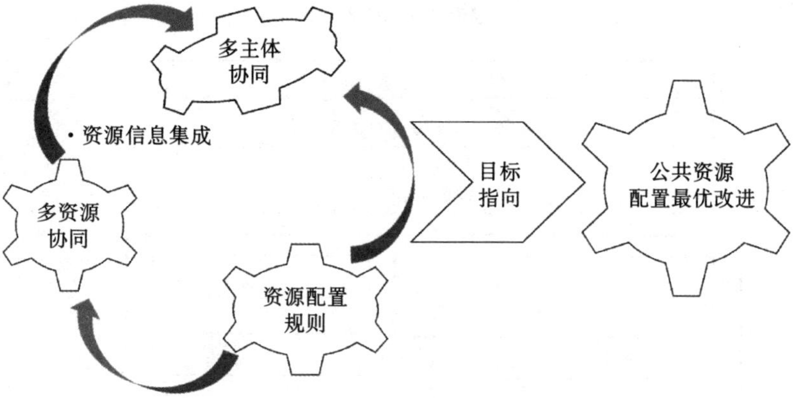

图 20－1　公共经济信息系统集成运行机理图

的效率目标，可依据公共经济内部子系统之间的特征，按照一定规则自动形成一定的功能，并依据由协同形成机制、协同实现机制及协同评价机制共同形成集成化的体系运行机制。

（一）破解公共息系统集成问题的实现机制

全面考察目前公共经济体系、运行机制、制度运行和绩效评价所面临的各类问题，可从“平台开发应用—大数据共享融合—综合性平台运行管理”三个维度构建一套与之相适应的经济信息系统集成运行机制（Roberto, et al.，2013①；廖楚晖，2019② 等），对该机制进行评价、优化和调整。其实现路径可分为几个步骤（见图 20－2）。

第一，进行公共经济信息系统集成管理的顶层设计。在论证政策推动、各级政府、各类公共部门和部门参与规则下，公共经济信息系统集成管理多主体协同的问题，形成顶层设计并作为全局性支持模式的基本框架。

第二，构建全局性最优公共经济信息系统集成管理支持的集成模式。基于公共经济政策带有公共属性和调控职能等特点，在多主体配合、优势互补的业务流程条件下，分解各平台及平台间预算管理多资源协同的路径层，实现信息资源共享融合机制、信息平台、综合管理平台以及应用端集成。

第三，分别建立跨地区、跨部门“数字型”“智慧型”“信息型”预算管理业

① Roberto, Carlos, dos et al. Interoperability and Information Integration in an Early Online Academic Digital Library of Theses and Dissertations: The Case of BTD [J]. International Information & Library Review, 2013, 35 (2－4): 319－333.

② 廖楚晖. 智慧养老服务总体性问题破解与实现路径 [J]. 经济与管理评论, 2019, 35 (6): 5－13.

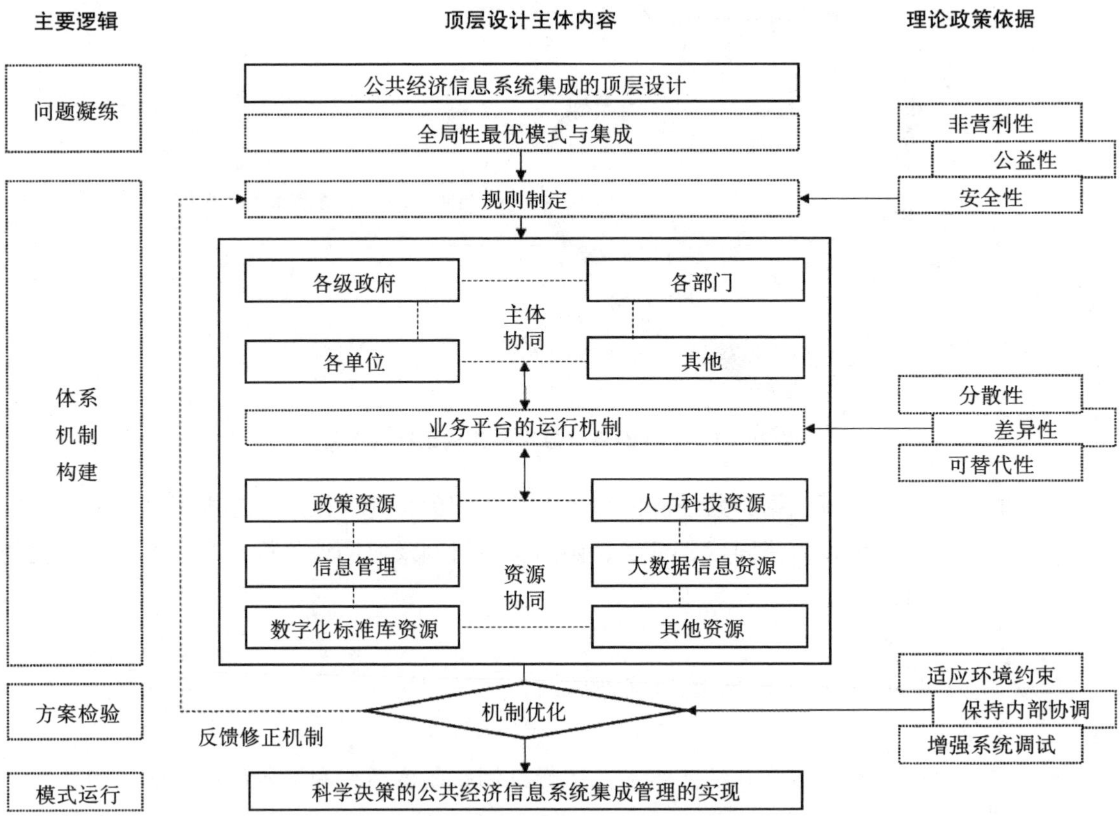

图 20-2　公共经济信息系统集成全局性支持模式实现路径图

务化平台的运行机制。基于经济分类、地区和部门协调、财政事权和支出责任划分等所引起的管理的分散性、差异性和可替代性的特征，通过共性数据研发与管理机制的创新来实现数据信息的共享，并对多维数据的需求关联性分析和预测等进行设计和数据处理，促使碎片化局部数据实现融合与驱动，使公共经济信息系统集成管理的全局性支持模式更为可靠。

第四，建立全局性公共经济信息系统集成管理评价分析和调整机制。在适应环境约束、保持内部协调、增强系统调试的前提下，通过该机制对系统集成支持模式进行仿真和运行机制优化、通过建立全过程绩效评价体系对公共经济信息系统集成运行场景进行评价，以完善全局性最优的模式。

（二）需要重点考虑一些最基本的约束条件

在协同推进公共经济信息系统集成实现的过程中，需要考虑经济理论和现实的约束条件，包括解决结合政策方向、公共部门和市场积极配合的行为意愿等，建立多主体、多资源的协同机制问题；需要建立一种多资源共享的协同机制并进行参考，综合运用现有的数字资源、物联网、云计算、互联网等智慧技术条件，集成多主体、多层次公共需求的集成体系中的各类服务平台，总结出其特征，设计综合运行平台集成及应用模式，为构建公共经济信息系统集成的管理机制提供参考原型；需要在多源、海量数据信息分析的基础上，参照典型案例，探索如何将公共经济信息系统集成模式参照场景分析，设计进入仿真模式运行，找出各类差异和问题，进而在此基础上对方案实践性进行检验等。

四、全局性协同的公共经济信息系统集成模式的构建

（一）全局性协同的公共经济信息系统集成模式的顶层设计与集成

1. 公共经济信息系统集成支持模式的顶层设计。全局性支持模式是公共经济信息系统集成系统的顶层设计的主体部分，可考虑依据政策推动的全覆盖公共经济信息系统集成体系规则建立起主体协同（协同对象包括政府公共部门及各类市场主体）和资源协同（包括数字信息、信息技术、服务信息、模式运行效果的信息等）的协同机制，包括反馈修整机制用于对全局性运行机制进行调整和优化。其中，全局性支持模式需要重点关注数字和其他信息技术覆盖的共享区域，同时需要围绕公共经济信息系统集成平台模式中的子系统协同、主体协同、资源配置以及系统的全局性最优，包括需要整合哪些资源、哪些主体配合、业务流程及运行机制规则是什么等，形成综合性平台实现大数据共享融合条件下的平台开发、运营和管理的运行的基本框架。

2. 公共经济信息系统集成全局性支持模式的集成。全局性协同的公共经济信息系统集成综合性支持模式集成主要包括数据层、特征层、模块层、会商层和应用层（见图 20－3）。其中，数据层和特征层主要进行与公共经济信息系统集成相关的数据的采集、多维数据的标准化、基于模块功能需求的数据结构和信息提取等工作；模块层主要进行数据分析和模型计算，对服务相关数据进行结构性分析以及基于模型对当前和设定场景进行仿真模拟；会商层和应用层则是对相关功能模块的聚合，主要是对现状模式和场景模式下的结果进行信息布展，根据数据分析结果和仿真预算结果，用于对决策会商以及公共经济信息系统集成模式的实行提供全过程的仿真运行。在全局性协同支持模式集成的支撑下，可根据供需关系的大数据，结合数据特征对供需结构性差异模块等进行分析，对平台的运行管理模式、机制进行决策调整，将全局性系统集成模式应用到整个公共经济信息系统集成过程之中。

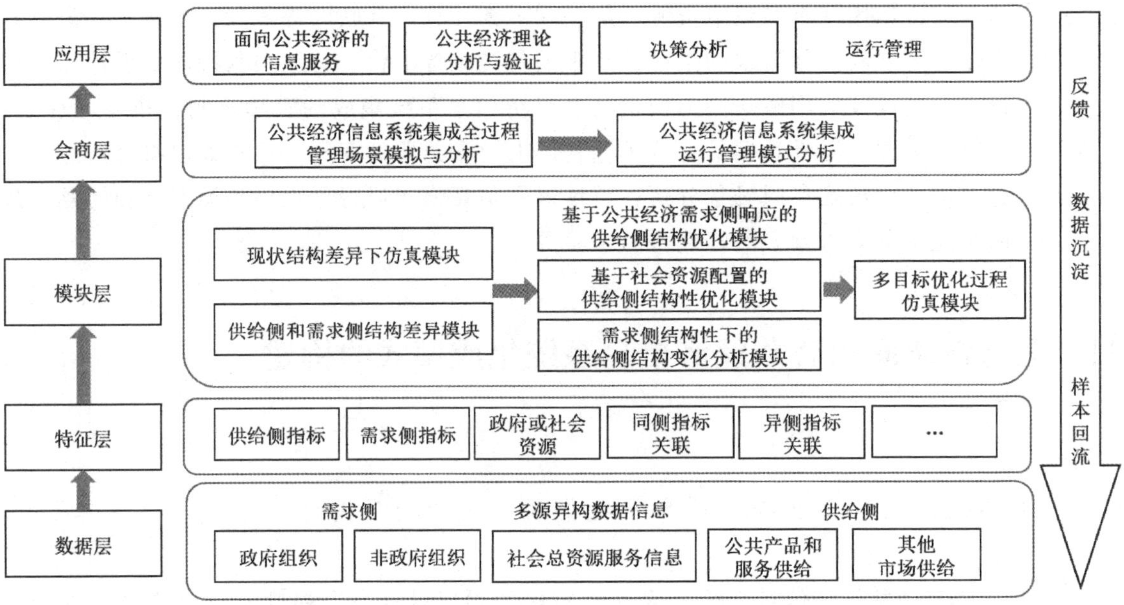

图 20－3　公共经济信息系统集成全局性协同综合平台集成图

（二）公共经济信息系统集成业务化平台运行机制

考虑多主体、多资源协同条件下，不同公共经济信息系统集成对象的信息进入信息平台，可运用各专业数据库归口的决策数据库、管理数据库形成信息层数据，提供给决策层进行计算分析，用于个体信息变化条件下的数据库联动、响应模式和应急响应模式，提供指令信息交由运行管理层运行，构建全局性协同的公共经济信息系统集成业务化平台的运行机制。

（三）公共经济信息系统集成的全过程动态仿真系统评价机制的建立

1. 公共经济信息系统集成全过程动态仿真系统的建立。现有的公共经济信息系统集成是在资源有限（包括有限的公共资源、各年的预算约束等）、目标有限条件下开展的。而在经济改革过程中，由于公共经济信息系统集成的需求和供给两方面都存在着巨大的结构性差异和个性差异，因此如何表征国家战略推进的现实，实现供给侧和需求侧资源的有机整合，需要基于公共经济信息系统集成的顶层设计、运行管理平台以及业务化的运行机制，实现预算运行管理的全过程仿真，其结果可用于多主体、多资源公共经济信息系统集成从规则、决策到平台建立运行的优化。

2. 信息集成公共经济信息系统集成的全过程仿真路径。结合公共经济信息系统集成运行管理机制，进行全过程动态仿真主要包括三个步骤（见图 20－4）。

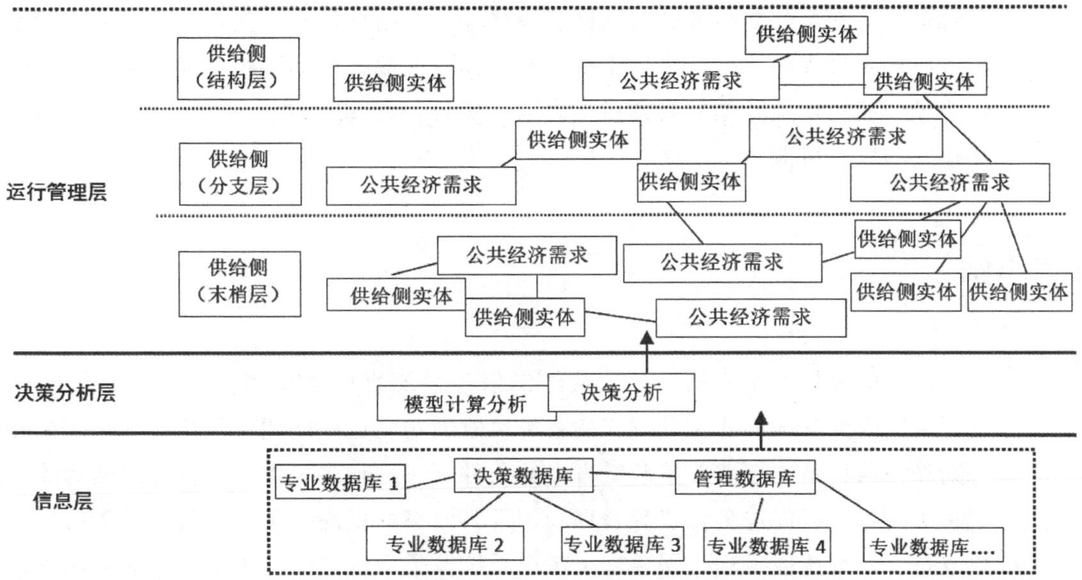

图 20－4　大数据信息集成的公共经济信息系统集成机制图

第一步，进行多源、异构、海量信息融合与分析。确定公共经济信息系统集成供给侧和需求侧变化的驱动机制和结构性变化影响机制，构建供给侧和需求侧动态变化关系模型，并根据典型性供给侧和需求侧基准指标，分析供给侧目标水平和需求侧的现状水平之间的差异及其在多目标优化条件下的结构模式和耦合作用关系。

第二步，进行优化决策支持的仿真。研究基本算法，可基于多源分散、异构、海量信息数据融合，全局性掌握国内和国际公共经济信息系统集成需求侧和供给侧的特性和差异性分析，考虑不同地区政府和公共部门等资金需求对象的经济水平、历史传承、地区文化等特点和差异，进行系统集成供给的典型性研究。

第三步，进行运行管理模式的仿真。基于信息数据库、管理数据库和专业数据库协同、分析公共经济信息系统集成运行管理的本质维度；可基于公共经济信息系统集成滚利模式、结构动力学特征，研究其相关属性多元对应关系。由此，通过全局性支持模式的顶层设计模型、业务化模型以及运行管理机制，运用全局最优分析理论和方法，为全局性协同的公共经济信息系统集成运行模式分析提供全过程的仿真。

（四）建立全局性协同的预算绩效管理评价指标体系

基于政府会计管理制度和会计信息执行的标准化，从系统优化的视角，运用管理科学等方法，在多主体、多资源协同全局性支持模式下，在对公共经济信息系统集成全过程中的各环节进行规范和优化运行的基础上，结合组织领导、监督问责以及管理考核甚至公共服务社会认同度等构建评价指标体系，实现公共经济信息系统集成质量全过程的评估，将便于找到健全预算绩效标准的客观性和准确性的管理优化路径，使实现预算绩效管理科学合理、定性与定量细化、可比可测、动态调整、共建共享成为可能。

五、小结

本节的分析表明，第一，公共经济信息系统集成需从当前面临的总体问题出发，对国内外基本形式及其形成的各类风险问题、底线问题进行总体判断，在确立公共经济信息系统集成改革政策方向的条件下，进行多主体、多资源的全局性协同来解决问题，以促进公共资源合理利用及其效率的提高。第二，公共经济信息系统集成是一个系统性工程，需要着重考虑系统及子系统之间的关系，包括考虑政府与市场之间、地区与地区之间、部门与部门之间的资源配置效率成本，以优化对公共经济信息系统集成进行全局性体系机制方案的设计。第三，从公共经济信息系统集成的实现路径来看，需结合顶层设计、平台集成、仿真实践、最优化方法和服务评价等具体分析工具综合加以应用，展开对全局性协同的公共经济信息系统集成大数据共享融合、综合平台的运营管理问题的集中研究。此外，本节还讨论了通过数据集成信息管理建立公共经济信息系统集成质量全过程的评价指标体系，以找到运行过程中全局性协同的公共经济信息系统集成效率提高的方案，为通过科技引领和管理创新来完善公共经济信息系统集成的方法，实现实时、多维、多源数据处理的全过程的公共经济信息系统集成提供了方法借鉴。

案例 20－1　基于资源信息集成的突发公共事件跨部门协同治理研究①

该案例基于公共资源配置系统分析的视角，运用协同理论和二元非线性方法对突发公共事件中的跨部门资源信息集成与协同治理机理、实现路径及具体方案进行了研究。研究结合 COVID－9 并基于突发公共事件的跨部门协同治理中的顶层设计建立了突发公共事件治理的信息资源的共享体系和机制，通过大数据信息集成，形成资源配置方案，以便及时对国家治理规则、法律法规体系机制进行优化，为公共部门跨部门的协同治理的公共资源配置目标提供方案。按照本章经济信息系统集成方法及应用的方法，其研究基本步骤和结果如下：

1. 资源供给的驱动通量关系模型的建立

突发公共事件具有突发性、公共性和应急性等特点，政府在治理过程中，各部

① 廖楚晖．基于资源信息集成的突发公共事件跨部门协同治理研究［J］．软科学，2020（9）：16－23.

门之间现有资源配置和潜在资源的配置在这一过程中形成复杂系统运行形态。在此，将用于突发公共事件中的跨部门各类资源供给分为直接供给和间接供给两类。其中，直接供给为在短时期内能迅速调配和整合的资源，包括各部门直接经费补助、现有人员配给、物资储备以及被政府征用的各类资源等；间接供给包括预期能在短时间内得到实现的调配和整合的资源，包括自愿者人员服务、社会各方捐助及其他国内外技术服务支持等。令：

$$\nabla q = \sum \frac{\partial}{\partial_x}\left[K\frac{\partial H_i}{\partial_x}\right] + \sum \frac{\partial}{\partial_x}\left[D_{TV}\frac{\partial T_j}{\partial_x}\right] \tag{1}$$

式（1）中，$\frac{\partial}{\partial_x}\left[K\frac{\partial H_i}{\partial_x}\right]$表示直接供给总量以及由此所形成的驱动通量，$\frac{\partial}{\partial_x}\left[D_{TV}\frac{\partial T_j}{\partial_x}\right]$表示间接供给总量及其所形成的驱动通量；$H_i$代表直接供给，其中，$i$表示不同形式和类别的直接资源供给，$x$表示供给规模的大小，$K$表示直接供给量及因此产生的转化效率；$T_j$为间接供给，其中，$j$代表不同形式和类别的间接资源供给，$D_{TV}$反映间接供给量及因此产生的转化效率。$K$与$D_{TV}$一起描述了直接和间接供给驱动下，所形成的供给驱动通量∇q之间的关系。可见，供给驱动通量∇q的效率取决于直接和间接资源投入量及其转化率，因此可表示为：

$$K(S_e) = K_s S_e^b [1 - (1 - S_e^{1/m})^m]^a \tag{2}$$

式（2）中，K_s代表直接供给转化效率K的理论最大值，S_e为反映直接供给满足需求程度的变量，其取值介于[0，1]，资源供给量越低，则S_e越小，反之，S_e越大。m、b和a分别为反映直接供给的类别、协同程度及其对资源总供给驱动通量的影响系数。

由此，描述直接和间接资源供给驱动下，所形成的资源供给驱动通量∇q之间的关系D_{TV}可表示为：

$$D_{TV} = \alpha_T V\delta + (\alpha_L - \alpha_T)V \tag{3}$$

式（3）中，α_L和α_T分别表示资源间接供给下的一阶和二阶转化系数，V为反映资源间接供给所形成通量转化率的参数。

这样，在数据信息覆盖下的突发公共事件中的跨部门资源供给的驱动和需求响应问题就可基于海量、多源、异构数据进行分析，以描述资源总供给与驱动通量之间的主控影响因素和结构关系，以确定资源供给和需求之间的影响因素及最大关联性。

2. 驱动通量及需求响应之间关系模型的建立

为了对资源供给、驱动通量及驱动响应关系进行分析，可建立如下模型进行描述：

$$\nabla c = \frac{\partial q}{\partial x} + \frac{\partial}{\partial x}\left(D_{ij}\frac{\partial c}{\partial x}\right) \tag{4}$$

式（4）中，c 为供给驱动下产生的需求响应（包括跨部门管理的部门数、人数、次数等），∇表示变化速率，q 为式（1）确定的驱动通量。$\frac{\partial q}{\partial x}$ 表示需求响应对资源驱动类别变化速度的反应，而 $\frac{\partial}{\partial x}\left(D_{ij}\frac{\partial c}{\partial x}\right)$ 表示需求响应对于资源供给的逆向反应的程度（其中，x 为资源供需之间的匹配程度，D_{ij} 为反映驱动通量和需求响应效率之间的系数）。通过这一方法和步骤，就可对多资源供需的主控因子识别机制、结构特性和系统概化问题综合加以考虑。

3. 大数据集成的计算方法

基于上述模型关系，采用多维度线性无关的向量对多源异构的数据信息进行表征，可表示为：$Y=(x_1,x_2,\cdots,x_p)^T$。考虑到数据信息的复杂程度和维数之间存在的复杂关系，需在有效控制信息量损失的条件下进行数据降维。其中，上式中 x_1，$x_2,\cdots,x_p$ 的 p 个变量的特征组合可表示为 $y_i=\sum_{j=1}^{p}u_{ij}x_j=U_i{}^TX$，其中，$U$ 为描述 y_i 和 $x_1,x_2,\cdots,x_p$ 之间的关系矩阵，基于特征变换矩阵 A 进行正交变换 $Y=A^TX$，以保证特征值之间不相关且特征方差越大，样本在该维特征上的差异就越大。因此 y_i 的方差达需到最大值，正交变换矩阵 A 中对应于 x_1 变换后的特征为：

$$y_1=\sum_{j=1}^{p}u_{1j}x_j=U_1{}^TX \tag{5}$$

此时，特征方差为：

$$\mathrm{var}(y_1)=E[U^TXX^TU]-E[U^TX]E[X^TU]=U^T\sum U \tag{6}$$

通过拉格朗日函数求解最大化 y_1 的方差，有：

$$f(U_1)=U_1{}^T\sum U_1-\lambda(U_1{}^TU_1-1) \tag{7}$$

对式（7）的方差极值求解，有：

$$\mathrm{var}(y_1)=E[U^TXX^TU]-E[U^TX]E[X^TU]=U^T\sum U \tag{8}$$

式（8）中，$[U^TXX^TU]$ 为矩阵 U 和 X 之间的协方差矩阵。基于协方差矩阵最大特征值所对应的特征向量，确定所有维数组合中方差最大的成分，即为第一主成分，而对于第二个数据特征，除了要满足方差最大、还须与第一主成分不相关，即：

$$E(y_1y_2)-E(y_1)E(y_2)=0 \tag{9}$$

式（9）中，y_2 与 y_1 的不相关等价于 U_2 与 U_1 正交，通过 $U_2{}^TU_2=1$ 和 $U_2{}^TU_1=0$ 条件下求解 y_2 的方差最大值，可得到 U_2，即协方差矩阵第二主成分特征值所对应的特征向量，以此类推。

协方差矩阵包括 p 个特征值 $\lambda_i,i=1,2,\cdots,p$（包括重复的特征值），按大小降序排列为：

$$\lambda_1 \geqslant \lambda_2 \geqslant \cdots \geqslant \lambda_p \tag{10}$$

依次确定 p 个特征向量以及 p 个主成分 $y_1, y_2, \cdots, y_p$，主成分方差之和为原始特征的方差之和，即：

$$\sum_{i=1}^{p} \operatorname{var}(y_i) = \sum_{i=1}^{p} \lambda_i \tag{11}$$

通过式（11）可实现海量、多源、异构突发公共事件中跨部门信息集成数据降维，并确定资源供给和驱动通量之间的影响因素及最大关联性。

进一步采用 LightGBM 算法构建资源供给和驱动通量的结构响应关系。该算法旨在确定初始结构函数 $\hat{f}(x)$，对于资源类别变量及其主成分关联性数据系统 $X = \{(x_i, y_i)\}_{i=1}^{n}$，通过构建基于资源供给和驱动通量之间的结构性损失函数 $L(y, f(x))$ 的期望值最小，构建模型结构：

$$\hat{f} = \arg\min_{f} \{E_y, xL[y, f(x)]\} \tag{12}$$

LightGBM 集成 T 阶回归树 $\sum_{t=1}^{T} f_t(X)$ 近似最终模型可表示为：

$$f_T(X) = \sum_{t=1}^{T} f_t(X) \tag{13}$$

式（13）中，ʃ 表示回归树中的叶数，q 代表树和的决策规则。通过式（5）-式（10）降维所确定资源类别、主成分关联性数据系统 $X = \{(x_i, y_i)\}_{i=1}^{n}$ 以及初始目标结构和最终目标结构所决定的关系的目标函数可表示为：

$$\Gamma_t = \sum_{i=1}^{n} L[y_i, F_{t-1}(x_i) + f_t(x_i)] \tag{14}$$

牛顿方法快速逼近目标函数 Γ_t，则（14）式可转换为：

$$\Gamma_t \cong \sum_{i=1}^{n} [g_i f_t(x_i) + \frac{1}{2} h_i f_t^2(x_i)] \tag{15}$$

式（15）中，g_i 和 h_i 表示损失函数的一阶和二阶梯度统计量。用 ʃ 表示叶的样本集，可进一步将式（15）转化为：

$$\Gamma_t \cong \sum_{j=1}^{j} \left[\left(\sum_{i \in I_j} g_i\right) w_j + \frac{1}{2}\left(\sum_{i \in I_j} h_i + \lambda\right) w_j^2 \right] \tag{16}$$

对于任一树结构，各类资源供给及其驱动通量结构节点的最佳叶值 w_j^* 和衡量资源供给和驱动通量结构的目标函数优化值 Γ_T^* 分别为：

$$w_j^* = -\frac{\sum_{i \in I_j} g_i}{\sum_{i \in I_j} h_i + \lambda}$$

$$\Gamma_T^* = -\frac{1}{2} \sum_{j=1}^{J} \frac{\left(\sum_{i \in I_j} g_i\right)^2}{\sum_{i \in I_j} h_i + \lambda} \tag{17}$$

集成后的目标函数可表示为：

$$G = \frac{1}{2}\left(\frac{(\sum_{i \in I_L} g_i)^2}{\sum_{i \in I_L} h_i + \lambda} + \frac{(\sum_{i \in I_R} g_i)^2}{\sum_{i \in I_R} h_i + \lambda} - \frac{(\sum_{i \in I} g_i)^2}{\sum_{i \in I} h_i + \lambda}\right) \tag{18}$$

这里的 I_L 和 I_R 分别代表经大数据降维分析后不同分支所确定的样本集。

基于式（4）—式（17），可在海量和多源异构数据进行降维处理，确定资源供给和驱动通量的影响因素及其最大关联性，也可通过目标结构损失函数对资源驱动通量结构的有效性进行分析，这样可对初始目标结构进行迭代计算，以确定驱动通量结构关系。

通过上述模型与算法，基于式（1）—式（4）就可表征在现有（既定）条件下，资源供给、驱动通量及其所形成的需求响应之间结构性关系，而通过式（5）—式（17）则可在大数据集成基础上对上述模型进行模拟。

4. 数据的模拟分析

（1）变量与定义。将突发公共事件中的跨部门信息集成的模拟实验变量分为主体类别和资源类别，每个类别又有进一步分类，共计 30 个变量进行模拟，这些变量的定义依据 Qari，et al.（2018）①、曹海峰（2020）② 等综合整理而得（参见表 20－2）。在综合考虑以上因素的情况下，通过前期基层社区调研相近似的历史样本整理成 7 组共计 8561 个，同时针对调查中的货币数值、资源配给充足及跨部门协同程度专家判断（打分）数值等进行标准化化处理，并基于式（4）—式（10）在两种情形下进行模拟和结果比较：

表 1　　实验变量与定义表

	变量	编码	变量定义
主控协同变量	最高应急指挥（M）	M1－M3	M1＝最高应急指挥科学决策能力；M2＝最高应急指挥资金物资调配能力；M3＝最高应急人员指挥能力
资源协同变量	行政政法（R1）	R11－R16	R11＝突发公共事件法律法规体系适应度；R12＝在职和预备执法人员数量充足率；R13＝执法奖惩目标可行度；R14＝执法人员控制率；R15＝应急政策变动率；R16＝重点执法安排率
	资金筹集（R2）	R21－R24	R21＝用于突发公共事件政府预算基金充足率；R22＝政府专项资金支付进度率；R23＝社会和其他公共组织资金充足率（个人、企业及红十字会等）；R24＝各项经费控制率
	基础设备（R3）	R31－R34	R31＝专业应急（或安置）设备保障能力；R32＝应急运输设备供给能力；R33＝交通通信（网络）保障能力；R34＝水电网运行保障能力

① Qari S H，Yusuf H R，Groseclose S L，et al. Public Health Emergency Preparedness System Evaluation Criteria and Performance Metrics：A Review of Contributions of the CDC－Funded Preparedness and Emergency Response Research Centers［J］. Disaster Medicine and Public Health Preparedness，2018：1－13.

② 曹海峰．非常规突发事件应急预案研究［M］. 北京：社会科学文献出版社，2020.

续表

	变量	编码	变量定义
资源协同变量	物资管理（R4）	R41 - R44	R41 = 专业应急物资保障能力；R42 = 生活物资保障能力；R43 = 安全物资保增长能力；R44 = 医药物资保障能力
	部门职责履行（R5）	R51 - R55	R51 = 单一或跨部门综合治理实际完成率；R52 = 完成及时率；R53 = 质量达标率；R54 = 单一或夸部门监管及时率；R55 = 重点工作办结率
	综合成效（R6）	R61 - R64	R61 = 伤病率；R62 = 死亡率；R63 = 环境污染率；R64 = 公众满意度
	其他指标	……	……

一是区分资源配置的主控协同变量和资源协同变量进行模拟，其中，主控协同变量是指最高应急指挥顶层设计所协同的社会资源或政治资源（王沪宁，1990①；Wallace，Andrea et. al.，2019② 等），变量为“最高应急指挥”（M），包括 M1 = 最高应急指挥科学决策能力、M2 = 最高应急指挥资金物资调配能力和 M3 = 最高应急人员指挥能力之间的协同。首先将这将三种协同预设一个固定值，如三种主体协同情形可设为“1”，以体现最高应急指挥跨部门协同治理规则较为完善情形下与其他资源的协同治理关系。

二是不区分主控协同变量和资源协同变量，把这两类变量中的所有资源类别作为样本一并进行模拟。

（2）模拟结果。依据上述大数据算法进行模拟，发现缩放因子是用于控制差分向量对变异个体的影响，而取值太大虽能保持资源信息数据变量群的范围具有广泛的覆盖性，但因算法近似随机搜索，求得的协同关系最优解精度低；反之，算法由于覆盖性有限易于陷入局部最优。而当交叉因子值较小时，所需函数的评价次数较大，收敛速度较慢，但成功率较高，算法的稳定性好；当交叉因子值较大时，常常会加速收敛，同样易于陷入局部最优，造成给定精度的成功率低。最大决策树数的阶到一定的数量后，如果再进一步增大，模型精度的提升将较为有限（见图 1）。

在区分主控协同变量和资源协同变量的情形下，最大关联和影响性因素模拟结果如图 1（a）所示，其中，各变量之间的连线粗细不同，代表了不同维度突发公共事件跨部门资源信息影响程度各有差异。

可以看出，在考虑主控协同变量的情形下，各类别主体 M1 - M3 之间连线粗细程度一致，体现了“最高应急指挥科学决策能力”（M1）、“最高应急指挥资金物

① 王沪宁．社会资源总量与社会调控：中国意义［J］．复旦学报（社会科学版），1990（4）：4 - 13 + 37.

② Wallace，Andrea et. al. Social Resource Assessment：Application of a Novel Communication Tool During Hospital Discharge［J］．Patient Education and Counseling，2019，102（3）：542 - 549.

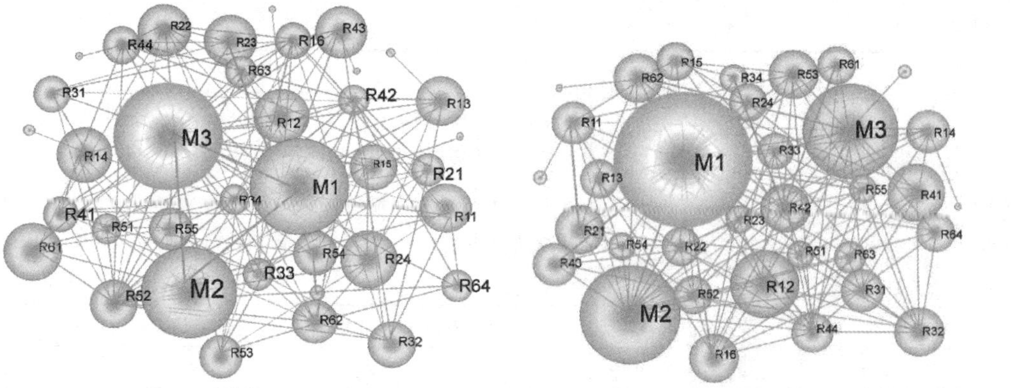

(a) (b)

图1 最大关联性和影响性因素指标模拟结果图[①]

资调配能力”（M2）以及“最高应急人员指挥能力”（M3）三者之间协同关系等量。当其中任一个主体因素产生变化时，将引起其他两个主体之间的协同变化。其中，“物资管理”（R4）与“行政政法”（R1）、“预算执行”（R2）之间表现出显著的关联性。从关联节点集中性来看，“行政政法”（R1）、“基础设备”（R3）、“物资管理”（R4）、“部门履行职责”（R5）、“综合成效”（R6）均为重要的关联节点，同时与资源系统内的多个因素均具有较强的关联性。但是各协同主体与资源系统内部各维度之间的关联性程度差异较大，“最高应急指挥科学决策能力”（M1）与和“部门履行职责”（R5）之间具有较强的关联度，“最高应急人员指挥能力”（M3）与“行政政法”（R1）之间具有较强的关联度，但“最高应急指挥资金物资调配能力”（M2）与其他资源配置变量之间的关系均不显著。此外，系统内的各维度之间的关联度均不强。这说明在主控协同变量下，各主体之间的协同治理程度较高，资源系统之间协同的优势并未充分发挥。

图1（b）为不考虑主控协同变量情形下，基于式（4）—式（10）所有主体与资源系统的维度相关性分析的模拟结果。结果显示，“最高应急指挥科学决策能力”（M1）、“最高应急指挥资金物资调配能力”（M2）以及“最高应急人员指挥能力”（M3）这三个协同主体之间的协同关系有所弱化，尤其是“最高应急指挥资金物资调配能力”（M2）与其他两个协同主体之间的协同关系不明显。但相较于考虑主控协同变量的情况，在不考虑主控协同变量的情况下，各协同主体与资源系统之间以及与资源系统内部各维度之间的关联关系更多、更明显。尤其是“最高应急指挥资金物资调配能力”（M2）与其他资源系统内部维度因素关联。资源配置因素与资源系统内部多维度因素之间的协同关系显著，如“行政政法”

① 注：（a）为区分主控协同变量和资源协同变量的模拟结果；（b）为不区分主控协同变量和资源协同变量的模拟结果。

（R1）、“基础设备”（R3）、“物资管理”（R4）、“部门履行职责”（R5）等与其他资源系统内部维度因素之间的关联均较强。各个资源系统内部维度之间的关联性也较强。此外，各资源系统内部资源信息影响因素之间的连线较密，表明不考虑主控协同变量的情况下，各资源系统之间的协同关系更为显著。

（3）模拟结果的可靠性。采用 LSTM 方法确定资源供给驱动的通量后，我们进一步采用式（18）并在考虑主控协同变量和不考虑该规则情形下，对突发公共事件中跨部门资源服务响应信息进行模拟（模型模拟参数见表 2），得到供给驱动通量与需求响应模拟结果和调查数据的比较结果，以及在最优参数下模型在迭代过程中模拟误差变化模拟方法的迭代收敛过程（结果参见图 2）。

表 2　　模型参数表

模块	公式	变量	参数取值	
			考虑主体协同	不考虑主体协同
供给能力—驱动转化结构方程	（2）	K_s	172.700	101.210
	（2）	m	2.930	0.617
	（2）	b	0.141	0.081
	（2）	a	0.493	0.297
	（3）	αL	0.483	0.131
	（3）	αT	0.019	0.113
供给能力—驱动转化关联性和影响性分析方程	（15）（16）（17）	λ	1.738	5.043
资源供给驱动通量—资源服务响应	（18）	D_{ij}	0.039	0.109

可以看出，尽管由于驱动侧、通量侧及突发公共事件中跨部门协同治理影响存在着多元复合非线性关系，但由于模型的结构具备描述多元非线性响应的能力，当参数取值合理的情况下，能够有效地对资源供给驱动条件下的突发公共事件跨部门资源结构特征进行有效把控。

图 2 为模拟结果和模型迭代误差变化比较图，用于体现模拟结果和模型迭代误差的变化情况。其中，图 2（a）的模拟结果显示，当考虑主体协同的情形下，调查结果与模拟结果存在一个系统性的偏移（图中的模拟值和调查值的最优拟合直线与 1:1 直线存在偏移）。图 2（b）的模拟结果显示，模拟结果和调查值的相似程度增加，表现出整体偏差性加大，相关性增强的趋势。这一结果表明，在不考虑主体之间协同的情况下，资源在无规则游离状态下的集中程度将加大，并且不同因素对于资源供给转化为驱动通量，并最终形成协同治理的趋势性也更加明显，造成当数据样本按照统一驱动条件下主体偏差的加大。而比较图 2（a）和图 2（b）可以看出，在确定主体规则的前提下，通过现有的政策统一和业务流程的制订，反而不

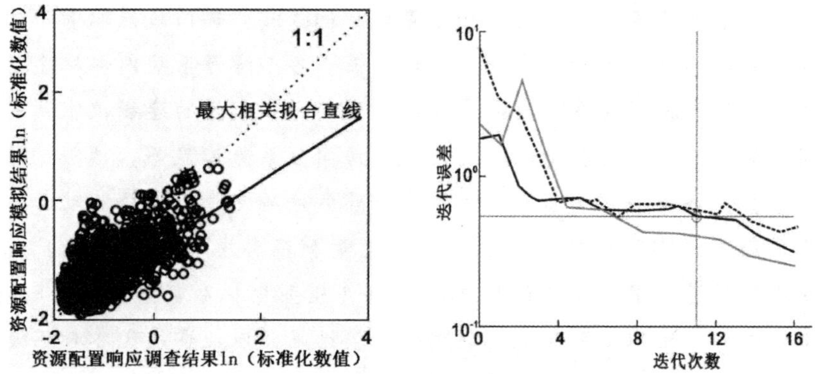

（a）考虑主控协同变量情形

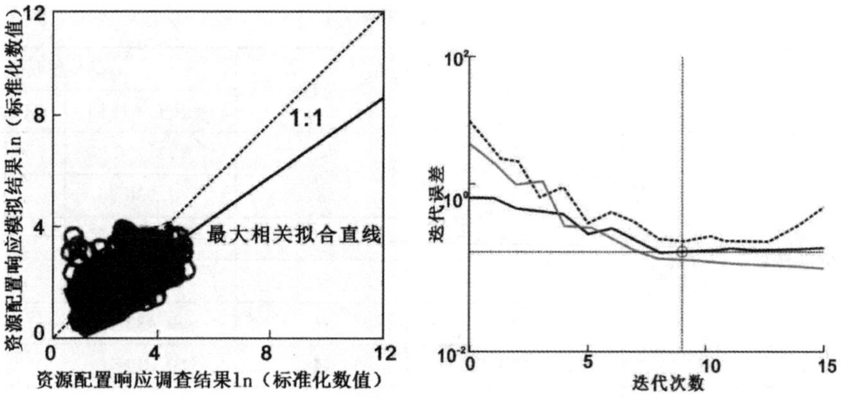

（b）不考虑主控协同变量情形下

图 2　模拟结果和模型迭代误差变化比较图

利于各类资源的有效整合，这意味着依靠现有资源配置规则不利于协同治理决策；而通过大数据信息管理覆盖下资源自由配置，再来制订大数据引领下的资源共享规则，更加有利于资源配置的优化。

需要指出的是，考虑主体协同的情况虽然较为复杂和不均衡，通过多主体和多资源信息的集成决策，也可以根据重点需要解决的资源配置问题，确定需要优化的协同关系，通过调整系数，以有利于调整突发公共事件跨部门协同治理的业务化模式，增进其业务顶层设计的科学性。

5. 研究的结论

将突发公共事件跨部门协同治理决策和管理纳入全局性协同的分析框架，从供需匹配角度阐述了基于信息集成的突发公共事件跨部门协同治理的机理和实现路径，构建了大数据条件下多主体、多资源协同的全局性支持模型，用大数据数据对该模型进行了仿真实验。结果显示，在考虑主控变量协同的情况下，突发公共事件跨部门治理的协同关系有所体现；而在不考虑主控变量协同的情况下，即将所有协同治理因素采取自然方式进行大数据信息集成，模拟结果反而处于更优状态，并较好地刻画了突发公共事件跨部门协同治理的关系。据此，结论引申的政策含义是：

第一，从方法上看，在应对突发公共事件的跨部门协同治理中，跨部门间的物质资源、社会资源和人力资源等共同构建了一个复杂管理系统，需要进行科学的顶层设计，确定规则，协调跨部门之间资源配置各方的关系，依据系统协同理论和方法，运用资源信息集成的方法进行合理判断，将有限的资源合理配置到突发公共事件的协同治理所涉及的各个领域、各个环节，以提高效率；第二，从体系设计来讲，着力建立突发公共事件治理集成化信息资源综合平台，有利于成立相应事件的应急指挥中心管理，对于实现突发公共事件跨部门协同治理将具有十分重要的意义；第三，从过程优化角度而言，当出现跨部门各类资源配置结构性矛盾和社会矛盾时，政府处于顶层设计地位，及时对国家治理规则、法律法规体系机制进行调整、优化，也可根据信息集成反馈进行绩效评价，找出问题加以快速解决，达到突发公共事件跨部门的协同治理目标。

这一研究建立在经济系统二元非线性关系大数据集成方法之上，其优势在于能体现复杂系统多元化治理需求与公共资源配置特征的结构性响应关系，为相关在突发公共事件跨部门的协同治理在理论和大数据模拟方法上提供了借鉴。但具体到资源综合配置的具体事件和公共管理绩效评价实践工作中，受模拟数据的限制，突发公共事件跨部门协同治理中的特定需求变化动态特征、业务流程以及综合指标指向描述并没有着力加以细化，需要根据突发公共事件的具体性质、条件差异情况加以改进。

课后习题与思考

［1］区别于传统经济学研究方法，信息系统集成经济研究方法有哪些特点？

［2］信息系统集成在公共经济学领域应用中的优势是什么？

［3］理解并论述经济的结构性问题与系统方法之间的关系。

［4］试论述信息集成公共经济信息系统集成的全过程仿真路径。

推荐阅读文献

［1］魏宏森，曾国屏．系统论：系统科学哲学［M］．北京：清华大学出版社，1995.

［2］侯光明．组织系统科学概论［M］．北京：科学出版社，2006.

［3］Liran Einav，Jonathan Levin. Economics in the age of big data［J］. Science，2014，346（6210）：715.

[4] Roberto, Carlos, dos et al. Interoperability and Information Integration in an Early Online Academic Digital Library of Theses and Dissertations: The Case of BTD [J]. International Information & Library Review, 2013, 35 (2-4): 319-333.

[5] 廖楚晖. 基于资源信息集成的突发公共事件跨部门协同治理研究 [J]. 软科学, 2020 (9): 16-23.

主要参考文献

[1] Atkinson, Anthony & Stiglitz, Joseph. Lectures on Public Economics [M]. New York: McGraw – Hill Book Company, 1980: 322.

[2] Bagnoli M, Mckee M. Voluntary Contribution Games: Efficient Private Provision of Public Goods [J]. Economic Inquiry, 1991, 29 (2): 351 – 366.

[3] Barro R J., Xavier Sala – I – Martin. Public Finance in Models of Economic Growth [J]. Review of Economic Studies, 1992, (59): 645 – 61.

[4] Barro, R. Government Spending in a Simple Model of Endogenous Growth [J]. Journal of Political Economy, 1990, 98 (5): 68 – 88.

[5] Barro R. Government Spending in a Simple Model of Endogenous Growth [J]. Journal of Political Economy, 1990, 98 (5): 68 – 88.

[6] Blais, Andre & Dion, Stephane. Eds. The Budget – maximizing Bureaucrat: Appraisals and Evidence [M]. Pittsburgh: University of Pittsburgh Press, 1991.

[7] Davoodi, H., Heng – Fu Zou. Fiscal Decentralization and Economic Growth: A Cross – country Study [J]. Journal of Urban Economics, 1998, (43): 244 – 2517.

[8] Devarajan S, Swaroop V, Zou H F. The Composition of Public Expenditure and Economic Growth [J]. Cema Working Papers, 1996, 37 (2): 313 – 344.

[9] Gerald J. Miller. Government Budgeting and Financial Management in Practice: Logics to Make Sense of Ambiguity [M]. Boca Raton: CRC Press, 2017.

[10] Niskanen, William A. Bureaucracy and Representative Government [M]. Chicago: Aldine Atherton, 1971.

[11] Russo L. Estimating Floating Voters: A Comparison Between the Ecological Inference and the Survey Methods [J]. Quality & Quantity, 2014, 48 (3): 1667 – 1683.

[12] Stavrianos, Leften Stavros. 全球通史：从史前史到21世纪（第7版修订版）[M]. 吴象婴，梁赤民等，译. 北京大学出版社，2006.

[13] Zhang Han, Wu Bingyi, Dong Hui Ling. A Survey on Medical Services Status and Demands of Elderly Population in Different Types of Pension Institutions [J]. Chinese General Practice, 2015, 18 (15): 1786 – 1790.

[14] Zhang T, Zou H F. Fiscal Decentralization, Public Spending, and Economic Growth in China [J]. Journal of Public Economics, 1998, 67 (2): 221-240.

[15] [瑞士] 布伦诺.S. 弗雷, [瑞士] 阿洛伊斯. 斯塔特勒. 经济学和心理学：一个有前景的新兴跨学科领域 [M]. 单爽爽, 译. 北京：中国人民大学出版社, 2014.

[16] [美] 唐. 埃思里奇. 应用经济学研究方法论 [M]. 朱刚, 译. 北京：经济科学出版社, 2017.

[17] [美] 托马斯·库恩. 科学革命的结构 [M]. 金吾伦, 胡新和, 译. 北京：北京大学出版社, 2003.

[18] [美] 约翰.H. 卡格尔, [美] 埃尔文·E. 罗斯. 实验经济学手册 [M]. 贾拥民, 陈叶烽, 译. 北京：中国人民大学出版社, 2015.

[19] [美] 艾文·E. 罗思. 经济学中的实验室实验：六种观点 [M]. 聂庆, 译. 北京：中国人民大学出版社, 2017.

[20] [美] 阿尔伯特·爱因斯坦. 爱因斯坦晚年文集 [M]. 方在庆, 译. 北京：北京大学出版社, 2008.

[21] [美] 飞利浦. 阿吉翁, 彼得·霍依特. 内生增长理论 [M]. 倪彬华, 汪柏林等, 译. 北京：北京大学出版社, 2004.

[22] [英] 亚当. 斯密. 国富论 [M]. 杨敬年, 译. 西安：陕西人民出版社, 2006.

[23] [英] 伯特兰. 罗素. 西方哲学简史 [M]. 赵敦华, 译. 北京：北京大学出版社, 2001.

[24] [英] 珀威兹·加瑞, [挪威] 谢尔·格朗霍格. 经管研究方法实践指南 [M]. 熊剑, 江伟等, 译. 大连：东北财经大学出版社, 2017.

[25] [英] 艾萨克·牛顿. 自然哲学之数学原理 [M]. 王克迪, 王江洋, 校. 北京：北京大学出版社, 2013.

[26] [英] 莱昂内尔·罗宾斯. 伦敦经济学院讲演录 [M]. 杨玉生, 译. 北京：中国人民大学出版社, 2014.

[27] [英] 马克·布劳格. 经济学方法论的新趋势 [M]. 张大保等, 译. 北京：经济科学出版社, 2000.

[28] 北京大学党委宣传部. 社会主义核心价值观十二讲 [M]. 北京：北京大学出版社, 2017.

[29] 财政部预算司. 中央部门预算编制指南 [M]. 北京：中国财政经济出版社, 2019.

[30] 曹均伟. 西方经济学范式的转换和发展——从经济学方法论的视角分析 [J]. 上海财经大学学报, 2014 (2): 11-18.

[31] 风笑天. 社会调查中的问卷设计 [M]. 天津：天津人民出版社, 2002.

[32] 冯友兰. 中国哲学史 [M]. 北京：商务印书馆, 2011.

[33] 李子奈，刘亚清．现代计量经济学模型体系解析［J］．经济学动态，2010（5）：22－31.

[34] 李子奈，齐良书．关于计量经济学模型方法的思考［J］．中国社会科学，2010（2）：69－83＋221－222.

[35] 廖楚晖，刘鹏．中国公共资本对私人资本替代关系的实证研究［J］．数量经济与技术经济研究．2005（7）：35－43.

[36] 廖楚晖．我国人力资本和物质资本的结构现状及政府教育投入［J］．中国社会科学．2006（1）：23－33.

[37] 廖楚晖．经济学方法论：公共经济学的应用（第二版）［M］．北京：中国财政经济出版社，2016.

[38] 廖楚晖．教育财政学［M］．北京：北京大学出版社，2016.

[39] 廖楚晖．基于资源信息集成的突发公共事件跨部门协同治理研究［J］．软科学，2020（9）：16－23.

[40] 刘凤良．数理方法在西方经济学中的应用与发展——评高山晟的《经济学中的分析方法》［J］．中国人民大学学报，2002（4）：119－124.

[41] 刘华，周琦深，王婷．实验研究方法在行为财政学中的应用［J］．经济学动态，2013（3）：119－128.

[42] 田国强．现代经济学的基本分析框架与研究方法［J］．经济研究，2005.

[43] 王金秀．国家预算管理［M］．北京：科学出版社，2019.

[44] 吴俊培．公共经济学［M］．武汉：武汉大学出版社，2009.

[45] 吴俊培．国公共财政风险评估及其防范对策研究［M］．北京：经济科学出版社，2013.

[46] 吴震．宋代新儒学的精神世界：以朱子学为中心［M］．上海：华东师范大学出版社，2009.

[47] 习近平．习近平谈治国理政［M］．北京：外文出版社，2014.

[48] 谢科进，尹冰．我国出口退税率下调政策的局部与一般均衡分析［J］．管理世界，2008（9）：168－169.

[49] 叶泽方，方齐云．实验经济学的方法论演进［J］．经济学动态，2002（9）：73－76.

[50] 于凌云，廖楚晖．养老金待遇差别与机构养老意愿研究——基于城乡调查样本的实证分析［J］．财贸经济，2015（6）：151－161.

[51] 于凌云．教育投入比与地区经济增长差异［J］．经济研究．2008（10）：131－143.